特殊地区长输管道敷设与防护

王　鸿　沈茂丁　崔少东　编著

石油工業出版社

内容提要

本书系统介绍了长输管道在敷设过程中所遇到的滑坡、崩塌、泥石流、岩溶、采空区和高陡边坡等地质灾害类型，全面阐述了各种地质灾害定义和识别，分析了各地质灾害对长输管道的危害，总结归纳了定量分析方法。同时对长输管道所经过的冻土、黄土、风沙和软土等特殊性岩土进行论述，并详细描述了长输管道在各种特殊地区采取的防治措施、线路选择和相应防护要求。

本书不仅适合长输管道运营和安全维护人员阅读，而且也可以作为长输管道专业设计技术人员、地质灾害防治研究人员、管理以及施工人员的常备参考书。

图书在版编目(CIP)数据

特殊地区长输管道敷设与防护／王鸿，沈茂丁，崔少东编著．—北京：石油工业出版社，2020.6
ISBN 978-7-5183-3898-6

Ⅰ．①特…　Ⅱ．①王…　②沈…　③崔…　Ⅲ．①长输管道-管道敷设②长输管道-防护　Ⅳ．①U173.9

中国版本图书馆 CIP 数据核字(2020)第 033836 号

出版发行：石油工业出版社
（北京安定门外安华里 2 区 1 号楼　100011）
网　址：www.petropub.com
编辑部：(010)64523535　图书营销中心：(010)64523633
经　销：全国新华书店
印　刷：北京中石油彩色印刷有限责任公司

2020 年 6 月第 1 版　2020 年 6 月第 1 次印刷
787×1092 毫米　开本：1/16　印张：26.75
字数：670 千字

定价：160.00 元
（如出现印装质量问题，我社图书营销中心负责调换）

《特殊地区长输管道敷设与防护》

编写人员

王　鸿　沈茂丁　崔少东

序

随着我国油气长输管道建设规模的不断增加，管道面临的安全问题也越发突出。我国幅员辽阔，地质条件复杂，地质灾害类型多、数量多、影响范围广。近年来，我国发生了多起由于地质灾害引发的长输管道安全事故，影响了安全平稳输送，也造成了一定的人员伤亡和财产损失。特殊地形及地质条件地区的长输管道敷设，从灾害体识别、评价计算、管道选线、安全防护等方面给管道建设者提出了一系列挑战，也引起了相关从业人员的注意与思考。

三十年磨一剑，本书内容是作者多年参与我国油气长输管道勘察、防护设计工作的经验总结，也是特殊地区施工现场指导和长期运营过程中对管道安全防护效果的研究所得，以实用为目的，系统地论述了油气长输管道敷设与防护的理论、方法、技术及工程实践。具有以下主要特点：

(1) 理论支撑性强。本书结合了行业相关前沿理论及最新研究技术成果，例如各种灾害体对管道的危害类型及特征、管土作用模型、基于应变设计的采空区地表移动对管道影响的定量分析、软土地区管道的上浮与沉降分析、特殊地区的管道选线原则等，通过理论分析清晰地解译特殊地区管道的破坏机理，有利于提升认识并举一反三。

(2) 内容系统全面。既突出了特殊地区管道选线、敷设与本体防护，也包含了灾害体的识别、勘察与评价，在灾害体类型上几乎涵盖长输管道经过的所有特殊地区，从阶段上涉及管道的全生命周期。

(3) 技术通俗易懂。本书对于管道所经过的每种灾害地区都是从基本概念入手，图文并茂，依次讲解发生的机理、对管道的影响、防治措施，并结合工程案例加以分析解释，通俗易懂。

本书体现了以保护管道安全为核心的防护理念，可以为油气长输管道的地质勘察、地质灾害评价、管道设计、施工及运行管理人员提供指导，是一本实用性很强的参考书。

张文伟

前　言

在编者从事长输管道线路水工保护设计工作的近30年时间里，一直在思考下面三个问题：一是，如何探寻管道线路设计的理论依据；二是，能否从水工保护的角度出发对管道线路设计提供有价值的技术支撑；三是，怎样从根本上解决特殊地区的管道线路方面所暴露出的一些问题。

《特殊地区长输管道敷设与防护》一书正是在上述问题的背景下产生的。自2010年2月8日开始动笔“岩溶地区长输管道敷设与防护”一章以来，至2018年3月21日完成“软土地区长输管道敷设与防护”第十章为止，本书的编制前后历时8年零1个月又13天，内容涉及长输管道在滑坡、崩塌、泥石流、岩溶、采空区、边坡、冻土、黄土、风沙和软土等特殊地区的敷设与防护，共有10章、55节，编写过程中参考论文1589篇、书籍文献133本。

笔者从管道安全防护的角度出发，总结了20多年管道工程建设与运营的经验与教训，学习并提炼了公路、铁路等相关线性工程宝贵资料，反思了管道线路敷设中的成功与不足，并加以认真总结。本书针对特殊地区长输管道，从理论分析这一根本点出发并详尽叙述，完善线路敷设技术中的不足，其目的是做到理论与实践的有效结合，实现理论与实践“两条腿走路”的模式。此外，为做到在工程建设的前期尽可能避免危及管道安全的地质灾害事故的发生，本书在相关章节都增加了灾害识别和稳定性定性分析的内容，其目的是让线路设计人员在建设的前期就可以考虑采取相关避绕或防护措施，以避免在管道的建设和运营阶段出现更大的事故隐患。

本书的内容可为各类长输管道在特殊地区敷设提供参考，希望能为长输管道的设计者们提供一定的帮助。

由于笔者对管道线路的认识有限，以及对相关行业的学习尚缺乏深度，因此书中难免出现观念偏颇甚至错误之处，希望大家批评指正。

目　　录

第一章　滑坡地区长输管道敷设与防护

第一节　概述

一、滑坡的含义

滑坡是指在一定的地形地质条件下，由于各种自然的、人为的因素影响破坏了岩(土)体的平衡，使得斜坡上的土体和岩体在重力作用下失去原有稳定状态，沿着斜坡内某些滑动面(或滑动带)作整体、缓慢、间歇性向下滑动的不良地质现象。

首先，滑动的岩土体具有整体性，除了滑坡边缘线一带和局部一些地方有少量的崩塌和产生裂隙外，总的来看基本上保持着原有岩土体的整体性。其次，斜坡上岩土体的移动方式为滑动，不是倾倒或滚动，因而滑坡体的下缘常为滑动面或滑动带的位置。此外，规模大的滑坡一般是缓慢地向下滑动，其位移速度多在突变加速阶段才显著。有些滑坡滑动速度一开始也很快，表现为急剧斜坡变形，滑动的土体或岩体经常在滑坡体的表层呈现翻滚、旋转现象，近似于崩塌，这种滑坡称为崩塌性滑坡。

滑坡滑动的岩土体可大可小，小的百余立方米，大的可达几十万立方米至数千万立方米，甚至上亿立方米。滑坡是山区管道、公路、铁路中经常遇到的一种典型地质灾害。滑坡常导致公路、铁路及管道伴行路中断，影响交通及管道的正常运输。大规模的滑坡，可堵塞河道、掩埋村镇、摧毁交通、破坏厂矿、冲断管道，对山区管道建设和交通设施危害极大。

西南地区(云、贵、川、藏)是我国滑坡分布的主要地区，不仅规模大、类型多，而且分布广泛、发生频繁、危害严重。我国其他地区的山区、丘陵区，包括黄土高原，也有不同类型的滑坡分布。

滑坡对长输管道建设和运营的安全危害极大，这就需要我们掌握滑坡发生、发展的规律，了解滑坡的性质，根据其危害程度，迅速采取便于施工的有效措施，减少或消除其对管道的影响。

二、滑坡要素

一个发育完整的滑坡，一般都有下列要素，如图 1-1-1 所示。

1. 滑坡体

滑坡发生后，滑动部分和母体完全脱离开，其中沿滑动面向下滑动的土体或岩体称为滑坡体，简称滑体。

2. 滑坡周界

滑坡体与其周围不动体在平面上的分界线称为滑坡周界。滑坡周界圈定了滑坡范围。

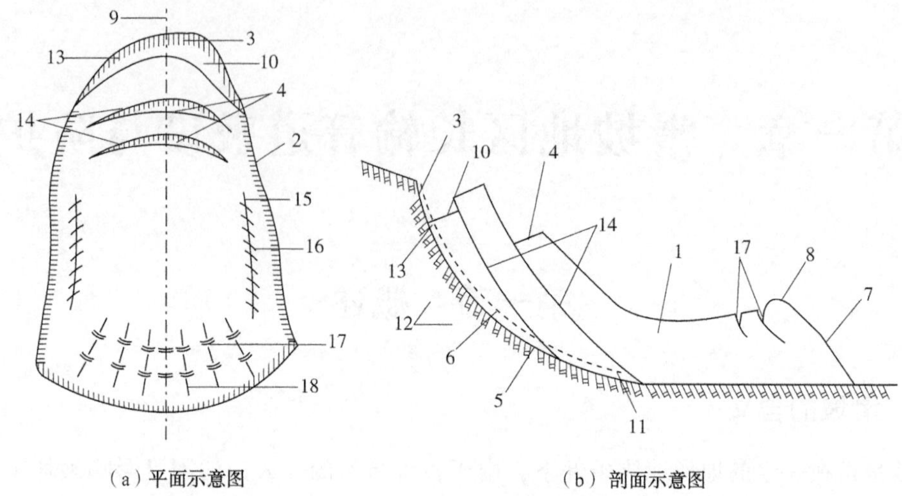

图 1-1-1　滑坡要素示意图

1—滑坡体；2—滑坡周界；3—滑坡壁；4—滑坡台阶；5—滑动面；6—滑动带；7—滑坡舌；8—滑动鼓丘；9—主滑线；10—封闭洼地；11—剪出口；12—滑坡床；13—主裂缝；14—张拉裂缝；15—剪切裂缝；16—羽毛状裂缝；17—鼓张裂缝；18—扇形张裂缝

3. 滑坡壁

滑坡体滑动后，在滑坡体后部山坡未动部分沿滑坡周界所形成的陡壁称为滑坡壁。滑坡壁实际上是滑动面上部的露头部分。

滑坡壁一般高数厘米至数十米，也有高数百米的，坡度多为 60°～80°。滑坡壁常呈弧形延伸，在平面上呈“圈椅状”外貌。

4. 滑坡台阶

有些滑坡，由于各段土体运动速度的差异，在滑坡体上形成阶梯状的错台，称为滑坡台阶。台阶因旋转而常向后壁倾斜。滑坡台阶前缘的陡壁，称为滑坡台坎。滑坡台阶有时为积水洼地。

有多层滑动面的滑坡，或经过多次滑动的滑坡，往往形成多个滑坡台阶。

5. 滑动面

滑坡体所沿不动体下滑的分界面称为滑动面，简称滑面。多数滑面由黏性土和软岩夹层所构成，滑面光滑，有滑动擦痕。

6. 滑动带

滑面上下被滑体揉皱的厚度为数厘米至数米的被扰动地带称为滑动带，简称滑带。

7. 滑坡舌

在滑体的前部，形如舌状伸出的部分称为滑坡舌，简称滑舌。

8. 滑坡鼓丘

滑坡体前缘因受阻力而形成隆起的小丘，称为滑坡鼓丘。

9. 主滑线

滑坡体滑动速度最快的纵向线称为主滑线，又称滑坡轴。它代表整个滑坡的滑动方向，一般位于推力最大、滑床凹槽最深、滑坡体最厚的纵断面上。在平面上可为直线或曲线。

10. 封闭洼地

滑坡体滑动时，滑体与滑壁之间拉开成沟槽。当相邻土楔形成反坡地形时，即形成四周高、中间低的封闭洼地，又称为滑坡洼地。洼地往往由于地下水在此处出露或地表水汇集，成为水塘或湿地。

11. 剪出口

滑动面下端与原地面交会处，称为剪出口。剪出口是滑坡体从坡面剪出的地方，也是滑动面的终端。

12. 滑坡床

滑动面以下稳定的土体或岩体称为滑坡床，简称滑床。

13. 滑坡裂缝

按受力状态，滑坡裂缝可分为如下四类。

(1) 拉张裂缝：分布在滑体上部，长数十米至数百米，与滑坡壁的方向大致平行，多呈弧形，因受滑坡体向下滑动的拉力而产生。滑坡体上缘接近滑坡壁或滑坡周界的最外面的一条裂缝称为主裂缝。

(2) 剪切裂缝：分布在滑坡体中部的两侧，因滑坡体下滑和相邻的不动体产生相对位移，在滑体与不动体的分界处形成剪力区，在此区内形成的裂缝即为剪切裂缝。它与滑动方向大致平行。在剪切裂缝的两侧，由于滑动体在移动过程中受压扭性力作用，滑动体与两侧稳定体之间的相对位移所产生的呈雁状排列的裂缝带，称雁状裂缝或羽毛状裂缝。

(3) 鼓张裂缝：分布在滑坡体的下部。如滑坡上部较下部滑动得快，或滑体受阻，则会隆起，并产生张开裂缝，裂缝方向与滑动方向相垂直。

(4) 扇形张裂缝：分布在滑坡体的中下部。当滑体向下滑动时，滑体的前部向两侧扩散，形成张开裂缝，裂缝方向在滑坡体中部与滑动方向平行，在滑坡体的舌部呈放射状。

三、滑坡分类

1. 按滑坡体的物质组成分类

按滑坡体的物质组成可分为堆积层滑坡、黄土滑坡、黏性土滑坡、人工堆填土滑坡和岩层滑坡 6 类。

1) 堆积层滑坡

发生于斜坡或坡脚处的堆积体中，物质成分包括坡积、崩积、洪积体中的土或碎块石，因堆积成分、结构、厚度不同，滑坡的形状、大小不一，滑坡结构以土石混杂为主。这些滑坡往往是由地下水或人为扰动的作用引起，其中坡积层的滑动可能性较大。

2) 黄土滑坡

新、老黄土中发生的滑坡，多沿新、老黄土接触面滑动，且多发生在高阶地前缘斜坡上，或黄土层沿下伏古近系—新近系岩层滑动。黄土滑坡的产生常和黄土对水的不稳定性有关，多属于崩塌性滑坡，滑动速度快、变形急剧、规模及动能巨大、常集群出现。

3) 黏性土滑坡

黏性土本身变形滑动，或与其他土层的接触面或沿基岩接触面而滑动。黏性土本身滑动多因网状裂隙破坏了土的结构，水沿裂隙下渗，使土的强度降低，从而产生滑坡。其特点是滑坡地貌明显、滑床坡度较缓、规模较小、滑速较慢、多成群出现。

4）人工堆填土滑坡

由人工开挖堆填弃渣而形成的土堆或土堤，多沿原地面或基底以下松软层而发生滑动，有时也带动其下的坡积层一起下滑。

5）破碎岩体滑坡

失去完整性的岩体、松散破碎的多种岩石，可产生层面滑坡和构造面滑坡。此类滑坡多发生在构造破碎带或严重风化带形成的凸形山坡上，滑体由碎石、块石和黏性土混合组成。

6）岩层滑坡

各种较完整的岩体沿同类基岩构造面或沿不同岩层接触面而产生的滑坡，以泥岩、泥质页岩、片岩等软弱岩石中的滑坡为多，最常见的是层面滑动。

2. 按引起滑动的力学性质分类

按引起滑坡滑动的力学性质，即按滑坡体各部分滑动的先后顺序可分为推移式滑坡和牵引式滑坡两类，如图 1-1-2 所示。

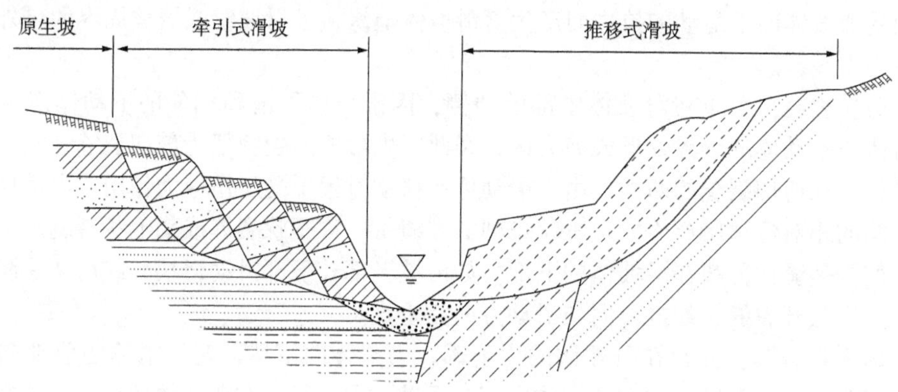

图 1-1-2　牵引式、推移式滑坡断面示意图

1）推移式滑坡

滑体上部局部破坏，上部滑动面局部贯通，向下挤压下部滑体导致变形，引起整个滑体滑动。推移式滑坡多是由于滑体上部增加荷载或地表水沿张拉裂隙渗入滑体等引起，表现为滑动速度较快，多呈楔形环谷外貌，滑体表面波状起伏，多见于有堆积物分布的斜坡地段。

2）牵引式滑坡

滑体下部先失去平衡发生滑动，逐渐向上发展，使上部滑体受到牵引而跟随滑动，大多因坡脚受冲刷和人为开挖引起。一般速度较慢，多呈上小下大的塔式外貌，横向张裂隙发育，表面多呈阶梯状或陡坎状。

3. 按主滑面与层面的关系分类

按滑坡主滑面与层面的关系可分为同类土滑坡、顺层滑坡和切层滑坡三类，如图 1-1-3 所示。

1）同类土滑坡

发生在层理不明显的均质黏性土、黄土及一般土质土体中。滑动面不通过土体内任何原有的软弱面，而是通过新产生的剪切面。滑动面多呈圆弧形，滑动面均匀光滑，又称同生面滑坡。

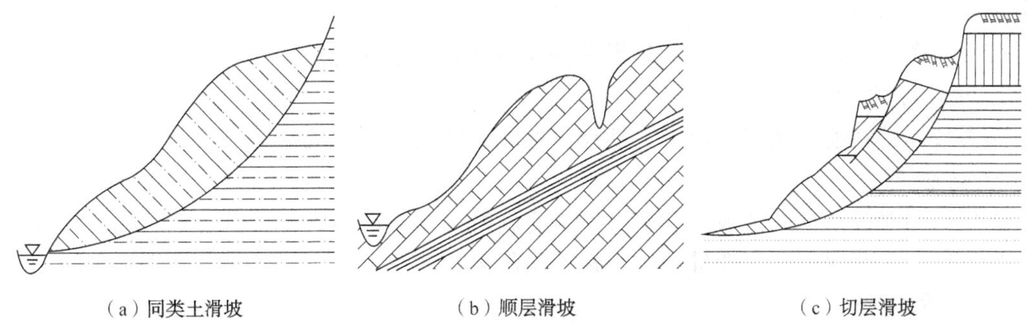

（a）同类土滑坡　（b）顺层滑坡　（c）切层滑坡

图 1-1-3　滑坡主滑面与层面关系示意图

2)顺层滑坡

滑体沿岩层面(又称层面滑动)或构造面滑动(又称构造面滑动)，或沿坡积体与基岩交界面滑动(又称接触面滑动)。顺层滑坡大都发生在顺倾向的斜坡上，在层面倾向与斜坡倾向一致，且其倾角小于坡脚的条件下，往往形成滑坡；

3）切层滑坡

滑动面与岩层面相切，多发生在沿倾向坡外的一组或两组节理面形成贯通滑动面。当上覆土层走向与其下伏岩层走向相交时，覆盖层亦会发生此类滑坡。

4. 按滑坡体规模分类

按滑坡体规模可分为小型、中型、大型、特大型和巨型滑坡 5 类。

（1）小型滑坡：滑坡体体积小于 $10\times10^4m^3$。

（2）中型滑坡：滑坡体体积$(10\sim100)\times10^4m^3$。

（3）大型滑坡：滑坡体体积$(100\sim1000)\times10^4m^3$。

（4）特大型滑坡：滑坡体体积$(1000\sim10000)\times10^4m^3$。

（5）巨型滑坡：滑坡体体积大于 $10000\times10^4m^3$。

5. 按滑坡体厚度分类

按滑坡体厚度可分为浅层、中层、深层和超深层 4 类。

（1）浅层滑坡：滑坡体厚度在 10m 以内。

（2）中层滑坡：滑坡体厚度在 10~25m。

（3）深层滑坡：滑坡体厚度在 25~50m。

（4）超深层滑坡：滑坡体厚度超过 50m。

6. 按滑坡发生的原因分类

按滑坡发生的原因可分为工程滑坡和自然滑坡两类。

1）工程滑坡

由于施工开挖山体或加载等人类工程活动所引起的滑坡，此类滑坡还可细分为：

（1）工程新滑坡：由于对原始边坡进行开挖坡体或建筑物加载所形成的滑坡。

（2）工程复活古滑坡：对于原已存在的滑坡，由于人为工程活动引起重新活动的滑坡。

2）自然滑坡

由于自然地质作用产生的滑坡。按其发生相对时代早晚又可分为：

（1）古滑坡：全新世以前所发生过滑动，现今整体稳定的滑坡。

（2）老滑坡：全新世以来发生过滑动，现今整体稳定的滑坡。坡体上有高大树木，残留部分环谷、断壁擦痕。

(3) 新滑坡：正在活动的滑坡。滑坡外貌清晰，断壁新鲜。

7. 按目前稳定程度分类

按滑坡体的目前稳定程度可分为活动滑坡和不活动滑坡两类。

1) 活动滑坡

发生后仍继续活动的滑坡。后壁及两侧有新鲜擦痕，滑体内有开裂、鼓起或前缘有挤出等变形迹象，其上偶有旧房遗址，幼小树木歪斜生长。

2) 不活动滑坡

发生后已停止发展，一般情况下不可能重新活动，坡体上植被茂盛，常有居民点。

8. 按滑坡滑动速度分类

按滑坡滑动速度可分为蠕动型滑坡、慢速滑坡、中速滑坡和高速滑坡四类。

(1) 蠕动型滑坡：人们仅凭肉眼难以看见其运动，只能通过仪器观测才能发现的滑坡。

(2) 慢速滑坡：每天滑动数厘米至数十厘米，人们凭肉眼可直接观察到滑坡的活动。

(3) 中速滑坡：每小时滑动数十厘米至数米的滑坡。

(4) 高速滑坡：每秒滑动数米至数十米的滑坡。

第二节　滑坡的识别

一、滑坡特征

1. 地物地貌特征

滑坡在斜坡上常造成环谷地貌(如圈椅状、马蹄状地形)，滑动区斜坡常有异常台坎分布，斜坡坡脚挤占正常河床(如河床凹岸反而稍微突出或残留有大孤石)等现象。滑动体上常有鼻状鼓丘、多级错落平台，其高程和特征与外围阶地不同。滑坡体两侧常形成沟谷，并有双沟同源现象，如图 1-2-1 所示。在滑坡体上有时还可见到积水洼地、地面开裂、醉汉林、马刀树、倾斜或开裂建筑物等现象，如图 1-2-2 所示。

2. 岩土结构特征

在滑坡体内常可见到岩体、土体松散扰动及岩土层位、产状与周围岩土体不连续，有时局部地段新老地层呈倒置现象。常见有泥土、碎屑充填或未被充填的张拉裂缝，普遍存在小型坍塌。含有软弱夹层的顺向坡，当坡度角大于岩层倾角，而岩层倾角又大于 10°时，常常容易产生滑坡；岩层倾角为 20°～30°时，滑动较多；岩层倾角大于 30°的一般都会产生滑坡。

3. 滑坡边界特征

在滑坡后缘，即不动体一侧常呈陡壁状，陡壁上有顺坡向擦痕；滑体两侧多以沟谷或裂缝为界；前缘土体被挤出，多见舌状凸起、岩土堆或小型坍塌；滑坡床常具有塑性变形带，其内多由黏性物质或黏粒夹磨光的角砾组成；滑动面光滑，其擦痕方向与滑动方向一致。

4. 水文地质特征

由于滑坡的活动，导致滑体与不动体之间原有的水力联系被破坏，造成地下水在滑体前缘成片状或股状溢出。正在滑动的滑坡，其溢出的地下水多为混浊状；已停止滑动的滑坡，其溢出地下水多为清水，但溢流点下游多有泥砂沉积，有时还有湿地或沼泽生成。

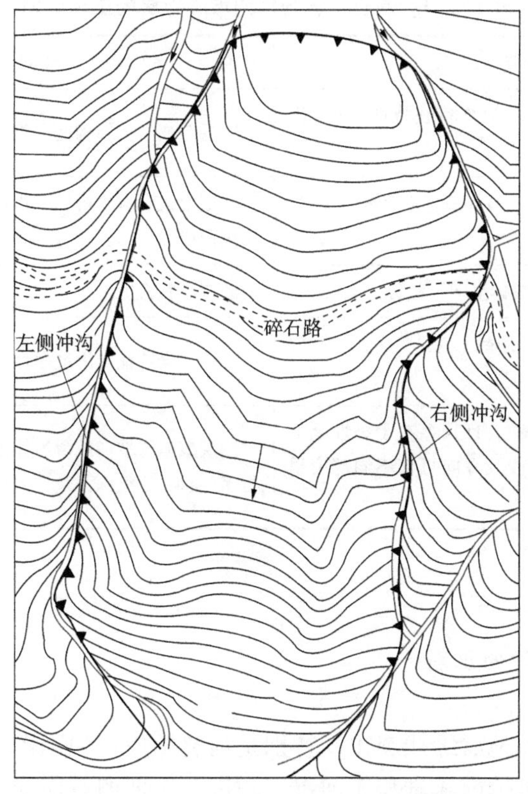

图 1-2-1　滑坡体双沟同源示意图

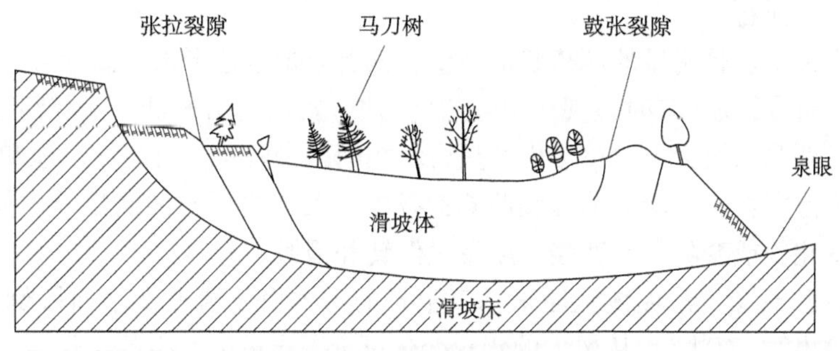

图 1-2-2　滑坡特征示意图

5. 与坡积物及断层的区分

1）土体滑坡与坡积物的区分

土体滑坡与坡积物的主要区别是：坡积物在地貌上和周围相协调，斜坡坡脚不侵占河床，坡积物上的平台与外围阶地高程、特征基本一致；而滑坡体上有醉汉林、马刀树以及出现地面裂缝、房屋倾斜及下座开裂等现象。坡积物无滑床等一些滑坡要素。

2）基岩滑坡与倾向坡脚断层的区分

基岩滑坡与倾向坡脚断层的区别见表 1-2-1。

表 1-2-1　基岩滑坡与倾向坡脚断层的主要区别

基岩滑坡	倾向坡脚断层
滑坡改变岩体结构(层位、产状及断裂特征)的范围不大	断层改变岩体结构范围很大，一般顺走向延伸较远
滑坡床面上的岩体常具有松动破坏迹象(折扭、张裂、充泥等)	断层上盘有时也可较下盘破碎，但常系由有规律的节理切割而成
滑坡床产状有起伏波折，其总体呈向下趋势	断层产状稳定
滑坡塑性变形带的物质成分较杂，厚度变化大，所含砾石磨光性强，而挤碎性差	带构造岩特征与滑坡塑性变形带物质特征相反
滑坡擦痕方向与主滑方向一致，且只存在于黏性软塑带中或基岩表面一层，痕槽深浅及方向可随不同部位稍有变化	断层擦痕与坡向或滑坡体方向无关，且常深入基岩呈平行多层状，槽痕深浅及方向性规律甚强

二、野外识别

1. 古滑坡与新生滑坡的识别

1）古滑坡的识别

（1）河岸、沟岸或阶地后缘线突出，特别是河流凹岸(冲刷岸)突出。正常河岸是较平顺的，如岸坡滑动后滑坡体前缘堆积于河岸、沟岸，压埋卵石层而形成“凹岸突出”的特殊地貌形态。若滑坡体掩埋或挤压现代河床，常见岸边大孤石堆积，系河水冲走了滑坡体的细小颗粒而留下的大孤石。

（2）山坡上部出现较明显的圈椅状滑坡壁，低者数米至数十米，高者可达数百米。滑坡后壁下的滑坡平台或缓坡(有时呈现向山倾的反向坡)较两侧山坡低，又与河流阶地不对应；而山坡下部则较两侧山坡突出。整个山坡呈台坎相间的台阶状，有时有洼地和湿地分布。

（3）若为岩层滑坡，在滑坡前缘和两侧沟谷中会发现岩层与两侧稳定山体岩层不连续，产状发生较大变化，或变陡，或变缓，或发生倒转和褶皱。

（4）“马刀树”现象：滑坡体上原来垂直生长的树木由于滑坡滑动而倾倒或歪斜之后又向上生长，呈现出“马刀状”。从树木的年轮变化可推断出滑坡发生的年代。

（5）“双沟同源”现象：一般稳定的山坡上冲沟顺直而平行分布，但滑坡滑动时与两侧稳定山体发生剪切破坏，岩土体结构被破坏，易沿此带形成冲沟；该两侧冲沟向山坡上方沿原裂缝向滑坡后缘洼地集中，类似于双沟同源，这是古滑坡的独具特征。

2）新生滑坡的识别

新生滑坡是正在活动的滑坡，其变形迹象(主要是裂缝)比较明显，在本章第一节中已阐述了一个发育完全的滑坡的各种裂缝的性质及分布位置。因此在实际滑坡野外识别时，只要仔细调查裂缝的性质和分布位置，就可以确定其规模和范围。滑坡后缘与各分级后缘出现张拉裂缝且最早发生，两侧出现羽状裂缝和剪切裂缝，前缘出现放射状裂缝和鼓张裂缝，以及建筑物(如挡土墙等)出现倒八字裂缝。当滑坡即将整体滑动时，会出现剪出口的剪切裂缝和其附近垂直于滑动方向的鼓丘。

2. 稳定滑坡与不稳定滑坡的识别

1）稳定滑坡的识别

（1）滑坡体后壁较高，长满了树木，找不到擦痕和裂缝，且十分稳定。

（2）滑坡平台宽大且已夷平，土体密实，无沉陷现象。

（3）滑坡前缘的斜坡较缓，土体密实，长满树木，无松散崩塌现象。前缘迎河部分有被河水冲刷过的现象，滑坡舌部有些土石已被冲走，残留一些大块孤石。

（4）目前的河水远离滑坡的舌部，甚至在舌部外已有漫滩、阶地分布。

（5）滑坡体两侧的自然冲刷沟道被切割很深，甚至已达基岩。

（6）滑坡体舌部的坡脚有清晰的泉水流出等。

（7）滑坡体较干，地表多无泉水和湿地。

2）不稳定滑坡的识别

（1）滑坡体表面总体坡度较陡，而且延伸很长，坡面高低不平。后壁高陡，未长草木，常能找到新鲜擦痕和裂缝。

（2）有滑坡平台，面积不大，且有向下缓倾和未夷平现象。地表有裂缝且陷落不均。

（3）滑坡前缘斜坡较陡，有鼓丘，土石松散，未生长草木，小型坍塌时有发生，并面临河水冲刷的危险。

（4）滑坡两侧多是新生沟谷，切割较浅，沟底多松散物。

（5）滑坡体湿度很大，表面有泉水、湿地，滑坡舌部泉水流量不稳定、浑浊。

（6）滑坡表面有不均匀沉陷的局部平台，参差不齐。

（7）滑坡体上无巨大直立树木。

3）滑坡稳定性的划分

《滑坡崩塌泥石流灾害调查规范》（DD2008-02）中将滑坡稳定性划分为稳定、较稳定和不稳定三级，并给出滑坡野外判别可按照表1-2-2标准执行。

表1-2-2　滑坡稳定性野外判别依据

滑坡要素	不稳定	较稳定	稳定
滑坡前缘	滑坡前缘临空，坡度较陡且常处于地表径流的冲刷之下，有发展趋势，并有季节性泉水出露，岩土潮湿、饱水	前缘临空，有间断季节性地表径流流经，岩土体较湿，斜坡坡度在30°~45°	前缘斜坡较缓，临空高差小，无地表径流流经和继续变形迹象，岩土体干燥
滑 体	滑体平均坡度大于40°，坡面上有多条新发展的滑坡裂缝，其上建筑物、植被有新的变形迹象	滑体平均坡度在25°~40°，坡面上局部有小的裂缝，其上建筑物、植被无新的变形迹象	滑体平均坡度小于25°，坡面上无裂缝发展，其上建筑物、植被未有新的变形迹象
滑坡后缘	后缘壁上可见擦痕或有明显位移迹象，后缘有裂缝发育	后缘有断续的小裂缝发育，后缘壁上有不明显的变形迹象	后缘壁上无擦痕和明显位移迹象，原有裂缝已被充填

3. 滑坡滑动前的迹象识别

（1）滑坡山坡上有明显的裂缝，裂缝在近期有不断加长、加宽、增多现象，特别是当滑坡后缘出现贯通性弧形张裂缝，并且明显下错时，说明即将发生整体滑坡。

（2）滑坡前缘土体突然强烈上隆鼓胀。这是滑坡向前推挤的明显迹象，表明即将发生较为深层的整体滑动，滑坡规模也较大，具有整体滑动的特征。

（3）滑坡前缘突然出现局部滑坍，这种情况可能会使滑坡失去支撑而即将发生整体滑动，但是，也可能是局部的失稳。

（4）滑坡前缘坡脚有堵塞多年的泉水突然涌出，或者出现泉水（水井）突然干枯、井水位突然变化等异常现象，说明滑坡体变形滑动强烈，可能发生整体滑动。

（5）出现滑坡表层修建的池塘或水田突然干枯、井水位突然变化等异常现象，说明滑坡体上出现了深度较大的拉张裂缝，并且水体渗入滑坡体后，加剧了变形滑动，可能发生整体滑动。

（6）滑坡前缘突然出现规律排列的裂缝，滑坡前部甚至中部出现横向及纵向放射状裂缝时，表明滑坡体向前推挤受到阻碍，已经进入临滑状态。

（7）滑坡后缘突然出现明显的弧形裂缝。地面裂缝的出现，说明山坡已经处于不稳定状态。弧形张开裂缝和水平扭动裂缝圈闭的范围，就是可能发生滑坡的范围。

（8）简易观测数据突然变化，滑坡体裂缝或变形观测数据突然增大或减小，说明出现了加速变化的趋势，这是明显的临滑迹象。

（9）危岩体下部突然出现压裂。在崖下突然出现岩石压裂、挤出、脱落或射出，通常伴随有岩石开裂或被剪切挤压的声响，这种迹象表明可能发生崩塌。

（10）动物出现异常现象。猪、牛、鸡、狗等惊恐不宁、不入睡，老鼠乱窜不进洞，可能是滑坡、崩塌即将来临。

4. 滑坡缓慢滑动的迹象识别

（1）斜坡上的树木逐年下移。

（2）斜坡上的农田变形，水田漏水，水田变为旱地，或大块田变为小块田。

（3）斜坡上的一些灌溉渠道被不断破坏或逐年下移。

三、遥感图识别

应用遥感图像识别滑坡，主要应用航空遥感所提供的大比例尺（1：10000~1：15000）全色、彩色红外相片。另外也辅之以其他航空遥感图像，如多光谱摄影、多光谱扫描、侧视雷达扫描等。航空相片（简称航片）上的色调、色彩、阴影所构成的各种形态、大小、结构、纹影图案，把一定范围内的地表景观按一定比例尺真实地、客观地显示出来，使我们能够迅速判别此地是否存在滑坡及其规模和性质等，如图 1-2-3 所示。

图 1-2-3　滑坡遥感图识别示意图

在航片上识别滑坡，实质上就是识别滑坡的形态要素，然后结合收集研究地区的地质资料进行综合分析，从而确认滑坡。利用遥感图像进行滑坡判读，特别是区域性滑坡群的识别，优点是很多的。其突出地表现为效率高、视野广和准确度高，是一种先进的工作方法。但是也应指出，滑坡是一种复杂的动力地质现象，航空遥感不可能完全代替滑坡的地面调查工作。特别在详细研究阶段，航空遥感更不能代替物探、钻探、槽探等勘探工作及岩土力学试验工作。

1. 一般滑坡的解译

(1) 由于滑坡过程是由陡坡变为缓坡的位能释放过程，所以滑坡体的总体坡度较周围山体平缓，有的甚至成为平地地形或凹地。最典型的是滑坡体与后壁两侧壁构成的圈椅状地形，其他如舌形、梨形、三角形、不规则形等也很普遍。陡峭的滑坡后壁和它们形成的围谷在图像上表现为向上弯曲的弧形影像。由于不能直接见到滑坡的地下部分，滑坡体和滑坡后壁两项是滑坡遥感解译的最基本要素。有时可见到滑坡壁、滑坡台阶、滑坡鼓丘、封闭洼地、滑坡舌等微地貌标志。滑坡体与周围地质体在色调、纹理、植被发育及生长状况上有明显的差异。滑坡体的这些形状在航空相片上均有清晰的影像，容易被识别。

(2) 滑坡体滑动前及滑动过程中，滑体前后缘、两侧及中部均会产生裂缝。首次滑动以后这些裂缝在地表水和其他营力作用下发育成大小不同的冲沟。这些冲沟在航片上表现为明显的带状阴影和色调差异，因此，在航片上可以判读滑坡体上沟谷的展布规模、条数、切割深度、宽度、沟内分布物等。

(3) 滑坡体上的地表湿地、泉水、水田、沼泽、池塘及醉汉林、马刀树等在航片上也都容易识别。

2. 古滑坡的解译

(1) 滑坡后壁一般较高，坡体纵坡较缓，有时生长树木。

(2) 滑坡体规模一般较大，表面平整，土体密实，无明显的沉陷不均匀现象，无明显裂缝，滑坡台阶宽大且已夷平。

(3) 滑坡体上冲沟发育，滑坡两侧自然沟切割较深，有双沟同源现象。

(4) 滑坡前缘斜坡较缓，长满树木，有的形成马刀树，滑体无松散坍塌现象，前缘迎河部分有时出现大孤石。

(5) 滑坡台阶已远离河道，有的舌部已有不大的漫滩阶地。

(6) 泉水在滑坡边缘呈点状或串珠状分布，水体较清，在黑白航片上呈黑色。

(7) 滑坡体上多辟为耕地，甚至有居民点、电线杆等分布。

3. 活动滑坡的解译

(1) 滑坡体地形破碎、起伏不平，斜坡表面有不均匀陷落的局部平台。

(2) 斜坡较陡长，虽有滑坡平台，但面积不大，有向下缓倾的现象。

(3) 有时可见到滑坡体上的裂缝，特别是黏土滑坡和黄土滑坡，地表裂缝明显，裂口大。

(4) 滑坡体地表湿地、泉水发育，呈斑状或点状深色调。

(5) 滑坡体上无巨大的直立树木，可见小树木或醉汉林，且有新生冲沟，沟床窄而深。

(6) 滑坡体上土石松散，有小型崩塌。

四、地形图识别

1. 等高线突变

正常的斜坡在地形图上表现为密集而大致等距的等高线分布，而有滑坡存在时，等高线变得紊乱，出现地形突然变缓，形成鼓包、平台、鼻状、小丘地形等高线分布特征。滑坡越老，等高线变化越复杂。地形图上滑坡及其要素识别标志见表1–2–3。

表1–2–3　地形图上滑坡要素识别标志

等高线表现形式	反映的滑坡要素
等高线由单一方向等间距密集突变为弯曲稀疏	滑坡后壁
等高线密集，表现出单个的半球状隆起	幼年期滑坡的滑动块体
等高线表现出多个近方形、多边形平台，平台下等高线密集	青年、壮年期滑坡的块体
等高线表现为多个鼻状山梁和小丘	老年期滑坡的残留块体
等高线表现为与滑动方向近垂直的山包	壮年、老年期滑坡的舌部隆起
等高线表现为山脊呈指状分叉，山脊底部有河流弯曲绕行	滑坡前端的分叉
直行河流转一弧形弯后回到原直线	滑坡前缘堆积物挤压河流
单一方向等距密集状等高线突然有一段等高线紊乱，之后恢复正常	可能有一个滑坡存在

2. 不同时期滑坡的地貌特征

（1）滑坡越年轻，其后壁在平面上越接近直线。

（2）滑坡越老，滑坡体坡度越小，次生块体级别越低，块体越多，滑坡体上的泉眼越多。

（3）各时期滑坡前缘都会挤压河道，使河流向滑坡滑移方向突出。

3. 地形图反映滑坡的敏感性

1∶10000比例尺地形图中可反映出各时期大、中型滑坡的形态和范围，其反应特征与野外观察所见无明显区别，效果较好。但对于较小规模的幼年期滑坡的识别，宜采用1∶5000以上的比例尺地形图。

第三节　滑坡对管道的危害

在判断滑坡对管道的危害及其整治措施设计中，必须首先查明滑坡形成的条件及作用因素。滑坡的形成条件指的是滑坡作用发展时所处的内在结构，如地形地貌、岩层构造、水文地质等。滑坡的作用因素是指引起滑坡发生变化的外因，如降雨、冲刷、地下水位的变化、风化作用、物理化学作用、振动及人类活动等。具有同样的滑坡因素而不具备滑坡条件的地区不会发生滑坡现象。认识一个地区易于产生滑动的原因，以及导致岩体移动的因素是极为重要的。因为只有正确地认识它，才能为准确地判别及有效地整治提供依据。其滑坡类型的多样化，反映了与其成因有联系的各种因素的错综复杂性。

一、滑坡的形成条件

1. 地形地貌

斜坡的存在，使滑动面能在斜坡前缘出露，是滑坡产生的先决条件。同时，斜坡不同的坡度、高度和形态等要素可使斜坡内应力状态发生变化，内应力的变化可导致斜坡稳定或失稳。通常情况下，斜坡越陡、高度越大，切割越剧烈，滑坡越发育。

（1）一般发生滑坡山坡的地形坡度介于20°~45°（亦有资料表明15°~42°），大于45°的斜坡多崩塌而少滑坡，缓于20°者滑坡亦较少发生。但有些黏性土自然斜坡可能在10°左右亦会发生滑坡，其中多数滑坡发生在人工开挖管沟过程中，其形成的管沟沟壁边坡远大于10°。

地层为洪积或软硬岩交互层组成山坡，其自然斜坡坡度常达20°左右；地层为风化岩层、破碎带、山坡堆积等，其自然坡度常达40°左右；含碎石或含软岩碎块较多的河岸斜坡一般可达25°~30°。

（2）在河谷两岸，峡谷区多崩塌而少滑坡。相反，在宽谷区则多滑坡而少崩塌。之所以能形成宽缓河谷，是由于岸坡岩性较软弱，易被河流冲刷切割，所以易形成滑坡。滑坡更多见于宽谷与峡谷的交界部位。

滑坡多出现在河流的冲刷岸（凹岸），主要是由于河流冲刷削弱了斜坡下部的支撑力。

（3）平顺的直线坡一般稳定性较好，很少发生滑坡。上缓下陡的凸形坡除岩性和风化原因外，一般稳定。阶梯状坡则可能产生某些坡段的滑坡，陡坡崩塌而缓坡滑坡。有些阶梯状斜坡就是古滑坡所致。选线时不可只从地形平缓考虑而将线路放于缓坡或其前缘。

从自然山坡斜坡形态看，下陡中缓上陡的山坡易发生滑坡。山坡上的低洼地段的凹形坡及地下凹槽、凸形坡或上凹下凸形斜坡，都与滑坡有关。

（4）支沟与主沟（河）交汇处的山坡常常因双向切割侵蚀（或有构造运动）而容易产生滑坡。

（5）山坡上部呈圈椅形，前部地面起伏，上部有封闭洼地（多为清泉、湿地或水塘），滑坡体有裂缝、擦痕、醉汉林、马刀树等，亦是滑坡地貌的典型特征。

2. 岩性

在岩土层中，必须具有受水构造、聚水条件和软弱面（该软弱面也是具有隔水作用）等，才能形成滑坡。

岩土体是产生滑坡的物质基础，它的性质和结构对滑坡具有决定性作用。同一的岩性又因构造、地貌等条件差异而有所区别。滑坡主要发生在易亲水软化的土层和一些软岩中，软弱岩土是产生滑坡的物质基础。对于土石性质比较软弱、结构比较松散破碎而聚水条件较好、排水不易的地层（如松散覆盖层、黄土、红黏土、页岩、泥岩、煤系地层、凝灰岩、片岩、板岩、千枚岩等），就比较容易产生滑坡。因此滑坡产生的关键是有易滑软弱层的存在。

3. 构造

除岩性条件外，坡体地质构造是滑坡最重要的控制条件，即指坡体中各种岩土层和结构面（包括层面、节理面、片理面、接触面、断层面、不整合面、老地面等）的性质、形状及与临空面的关系。

结构面发育的斜坡，结构面与斜坡坡面倾向近于一致。特别是结构面倾角越陡，其下滑力越大，亦最易发生滑坡。

4. 水文地质

地下水活动在滑坡形成中起着主要作用。它的作用主要表现在：

(1) 软化岩土体，降低岩土体的强度。有隔水层才有地下水聚积，而滑动带常常作为隔水层，受水长期作用而软化，强度降低，这是形成滑坡的必要条件之一。

(2) 增大岩土体容重，对透水岩层产生浮托力。地下水增大了滑体重力，在滑坡后缘裂隙中形成静水压力和在滑体中形成动水压力，从而增大了下滑力。

(3) 侵蚀岩土体。在某些地层中地下水可对岩土体形成潜蚀、溶蚀及水化学作用，降低滑带土的强度，如某些黄土滑坡。在饱和粉土和细砂地层中又会因震动液化而形成滑坡。

二、滑坡的作用因素

具有滑坡条件的斜坡是否会发生滑坡，与促使滑动的作用因素和作用程度有关。引起滑坡的主要因素包括自然因素和人为因素两种，而每种因素中又含着多种作用方式。

1. 自然因素

1）降水

降水对滑坡的诱发主要是因其具有渗透作用，即降水转化成地下水以后才对滑坡的发生、发展起作用。主要表现在：地下水流在土的粒子上施加压力，增大了滑坡体容重，因而降低了边坡的稳定性；地下水能够溶蚀掉易溶的胶结物，因而使颗粒间的结合减弱，其结果是黏结力降低，同时内摩擦阻力系数降低；活动中的地下水，从边坡和地下洞穴中冲走细砂和泥质颗粒因而降低边坡稳定性；地下水因具有上浮力作用于上覆不透水层。

降雨对滑坡的影响一般要有两个条件：(1)有足够的降雨强度；(2)要有较长的连续降雨时间。

2）地震

地震对滑坡的作用主要表现在以下 3 个方面：(1)地震波在岩土体内传递，使岩土体承受地震惯性力，因此增加了滑体的下滑附加力。地震烈度越高，附加力越大；(2)增加了潜在滑带的超孔隙水压力，降低了滑带土的抗剪强度；(3)造成饱水粉细砂土的振动液化，使上覆坡体“悬浮”。

3）河流冲刷

河流的冲刷下切和侧蚀对河谷边坡稳定性的破坏作用非常明显，主要表现在以下 3 方面：(1)河流的冲刷作用增加了斜坡的高度和陡度，因而可使边坡因重力失稳而滑塌；(2)埋藏在斜坡体内部的向河倾斜的软弱带被切断，出现临空面；(3)抗滑地段的土体被冲刷掉，因而造成新滑坡产生或古滑坡复活。

4）水位升降

河道、沟道以及库区水位的涨落和升降会改变斜坡岩土体的水文地质条件。水位上升时造成地下水位抬升，滑带浸水范围扩大，强度降低，阻滑力减小；水位骤降时产生动水压力，增大了下滑力。

2. 人为因素

自然灾害的发生并不完全出于自然因素的作用，而在相当程度上是人类的活动所造成或诱发的。据统计，现在发生的各类地质灾害约有50%与人类活动有关，铁路沿线的滑坡因人为活动引起者占63%，而公路滑坡85%以上是公路路线走向不合理、工程设计不合理和公路建设过程中施工方案不当等因素所造成和诱发的。

1）挖方切割

在本来不稳定的斜坡坡面上，大量开挖路堑、切割坡脚，破坏了山体的应力平衡，削弱了山坡的支撑力量，造成山体失稳。对于岩石顺层滑坡，开挖切断或削弱了岩层原有的支撑力。个别情况也有因开挖坡顶平整场地而引起滑坡现象，这是因开挖坡顶之后，增强了降水的渗透作用而引起的。

对滑坡前部抗滑部分岩土体人为地进行切割，其作用实质与水流冲刷作用相同，它同样能造成支撑力的减弱并引起滑坡复活。人工切割作用进行的速度很快，且常常是一次完成。因此，它对滑坡稳定性的影响将比水流冲刷更为显著。由于工程活动一般总是习惯于在斜坡前部进行开挖，管道行业亦存在着大量因不合理开挖堑坡而造成新滑坡产生或古老滑坡复活的例子。

2）斜坡加载

滑坡的下滑力主要是由处于滑坡的岩土体在其重力沿滑动面的分力产生。因此，处于后部陡坡地段的滑动体体积越大，滑动力也越大。当在滑坡后部地面或滑坡体斜坡坡面上人为堆填土石或进行重型建筑时(如修建管道的站场、阀室、跨越墩、重型设备行走等)，将引起滑动力的增大，并造成原先平衡状态的山坡产生滑动，或使古老滑坡复活。

3）灌溉水下渗

农田灌溉水下渗引起边坡滑坡在西北黄土塬区十分突出，主要是由生产和生活用水下渗引发。

4）植被破坏

植被是天然斜坡的保护层，其根系对表土有加固作用，树枝和树叶减少降水的下渗，增加蒸发作用，减小坡体地下水量，对斜坡稳定性有利。因此，大量开挖破坏地表植被，不仅对环境保护不利，亦不利于边坡的稳定性。许多高陡边坡开挖后形成的滑坡，就是由此而引起的。

5）爆破振动

爆破振动对斜坡稳定性的负面作用虽不如地震影响大，但却可以引起局部斜坡的失稳滑坡。尤其是大药量爆破，不仅破碎了岩体，造成坡体松弛，使地表水更易渗入软化软弱带，而且对坡脚支撑力也是起到削弱作用。

6）改变地表水的排水条件和地下水的运动规律

人为地破坏了自然地表水的排水系统，如山坡所设的排水设备布置不当；或断面太小，引起排水不畅或浸溢、乱流；或者排水系统损坏失修，污水长期淤积；或在维修养护中未能及时疏通，使滑坡体被浸湿等。因此，在古老滑坡范围内进行灌溉或当有工业、民用水大量渗入滑坡体时，尤应考虑其对滑坡复活的诱发影响。

改变地下水的运动规律是伴随挖方而产生的一种现象。因为切深较大的挖方破坏了原来随补给条件的改变而潜水面自由变化的规律，迫使潜水面下降，减少了过水断面，从而引起流动速度加快等一系列地下水动力学性质的变化，这种情况对边坡的稳定是有影响的。有些滑坡在明显地滑动之前，先于开挖后的坡脚处渗出水流，然后发生明显的滑动，在这个过程中人为改变地下水的运动规律是起着一定作用的。

7）采空区塌陷

一般在煤矿矿区因地下采煤后造成下部煤层采空，使覆于煤层上部的岩体失稳而导致滑坡产生。

三、滑坡对管道的危害类型及特征

滑坡是山区最为典型的地质灾害类型之一，常常给工农业生产及人民生命财产造成巨大损失，有的甚至是毁灭性的灾难。滑坡对相关工程的危害如下：

（1）对水利工程的危害。我国许多滑坡发生在水电工程附近，它们毁坏水渠管道，破坏大坝、水电站、变电站及其他设施。滑坡体落入水库中常造成水库淤积，有时甚至激起库水翻越大坝冲向下游造成伤亡和损失。有些滑坡还可以造成水库报废。总之，滑坡常常破坏山区水利水电工程，使其不能正常运营，造成经济损失。

（2）对铁路的危害。铁路是遭受滑坡危害最频繁、最严重的一项工程。尤其是宝成线、陇海线的宝天段及成昆线，几乎年年遭受滑坡的袭击。据不完全统计，我国铁路沿线的大中型滑坡点有约一千处，崩塌点为数更多，致使铁路部门每年花费大量资金整治。滑坡对铁路的危害主要表现是：破坏线路、中断行车、危害站场、砸坏站房；毁坏铁路桥梁及其他设施、错断隧道、摧毁明硐，造成车翻人亡的行车事故。

（3）对公路的危害。山区公路也是遭受滑坡危害最频繁的一项工程。其主要危害是：掩埋公路、砸坏路基及公路桥、中断交通；造成行车事故、引起人身伤亡。

（4）对河运及海洋工程的危害。对河运的危害主要表现为堵江断流、中断航运交通、形成江中险滩、威胁过往船只、激起涌浪、推翻船只，引起民人身伤亡。对海洋工程的危害最常见的是海底地基发生滑坡；引起海上钻井平台的下沉、滑移和倾倒事故，造成严重经济损失。

近几年，滑坡对长输管道的危害已越来越频繁，国内几乎所有的山区管道都受到滑坡灾害的威胁，如兰成渝管道、忠武管道和西气东输管道，运营管理单位不但投入巨资对滑坡灾害进行治理，个别地段甚至采取了改线措施进行避绕。

滑坡对管道的危害是与滑坡体的稳定程度和管线通过滑坡体的敷设方式密切相关的。依据滑坡体的稳定程度，可将滑坡对管道的危害分为活动滑坡(新生滑坡)的危害和稳定滑坡(古滑坡)的危害两类。而管线通过滑坡体的敷设方式主要包括横坡敷设(管线与地形等高线近乎平行)和顺坡敷设(管线与等高线近乎垂直)两种。

1. 活动滑坡对管道的危害

1）活动滑坡与稳定滑坡的区别

活动滑坡与稳定滑坡的相同之处在于都出现过斜坡失稳滑动迹象，因此从其表象上看，两者或多或少都会表现出滑坡的地貌特征，如滑坡裂缝、滑动面、滑坡壁、泉眼、湿地、圈椅状地貌等。而两者最根本的区别为前者在滑坡发生后仍会继续活动，即处于不稳定状态；而后者在滑坡发生后已停止发展，一般情况下不再重新活动，因此处于相对稳定状态。

2）活动滑坡的典型地貌特征

活动滑坡的典型地貌特征包括：滑坡体表面坡度较陡，坡面高低不平；后壁较陡，有时存在“醉汉林”，常能找到新鲜擦痕和裂缝；地表有裂缝且陷落不均；滑坡前缘斜坡较陡，有鼓丘，土石松散，未生长草木，小型坍塌时有发生；滑坡体湿度很大，表面有泉水、湿地，滑坡舌部泉水流量不稳定、浑浊；滑坡表面有不均匀沉陷的局部平台，参差不齐，如图1-3-1所示。

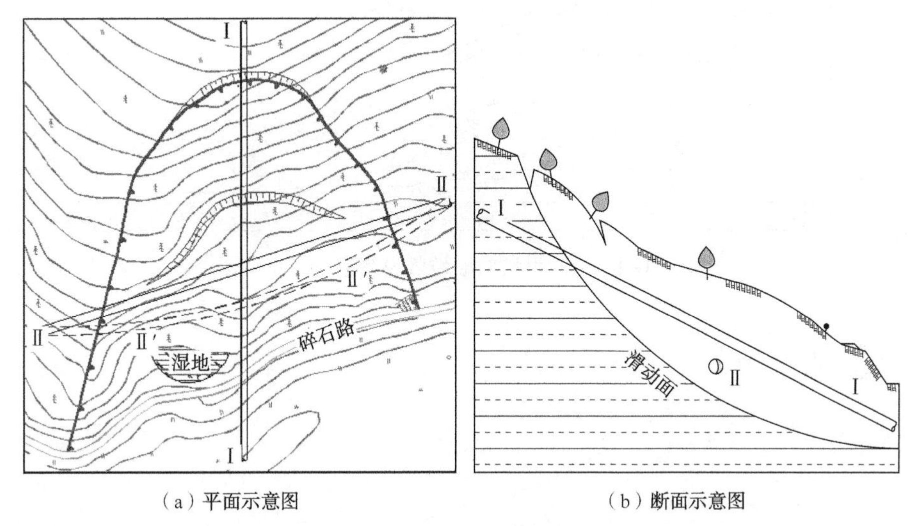

（a）平面示意图　　（b）断面示意图

图1-3-1　活动滑坡特征及管道敷设示意图

3）活动滑坡对顺坡敷设管道的危害

管道顺坡敷设于活动滑坡地段时，由于管线线位基本与地形等高线处于正交状态，因此管道两端基本处于滑坡体边界线以外。而中间段管道，由于管沟埋深一般小于5m，所以管道基本从活动滑坡体内部通过，如图1-3-1中Ⅰ所示。

当活动滑坡下滑时，自然地面线亦随之发生改变，如图1-3-2所示。图中实线部分为滑坡发生前地面线，虚线部分为滑坡发生后的地面线。从图中可以看出，原地面线坡度较陡，前缘边坡坡度亦较陡。而滑坡发生后，无论是整体坡面还是滑坡前缘，其边坡比都较之前缓，因此活动滑坡滑动后所形成的边坡其整体稳定性都较稳定。但正如图1-3-2所示，在坡体由滑动滑坡向较稳定边坡的发展过程中，由于土体与管道本体间形成了相对位移，因此滑动的土体对管道之间就会发生相互的摩擦推挤作用。边坡土体在运动过程中，管道亦会相应地从图1-3-2中的Ⅰ位置运动到Ⅰ′位置。管道通过滑坡边界上部附近的管段，会由于土体的摩擦拉伸作用而产生拉伸变形；而滑坡体下部的管段，会由于前缘土体的摩擦阻力作用而产生压缩变形。当管道本体所承受的拉伸或压缩变形超出其允许值时，管道会出现不可恢复的弹塑性变形或塑性变形，严重时甚至断裂。

4）活动滑坡对横坡敷设管道的危害

管道横坡敷设于活动滑坡地段时，由于管线线位基本与地形等高线处于平行状态，因此管道走向与滑坡体滑动方向近乎垂直相交。由于受管道埋深限制，因此管道亦基本从活动滑坡体内部通过，如图1-3-3中Ⅱ所示。

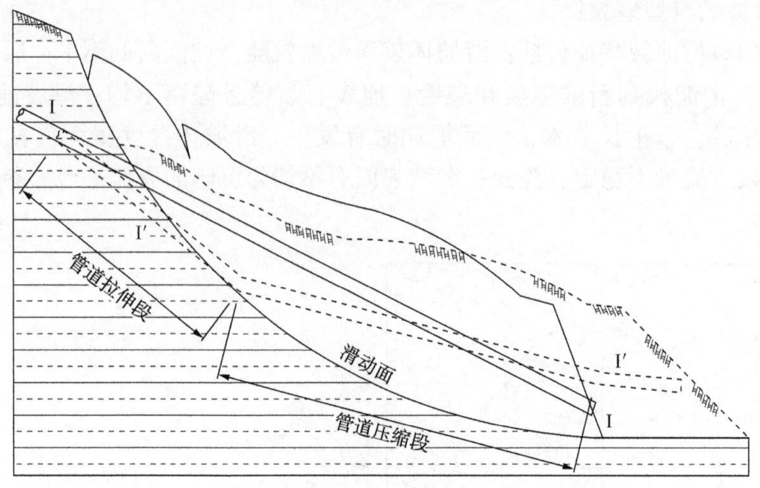

图 1-3-2　活动滑坡对顺坡敷设管道危害示意图

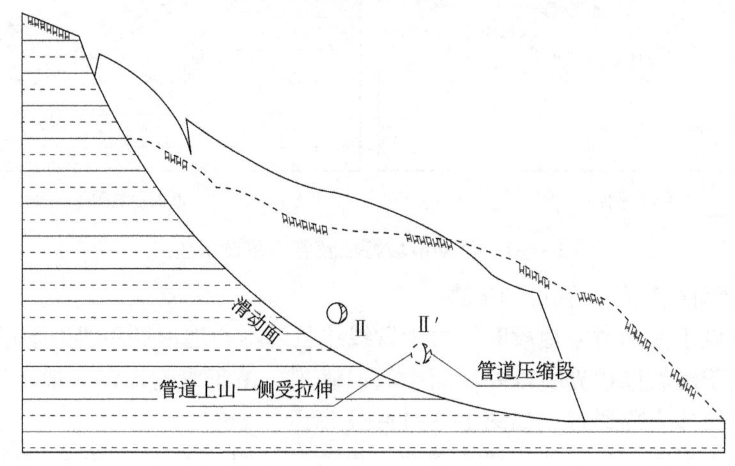

图 1-3-3　活动滑坡对横坡敷设管道危害示意图

当活动滑坡下滑时，随着滑坡体沿主滑线向下山方向运动，管道主体亦随之产生弯曲变形，如图 1-3-3 中Ⅱ′所示。滑坡运动停止后，如图 1-3-3 中虚线地面线所示，管道本体变形亦随之不再发展。但此时管道变形亦达到滑动过程中的极值，其中尤以管道本体与主滑线相交处的管道变形值为最大。

如图 1-3-3 所示，滑坡体运动过程中，管道本体随之由Ⅱ位置运动变形到Ⅱ′位置。管道在Ⅱ′位置处所产生的弯曲变形就管道本体某一截面而言，一般其外侧(下山一侧)受到拉伸应变，而其内侧(上山一侧)又多表现为压缩应变。当管道本体所承受的拉伸或压缩变形超出其允许值时，管道会出现不可恢复的弹塑性变形或塑性变形，严重时甚至断裂。需要说明的是，在某些特定条件下(如管道变形处的曲率半径较大时)，管道截面的内、外两侧可能会同时承受拉伸应变(即管道截面全断面拉伸)。但是即便如此，管道截面外侧的拉伸应变亦远大于其内侧的拉伸应变，因此在这种状态下比较管道的拉伸变形值时，应仍以其外侧值作为比较对象。

2. 稳定滑坡体对管道的危害

1）稳定滑坡的典型地貌特征

稳定滑坡的典型地貌特征包括：滑坡体后壁较高，长满了树木，找不到擦痕和裂缝，且十分稳定；滑坡平台宽大且已夷平，土体密实，无沉陷现象；滑坡前缘的斜坡较缓，土体密实，长满树木，有的形成马刀树，无松散崩塌现象；滑坡体舌部的坡脚有时有清晰的泉水流出等；滑坡体较干，地表多无泉水和湿地。如图 1-3-4 所示。

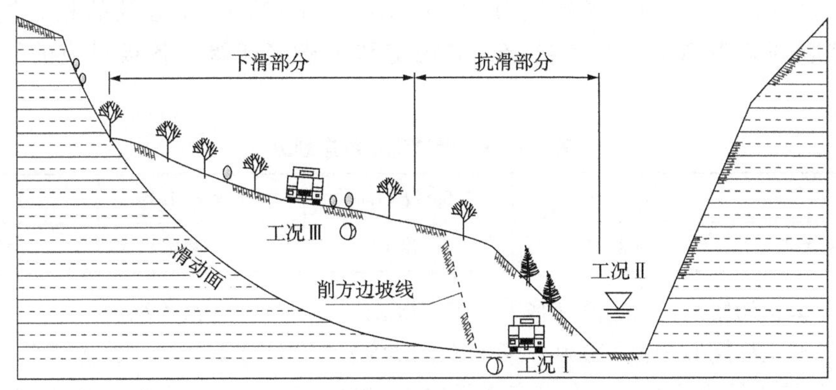

图 1-3-4　稳定滑坡对管道危害示意图

2）稳定滑坡对管道的危害

稳定滑坡的复活(即再次滑动)主要来自 3 个作用因素，即人为地挖方切割滑坡前缘(如图 1-3-4 中工况Ⅰ所示)、水流冲刷滑坡前缘(如图 1-3-4 中工况Ⅱ所示)及斜坡加载(如图 1-3-4 中工况Ⅲ所示)。除水流冲刷滑坡前缘属于自然因素外，其他两种都与人为因素有关。对于管道行业而言，稳定滑坡复活的例子以前两种居多，其中尤以人为地挖方切割滑坡前缘所出现的事故实例最为普遍。

稳定滑坡形成后，依据滑坡体中的土体对滑坡稳定性是否有利可将其划分为两部分：有利于保持滑坡体稳定的称之为抗滑部分，该段分布于滑坡体的前缘；不利于滑坡体稳定的称之为下滑部分，该段分布于滑坡体的中后部。前者的滑动面倾角较陡，其下滑力大于该段的抗滑力，因此存在下滑趋势。而后者的滑动面倾角平缓，其下滑力小于该段的阻滑力，因此该段起到阻滑作用。正是由于前缘的阻滑作用，使得整个滑坡体处于力的平衡和稳定状态。

人为地挖方切割和水流冲刷滑坡前缘都会造成滑坡体阻滑段支撑力的降低并引起滑坡复活。两者的不同是，前者是人为因素的作用所导致的，因此速度较快，通常一次完成。而后者是由自然因素造成，历时相对较长。曾有人提出在滑坡抗滑段挖除或流失滑坡总体积超过 5%时，就有可能引起稳定滑坡的复活。成昆铁路铁西老滑坡体体积达 $200\times10^4m^3$，1970—1980 年在滑坡前缘采石约 $19\times10^4m^3$，还不到滑体总体积的 10%，就引起了古滑坡复活。

斜坡加载虽然也是由于人为因素作用而引起稳定滑坡复活，但与前两种的下滑机理有着明显的不同。在滑坡体抗滑力不变的条件下，斜坡加载是通过增大了滑坡体的下滑力，从而造成两者不平衡失稳而诱发古滑坡复活。管道建设的斜坡加载方式包括修建管道的站场、阀室、跨越墩、重型设备行走等，其中重型设备的行走属临时性的施工荷载。

由于稳定滑坡复活而造成管道变形破坏的方式与机理与活动滑坡类似，在此不再赘述。

第四节　滑坡稳定性定性分析

一、滑(边)坡稳定系数

1.《滑坡防治工程勘查规范》(DZ/T 0218—2006)中的相关规定

根据《滑坡防治工程勘查规范》(DZ/T 0218—2006)第 12.4.6 款的相关规定，将滑坡稳定性状态划分为稳定、基本稳定、欠稳定和不稳定四级，各级对应的稳定系数见表 1-4-1。

表 1-4-1　滑坡稳定状态划分

滑坡稳定系数 F	$F<1.00$	$1.00\le F<1.05$	$1.05\le F<1.15$	$1.15\le F$
滑坡稳定状态	不稳定	欠稳定	基本稳定	稳 定

2.《岩土工程勘察规范[2009 年版]》(GB 50021—2001)中的相关规定

根据《岩土工程勘察规范[2009 年版]》(GB 50021—2001)第 4.7.7 款的相关规定，将边坡稳定性系数按工程重要性等级和已有或新建边坡的状态进行划分分级，各级对应的稳定系数 F_S见表 1-4-2。本规范中没有明确规定滑坡的稳定性系数。

表 1-4-2　边坡稳定系数

边坡稳定系数 F_S	1.30~1.50	1.15~1.30	1.05~1.10	1.10~1.25
工程重要性等级	重要工程	一般工程	次要工程	—
边坡情况	新设计边坡	—	—	已有边坡

3.《建筑边坡工程技术规范》(GB 50330—2013)中的相关规定

根据《建筑边坡工程技术规范》(GB 50330—2013)的相关规定，将边坡工程稳定安全系数按边坡类型和边坡工程安全等级进行划分分级，各级对应的稳定系数 F_{St}见表 1-4-3。本规范中亦没有明确规定滑坡的稳定性系数。

表 1-4-3　边坡稳定安全系数 F_{St}

边坡工程安全等级 稳定安全系数 F_{St} 边坡类型		一级	二级	三级
永久边坡	一般工况	1.35	1.30	1.25
	地震工况	1.15	1.10	1.05
临时边坡		1.25	1.20	1.15

注：(1)地震工况时，安全系数仅适用于塌滑区内无重要建(构)筑物的边坡；

(2) 对地质条件很复杂或破坏后果极严重的边坡工程，其稳定安全系数应适当提高。

4.《地质灾害防治工程勘查规范》(DB50/T143—2018)中的相关规定

重庆地方标准《地质灾害防治工程勘察规范》(DB50/T143—2018)对滑坡稳定性系数的规定比较细，该规范引入了滑坡稳定系数 F_S和滑坡稳定性安全系数 F_{St}两个概念，而滑坡稳

定性安全系数 F_{St}的取值受稳定性计算工况的限制。

（1）该规范第 13.2.4 条对滑坡稳定性计算所采用的工况及相应荷载组合要求见表 1-4-4。

表 1-4-4　滑坡稳定性计算工况设置及荷载组合

滑坡涉水状态	工况	荷载组合
不涉水滑坡	天然工况（工况 1）	自重+地表荷载+地下水压力
	暴雨工况（工况 2）	自重+地表荷载+地下水压力
涉水滑坡	天然工况（工况 1）	自重+地表荷载+地下水压力+现状河（库）水压力
	暴雨工况（工况 2）	自重+地表荷载+地下水压力+河（库）水压力
	暴雨+高水位工况（工况 3）	对库岸滑坡，自重+地表荷载+与坝前正常水位对应的当地洪水位状态下地下水压力+库水压力； 对河岸滑坡，自重+地表荷载+洪水位状态下地下水压力+河水压力
	暴雨+水位降工况（工况 4）	对库岸滑坡，自重+地表荷载+与坝前正常蓄水位对应的当地洪水位降至与坝前死水位对应的当地汛期最低水位状态下地下水压力+库水压力； 对河岸滑坡，自重+地表荷载+洪水位降至汛期最低水位状态下地下水压力+河水压力

（2）该规范第 13.2.20 条规定，滑坡稳定性安全系数 F_{St}应根据滑坡防治工程等级按表 1-4-5 确定。

表 1-4-5　滑坡稳定性安全系数 F_{St}

滑坡工程防治等级	一级	二级	三级
稳定安全系数	$1.30 \geqslant F_{St} \geqslant 1.20$	$1.20 > F_{St} \geqslant 1.15$	$1.15 > F_{St} \geqslant 1.10$
当受直接威胁人数大于或等于 1000 人或可能造成的直接经济损失大于或等于 1 亿元时，稳定安全系数取 1.30；当受直接威胁人数小于或等于 50 人且可能造成的直接经济损失小于或等于 250 万元时，稳定安全系数取 1.10；其他情况下，稳定安全系数根据受直接威胁人数和可能造成的直接经济损失通过内插确定			

（3）该规范第 13.2.19 条规定，滑坡稳定状态应根据滑坡稳定系数按表 1-4-6 确定。

表 1-4-6　滑坡稳定状态划分

滑坡稳定系数 F_S	$F_S<1.00$	$1.00 \leqslant F_S<1.05$	$1.05 \leqslant F_S<F_{St}$	$F_{St} \leqslant F_S$
滑坡稳定状态	不稳定	欠稳定	基本稳定	稳定

5. 小结

（1）滑坡稳定系数 F_S是滑坡体在现状最不利工况条件下判断滑坡稳定性的数值，根据滑坡稳定系数值的区间范围，可以将滑坡稳定状态划分为不稳定、欠稳定、基本稳定和稳定四种状态。滑坡稳定安全系数 F_{St}是考虑滑坡工程设计重要性等级和工况的条件下，所给定的一个设计安全系数值。前者一般由勘察规范给定，而后者一般是由技术规范或设计规范给定。

(2) 滑坡稳定系数 F_S 和滑坡稳定安全系数 F_{St} 两者之间有区别而又相互联系。两者的区别是：一般情况下，稳定系数不能用于滑坡工程的设计计算中，但可以直接用于判定滑坡的稳定状态，该值较稳定安全系数偏小；而稳定安全系数可应用于滑坡工程的设计计算中，但不能直接用于判定滑坡的稳定状态，该值相对较大(出于安全考虑)。两者的联系是：部分规范[如《地质灾害防治工程勘察规范》(DB50/T143—2018)]将稳定系数与工程设计要求的稳定安全系数进行比较，以此来判断滑坡的稳定性是否满足设计要求。但前者是用于滑坡稳定性判断，而后者适用于滑坡工程设计，两者的用途不同是最根本的区别。目前的滑坡勘察和设计工作中有混淆两者概念的情况出现。

(3) 关于目前规范中存在的一些问题，由于滑坡稳定系数和稳定安全系数在滑坡稳定性判断和工程设计中具有重要的技术和经济意义，各行业和规范都十分重视系数的选取，但仍然存在系数选用混乱、不明确的情况出现。主要表现在：一是，明确边坡稳定系数而未明确滑坡稳定系数[如《岩土工程勘察规范[2009 年版]》(GB 50021—2001)]，容易给使用者形成“以边代滑”的误区；二是，两者之间界面不清，造成使用者为追求安全起见，直接使用较高值的安全系数代替稳定系数对滑坡体进行稳定性评价，这就使得单纯从数值上来看，稳定系数和稳定性安全没有区别；从使用阶段上来看，勘察所做的稳定性评价工作和工程设计所做的设计计算工作没区别。

(4) 从规范的权威性和行业指导性来看，建议滑坡稳定性系数和稳定性状态判断应以遵循《滑坡防治工程勘查规范》(DZ/T 0218—2006)规范为主，其他规范为辅，而这一项工作应以勘察人员为主来完成。

二、根据滑坡工程地质特征评价滑坡稳定性

《滑坡防治工程勘查规范》(DZ/T 0218—2006)中，提出采用地质分析方法，通过分析影响滑坡稳定性的主要地质环境影响因素和内外动力作用，结合宏观变形破坏迹象，定性综合评判滑坡的稳定性。

1. 稳定状态滑坡($F \geq 1.15$)

(1) 滑坡外貌特征：后期改造很大，滑坡洼地基本难以辨认，滑体地面坡度平缓(≤10°)，前缘临空面低矮(高度一般小于 5m，坡度小于 15°)，滑体内冲沟切割已至滑床。

(2) 滑面：滑面起伏较大，且倾角平缓(≤10°)。

(3) 透水情况：滑坡残体透水性良好，剪出口一带泉群分布且流量较大。

(4) 滑(动)距(离)：滑距较远，能量已充分释放，残体处于稳定状态。

(5) 外动力：滑坡周围无新的堆积物加载来源，滑坡前缘已形成河流侵蚀的稳定坡型或有河流堆积。经分析和实地调查，未发现可导致滑坡体整体复活的主要动力因素，人类工程活动程度很弱或不存在。

2. 基本稳定状态滑坡($1.05 \leq F < 1.15$)

(1) 滑坡外貌特征：后期改造较大，滑坡洼地能辨认，但不明显或略有封闭，滑体地面平均坡度较缓(10°~20°)，前缘临空面比较低矮(高度 15~30m，坡度 15°~20°)，滑体内冲沟切割已至滑床。

（2）滑面：滑面形态起伏，滑面平均倾角不大于20°。

（3）透水情况：滑坡残体透水性良好。

（4）滑（动）距（离）：滑距较远，能量已充分释放。

（5）外动力：滑坡周围无新的堆积物加载来源，滑坡前缘已形成河流侵蚀的稳定坡型。经分析和实地调查，在特殊工况条件下其整体稳定性会有所降低，但仅可能产生局部变形破坏。

3. 欠稳定状态滑坡（$1.00 \leq F < 1.05$）

（1）滑坡外貌特征：后期改造不大，后缘滑坡洼地封闭或半封闭，滑体体地面平均坡度20°～30°，前缘临空面比较高陡（高度30～50m，坡度20°～30°），滑体内冲沟切割中等。

（2）滑面：滑面形态为靠椅状或平面状，滑面平均倾角不大于20°～30°。

（3）透水情况：滑坡残体透水性一般。

（4）滑（动）距（离）：滑距不太远，能量释放不充分。

（5）外动力：滑坡后缘有加载堆积或有一定数量的危岩体为加载来源，滑坡前缘受冲刷尚未形成稳定坡型，且有局部坍塌产生，尚无明显变形迹象。经实地调查和定性分析，在一般工况条件下是稳定的，但安全储备不够，在特殊工况条件下有可能整体失稳。

4. 不稳定状态滑坡（$F > 1.00$）

（1）滑坡外貌特征：外貌特征明显，滑坡洼地封闭明显，滑体体地面平均坡度较陡，大于30°，前缘临空面高陡（高度大于50m，坡度大于30°），滑体内冲沟切割较浅。

（2）滑面：滑面形态为靠椅状或平面状，滑面平均倾角大于30°。

（3）透水情况：滑坡结构松散，透水性差。

（4）滑（动）距（离）：滑距短，滑坡残体保留较多，剪出口以下脱离滑床的体积较少。

（5）外动力：滑坡有加载来源；滑坡前缘受冲刷，有坍塌产生；滑体上近期有明显变形破坏迹象；滑坡后缘形成弧形裂缝或塌陷，两侧发育羽状剪张裂缝，滑坡前缘鼓胀、鼓丘等。经实地调查和分析，滑体日前接近于临界状态，且朝正向不稳定方向发展，在特殊工况条件下有可能大规模失稳。

三、根据滑坡空间裂缝的分期配套特征评价滑坡稳定性

大量滑坡实例表明，不同成因类型的滑坡，在不同变形阶段会在滑坡体不同部位产生拉应力、压应力和剪应力等局部应力集中，并在相应部位产生与其力学性质对应的裂缝。如果将这些裂缝据实描绘在滑坡体的工程地质平面图上，将看到这些裂缝的发育分布会表现出一定的宏观规律性，其中最明显的就是分期配套特征。滑坡裂缝体系的分期是指裂缝的发生、扩展与斜坡的演化阶段相对应，对于同一成因类型的斜坡，不同变形阶段裂缝出现的顺序、位置及规模具有一定的规律。配套是指裂缝的产生、发展不是随机散乱的，而是有机联系的，在时间和空间上是配套的。大量的滑坡实例表明，可按受力条件将滑坡分为推移式和牵引式（渐进后退式）两种来阐述裂缝的分期配套特征。

1. 推移式滑坡裂缝体系的分期配套特征

推移式滑坡的滑动面一般呈前缓后陡的形态，滑坡中前段为抗滑段，后段为下滑段。促使滑坡变形破坏的"力源"主要来自坡体后缘的下滑段，如图1-4-1所示。因此，在坡体变形过程中，其后段因存在较大的下滑推力而首先发生拉裂和滑动变形，并在滑坡体后缘产生

拉张裂缝。随着时间的延续，后段岩土体的变形不断向前和两侧(平面)以及坡体内部(剖面)发展，变形量级也不断增大，并推挤中前部抗滑段的岩土体产生变形。在此过程中，其地表裂缝体系往往显示出如下分期配套特征，如图1-4-2所示。

(1)后缘拉裂缝形成。斜坡在重力或外部营力作用下，稳定性逐渐降低。当稳定性降低到一定程度后，坡体开始出现变形。推移式滑坡的中后段滑面倾角往往较大，滑体所产生的下滑力往往远大于相应段滑面所能提供的抗滑力。由此在滑坡体中后段产生下滑推力，并形成后缘拉张应力区。因此推移式滑坡的变形一般首先出现在坡体后缘，且主要表现为沿滑动面的下滑变形。下滑变形的水平分量使坡体后缘出现基本平行于坡体走向的拉张裂缝，而竖直分量则使坡体后缘岩土体出现下错变形。随着变形的不断发展，一方面拉张裂缝数量增多，分布范围增大；另一方面，各断续裂缝长度不断延伸增长，宽度和深度加大，并在地表相互连接，形成坡体后缘的拉裂缝。在拉张变形发展的同时，下错变形也在同步进行，当变形达到一定程度后，在滑坡体后缘往往会形成多级弧形拉裂缝和下错台坎，在地貌上表现为多级断壁。从地表看，滑坡中段主要表现为拉裂和下陷的变形破坏迹象。

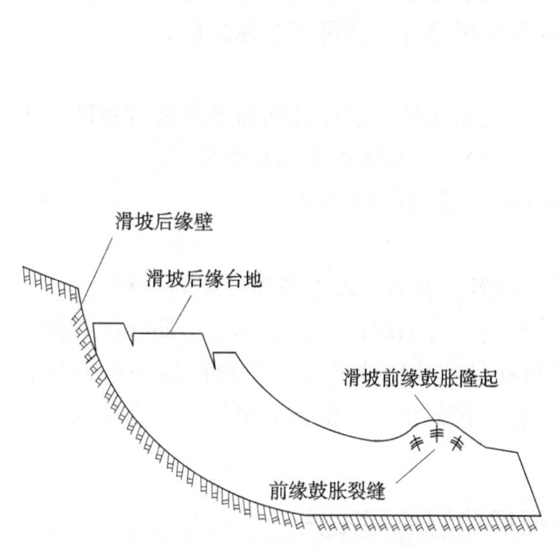

图1-4-1　推移式滑坡典型剖面结构图

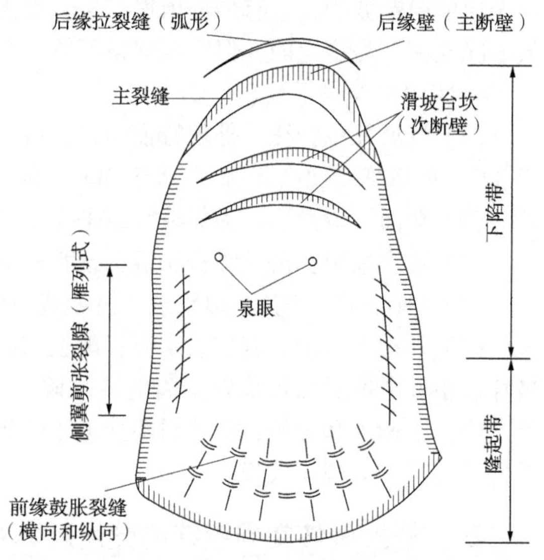

图1-4-2　推移式滑坡地表裂缝的分期配套体系图

(2)中段侧翼剪张裂缝产生。滑坡体后段发生下滑变形并逐渐向前滑移的过程中，随着变形量级的增大，后段的滑移变形及所产生的推力将逐渐传递到坡体中段，并推动滑坡中段向前产生滑移变形。中段滑体被动向前滑移时，将在其两侧边界出现剪应力集中现象，并由此形成剪切错动带，产生侧翼剪张裂缝，如图1-4-2所示。随着中段滑体不断向前滑移，侧翼剪张裂缝呈雁形排列的方式不断向前扩展、延伸，直至坡体前部。一般条件下，侧翼剪张裂缝往往在滑坡体两侧同步对称出现。如果滑坡滑动过程中具有一定的旋转性，或坡体各部位滑移速率不均衡，也会在滑坡体一侧先产生侧翼剪张裂缝，然后再在另一侧出现。

(3)前缘隆胀张裂缝形成。如果滑坡体前缘临空条件不够好，或滑动面在前部具有较长的平缓段甚至反翘段，滑体在由后向前的滑移过程中，将会受到前部抗滑段的阻挡，并在阻挡部位产生压应力集中现象。随着滑移变形量不断增大，其变形和推力不断向前传递，无法继续前行的岩土体只能以隆胀的形式协调不断从后面传来的变形，并由此在坡体前缘产生隆起带。隆起的岩土体在纵向(顺滑动方向)受中后部推挤力的作用产生放射状的纵向隆胀裂缝，而在横向上的岩土体因弯曲变形而形成横向隆胀裂缝。

当上述整套裂缝都已经出现，并形成基本封闭的地表裂缝形态时，表明滑坡体滑动面已基本贯通，坡体整体失稳破坏的条件已经具备，滑坡即将发生。

2. 渐进式(牵引式)滑坡裂缝体系的分期配套特征

当坡体滑动面倾角相对较均匀、平缓，或前缘临空条件较好(如坡体前缘为陡坎)，或前缘受水流冲刷掏蚀、人工切脚等因素影响时，在重力作用下坡体的变形往往首先发生在前缘。前缘岩土体发生局部垮塌或滑移变形后，形成新的临空面，并由此导致紧邻前缘的岩土体又发生局部垮塌或滑移变形，以此类推，在宏观上表现出从前向后扩展的“渐进后退式”滑动模式，如图 1-4-3 所示。渐进后退式滑坡地表裂缝体系一般具有如下分期配套特征，如图 1-4-4 所示。

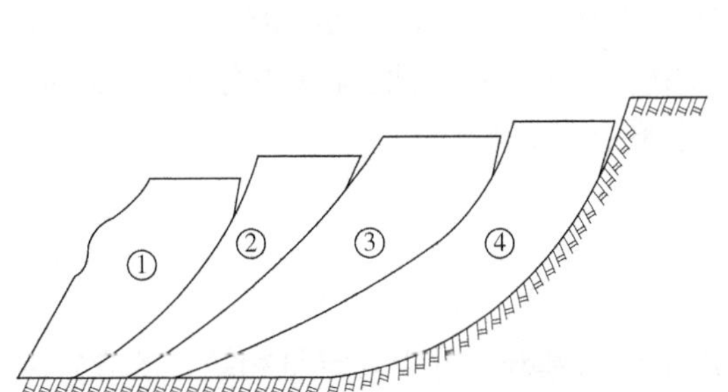

图 1-4-3　渐进后退式滑坡典型剖面结构图(数字表示滑块滑动的顺序)

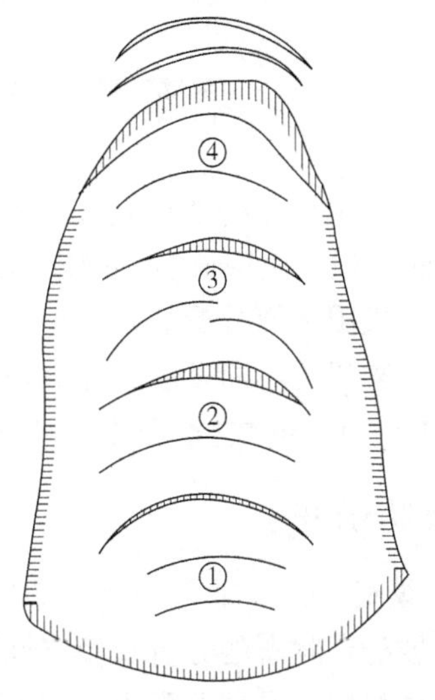

图 1-4-4　渐进后退式滑坡地表裂缝的分期配套体系(数字表示滑块滑动的顺序)

(1) 前缘及临空面附近拉张裂缝产生。当坡体前缘临空条件较好，尤其是坡脚受水流侵蚀、人工开挖切脚等因素影响时，在坡体前缘坡顶部位出现拉应力集中，并产生向临空方向拉裂—错落变形，出现横向拉张裂缝。

(2) 前缘局部垮塌，裂缝向后扩展。随着变形的不断增加，前缘裂缝不断增长、加宽、加深，形成前缘次级滑块(如图 1-4-3 和图 1-4-4 中的第①滑块)。随着前缘次级滑块不断向前滑移，其将逐渐脱离母体，为其后缘岩土体变形提供了新的临空条件。紧邻该滑块的坡体失去前缘岩土体的支撑，逐渐产生新的变形，形成拉张裂缝，并向后扩展，形成第二个次级滑块②，以此类推，逐渐形成从前至后的多级弧形拉裂缝、下错台坎和多级滑块。

当坡体从前至后的滑移变形扩展到后缘一定部位时，受斜坡体地质结构和物质组成等因素的限制，变形将停止向后的继续扩展，进一步的变形主要表现为呈叠瓦式向前滑移，直至最后的整体失稳破坏。如果整个坡体的坡度较大，或岩土体力学参数较低，坡体稳定性较差时，也有可能出现从前向后各次级滑块各自依次独立滑动，而不一定以整体滑动的型式出现。

3. 小结

针对某一具体滑坡，应针对各类滑坡破坏模式与阶段划分、滑坡平面裂缝的分期配套特征等几方面的综合分析，才能较为准确地评价滑坡的稳定性状况。表1-4-7是对上述两种评价方法进行抽象、简化所得到的滑坡稳定性宏观综合评价表。利用该表，可较为准确地定性判断和评价滑坡的稳定性状况，并给出相应的稳定性系数。

表1-4-7　滑坡稳定性宏观综合评价表

变形阶段	变形破坏模式	裂缝分期配套特征	宏观稳定性	稳定系数
初始变形	变形开始	平面上出现拉张裂缝	基本稳定	$1.05 \leq F_S < 1.15$
等速变形	变形扩展	裂缝向两侧和向前(推移式)或向后(渐进式)扩展	欠稳定	$1.00 \leq F_S < 1.05$
加速变形	滑动面贯通	平面裂缝封闭	不稳定	$F_S < 1.00$

第五节　滑坡稳定性定量分析

滑坡稳定性定量分析评价是在定性分析评价的基础上，根据勘察所确定的滑坡地质剖面，采用目前工程上使用最多、最成熟的极限平衡分析法，根据计算得的稳定系数来评价滑坡的稳定性。极限平衡分析法是一种定量分析方法，研究历史可追溯到20世纪20年代或更早，近几十年来仍在不断发展。在极限平衡分析法中，有Fellenius法(瑞典条分法)、Bishop法(毕肖普法)、Janbu法(詹布法)、Sarma法和传递系数法等方法。

一、分析条件

1. 分析模型

(1) 滑坡稳定状态的分析及稳定性评价应采用定性为基础，并以与定量相结合的方式进行。对于小型滑坡，且危害等级为三级，可采用定性评价方法。

(2) 正确选择有代表性的计算剖面，一主一辅，主剖面应选择勘探剖面线，正确划分主滑段、抗滑段和牵引段。

(3) 根据滑面(带)条件，按平面、圆弧、折线选用正确的计算模型。

(4) 当有局部滑动可能时，除验算整体稳定性外，尚应验算局部稳定性。

(5) 有地下水时，土质滑坡应计入浮脱力和渗透压力，岩质滑坡应计入扬压力和裂隙水压力。

(6) 计算中应考虑降雨、地震、人类活动等因素对滑坡稳定性的影响。

2. 计算参数选取

滑带土抗剪强度指标的确定，应依据室内与现场试验成果，结合地区经验，进行反演分析综合确定。

1) 经验类比

类比是一种从工程地质条件入手，通过滑坡现场调查分析寻求可与既有处理成功的滑坡相比拟的各种计算数据的方法。经验值一般是指在不同地区、不同类型滑坡分析过程中所积累的试验数据和反算数据。表1-5-1是铁路部门汇总的滑带土计算强度指标经验值。

表 1-5-1　滑带土物理力学经验参数表

序号	滑带土性质简述	天然容重（kN/m³）	含水量（%）	液限(%)	塑限(%)	塑性指数	部位	计算指标 c(kPa)	计算指标 ϕ(°)	附注
1	黑灰色及黑色炭质页岩风化的砂黏土	20.9	18.4	36.0	21.0	15.0		0	7°24′	宝成线
2	灰黑色炭质页岩风化的黏性土	20.0	23.0	38.1	19.5	18.6	中部	19.6	4°00′	反算，多次剪。宝成线
							下部	27.5	7°00′	
3	黑灰色及黄褐色泥质页岩风化的砂黏土						中上部	24.5	27°48′	宝成线
							中部	11.8	18°45′	
							中下部	16.7	20°40′	
							下部	21.6	22°45′	
4	灰色炭质页岩风化的砂黏土	21.4	20.4	28.4	14.4	14.0	深层	9.8	12°25′	反算，多次剪。宝成线
							浅层	8.8	8°03′	
5	青灰色泥质页岩风化的砂黏土			28.8	15.7	13.1		4.9	10°00′	宝成线
6	紫红色泥质页岩风化的粉质砂黏土	20.4	19.0	35.4	14.5	20.9		14.7	7°30′	反算，多次剪。宝成线
7	紫红色泥质页岩风化的砂黏土与黏土	19.6	21.2	27.6	16.4	11.2	中部	9.8	6°40′	括弧内为排水后堤高值。宝成线
			33.4	43.0	25.0	18.0	下部	5.9 (9.8)	3°20′ (5°00′)	
8	紫红色砂黏土		28.0					9.8	6°00′	西南地区
9	紫红色黏土		20.9	33.9	15.4	18.5		9.8	13°00′	西南地区
10	棕红色砂黏土(第三系地层风化物)	18.5	31.1					12.7	7°00′	反算。华北地区
11	暗红色黏土夹角砾						中部	14.7	18°00′	西南地区
							下部	19.6	20°00′	

续表

序号	滑带土性质简述	天然容重（kN/m^3）	含水量（%）	液限（%）	塑限（%）	塑性指数	部位	计算指标		附注
								c（kPa）	ϕ（°）	
12	灰绿色砂黏土	19.9	23.2	29.9	19.0	10.9		10.3	8°49′	西南地区
13	杂色砂黏土（白垩系地层风化物）	19.1	30.0	33.5	20.0	13.5		10.3	8°00′	西南地区
14	变质页岩碎块							0	12°24′	反算。宝成线
15	石墨化千枚岩风化的角砾	19.6	20.0				中上部	0	15°06′	宝成线
							中部	0	17°45′	
							下部	0	33°02′	
16	灰色玄武岩风化残积物	19.6	29.0				中部	19.6	20°20′	括弧内为排水后提高值。贵昆线
							中下部	9.8	16°00′（20°00′）	
							下部	（19.6）4.9	25°00′	
17	灰白色云母片岩和花岗岩风化残积物	20.3	22.7	38.3	19.2	19.1		7.4	15°50′	鹰夏线
18	绿泥片岩及千枚岩风化残积物						浅层	0	17°28′	宝成线
							深层	0	21°48′	
19	紫红色泥岩及页岩风化物		20.0	26.7	13.4	13.3		0	16°00′	反算。成昆线
20	黄土质重型砂黏土	20.1	22.0				中部	14.7	16°00′	宝成线
							下部	24.5	21°00′	
21	黄土质重型砂黏土	20.4	20.0					10.8	12°00′	陇海线卧龙寺
22	棕黄色黄土质砂黏土	19.4	21.5				下部	23.5	16°12′	宝天线
		18.8	22.2				中部	20.6	13°30′	
23	棕黄色黄土质砂黏土，暗红色第三系红黏土	18.6					中上部	9.8	10°00′	天兰线
		20.6					下部	14.7	10°00′	

续表

序号	滑带土性质简述	天然容重（kN/m³）	含水量（%）	液限（%）	塑限（%）	塑性指数	部位	计算指标		附注
								c(kPa)	ϕ(°)	
24	侏罗系砂岩及炭质页岩互层							9.8	20°12′	西南地区
								9.8	22°30′	
								9.8	24°08′	
25	黑云母片岩	21.6					中上部	1.6	25°00′	反算。宝天线
							中部及下部	0	19°00′	
26	银灰色绢云母片岩	20.6	17.1	26.9	12.6	14.3	中上部	0	20°12′	多次剪。中南地区
			15.7	25.6	11.2	14.4	中部	0	28°50′	
							下部	20	10°19′	
27	银灰色绢云母片岩	20.6	17.0	27.1	12.9	14.2	中上部	0	24°42′	中南地区
		20.6	16.7	27.9	11.7	16.2	中部	0	22°47′	
		20.6	17.3	28.3	12.3	16.0	下部	0	19°48′	
28	泥质页岩风化残积土，软塑（岩石顺层滑坡）		26.8	36.1	19.1	17.0		3.9	8°58′	c，ϕ为残余强度，皇图岭
29	灰白色黏土，软塑，蒙皂石为主（膨胀土滑坡）		40.6	72.9	34.9	38.0	浅层	8.8	3°50′	c，ϕ为残余强度，鸦鹊岭
30	砂黏土，静水沉积物，软塑（堆积土滑坡）		20.4	28.4	14.4	14.0		0	10°06′	c，ϕ为残余强度，宝成线K115
31	砂黏土（堆积土滑坡）		20.8	35.4	18.8	16.6	上部	7.8	10°54′	c，ϕ为残余强度，宝成线K345
			22.5				下部	6.9	10°09′	
32	强风化云母片岩，软塑呈泥状（岩石滑坡）		24.6	36.0	22.6	13.4	上部	2.9	13°00′	
			26.0				中部	2.0	12°30′	
			28.0				下部	0	11°00′	

续表

序号	滑带土性质简述	天然容重（kN/m^3）	含水量（%）	液限(%)	塑限(%)	塑性指数	部位	计算指标		附注
								c(kPa)	ϕ(°)	
33	棕色黏土含煤粉(黄土滑坡)		34.4	47.6	29.2	18.4	下滑面	11.8	8°18′	c，ϕ 为残余强度，山西霍县电厂
							中滑面	19.6	8°06′	
34	破碎岩层沿基岩面滑动，地层挤压断裂破碎（破碎岩层滑坡）		21.9	31.4	17.2	14.2		4.9	12°06′	c，ϕ 为残余强度，酒店塘
35	青色泥岩，沿最深坡足处的灰白色高岭土滑坡(岩石滑坡)		25.3	31.9	19.2	12.7		3.9	12°00′	c，ϕ 为残余强度，某厂滑坡
36	膨胀土路堑滑坡		31.1	59.5	24.0	35.5		8.8	4°48′	c，ϕ 为残余强度，焦支线雷河
37	砂岩沿泥岩顶面的泥化层滑动，系层间错动（岩石顺层滑坡）		21.0	37.6	18.9	18.7		6.9	16°00′	c，ϕ 为残余强度，永加线 K27
38	灰岩层间错动带，底部有 3~5mm 厚的黏土富集，呈软泥状（岩石顺层滑坡）		28.4	41.3	32.9	18.4		10.8	8°24′	c，ϕ 为残余强度，贵昆线大海哨
39	伊利石和蒙皂石（膨胀土滑坡）		28.7	50.6	23.2	27.4		7.8	6°00′	c，ϕ 为残余强度，安康客站
40	灰绿、灰白色膨胀黏土（膨胀土滑坡）		39.0	71.6	30.8	40.8		8.3	3°30′	c，ϕ 为残余强度，襄渝线七里沟
41	绢云母片岩风化物里土状（岩石滑坡）		15.8	27.0	15.2	11.8		3.9	14°00′	c，ϕ 为残余强度，襄渝线白河杨家沟
42	泥页岩破碎风化物（岩石顺应滑坡）		15.4	26.3	12.7	13.6		2.9	13°30′	c，ϕ 为残余强度，成昆线甘洛 1 号

续表

序号	滑带土性质简述	天然容重（kN/m³）	含水量（%）	液限（%）	塑限（%）	塑性指数	部位	计算指标		附注
								c（kPa）	ϕ（°）	
43	绢云母片岩风化物呈土状（岩石滑坡）		15.8	28.3	15.8	12.5	上部	4.1	17°30′	c，ϕ 为残余强度，襄渝线白河周院沟
			16.2	27.9	15.6	12.3	中部	3.9	17°48′	
			16.4	28.5	15.8	12.7	下部	4.4	16°48′	
44	花岗岩风化物（堆积土滑坡）		23.0	38.3	19.2	19.1		8.3	8°12′ 16°12′ （酸性土）	c，ϕ 为残余强度，鹰夏线 K163
45	岩质风化物呈泥状（堆积土滑坡）		22.1	38.5	19.0	19.5		8.3	8°48′	c，ϕ 为残余强度，宝成线 K114
46	黄土质砂黏土，上部较干，下部较湿（黄土滑坡）		18.0				上部	13.7	18°00′	c，ϕ 为残余强度，宝成线 K122
				30.0	18.0	12.0				
			21.4				下部	7.8	15°00′	
47	上部为沙泥岩，中部为黄、黄褐、黑褐色黏土，下部为紫色页岩风化黏土（堆积土滑坡）		16.0	29.0	16.0	13.0	上部	4.9	16°18′	c，ϕ 为残余强度，宝成线 K410
			33.9	47.8	30.9	16.9	中部	13.2	10°48′	
			18.1	33.1	15.5	17.6	下部	8.3	10°00′	
48	褐黄色黏土，裂固有灰白色薄膜（膨胀土滑坡）		28.1	48.3	23.0	25.3		12.3	5°00′	c，ϕ 为残余强度，一机部陕南 229 厂房
49	黏土，属伊利石型（膨胀滑坡）		24.6	43.8	22.5	21.3		13.7	8°00′	c，ϕ 为残余强度，阳安线勉西 3 号

注：c——滑带土的单位黏聚力；ϕ——滑带土的内摩擦角。

2）综合反算法

（1）滑带抗剪强度的反演宜限于中、小规模，且结构简单的滑坡。

（2）一般应根据已经滑动或有明显变形的滑坡，采用双剖面法进行联合反算，条件不具备时可采用单剖面进行计算，这时应根据室内与现场原状滑动面（带）土的抗剪强度的试验结果及经验数据，给定黏聚力 c 或内摩擦角 ϕ，反求另一值。可采用如下公式进行反演：

$$c=\frac{K_s\sum W_i\sin\alpha_i-\tan\phi\sum W_i\cos\alpha_i}{L} \tag{1-5-1}$$

$$\phi=\arctan\left(\frac{K_s\sum W_i\sin\alpha_i-cL}{\sum W_i\cos\alpha_i}\right) \tag{1-5-2}$$

式中 K_s——不同状态下的稳定系数的取值；

W_i——第 i 滑块重力；

α_i——第 i 滑块滑面倾角；

L——第 i 滑块滑面长度。

（3）稳定系数 K_s 的取值。

根据《滑坡防治工程勘查规范》（DZ/T 0218—2006）的规定，当滑坡处于整体暂时稳定—变形状态，$K_s=1.05\sim1.00$；滑坡处于整体变形—滑动状态，$K_s=1.00\sim0.95$。

3. 荷载组合与工况

（1）根据《滑坡防治工程设计与施工技术规范》（DZ/T 0219—2006）的规定，滑坡的荷载包括：

① 滑坡体自重；

② 滑坡体上建（构）筑物产生的附加荷载；

③ 地下水产生的荷载，包括静水压力和动水（渗透）压力；

④ 地震荷载；

⑤ 动荷载，如汽车荷载等；

⑥ 江（库）水位升降；

⑦ 加固力荷载，按增加的抗滑力考虑。

（2）根据《滑坡防治工程设计与施工技术规范》（DZ/T 0219—2006）的规定，滑坡的荷载强度标准为：

① 暴雨强度按 10~100 年的重现期计；

② 地震荷载按 50~100 年超越概率 10%的地震加速度校核；

③ 库水位按坝前高程计，并根据不同地段做调整，即接洪水线。

（3）根据《水电水利工程边坡设计规范》（DLT 5353—2006）的规定，荷载工况按下列两类组合考虑：

① 基本组合：自重（含建构筑物附加荷载）+岸边外水压力+地下水压力+加固力。

② 偶然组合：基本组合+地震。

二、滑坡稳定性计算方法

滑坡稳定性定量计算分析一般采用极限平衡分析法为主，且应根据滑动面类型和性质选择适宜的方法，可参考有限元法、有限差分法、离散元法等方法进行综合考虑。根据《滑坡防治工程勘查规范》(DZ/T 0218—2006)和《滑坡防治工程设计与施工技术规范》(DZ/T 0219—2006)的规定，滑坡稳定性评价计算公式推荐如下：

(1) 滑动面为单一平面或圆弧形时，用瑞典条分法进行稳定评价计算，用毕肖普法(Bishop)进行校核；

(2) 滑动面为折线形时，用传递系数法进行稳定评价计算，用詹布法(Janbu)进行校核；

(3) 岩质滑坡时，用平面极限平衡法进行稳定评价计算。

1. 瑞典条分法

1) 基本原理

瑞典条分法(图 1-5-1)是对均质斜坡圆弧形滑面的分析方法，滑动土体呈刚性转动，忽略了条块之间力的相互影响作用，分析过程只满足于滑动体整体的力矩平衡条件，并不满足条块之间的静力平衡条件。

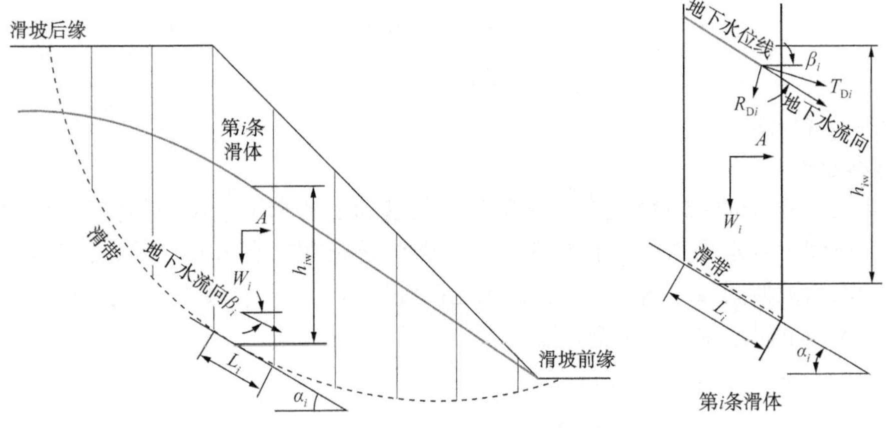

图 1-5-1 瑞典条分法(圆弧形滑动面)

2) 计算公式

根据《滑坡防治工程勘查规范》(DZ/T 0218—2006)的规定，瑞典条分法的滑坡稳定系数 K_f 的计算公式如下：

$$K_f = \frac{\sum\{[W_i(\cos\alpha_i - A\sin\alpha_i) - N_{Wi} - R_{Di}]\tan\phi_i + C_iL_i\}}{\sum[W_i(\sin\alpha_i + A\cos\alpha_i) + T_{Di}]} \quad (1-5-3)$$

其中：孔隙水压力 $N_{Wi}=\gamma_W h_{iw} L_i\cos\alpha_i$，即近似等于浸润面以下土体的面积 $h_{iw}L_i\cos\alpha_i$ 乘以水的容重 γ_W。

渗透压力产生的平行滑面的分力 T_{Di}：

$$T_{Di} = N_{Wi}\sin\beta_i\cos(\alpha_i - \beta_i) \quad (1-5-4)$$

渗透压力产生的垂直滑面的分力 R_{Di}：

$$R_{Di} = N_{Wi}\sin\beta_i\sin(\alpha_i - \beta_i) \quad (1-5-5)$$

地震水平作用力系数 A：

$$A = G_Z K_h \tag{1-5-6}$$

上式中 W_i—— 第 i 条块的重量，kN/m；

C_i—— 第 i 条块的内聚力，kPa；

ϕ_i—— 第 i 条块的内摩擦角，(°)；

L_i—— 第 i 条块的滑面长度，m；

α_i—— 第 i 条块的滑面倾角，(°)；

β_i—— 第 i 条块的地下水流向，(°)；

G_Z——综合修正系数，一般取 0.25；

K_h——水平地震系数，烈度为Ⅶ、Ⅷ、Ⅸ，分别取 0.1，0.2 和 0.4。

若假定有效应力：

$$\overline{N_i} = (1 - r_U) W_i \cos\alpha_i \tag{1-5-7}$$

其中 r_U 为孔隙水压力比，可表示为：

$$r_U = \frac{\text{滑体水下体积} \times \text{水的容重}}{\text{滑体总体积} \times \text{滑体容重}} \approx \frac{\text{滑体水下面积}}{\text{滑坡总面积} \times 2} \tag{1-5-8}$$

简化公式为：

$$K_f = \frac{\sum \{[W_i(1 - r_U)\cos\alpha_i - A\sin\alpha_i - R_{Di}]\tan\phi_i + C_i L_i\}}{\sum [W_i(\sin\alpha_i + A\cos\alpha_i) + T_{Di}]} \tag{1-5-9}$$

2. 毕肖普条分法

1) 基本原理

毕肖普条分法(图 1-5-2)是在瑞典条分法的基础上考虑了条块间的作用力，但实际上该方法认为条间只有水平力而不存在切向力，即假设条间只有水平作用力，垂直作用力为零，且滑动面为近似圆弧。毕肖普条分法满足极限平衡条件及力多边形闭合条件和整体力矩平衡条件，但不满足条块力矩平衡。

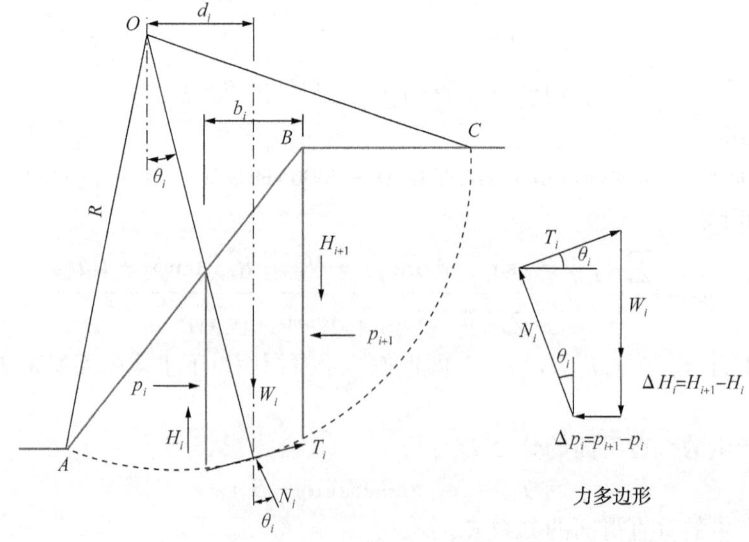

图 1-5-2　毕肖普条分法(圆弧形滑动面)

2）计算公式

根据《水工设计手册(第2版)　第10卷　边坡工程与地质灾害防治》(中国水利水电出版社)的描述，毕肖普条分法的滑坡稳定系数 K_f的计算公式如下：

$$K_f = \frac{\sum \frac{1}{m_{\theta_i}}[C_i b_i + (W_i + \Delta H_i)\tan\phi_i]}{\sum W_i \sin\theta_i} \qquad (1-5-10)$$

令 $\Delta H_i = 0$，则上式简化为：

$$K_f = \frac{\sum \frac{1}{m_{\theta_i}}(C_i b_i + W_i \tan\phi_i)}{\sum W_i \sin\theta_i} \qquad (1-5-11)$$

式中　b_i——第 i 条块的宽度，m；

θ_i——第 i 条块的滑面倾角，(°)。

其中

$$m_{\theta_i} = \cos\theta_i + \frac{\sin\theta_i \tan\phi_i}{K_f}$$

由于参数 m_{θ_i} 中包含有稳定系数 K_f，因此需迭代求解。

3. 传递系数法

1）基本原理

传递系数法又称不平衡推力法，是我国工民建和交通、水利等部门在核算滑坡稳定时使用非常广泛的一种方法，它适用于任意形状的滑裂面。其基本原理是在假定滑动面由一系列折线滑面构成，各分块下滑力平行于底滑面，且作用点位置位于滑块1/2高处，如图1-5-3所示，考虑了水平力的作用。取单位厚度滑体进行分析，将各力(不考虑其他外荷载时)投影在相应分块底滑面上，滑面及其法线方向(N_i 作用方向)上满足力的平衡条件，但是不满足力矩平衡条件。

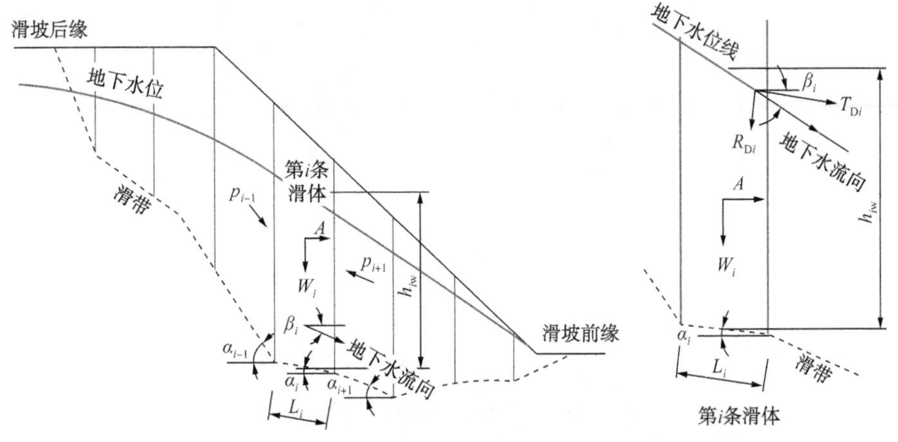

图1-5-3　传递系数法(折线形滑动面)

2）计算公式

根据《滑坡防治工程勘查规范》(DZ/T 0218—2006)的规定，传递系数法的滑坡稳定系数K_f的计算公式如下：

$$K_{\mathrm{f}}=\frac{\sum_{i=1}^{n-1}\left\{\left\{\left[W_i(1-r_{\mathrm{U}})\cos\alpha_i-A\sin\alpha_i-R_{\mathrm{D}i}\right]\tan\phi_i+C_iL_i\right\}\prod_{j=1}^{n-1}\psi_j\right\}+R_n}{\sum_{i=1}^{n-1}\left((W_i(\sin\alpha_i+A\cos\alpha_i)+T_{\mathrm{D}i})\prod_{j=1}^{n-1}\psi_j\right)+T_n} \tag{1-5-12}$$

其中

$$\psi_i=\cos(\alpha_i-\alpha_{i+1})-\sin(\alpha_i-\alpha_{i+1})\tan\phi_{i+1}$$

$$R_n=(W_n((1-r_{\mathrm{U}})\cos\alpha_n-A\sin\alpha_n)-R_{\mathrm{D}n})\tan\phi_n+C_nL_n$$

$$T_n=W_n(\sin\alpha_n+A\cos\alpha_n)+T_{\mathrm{D}n}$$

$$\prod_{j=1}^{n-1}\psi_j=\psi_i\psi_{i+1}\psi_{i+2}\cdots\psi_{n-1}$$

式中　ψ_i——第 i 块段的剩余下滑力传递至第 i+1 块段时的传递系数($j=i$)。

4. *詹布法*

1）基本原理

詹布(Janbu)法考虑了土条间的作用力，如图 1-5-4 所示，且假设条间合力作用点的位置总位于距滑面 1/3 处。在这一前提下，每个条块都满足全部静力平衡条件和极限平衡条件，滑体的整体力矩平衡条件也自然得到满足。这些条件使得詹布法能适用于任意形状的滑动面。但是，该方法在计算过程中存在收敛困难的问题，因此应该合理地进行条块的划分，同时可以对推力线的位置在距滑面 1/3 上下进行调整，一般都可以得到收敛结果。

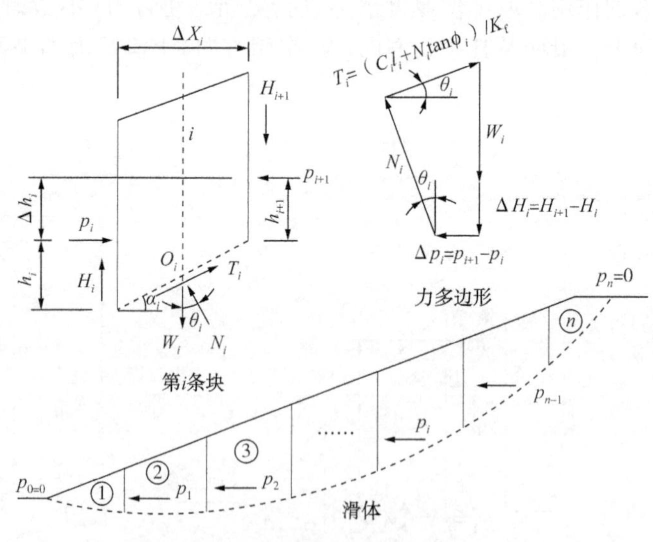

图 1-5-4　詹布法(任意形状滑动面)

2）计算公式

根据《水工设计手册(第 2 版)　第 10 卷　边坡工程与地质灾害防治》(中国水利水电出版社)的描述，詹布法的滑坡稳定系数 K_f的计算公式如下：

$$K_f = \frac{\sum \left(C_i b_i + (W_i + \Delta H_i) \tan\phi_i \right) \frac{1}{\cos\theta_i m_{\theta_i}}}{\sum (W_i + \Delta H_i) \tan\theta_i} \quad (1-5-13)$$

其中

$$m_{\theta_i} = \cos\theta_i + \frac{\sin\theta_i \tan\phi_i}{K_f}$$

由于参数 m_{θ_i} 中包含有稳定系数 K_f，因此需迭代求解。

5. 岩质滑坡块体平面极限平衡法

1）基本原理

岩质块体平面极限平衡法是将岩质滑坡体作为不透水刚性体，且滑动面为单一平面，滑坡体后缘必须先破裂形成裂缝，滑坡体才能发生滑动。考虑了滑坡体后缘裂缝的孔隙水的静水压力及底部滑面的扬压力，并基于此建立了块体底面的极限平衡。该方法满足滑块整体的静力平衡条件。

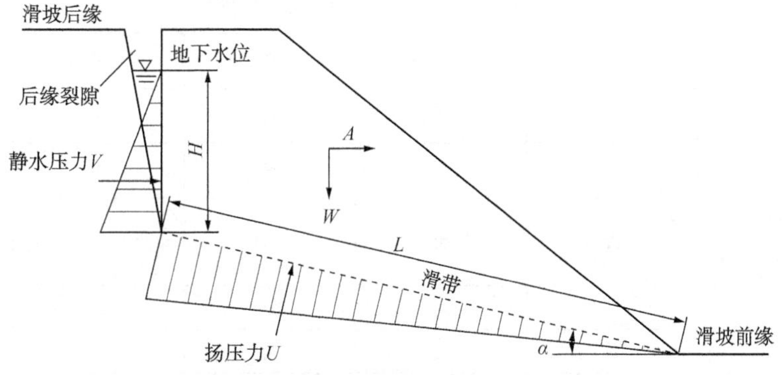

图 1-5-5　岩质块体平面极限平衡法(单一平面滑动面)

2）计算公式

根据《滑坡防治工程勘查规范》(DZ/T 0218—2006)的规定，岩质滑坡块体平面极限平衡法的滑坡稳定系数 K_f的计算公式如下：

$$K_f = \frac{(W(\cos\alpha - A\sin\alpha) - V\sin\alpha - U)\tan\phi + CL}{W(\sin\alpha + A\cos\alpha) + V\cos\alpha} \quad (1-5-14)$$

其中，后缘裂缝静水压力 V：

$$V = \frac{1}{2}\gamma_W H^2 \quad (1-5-15)$$

沿滑面扬压力 U：

$$U = \frac{1}{2}\gamma_W LH \quad (1-5-16)$$

三、滑坡稳定性计算方法的对比分析

滑坡稳定性定量计算分析方法——瑞典条分法、毕肖普法、传递系数法(不平衡推力法)、詹布法和岩体单一平面滑动法均属于目前工程界使用最普遍、最成熟的极限平衡分析法。极限平衡法是根据滑体或滑体分块的静力平衡原理和摩尔—库仑准则分析滑坡各种破坏模式下的受力状态，以及滑体上的抗滑力和下滑力之间的定量关系来评价滑坡的稳定性。该方法自20世纪20年代至今，仍在不断发展。由于各条分法的假设条件不同和所满足的平衡条件不同，会导致计算结果间存在差异。有专家学者专门对上述方法进行了比对分析研究，并得出下述结论。

1. 共性问题

上述各法经过许多学者的不断研究改进，计算方法已日趋完善。其基本出发点都是假定岩土体为理想的塑性材料，把滑体作为一个刚体，按极限平衡的原则进行分析，完全不考虑滑体本身的应力和应变关系。然而，这既不能确定滑体内及滑面上的实际应力分布情况，也不能解决岩土体本身的变形对应力分布及稳定性的影响。

2. 各方法的假定条件不同导致所满足的平衡条件存在差异

表1-5-2给出了各种方法所能满足的平衡条件及使用情况。

表1-5-2　各种方法所满足的平衡条件

计算方法	所满足的平衡条件				
	整体力矩	条块力矩	垂直力	水平力	滑动面形式
瑞典条分法	是	否	否	否	圆弧
毕肖普法	是	否	是	否	圆弧
传递系数法（不平衡推力法）	否	否	否	是	任意
詹布法	是	是	是	是	任意
岩体单一平面滑动法	否	否	否	是	单一平面

3. 各方法的计算结果的偏差

有关人员通过工程案例计算分析，比对上述方法在滑坡稳定系数的计算结果，得出如下结论。

（1）瑞典条分法和传递系数法的计算结果最为接近，稳定系数值偏低，趋于保守。

（2）詹布法计算结果略大于瑞典条分法和传递系数法，其差异在1%~24%。

（3）毕肖普法计算得到的稳定性系数的值一般在这4种方法中是最大的。总体来看，毕肖普法算得的结果与其他方法的误差在精度要求上是允许的。据有关学者的经验，同样的力学破坏模型，同样的力学参数，不同的计算方法，稳定性系数计算结果可相差30%。

4. 稳定系数计算方法的推荐

（1）传递系数法是在假定条间合力方向与上一条滑面平行的基础上满足全部力的平衡条件，从而逐条向下求出推力，计算较简捷。虽然条块一般不能满足力矩平衡条件，使得推力计算结果可能偏小，在计算准确性上受到一定的影响，但是大量的工程计算证明，传递系数法与其他方法可比性较强，计算结果于实际情况也较接近。

（2）瑞典条分法和詹布法的计算结果较接近，但是詹布法对条间作用力考虑较全面，故其计算结果稍偏大。毕肖普法计算出的稳定性系数是最大的。

（3）所有斜坡稳定性计算方法都有各自的优缺点及适用条件，并不能笼统地褒贬某种算法。在工程实际中，主要根据滑坡岩土工程特性和破坏滑动面的形态来选择合适的方法。如平面破坏滑动的斜坡可以采用平面破坏计算法，圆弧形破坏的滑坡可以采用瑞典条分法或毕肖普法，复合破坏滑动面的滑坡可以采用詹布法，对于折线形滑动面的滑坡可以采用传递系数法和詹布法来分析计算。

（4）就工程应用而言，传递系数法与其他方法可比性强，且可计算出滑坡推力。对任意形状滑动面滑坡，推荐其为首选计算方法。

第六节　滑坡推力

一、滑坡防治工程分级

1.《滑坡防治工程设计与施工技术规范》(DZ/T 0219—2006)的相关规定

《滑坡防治工程设计与施工技术规范》(DZ/T 0219—2006)依据受灾对象、受灾程度、施工难度和工程投资等因素，按表1-6-1对滑坡防治工程等级进行划分。

表1-6-1　滑坡防治工程分级表

级别		Ⅰ	Ⅱ	Ⅲ
危害对象		县级及县级以上城市	主要集镇或大型工矿企业、重要桥梁、国道专项设施	一般集镇、县级或中型工矿企业、省道及一般专项设施
受灾程度	危害人数(人)	>1000	1000～500	<500
	直接经济损失(万元)	>1000	1000～500	<500
	潜在经济损失(万元)	>10000	10000～5000	<5000
施工难度		复杂	一般	简单
工程投资(万元)		>1000	1000～500	<500

2.《重庆市地质灾害防治工程设计规范》(DB50/5029—2004)的相关规定

《重庆市地质灾害防治工程设计规范》(DB50/5029—2004)依据滑坡失稳后的破坏后果，将滑坡防治的设计安全等级划分为如下三级。

（1）一级：危及县级及县级以上城市、大型工矿企业、交通枢纽及重要公共设施，破坏后果特别严重。

（2）二级：危及一般集镇、居民集中区、重要交通干线、一般工矿企业等，破坏后果严重。

（3）三级：除一级、二级以外的地区。

3.《管道完整性管理规范 第3部分 管道风险评价导则》(Q/SY 1180.3—2009)的相关规定

《管道完整性管理规范 第3部分 管道风险评价导则》(Q/SY 1180.3—2009)将管道失效的严重程度按表1-6-2分为三类，满足其中任何一项即可定级。

表 1-6-2　管道失效严重程度分级表

级别	一类	二类	三类
人员伤亡	死亡：人数≥3 人	死亡：1~2 人	
	重伤：超(含)11 人或完全丧失劳动力或者受到伤害	重伤：3~10 人完全丧失劳动力或受到伤害；超(含)11 人丧失部分劳动力或受到伤害	重伤：1~2 人完全丧失劳动力或受伤；1~10 人丧失部分劳动力或受到伤害
经济损失(万元)	>50000	30~50000	<30
油品损失(kg)(不能回收油品)	>50000	10000~50000	200~50000
其他	油品发生火灾或爆炸		
	由于泄漏影响管道运行安全		

4. 关于油气管道滑坡防治工程等级的建议

通过比对《滑坡防治工程设计与施工技术规范》(DZ/T 0219—2006)和《重庆市地质灾害防治工程设计规范》(DB50/5029—2004)中关于滑坡防治的安全等级及《管道完整性管理规范 第 3 部分 管道风险评价导则》(Q/SY 1180. 3—2009)中关于管道失效后果严重程度分级情况，建议油气管道滑坡防治工程应针对滑坡失稳后的破坏后果，依据管道不同阶段(建设及运营)的受灾对象(包括人员及线路、场站、附属设施)、受灾程度、施工难度(包括工期)和工程投资等因素，建议按表 1-6-3 对滑坡防治工程等级进行划分。

滑坡失稳后的破坏后果满足下表中条件之一即可确定相应防治工程等级。

表 1-6-3　油气管道滑坡防治工程分级表

级别	一级	二级	三级
人员伤亡	死亡：≥1 人	重伤：1~3 人	
	重伤：≥3 人	轻伤：≥3 人	轻伤：≤2 人
管道本体	输送介质泄漏		
	管道严重变形，必须停输	管道变形，必须降压运行	管道未变形或轻微变形，不影响正常运营
场站	场站工艺装置受损严重，必须停输检修	场站工艺装置受损，土建结构受损严重，必须降压检修	土建结构轻微受损，无须降压即可检修
附属设施	伴行路损毁严重，且无法抢修	伴行路损毁，且抢修工期较长，投资较大	伴行路轻微损毁，且短期内可以抢修通车
经济损失(万元)	>1000	100~1000	<100
施工难度	难度很大，措施复杂，或采取逆作法施工	难度大	简单
	工期在半年以上，且影响管道主体或场站施工	工期 3~6 个月，且对管道主体或场站施工影响小	工期 3 个月以内，且对管道主体或场站施工无影响

二、滑坡工程荷载组合工况及设计安全系数

1.《滑坡防治工程设计与施工技术规范》(DZ/T 0219—2006)的相关规定

国土资源行业的《滑坡防治工程设计与施工技术规范》(DZ/T 0219—2006)中关于滑坡防治工程荷载组合工况见表1-6-4，荷载强度标准见表1-6-5，滑坡防治工程设计安全系数见表1-6-6。

表1-6-4 国土资源行业标准荷载组合工况表

类型	工况	荷载组合
基本组合	工况1	自重+附加荷载
	工况2	自重+附加荷载+地下水
偶然组合	工况3	自重+附加荷载+地下水+暴雨
		自重+附加荷载+地下水+地震
		自重+附加荷载+地下水+库水位升降
		自重+附加荷载+地下水+动荷载
	工况4	自重+附加荷载+地下水+暴雨+地震
		自重+附加荷载+地下水+暴雨+库水位升降
		自重+附加荷载+地下水+暴雨+动荷载

表1-6-5 国土资源行业标准滑坡防治工程荷载强度标准表

滑坡防治工程级别	暴雨强度重现期(年)		地震荷载(年超越概率10%)(年)	
	设计	校核	设计	校核
Ⅰ	50	100	50	100
Ⅱ	20	50		50
Ⅲ	10	20		

表1-6-6 国土资源行业标准滑坡防治工程抗滑设计安全系数表

滑坡防治工程级别	设计		校核	
	工况1	工况2	工况1	工况2
Ⅰ	1.30~1.40	1.20~1.30	1.10~1.15	1.10~1.15
Ⅱ	1.25~1.30	1.15~1.30	1.05~1.10	1.05~1.10
Ⅲ	1.15~1.20	1.10~1.20	1.02~1.05	1.02~1.05

2.《重庆市地质灾害防治工程设计规范》(DB50/5029—2004)的相关规定

重庆市地方标准的《地质灾害防治工程设计规范》(DB50/5029—2004)中关于滑坡防治工程荷载组合工况见表1-6-7，滑坡防治工程设计安全系数见表1-6-8。

表1-6-7 重庆市地方标准荷载组合工况表

类型	工况	荷载组合
基本组合	工况1	滑体重+建筑荷载重+暴雨
	工况2	滑体重+建筑荷载重+地震

续表

类型	工况	荷载组合
其他组合	工况 3	滑体重+建筑荷载重+暴雨+坝前水位
	工况 4	滑体重+建筑荷载重+暴雨+坝前水位升降
	工况 5	滑体重+建筑荷载重+坝前水位升降+地震

表 1-6-8　重庆市地方标准滑坡防治工程抗滑设计安全系数表

滑坡防治工程级别	$F_f \geq 0.8$	$F_f < 0.8$	考虑地震
Ⅰ	1.25	$2.25F_f \sim 1.25F_f$，且不大于 1.5	1.20
Ⅱ	1.15	$1.75F_f \sim 0.75F_f$，且不大于 1.3	1.10
Ⅲ	1.05	$1.25F_f \sim 0.25F_f$，且不大于 1.1	1.00

注：(1) 表中 F_f 为滑坡在最不利工况下的稳定系数；

(2) 若采用削方减载、压脚等措施后，设计安全系数应按削方减载、压脚后的滑坡稳定系数 F_f 取用。

3.《水电水利工程边坡设计规范》(DL/T 5353—2006) 的相关规定

《水电水利工程边坡设计规范》(DL/T 5353—2006) 中关于枢纽工程区边坡防治工程设计安全系数见表 1-6-9。

表 1-6-9　水电行业标准边坡防治工程抗滑设计安全系数表

边坡防治工程级别	持久状况	短暂状况	偶然状况
Ⅰ	1.25~1.30	1.15~1.20	1.05~1.10
Ⅱ	1.15~1.25	1.05~1.15	1.05
Ⅲ	1.05~1.15	1.05~1.10	1.00

4. 关于油气管道滑坡防治工程荷载组合及抗滑安全系数的建议

通过比对《滑坡防治工程设计与施工技术规范》(DZ/T 0219—2006) 和《重庆市地质灾害防治工程设计规范》(DB50/5029—2004) 中关于滑坡防治工程的荷载组合及抗滑安全系数及《水电水利工程边坡设计规范》(DL/T 5353—2006) 中边坡防治工程抗滑设计安全系数的分级情况，结合油气管道工程建设近几年在滑坡防治工程设计工作中所暴露出的问题，油气管道滑坡防治工程荷载组合应补充管道作业带削方、管沟开挖以及加固力作用三种荷载或工况，因此油气管道滑坡防治工程荷载组合工况建议按表 1-6-10 的分类选取，油气管道滑坡防治工程抗滑设计安全系数建议按表 1-6-11 的分类选取。

表 1-6-10　油气管道行业滑坡防治工程荷载组合工况建议表

类型	工况	荷载组合
永久组合	工况 1	自重(原始)+附加荷载+地下水+加固力
	工况 2	自重(扫线后)+附加荷载+地下水+加固力
短期组合	工况 3	自重(原始)+附加荷载+地下水+加固力+暴雨
	工况 4	自重(扫线+管沟开挖)+附加荷载+地下水+加固力+暴雨
偶然组合	工况 5	自重(原始)+附加荷载+地下水+加固力+暴雨+地震
	工况 6	自重(扫线+管沟开挖)+附加荷载+地下水+加固力+暴雨+地震

注：(1) 暴雨强度依据滑坡防治工程等级确定，一级、二级、三级分别为 50 年、20 年和 10 年重现期；

(2) 地震荷载均按 50 年超越概率 10% 考虑；

(3) 加固力按增加的抗滑力考虑。

表 1-6-11　油气管道行业滑坡防治工程抗滑设计安全系数建议表

滑坡防治工程级别	永久组合（工况 1、工况 2）	短期组合（工况 3、工况 4）	偶然组合（工况 5、工况 6）
Ⅰ	1.40	1.30	1.15
Ⅱ	1.30	1.20	1.10
Ⅲ	1.20	1.10	1.05

三、滑坡推力计算

1. 瑞典条分法和毕肖普条分法

如图 1-5-1 所示，根据《滑坡防治工程设计与施工技术规范》（DZ/T 0219—2006）的规定，瑞典条分法的滑坡推力 p 的计算公式如下：

$$p=(K_S-K_f)\sum(T_i\cos\alpha_i) \tag{1-6-1}$$

式中　K_S——滑坡设计安全系数；

T_i——第 i 滑块重力沿滑面切线方向的分力，kN。

毕肖普条分法的滑坡推力计算公式同瑞典条分法。

2. 传递系数法和詹布法

如图 1-5-3 所示，根据《滑坡防治工程设计与施工技术规范》（DZ/T 0219—2006）的规定，传递系数法的滑坡推力 p_i 的计算公式如下：

$$p_i=p_{i-1}\psi+K_ST_i-R_i \tag{1-6-2}$$

其中，下滑力 T_i：

$$T_i=W_i(\sin\alpha_i+A\cos\alpha_i)+N_{Wi}\sin\beta_i\cos(\alpha_i-\beta_i) \tag{1-6-3}$$

抗滑力 R_i：

$$R_i=W_i(\cos\alpha_i-A\sin\alpha_i)-N_{Wi}-N_{Wi}\sin\beta_i\cos(\alpha_i-\beta_i)\tan\phi_i+C_iL_i \tag{1-6-4}$$

传递系数 ψ：

$$\psi=\cos(\alpha_{i-1}-\alpha_i)-\sin(\alpha_{i-1}-\alpha_i)\tan\phi_i \tag{1-6-5}$$

孔隙水压力 N_{Wi}：

$$N_{Wi}=\gamma_W h_{iW}L_i\cos\alpha_i \tag{1-6-6}$$

即近似等于浸润面以下土体的面积 $h_{iW}L_i\cos\alpha_i$ 乘以水的容重 γ_W。

渗透压力平行于滑面的分力 T_{Di}：

$$T_{Di}=N_{Wi}\sin\beta_i\cos(\alpha_i-\beta_i) \tag{1-6-7}$$

渗透压力垂直于滑面的分力 R_{Di}：

$$R_{Di}=N_{Wi}\sin\beta_i\sin(\alpha_i-\beta_i) \tag{1-6-8}$$

当采用孔隙压力比时，抗滑力 R_i 可采用如下公式：

$$R_i=\{W_i[(1-r_U)\cos\alpha_i-A\sin\alpha_i]-\gamma_W h_{iW}L_i\}\tan\phi_i+C_iL_i \tag{1-6-9}$$

式中　r_U——孔隙压力比。

詹布法的滑坡推力计算公式同传递系数法。

3. 岩质滑坡块体平面极限平衡法

如图 1-5-5 所示，根据《水工设计手册（第 2 版）　第 10 卷　边坡工程与地质灾害防治》

(中国水利水电出版社)的有关要求，岩质滑坡块体平面极限平衡法的滑坡推力 p 的计算公式如下：

$$p = K_S W\sin\alpha - (W\cos\alpha\tan\phi + CL) \tag{1-6-10}$$

第七节　滑坡防治措施

一、滑坡防治原则

地矿、公路、铁路等部门经过多年的防治滑坡的实践经验，总结出如下可供油气管道滑坡防治的原则：

(1)“预防为主，治理为辅，治早、治小”原则。

对于新建线性工程而言，在经济合理的条件下，避绕是最佳的预防滑坡的措施。在滑坡的早期阶段，及时采取截(排)水、整平坡面、夯填裂缝等小型措施，使其逐步稳定或减缓其移动速度，从根本上防止滑坡的发生和发展。

(2)“正确认识”滑坡原则。

滑坡的性质、类型、范围、规模、机理，特别是其稳定性和危害性的正确认识是滑坡防治的基础，也是难点所在。加强对滑坡勘察和评价工作，可以从根本上避免滑坡治理工作的失误和难度，减少工程投资和经济损失。

(3)对于性质复杂、危害性大的滑坡本着“一次根治”原则。

在管道线路无法避绕的情况下，对于可能发生急剧变形的危害性大的滑坡，应在管道建设期采取迅速有效的工程措施进行根治。

(4)对于变形缓慢的大型滑坡本着“分期治理”原则。

对于滑动缓慢的大型滑坡，不会立即对油气管道造成灾难性事故的大型滑坡，应做出全面的整治规划，进行分期整治。并注意观察每期工程的整治效果，据此确定下一步措施。

(5)对于性质简单的中小型滑坡本着“简单、有效、根治”原则。

对于性质简单的中小型滑坡，一般情况下可进行整治，管道线路不必避让。但应尽可能调整管道中线的平面、纵面位置，减轻滑坡体的失稳危害，以达到防治措施简单、工程量小、施工方便、经济合理的目的。

(6)滑坡发生时应本着“查明管道变形、简单措施先行”原则。

滑坡发生时，应首先查明对管道的危害程度或对管道建设的影响，在此基础上依据滑坡性质的判断，采取滑坡体表面防渗(夯填裂缝等)、截排水、减载反压、简易支挡(石笼挡墙、钢管桩、木桩等)等快速、简单的防治措施，以减缓滑坡的发展。在此基础上针对引起滑坡的主要因素进行勘察分析，以确定相应的措施。

二、滑坡防治措施之一——坡面整平与夯填裂缝

滑坡发生时，一般先出现裂缝，大气降雨所形成的地表径流就会沿裂缝渗入土层，使土的黏聚力和抗剪强度降低，造成山体滑坡。因此山体坡面产生坑洼和裂缝，往往是滑坡的前兆。滑坡体表面整平的目的是防治坡面积水，避免滞留于坡体表面的雨水经滑坡裂缝、裂隙

和落水洞等通道渗入到滑坡体内部，以加剧滑坡体的下滑力。因此坡面整平与夯填裂缝可以使地表水不聚集并快速流散于坡体以外。

发现山坡有坑洼、塌陷、裂缝时，应立即处理。滑坡区应采取削高补低方式，填平坑洼，排除积水。滑坡裂缝夯填通常采用沿裂缝、裂隙向下挑沟，然后采用黏性土或水泥土进行夯实整平。

三、滑坡防治措施之二——减载与反压

1. 原理及适用条件

减载是将滑坡体后缘挖除一定数量的下滑体而使滑坡稳定的措施，其目的是消减使滑坡的下滑动力；反压是在滑坡体的前缘填压一定数量的土(石)料，其目的是增大滑坡体前缘抗滑区的抗滑力。由于实际工程中常将两者结合一并使用，因此就形成了滑坡后缘减载、滑坡前缘反压的治理滑坡措施——减载反压，如图 1-7-1 所示。

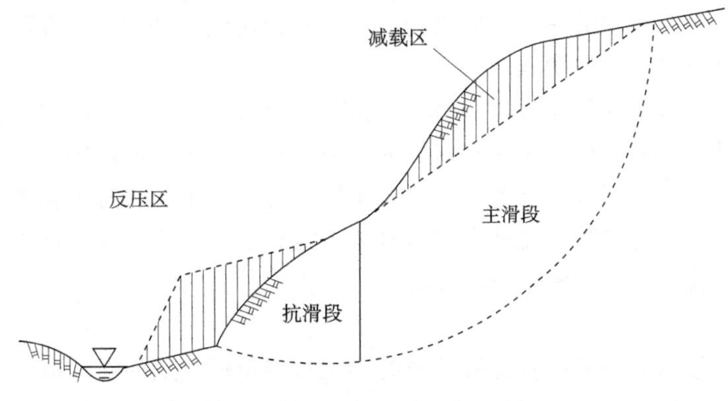

图 1-7-1　滑坡减载反压示意图

减载反压适用于推移式滑坡或由错落转化的滑坡的防治，并且滑床具有上陡下缓的形态，滑坡后缘及两侧的地层相当稳定，不致因削方减载引起滑坡向后及向两侧发展。同时，滑坡前缘有较长的抗滑段时，适宜采取反压措施。

2. 减载

(1) 减载一般包括滑坡后缘减载、表层滑体或变形体清除、削坡降低坡度等。削方减载对于滑坡稳定系数的提高值可以作为设计依据。

(2) 减载措施实施前，必须清楚滑坡的成因和性质，查明滑动面的位置、形状及可能发展的范围，根据稳定滑坡和修建防滑构筑物的要求进行设计计算，以决定减重范围。对于小型滑坡，可以全部去除。

(3) 减载是经常应用的治理滑坡措施之一，既可以作为应急措施，也可以作为永久治理措施。但对于已经滑动的滑坡，仅采取减载而不采取其他措施，不能长期稳定滑坡。因为对于已经滑动的滑坡，滑动面已贯通形成，滑带土强度已降低，应配合采取其他措施提高滑带土强度或支挡工程增大抗滑力。

(4) 滑坡减载不同于边坡削(刷)方，减载的目的在于减轻滑坡体上部下滑部分土体的重量，以减少滑坡下滑力。如果将滑坡减载误认为边坡削坡，以至于削弱了滑坡下部的支撑部分，将会进一步加剧滑坡的发展。

3. 反压

(1) 反压措施实际上是一种简易支挡工程，反压体应经过专门设计，其对滑坡体稳定系数的提高值可作为工程设计的依据。未经专门设计的坡脚反压措施，其对安全系数的提高值不得作为设计依据，但可作为安全储备考虑。

(2) 反压材料宜采用碎石土或块石土等透水性良好的材料。碎、块石土应碾压或夯实。距表层 0~80cm 的填料密实度不应小于 0.93，距表层 0.8m 以下的填料密实度不应小于 0.9。

(3) 反压体可能会受到水流冲刷影响时，应在填土坡脚设置护岸等防冲刷措施，以保证反压料的稳定性，但不得影响沟道的行洪能力。

(4) 反压体基底的软弱土层应挖除或换填。

四、滑坡防治措施之三——排水

1. 原理及作用

排水是滑坡治理工程中的一项重要措施，也是一种比较经济的工程方案。排水措施包括地表排水工程和地下排水工程两类。

地表排水的目的是最大限度地将雨水形成的地表径流从地表排走，防止其渗入滑坡体内。地表排水包括滑坡周界外的排水和滑坡周界内的排水；地下排水的目的是最大限度地降低已在滑坡体内形成的地下水位高度。地下排水措施包括排水井、排水孔和排水盲沟。

排水工程设计应在滑坡防治总体方案基础上，结合工程地质、水文地质及降雨条件，制定地表排水、地下排水或二者相结合的措施。

2. 地表排水

(1) 地表排水技术简单易行且加固效果好、工程造价低，因而在滑坡治理措施中应用极广。几乎所有滑坡整治工程都包括地表排水措施，运用得当仅用地表排水即可稳定滑坡。

(2) 地表排水工程应在滑坡后缘的稳定地层上设置环形截水沟，滑坡范围较大时，应在滑坡体范围内设置树枝状排水沟，树枝状排水系统平面布置如图 1-7-2 所示。排水沟通过裂缝处时应采取防裂措施，对有明显开裂的坡体及时采用黏土或水泥土填实裂缝，整平积水洼地，使地表雨水能迅速向排水沟汇集排泄。

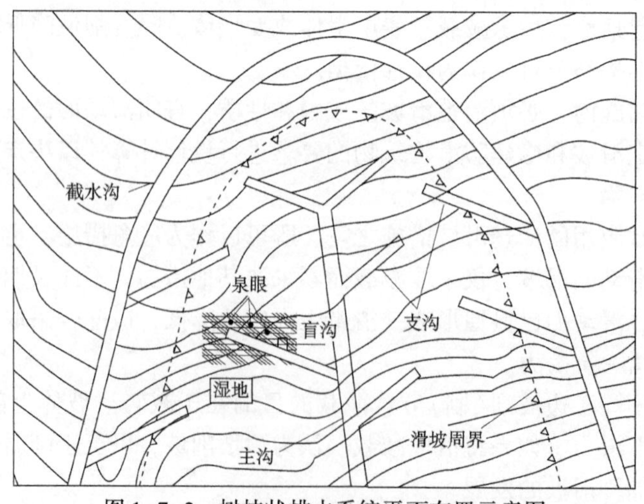

图 1-7-2　树枝状排水系统平面布置示意图

（3）地表排水工程的防洪设计应依据防护对象等级所确定的防洪标准予以确定，一般情况下为不低于1/25年的周期流量标准。排水沟渠可采用黏土、水泥土夯实，浆砌石或混凝土等不透水材料修筑。

（4）地表排水工程设计的频率地表汇水流量可利用中国水利水电科学研究院水文研究所小汇水面积设计流量公式计算。计算公式如下：

$$Q_P = 0.278\phi S_P F/\tau^n \qquad (1-7-1)$$

式中　Q_P——设计频率地表水汇流量，m^3/s；

ϕ——径流系数；

S_P——设计降雨强度，mm/h；

F——汇水面积，km^2；

τ——流域汇流时间，h；

n——降雨强度衰减系数。

当缺乏必要的流域资料时，可按中国公路科学研究所提出的如下经验公式计算。

当 $F \geqslant 3$ 时

$$Q_P = \phi S_P F^{2/3} \qquad (1-7-2)$$

当 $F<3$ 时

$$Q_P = \phi S_P F \qquad (1-7-3)$$

径流系数 ϕ 为径流量占总降水量的百分比，在无当地水文资料时，依据汇水区域内地表种类可按表1-7-1查取，依据岩土类别按表1-7-2查取。

表1-7-1　径流系数 ϕ 经验值参考表(依据地表种类)

地表种类	径流系数	地表种类	径流系数
沥青混凝土路面	0.95	陡峻的山地	0.75～0.90
水泥混凝土路面	0.90	起伏的山地	0.60～0.80
透水性沥青路面	0.60～0.80	起伏的草地	0.40～0.65
粒料路面	0.40～0.60	平坦的耕地	0.45～0.60
粗粒土坡面和路肩	0.10～0.30	落叶林地	0.35～0.60
细粒土坡面和路肩	0.40～0.65	针叶林地	0.25～0.50
硬质岩石坡面	0.70～0.85	水田、水面	0.70～0.80
软质岩石坡面	0.50～0.75		

表1-7-2　径流系数 ϕ 经验值(依据岩土类别)

岩土类别	径流系数	岩土类别	径流系数
重黏土、页岩	0.90	亚黏土、大孔隙黄土	0.60～0.70
轻黏土、凝灰岩、砂页岩、玄武岩、花岗岩	0.80～0.90	粉砂	0.20～0.50
		细砂、中砂	0.00～0.40

续表

岩土类别	径流系数	岩土类别	径流系数
表土、砂岩、石灰岩、黄土、亚黏土	0.60~0.80	粗砂、砾石	0.00~0.20

注：(1)本表内数值适用于暴雨径流量计算，对正常降雨量计算应将表中数值减去0.1~0.2；

(2) 表中未包括的岩土则按类似岩土性质采用；

(3) 当岩石有少量裂隙时，表中数值减0.1~0.2，中等裂隙减0.2，裂隙发育时减0.3~0.4；

(4) 当表土、黏性土壤中含砂时，按其含量适当将表中地表径流系数减0.1~0.2。

(5) 地表排水工程设计应按如下步骤及公式进行水力计算。首先对排水系统各主、支沟段控制的汇流面积进行分割，并根据设计降雨强度和校核标准分别计算各主、支沟段汇流量和输水量。在此基础上，确定排水沟断面或校核已有排水沟过流能力。

排水沟过流流量计算公式如下：

$$Q = WC\sqrt{Ri} \tag{1-7-4}$$

式中 Q——过流量，m^3/s；

W——过流断面面积，m^2；

R——水力半径，m；

i——水力坡降，(°)；

C——流速系数，m/s。

流速系数 C 宜采用巴普洛夫斯基公式和曼宁公式计算。

① 巴普洛夫斯基公式。

$$C = R^y/n \tag{1-7-5}$$

式中 n——糙率；

y——与糙率系数、水力半径有关的指数。

$$y = 2.5\sqrt{n} - 0.13 - 0.75\sqrt{R}(\sqrt{n} - 0.10) \tag{1-7-6}$$

② 曼宁公式。

$$C = R^{1/6}/n \tag{1-7-7}$$

其中，糙率系数 n 可按表1-7-3选用。

表1-7-3 管渠糙率系数 n

管渠类别	糙率系数	管渠类别	糙率系数
石棉水泥管	0.012	浆砌砖渠道	0.015
陶土管、铸铁管	0.013	浆砌块石渠道	0.017
(钢筋)混凝土管、水泥砂浆抹面渠道	0.013~0.014	干砌块石渠道	0.020~0.025
		土明渠(含带草皮)	0.025~0.030

管渠的水力半径 R 应按下式计算：

$$R = \frac{W}{X} \tag{1-7-8}$$

式中　W——过水断面面积，m^2；

X——湿周，即断面中水力与固体边界相接处部分的周长，m。

排水管渠的流速 v 应按下式计算：

$$v = \frac{1}{n}R^{\frac{2}{3}}i^{\frac{1}{2}} \tag{1-7-9}$$

(6) 地表排水明渠工程的最大设计设计流速应遵守如下规定。

当水流深度为 0.4~1.0m 时，明渠最大设计流速宜按表 1-7-4 数值选用；当水流深度小于 0.4m 时，明渠最大设计流速为表 1-7-4 的数值乘以 0.85；当水流深度介于 1.0~2.0m 时，明渠最大设计流速为表 1-7-4 的数值乘以 1.25；当水流深度不小于 2.0m 时，明渠最大设计流速为表 1-7-4 的数值乘以 1.40。

表 1-7-4　明渠最大设计流速 v_{max}

明渠类别	v_{max}(m/s)	明渠类别	v_{max}(m/s)
粗砂或低塑性粉黏土	0.8	干砌块石	2.0
粉质黏土	1.0	浆砌块石或浆砌砖	3.0
黏土	1.2	石灰岩或中砂岩	4.0
草皮护面	1.6	混凝土	4.0

(7) 环形截水沟应设置在滑坡可能发展的边界 5m 以外，根据需要可以设置数条，分段拦截地表水，向一侧或两侧的自然沟系排出。当坡比不小于 1∶1 时，应采用急流槽、消力池等排水消能措施。

(8) 滑坡体内树枝状排水系统应结合地形条件，充分利用自然沟系作为排水渠道，汇集并旁引坡面径流于滑坡体外排出。排水沟的布置应避免横切滑体，主沟宜与滑移方向一致，支沟与主沟斜交 30°~45°。

(9) 在滑坡体内存在泉水或湿地的条件下，可以采取明沟与盲沟相结合的饮水工程，目的在于排除滑坡体上部滞水和疏干边坡土体含水。埋入地下部分为集水渗沟，露出地面部分是排水明沟。

3. 地下排水

(1) 地下排水措施主要包括盲沟、排(渗)水隧洞和排水孔。盲沟按其作用又可分为支撑渗水盲沟、边坡渗水盲沟和截水渗水盲沟三种。排水隧洞又包括水平排水洞和竖向排水洞。排水孔亦包括(近)水平排水孔、竖向排水孔和放射状斜向排水孔。工程实际中以盲沟的措施在地下排水工程中应用最为普遍，因此主要介绍盲沟的应用。

(2) 支撑渗水盲沟一般成群设置于滑坡前部，滑体表层有给水湿地和地下水露头处，以支撑作用为主，兼顾排出滑带水和疏干其附近滑体的作用，平面布置如图 1-7-3 所示，断面布置如图 1-7-4 所示。

(3) 支撑渗水盲沟适用的深度(高度)为 2~10m。基底必须埋置在可能的滑动面以下的稳定地层内不小于 0.5m，沿滑面纵向可设计成台阶状。横断面宽度一般为 2~4m，内部宜填充重度大的渗水材料。支撑渗水盲沟的平面应顺滑体下滑的方向布置，各条平行渗沟的间距可根据滑体岩土性质及地下水量按表 1-7-5 确定。

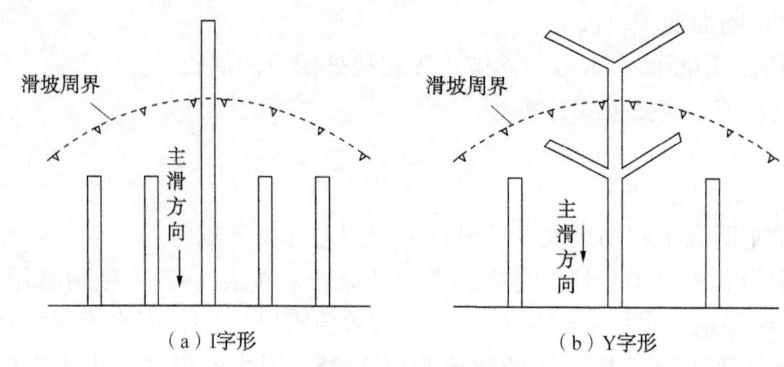

(a) I字形 (b) Y字形

图 1-7-3 支撑渗水盲沟平面布置示意图

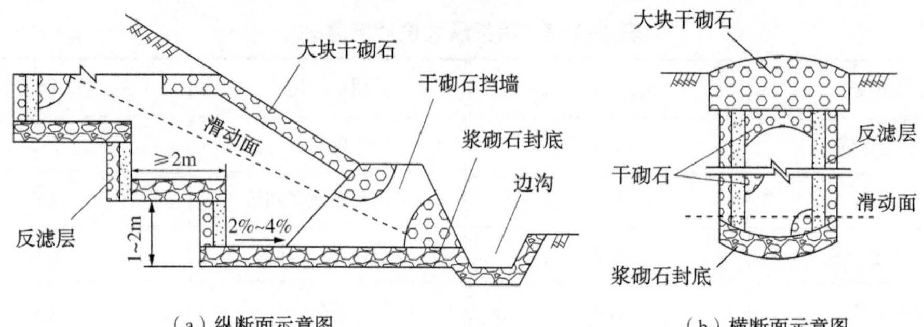

(a) 纵断面示意图 (b) 横断面示意图

图 1-7-4 支撑渗水盲沟断面布置示意图

表 1-7-5 支撑渗水盲沟间距表

滑体岩土性质	支撑渗水盲沟适宜间距(m)
普通黏土夹少量砂砾卵石	6~10
重砂黏土夹砂砾卵石	8~10
普通砂黏土夹砂砾卵石	10~15
破碎岩层	15

(4) 支撑渗水盲沟设计的应按下列各式进行相关的力学、几何尺寸及出水量的计算。

①作用于每条支撑渗水盲沟的总下滑力 T 可近似地按下式计算：

$$T \approx E(b + d) \tag{1-7-10}$$

式中 E——支撑渗水盲沟后部处每延米宽的滑坡推力，kN/m；

b——支撑渗水盲沟宽度，m；

d——支撑渗水盲沟长度，m。

②每条支撑渗水盲沟的支撑力 R 可按下式计算：

$$R = Lhb\gamma f \tag{1-7-11}$$

式中 L——支撑渗水盲沟纵向长度，m；

h——支撑渗水盲沟平均高度，m；

γ——支撑渗水盲沟填充料的重度，采用浮重度，kN/m³；

f——支撑渗水盲沟填充料与基底的摩阻系数。

③单独使用支撑渗水盲沟时，必须满足下式要求：

$$R \geqslant T\cos\alpha - T\sin\alpha\tan\phi \tag{1-7-12}$$

式中　α——支撑渗水盲沟后部滑动面与水平面的夹角，(°)；

ϕ——滑带的内摩擦角，(°)。

④支撑渗水盲沟的长度 L 可按下式计算：

$$L = \frac{K_S T\cos\alpha - T\sin\alpha\tan\phi}{\gamma h b\tan\phi} \tag{1-7-13}$$

式中　K_S——设计安全系数，取值 1.3。

⑤支撑渗水盲沟出水量 Q 可按下面两种情况计算：

a. 当设计盲沟长度大于 50m 时，盲沟出水量 Q 应按下式计算：

$$Q = LK\frac{H^2 - h^2}{2R} \tag{1-7-14}$$

式中　L——支撑渗水盲沟纵向长度，m；

K——渗透系数；

H——含水层厚度，m；

h——动水位至含水层底板的高度，m；

R——影响半径，m。

b. 当设计盲沟长度小于 50m 时，盲沟出水量 Q 应按下式计算：

$$Q = 0.685K\frac{H^2 - h^2}{\lg\dfrac{R}{0.25L}} \tag{1-7-15}$$

(5) 支撑渗水盲沟包括主干和支沟。主干平行于滑动方向，布置于地下水露头处或土中水形成坍塌的地方。支沟应根据坡面汇水情况合理布置，可与滑坡移动方向呈 30°~40°交角，并可延伸至滑坡范围以外，以起到拦截地下水的作用。如滑坡推力大、范围广，可采用抗滑挡墙与支撑渗水盲沟相结合的结构形式，以支撑滑坡体。有关行业的实践证明，用较长的支撑渗水盲沟和较小的抗滑挡墙比短沟大墙好。

(6) 边坡渗水盲沟一般布置于滑坡周界范围内，其作用是疏干潮湿的边坡和引排滑坡体上局部出露的泉水或上层滞水。支撑边坡，减轻坡面冲刷。

①边坡渗水盲沟一般垂直嵌入坡体，基底埋入潮湿土层以下较干燥而稳定的土层内，基底需采取防渗措施，可做成 2%~4%泄水坡的阶梯状。顶部一般采取单层干砌大块石。沟壁需设置反滤层，其余空间可用筛选干净的渗水材料填充。

②当坡面仅局部潮湿且面积不大时，可布置成条带形；当潮湿面积较大时，宜布置成分岔形；当坡面普遍潮湿时，应布置成拱形或人字形。

③边坡渗水盲沟的间距取决于地下水的分布、流量和边坡土质等因素。一般采用 6~10m。渗水盲沟的深度视潮湿土层的厚度而定，一般不小于 2m，宽度一般约 1.2~2m。

④边坡渗水盲沟的下部出水口可采取干砌石挡墙支挡渗沟内的填料和排出所汇集的地下水。

(7) 截水渗水盲沟一般是在有丰富的地下水进入滑坡体的条件下而采用。截水渗水盲沟可在垂直于地下水流的方向上设置，以拦截地下水，并排出滑坡体外。

①截水渗水盲沟应修筑于滑坡体可能发展的范围5m以外的稳定土体上，平面呈环形或折线形。深度一般不小于10m，断面大小不受流量控制，主要取决于施工是否方便。

②截水渗水盲沟的基底应埋入最低一层含水层下的不透水层或基岩内。当基底未埋入完整基岩时，应采用浆砌石修筑沟槽。渗沟的迎水沟壁应设置反滤层，背水沟壁应设置隔渗层。在不冲刷四周孔壁圬工的前提下，尽量采用较陡的流水纵坡。

③截水渗水盲沟一般深而长，为便于维修和疏通孔道，在直线段每隔30~50m或渗沟的转弯、变坡处应设置检查井。检查井井壁应设泄水孔，以排除附近的地下水。

五、滑坡防治措施之四——重力式抗滑挡土墙

在20世纪60年代抗滑桩出现以前，抗滑挡土墙曾是治理滑坡的主要支挡措施。即使在抗滑桩应用之后，在一些中、小型滑坡治理中仍广为应用。

1. 适用条件

(1) 重力式抗滑挡墙主要适用于中小型的浅表层滑坡的治理；

(2) 重力式抗滑挡墙宜用于剩余下滑力不大于150kN的滑坡；

(3) 重力式抗滑挡墙应与排水、减载、护坡等其他工程措施相配合；

(4) 重力式抗滑挡墙应设置在滑坡主滑地段的下部区域，宜布置在滑坡剪出口或潜在剪出口的附近，并宜以反压和支挡相结合的方式进行设计。

2. 形式及设置

(1) 重力式抗滑挡墙宜采用矮胖、外坡较平缓的形式，其常见断面形式如图1-7-5所示，按其墙背形式划分如图1-7-6所示。挡墙材料可采取干砌石、石笼、浆砌石、混凝土和钢筋混凝土等。

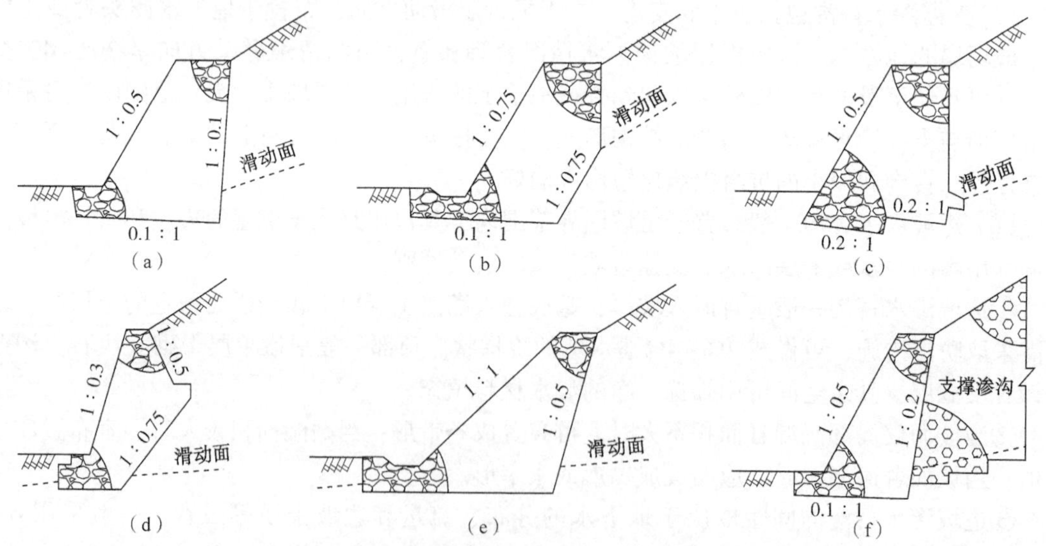

图1-7-5 重力式抗滑挡土墙常用断面形式示意图

(2) 重力式抗滑挡墙一般布置于滑坡前缘区域。当避免或减少对滑坡体前缘的开挖时，可设置补偿式抗滑挡土墙；当滑体长度大而厚度小时，可沿滑坡倾向设置多级挡墙，如图1-7-7所示。

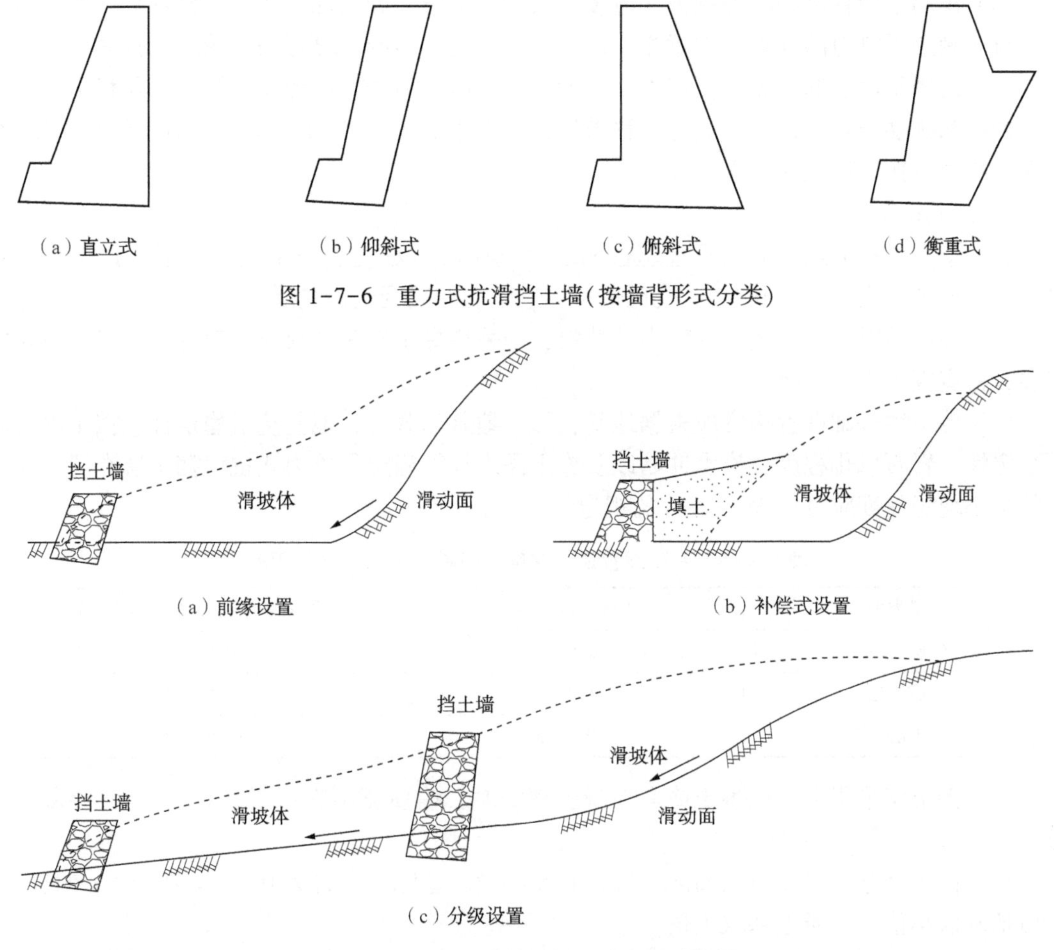

（a）直立式　（b）仰斜式　（c）俯斜式　（d）衡重式

图 1-7-6　重力式抗滑挡土墙(按墙背形式分类)

（a）前缘设置　（b）补偿式设置

（c）分级设置

图 1-7-7　重力式抗滑挡土墙布置示意图

(3)重力式抗滑挡墙在地质、地形条件允许时，宜设置为向坡体上部突出的弧形或折线形，以提高整体稳定性。

3. 设计计算

(1) 重力式抗滑挡墙设计应进行抗倾覆、抗滑移、地基承载力、墙身抗剪强度等指标以及防越顶的验算，各项指标的计算方法可按《滑坡防治工程设计与施工技术规范》(DZ/T 0219—2006)或《重庆市地质灾害防治工程设计规范》(DB/50 5029—2004)中相关条款执行。其中，在基本荷载工况下，抗滑稳定系数不低于 1.3，抗倾覆稳定系数不低于 1.5；在特殊荷载工况下，抗滑稳定系数不低于 1.2，抗倾覆稳定系数不低于 1.3。

(2) 作用于挡土墙上的荷载力系及其组合，视挡土墙形式的不同，应分别考虑。基本荷载应考虑墙背承受由填料自重产生的侧压力、墙身自重、墙顶有效荷载、基底法向反力、基底摩擦力及常水位时的静水压力和浮力；附加荷载应考虑库水位的静水压力和浮力、江水位涨落时的水压力和波浪压力等；特殊荷载应考虑地震力和临时荷载。

(3) 墙身所受浮力应根据地基渗水情况按下列原则确定：位于碎石类土、砂类土和节理很发育的岩石地基，按计算水位的 100%计算；位于完整岩石地基，其基础与岩石间灌注混凝土，按计算水位的 50%计算；不能肯定地基土是否透水时，按计算水位的 100%计算。

(4) 作用于墙背上的岩土压力，应按滑坡剩余下滑力和主动土压力分别计算，取其最大值。滑坡剩余下滑力的计算见本章相关内容，主动土压力的计算可按库伦理论计算。

(5) 作用于墙前部的被动土压力，一般可不考虑。但当基础埋置较深、底层稳定、不受水流冲刷和扰动破坏时，结合墙身位移条件，可采用1/3~1/2被动土压力值或静止土压力。被动土压力可按库伦理论计算。

4. 设计要求

(1) 重力式抗滑挡墙墙高不宜超过8m。墙高超过8m时，应采用特殊形式挡土墙或每隔4~5m设置厚度不小于0.5m、配比适量构造钢筋的混凝土构造层。

(2) 墙后填料应选择透水性较强的填料，当采用黏土作为填料时，宜掺入适量的石块并夯实，密实度不小于85%。

(3) 挡土墙基础埋置深度应根据地基变形、地基承载力、地基抗滑稳定性、挡土墙抗倾覆稳定性、岩石风化程度、流水冲刷以及冻土深度计算确定。重力式抗滑挡土墙在滑动面以下的最小埋置深度应符合表1-7-6的规定。

表1-7-6 基础埋置最小深度和距斜坡地面的水平距离

地层类别	埋入深度(m)	距斜坡地面的水平距离(m)
硬质岩层	0.60	0.6~1.5
软质岩层	1.00	1.00~2.00
土层	1.00~2.00	1.50~2.50

(4) 挡土墙采用毛石混凝土或素混凝土现浇时，墙顶宽不宜小于0.6m，毛石含量宜为15%~30%。

(5) 挡土墙基础宽度与墙高之比宜为0.5~0.7，基底宜设置为0.1∶1~0.2∶1的反坡。土质地基取小值，岩质地基取大值。

(6) 墙基沿纵向有斜坡时，基底纵坡不得大于5%。当基底纵坡大于5%时，应将基底做成台阶状。

(7) 挡土墙应设置泄水孔。墙背侧应设置200~400mm的反滤层。回填土为砂性土时，墙背最下一排泄水孔底部应设置倾向坡外、厚度不小于300mm的防水层。

(8) 挡土墙应每隔5~20m设置一道沉降缝，缝宽20~30mm，缝中填塞沥青麻筋、沥青木板或其他有弹性的防水材料，沿内、外、顶三方填塞，深度不小于150mm。

(9) 当抗滑挡墙作为独立的抗滑措施时，仅适用于小型浅表层滑坡；当滑体厚度小于6m时，可采用重力式挡墙；当滑体厚度超过6m时，宜采用锚杆挡墙等其他结构形式挡墙。

六、滑坡防治措施之五——抗滑桩

抗滑桩是将桩插入滑动面(带)以下的稳定地层中，利用稳定地层岩土的锚固作用以平衡滑坡推力、防止滑坡出现滑动变形和破坏的工程结构。

1. 抗滑桩的优势

(1) 抗滑能力强，圬工数量少。在滑坡推力大、滑动面深的情况下，能够克服一般抗滑挡土墙难以克服的困难。一根抗滑桩通常可以提供几千千牛至上万千牛的滑坡推力，而且可以多排桩联合使用。

（2）桩位设置灵活。可以设置在滑坡体中最有利于抗滑的部位，可单排或多排设置，也能与其他建筑物配合使用。分排设置时，可将巨大的滑体切割成若干分散的单元体，对滑坡起到分而治之的功效。

（3）对滑坡体稳定性扰动小，施工安全、方便。抗滑桩坑截面较小，同时可采取混凝土护壁支撑，施工安全有保证。施工时亦可间隔开挖，不致引起滑坡条件的恶化。因此，抗滑桩对整治在役管道的滑坡和处在缓慢滑动阶段的滑坡非常适合。

（4）配筋合理。抗滑桩可以根据弯矩沿桩长的变化情况合理布置钢筋。如布置钢筋混凝土抗滑桩，则优于管形桩和打入桩。

（5）校核地质情况。抗滑桩桩坑可作为探坑井，验证滑动面位置和滑动方向，以便及时调整设计方案，使之更符合实际。

2. 抗滑桩的类型

（1）抗滑桩按桩身材质分为木桩、钢管桩和钢筋混凝土桩等，按桩身截面形式分为圆形桩、管桩、方形桩和矩形桩等，按成桩工艺分为钻孔桩、挖孔桩和打入桩等；按桩的受力状态分为全埋式桩、悬臂桩和埋入式桩，按桩身刚度与桩周岩土强度对比及桩身变形分为刚性桩和弹性桩，按桩体组合形式分为单桩、排架桩、钢架桩等，按桩头约束条件分为普通桩和锚索桩等。

（2）常用的抗滑桩的基本形式如图 1-7-8 所示。其中，图 1-7-8(a)和图 1-7-8(b)是目前应用最为广泛的全埋式和悬臂式抗滑桩；图 1-7-8(c)为埋入入式桩，即在滑体较厚且较密实的情况下，只要滑坡体不会形成新滑面从桩顶剪出，桩可以不做到地面以节省圬工；图 1-7-8(d)为承台式桩，目的是使两排桩协调受力和变形，在桩头用承台连接，可使桩间土体和桩共同受力；图 1-7-8(e)、图 1-7-8(f)和图 1-7-8(g)都属钢架桩，能有效发挥两桩的共同作用，从而节省圬工和造价，但施工较为麻烦，尤其是排架中部衡横梁施工不便，因此应用不多；图 1-7-8(h)为锚索桩，即在桩头或桩的上部加若干束锚索锚固于滑动面以下的稳定地层中，相当于在桩上增加一个或几个横向支点和抗力，减少了桩的弯矩和剪力，从而减小了桩身截面和埋深。

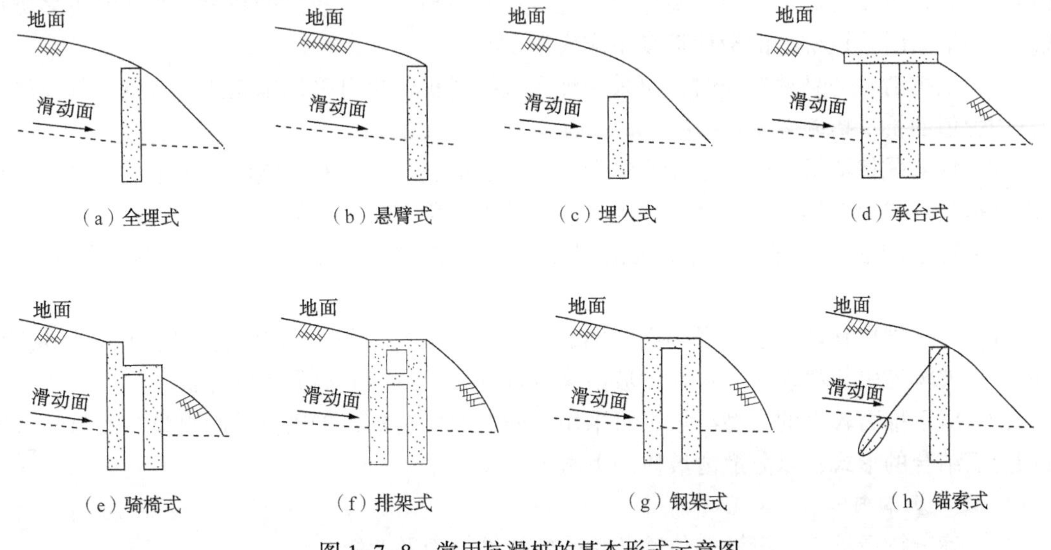

图 1-7-8　常用抗滑桩的基本形式示意图

(3) 另外，抗滑桩按桩身的制作方法可分为灌注桩、预制桩和搅拌桩三大类。

①灌注桩：采用机械或人工成孔方法，在孔内下设钢筋笼和浇筑混凝土所形成的桩。灌注桩包括机械成孔灌注桩、人工挖孔灌注桩和沉管灌注桩三种。其中，机械成孔灌注桩适用于各种土层、风化岩层以及地质情况复杂、夹层多、风化不均、软硬变化较大的地层。桩径和桩深较大，且不受地下水位的限制。人工挖孔灌注桩适用于无地下水或地下水较少的人工填土、黏土、粉质黏土和含少量砂、砂卵石的黏土层，不宜在有流沙、地下水位较高、涌水量大的冲积地带及近代沉积的含水量高的淤泥、淤泥质土层采用。人工挖孔桩适用于直径1.0m以上的桩，桩径一般为1~3m(最大桩径已达7m)，深度一般不超过25m(国内最大已达80m)。沉管灌注桩又可分为锤击沉管灌注桩、钻孔扩底沉管灌注桩和振动冲击沉管灌注桩三种。沉管灌注桩适用于一般黏性土、粉土、淤泥质土、松散至中密的砂土及人工填土层，不宜用于标准贯入击数大于12的砂土和大于15的黏性土以及碎石土及厚度较大的高流塑淤泥层。

②预制桩：采用钢、预制或预应力钢筋混凝土作为成桩材料的抗滑桩。根据桩身材料的不同，预制桩可分为钢桩和预制混凝土桩两种。其中，钢桩又根据材料形状的不同，包括钢管桩、H型钢桩和钢板桩三类。钢桩适用于人工挖孔困难、施工场地狭窄，难以进行大型机械施工的滑坡体；预制混凝土桩是将钢筋混凝土预制成(可加预应力)桩身材料，通过直接打入或预钻孔打入滑坡的抗滑桩。预制混凝土桩适用于无现场制作钢筋笼和灌注混凝土条件，需要进行快速施工，且有大型起吊设备和较大的施工场地的滑坡体。

③搅拌桩。根据桩身材料的不同，搅拌桩可分为水泥土搅拌桩和加筋水泥土搅拌桩两种。搅拌桩适用于淤泥、淤泥质土、含水率较高的软土层和适用于要求施工时无振动、无泥浆、无废土外运情况下的滑坡加固。

3. 抗滑桩的适用条件

(1) 抗滑桩适用于深层滑坡和各类非塑性流滑坡，对缺乏石料的地区和处理正在活动的滑坡更为适宜。

(2) 抗滑桩应根据滑坡区域的地形地貌、工程地质、水文地质条件、滑坡破坏形态等情况设置，宜设置于滑坡体较薄，滑床较平缓及锚固段地基强度较高的地段。必要时可多级设置。土质滑床时，设桩处的滑面坡度不应大于15°。

(3) 当抗滑桩的悬臂较长时，可采用埋入式抗滑桩，也可采用锚索式抗滑桩等其他能减少桩内力值的抗滑措施。

(4) 埋入式抗滑桩一般用于无次级滑动的土质滑坡。对于有次级滑动的土质滑坡，应采取综合措施，避免坡体局部失稳。埋入式抗滑桩也可用于岩质滑坡。

(5) 对于浅表层滑坡，可采用混凝土预制桩、钢桩或混凝土钻孔灌注桩，使滑坡体稳定。

(6) 对于岩层整体性强、滑动面明确的浅层或中厚层滑坡，当修建抗滑挡墙圬工量大，或因开挖坡脚易引起滑动时，可在滑坡前缘设置混凝土或钢筋混凝土钻孔桩。

(7) 对于推力较大的大型滑坡，可采用大截面的挖孔桩，采用分排间隔设桩或与轻型抗滑挡土墙结合的形式，以分散滑坡体的下滑力。

4. 设计基本内容

(1) 确定抗滑桩由于滑坡体位移所承受的滑坡推力及弯矩。

（2）根据地质和施工条件，选取抗滑桩的型式，如成孔方式和桩身材料等。

（3）确定抗滑桩的桩距，即选择合理桩距。桩距过大，土体可能从桩间挤出；桩距过小，则桩数增加、投资增大、工期延长。

（4）根据地质条件及滑坡推力确定抗滑桩截面尺寸、桩长，并对所选的抗滑桩进行内力和锚固深度计算。锚固深度过浅，锚固力不够，则桩容易被推倒、拔出或与滑坡体一起滑动；锚固深度过深，则施工困难、工期长、投资高。

（5）进行桩体设计，即根据抗滑桩的抗剪和抗弯能力进行配筋计算，确定配筋形式。避免抗滑桩因抗剪能力不足，使桩身在滑动面处剪断；避免抗滑桩因抗弯能力不足，使桩身在最大弯矩处被拉断。

（6）反算加抗滑桩后的滑坡稳定性安全系数，并对经抗滑处理后的坡体稳定性进行评价分析。避免滑坡土体出现“越顶”，避免滑坡土体产生新的深层滑动。

5. 抗滑桩受力分析

1）作用于抗滑桩上的力系

作用于抗滑桩上的外力有滑坡推力、桩前滑体抗力和锚固段地层抗力，如图1-7-9所示，此外还包括桩侧摩阻力和黏聚力及桩底反力和桩身重力。由于抗滑桩的基底应力主要是由自重引起的，而桩侧摩阻力和黏着力又抵消了大部分自重。有关行业的实测资料表明，桩底应力一般相当小。为简化计算，对桩底应力通常忽略不计，计算会偏安全，且对整个设计影响不大。因此《公路路基设计规范》（JTG D30—2015）规定“桩侧摩阻力和黏聚力以及桩身重力和桩底反力可不计算”。

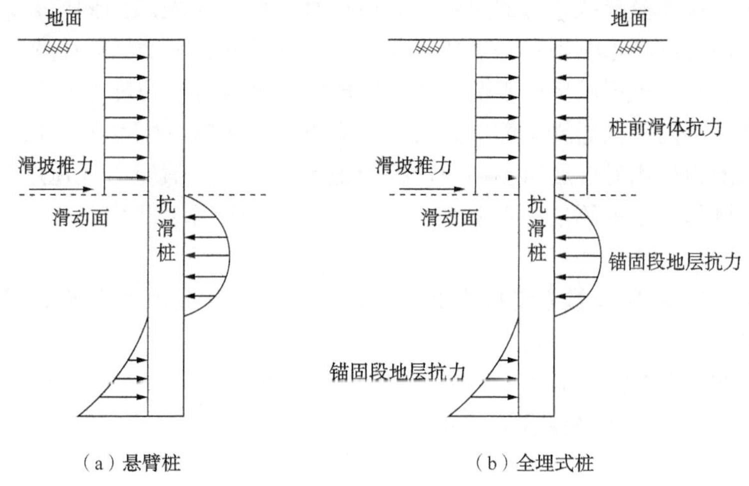

图1-7-9　抗滑桩受力示意图

2）滑坡推力

（1）滑坡推力作用于滑面以上部分的桩背上，可假定与滑面平行。由于尚未完全抵消桩间土拱对滑坡推力的影响，通常假定每根桩所承受的滑坡推力等于桩距（中心至中心）范围内的滑坡推力。滑坡推力与滑坡的性质、滑体的厚度、滑动面的形状、岩土体的性质、地下水位及外荷载等有关。滑坡推力按传递系数法计算。

（2）滑坡推力的分布及其作用点的位置，与滑坡的类型、地质条件、滑动面形状、变性特征及地基系数等因素有关。对于液性指数小、刚度较大和较密实的滑坡体（地基系数为常数)，滑坡体沿断面的高度自顶层至底层均匀变形，故滑坡体作用于墙背的推力分布为矩形；对于液性指数较大、刚度较小和密实度不均匀的塑性滑体(地基系数沿断面高度呈线性变化)，则滑坡推力呈三角形分布；对于介于上述两者之间的情况(如地基系数在顶部呈线性变化，在底部为常数)，则推力分布为梯形。

(3) 桩前为临空面的条件下，如果滑坡推力设计值小于1.35倍的主动土压力时，应取1.35倍的主动土压力作为桩的外荷载，进行桩承载力的补充验算。

3) 桩前滑体抗力

(1) 当桩前无土[图1-7-9(a)]或桩前滑坡体不能保持稳定可能滑动的条件下，抗滑桩应按悬臂桩考虑；而当桩前滑坡体能保持稳定的条件下，抗滑桩应按全埋式桩考虑[图1-7-9(b)]。

(2) 对于全埋式桩，其桩前滑体抗力可按桩前滑体处于极限平衡时的滑坡推力或桩前被动土压力两者按已知外力考虑，取二者小值进行计算。桩的变形与内力计算同悬臂桩。

(3) 布置于地表水体水位一带的抗滑桩可不考虑桩前滑体抗力。

4) 锚固段地层抗力

(1) 抗滑桩受到滑坡推力作用后，通过抗滑桩将滑坡推力传递到滑动面以下的桩周岩、土中，桩的锚固段前、后岩土受力后产生变形，从而产生由此引起的岩土抗力作用。

(2) 抗力的大小与岩土变形状态有关，当应力与应变成正比例增加时属弹性阶段。当变形在弹性变形阶段时，按弹性抗力计算；超过弹性极限状态后应力增加不多而变形陡增时，属塑性阶段。当变形在塑性变形阶段时，抗力可近似地按该地层地基系数乘以相应的与变形方向一致的岩土在弹性极限状态时的压缩变形值计算，或用该地层的侧向允许承载力代替。当应力不再增大而变形不止时则达到破坏阶段。如沿桩身的岩土处于塑性变形阶段的范围较大或岩体松散时，则全桩可用极限平衡方法计算滑床内桩周岩土的抗力值。

(3) 在弹性范围内，桩周岩土体抗力与变性成正比。根据弹性力学，用地基系数法计算抗滑桩受到滑坡推力作用时桩底岩土的弹性抗力值及其分布。假定桩底地层为一弹性介质，桩为弹性构建，则作用于桩侧任一点y处的弹性抗力σ_y的计算公式为：

$$\sigma_y = KB_PX_y \tag{1-7-16}$$

式中 K——嵌固段地基系数(或抗滑桩嵌固段地基水平抗力系数或水平基床系数)，kPa/m；

B_P——桩的计算宽度，m；

X_y——地层y处的水平位置值，m。

6. 地基系数

桩侧岩土的弹性抗力系数简称地基系数，是地基承受的侧压力与桩在该处产生侧向位移的比值。换而言之，地基系数是在弹性变形限度内，单位面积的土产生单位压缩变形时所需要的侧向压力。

一般情况下，地基系数K可随深度y按幂函数规律变化，其表达式为：

$$K = m(y_0 + y)^n \tag{1-7-17}$$

式中 m——地基系数随深度变化的比例系数；

n——与岩土特性有关的参数；

y_0——与岩土类别有关的常数。

不同的 n 值，地基系数 K 随深度 y 的变化如图 1-7-10 所示。当 $n=0$ 时，K 值为常数，其图形为矩形，如图 1-7-10(b)所示，按这种规律的计算方法，称为“K”法，适用于较完整的硬质岩层、未扰动的硬黏土或性质相近的半岩质地层；当 $0<n<1$ 时，K 值随深度为外凸的抛物线变化，如图 1-7-10(c)所示，按这种规律的计算方法，称为“C”法；当 $n=1$ 时，K 值随深度为梯形变化，如图 1-7-10(d)所示，按这种规律的计算方法，称为“m”法，适用于一般硬塑—半硬塑的砂黏土、碎石土或风化破碎成土状软质岩层及密实度随深度增加而增加的地层；当 $n>1$ 时，K 值随深度为内凹的抛物线变化，如图 1-7-10(e)所示。

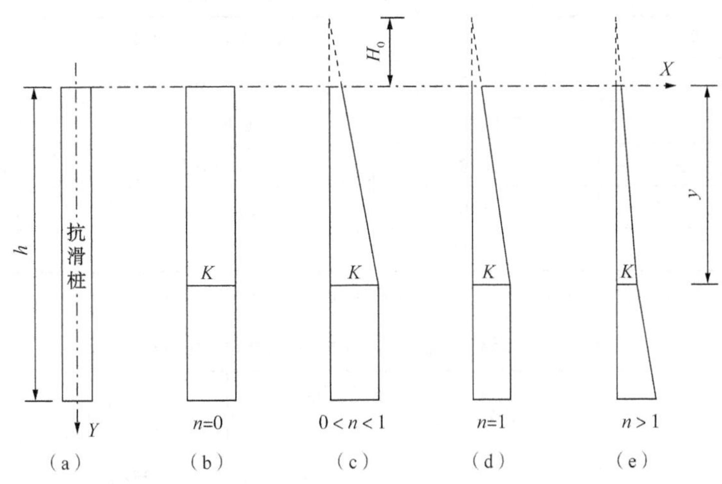

图 1-7-10　地基系数 K 随深度 y 的变化示意图

抗滑桩地基系数的确定可简化为“K”法和“m”法两种情况。若采用“C”法，应通过现场试验确定。

地基系数包括竖向地基系数和水平地基系数两种，两者之间的比例关系应通过试验确定。当无试验资料时，非岩石地基的水平地基系数 m_H 和 m_V 可参照表 1-7-7 或表 1-7-8 确定；较完整岩层的竖向地基系数 K_V 和水平地基系数 K_H 可参照表 1-7-9 或表 1-7-10 和表 1-7-11确定。

表 1-7-7　非岩石地基 m_H 和 m_V 值(1)

土体名称	m_H 和 m_V(kN/m^4)	土体名称	m_H 和 m_V(kN/m^4)
流塑黏性土($I_L≥1$)，淤泥	3000~5000	半坚硬的黏性土、粗砂	20000~30000
软塑黏性土($1>I_L≥0.5$)，粉砂	5000~10000	砾砂、角砾砂、砾石土、碎石土、卵石土	30000~80000
硬塑黏性土($0.5>I_L≥0$)，细砂、中砂	10000~20000	块石土	80000~120000

注：表中 I_L 为土的液性指数。由于表中 m_H 和 m_V 采用同一值，而当平均深度约为 10m 时，m_H 值接近垂直荷载作用下的垂直方向地基系数 m_V 值。

表 1-7-8　非岩石地基 m_H 和 m_V 值(2)

土体名称	竖直方向 m_V(kN/m^4)	水平方向 m_H(kN/m^4)
$1.00>I_L>0.75$ 的软塑黏土及粉质黏土，淤泥粉砂	1000~2000	500~1400
$0.75>I_L>0.50$ 的软塑粉质黏土及黏土	2000~4000	1000~2800
硬塑粉质黏土及黏土，细砂和中砂	4000~6000	2000~4200

续表

土体名称	竖直方向 m_V(kN/m^4)	水平方向 m_H(kN/m^4)
坚硬的粉质黏土及黏土，粗砂	6000~10000	3000~7000
砾砂，碎石土、卵石土	10000~20000	5000~14000
密实的大漂石	80000~120000	40000~84000

注：表中 I_L 为土的液性指数，其土质地基系数 m_V 和 m_H 值的条件，相当于桩顶位移 0.6~1.0cm。

表 1-7-9　较完整岩层的地基系数 K_V 值

饱和极限抗压强度 R(kPa)	K_V(kN/m^3)	饱和极限抗压强度 R(kPa)	K_V(kN/m^3)
1.0×10^4	$(1.0\sim2.0)\times10^5$	5.0×10^4	8.0×10^5
1.5×10^4	2.5×10^5	6.0×10^4	12.0×10^5
2.0×10^4	3.0×10^5	8.0×10^4	$(15.0\sim25.0)\times10^5$
3.0×10^4	4.0×10^5	10.0×10^4	$(25.0\sim28.0)\times10^5$
4.0×10^4	6.0×10^5		

注：一般侧向 K_H 为竖向 K_V 的 0.6~0.8 倍。当岩层为厚层或块状整体时，$K_H=K_V$。

表 1-7-10　岩石物理力学指标与抗滑桩地基系数 K 值

地层种类	内摩擦角	弹性模量 E_0 (kPa)	泊松比 μ	地基系数 K (10^6kN/m^3)
细粒花岗岩、正长岩	≥80°	5430~6900	0.25~0.30	2.0~2.5
辉绿岩、玢岩		6700~7870	0.28	2.5
中粒花岗岩、正长岩	≥80°	5430~6500	0.25	1.8~2.0
粗粒正长岩、坚硬白云岩		6560~7000		
坚硬石灰岩	80°	4400~10000	0.25~0.30	1.2~2.0
坚硬砂岩、大理岩		4660~5430		
粗粒花岗岩、花岗片麻岩		5430~6000		
较坚硬石灰岩	75°~80°	4400~9000	0.25~0.30	0.8~1.2
较坚硬砂岩		4460~5000		
不坚硬花岗岩		5430~6000		
坚硬页岩	70°~75°	2000~5500	0.15~0.30	0.4~0.8
普通石灰岩		4400~8000	0.25~0.30	
普通砂岩		4600~5000	0.25~0.30	
坚硬泥灰岩	70°	800~1200	0.29~0.38	0.3~0.4
较坚硬页岩		1980~3600	0.25~0.30	
不坚硬石灰岩		4400~6000	0.25~0.30	
不坚硬砂岩		1000~2780	0.25~0.30	
较坚硬泥灰岩	65°	700~900	0.29~0.38	0.2~0.3
普通页岩		1900~3000	0.15~0.20	
软石灰岩		4400~5000	0.25	

续表

地层种类	内摩擦角	弹性模量 E_0 (kPa)	泊松比 μ	地基系数 K ($10^6 kN/m^3$)
不坚硬泥灰岩	45°	30~500	0.29~0.38	0.05~0.12
硬化黏土		10~300	0.30~0.37	
软片岩		500~700	0.15~0.18	
硬煤		50~300	0.30~0.40	
密实黏土	30°~45°	10~300	0.30~0.37	0.03~0.06
普通煤		50~300	0.30~0.40	
胶结卵石		50~100		
掺石土		50~100		

表 1-7-11　围岩分类及物理力学指标

围岩类别	主要工程地质条件		容重 (kN/m^3)	弹性抗力系数 K (kN/m^3)
	主要工程地质特征	结构特征和完整状态		
Ⅵ	硬质岩(饱和极限抗压强度 R_b 大于60MPa)，受地质构造影响轻微，节理不发育，无软弱面(或夹层)，层状岩层为厚层，层间结合良好	被切割呈巨块状整体结构	26~28	$(18\sim28)\times10^5$
Ⅴ	硬质岩($60MPa\geqslant R_b>30MPa$)，受地质构造影响较重，节理发育，有少量软弱面(或夹层)和贯通微张节理，但其产状和组合关系不致产生滑动；层状岩层为中、厚层，层间结合一般，很少有分离现象；或为硬质岩偶夹软质岩	被切割呈大块状砌体结构	25~27	$(12\sim18)\times10^5$
	软质岩($R_b\approx30MPa$)，受地质构造影响轻微，节理不发育，层状岩层为厚层，层间结合良好	被切割呈巨块状整体结构		
Ⅳ	硬质岩($60MPa\geqslant R_b>30MPa$)，受地质构造影响严重，节理发育，有层状软弱面或夹层，但其产状和组合关系不致产生滑动；层状岩层为薄、中厚层，层间结合差，多有分离现象；或为软硬岩石互层	被切割呈块(石)、碎(石)状镶嵌结构	23~25	$(5\sim12)\times10^5$
	软质岩($30MPa\geqslant R_b>5MPa$)，受地质构造影响较重，节理较发育，层状岩层为薄、中或厚层，层间结合一般	被切割呈大块状砌体结构		

续表

围岩类别	主要工程地质条件		容重（kN/m^3）	弹性抗力系数 K（kN/m^3）
	主要工程地质特征	结构特征和完整状态		
Ⅲ	硬质岩（60 MPa≥R_b>30MPa），受地质构造影响很严重，层状软弱或夹层基本被破坏	被切割呈块状压碎结构	19~22（老黄土为17~18）	$(2\sim5)\times10^5$
	软质岩（30 MPa≥R_b>5MPa），受地质构造影响严重，节理发育	被切割呈块（石）、碎（石）状镶嵌结构		
	土：(1)略具压密性或成岩作用的黏性土及砂土；(2)老黄土；(3)一般泥质胶结的碎、卵石土；(4)大块石土	(1)(2)呈大块状压密结构；(3)呈巨块整体结构；(4)呈堆石状整体结构		
Ⅱ	石质围岩位于挤压强烈的断裂带内，裂隙杂乱，呈石夹土或土夹石状	围岩呈角砾碎石状松散结构	17~20（新黄土为15）	$(1\sim2)\times10^5$（不包括黄土）
	一般第四系可塑的黏性土及稍湿至潮湿的碎、卵、砾石土及新黄土	黏性土呈松软结构，非黏性土呈松散结构		
Ⅰ	石质围岩位于挤压极强烈的断裂带内，呈角砾、砂、泥松软体	围岩呈泥沙角砾状松软结构	15~16	$<1\times10^5$
	软塑状黏性土及潮湿的粉细砂等	黏性土呈蠕动的松软结构，砂性土呈潮湿的松散结构		

7. 刚性桩与弹性桩

抗滑桩受滑坡推力作用后，将产生一定的变形，即桩的相对位置发生改变。根据桩和桩周岩土的性质和桩的几何性质，其变形可有两种情况，如图 1-7-11 所示。一种是桩的位置虽然发生了偏离，但是桩轴仍保持原有的线型，其之所以变形是桩周岩土的变形所致。产生这种变形特征的桩，由于桩在变形过程中保持原有的形状，犹如刚体一样，仅产生了转动，因此称之为刚性桩，如图 1-7-11(a)所示。另一种情况是桩的位置和桩轴线同时发生改变，即桩轴个桩周岩土同时变形，这种桩称之为弹性桩，如图 1-7-11(b)所示。

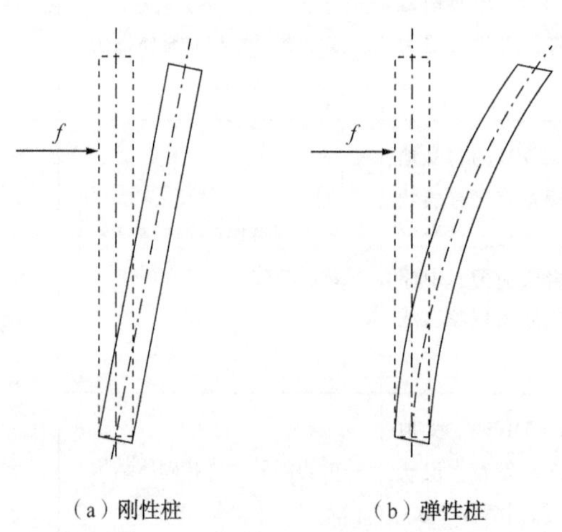

(a) 刚性桩　　(b) 弹性桩

图 1-7-11　弹性桩与刚性桩受力示意图

抗滑桩属刚性桩或弹性桩，除按桩周岩土的性质及其松散程度定性外，当埋入滑动面以下的计算深度(桩的锚固深度 h 与桩的变形系数 α 或 β 的乘积)为某一临界值时，可视为桩的刚度为无限大，其在水平荷载作用下的极限承载力，只取决于地层的弹性抗力系数，而与桩的刚度无关。因此，通常将该临界值作为判断桩为刚性桩或弹性桩的标准。临界值的规定如下：

(1) 按"K"法计算：当 $\beta h \leqslant 1.0$ 时，属刚性桩；当 $\beta h > 1.0$ 时，属弹性桩。

(2) 按"m"法计算：当 $\alpha h \leqslant 2.5$ 时，属刚性桩；当 $\alpha h > 2.5$ 时，属弹性桩。

其中：h 为桩的锚固深度，m；α，β 为桩的变形系数，m^{-1}。其值分别为：

$$\alpha = \sqrt[5]{\frac{mB_P}{EI}} \tag{1-7-18}$$

$$\beta = \sqrt[4]{\frac{KB_P}{4EI}} \tag{1-7-19}$$

式中　K——沿深度不变的水平地基系数，kPa/m；

m——水平地基系数随深度增加的比例系数，kPa/m^2；

E——桩的弹性模量，kPa；

I——桩的惯性矩，m^4；

B_P——桩的计算宽度，m。

对于方桩：

$$B_P = b + 1 \tag{1-7-20}$$

对于圆桩：

$$B_P = 0.9(d + 1) \tag{1-7-21}$$

式中　b——方桩实际宽度；

d——圆桩直径。

8. 抗滑桩的锚固深度的计算——悬臂桩法

(1) 计算假定条件。

①将抗滑桩视为一悬臂梁结构；

②同桩周地层比较，假定抗滑桩为刚性结构；

③忽略桩与周围岩土间的摩擦力、黏聚力；

④锚固段地层的侧壁应力呈直线变化，其中滑动面和桩底基岩的侧壁应力发挥一致，并等于侧壁容许应力[σ]；滑动面以下一定深度内的侧壁应力假定相同，并且这些等压段内的应力之和等于受荷段荷载。

(2) 荷载矩形分布条件下的计算如图 1-7-12(a)所示。

由力平衡得：

$$E'_T - \sigma y_m B_P = 0 \tag{1-7-22}$$

由力矩平衡得：

$$E'_T\left(\frac{h_1}{2} + y_m + \frac{h_3}{2}\right) - \sigma y_m B_P\left(\frac{y_m}{2} + \frac{h_3}{2}\right) - \frac{\sigma B_P h_3^2}{6} = 0 \tag{1-7-23}$$

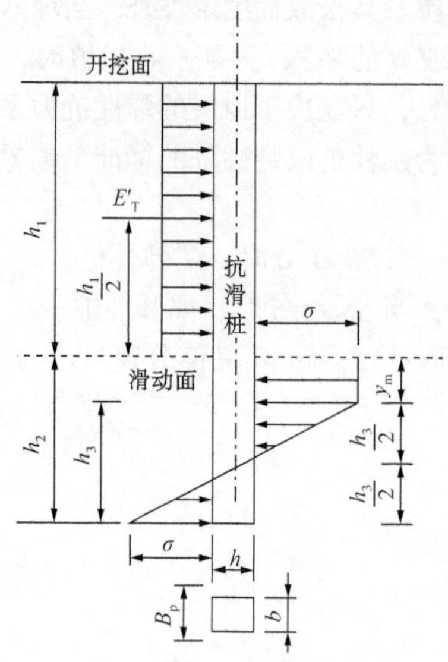

(a)荷载矩形分布时计算简图

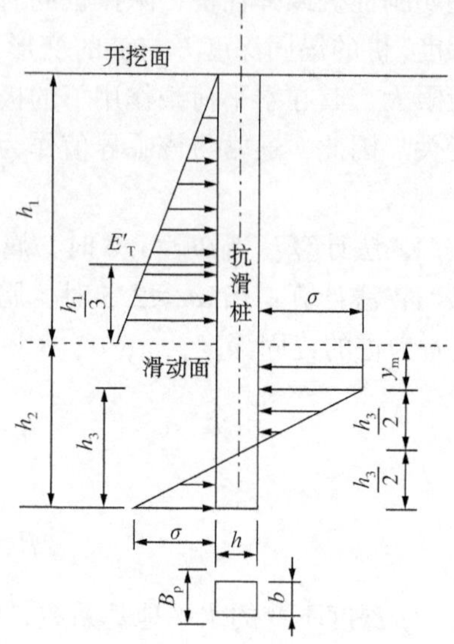

(b)荷载三角形分布时计算简图

图 1-7-12　悬臂式抗滑桩锚固深度计算简图

由几何关系得：

$$h_2 = y_m + h_3 \tag{1-7-24}$$

联立式(1-7-22)至式(1-7-24)可得：

$$\sigma = \frac{4E'_T}{B_P\left[\sqrt{(3h_1 + 2h_2)^2 + 8h_2^2} - (3h_1 + 2h_2)\right]} \tag{1-7-25}$$

$$y_m = \frac{\sqrt{(3h_1 + 2h_2)^2 + 8h_2^2} - (3h_1 + 2h_2)}{4} \tag{1-7-26}$$

$$h_3 = \frac{3h_1 + 6h_2 - \sqrt{(3h_1 + 2h_2)^2 + 8h_2^2}}{4} \tag{1-7-27}$$

上面式中　E'_T——荷载，即每根桩承受的剩余下滑力水平分值，kN；

h_1——桩的受荷段长度(抵抗长度)，m；

h_2——桩的滑动面以下长度，m；

y_m——锚固段地层达$[\sigma]$区的厚度，m；

h_3——锚固段地层弹性区的厚度，m；

σ——锚固段地层的容许应力，kPa；

B_P——桩的计算宽度，m。

当$\sigma=[\sigma]$时，可得桩的最小锚固深度 h_{2min} 为：

$$h_{2min} = \frac{E'_T}{[\sigma]B_P} + \sqrt{\frac{3E'_T}{[\sigma]B_P}\left(\frac{E'_T}{[\sigma]B_P} + h_1\right)} \tag{1-7-28}$$

(3) 荷载三角形分布条件下的计算，如图 1-7-12(b)所示。

由力平衡得：

$$E'_T - \sigma y_m B_P = 0 \tag{1-7-29}$$

由力矩平衡得：

$$E'_{T}\left(\frac{h_1}{3}+y_m+\frac{h_3}{2}\right)-\sigma y_m B_P\left(\frac{y_m}{2}+\frac{h_3}{2}\right)-\frac{\sigma B_P h_3^2}{6}=0 \qquad (1-7-30)$$

由几何关系得：

$$h_2=y_m+h_3 \qquad (1-7-31)$$

联立式(1-7-29)至式(1-7-31)可得：

$$\sigma=\frac{2E'_{T}}{B_P\left[\sqrt{(h_1+h_2)^2+2h_2^2}-(h_1+h_2)\right]} \qquad (1-7-32)$$

$$y_m=\frac{\sqrt{(h_1+h_2)^2+2h_2^2}-(h_1+h_2)}{2} \qquad (1-7-33)$$

$$h_3=\frac{h_1+3h_2-\sqrt{(h_1+h_2)^2+2h_2^2}}{2} \qquad (1-7-34)$$

当 $\sigma=[\sigma]$ 时，可得桩的最小锚固深度 $h_{2\min}$ 为：

$$h_{2\min}=\frac{E'_{T}}{[\sigma]B_P}+\sqrt{\frac{E'_{T}}{[\sigma]B_P}\left(\frac{3E'_{T}}{[\sigma]B_P}+2h_1\right)} \qquad (1-7-35)$$

9. 内力计算

抗滑桩应按《滑坡防治工程设计与施工技术规范》(DZ/T 0219)、《混凝土结构设计规范》(GB 50010)和《建筑抗震设计规范》(GB 50011)的要求，进行截面和配筋计算。

10. 设计要求

(1) 抗滑桩的设置必须满足下列要求：

①提高滑坡体的稳定系数，达到规定的要求；

②避免滑坡体从桩间和桩顶滑出；

③不产生新的深层滑动。

(2) 抗滑桩的设置原则。

①抗滑桩应根据滑坡区域的地形地貌、工程地质、水文地质条件、滑坡破坏形态及周围建构筑物设施等情况设置。宜设置在滑体土较薄，滑床较平缓及锚固段地基强度较高的地段。土质滑床时，设桩处的滑动面坡度不应大于15°。

②采用抗滑桩对滑坡进行分段阻滑时，每段宜以单排布置为主，若弯矩过大，应采用预应力锚拉桩。

③抗滑桩排列方向，宜与滑坡的滑动方向垂直。

(3) 滑动面以上滑体土作用于抗滑桩的荷载取值。

①抗滑桩桩身所承受的滑坡体下滑荷载，应为桩后滑坡推力与桩前土体抗滑力之差。桩前土体抗滑力取桩前滑体抗滑力和桩前被动土压力二者之小值。当桩前土体可能滑动时，不得计入桩前土体抗滑力。

②抗滑桩桩前为临空面，滑坡推力设计值小于1.35倍的主动土压力时，应取1.35倍的主动土压力作为桩的外荷载，进行桩承载力验算。

③位于库水位变动区，且无可靠的护岸措施时，不得考虑桩前土体抗力。

(4) 抗滑桩间距应根据滑体土性质确定，一般情况下其间距(中心对中心)宜为5~10m，或取桩宽(或桩径)的3~5倍。为防止滑体从桩间挤出，应在桩间设钢筋混凝土或浆砌石拱形挡板。特殊条件下，亦可采取钢筋混凝土联系梁连接，以增强其整体稳定性。

(5) 抗滑桩截面形状应以矩形为主，截面宽度一般为1.5~2.5m，截面长度一般为2.0~4.0m，且截面长宽比不宜大于2。当滑坡推力方向难以确定时，应采用圆形桩。

(6) 抗滑桩长度设置。

①抗滑桩桩长宜小于25m。对于滑带埋深大于25m的滑坡，采用抗滑桩阻滑时，应充分论证其可行性。

②抗滑桩露出滑面以上悬臂部分长度与截面宽度之比不宜大于6.0。在岩石地层中，抗滑桩的嵌固深度不宜小于桩总长的1/4。土质地层中，抗滑桩的嵌固深度不宜小于桩总长的1/3。

(7) 抗滑桩构造要求。

①抗滑桩桩顶宜埋置于地面以下0.5m，但应保证滑坡体不越过桩顶。

②抗滑桩桩身混凝土强度等级不宜低于C20。有地下水或环境有腐蚀性时，应按有关规定选用水泥。

③抗滑桩纵向受拉钢筋应采用Ⅱ级以上的带肋钢筋或型钢。纵向受拉钢筋直径应大于16mm，净距应在120~250mm。当用束筋时，每束不宜多于3根。当配置单排钢筋困难时，可设置2~3排，排距宜控制在120~200mm。钢筋笼混凝土保护层厚度应大于50mm。

④抗滑桩箍筋宜采用封闭式，肢数不宜多于三肢，其直径宜在10~16mm之间，间距应小于500mm。

⑤抗滑桩的两侧及受压边，应适当配置纵向构造钢筋，其间距宜为400~500mm，直径不应小于12mm。桩的受压边两侧应配置架立钢筋，其直径不应小于16mm。

七、滑坡防治措施之六——预应力锚索

预应力锚索是对滑坡体主动抗滑的一种技术。通过预应力的施加，增强滑带的法向应力和减少滑体的下滑力，有效提高了滑体的稳定性。具体而言，预应力锚索是将锚索的锚固段设置在滑动面以下的稳定地层中，并将锚固段固定。而后，在地面外锚头处进行张拉，将锚索的张拉应力通过锚头反力装置(如桩、框架、地梁或锚墩等)施加于岩体，即实现了将滑坡推力传入锚固段以起到稳定滑坡的作用。因此预应力锚索设计包括锚索本身设计和反力装置设计两部分。

预应力锚索具有对被锚固体扰动小、能充分发挥高强钢材及岩体的性能、节省材料、主动合理地加固被锚固体等特点，因此成为当今一项较为高效和经济的加固技术，广泛应用于水电、地矿、公路、铁路、隧道、桥梁、工业与民用建筑等工程领域。

1. 适用条件

(1) 预应力锚索主要适用于岩质滑坡的治理。

(2) 当采取有效防腐措施时，预应力锚索也可与钢筋混凝土梁、格构或抗滑桩共同组成抗滑支挡体系，用于岩质滑坡床上的土质滑坡。

下列情况不得采用预应力锚索：

(1) 水位以下及水位变动区；

(2) 滑体土为欠固结或对锚索可能产生横向荷载的地区；

(3) 对锚索具有腐蚀性环境的地区。

2. *预应力锚索的结构形式*

预应力锚索一般由内锚固段、张拉段和外锚头三部分构成，锚索索体材料可根据锚固工程的性质、部位、规模选择采用低松弛高强度钢绞线、无黏结预应力筋、精轧螺纹钢筋或普通预应力钢筋。

锚索的结构形式根据所内锚固段的受力特点可分为拉力集中型锚索、拉力分散型锚索、压力集中型锚索和压力分散型锚索等，分别如图 1-7-13 和图 1-7-14 所示，内锚固段应力分布如图 1-7-15 所示。

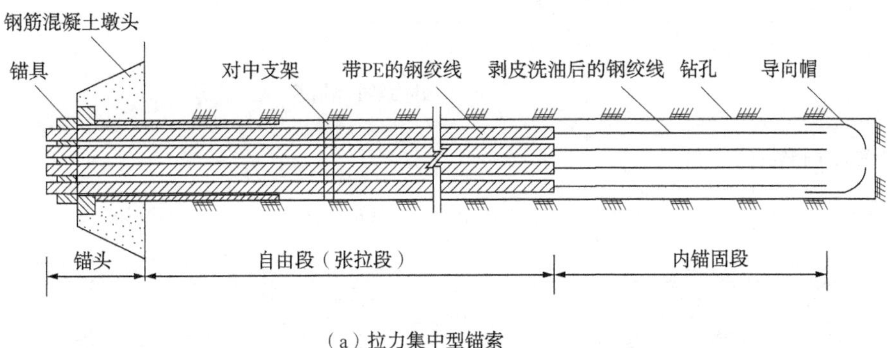

(a) 拉力集中型锚索

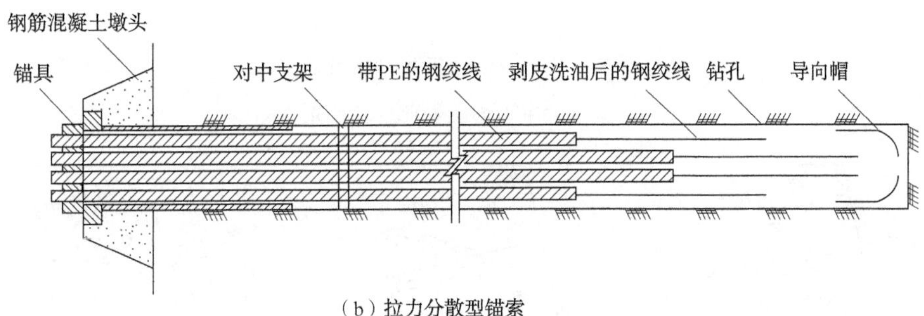

(b) 拉力分散型锚索

图 1-7-13　拉力型锚索典型结构示意图

(1) 拉力型锚索主要依靠内锚固段提供足够的抗拔力，以保证预应力的施作。拉力型锚索结构简单易行，造价较低，因此应用较多。但这种锚索内锚固段受力机理不尽合理，在内锚固段底部岩体产生拉应力，且应力较为集中，使内锚固段上部产生较大拉力[图 1-7-13(a)]，易把浆体拉裂，影响抗拔力和锚索的永久性。

(2) 压力型锚索可防止内锚固段胶结材料裂缝而降低锚索的使用寿命，多数用于无黏结结构中，与拉力型锚索的受力机理不同，如图 1-7-14(a)所示。其荷载分布特点如下：在锚索根部较大，靠近孔口方向很小，有利于将不稳定体锚定在地层深部，充分利用了有效锚固段，从而可缩短锚索长度；浆体受压，被锚固体受压范围更大，可提供更大锚固力。但压力型锚索结构较为复杂。

(3) 对于荷载分散性型锚索，拉力集中型或压力集中型锚索都将预应力过于集中地传递给锚固段的局部部位，如图 1-7-15(a)和图 1-7-15(b)所示。拉力型锚索易把浆体拉裂，而压力型锚索在承载板上部 0.25~0.3m 的浆体也时有受压破坏的情况发生。荷载分散型锚索，是将施加的预应力分散在整个锚固段上，使应力应变分散、减小，从而确保毛固体不受破坏，如图 1-7-15(c)所示。

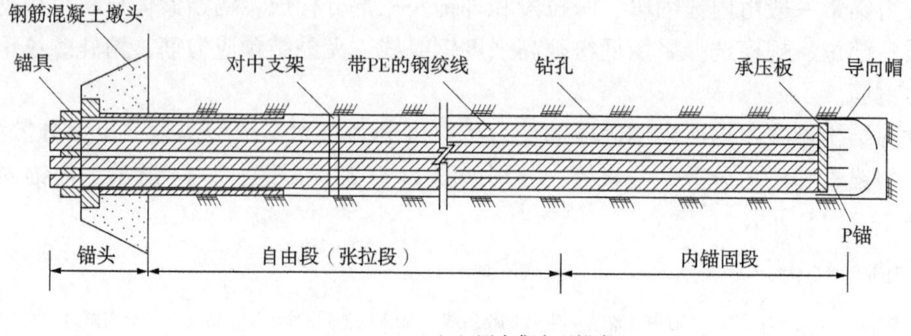

（a）压力集中型锚索

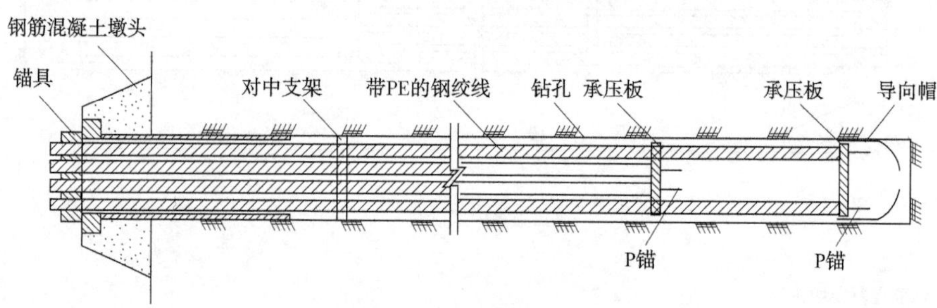

（b）压力分散型锚索

图 1-7-14　压力型锚索典型结构示意图

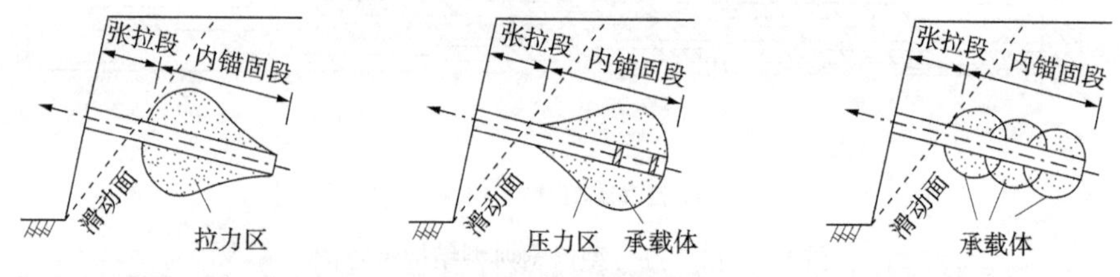

（a）拉力集中型锚固段应力分布　（b）压力集中型锚固段应力分布　（c）压力分散型锚固段应力分布

图 1-7-15　各种形式锚索内锚固段应力分布示意图

①拉力分散性锚索如图 1-7-13(b)所示。一般拉力分散性锚索是将处于锚固段中不同长度的无黏结(带 PE 的)钢绞线末端按一定长度(视土体承载力，一般剥除 2~3m)剥除 PE 套管，即变为黏结段。当注浆固结后，锚索预应力通过钢绞线与浆体的黏结力传递给被加固体，从而提供锚固力。

②压力分散性锚索如图 1-7-14(b)所示。一般压力分散性锚索是在不同长度的无黏结钢绞线末端套以承压板。当锚索体被浆体固结后，以一定荷载张拉对应于承载体的钢绞线时，设置在不同深度部位的数个承压板将压应力通过浆体传递给被加固体，这样对在锚固段范围内的被加固体提供部分分散的锚固力。

按预应力锚索的张拉段是否黏结又可分为全长黏结式锚索和自由式锚索，即二次注浆锚索和自由式锚索。全长黏结式锚索的特点是，一旦锚头失效也能保持预应力；自由锚索的特点是，局部岩体变形引起的局部应力，能分布在整个张拉段上，无应力集中。

3. 设计计算

1）岩质滑坡锚固力的计算

岩质滑坡应根据极限平衡法进行计算，应考虑预应力沿滑面施加的抗滑力和垂直滑面施加的法向阻滑力，如图 1-7-16 所示。稳定系数 K_f 计算公式如下：

$$K_f = \frac{[W(\cos\alpha - A\sin\alpha) - V\sin\alpha - U + T\sin\beta]\tan\phi + CL}{W(\sin\alpha + A\cos\alpha) + V\cos\alpha - T\cos\beta} \qquad (1-7-36)$$

式中 θ——锚索(杆)倾角，(°)；

β——锚索(杆)与滑坡面的夹角，(°)；

C——滑面黏聚力，kPa；

L——滑面长度，m；

T——预应力锚索锚固力，kN。

β 与滑面倾角 α、锚索倾角 θ 间的关系为

$$\beta = \alpha + \theta$$

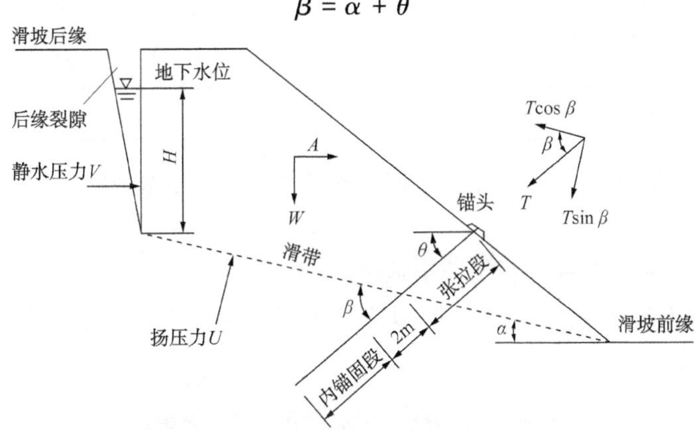

图 1-7-16 预应力锚索对滑坡作用示意图

预应力锚索锚固力 T 的计算公式如下：

$$T = \frac{K_S W_a - W_b - CL}{\sin\beta\tan\phi + K_S\cos\beta} \qquad (1-7-37)$$

其中

$$W_a = W(\sin\alpha + A\cos\alpha) + V\cos\alpha \qquad (1-7-38)$$

$$W_b = [W(\cos\alpha - A\sin\alpha) - V\sin\alpha - U]\tan\phi \qquad (1-7-39)$$

如果锁定锚固力低于设计锚固力的 50% 时，可不考虑预应力锚索产生的法向阻滑力，则稳定系数计算公式可简化为

$$K_f = \frac{[W(\cos\alpha - A\sin\alpha) - V\sin\alpha - U]\tan\phi + CL}{W(\sin\alpha + A\cos\alpha) + V\cos\alpha - T\cos\beta} \qquad (1-7-40)$$

相应地，预应力锚索锚固力 T 的计算公式为

$$T = \frac{K_S W_a - W_b - CL}{K_S\cos\beta} \qquad (1-7-41)$$

2）土质滑坡锚固力的计算

应根据传递系数法计算滑坡推力 p（详见本章第五节相关内容），考虑预应力锚索沿滑面

施加的抗滑力，可不考虑垂直于滑面的法向阻滑力。所需锚固力 T 为：

$$T = p/\cos\theta \quad (1-7-42)$$

3）内锚固段锚固长度的计算

（1）按锚索体从胶体中拔出的破坏模式，计算锚固长度 L_{m1}。

$$L_{m1} = KT/n\pi dC_1 \quad (1-7-43)$$

式中 K——设计安全系数，一般取 2.0~4.0；

n——钢绞线根数；

d——钢绞线直径，mm；

C_1——砂浆与钢绞线允许黏结强度，MPa。

当缺乏试验资料时，C_1 可按表 1-7-12 选取。

表 1-7-12 锚索杆体与水泥砂浆的黏结强度表

水泥浆或水泥砂浆强度等级	黏结力 C_1(MPa)
M25	2.75
M30	2.95
M35	3.40

（2）按锚索体与胶结体一起沿孔壁滑移的破坏模式，计算锚固长度 L_{m2}。

$$L_{m2} = KT/\pi dC_2 \quad (1-7-44)$$

式中 C_2——胶结材料与周围岩石的胶结强度，MPa。

一般情况下 C_2 为砂浆强度的 1/10 除以安全系数 1.75~3.0。当缺乏试验资料时，可按表 1-7-13 或表 1-7-14 选取。

表 1-7-13 水泥砂浆胶结材料与围岩的黏结强度表

围岩级别	Ⅰ	Ⅱ	Ⅲ	Ⅳ	Ⅴ
黏结强度 C_2(MPa)	1.5	1.5~1.2	1.2~0.8	0.8~0.3	<0.3

表 1-7-14 树脂胶结材料与围岩的黏结强度表

围岩类型	抗压强度(MPa)	黏结力 C_2(MPa)
黏土岩、粉砂岩	5	1.2~1.6
煤、页岩、泥灰岩、砂岩	14	1.6~3.0
砂岩、石灰岩	50	3.0~5.0
花岗岩及各种类似花岗岩的火成岩	100	5.0~7.0

（3）按类比法推荐内锚固长度见表 1-7-15。

表 1-7-15 锚固长度推荐表

序 号	抗拔力(kN)	内锚固段长度(m)
1	≥3000	7~8
2	2000~3000	6~7

续表

序 号	抗拔力(kN)	内锚固段长度(m)
3	1000~2000	5~6
4	≤1000	4~5

(4) 拉拔实验确定内锚固段长度：

当滑坡体地质条件复杂，或防治工程重要时，可结合上述方法，并对锚索进行破坏性实验，以确定内锚固段的合理长度。拉拔试验可分为 7d、14d 和 28d 三种情况，水灰比按 0.38~0.45 调配。

4) 预应力锚索最优锚固角的计算

预应力锚索倾角主要由施工条件决定，也可根据理论计算和实际经验综合考虑其最优倾角。

理论计算公式如下：

$$\theta = \alpha - (45° + \frac{\phi}{2}) \qquad (1-7-45)$$

式中 θ——锚索(杆)倾角，(°)；

α——滑面倾角，(°)；

ϕ——滑面内摩擦角，(°)。

对于自由注浆锚索，锚固角倾角应大于 11°，否则应增设止浆环。

5) 预应力锚索间距的计算

预应力锚索的数量取决于滑坡产生的推力和防治工程安全系数。当锚索间距小于 4m 时，应进行群锚效应分析。相关规范推荐公式如下：

(1) 日本《VSL 锚固设计施工规范》采用公式：

$$D = 1.5\sqrt{L \times \frac{d}{2}} \qquad (1-7-46)$$

式中 D——锚索(杆)最小间距，m；

L——锚索长度，m；

d——锚索钻孔孔径，m。

(2) 国内《滑坡防治工程设计与施工技术规范》(DZ/T 0219—2006)推荐公式：

$$D = \ln(T^2 \times \frac{L}{\rho}) \qquad (1-7-47)$$

式中 ρ——修正系数，取 $10^5 kN^2 \cdot m$。

4. 设计要求

(1) 当滑坡体为堆积层或土质滑坡时，预应力锚索应与钢筋混凝土梁、格构或抗滑桩组合作用。

(2) 预应力锚索设计时应进行拉拔试验。锚索试验内容应包括内锚固段长度的确定、砂浆配合比、拉拔时间、造孔钻机及钻具选定等。应根据公式计算和工程类比，选取合适的内锚固段长度，进行设计锚固力和极限锚固力试验，推荐合适的内锚固长度和砂浆配比是试验的主要内容。

(3) 预应力锚索的极限锚固力通常由破坏性拉拔试验确定。极限拉拔力是指锚索沿握裹砂浆或砂浆固结体沿孔壁滑移破坏的临界拉拔力；容许锚固力是指极限锚固力除以适当的安全系数(通常为2.0~2.5)，它将为设计锚固力提供依据。通常容许锚固力为设计锚固力的1.2~1.5倍。设计锚固力可根据滑坡推力和安全系数确定。

(4) 预应力锚索将根据滑坡变形情况确定锁定值，即：

①当滑坡体结构完整性较好时，锁定锚固力可达设计锚固力的100%；

②当滑坡蠕滑明显，预应力锚索与抗滑桩结合时，锁定锚固力应为设计锚固力的50%~80%；

③当滑坡体具有崩滑性时，锁定锚固力应为设计锚固力的30%~70%。

(5) 预应力锚索的长度和间距。

①预应力锚索长度一般不超过50m。单束锚索的设计吨位宜为500~2000kN级，不超过3000kN级。拉力型锚索内锚固段长度不应小于4m，且不宜大于55倍锚固体直径或10m。锚索自由段应深入滑动面或潜在滑动面以内不小于1m，自由段长度不应小于5m。锚索外露部分长度宜为1.5m左右。

②预应力锚索相邻锚索之间不宜等长设计，可根据岩体强度和完整性交错布置，长短差值宜在2~5m。

③预应力锚索的间距宜为4~6m，最小不得少于1.5m。

(6) 预应力锚索永久性防护涂层材料应满足下列要求：

①对钢绞线具有防腐作用。

②能与钢绞线牢固黏结，且无有害反应。

③能与钢绞线协调变形，在高应力状态下不脱壳、不开裂。

④具有较好的化学稳定性，在强碱条件下，不降低其耐久性。

(7) 预应力锚索锚固注浆水泥应采用硅酸盐水泥或普通硅酸盐水泥，一般采用M25~M35水泥砂浆。

(8) 预应力锚索的构造要求应符合《滑坡防治工程设计与施工技术规范》(DZ/T 0219)的相关规定。

八、滑坡防治措施之七——格构锚固

格构锚固是一种利用浆砌石、现浇钢筋混凝土或预制预应力混凝土形成的格构进行坡面防护，并利用锚杆或锚索固定支点的综合支护措施。它是一种将格构梁护坡与锚固工程相结合的支挡结构，能保证深层加固又可兼顾浅层护坡，具有结构物轻、材料用量省、施工安全快速、后期维护方便及可与其他措施结合使用的特点。

格构锚固的护坡材料一般分为浆砌石、现浇钢筋混凝土或预制预应力混凝土，锚固材料有锚杆、锚管或预应力锚索。一般可根据滑坡结构特征，选定不同的护坡加固材料。

1. 适用条件

(1) 格构锚固一般用来保护土质边坡、松散堆积体滑坡或其他不稳定边坡的浅表层坡体的整体性，防治坡体的风化。格构中间往往用来种草，以减少地表水对坡面的冲刷，减少水土流失，从而达到护坡和美化环境的目的。

(2) 格构锚固包括预应力和非预应力格构锚固。预应力格构锚固适用于岩质滑床的滑坡，非预应力格构锚固适用于中浅层土体的滑坡。

（3）当滑坡稳定性好，但前缘表层开挖失稳，出现坍塌时，可采用浆砌石格构护坡，并采用锚杆固定。

（4）当滑坡稳定性差，且滑坡体厚度不大时，宜用现浇钢筋混凝土格构+锚杆(索)进行滑坡防护，锚杆(索)应穿过滑带对滑坡阻滑。

（5）当滑坡稳定性差，且滑坡体较厚，下滑力较大时，应采用钢筋混凝土格构+预应力锚索进行滑坡防护，锚杆应穿过滑带对滑坡阻滑。

2. *浆砌石格构锚固*

浆砌石格构锚固采用浆砌石格构护坡，锚杆固定，起到固定表层的作用，适用于整体稳定性较好、前缘坡度不宜大于35°(即1∶1.5)的边坡。浆砌石格构一般采用矩形、菱形、人字形或弧形，如图1-7-17所示。

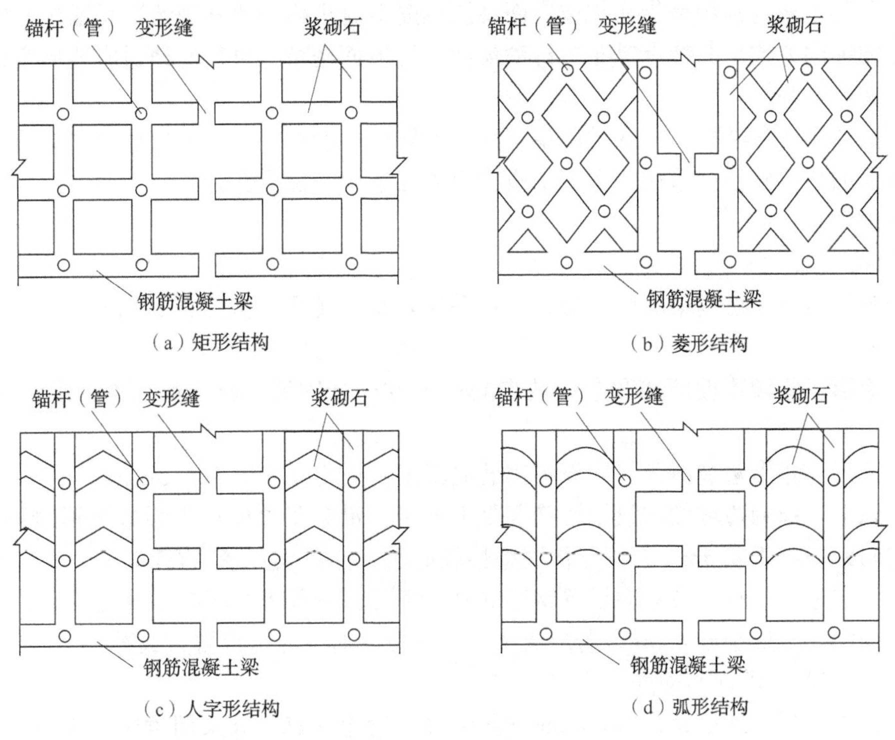

图1-7-17　格构平面布置示意图

（1）矩形：指顺边坡倾向和沿边坡走向设置方格状浆砌石。格构水平间距应小于3m。

（2）菱形：指顺边坡倾向设置浆砌石条带，沿条带之间向上设置菱形浆砌石拱。格构横向间距应小于3m。

（3）弧形：指顺边坡倾向设置浆砌石条带，沿条带之间向上设置弧形浆砌石拱。格构横向间距应小于3m。

（4）人字形：指顺边坡倾向设置浆砌石条带，沿条带之间向上设置人字形浆砌石拱。格构横向间距应小于3m。

1）浆砌石设计

浆砌石格构设计以类比法为主，采用断面高×宽不宜小于300mm×200mm，最大不超过450mm×350mm。水泥砂浆采用M7.5，格构框条宜采用里肋式或柱肋式，并每10~20m设一变形缝。

2）边坡坡度

浆砌石格构边坡坡面应平整，坡度不宜大于35°。当边坡高于30m时，应设置马道。

3）锚杆(管)

为保证格构的稳定性，可根据岩土体结构和强度在格构节点设置锚杆，长度宜大于4m，全黏结灌浆。若岩土体较为破碎和易溜滑时，可采用锚管加固，全黏结灌浆，注浆压力宜为0.5~1.0MPa。锚杆(管)埋置于浆砌石格构中。

4）培土植草

为美化环境和表面防护，可在格构间培土和植草。

3. 钢筋混凝土格构锚固

钢筋混凝土格构锚固是指在护坡表面现浇钢筋混凝土格构梁并视情况用锚杆或预应力锚索来固定的锚固方式。其特点是布置机动灵活，与坡面密贴，可较好地适应地形变化，对基础变形协调能力强。

该方法适用于各类边坡，在浅层稳定性差但坡体整形稳定性好的边坡中采用较多，也可在坡度较大的边坡整治中采用。混凝土格构应能在边坡表面上保持其自身稳定，并与所布置的锚杆或锚索相连接。

1）结构形式

现浇钢筋混凝土格构梁的结构形式一般采用矩形、菱形、人字形或弧形等，如图1-7-17所示。

（1）矩形：指顺边坡倾向和沿边坡走向设置方格状钢筋混凝土梁。格构水平间距应小于5m。

（2）菱形：指沿边坡坡面斜向设置钢筋混凝土。格构间距应小于5m。

（3）弧形：指顺边坡倾向设置钢筋混凝土条带，沿条带之间向上设置弧形钢筋混凝土。格构横向间距应小于4.5m。若岩土体完整性较好时，亦可设置浆砌石拱。

（4）人字形：指顺边坡倾向设置钢筋混凝土条带，沿条带之间向上设置人字形钢筋混凝土。格构横向间距应小于4.5m。若岩土体完整性较好时，亦可设置浆砌石拱。

2）钢筋混凝土断面与配筋

（1）钢筋混凝土断面设计应采用简支梁法进行弯矩计算，并采用类比法校核。断面高×宽不宜小于300mm×250mm，最大不超过500mm×400mm。

（2）主筋的确定。纵向钢筋应采用ϕ14 HRB335级以上的热轧钢筋，箍筋应采用ϕ14以上的钢筋加工。若配筋率过小，可按少筋梁结构处理。

（3）混凝土宜采用C25及以上强度等级。

（4）当混凝土结构参与抗滑作用时，应对其断面进行抗弯、抗剪计算。

3）边坡坡度

现浇钢筋混凝土格构边坡坡面应平整，坡度不宜大于70°。当边坡高于30m时，应设置马道。

4）锚杆(管)或锚索

为保证格构的稳定性，可根据岩土体结构和强度在格构节点设置锚杆。锚杆应采用ϕ25~ϕ40的HRB335~HRB400级钢筋加工，长度宜大于4m，全黏结灌浆，并与钢筋笼电焊连接。若岩土体较为破碎和易溜滑时，可采用锚管加固，锚管采用ϕ50钢管加工，全黏结灌浆，注浆压力宜为0.5~1.0MPa，并与钢筋笼电焊连接。锚杆(管)埋置于混凝土格构中，均应穿过(潜在)滑动面。ϕ50钢管设计拉拔力可取为100~140 kN。当滑坡整体稳定性差或下滑力较大时，应采用预应力锚索加固。

5）培土植草

为美化环境和表面防护，可在格构间培土和植草。

4. 设计计算

（1）单个锚固点锚索(杆)所受拉力设计值 N_t(kN)的计算，如图1-7-18所示。

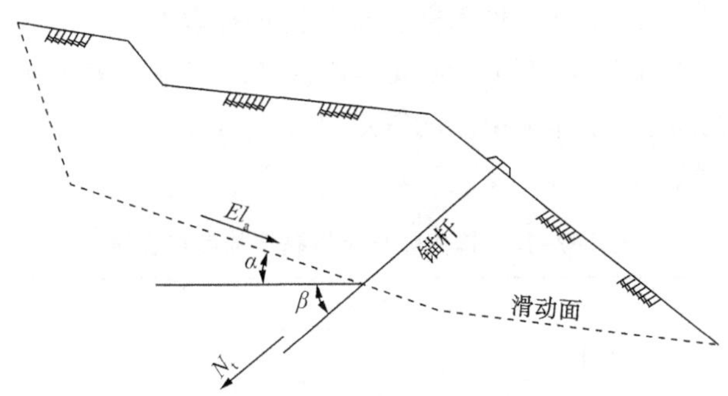

图1-7-18　锚固点拉力计算示意图

$$N_t = \frac{El_a}{[\sin(\alpha + \beta)\tan\phi + \cos(\alpha + \beta)]\, n_s} \tag{1-7-48}$$

式中　ϕ——滑带土内摩擦角，(°)；

E——滑带于锚杆处条块的剩余下滑力，kN/m；

l_a——格构梁节点垂直于滑动方向(水平)的间距，m；

β——锚索(杆)与水平面夹角，宜取11°~30°，(°)；

α——滑动面与锚索(杆)相交处，滑动面与水平面夹角，(°)；

n_s——锚索(杆)沿水平面方向的排数。

其中，$\alpha+\beta$ 不宜大于45°；有条件时，宜取 $\alpha+\beta=\phi$。

（2）锚杆钢筋直径 d_s(mm)的计算。

$$d_s = 2\sqrt{\frac{\gamma_0 N_t}{n\pi f_y \xi_3}} + \delta T \tag{1-7-49}$$

式中　γ_0——结构重要性系数；

T——使用年限，a；

δ——锚杆钢材年锈蚀量，mm/a；

f_y——锚杆抗拉强度设计值，kN/mm²；

n——单根锚杆钢筋总根数；

ξ_3——锚索的工作条件系数，取0.7。

（3）钢筋锚杆的锚固长度应满足下式要求。

$$L_m = \frac{N_t}{\xi_1 \pi d f_{rb}} \tag{1-7-50}$$

$$L_{sa} = \frac{\gamma_0 N_t}{\zeta_2 \pi d_s f_b} \tag{1-7-51}$$

式中 L_m——满足锚固体与岩石间黏结强度要求的锚固长度，m；

L_{sa}——满足钢筋与砂浆间黏结强度要求的锚固长度，m；

f_{rb}——锚固体与岩(土)间黏结强度特征值，该值应通过试验确定，在可研、初设阶段无试验资料时，可参照表1-7-12、表1-7-13或选取表1-7-16取值，kPa；

f_b——钢筋与砂浆间黏结强度特征值，该值应通过试验确定，在可研、初设阶段无试验资料时，可参照表1-7-17取值，kPa；

ξ_1——锚固体与岩石黏结工作条件系数，永久性锚杆取1.0；

ξ_2——钢筋与砂浆黏结工作条件系数，永久性锚杆取0.9；

d_s——钢筋直径(当采用束筋时，应取等效直径。双并筋取1.4倍单筋直径，三并筋取1.7倍单筋直径作为束筋的等效直径)，m；

d——锚固体直径，m。

表1-7-16　锚固体与土体黏结强度特征值

土层种类	土的状态	f_{rb}(kPa)
黏性土	坚 硬	30~40
	硬 塑	25~30
	可 塑	20~30
	软 塑	15~20
粉土	中密	40~60
粉砂土	松 散	25~40
	稍 密	45~70
	中 密	75~105
	密 实	110~150

注：表中数据系采用M30一次常压注浆工艺确定，当采用高压注浆时，表中数据可适当提高。

表1-7-17　钢筋与砂浆黏结强度设计值

水泥砂浆与水泥浆强度等级	M25	M30	M35
f_b(MPa)	2.10	2.40	2.70

(4) 格构内力计算应符合《滑坡防治工程设计与施工规范》(DZ/T 0219)的相关规定。

5. 设计要求

(1) 格构锚固由锚索(杆)与坡面格构梁组成。非预应力格构锚，宜采用全灌浆钢筋锚杆。锚固点间距不应小于2m，且不宜大于6m；预应力锚索(杆)间距不应小于1.5m。当滑体土质较差时，可增设土钉补强，土钉间距一般为1~2m。

(2) 在岩(土)具有腐蚀性地段不应采用格构锚固。

(3) 格构锚固体系周边宜设置截排水沟。

(4) 格构锚杆的锚固长度，在土层中不应小于4m，且不宜大于10m；在岩层中不应小于3m，且不宜大于6.5m。

(5) 格构锚固的锚固体砂浆强度等级不应小于M25，保护层厚度不应小于30mm，对束筋不应小于其等效直径。格构梁混凝土强度等级不应小于C30。

(6) 格构梁应设伸缩缝，间距不宜大于 50m。

(7) 锚索(杆)施工前应进行锚索(杆)的性能实验，实验根数不应少于 3 根。有特殊要求时，可适当增加实验数量。

第八节　滑坡地区长输管道敷设与防护

一、滑坡地质灾害对线性工程的危害

1. 国土资源部门的统计资料

从 1999 年开始国土资源部已经陆续部署开展了县(市)地质灾害调查与区划工作。这次调查主要以滑坡、崩塌、泥石流、不稳定斜坡、地面塌陷和地裂缝 6 种灾害类型为主。据统计第一期完成的 290 个县(市)共计调查各类地质灾害点有 56112 处。其中，滑坡有 28738 处，崩塌有 9421 处，不稳定斜坡有 8891 处，泥石流有 4788 处，地面塌陷有 2698 处，地裂缝有 1576 处，其所占比例如图 1-8-1 所示。

这一次调查还发现了全国地质灾害隐患工点有 47832 处。其中，滑坡有 24898 处，崩塌有 8595 处，不稳定斜坡有 7599 处，泥石流有 3406 处，地面塌陷有 2300 处，地裂缝有 1034 处，其所占比例如图 1-8-2 所示。

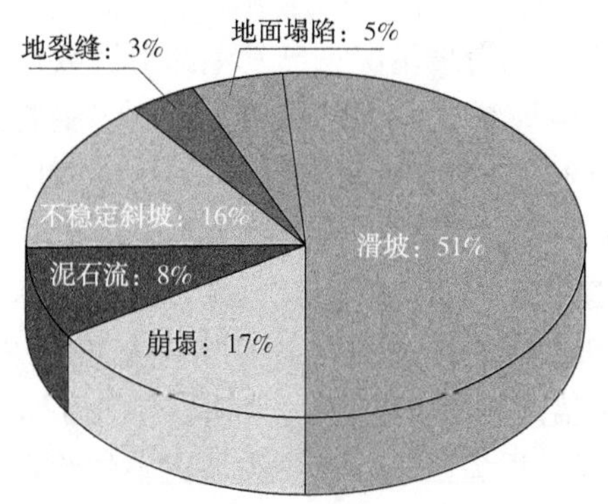

图 1-8-1　全国已发生地质灾害点比例

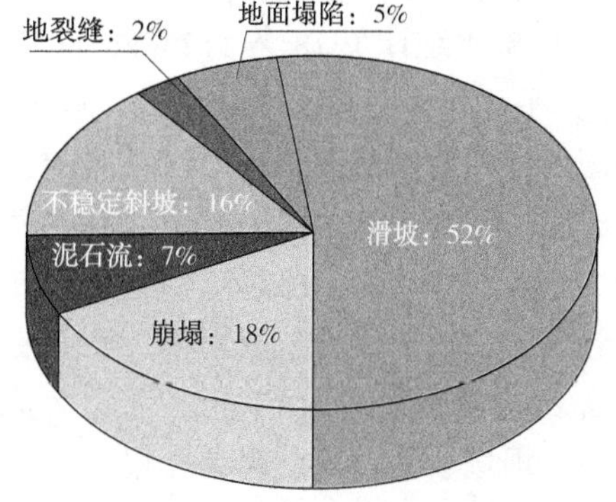

图 1-8-2　全国地质灾害隐患点比例

由图 1-8-1 和图 1-8-2 可知全国地质灾害主要以滑坡为主。无论是已发生的灾害点还是灾害的隐患点，滑坡灾害的比例都超过了 50%。在山区，这一比例会更高。

2. 公路部门的统计资料

据有关资料显示，1983—1993 年的十年间，我国公路地质灾害造成的直接经济损失高达 115 亿元。据地质专家估算，公路地质灾害每年造成的间接经济损失将超过 4 亿元。以 2000 年兴建的云南省元磨(元江—墨黑)高速公路为例，该段公路全长 147. 37km，总投资 66 亿元人民币，折合每公里费用 4520 万元，是当时单位造价最高的高速公路。其地质情况之复杂，施工难度之大，是国内公路建设史上少见的。元磨高速公路沿线主要地质灾害类型为滑坡、泥石流、崩塌和潜在的不稳定边坡。其中仅滑坡治理工程费达 6 亿多元人民币，约占总造价的 9%。

公路规模有大有小，小型滑坡与坍塌在山区公路建设过程中随处可见。从成因方面分析，公路滑坡大多数是在施工过程中发生，超过 50% 的滑坡是由工程而引发的，有一部分为古滑坡30%在工程建设过程中复活，再有一部分约20%是勘察设计中已发现而线路实在无法避免的滑坡。

大量的事实说明，自然灾害的产生并不完全出于自然因子的作用，而在相当程度上是人类的活动造成或诱发的。据统计，公路发生的各类地质灾害约有50%与人类活动相关，公路地质灾害的70%以上、而公路滑坡地质灾害的85%以上是由于公路路线走向不合理、工程设计不合理和公路建设过程中施工方案不当等同素所造成或诱发的。随着近几年我国高等级公路和高速公路向山区延伸，公路滑坡治理费用越来越高，公路滑坡中有超过90%是由于公路开挖产生临空面或加载造成的。

3. 铁路部门的统计资料

滑坡对铁路的危害就十分严重。据铁道部门统计，仅1978年发生在铁路上的滑坡、崩塌约有1700处；1982年，全国铁路沿线分布的大、中型滑坡约1000余处；多年来，平均每年因滑坡中断运输44次，中断行车800余小时，造成的直接经济损失数千万元。在一万余千米的山区铁路中，以宝成、陇海线宝天段、内昆、成昆、贵昆、鹰厦、渝怀、太焦、焦枝、梅七等10余条铁路滑坡灾害特别严重。其中，陇海线上的宝(鸡)—天(水)段铁路建成后常受滑坡、塌方、泥石流破坏，铁路不能正常运营，被称为“西北铁路线上的一段盲肠”。该段铁路全长仅155km，自1945年12月建成通车以来的60年间，已投入整治费用5亿元以上，为原造价的6倍之多。

表1-8-1统计了18条11256km的我国主要铁路线的滑坡情况，已发生的滑坡数量共计845个，平均每百公里7.5处滑坡。从全国主要铁路滑坡统计表可以看出，滑坡多主要集中在中国西部和西南部的几条山区铁路上，而且滑坡的平均密度也较高。其中的川(四川)黔(贵州)铁路的滑坡灾害密度最高，达到每百千米近20处之多。以鹰厦线为例，该段铁路始建于20世纪70年代，北起江西省鹰潭市，南至福建省厦门市。其途经地区多山并且降雨量大、频次多，因此经常造成崩塌、滑坡使铁路中断事故。全线地质灾害工点多达3000余处，20世纪的治理费用达4.6亿元以上，为原造价1.18倍。在2010年发生水害，引发了大规模的滑坡、坍塌、泥石流，路堤垮塌，长时间中断交通，损失巨大。其中边坡灾害的治理费超过5.2亿元。

表1-8-1　全国主要铁路滑坡灾害统计表

线别	线长(km)	滑坡(个)	线别	线长(km)	滑坡(个)
成昆	1085	183	黔贵	607	32
宝成	669	102	昆河	469	24
川黔	463	91	贵昆	631	21
湘黔	953	80	成渝	504	21
湘渝	850	46	南昆	890	20
鹰厦	694	56	陇海	676	36
襄渝	850	46	太焦	210	30
阳安	361	8	梅七	70	10
京广	1084	19	外福	190	20

4. 国内在役管道地质灾害的相关资料

国内各管道运用公司每年都投入巨资进行地质灾害专项治理，但由于缺乏对地质灾害的系统管理与规划，地质灾害治理工作被动，防治方式单一，治理费用居高不下，一系列制约管道安全生产的地质灾害问题仍然没有得到解决。

忠武输气管道忠县—宜昌 409km 段处于川东鄂西山区，地形起伏大、地质条件复杂，滑坡、崩塌频繁发生。忠武线在建设期和三年多的运营期里已经开展了积极防治工作，但 2007 年的调查显示该线忠县—宜昌段仍有 216 处灾害点需要关注；2003 年建成投产的兰成渝成品油兰州—广元段，地形切割强烈、岩性破碎、构造活跃，投产后投入巨资用于地质灾害防治，但 2007 年调查显示威胁管道安全的地质灾害尚有 530 处之多；2001 年建成投产的涩宁兰输气管道，沿线以水毁为代表的地质灾害多发，2007 年的调查显示威胁管道安全的地质灾害有 500 余处，如图 1-8-3 所示。西北某输油管道自 20 世纪 70 年代末投产以后的十余年间，几乎每年都在黄土地区出现过断管事故，每年都要投入数百万元用于灾害治理。

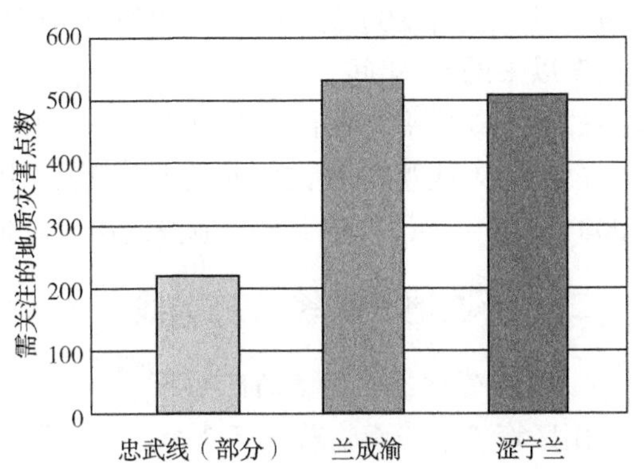

图 1-8-3　2007 年管道公司对三条重点管道地质灾害调查结果

据了解，2003 年投产的兰成渝管道、2006 年投产的忠武管道和 2009 年投产的兰郑长管道，自进入运营期以来，每年均投入巨资进行管道维护，其中地质灾害防护费用所占的比例较大，折合约 14000 元/(a · km)，见表 1-8-2。其中兰成渝管道在 2008—2009 年度的地质灾害治理费用就高达 5000 万元。

表 1-8-2　管道公司三条重点管道每年维护费用(仅供参考)

项目名称	管线长度(km)	每年线路维护费(万元)	地灾所占比例
兰成渝(2003—2009 年)	近 2000	约 3000	50%左右
忠武线(2006—2011 年) 山区(忠县—宜昌)	近 1000	约 3000	70%左右
兰郑长(2009 至今) (兰州—老爷岭)	近 400	约 2000	50%左右
兰郑长(2009 至今) (陕西境内)	近 500	约 3400	30%左右

5. 小结

(1) 国土资源部的统计资料显示，在我国已发生和潜在的地质灾害类型中，滑坡地质灾害的数量占比均超过 50%，因此滑坡是最重要、最易发、数量最多的地质灾害类型。

(2) 公路行业的资料表明，地质灾害每年给公路部门造成的间接经济损失达数亿元(估算为 4 亿元)。对于个别山区难点段公路而言(如元磨高速公路)，工程建设期仅滑坡治理工程费达 6 亿多元人民币，约占总造价的 9%。而管道行业这一比例远低于 3%。

(3) 公路滑坡大多数是在施工过程中发生，超过50%的滑坡是由工程而引发的，有一部分为30%古滑坡在工程建设过程中复活，再有一部分约20%是勘察设计中已发现而线路实在无法避免的滑坡。施工滑坡中超过90%是由于公路开挖产生临空面或加载造成的。

(4) 对铁路行业而言，滑坡对铁路的危害十分严重。多年来平均每年因滑坡中断运输44次，中断行车800余小时，造成的直接经济损失数千万元。宝(鸡)—天(水)段铁路自建成通车以来的60年间，已投入整治费用5亿元以上，为原造价的6倍多。全国主要铁路已发生的滑坡数量平均每百公里为7.5处，山区难点段可达每百公里近20处。

(5) 同为线型工程的管道运营来说，山区管道的每年地质灾害的治理费用平均可达14000元/(a·km)。对于复杂地段的山区管道运营而言，这一数字可达25000元/(a·km)。

二、滑坡地区长输管道选线

1. 油气管道选线面临的问题

山区管道选线面临着如下3个难点问题：(1)地形条件、地质条件、气候条件复杂，自然环境脆弱，滑坡、崩塌、泥石流等地质灾害十分突出；(2)随着大口径管道、机械化作业、双管并行甚至三管并行等管材和技术的应用，施工作业带宽度已由原来十余米增加至三十余米，因此山区管道的施工对原始地貌的破坏程度不亚于公路、铁路等线性工程，而相应的防护投资缺远低于公路、铁路建设的投资；(3)管道选线在管道工程的设计和建设中是一项关系到全局的总体性工作，综合性强，牵扯面广，是集线路、工程地质、测量、水保、环保、隧道、跨越、穿越等技术于一身的复杂系统工程。管道选线的好坏会直接影响到管道工程建设的可靠性、安全性、技术可行性、经济合理性和社会接纳性。

在滑坡地区进行管道选定线时，不仅要克服复杂的地形，还要绕避并防范滑坡灾害，同时还要兼顾施工的可行性。由于目前管道行业缺乏科学的评价体系和方法，滑坡地区管道选线方案的比选决策过程在很大程度上仍是依赖经验决策或简单的经济比选。

2. 油气管道选线原则

(1) 坚持管道建设与其他线型工程建设等同重视的原则。

管道建设与公路、铁路建设相比，其作业带宽度要大于路基宽度。表1-8-3统计了部分有代表性的管道作业带、公路路基和铁路路基相关宽度数据，表1-8-3显示管道作业带宽度略大于公路路基宽度，远大于高铁路基宽度。主要原因在于，对公路而言，路基宽度即为施工作业带宽度，设备在作业带上行走、碾压并形成路基；对铁路而言，由于采取直铺轨机械化施工作业，因此设备的行走与施工亦均在作业带上进行；而对于管道建设而言，由于管沟开挖施工与施工设备行走、错车等工程活动均在同一平面上作业，因此作业带要略宽。

表1-8-3　管道作业带与公路路基、铁路路基宽度比对表

管道作业带宽度(m)		公路路基宽度(m)		铁路路基宽度(m)	
单管 (ϕ1016)	双管 (ϕ1016+ϕ813)	高速4车道 (100km/h)	高速4车道 (120km/h)	高铁单线 (300km/h)	高铁双线 (300km/h)
22m(中缅)	24m(同沟)	23.5m(最小)	25m(最小)	8.6(无石砟)	13.4(无石砟)
28m(西二)	30m(并行)	26m(一般)	28m(一般)	8.8(有石砟)	13.6(有石砟)

由于管道建设作业带宽度较大，因此对地形、地貌的扰动和破坏程度较公路和铁路线性工程要大。

管道工程建设对地形地貌的扰动程度决定于其作业带宽度，作业带越宽对地貌的破坏作用越大。而公路路基和铁路路基的宽度亦对地貌的扰动起决定作用，路基越宽意味着对原地貌的破坏作用越强。特别是在复杂山区施工，为了开辟施工作业带，无论何种线性工程，如果要进行地面施工，都不可避免地要进行大规模的劈方和填方等改变山体地貌的工程活动，施工作业面越宽，工程活动对地貌、地形的扰动越剧烈。

由于管道建设对地形、地貌的扰动和破坏程度较公路和铁路线性工程要大，因此由施工活动所诱发的滑坡等次生灾害的可能性就大，管道的选线难度及防护难度随之增加。

管道行业领域发生的滑坡根据诱发的主要原因可以分为两个阶段，即施工阶段和运营阶段。在施工阶段发生的滑坡多以人为因素为主。由于管道作业带的施工造成山体人为地形成了新的、高陡的削方边坡临空面，工程活动改变了原有地质环境和平衡条件，从而使得一些自然条件下稳定的古、老滑坡发生失稳，也使得原本稳定的坡体出现了新的次生滑坡灾害，这一类的滑坡在山区管道工程建设过程中普遍发生。

(2) 坚持地质选线的原则。

管道行业传统的选线技术主要基于地形地貌表面和一定的地勘资料，通过选线设计人员的经验来选择最佳线路。带来的问题是，由于设计人员缺乏基本的对滑坡的认识，对于已经存在的滑坡体没有采取避绕或防护措施，或者对于工程活动诱发滑坡的可能性估计不足，使得工程滑坡频繁发生，增加了较大的整治工程量和工程投资，并为以后的安全运营带来安全隐患。

具备一定地质专业背景的设计人员，在线路选择过程中，会通过现场或地勘资料中所揭示的断裂带、断层面、节理裂隙、层间动带、岩层层面等岩体结构及坡度、临空面等地形条件方面的信息，对滑坡的易发性和对管道的危害性有一定的初步识别，在选线过程会选择避绕、局部微调或治理通过等有效措施避免或减轻滑坡灾害对管道的危害。

同时，地质人员对于既定敷设管道的滑坡，还要进行深入的勘察工作，确定滑坡的规模和不同深度滑动面的形状和位置，查明滑坡的性质和产生滑动的主要原因，分析边坡的稳定程度及其发展趋势，研究土石的物理力学性能、地质构造、地表水的排泄和渗透、地下水的补给条件和活动情况及地震活动的影响等。如果滑坡是河岸的一部分，还应调查水流对滑坡的影响并收集河流的有关水文资料。如有条件，对滑坡的位移、位移速度和方向进行观测，更有助于对滑坡的认识和整治。上述有关滑坡的分析、识别和调查工作也是地质人员工作的一部分。

(3) 坚持对于规模较大的滑坡群和巨型、大型滑坡区域及活动中的滑坡应坚决避绕的原则。

在滑坡灾害多发区管道建设的普遍规律是：节省初期投资，工程抗灾能力弱，运营维护费用增加，且一旦发生大型灾害，则可能造成生命财产的巨大损失；而初期投资大，工程抗灾能力强，运营养护费用降低，并可能避免未来灾害造成的损失。所以管道线路设计时的方案比选，是在节省初期投资和减少未来工程灾害风险的矛盾中进行统筹决策的过程。从已建成山区滑坡地段管道的选线经验表明：对于管道通过地质复杂的大型滑坡及滑坡群及其他不良地质时，综合考虑修建成本与运营减灾费用，绕避滑坡区域可能比通过该区域总体上更为有利。所以在选线设计时必须绕避，以消除后患。

对于活动中的滑坡，由于滑动面已经形成，滑坡体已表现出失稳迹象，会随时在降雨、地震以及人为工程活动等条件下发生滑坡灾害，会对施工中的人员和设备造成较大的伤害和损失，因此此类滑坡亦必须避绕。

(4) 坚持对于无法避绕的中、小型滑坡点采取一次根治、不留后患通过的原则。

对于一些不能确保稳定的或者在需要花费巨额的治理费用才能确保其稳定的大型滑坡或滑坡群来说不建议在滑坡体上通过。对于一些规模较小、较孤立的滑坡的稳定性不满足要求且对管道的建设和运营构成一定程度的危害时，当线路绕避困难无法避开且在治理后能够保证稳定安全的情况下，在治理滑坡方案的经济评价占优的条件下可采用治理通过滑坡点。

三、滑坡地区长输管道防护

1. 滑坡灾害的避绕

1) 滑坡灾害的避绕对象

以往的管道线路设计在采取滑坡避绕的方式上，往往是针对滑坡体本身，而不是针对滑坡影响区，结果在施工过程中由于古滑坡体复活或活动滑坡体继续下滑，造成施工无法正常继续进行。古滑坡体复活或活动滑坡体继续下滑的原因，一部分是由于降雨等自然因素的影响，但绝大部分是由于施工过程中加载或原滑坡体前缘支撑而诱发的。

滑坡影响区和滑坡体的空间关系如图 1-8-4 所示。滑坡影响区包括古滑坡体、后缘影响区和前缘影响区三部分。后缘影响区的形成主要是在古滑坡体复活后，会在其后缘形成高陡的滑坡后壁，极有可能会形成潜在的不稳定边坡，并由此形成后壁的二次滑动；前缘影响区主要是以推挤作用为主，由于古滑坡体的再次复活，抗滑力不足以抵抗下滑力而形成的惯性运动所致。

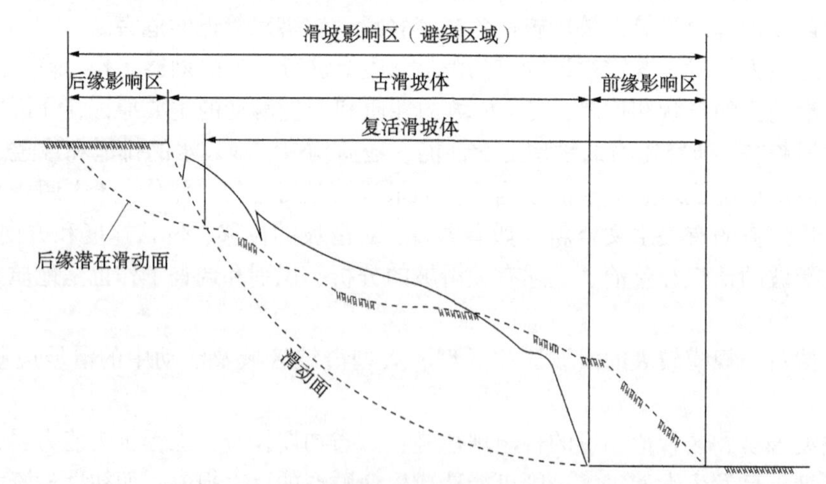

图 1-8-4　滑坡体与滑坡影响区示意图

古滑坡体在选线过程中，可以通过地勘资料或现场踏勘识别出来，但前、后缘影响区却需要通过分别对古滑坡体和复活滑坡体滑坡稳定性的定性分析或定量计算来确定。因此，滑坡地区的选线不是简单避绕滑坡体，而是要通过一定的定性分析和定量计算避绕滑坡影响区。

2）滑坡灾害的避绕方式之一——高程避绕

高程避绕是指管道线路不得已通过滑坡区域时，为避免滑坡影响区的危害，采取非沟埋的特殊敷设方式从滑坡区域底部或上部避绕通过滑坡影响区。主要包括两种敷设方式，如图1-8-5所示：(1)通过隧道、定向钻等穿越方式从滑坡体的滑动面下方穿过；(2)通过管桥等跨越方式，借助抗滑桩的抗滑和支撑作用从滑坡体上方架空跨越通过。

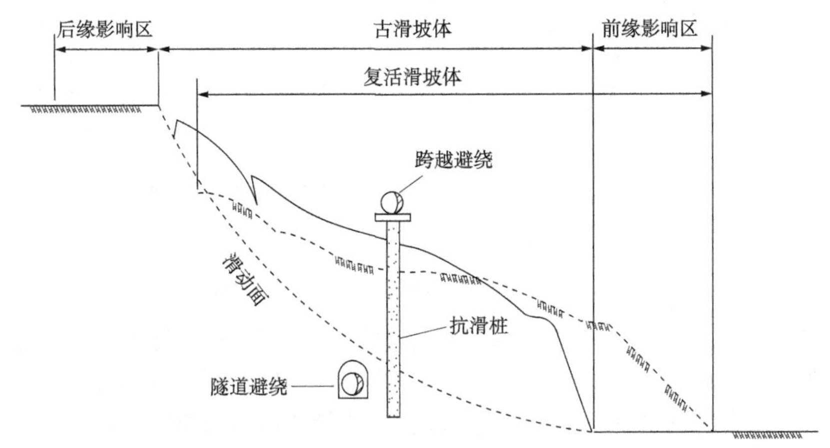

图1-8-5　管道高程避绕滑坡影响区示意图

采取隧道方式避绕滑坡体(群)时应注意考虑两点：(1)避免隧道施工震动对上部滑坡体的影响，不得诱发滑坡体复活；(2)建议采取长隧道的方式通过时，特别是对于滑坡群，应避免采取短隧道群的敷设方式。因为在短隧道群的施工过程中，弃渣的外运、设备和人员的行走及弃渣的随意堆放，都很有可能诱发滑坡体复活或产生新的滑坡，会对人员和设备的安全带来隐患，亦会对工期产生一定的影响。

采取跨越方式避绕滑坡体的方式在工程建设期间不推荐采用。因为即使在跨越结构完全稳定的条件下，外露的跨越管道也有可能受到崩塌落石的撞击及人为伤害等不利因素的影响，会造成后续的防护工程量依然较大。因此跨越方式通过滑坡区目前仅极少地用于管道运营期管道无法改线情况下的滑坡避绕措施，图1-8-6是某管道工程项目采取跨越方式通过弃渣滑坡体的实例。

图1-8-6　某管道工程跨越通过弃渣滑坡区

3）滑坡灾害的避绕方式之二——平面避绕

平面避绕是指管道线路外移至滑坡影响区域以外避绕通过滑坡区的敷设方式，主要也包括两种沟埋敷设方式，如图1-8-7所示：(1)从滑坡体的后缘影响区以外沟埋敷设通过，如图1-8-7中工况Ⅰ所示；(2)从滑坡前缘影响区以外沟埋敷设通过，如图1-8-7中工况Ⅳ和工况Ⅴ所示。

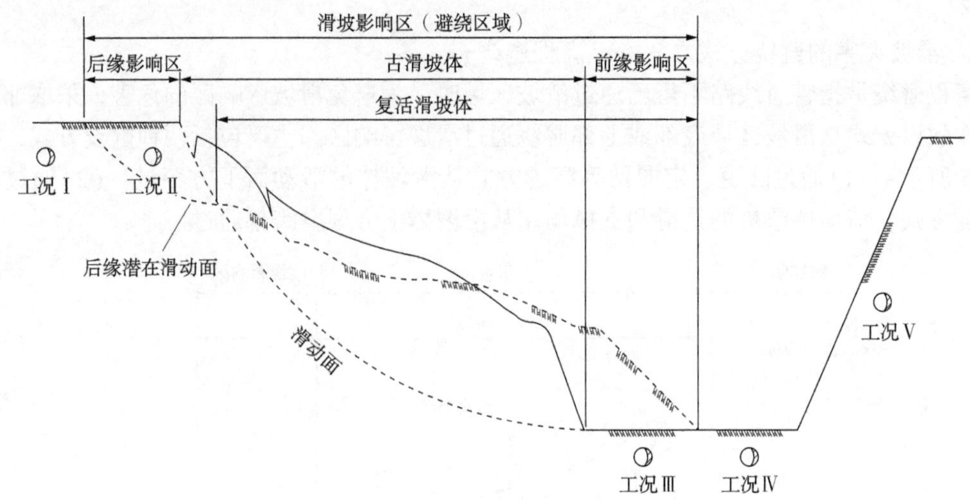

图 1-8-7　管道平面避绕滑坡影响区示意图

图 1-8-7 中的工况Ⅱ和工况Ⅲ是管道线路敷设中较为常见的两种错误敷设方式。工况Ⅱ的错误之处在于仅避绕了滑坡体，而没有避绕滑坡影响区，距滑坡体后壁较近，因此存在高陡后壁一旦失稳会诱发滑坡后缘的二次滑坡，造成管道横向弯曲变形的可能性；工况Ⅲ的错误之处在于仅避绕了现有的古滑坡体，而没有避绕复活滑坡体的影响区，因此当管道埋设于滑动面以下时，存在被掩埋的风险，而当管道埋设于滑动面以上时，存在被推挤变形的可能性。

图 1-8-7 中的工况Ⅱ和工况Ⅲ相比较而言，工况的Ⅱ的危害性更大一些。因为前者管道的破坏方式是以管体变形为主，严重时可能造成断管；而后者是以掩埋为主，大多数情况下管体不会严重变形，但会影响管道的正常检修工作。

图 1-8-7 中的工况Ⅳ和工况Ⅴ相比较而言，工况Ⅳ的优势更大一些。工况的Ⅳ充分利用了较为宽阔的沟谷进行敷设，既有利于施工，同时又避免了施工对滑坡体的扰动，更重要的是充分保证了管道安全不受滑坡影响区的威胁；而工况Ⅴ虽然也完全避绕了滑坡影响区，但由于在沟谷的另一侧边坡敷设不可避免地会对边坡进行施工扰动，会有可能诱发新的滑坡出现，因此必须在评判边坡工程稳定性的基础上方可实施。就近几年管道工程建设的实践证明，工况Ⅳ的敷设方式正越来越普遍地应用于山区管道的线路设计中，效果良好。

2. 滑坡灾害的减轻

1）滑坡灾害的减轻对象

与公路和铁路等线性工程相比，同属于线性工程的管道工程有如下 3 个明显的不同之处：

（1）前两者都属于地表工程，即公路路面和铁路道轨直接铺设于地表面。而管道工程属于地下浅埋工程，一般情况下管道埋设于地表面以下 1.2m 左右。正是由于上述区别，就使得管道可以承受滑坡体的掩埋，而前两者线性工程在滑坡体掩埋作用下即受到破坏。

（2）管道弹性变形能力较公路和铁路更大。最新的基于应变的管道设计课题研究表明，即使在管道发生弹塑性变形时，对管道的使用也并无太大影响。

（3）管道检修需要有伴行路，一般情况下伴行路与管道并行敷设，因此伴行路是山区管道较为重要的附属工程。而公路和铁路线性工程无需另外设置检修通道，均是利用已有的路面或道轨进行应急检修。

管道工程中的管道主体不能受到伤害，这是管道安全设计的底线。但在滑坡地区管道线路设计中，受复杂地形地貌的制约及管道建设成本等方面的限制，在保证管道本体绝对安全的前提下，不得已要以伴行路等附属工程的安全为代价来达到降低工程建设成本的目的，因此减轻滑坡灾害的对象之一是指管道伴行路等附属工程。还可以利用管道能承受一定的变形能力的特点，采取大变形管等措施，在滑坡横向位移不严重的地段进行应变设计。

2）滑坡灾害的减轻方式之一——大变形管道的应用

如图 1-8-8 中工况Ⅰ所示，管道直接沟埋敷设于滑坡体上，在滑坡体复活滑移时管道会随滑坡体的滑移而移动至工况Ⅰ′的位置。通过建立有限元管—土应力应变模型，计算分析出在土体位移条件下管道的最大拉伸应变值和最大压缩应变值，并与允许的应变值比较，当在滑坡体复活条件下管道发生的计算应变值小于管道本身允许应变值时，即认为管道本体是安全的。

大变形管等基于应变设计方法的应用，在无其他抗滑措施的条件下，充分利用了管道的抗变形能力，因此允许滑坡发生可接受范围内的滑移。但毕竟管道发生了由无变形到弹性变形再到弹塑性变形的转变，管道本身也就受到了由于滑坡位移所施加的附加应力的作用。而且管道进入弹塑性变形后，将无法完全恢复原有的弹性状态，因此管道毕竟受到了可接受的轻微伤害。所以此方法属于减轻滑坡灾害，而绝非避免。

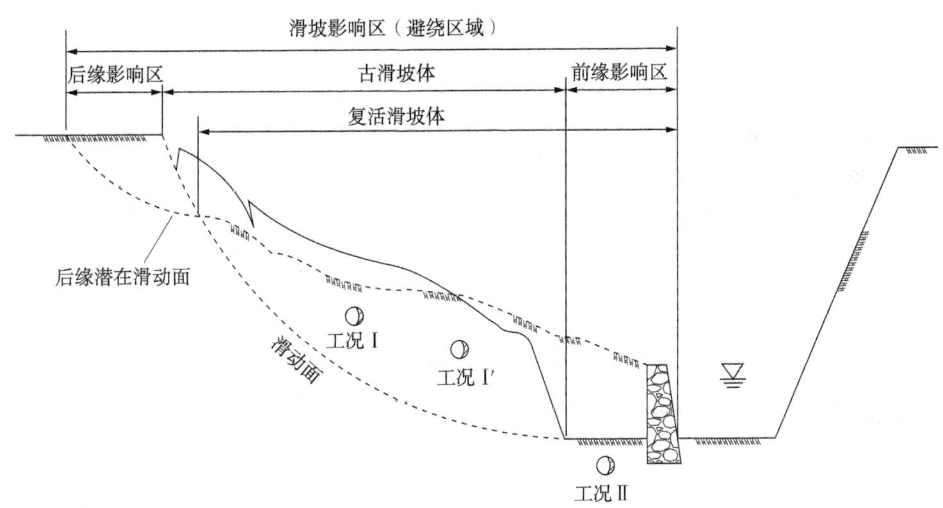

图 1-8-8　管道减轻滑坡灾害敷设方式示意图

3）滑坡灾害的减轻方式之二——滑坡前缘沟埋

如图 1-8-8 中工况Ⅱ所示，管道沟埋敷设于滑坡体前缘的滑动面以下，在滑坡体复活滑移时管道上方会受到滑坡体的掩埋，但管道本体并未发生变形。这种措施的一个改进方法之一是在管道外侧设置刚性挡墙，既可以起到增加抗滑力的作用，又可以减轻沟道内水流的冲刷侧蚀而造成滑坡前缘抗滑段土体流失的效果，如图 1-8-8 所示。在实际工程中，此类措施经常采用，起到了良好的防护效果，大大减少了工程投资。但由于刚性挡墙的主要功能是防止岸坡受水流侧蚀，虽然可以增加抗滑力，但普通的重力式挡墙并不能完全抵抗滑坡体的下滑力。

采用滑坡体前缘沟埋方式，是利用了管道的抗压能力较强的特性，因此允许官道上方有土体覆盖的情况发生。虽然管道本体是安全的，但管道的伴行路有可能会受到滑坡体的推挤作用而中断或掩埋，造成无法正常通车，给管道巡护检修带来一定的困难，同时道路的维护也需要发生一定的费用。所以此方法亦属于减轻滑坡灾害，而绝非避免。

3. 滑坡灾害的根治

管道滑坡灾害的根治是指管道线路受种种因素的制约必须穿越滑坡体，且也无法采取隧道等穿越形式避绕，而滑坡体本身经过定性和定量分析极有可能会对管道造成严重伤害的条件下，所采取的防治滑坡下滑的必需的工程措施。管道行业较为常见的滑坡治理措施类型以抗滑桩(或板桩墙)为主，也有预应力锚索防护在管道工程中防护的案例出现。

管道滑坡灾害的治理要根据管道通过滑坡体的部位、滑坡性质、周边的地貌形态等因素确定措施类型。管道穿越滑坡体的按其通过滑坡体的部位可分为滑坡体后缘通过(图 1-8-9)、滑坡体中部通过(图 1-8-10)和滑坡体前缘通过(图 1-8-11)3 种类型。

1) 滑坡体后缘通过的根治措施

管道从滑坡体后缘通过是指管道在滑动面以上或后缘潜在滑动面以上通过，由于上述区域属于不稳定或潜在不稳定区域，因此必须采取抗滑措施治理，以保证管道的安全性。

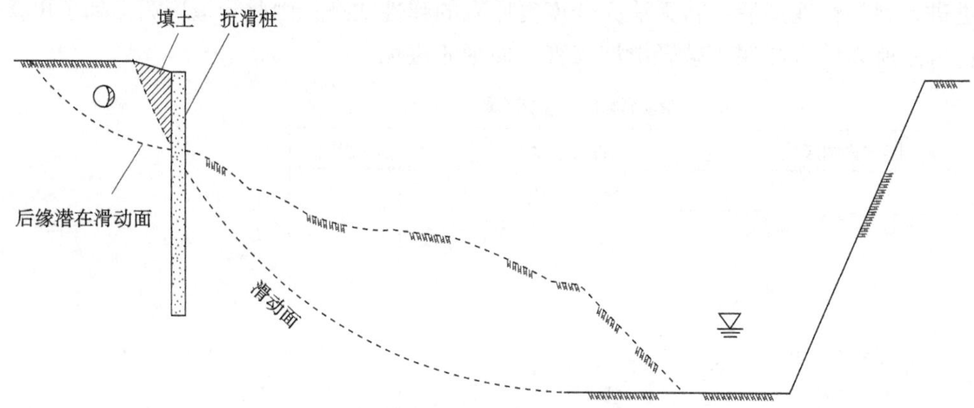

图 1-8-9　管道在滑坡体后缘通过条件下根治灾害方式示意图

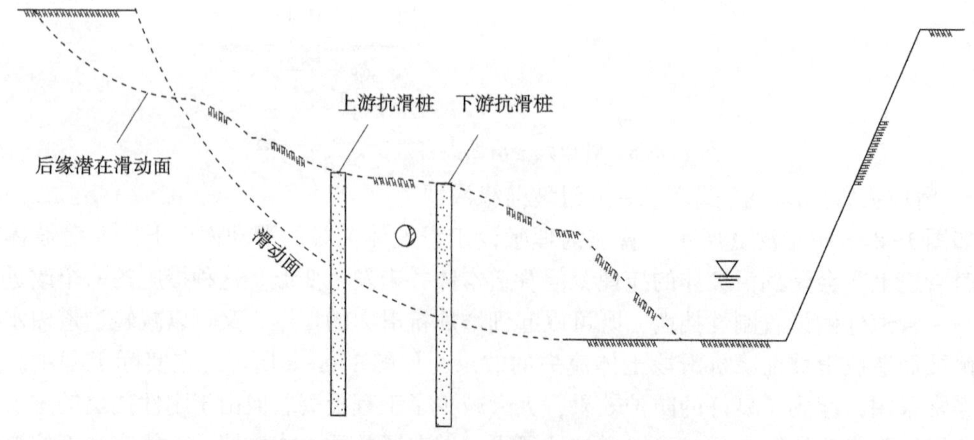

图 1-8-10　管道在滑坡体中部通过条件下根治灾害方式示意图

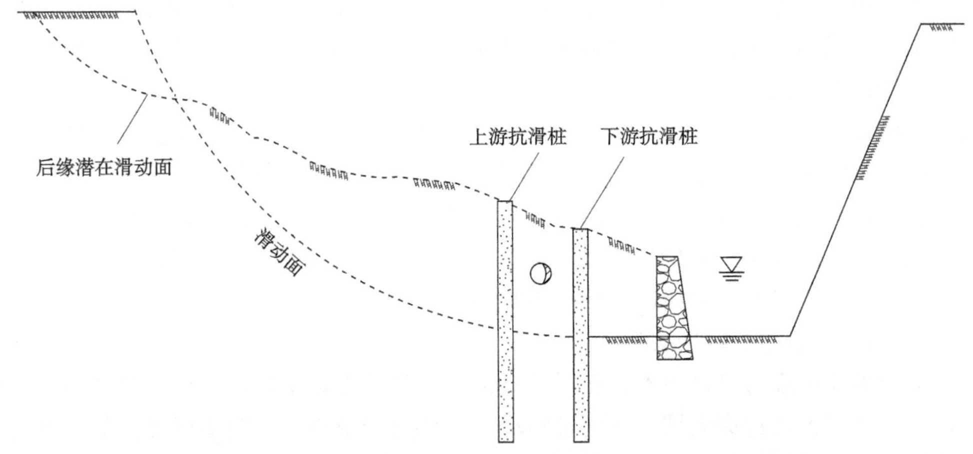

图 1-8-11　管道在滑坡体前缘通过条件下根治灾害方式示意图

通常采取的治理方案是以管道下游设置抗滑桩或板桩墙为主要措施，辅以桩与管道之间临空面填土加固。

抗滑桩设计要点包括 4 部分。

(1) 抗滑桩平面位置的选择。由于抗滑桩设置的主要目的是抵抗滑坡后壁高陡临空面的失稳滑动，因此抗滑桩的位置应优先设置在后缘潜在滑动面的剪出口处，最优位置是在后缘潜在滑动面与原滑动面之交叉处，如图 1-8-9 所示。在最优位置设置抗滑桩有 3 点好处：一是，防止后壁临空面下滑；二是，抗滑桩不受古滑坡复活的影响；三是，桩体开挖工程量最小。

(2) 抗滑桩深度应置于后缘潜在滑动面以下，并据此计算确定锚固深度，可不受原滑动面的影响。

(3) 抗滑桩可单排设置。为防止桩间土挤出，可采取板—桩结合的形式。

(4) 原滑坡体无论是否稳定，均可不再采取针对原滑坡体的防护治理措施。

2) 滑坡体中部通过的根治措施

管道从滑坡体中部通过是指管道在滑动面以上通过，一般情况下管道处于滑坡体的下滑区域内，因此手滑坡体下滑推挤变形的可能性很大。对于滑坡体而言，该段区域属于滑移变形最为明显的区域，因此管道一旦敷设于该区域，防护难度和防护工程量都会较大；

通常采取的治理方案有两种：(1) 在管道下游单独设置一排抗滑桩；(2) 在管道下游设置一排抗滑桩+上游设置一排抗滑桩。以前者应用较为普遍。

管道下游一排抗滑桩的设计要点包括 4 部分。

(1) 管道下游设置单排抗滑桩是在滑坡体下滑推力不很大、单排抗滑桩可以提供足够的抗滑力的条件下使用。

(2) 抗滑桩深度应置于滑动面以下，并据此计算确定锚固深度。

(3) 抗滑桩通常为单排设置。在不影响已有管道安全的前提下，抗滑桩应尽量贴近管道。为防止桩间土挤出，可采取板—桩结合的形式。

(4) 滑坡体前缘可不再采取防护治理措施。

管道下游设置一排抗滑桩+上游设置一排抗滑桩的设计要点包括 3 部分。

（1）当滑坡下滑力较大，为提供足够的抗滑力，下游单排抗滑桩断面相应会增大很多，施工工序复杂、工期较长，且施工过程中可能会对已有管道造成伤害的条件下，通常在管道上游增设一排抗滑桩。

（2）上游抗滑桩距管道距离可适当增加，目的是减少上游抗滑桩所承受的下滑力，使得上、下游抗滑桩的断面基本接近。但相比较而言，由于下游抗滑桩抵抗的滑坡区域的下滑力相对较小，因此断面也相对偏小。从距管道的水平距离而言，下游抗滑桩亦更近。

（3）从施工顺序来讲，应待上游抗滑桩施工完毕后方可施工下游抗滑桩。否则会因为下游抗滑桩承受过大的滑坡推力而出现桩身破坏的事故。

3）滑坡体前缘通过的根治措施

管道从滑坡体前缘通过是指管道在滑坡体前部的滑动面以上通过。由于滑坡体前缘存在阻滑区段，因此管道通过该区域存在两种情况，一种是管道敷设于阻滑区域，另一种是管道敷设于下滑区域。

当管道敷设于滑坡体阻滑段时，需采取的治理措施是管道上游设置抗滑桩+滑坡体前缘的刚性挡土墙。上游抗滑桩设置的目的是避免下滑段的推力对管道造成伤害，滑坡体前缘设置刚性挡墙是为防止滑坡体前缘临空面的水土流失而造成管道暴露。滑坡体前端临空面的挡墙设置可不按抗滑挡墙设计，因为阻滑段没有下滑力的传递作用，但需考虑前缘沟道水流的侧蚀冲刷作用。

当管道敷设于滑坡体下滑段时，需首选的治理措施是在管道下游设置抗滑桩。当滑坡推力过大时，可在管道上、下游分别设置抗滑桩。滑坡体前缘临空面的刚性挡墙可不设置。

根治措施的关键需判明管道所处的滑坡体区域的性质是抗划区段还是下滑区段，而后有的放矢地采取针对性的防护措施，可以起到事半功倍的效果。

4. 设计选线注意事项

下列情况下管道工程施工会诱发滑坡体复活或新的滑坡，设计选线时不宜通过：

（1）地形坡度介于10°~90°之间的坡面，坡体宜失稳而发生滑坡。其中以25°~40°的坡面发生滑坡的概率最大，60°~90°的坡面发生滑坡的概率次之。

地形坡度的大小对滑坡的影响很大。对于大多数坡体来说，地形坡度越陡，坡体越容易失稳坍塌。国土资源部对全国发生的27648处滑坡的原始地形坡度进行统计，将地形坡度分为0°~10°、10°~25°、25°~40°、40°~60°、60°~90° 5个等级。滑坡与地形坡度等级关系统计结果见表1-8-4所示。

表1-8-4　地形坡度与滑坡的关系

地形坡度等级	数量(处)	所占比例(%)
0°~10°	1198	4.3
10°~25°	5199	18.8
25°~40°	10212	36.9
40°~60°	5215	18.9
60°~90°	5824	21.1
累计	27648	100

将表1-8-4制成滑坡与地形坡度直方图，由图1-8-12可以看出坡度越大越容易发生滑坡，而且滑坡主要发生在25°~40°，其后依次为40°~60°、10°~25°、60°~90°和0°~10°。将表与此次调查统计的滑坡规模相比较发现巨型滑坡和大型滑坡相对集中在10°~40°的坡度区间。随着滑坡规模的减小，发生的坡度区间逐渐上移，小型滑坡在40°~60°区间也较发育。

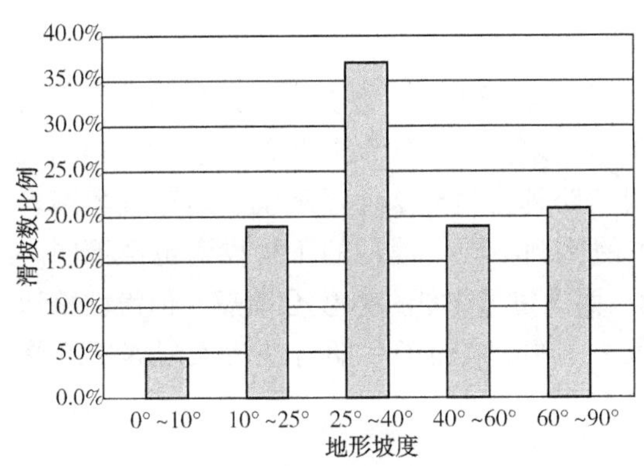

图1-8-12　滑坡与地形坡度直方图

(2) 地质条件为土质的滑坡比例最大，其次为碎块石土滑坡。

依据国土资源部的相关调查资料，将滑坡按照坡体的物质组成成分分为土质、岩质和破碎石土3种滑坡。在已调查的滑坡点中，土质滑坡有16143处；岩质滑坡有2789处；碎块石土滑坡有4534处。其中以土质滑坡为主，占总滑坡比例的69%(见表1-8-5和图1-8-13)。除东部山区外，其他研究区土质滑坡所占比例极大，依次为：西北地区占84.9%，黄土高原地区占72%，东南地区占67.8%，西南地区占67.1%，青藏高原地区占53%。东部山区岩质滑坡数量占本区滑坡总数的31.5%。土质滑坡在全国各种规模的滑坡中，都占到60%以上。而岩质滑坡则主要发生在巨型和大型滑坡中，并且随着滑坡规模的减小，岩质滑坡所占的比例越来越小。

表1-8-5　地层岩性与滑坡的关系

滑坡地层岩性	滑坡数量(处)	所占比例(%)
土质	16143	69
岩石	2789	12
碎块石土	4534	19

5. 线路比选应考虑的因素

1) 安全因素

滑坡地段管道线路比选首先要将管道的安全性置于首位。线路设计过程中，必须高度重视滑坡体对管道的危害性。滑坡体对管道的危害程度取决于滑坡体的影响空间和滑坡体的易发性(即稳定性)，二者解决其一即可防止管道免受滑坡之害。目前管道设计中所采取的治理措施就是以增加滑坡的稳定性为目的，而线路避绕则以化解滑坡的影响空间为目的。至于滑坡体的规模大小并不是影响管道安全的主要因素，因为即便是巨型滑坡，如果稳定性好、影响空间有限的话，也不会对管道构成威胁。相反，即时几百立方米的微型滑坡，在其滑移过程中也足以推挤

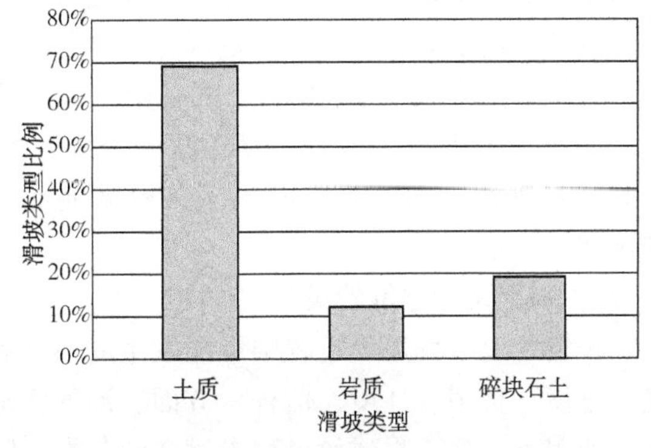

图1-8-13　全国滑坡岩性分类直方图

管道变形，严重时会导致管道断裂。

就目前国内外的资料而言，关于滑坡体的运动空间问题尚无统一的看法和认识，属于尚未完全攻克的难题，而对于滑坡体稳定性的分析已形成比较成熟的理论和分析手段。因此管道的线路设计者们应注重滑坡稳定性知识的学习和应用。

滑坡地区管道安全性的保证要借助于理论分析和经验两种手段，其中应以理论分析为主。

2）经济因素

线路长度及工程投资方面分析包括从选线方案的线路长度，隧道、跨越所占比例，所消耗的工程投资来分析比较。由于跨越、隧道和一般线路段每千米的造价不同，以 ϕ1016mm 单管为例，沟埋线路为(600~800)万元/km、悬索跨越为(15~20)万元/m、对于五类围岩来说，隧道一般为(2~3)万元/m，所以它们所占的比例不同，消耗的工程投资也会不同。绕避方案一般会使线路展长，或增加隧道工程量，而通过方案线路长度会缩短。但滑坡整治工程有时会增加很大投资(抗滑桩每根约 20 万元)，同时增加了后期对整治工程养护维修工作量。

3）施工风险

管道施工风险至少包括安全、技术、工期、投资、第三方共五类，其中以安全和技术为主导因素。施工安全包括施工期间人员和设备的安全。在滑坡地区由于施工所诱发的古滑坡复活或次生灾害会给施工安全带来极大隐患，因此设计人员应该在施工之前对于施工期的新发滑坡的可能性有充分的思想准备。技术可行也是施工风险控制的主要因素。一般而言，施工方案越简单、越成熟，施工质量越有保证，施工风险也就越低。因此设计人员在选择设计方案时应就简避繁。

6. 线路设计的建议

1）线性立体设计

管道线路设计应注重立体线形设计中平面、纵断面、横断面的合理配合。路线设计在保证管道建设和运营安全的前提下，使工程量小、造价低，并有利于施工和运营维护。在横坡较陡和滑坡地段进行管道线路设计，有时从纵断面上看，填挖高度不大，线路平面条件也符合规定。但从横断面上看，则可能出现较大工程，或者线路处于地质不利位置。定线工作不仅要使线路平面和纵断面合理，同时也要使横断面合理。目前管道线路设计文件中，运用横断面设计的例子较少。特别是在复杂线路段设计中，如果缺乏有效的横断面资料支撑，容易出现设计质量事故，造成工程量漏算。

管道线路敷设在滑坡地带，一般工程都较艰巨，高填、深挖、隧道、挡墙、护坡、河岸防护等工程经常出现。但往往将线路中线左右移动几米，即可使工程情况大大改善。因此宜在较大比例尺的平面图上，根据地形、地质、水文等的控制条件，采用横断面控制选线。

2）基于风险评价的设计

长输管道工程建设过程中可能发生的不利后果或负面影响较多，主要类型包括安全、质量、进度、费用、环境、信誉六方面。油气管道工程建设应在安全可靠、经济合理、技术可行的前提下，把工程建设过程中潜在的各类风险降到尽可能低的水平，以获得最大程度的建设安全与优质的工程质量，控制工程建设投资，降低经济损失或人员伤亡，保障工程建设工期，提高风险督理效益。

滑坡地区的管道线路工程的风险较大，设计人员应在工程项目的可行性研究、初步设计、施工图及施工阶段，针对施工全过程中可能出现的人员伤亡、经济损失、工期延误、环境影响和社会影响等主要风险进行风险发生概率和风险损失两方面的识别和评估(价)，在此基础上确定的线路设计方案会更加科学、合理。

第二章 崩塌地区长输管道敷设与防护

第一节 概 述

一、崩塌的相关定义

1. *崩塌*

崩塌是指陡坡上的部分岩、土体，在以重力为主的力的作用下，突然脱离母岩(土)体而急剧地向下坠落、倒塌或滑塌的不良地质现象。

崩塌体运动轨迹多呈翻滚、跳跃状。崩塌后，变形体各部分的相对位置紊乱，互无联系，较小的块体翻滚较近，较大的块体翻滚较远，堆积成倒石锥或岩锥状。

一般情况下，崩塌体的垂直位移分量大于水平位移分量，在极端情况下，呈自由落体状态。

2. *落石*

落石是指在悬崖或陡坡上，个别岩块(有时)在以重力为主的作用下，突然向下坠落或滚落的不良地质现象。

落石与崩塌性质相似，主要区别是落石规模较小，且以岩体类运动为主，因此落石是崩塌的亚类。

管道行业中以落石对管道的危害最为常见，因此管道中所针对的崩塌防护多指落石防护。

3. *危岩*

危岩是指具有产生崩塌和落石危险的陡坡上的岩体或个别岩块。危岩与落石的主要区别是：前者尚未崩塌，属于静态；而后者已经运动，属于动态。

管道防护中所采用的在陡坡上设置的锚杆拦石柔性网，属于防止危岩坠落的主动措施；而在管道附近或上方所采取的拦石墙或填土措施，是属于减缓落石冲击的被动措施。

4. *坍塌*

坍塌是指边坡的坡度与岩、土体所能维持的天然休止角不适应而产生的破坏现象，其主要特点是整个边坡不稳定，直至边坡与岩、土体的天然休止角相适应为止。相比较而言，坍塌发生的时间要比崩塌发生的时间要长。管道行业中比较典型的坍塌事故多发生在管沟的沟壁比边坡，由于规模很小，亦称之为管沟塌方。

5. *塌岸*

塌岸是指在河、沟道和库水位变化、波浪、冲刷等水动力作用下，岸坡失稳破坏，使岸坡线后退的不良地质现象。管道开挖穿越河流、冲沟时所采取的护岸措施即是防止塌岸现象的发生，起到保护管道安全的作用。

二、崩塌的分类

1. 崩塌规模

崩塌按其规模等级可划分为特大型、大型、中型和小型四个等级，见表2-1-1。

表2-1-1 崩塌规模等级

灾害等级	特大型	大型	中型	小型
体积 $V(10^4m^3)$	$V\geqslant100$	$100>V\geqslant10$	$10>V\geqslant1$	$1>V$

2. 崩塌成因机理

崩塌按其成因机理可划分为倾倒式、滑移式、鼓胀式、拉裂式和错断式五类，见表2-1-2。

表2-1-2 崩塌规模等级

类　型	岩　性	结构面	地　貌	受力状态	起始运动形式
倾倒式	黄土、直立岩层	多为垂直节理、直立层面	峡谷、直立岸坡、悬崖	主要受倾倒力矩作用	倾倒
滑移式	多为软硬相间的岩层	有倾向临空面的结构面	陡坡通常大于55°	滑移面主要受剪切力	滑移
鼓胀式	黄土、黏土、坚硬岩层下伏软弱岩层	上部垂直节理，下部为近水平的结构面	陡坡	下部软岩受垂直挤压	鼓胀伴有下沉、滑移、倾倒
拉裂式	多见于软硬相间的岩层	多为风化裂隙和垂直拉张裂隙	上部突出的悬崖	拉张	拉裂
错断式	坚硬岩层、黄土	垂直裂隙发育，通常无倾向临空的结构面	大于45°的陡坡	自重引起的剪切力	错落

1）倾倒式崩塌

在河流的峡谷区、黄土冲沟地段、岩溶区及其他陡坡上，常见有巨大而直立的岩体，以垂直节理或裂缝与稳定岩体分开，其断面形式如图2-1-1所示。这种岩体在断面图上的特点是高而长、横向稳定性差。如果坡脚遭受不断地冲刷掏蚀，在重力长期作用下，岩体将逐渐倾斜，最后产生倒塌。或者当有较大水平力作用时，岩体也可倾倒，产生突然崩塌。

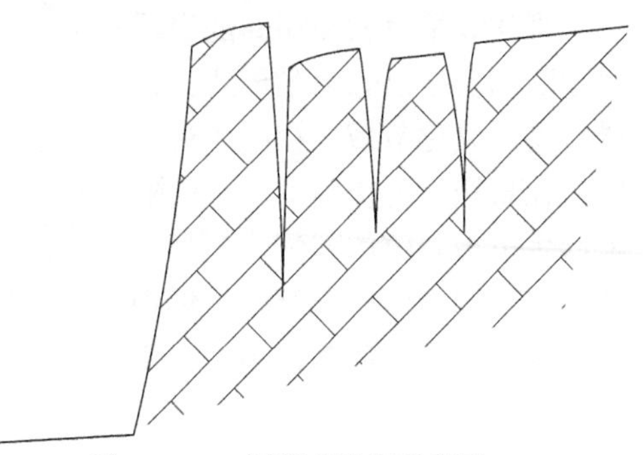

图2-1-1 倾倒式崩塌示意图

倾倒式崩塌的特点是在崩塌体失稳时，以坡脚的某一点为转点，发生转动性倾倒。这种崩塌模式的产生有多种途径：(1)在重力作用下，长期冲刷掏蚀直立岩体的坡脚，由于偏压，会使直立岩体产生倾倒蠕变，最后导致倾倒式崩塌；(2)当附加特殊的水平力(地震力、静水压力、动水压力及冻胀力等)时，岩体可倾倒破坏；(3)当坡脚由软岩层组成时，雨水软化坡脚产生偏压，引起倾倒式崩塌；(4)直立岩体在长期重力作用下，产生弯折，也能导致这种崩塌。

2）滑移式崩塌

在某些陡坡上，不稳定的岩体下部有向坡下倾斜的光滑结构面或软弱面，其形式如图2-1-2所示的3种情况。

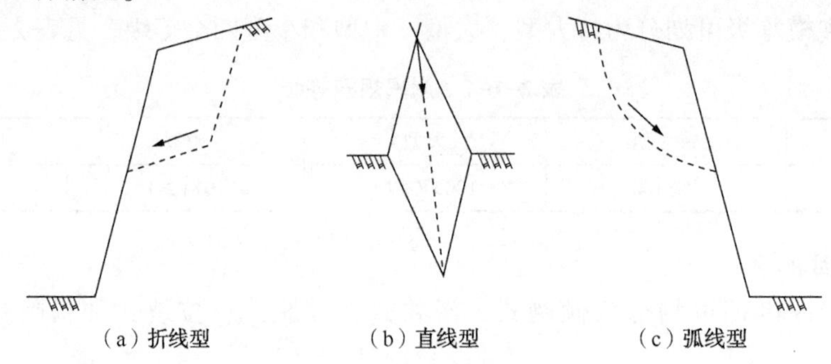

图2-1-2 滑移式崩塌示意图

这种崩塌能否产生取决于开始时的滑移，岩体重心一经滑出陡坡，突然的崩塌就会产生。这类崩塌产生的原因，除重力之外，连续大雨渗入岩体的裂缝中，所产生的静水压力和动水压力，以及雨水软化软弱面，都是岩体滑移的主要诱因。在某些条件下，地震也可引起这类崩塌。

3）鼓胀式崩塌

当陡坡上不稳定岩体之下有较厚的软弱岩层，或不稳定岩体本身就是松软岩层，而且有发育的垂直节理把不稳定岩体和稳定岩体分开时，在有连续大雨，或有地下水补给的情况下，下部较厚的软弱层或松软岩层被软化，如图2-1-3所示。在上部岩体的重力作用下，当压应力超过软岩天然状态下的无侧限抗压强度时，软岩将被挤出，发生向外鼓胀。随着鼓胀的不断发展，不稳定岩体将不断地下沉和外移，同时发生倾斜。一旦重心移出坡外，崩塌即会产生。因此，下部较厚的软弱岩层能否向外鼓胀，是这类崩塌能否产生的关键。

4）拉裂式崩塌

当陡坡是由软硬相间的岩层组成时，由于风化作用或河流的冲刷掏蚀作用，上部坚硬岩层在断面上常以悬臂梁形式突出来，如图2-1-4所示。在突出来的岩体上，通常发育有构造节理、风化节理。在图中的AB面上，剪力弯矩最大，在A点附近呈受拉应力最大。所以，在长期重力作用下，A点附近的节理会逐渐扩大和发展。因此，拉力更进一步集中在尚未产生节理裂隙的部位。一旦拉应力大于这部分岩石的抗拉强度时，拉裂缝就会迅速向下发展，突出的岩体就会产生突然地向下崩落。除重力长期作用之外，震动及各种风化作用，特别是寒冷地区的冰劈作用等，都会促进这类崩塌的发展。

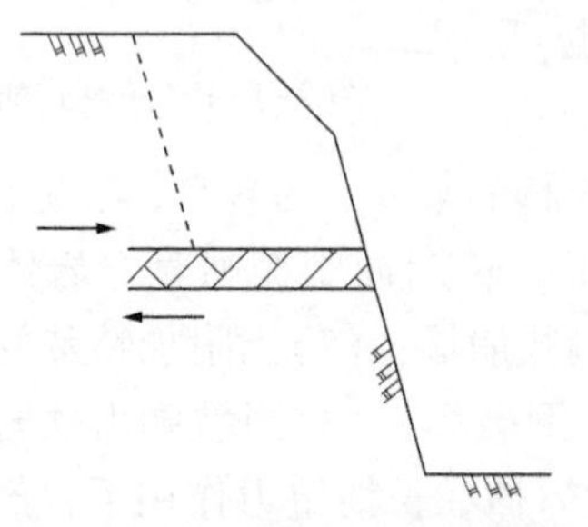

图2-1-3 鼓胀式崩塌示意图

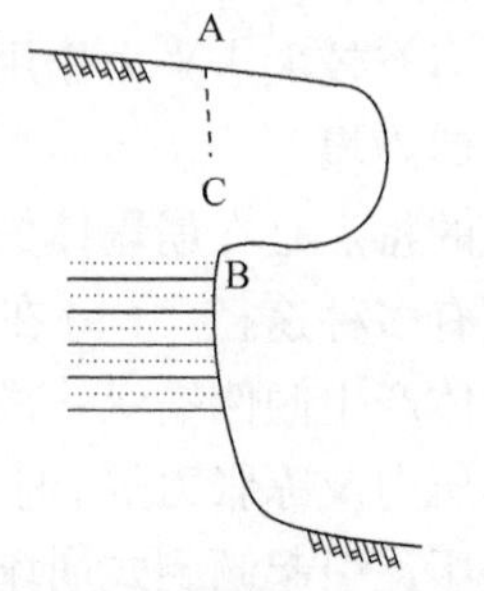

图2-1-4 拉裂式崩塌示意图

5）错断式崩塌

陡坡上的长柱状和板状的不稳定岩体，当无倾向坡外的不连续面，并且下部无较厚的软弱岩层时，一般不会发生滑移崩塌，也不会发生鼓胀式崩塌。但是，当有强烈震动，或有较大的水平力作用时，可能发生如前所述的倾倒式崩塌。此外，在某些因素作用下，或因不稳定岩体的重量增加，或因其下部断面减小，都可能使长柱状或板状不稳定岩体的下部被剪断，从而发生错断崩塌，其破坏形式如图 2-1-5 所示。这种崩塌在于岩体下部因自重所产生的剪应力是否超过岩石的抗剪强度，一旦超过，崩塌将迅速产生。错断式崩塌通常有以下几个途径：(1)由于地壳上升，下切作用加强，使得垂直节理不断加深，因此长柱状和板状岩体的自重不断增加；(2)岩体在冲刷和其他风化剥蚀作用下，岩体下部的断面不断减小，从而导致岩体被剪断；(3)由于人工开挖边坡过高过陡，使下部岩体被剪断而产生崩塌。

3. 崩塌破坏模式

崩塌按其破坏模式可划分为滑塌式、倒塌式和坠落式三类，如图 2-1-6 所示。

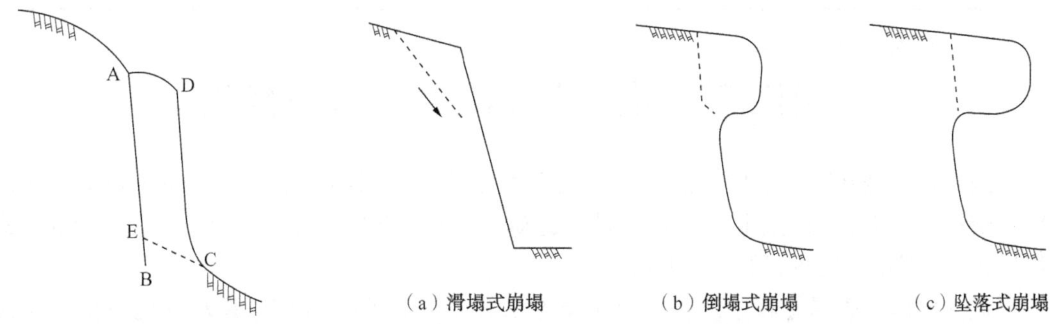

图 2-1-5　错断式崩塌示意图　　　图 2-1-6　崩塌破坏模式示意图

1）滑塌式崩塌

如图 2-1-6(a)所示，危岩体后部存在与边坡倾斜方向一致、贯通或断续贯通的破裂面，倾角较缓，破裂面的剪出部位多数出现在陡崖，也可能出现在危岩体基座岩土体中，危岩体沿着破坏面滑移失稳。

2）倒塌式崩塌

如图 2-1-6(b)所示，危岩体后部存在与边坡走向一致或断续贯通的破裂面，危岩体底部局部临空，危岩体重心多数情况下出现在基座临空支点外侧，危岩体沿着向临空方向倒塌破坏。

3）坠落式崩塌

如图 2-1-6(c)所示，危岩体上部受结构面切割脱离母岩，下部与后部母岩尚未完全脱离，危岩体底部临空。

4. 崩塌体地质复杂程度

崩塌按其地质复杂程度可划分Ⅰ、Ⅱ、Ⅲ三级，见表 2-1-3。

5. 崩塌危害损失

崩塌按其危害损失程度可划分Ⅰ、Ⅱ、Ⅲ三级，见表 2-1-4。

表 2-1-3　崩塌体地质复杂程度分级

分　级	Ⅰ	Ⅱ	Ⅲ
崩塌体组合情况	呈群体，次级崩塌发育	呈群体	单一
潜在崩滑面(带)数量	多于3层(个)	多于3~2层(个)	1层(个)
崩滑体厚度(m)	>25	25~10	<10
崩塌体稳定性	临崩、临滑状态	不稳定	潜在不稳定
地形条件	复杂	较复杂	简单
水文地质条件	复杂	较复杂	简单

表 2-1-4　崩塌体危害程度分级

分　级		Ⅰ	Ⅱ	Ⅲ
危害人数(人)		>1000	1000~500	<500
经济损失	直接经济损失(万元)	>1000	1000~500	<500
	预测灾害损失(万元)	>10000	10000~5000	<5000

第二节　崩塌(岩崩)对管道的危害

崩塌是潜藏在陡斜山坡上的危岩体在重力作用及外因的诱发下突然失稳脱落，并以崩落、滚动、弹射、相互碰撞、二次弹跳等运动方式或组合运动方式，而土体以土崩的方式最终堆积在坡脚(或沟谷)的地质现象。

近几年山区管道工程建设和运营的经验表明，岩体崩塌(岩崩)是对管道安全威胁最为严重、最为普遍的崩塌类型。因此本章中主要针对岩崩这种形式进行阐述。岩崩形成的条件主要是地形地貌与其岩性特点，这也是岩崩形成的内部条件；而诱发岩体崩塌主要是由外界因素控制，包括地震、降水、地表水径流、风、冻融、人工扰动等。

一、崩塌诱发因素的相关统计资料

1. 地形坡度

斜坡坡度是崩塌落石形成的主要地形条件之一，铁路某工务段对已发生的57处崩塌落石事件进行了数据分析统计，崩塌次数与坡度关系如表2-2-1、图2-2-1和图2-2-2所示。

表 2-2-1　铁路某工务段辖区崩塌落石与地形坡度关系统计表

地形坡度	<45°	45°~50°	50°~60°	60°~70°	70°~80°	80°~90°	合计
崩塌落石次数(次)	14	11	7	17	6	2	57
百分比(%)	24.6	19.3	12.3	29.8	10.5	3.5	100

从表2-2-1、图2-2-1和图2-2-2中可以看出，坡度在45°以上发生崩塌次数占了75.4%，且根据实际统计坡度小于45°的崩塌为少量落石，塌方量较小。由此可见随着坡度的增加，崩塌也越易于孕育发生。促使崩塌形成的根本动力是重力，地形坡度越大，危岩在斜坡方向上的重力分力越大，危岩就越容易失去稳定而发生崩落。

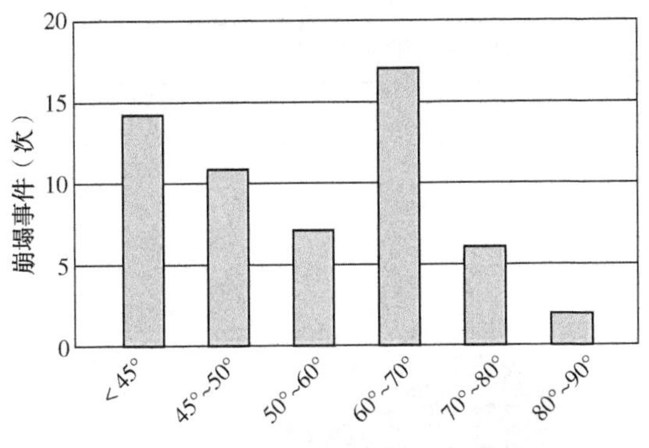

图 2-2-1　崩塌次数与坡度关系示意图

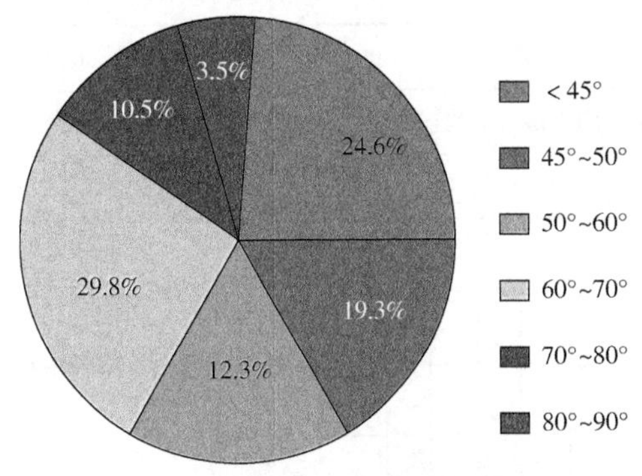

图 2-2-2　崩塌次数与坡度百分比示意图

2. 地形高度

地形高度也是崩塌落石形成的主要影响因素。一般情况下，高度越大越易发生崩塌落石。同时，地形高度越大，则落石的冲击力越大，规模和强度都越大。铁路局对某工务段已发生的 57 处崩塌落石事件进行了数据分析统计，崩塌次数与地形高度的关系如表 2-2-2、图 2-2-3 和图 2-2-4 所示。

表 2-2-2　铁路某工务段辖区崩塌落石与地形高度关系统计表

地形高度(m)	<20	20~30	30~40	40~50	>50	合计
崩塌落石次数(次)	2	11	10	11	23	57
百分比(%)	3.5	19.3	17.5	19.3	40.4	100

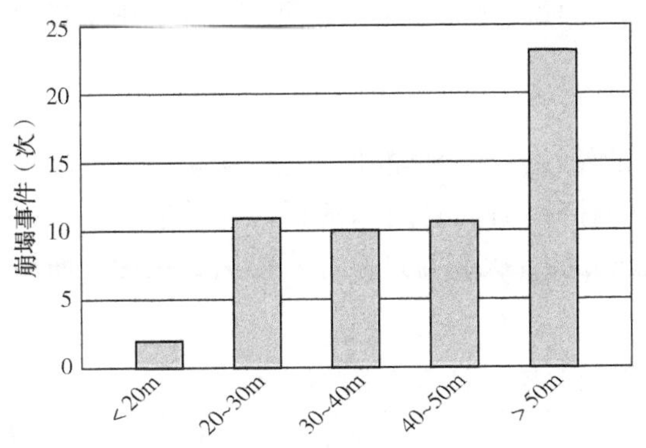

图 2-2-3　崩塌次数与坡高关系示意图

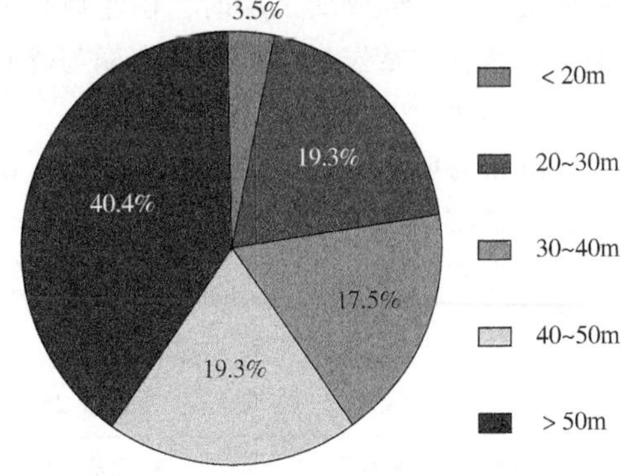

图 2-2-4　崩塌次数与坡高百分比示意图

从表 2-2-2、图 2-2-3 和图 2-2-4 中可以看出此工务段发生崩塌多数是在坡高在 20m 以上的边坡，而坡高在 20m 以下的崩塌次数仅有 3.5%。

3. 岩性条件

边坡岩性影响岩体抗剪强度、黏结力、抗风化以及抗水能力等，对崩塌落石有明显的控制作用。根据已有的铁路行业某线路段上的 100 次崩塌落石的监测点的统计，崩塌次数与岩性的关系如表 2-2-3、图 2-2-5 和图 2-2-6 所示。

表 2-2-3　铁路某线路段崩塌落石与岩性关系统计表

岩　性	花岗岩	辉岩、砾岩、砂岩	辉长岩、辉绿岩	厚板岩	千枚岩	页岩
崩塌落石次数(次)	39	38	11	6	4	2
百分比(%)	39	38	11	6	4	2

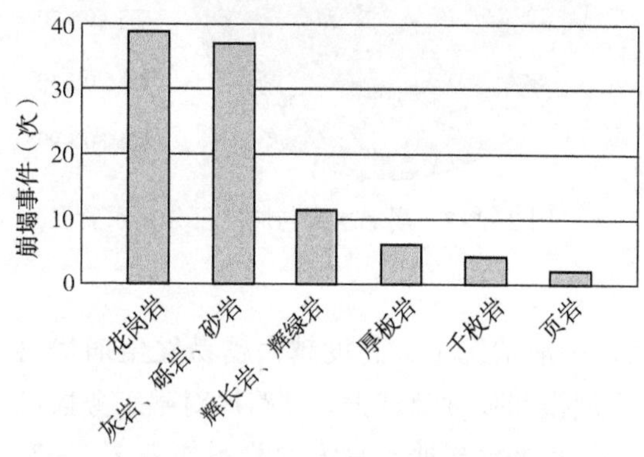

图 2-2-5　崩塌次数与岩性关系示意图

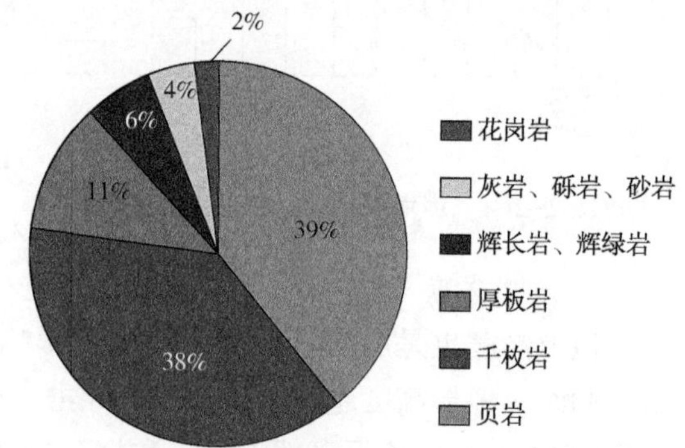

图 2-2-6　崩塌次数与岩性百分比示意图

通过分析表 2-2-3、图 2-2-5 和图 2-2-6 可知，岩性为花岗岩、灰岩、砾岩、砂岩、辉长岩、辉绿岩、厚板岩发生崩塌次数占了 94%。从岩石特性来看，这些岩质都属于硬度较高的脆性岩石，在陡峭的边坡上，受各种自然环境侵蚀作用，节理发育较多且易于贯通，容易发生崩塌落石。相反，千枚岩、页岩属于较软的柔性岩石，岩层褶曲发育，岩体稳定，崩塌发生较少，仅占 6%。

如果较厚又坚硬的沉积岩里夹有薄弱岩质层时，在陡峭边坡易于发生大型崩塌落石；当岩质边坡里有软硬交叉层时，由于风化程度不同，可能导致小型崩塌；软质边坡，由于岩层褶皱发育，时常发生一些小型土崩与碎石掉落。

4. 降雨

降雨对崩塌落石有着显著的影响，由于雨水的侵蚀，或岩体的构造面、裂隙、断层经冻融循环造成局部失稳，易发生崩塌落石。降雨量与降雨时间是崩塌落石灾害产生的重要因素。根据铁路行业某线路段上 25 年间的月累计崩塌落石次数与月累计降雨量的统计，崩塌次数与降雨量的关系如表 2-2-4、图 2-2-7 所示。

表 2-2-4　铁路某线路段 25 年间崩塌落石次数与月累计降雨量关系统计表

月　份	月累计降雨量(mm)	崩塌落石次数(次)	月　份	月累计降雨量(mm)	崩塌落石次数(次)
1	101.4	2	7	6429.7	175
2	182.7	9	8	5133.2	94
3	733.3	3	9	4156.0	70
4	1466.8	25	10	1609.4	10
5	2380.0	16	11	620.2	2
6	3316.2	52	12	141.0	20

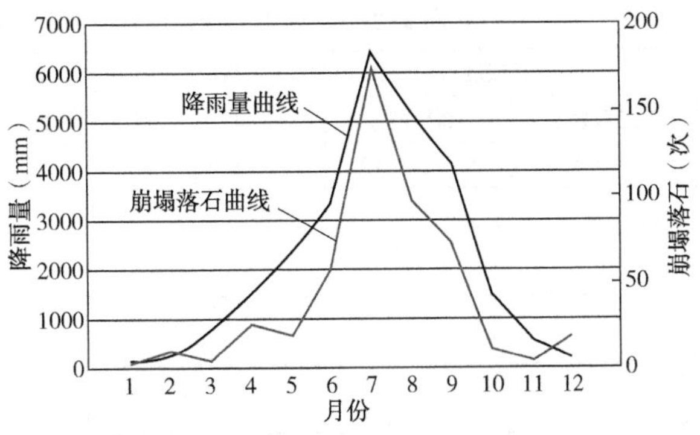

图 2-2-7　崩塌落石次数与降雨量关系示意图

通过分析表 2-2-4 和图 2-2-7 可知，崩塌发生的高峰期在雨季（7～8 月），这说明降雨对崩塌有着显著影响。由于夏季温度较高，降雨量大且短暂，相当于岩土体不断处于吸水和脱水过程中，这样循环地膨胀收缩导致岩土体破碎松动。对于夹有软弱层的岩土体，当夹层中的水分蒸发时就会导致收缩性的干裂缝产生，进一步形成不规则的节理面。另外，水自身还有润滑的作用，岩石结构面里的填充物之间的摩擦力会随着水分的增加而逐渐减小，增加了岩层之间的滑动趋势。水以固态、液态或气态存在于岩层及孔隙、孔洞和土的裂隙之中时，被称为地下水。当水顺着裂隙、孔隙在岩土体内流动时，就会使岩土体内产生动力，这种动力会打破岩土体内部原有的应力平衡，从而削弱岩土体的稳定。降水形成不利于崩塌体稳定的浮托力、裂隙水压力和渗透水压力等因素都是危岩失稳的主要体现。

此外，大量的调查资料说明，崩塌落石与降雨有如下关系：(1) 崩塌落石有 80%以上发生在雨季，特别是雨中或雨后不久，旱季和非雨天很少发生；(2) 连续降雨时间越长，暴雨强度越大，崩塌落石次数越多；(3) 阴雨连绵天气或短促的暴雨天气崩塌落石多；(4) 长期大雨比连绵细雨时的崩塌落石多。

5. 地震

地震时产生的地震力是一种巨大的动应力，是影响崩塌稳定性的重要因素。地震对边坡的作用主要包括两方面：(1) 地震波的扰动会使边坡内部产生附加应力，这种附加应力作用时间短暂，但是由于地震及其余震产生的附加应力引起的破坏的累积，加快了边坡变形的速度，致使崩塌产生；(2) 地震引起边坡岩土体结构和强度的改变，使边坡岩土体中各种结构面的强度降低，从而改变整个边坡的稳定性，甚至导致崩塌的产生。地震力在空间及时间上的分布具有不均匀性，地震力在边坡上的作用强度及方向不但与震源深度和震级有关联，而且还与边坡自身所处方位和距离相关，并受到岩性特点、地形地貌条件、地质构造特性及地下水深浅等诸多方面的影响。

处于断裂破碎处附近，由硬质岩石构成的险峻斜坡，其岩土体的改变和构造作用复杂、层面倾角较大、岩层土质松散、地形高低起伏，在地震发生时边坡的危险性更为突出。在地下水储存较多的地区，地震时水位随地震波突变，出现某些裂隙水压力效应会增大的现象，从而加大了作用于边坡上的外部荷载。一般情况下，地震烈度大于 7 度及以上的地震都会引起大量崩塌。而且随着地震强度的增大，随之增大了发生崩塌灾害的范围，两者的关系函数是单调递增的。

1) 地震崩塌与地震烈度间的关系

地震触发崩塌与地震力的大小有着密切的关系，这反映在不同烈度区的崩塌分布特征上。根据我国昭通地区地震统计资料，崩塌主要集中在Ⅷ～Ⅸ度烈度区，其次是Ⅶ度烈度区，Ⅵ度烈度区没有。昭通地区地震各烈度区的崩塌统计资料见表 2-2-5、图 2-2-8 和图 2-2-9。

表 2-2-5　云南昭通地区地震崩塌落石次数与地震烈度关系统计表

地震烈度		Ⅸ	Ⅷ	Ⅶ	Ⅵ	合计
地震触发的崩塌	数量(次)	10	23	6	0	39
	百分比(%)	25.6	59.0	15.4	0	100

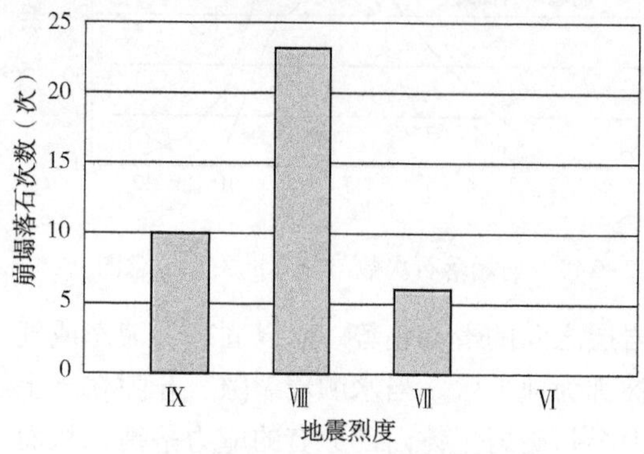

图 2-2-8　昭通地区地震崩塌落石次数与地震烈度关系示意图

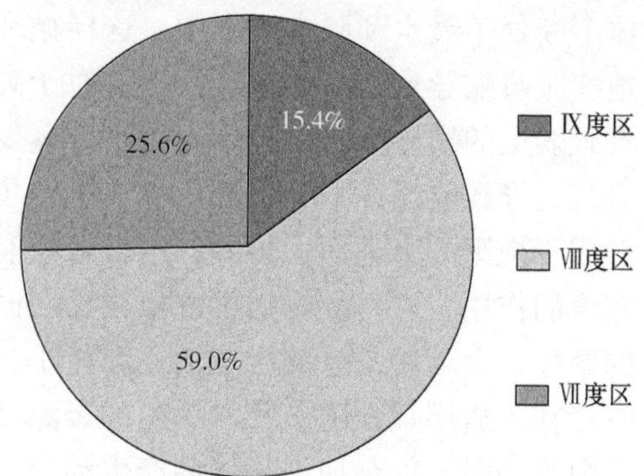

图 2-2-9　昭通地区地震崩塌落石次数与地震烈度关系百分比示意图

2）地震崩塌与地形坡度间的关系

根据云南昭通地区地震调查资料，地震崩塌多集中在山坡坡度大于 50°的地区，其中以 61°~70°的山坡为最多，约占 48.7%。昭通地区地震调查中崩塌落石与地形坡度的关系统计资料见表 2-2-6、图 2-2-10 和图 2-2-11 所示。

表 2-2-6　云南昭通地区地震崩塌落石次数与地震烈度关系统计表

山坡坡度	<50°	51°~60°	61°~70°	>70°	合计
崩塌数量(次)	3	8	19	9	39
百分比(%)	7.7	20.5	48.7	23.1	100

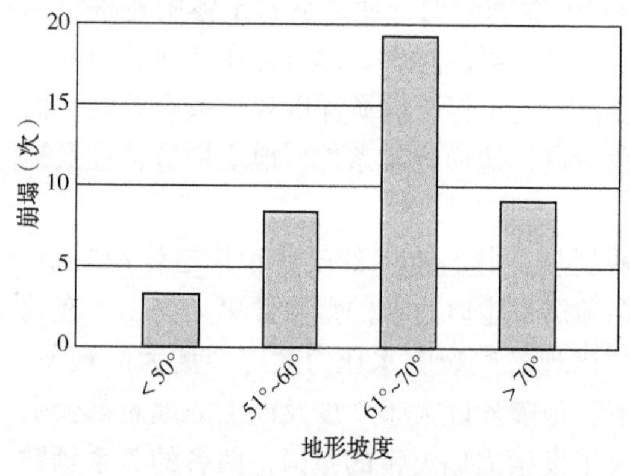

图 2-2-10　昭通地区地震崩塌落石次数与地震烈度关系示意图

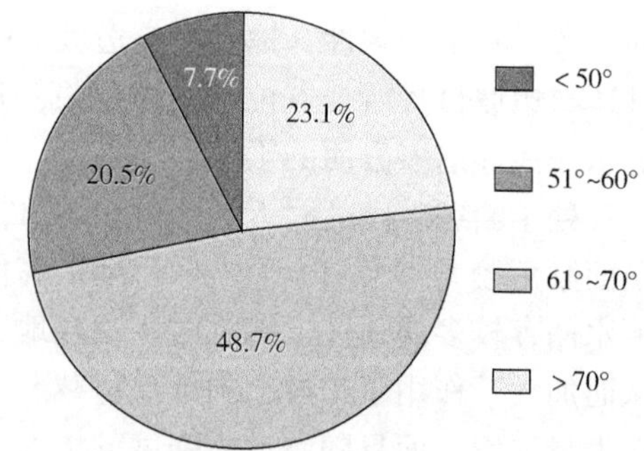

图 2-2-11　昭通地区地震崩塌落石次数与地震烈度关系百分比示意图

二、崩塌落石对管道的危害

1. 崩塌落石的运动形式

崩塌岩体对管道的危害与其运动形式密切相关。崩塌体在自然坡面上的运动规律和速度是极其复杂的，除了边坡高度、坡角、岩块质量、岩块刚度、坡面的弹（塑）性等制约因素外，还包括岩块的粒度（包括形状、密度）、温度、风向、风速、空气阻力、坡面植被情况等。崩塌岩体的运动形式可分为下列5类。

（1）坠落式：崩塌体呈自由落体方式运动。

（2）跳跃式：崩塌体碰撞地面呈跳跃方式运动。

（3）滚动式：崩塌体沿坡面呈滚动方式运动。

（4）滑动式：崩塌体沿坡面呈滑动方式运动。

（5）复合式：崩塌体沿坡面呈多种复合方式运动，如跳滚式、滚滑式、跳滑式等。

2. *崩塌落石对管道本体的危害*

崩塌产生时，块体在斜坡上以跳跃、滚动、滑动乃至滚跳、滚滑等复合方式运动至管道地面。当管道敷设在崩塌（落石）地区时，其对管道本体产生的工程危害主要表现在以下4个方面。

（1）当管道敷设于缓坡地带（$0<\theta\leqslant 27°\sim 31°$）时，崩落体沿坡面滑动，由于坡度缓、动能小，且受摩擦阻力的影响，其在坡面上逐渐减速，最终停止运动，覆盖在管道上方，对管道没有多大影响，如图2-2-12所示。

（2）当管道敷设于较陡坡地带（$27°\sim 31°<\theta\leqslant 40°$）时，崩落体沿坡面呈滚动方式运动，虽然动能比较大，但是运动距离一般比较长，其从管道上方滚过，对管道的冲击能较小，几乎没有破坏作用，如图2-2-13所示。

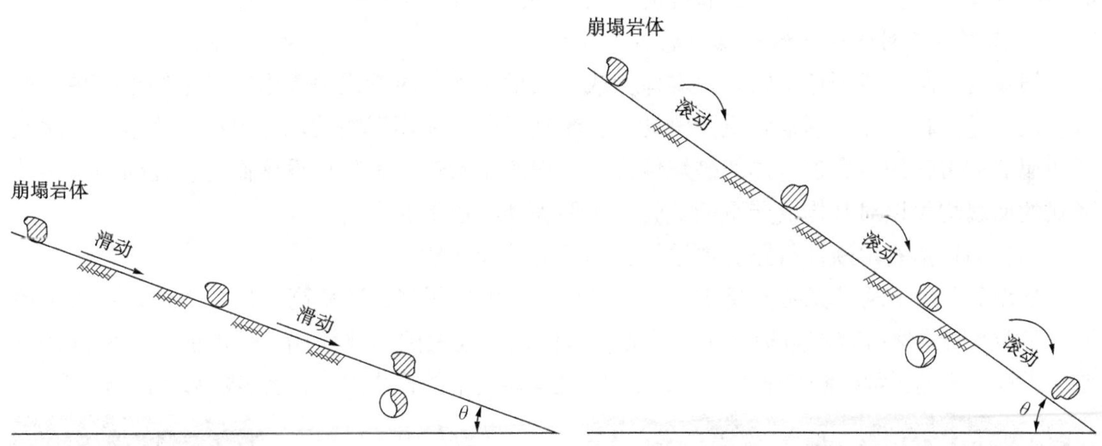

图2-2-12　缓坡地带落石崩塌对管道本体危害示意图

图2-2-13　较陡坡地带落石崩塌对管道本体危害示意图

（3）当管道敷设于陡坡地带（$40°<\theta\leqslant 60°$）时，崩塌体在此陡度的坡面上，呈加速跳跃式运动，对坡面有较大的冲击力。如果管道刚好在岩块运动轨迹上，则可能造成管道的破坏，如图2-2-14所示。

（4）当管道敷设于陡峻地带（$60°<\theta\leqslant 90°$）时，崩塌体呈自由落体运动，对坡面有很大的冲击力，其冲击的次数与山坡的高度、坡角及坡面有无突出部分决定，为管道最大危险区，如图2-2-15所示。

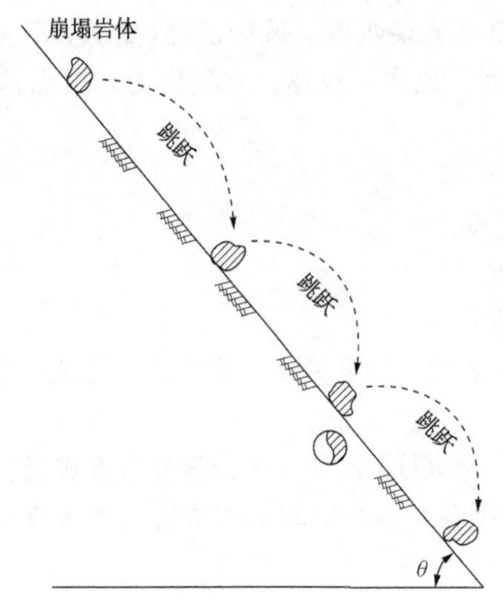

图 2-2-14　陡坡地带落石崩塌对管道本体危害示意图

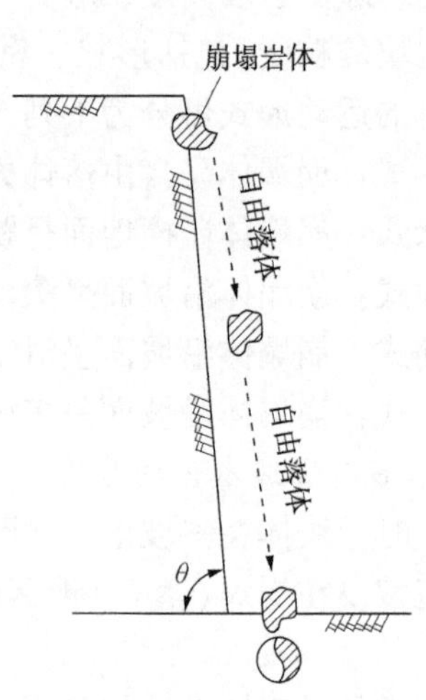

图 2-2-15　陡峻地带落石崩塌对管道本体危害示意图

落石崩塌对管线的危害是极大的，几吨甚至十几吨重的岩体自一定高度突然坠落，在巨大的冲击力的作用下，往往会穿透管顶覆土保护层，并直接撞击管线，轻则使防腐层破坏，重则造成管道变形破裂，使得管道内输送介质泄漏。2005 年 6 月间，国内一条正在运营中的山区管线，就曾发生落石砸伤管道的事故，如图 2-2-16 所示。

3. 崩塌落石对管道其他设施的危害

崩塌落石除对浅埋地下的管道本体构成很大危害外，对管道地表附属设施的危害更为严重。从上述分析得知，埋地管道受滑动式、滚动式的岩体崩塌的破坏性很小，坠落式、跳跃式崩塌的冲击作用对管道本体的破坏性最大。而对于管道地表附属设施而言，任何一种运动形式的崩塌均可以对其构成严重的威胁，主要表现在以下 5 点。

(1) 崩塌落石阻断伴行路，严重时会伤及人员及车辆。

崩塌落石虽不及滑坡灾害规模巨大，但它们发生处所多、频率高，加之受建设期投资控制，不能及时采取有效的防护措施。因此，即使是小规模的岩体崩塌，也可能严重阻塞伴行路，影响管道的正常检修和维护。图 2-2-17 是某运营中的管线因岩石崩塌阻塞伴行路的实例。

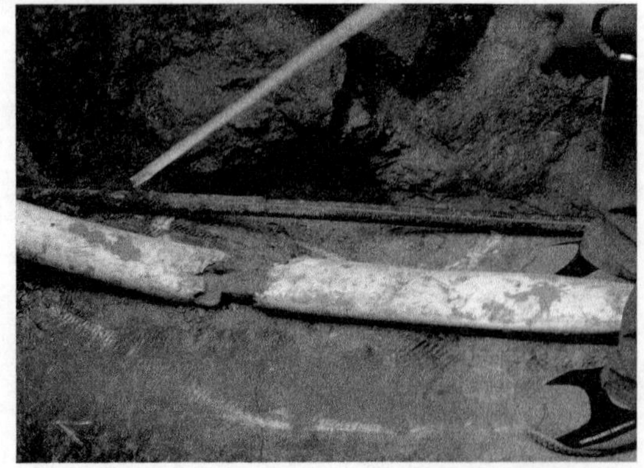

图 2-2-16　落石崩塌对管道本体危害案例

图 2-2-17　落石崩塌对管道伴行路危害实例

（2）崩塌落石损毁水工保护结构，严重时会威胁管道本体安全。

管道的水工保护设施是保护管道免受水害、地质灾害破坏的地表构筑物，因此也是抵御落石崩塌冲击的第一道屏障。在管道实际项目中，时常发生落石损毁水工保护构筑物的情况，如图 2-2-18 和 2-2-19 所示，会产生较昂贵的维护费用。

图 2-2-18　落石崩塌造成管道上方盖板损毁

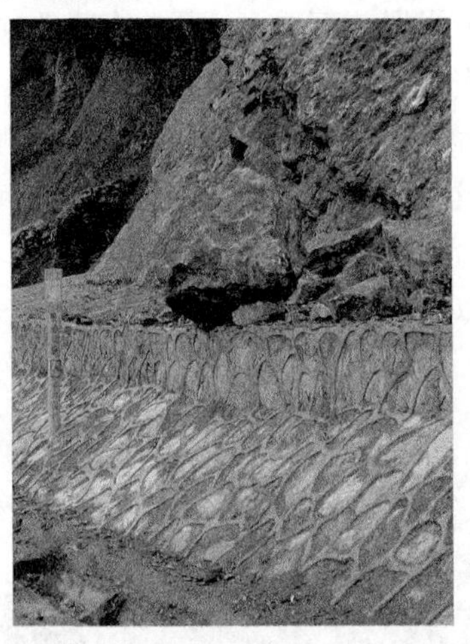
图 2-2-19　管道侧挡墙上方的落石

（3）崩塌落石对管道跨越结构构成巨大威胁，严重时会威胁管道本体安全。

管道跨越是在山区峡谷地段不可避免的一种管道架空敷设方式，而两岸的陡峻地形又是崩塌落石的高发地，而跨越结构中的悬索、斜拉索、跨越墩、锚固墩、桩、梁等重要部位和构筑物对于保持跨越结构的稳定性和安全性都是十分重要的。而这些结构又大都外露地表很多，因此一旦发生落石，即便是很小的落石也会对上述结构构成严重伤害，直接威胁跨越结构上部外露敷设的管道安全。图 2-2-20 和图 2-2-21 是为防止落石危害，在跨越结构两侧高陡边坡上采取的拦石网防护措施。

图 2-2-20　管道跨越结构上方拦石网远景

图 2-2-21　管道跨越结构上方拦石网近景

（4）崩塌落石对管道场站阀室构成巨大威胁，严重时会威胁站内人员及设施安全。

油气长输管道的场站阀室是长输管道系统工程中很重要的地表建筑物，其主要功能包括接收、过滤分离、增压、加热、分输、配气、储气调峰、清管器发送、切换油品、泄压和放空等。因此场站阀室内部除土建建筑物外，还包括泵、压缩机、储罐、加热炉、阀、仪表、电力等重要工艺设施，一些重要的场站内还有专人值守。因此一旦发生崩塌落石，受危害的不仅是建筑物和站内的工艺设施，站内人员的人身安全也同样受到严重威胁。此外，站内工艺设施受损时，会直接造成管道被迫停输检修，造成很大的经济损失。图 2-2-22 是为防止落石危害，在场站一侧高陡边坡上采取的多级拦石墙(网)防护措施。

(5) 崩塌落石造成建设期管沟扫线、开挖等工作不能正常进行，严重时会威胁施工人员及设施安全。

工程建设期出现的崩塌落石会影响到工程项目的正常建设，对人员、设备的危害很大。工程建设中的落石大多是由于在扫线或管沟开挖过程中，人为切断了岩体的底部支撑，再加之上部岩体本身顺层节理和横向节理较发育，在爆破震动作用的加剧影响下，形成块状岩体，导致了顺层滑塌的出现，如图 2-2-23 所示。

图 2-2-22　某清管站高边坡设置的多级拦石墙(网)

图 2-2-23　落石堵塞管沟

第三节　崩塌危岩体稳定性半定量快速评价

一、崩塌危岩体稳定性快速评价指标体系的建立

1. 崩塌危岩体稳定性的主要影响因素

(1) 内部因素包括：岩体主控结构面倾角、基座情况、地形坡度、凹腔状态、岩体结构和卸荷松弛状态共六项。

(2) 外部因素包括：降雨、人工爆破和地震共三项。

2. 崩塌危岩体稳定性快速评价指标

(1) 主控结构面倾角；

(2) 崩塌危岩体基座情况；

(3) 地形坡度；

(4) 凹腔状态；

(5) 岩体结构；

(6) 卸荷松弛状态；

(7) 诱发因素：震动与降雨。

3. 崩塌危岩体稳定性快速评价指标体系

将崩塌危岩体主控结构面倾角(F_1)、基座情况(F_2)、地形坡度(F_3)、凹腔状态(F_4)、岩体结构(F_5)和卸荷松弛状态(F_6)六个因素作为崩塌危岩体快速评价指标，它们相互作用共同组成崩塌危岩体快速评价指标体系。

二、崩塌危岩体稳定性快速评价指标体系的关系矩阵

1. 相互作用关系矩阵原理

(1)“因”“果”关系，如图 2-3-1 所示，主对角线上的为主要因素，其他则为相互作用。矩阵行上每一个元素值表示某一元素对另一元素的影响，行上各元素码值的合计值表示该元素对系统的总影响，可为“因”；矩阵列上各个码值表示其他元素对该元素的影响，列上码值之和表示系统对该因素的影响，可为“果”。

各因素产生的影响(因)和所受的影响(果)是不相同的，可采用约翰·亨德森提出的“专家—半定量取值”方法。该方法根据相互作用的强度分级给矩阵元素赋以 0~4 的不同整数值，其中 0 表示无相互影响，1 表示弱相互影响，2 表示中等相互影响，3 表示强烈相互影响，4 表示极强相互影响。

(2) 根据相互作用关系原理，可将研究对象视为一个有机的系统。主对角线表示系统的主要影响因素，主对角线以外元素表示因素间的相互作用关系。主对角线上元素值为空，表示各因素不能影响其自身，只能通过与其他元素相互作用来影响系统。根据专家—半定量取值方法，相互作用程度取为 0，1，2，3 或 4。图 2-3-2 中 I_{ij}表示主要因素 F_i对主要因素 F_j的影响。

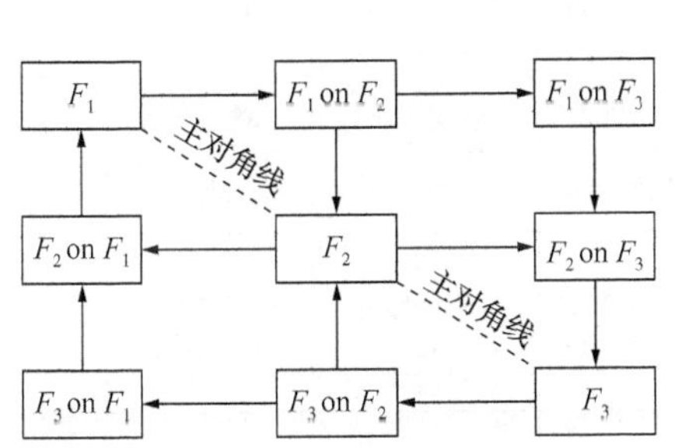

图 2-3-1　崩塌危岩体快速评价指标体系指标间相互关系示意图

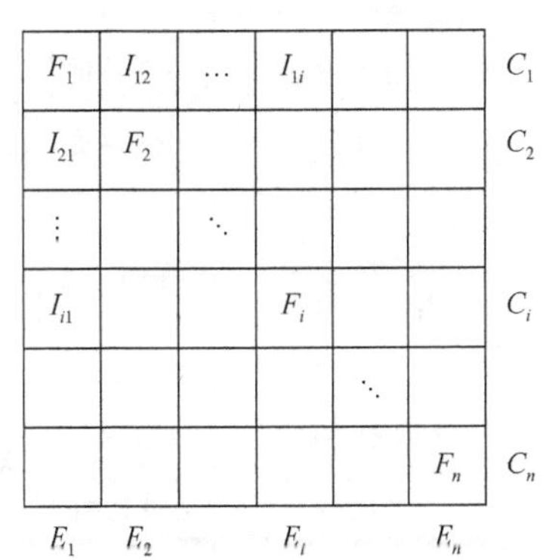

图 2-3-2　崩塌危岩体快速评价指标体系主要因素相互影响关系示意图

记 $F_i(C_i, E_i)$为主要因素 F_i与系统的相互作用。C_i为第 i 行非主对角线元素之和，表示主要因素 F_i对系统的影响，称为“因”，则：

$$C_i = I_{i1} + I_{i2} + \cdots + I_{in} \tag{2-3-1}$$

E_i为第 i 列非主对角线元素之和，表示系统对主要因素 F_i的影响，称为“果”，则：

$$E_i = I_{1i} + I_{2i} + \cdots + I_{ni} \tag{2-3-2}$$

设存在 N 个主要因素，则 C_i和 E_i的最大值均为 $4(N-1)$，则满足(总影响相等)：

$$\sum_{i=1}^{n} C_i = \sum_{i=1}^{n} E_i \tag{2-3-3}$$

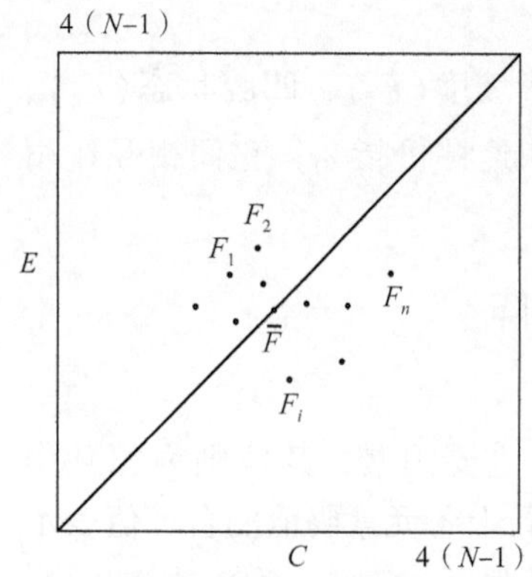

图 2-3-3 崩塌危岩体快速评价指标体系主要因素相互作用 C-E 坐标系示意图

（3）根据 C，E 取值绘制 $F_i(C_i, E_i)$ 在 C-E 坐标系的分布图，如图 2-3-3 所示，图中点的位置表示每个因素的相互作用程度。

在 C-E 因素点分布图中，参数相互作用强度 PII 表示参数相互作用对系统的影响强度，可通过 $C=E$ 直线测量，则有：

$$\mathrm{PII}=(C+E)/\sqrt{2} \tag{2-3-4}$$

参数控制性 PD 表示参数对系统的重要程度，可通过对该点到 $C=E$ 的距离测量中获得，则有：

$$\mathrm{PD}=(C-E)/\sqrt{2} \tag{2-3-5}$$

在实际应用中，通常计算所有参与评价的因素的活动性指数(k_i)，即每一因素的因果值总和占系统总因果值的百分数，则有：

$$k_i=\frac{C_i+E_i}{\sum_{i=1}^{n}(C_i+E_i)}=\frac{C_i+E_i}{2\sum_{i=1,\ j=1}^{n}I_{ij}} \tag{2-3-6}$$

活动指数(k_i)越高表明该因素对系统的整体行为贡献越显著。

2. 崩塌危岩体稳定性快速评价指标相互作用关系矩阵的建立

崩塌危岩体稳定性快速评价指标相互作用关系矩阵示意图如图 2-3-4 所示。

主控结构面倾角 F_1	主控结构面倾角越大，基座越硬	主控结构面倾角影响边坡稳定坡度	主控结构面越陡，越易形成凹腔	主控结构面产状对岩体结构影响显著	主控结构张开越大，岩体卸荷松弛越强
基座软硬影响主控结构面倾角	基座情况 F_2	存在软弱基座的崩塌体地形坡度一般较缓	软弱基座常形成很深的凹腔	软弱基座使得岩体结构破碎	高陡边坡存在软岩，岩体卸荷越强
地形坡度对主控结构面倾角有一定影响	地形坡度对基座情况无影响	地形坡度 F_3	陡崖下部形成凹腔可能性大	地形较缓的边坡岩体相对破碎	地形坡度影响卸荷松弛状态
凹腔越深，在重力作用下，后缘追踪卸荷裂隙形成的张性主控结构面倾角越大	凹腔状态对基座情况无影响	凹腔状态对地形坡度无影响	凹腔状态 F_3	凹腔越深，在重力等作用下，崩塌体结构面越发育，岩体越破碎	凹腔深浅与卸荷松弛状态关系密切
岩体越完整，主控结构面倾角越大	岩体结构与基座关系密切	岩体结构显著影响地形坡度	岩体越破碎，形成凹腔越深	岩体结构 F_4	岩体越破碎，卸荷松弛深度越大
卸荷松弛深度越大，越易形成陡倾结构面	卸荷松弛状态对基座无影响	卸荷松弛状态对地形坡度有一定影响	卸荷深度越大，容易形成很深的凹腔	岩体卸荷越强烈，岩体越破碎	卸荷松弛状态 F_5

图 2-3-4 崩塌危岩体稳定性快速评价指标相互作用关系矩阵示意图

3. 崩塌危岩体稳定性快速评价指标相互作用关系矩阵赋值

崩塌危岩体稳定性快速评价指标相互作用关系矩阵赋值见表 2-3-1。

表 2-3-1　崩塌危岩体稳定性快速评价指标相互作用关系矩阵赋值

I_{ij}	I_{i1}	I_{i2}	I_{i3}	I_{i4}	I_{i5}	I_{i6}	C_i	C_i+E_i	C_i-E_i	k_i(%)	PII	PD
I_{1i}	F_1	2	1	4	3	4	14	23	5	17.16	16.27	3.54
I_{2i}	0	F_2	2	4	3	1	10	16	4	11.94	11.32	2.83
I_{3i}	1	0	F_3	3	4	0	8	14	2	10.45	9.90	1.41
I_{4i}	2	0	0	F_4	2	3	7	25	-11	18.66	17.68	-7.78
I_{5i}	3	4	2	4	F_5	4	17	33	1	24.63	23.34	0.71
I_{6i}	3	0	1	3	4	F_6	11	23	-1	17.16	16.27	-0.71
E_i	9	6	6	18	16	12		134		100.00		

4. 崩塌危岩体稳定性快速评价指标体系的建立

由表 2-3-1 得知，稳定性快速评价中评价指标的权重系数如下：

$$k(F_1, F_2, F_3, F_4, F_5, F_6) = (17.16, 11.94, 10.45, 18.66, 24.66, 17.16) \quad (2-3-7)$$

$$k_1+k_2+k_3+k_4+k_5+k_6=100 \quad (2-3-8)$$

三、崩塌危岩体稳定性快速评价方法

1. 评价指标的量化取值

采用半定量专家取值法对不同级别或条件下的评价指标给出估值，建立了三级取值标准，分别为：0 代表“低贡献”，1 代表“贡献”，2 代表“大的贡献”。因此大的估值被赋予可能崩塌危岩体变形或失稳的情况。各主要因素评价指标取值可依据表 2-3-2 进行。

表 2-3-2　崩塌危岩体稳定性主要因素评价指标取值表

主要因素	0	1	2
主控结构面倾角 F_1	缓倾，≤25°	中倾，25°~65°	陡倾，≥65°
基座情况 F_2	硬岩	中硬岩	软岩或软弱夹层
地形坡度 F_3	缓，≤25°	中等，25°~65°	陡，≥65°
凹腔状态 F_4	浅	中等	深
岩体结构 F_5	整体、块状结构	次块、镶嵌结构	碎块、松弛结构
卸荷松弛状态 F_6	微卸荷	弱卸荷	强卸荷

2. 崩塌危岩体不稳定指数的计算

根据评价指标对崩塌危岩体稳定性的影响程度[即式(2-3-7)]和评价指标取值标准(即表 2-3-2)，通过定性分析确定评价指标的单因素分级指数。在此基础上，计算出崩塌危岩体的稳定程度。崩塌危岩体的稳定程度计算见下式：

$$\mathrm{UMII} = \lambda_i \sum_{i=1}^{n} k_i P_i \quad (2-3-9)$$

其中
$$P_i=\frac{F_i}{2} \tag{2-3-10}$$

式中 F_i——第 i 个评价指标单因素分级指数，依据条件按表 2-3-2 选取；

k_i——评价指标权重；

λ_i——降雨和震动修正系数，可依据条件按表 2-3-3 取值。

UMII 是崩塌危岩体不稳定指数，是根据多个影响因子计算得到的用于评价某块(区)崩塌危岩体稳定程度的一个无量纲值。

表 2-3-3　降雨和震动条件下评价指标修正系数

评价指标	λ_5	评价指标基本状况
岩体结构类型 F_5	1	整体块状结构、块状结构
	1.2	次块状结构、镶嵌结构
	1.5	松弛结构、碎裂结构

3. 崩塌危岩体稳定程度分级

根据式(2-3-9)计算的崩塌危岩体不稳定指数 UMII 的结果，按表 2-3-4 对崩塌危岩体稳定性进行分级，确定崩塌危岩体的稳定程度。

表 2-3-4　崩塌危岩体稳定性分级表

崩塌危岩体不稳定指数 UMII	稳定性程度	类别
<33.3	稳定一般	Ⅲ
33.3~66.7	稳定性较差	Ⅱ
≥66.7	稳定性差	Ⅰ

第四节　崩塌危岩体稳定性定量计算

一、基本假设与荷载工况

1. 基本假设

(1) 在危岩体变形发展过程中，特别是在破坏失稳运动以前，把危岩体视为整体(刚体)。

(2) 把危岩体复杂的空间运动问题，简化成平面问题，即取单位宽度的危岩体进行演算。

(3) 危岩体两侧和稳定坡体之间，以及各部分危岩体之间均无摩擦力。

2. 荷载类型

(1) 危岩体稳定性计算所采用的荷载包括危岩自重、裂隙水压力和地震力。

(2) 危岩体自重：危岩体的体积与天然容重的乘积。

(3) 孔隙水压力：主要考虑静水压力。天然状态取三分之一孔隙水柱高，暴雨期间取三分之二孔隙水柱高。对危岩体实施有效治理后(如沟缝、护面、排水处理等)可不考虑孔隙水压力。孔隙水压力应按第一章式(1-5-15)计算。裂隙充水高度对现状裂隙水压力应根据调查资料确定，对暴雨时裂隙水压力应根据汇水面积、裂隙蓄水能力和降雨情况确定；当汇水面积和蓄水能力较大时，可取裂隙深度的 1/3～1/2。

(4) 地震力：主要考虑水平地震力，为危岩体自重与水平地震系数的乘积。作用点为危岩体重心。

3. 工况与荷载组合

1) 工况 1——天然工况

此工况属于基本工况，是指在勘察期间的状态。荷载组合为：危岩体自重+天然状态下的孔隙水压力。

2) 工况 2——暴雨工况

此工况属于基本工况，是指在强度重现期为 20 年的暴雨条件下的状态。荷载组合为：危岩体自重+暴雨状态下的孔隙水压力。

3) 工况 3——地震工况

此工况属于校核工况，是指在地震条件下的状态。荷载组合为：危岩体自重+天然状态下的孔隙水压力+地震力。对坠落式崩塌危岩体不考虑孔隙水压力。

各类破坏模式的危岩体破坏失稳时主要影响荷载不同，因此，不同类型的危岩体稳定性分析时所考虑的荷载种类或荷载大小是不同的。三种种荷载组合工况中，坠落式危岩体可不考虑工况 2，而倒塌式危岩体可不考虑工况 1。

二、稳定性计算

1. 坠落式崩塌危岩体

坠落式崩塌危岩体稳定性计算图示如图 2-4-1 所示。

1) 工况 1

$$K_f=\frac{W\cos\beta\tan\phi+c\dfrac{H}{\sin\beta}}{W\sin\beta} \tag{2-4-1}$$

其中

$$c=\frac{(H-e)c_0+ec_1}{H} \tag{2-4-2}$$

$$\phi=\frac{(H-e)\phi_0+e\phi_1}{H} \tag{2-4-3}$$

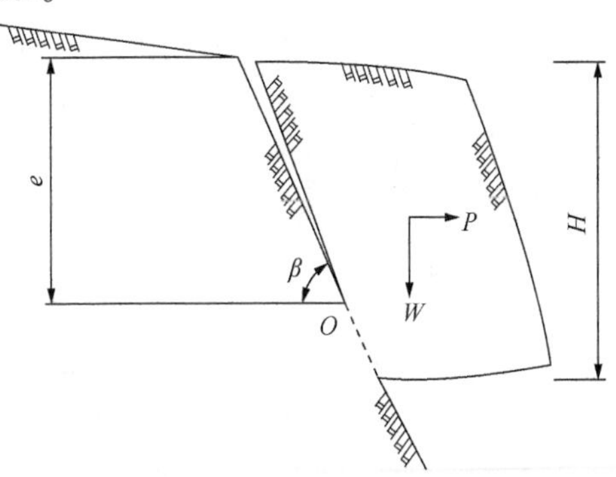

图 2-4-1　坠落式崩塌稳定性计算示意图

式中 K_f——崩塌危岩体稳定性系数；

W——崩塌危岩体重力，kN；

H——崩塌危岩体高度，m；

β——破裂面倾角，(°)；

c——裂隙面的等效黏聚力，kPa；

ϕ——裂隙面的等效内摩擦角，(°)；

c_0——崩塌危岩体岩石黏聚力，kPa；

c_1——崩塌危岩体后部主控裂隙面的黏聚力，kPa；

e——裂隙深度，m；

ϕ_0——崩塌危岩体岩石内摩擦角，(°)；

ϕ_1——崩塌危岩体后部主控裂隙面的内摩擦角，(°)。

2）工况 3

$$K_f=\frac{(W\cos\beta-p\sin\beta)\tan\phi+c\dfrac{H}{\sin\beta}}{W\sin\beta+P\cos\beta}\tag{2-4-4}$$

其中

$$P=\xi W\tag{2-4-5}$$

式中 P——崩塌危岩体承受的水平地震力，kN；

ξ——水平地震系数。

其余参数同前。

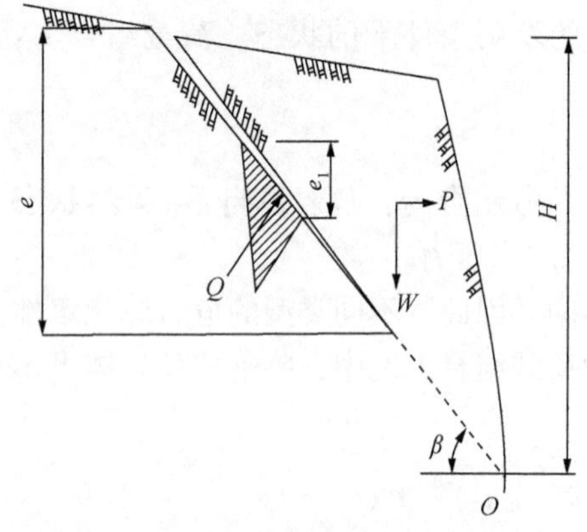

图 2-4-2 滑塌式崩塌稳定性计算示意图

2. 滑塌式崩塌危岩体

坠落式崩塌危岩体稳定性计算示意图如图 2-4-2 所示。

1）工况 1

$$K_f=\frac{(W\cos\beta-Q)\tan\phi+c\dfrac{H}{\sin\beta}}{W\sin\beta}\tag{2-4-6}$$

其中

$$Q=\frac{\gamma_w e^2}{18\sin\beta}\tag{2-4-7}$$

式中 Q——崩塌危岩体裂隙中静水压力，kN；

γ_w——裂隙水的密度，kN/m^3。

2）工况 2

$$K_f=\frac{(W\cos\beta-Q)\tan\phi+c\dfrac{H}{\sin\beta}}{W\sin\beta}\tag{2-4-8}$$

其中

$$Q=\frac{2\gamma_w e^2}{9\sin\beta}\tag{2-4-9}$$

3）工况 3

$$K_f=\frac{(W\cos\beta-P\sin\beta-Q)\tan\phi+c\dfrac{H}{\sin\beta}}{W\sin\beta+P\cos\beta}\tag{2-4-10}$$

其中

$$Q=\frac{\gamma_w e^2}{18\sin\beta}\tag{2-4-11}$$

3. 倒塌式（倾倒式）崩塌危岩体

倒塌式崩塌危岩体稳定性计算示意图如图 2-4-3 所示，稳定系数 K_f 按下式计算：

$$K_f=\frac{M_{抗倾}}{M_{倾覆}}\tag{2-4-12}$$

1）工况 2——崩塌危岩体重心位于倾覆点外侧

$$M_{倾覆}=Wa+Q\left(\frac{e_1}{3\sin\beta}+\frac{H-e}{\sin\beta}\right)\tag{2-4-13}$$

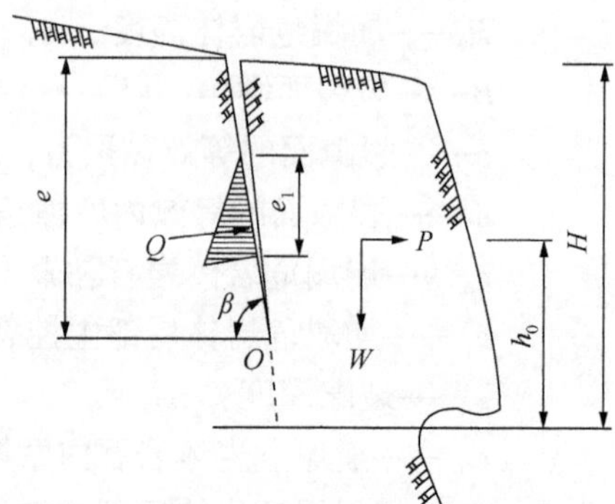

图 2-4-3 倒塌式崩塌稳定性计算示意图

其中

$$Q=\frac{2\gamma_w e^2}{9\sin\beta} \tag{2-4-14}$$

式中　a——崩塌危岩体重心作用点距倾覆点的水平距离，m；

e_1——裂隙充水深度，m。

$$M_{抗倾}=\frac{[\sigma_1](H-e)^2}{2\sin^2\beta} \tag{2-4-15}$$

式中　$[\sigma_1]$——崩塌危岩体岩石抗拉强度标准值的0.7倍，kPa。

2）工况2——崩塌危岩体重心位于倾覆点内侧

$$M_{倾覆}=Q\left(\frac{e_1}{3\sin\beta}+\frac{H-e}{\sin\beta}\right) \tag{2-4-16}$$

其中

$$Q=\frac{2\gamma_w e^2}{9\sin\beta} \tag{2-4-17}$$

$$M_{抗倾}=Wa+\frac{[\sigma_1](H-e)^2}{2\sin^2\beta} \tag{2-4-18}$$

3）工况3——崩塌危岩体重心位于倾覆点外侧

$$M_{倾覆}=Wa+Ph_0+Q\left(\frac{e_1}{3\sin\beta}+\frac{H-e}{\sin\beta}\right) \tag{2-4-19}$$

其中

$$Q=\frac{\gamma_w e^2}{18\sin\beta} \tag{2-4-20}$$

式中　h_0——地震力距倾覆点的垂直距离，m。

$$M_{抗倾}=\frac{[\sigma_1](H-e)^2}{2\sin^2\beta} \tag{2-4-21}$$

4）工况3——崩塌危岩体重心位于倾覆点内侧

$$M_{倾覆}=Ph_0+Q\left(\frac{e_1}{3\sin\beta}+\frac{H-e}{\sin\beta}\right) \tag{2-4-22}$$

其中

$$Q=\frac{2\gamma_w e^2}{9\sin\beta} \tag{2-4-23}$$

$$M_{抗倾}=Wa+\frac{[\sigma_1](H-e)^2}{2\sin^2\beta} \tag{2-4-24}$$

三、稳定性分级

1. 崩塌危岩体稳定状态

崩塌危岩体的稳定状态分为不稳定、欠稳定、基本稳定和稳定共四级。其中，不稳定状态是指在目前状态下即接近临界状态，且向不稳定方向发展，在特殊工况条件下将整体失稳，且失稳诱发临界值较低；基本稳定状态是指在目前状态下是稳定的，但安全储备不高，略高于临界状态，在基本工况条件下其向不稳定方向发展，在特殊工况条件下有可能整体失稳；欠稳定状态是指在基本工况条件下是稳定的，在特殊工况条件下其稳定性有所降低，有可能产生局部变形，整体仍然是稳定的，但安全储备不高；稳定状态是指在基本工况条件下和特殊工况条件下，都是稳定的。

2. 崩塌危岩体稳定性分级评价指标

重庆地方标准《地质灾害防治工程勘察规范》(DB50/T143—2018)规定，按危岩稳定系数判断危岩稳定状态时，应符合表 2-4-1 的规定。

表 2-4-1　崩塌危岩体稳定状态分级

危岩类型	危岩稳定状态			
	不稳定	欠稳定	基本稳定	稳定
滑移式危岩	$K_f<1.0$	$1.00 \leqslant K_f<1.15$	$1.15 \leqslant K_f<F_t$	$K_f \geqslant F_t$
倒塌式危岩	$K_f<1.0$	$1.00 \leqslant K_f<1.25$	$1.25 \leqslant K_f<F_t$	$K_f \geqslant F_t$
坠落式危岩	$K_f<1.0$	$1.00 \leqslant K_f<1.35$	$1.35 \leqslant K_f<F_t$	$K_f \geqslant F_t$

注：表中 F_t为崩塌危岩体稳定性安全系数。

3. 崩塌危岩体稳定性分级评价指标

重庆地方标准《地质灾害防治工程勘察规范》(DB50/T143—2018)规定，崩塌危岩体稳定性安全系数 F_t应根据崩塌危岩体防治工程等级和危岩类型按表 2-4-2 确定。

表 2-4-2　崩塌危岩体稳定性安全系数 F_t

危岩类型	崩塌危岩防治工程等级					
	一级		二级		三级	
	非校核工况	校核工况	非校核工况	校核工况	非校核工况	校核工况
滑移式危岩	1.40	1.15	1.30	1.10	1.20	1.05
倾倒式危岩	1.50	1.20	1.40	1.15	1.30	1.10
坠落式危岩	1.60	1.25	1.50	1.20	1.40	1.15

第五节　落石运动特征计算

一、落石运动形式

按崩落到地面上的块石的运动形式，可把落石划分为直落式、直落跳跃式、跳落式、滑落式和滚落式五种。

1. 直落式

在直立边坡上的突出岩块，失稳后向下崩落，就是直落式，如图 2-5-1 所示。

2. 直落跳跃式

在直立台阶式的边坡上部，岩块向下崩落的过程中，岩块先自由坠落，与岩块或突出岩体碰撞后，产生跳跃而落到地面上的落石，为直落跳跃式，如图 2-5-2 所示。

3. 跳落式

岩块从边坡以上的自然山坡较高处向下崩落，岩块以高速跳跃式前进，从坡肩以上的山坡上直接跳落到地面上，为跳落式。最后一次跳跃点离坡肩越近，跳到地面的距离则越远(指距坡脚的距离越远)，如图 2-5-3 所示。

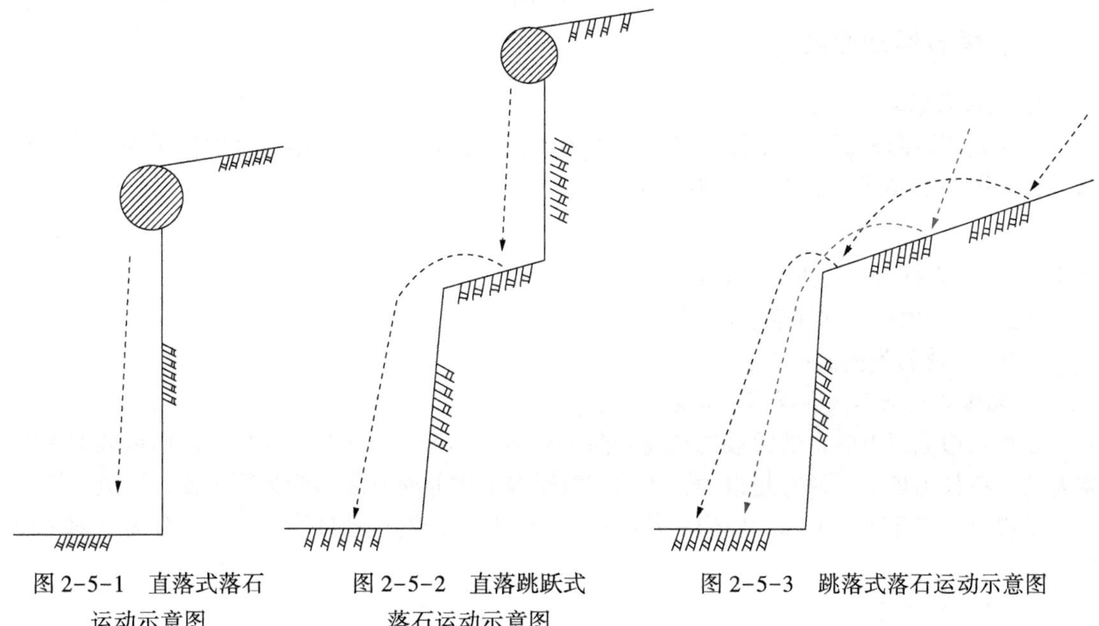

图 2-5-1　直落式落石运动示意图　　图 2-5-2　直落跳跃式落石运动示意图　　图 2-5-3　跳落式落石运动示意图

4. 滑落式

岩块多为板状，沿坡肩以上的自然山坡向下滑动，过坡肩后落向地面。这种自然山坡一般较平整且不很陡。岩块多在雨中或雨后发生沿坡面下滑，或随松散堆积物一起下滑，然后落向地面，如图 2-5-4 所示。

5. 滚落式

岩块基本为各边近于相等的块状孤石，沿坡度不很大的自然山坡向下滚动，最终落于地面，如图 2-5-5 所示。

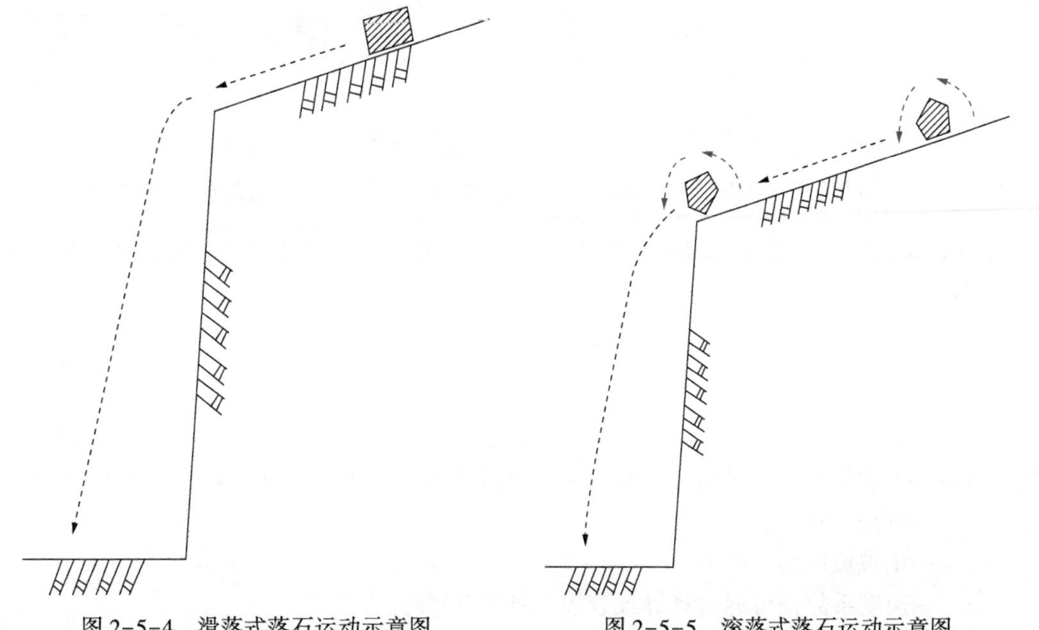

图 2-5-4　滑落式落石运动示意图　　图 2-5-5　滚落式落石运动示意图

二、落石运动速度

1. *直落式落石*

直落式落石向地面崩落实际上就是自由落体运动，因此它的下落速度取决于崩落的起始高度，如图 2-5-6 所示，其速度表达式为：

$$v=\sqrt{2gH} \tag{2-5-1}$$

式中 v——落石崩落的速度，m/s；

g——自由落体加速度，m/s^2；

H——落石崩落的高度，m。

2. *跳落式、滚落式和滑落式落石*

岩块从边坡以上的自然山坡的较高处向下崩落，其运动形式与石块形状、山坡坡度等因素有关。在长山坡上，通常是滚动、滑动和跳跃等形式兼而有之。为计算方便，铁道部第一设计院提出，采用苏联 H. M. 罗依尼什维里教授提出的落石运动计算公式，并分为下列三种情况。

1）单一坡度的山坡

如图 2-5-7 所示，单一坡度的山坡，包括台阶式山坡，但各台阶高度应小于 5m，且山坡为折线形，但其各段长度应小于 10m 或相邻坡度差在 5°以内。

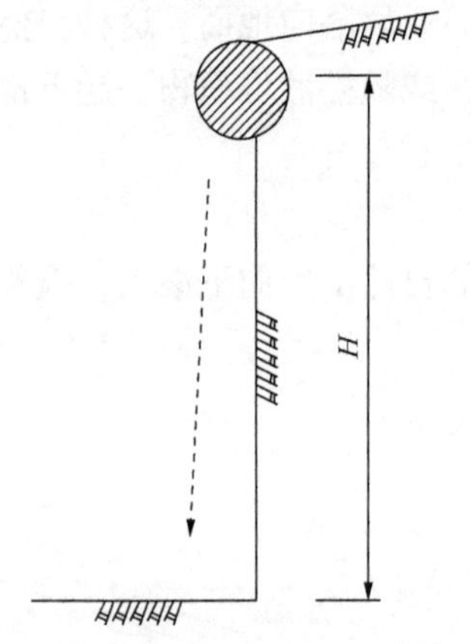

图 2-5-6 直落式落石运动速度计算示意图

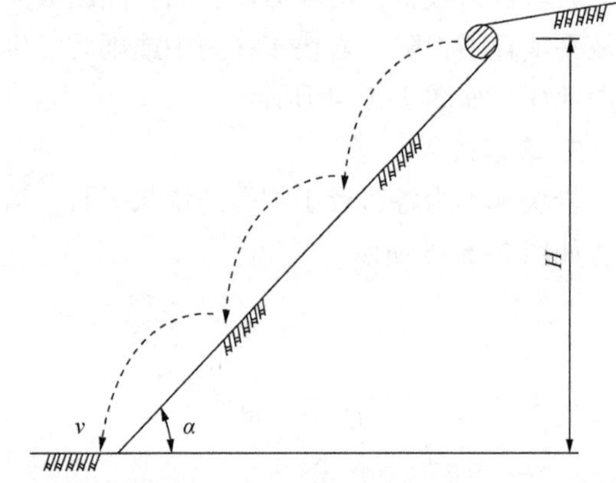

图 2-5-7 单一坡度山坡落石运动速度计算示意图

坠落石块沿单一山坡运动时的计算速度，可用任意形状的物体滚动、滑动和跳跃运动的公式，即

$$v=\mu\sqrt{2gH}=\varepsilon\sqrt{H} \tag{2-5-2}$$

$$\mu=\sqrt{1-K\cot\alpha} \tag{2-5-3}$$

$$\varepsilon=\mu\sqrt{2g} \tag{2-5-4}$$

式中 K——石块沿山坡运动所受一切有关因素综合影响的阻力特性系数，采用表 2-5-1 所列公式计算；

α——山坡坡度角，(°)；

ε——速度系数，可通过计算或查表 2-5-2 获得；

μ——系数，可通过计算或查表 2-5-2 获得。

表 2-5-1　阻力特性系数 K 值计算公式表

顺序	山坡坡度角 α	K 值计算公式
1	0°～30°	$K=0.41+0.0043\alpha$
2	30°～60°	$K=0.543-0.0048\alpha+0.000162\alpha^2$
3	60°～90°	$K=1.05-0.0125\alpha+0.0000025\alpha^3$

注：K 值计算公式可用于有下列情况的山坡：

(1) $\alpha\geqslant45°$，基岩外露的山坡；

(2) $\alpha=35°\sim45°$，基岩外露、局部有草和稀疏灌木的山坡；

(3) $\alpha=30°\sim35°$，有草、稀疏灌木、局部基岩外露的山坡；

(4) $\alpha=25°\sim30°$，有草、稀疏灌木的山坡。

表 2-5-2　系数 μ 和 ε

坡度 α(°)	μ	ε	坡度 α(°)	μ	ε	坡度 α(°)	μ	ε
30	0.25	1.11	51	0.65	2.88	72	0.79	3.50
31	0.30	1.33	52	0.66	2.92	73	0.80	3.54
32	0.34	1.51	53	0.67	2.96	74	0.81	3.58
33	0.38	1.68	54	0.675	3.00	75	0.82	3.62
34	0.40	1.77	55	0.68	3.03	76	0.825	3.67
35	0.42	1.86	56	0.69	3.06	77	0.83	3.69
36	0.45	1.99	57	0.70	3.10	78	0.84	3.72
37	0.47	2.08	58	0.705	3.12	79	0.85	3.76
38	0.485	2.14	59	0.71	3.14	80	0.86	3.81
39	0.50	2.21	60	0.72	3.17	81	0.87	3.85
40	0.52	2.30	61	0.725	3.19	82	0.88	3.90
41	0.53	2.35	62	0.73	3.23	83	0.89	3.94
42	0.55	2.43	63	0.735	3.25	84	0.905	4.00
43	0.56	2.48	64	0.74	3.28	85	0.92	4.06
44	0.575	2.55	65	0.745	3.30	86	0.935	4.13
45	0.585	2.58	66	0.75	3.32	87	0.95	4.20
46	0.595	2.63	67	0.76	3.35	88	0.965	4.27
47	0.605	2.70	68	0.765	3.37	89	0.98	4.34
48	0.615	2.75	69	0.77	3.41	90	1.00	4.43
49	0.63	2.79	70	0.775	3.43			
50	0.64	2.83	71	0.78	3.45			

2) Ⅰ型折线型山坡

如图 2-5-8 所示，折线型山坡，其中缓山坡的坡度角 α 小于 30°，陡坡段坡度角 α 不超过 60°，坡段长度超过 10m，相邻坡段的坡度角相差 5°以上。

最高一个坡段坡脚的速度按式(2-5-2)、式(2-5-3)和式(2-5-4)计算，其余坡段的终端速度为

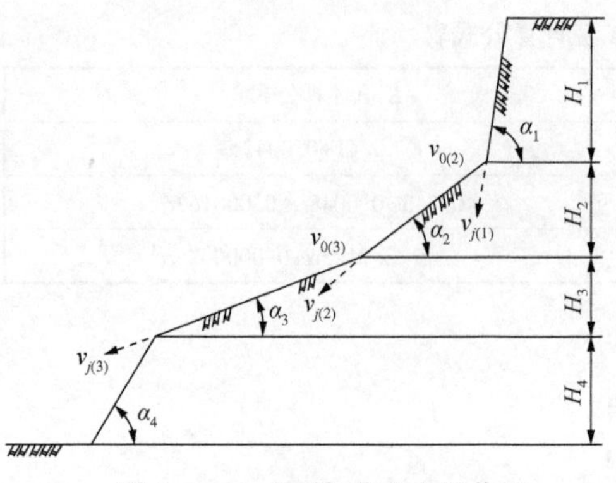

图 2-5-8　Ⅰ型折线型山坡落石运动速度计算示意图

$$v_{j(i)}=\sqrt{v_{0(i)}^2+2gH_i(1-K_i\cot\alpha_i)}=\sqrt{v_{0(i)}^2+\varepsilon_i^2H_i} \tag{2-5-5}$$

式中　$v_{0(i)}$——石块运动所考虑坡段的起点初速度，m/s；

K_i——所考虑坡段的阻力特性系数，可由表 2-5-1 计算选取。

$v_{0(i)}$可按下列不同情况考虑：

当$\alpha_{(i-1)}>\alpha_i$时，则

$$v_{0i}=v_{j(i-1)}\cos(\alpha_{(i-1)}-\alpha_i) \tag{2-5-6}$$

当$\alpha_{(i-1)}<\alpha_i$时，则

$$v_{0i}=v_{j(i-1)} \tag{2-5-7}$$

式中　$v_{j(i-1)}$——石块在前一坡段终端的运动速度，m/s；

α_i——所考虑坡段的坡度角，(°)；

$\alpha_{(i-1)}$——相邻的前一坡段的坡度角，(°)。

3）Ⅱ型折线型山坡

如图 2-5-9 所示，折线型山坡其上部为极陡山坡，坡度角 $\alpha>60°$，其高度超过 10m，下部坡段坡度较缓。

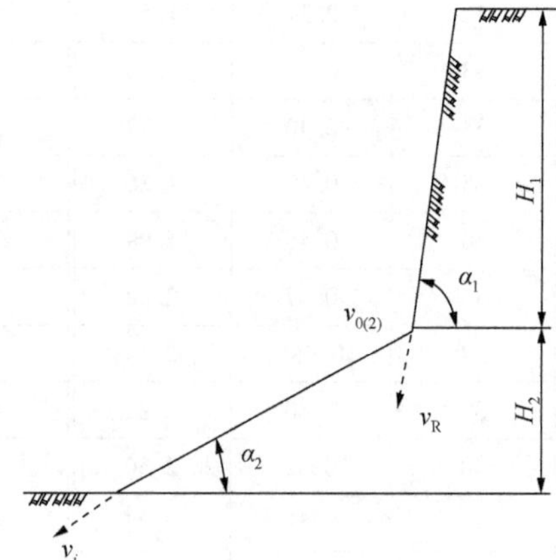

图 2-5-9　Ⅱ型折线型山坡落石运动速度计算示意图

石块自陡坡坠落至坡脚时的速度 v_R 的计算公式同式（2-5-2），为

$$v_R=\varepsilon_i\sqrt{H_i} \tag{2-5-8}$$

式中　ε_i——第 i 坡段的速度系数；

H_i——第 i 坡段的高度，m。

石块自坡脚向前运动的反射切线分速度 $v_{1(0)}$ 为

$$v_{1(0)}=(1-\lambda)v_R\cos(\alpha_1-\alpha_2) \tag{2-5-9}$$

式中　λ——石块冲击到坡面上的瞬间摩擦系数，可查表 2-5-3 获得；

α_1，α_2——分别为陡坡段和缓坡段的坡度角，(°)。

石块运动至较缓坡段末端处的速度 $v_{j(2)}$ 为

$$v_{j(2)}=\sqrt{v_{1(0)}^2+\varepsilon_2^2H_2} \tag{2-5-10}$$

式中　H_2——缓坡段的坡段高度，m；

ε_2——缓坡段的坡度角，(°)。

表 2-5-3　瞬间摩擦系数 λ

顺序	山坡表层覆盖物的情况	瞬间摩擦系数 λ	顺序	山坡表层覆盖物的情况	瞬间摩擦系数 λ
1	基岩外露	0.1	4	松散的坡积层、堆积层等	0.4
2	密实的岩块堆积层	0.3	5	基岩埋藏不深(≤0.5m)的山坡	0.3
3	长有草皮的光滑坡面	0.1			

3. *直落跳跃式落石*

直落跳跃式落石从直立陡坡崩落下来以后，遇到突出岩体发生强烈碰撞，只产生一次跳跃即落入地面，如图 2-5-10 所示。

（1）铅直下落的末速度 v_1 为：

$$v_1=\sqrt{2gH_1} \tag{2-5-11}$$

（2）和斜面碰撞后的切线初速度 $v_{2(0)}$ 的计算同式(2-5-9)，为：

$$v_{2(0)}=(1-\lambda)v_1\cos(90°-\alpha_2) \tag{2-5-12}$$

（3）落石崩落至地面的末速度 v_2 的计算，为：

$$v_2=v_{2(0)}+\sqrt{2gH_2}=\sqrt{2g}\left[(1-\lambda)\sqrt{H_1}\cdot\sin\alpha_2+\sqrt{H_2}\right] \tag{2-5-13}$$

三、落石崩落距离

1. *落石最大崩落距离的估算*

胡厚田先生的专著——《崩塌与落石》一书中提到了落石崩落距离的计算方法，其采用的是苏联 E. K. 格列奇谢夫所提出的公式，这里所指的落石崩落距离是指由坡脚至崩落点的距离，如图 2-5-11 所示。

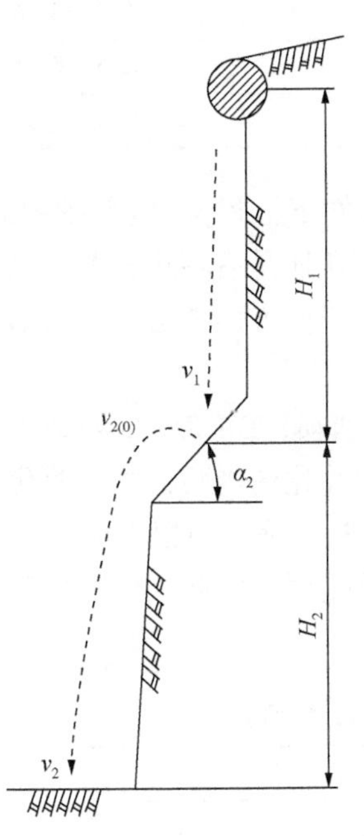

图 2-5-10　直落跳跃式落石运动速度计算示意图

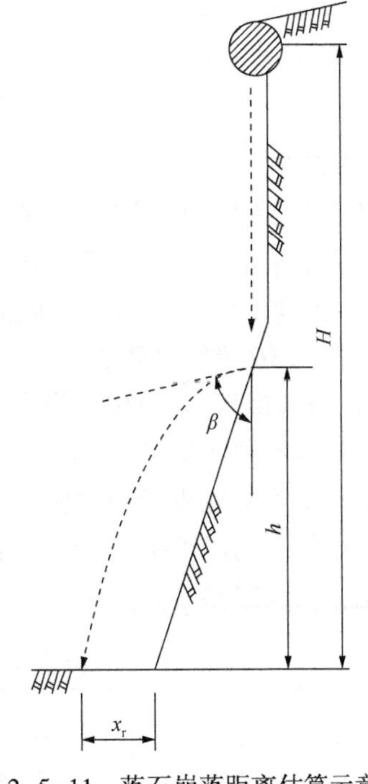

图 2-5-11　落石崩落距离估算示意图

崩落距离 x_r 可按下式计算：

$$x_r=\sin^2\beta\cdot(H-h)\left(\sqrt{\cos^4\beta+\frac{h}{H-h}}-\cos^2\beta\right) \tag{2-5-14}$$

式中　H——落石高度，m；

h——落石弹跳点的高度，m；

β——落石弹跳反射角，(°)。

胡厚田先生在《崩塌与落石》一书中提出，当改变 h 和 β 的数值时，可取得危岩的最大落距 x_r 为 0.35H，此时落石在高度等于 0.63H 处与 β 为 58°的边坡凸出部分相撞击所得。但笔者通过对式(2-5-14)进行迭代计算发现，当改变 h 和 β 角的数值时，可取得危岩的最大落距 x_r 为 0.5H，此时落石在高度等于 0.5H 处与 β 角为 90°的边坡凸出部分相撞击所得。现将上述两种条件下，落石在不同高度情况下，根据式(2-5-14)的计算结果的比对见表 2-5-4。

表 2-5-4　不同高度落石两种方法的最大崩落距离计算比对表

落石高度 H(m)	方法 1：h=0.63H，β=58°	方法 2：h=0.5H，β=90°
5	x_r=1.4m/0.28H	x_r=2.5m/0.5H
10	x_r=2.8m/0.28H	x_r=5.0m/0.5H
15	x_r=4.2m/0.28H	x_r=7.5m/0.5H
20	x_r=5.6m/0.28H	x_r=10.0m/0.5H
25	x_r=7.0m/0.28H	x_r=12.5m/0.5H
30	x_r=8.4m/0.28H	x_r=15.0m/0.5H
35	x_r=9.8m/0.28H	x_r=17.5m/0.5H
40	x_r=11.2m/0.28H	x_r=20.0m/0.5H
45	x_r=12.6m/0.28H	x_r=22.5m/0.5H
50	x_r=14.0m/0.28H	x_r=25.0m/0.5H

从表 2-5-4 中可以看出，在 h=0.63H、β=45°的条件下，根据式(5-5-14)的计算结果，落石水平崩落距离 x_r 仅为 0.28H，与书中确定的 0.35H 还是有不小偏差。经多方查阅资料，仍无法判断究竟是公式错误抑或是计算失误。因此从安全方面考虑，建议落石最大崩落距离 x_r 按 0.5H 进行估算。

《落石与崩塌》一书中又指出，由于式(2-5-14)比较烦琐，E·K·格列奇谢夫在统计整理很多观测资料和模拟实验结果的基础上，又提出了一个简化的经验公式。简化的公式中落石的崩落距离只取决于边坡坡度 α 和落石高度 H。表 2-5-5 是书中根据简化公式对不同高度落石条件下的崩落距离的计算结果。由于公式存在严重错误，因此在此不再列出，仅将结果列出，供大家参考。

表 2-5-5　边坡危岩的崩落距离(简化公式)

边坡坡度 α(°)	边坡高度 H(m)				
	12	20	30	40	50
90	3.5	6.0	12.0	12.0	15.0
80	3.5	5.5	8.0	11.0	14.0
70	3.0	5.0	7.5	10.0	13.0
60	2.5	4.5	7.0	9.0	12.0
50	2.5	4.0	6.5	8.5	11.0
40	2.5	4.0	6.0	8.0	10.0

2. 落石崩落距离的计算

从山坡上崩落下来的岩块，其运动形式可能是滑动、滚动和跳跃。一般而言，跳跃的速度大，跳落距离远，且最后一次跳跃距坡肩越近，跳落距离越远。在计算危岩的可能跳落距离时，总是假定最后一次跳跃从坡肩点开始，如图 2-5-12 所示。

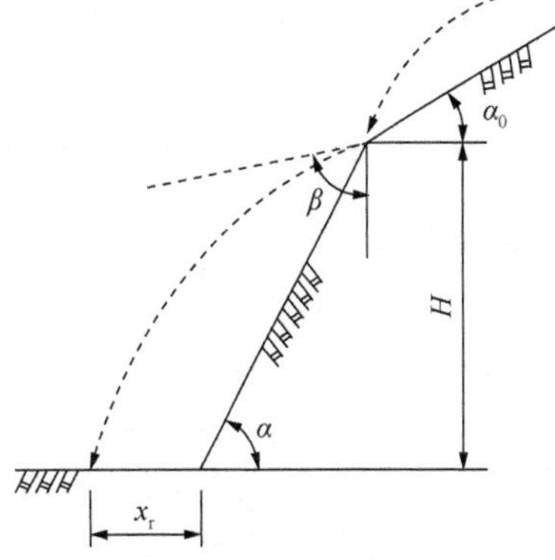

图 2-5-12　落石崩落距离计算示意图

《崩塌与落石》一书中建议，危石的崩落距离可采用苏联 E. K. 格列奇谢夫所建议的公式进行计算。

(1) 对于直立边坡($\alpha=90°$)：

$$x_r=\frac{v^2\sin\beta}{g}\cdot\left(\sqrt{\cos^2\beta-\frac{2gH}{v^2}}-\cos\beta\right) \tag{2-5-15}$$

(2) 对于倾斜边坡($\alpha<90°$)：

$$x_r=\frac{v^2\sin\beta}{g}\left(\sqrt{\cos^2\beta-\frac{2gH}{v^2}}-\cos\beta\right)-H\cdot\cot\alpha \tag{2-5-16}$$

式中　H——下部边(斜)坡的高度，m；

α——下部边(斜)坡的角度，(°)；

β——落石弹跳反射角，(°)；

v——岩块从山坡上崩落至下部边坡坡肩时的速度，可按本节第二部分相关公式计算获得，m/s。

式(2-5-16)中，取岩块具有最大崩落距离时的极限角度为反射角 β 的数值，则有

$$\beta=90-\frac{\alpha_0}{2} \tag{2-5-17}$$

式中　α_0——上部边(斜)坡的角度，(°)。

四、落石运动轨迹

落石的运动形式最为常见的是滚动与跳跃，它具有一定的运动轨迹。根据落石运动轨迹可以了解石块在空间运动时的任何位置，据以确定拦截建筑物的合理位置和尺寸。落石撞击斜面后的运动情况可用图 2-5-13 表示，其轨迹方程为

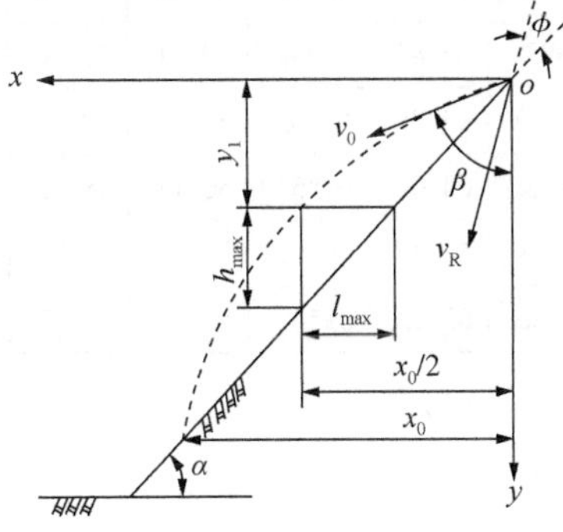

图 2-5-13　落石撞击斜面后运动轨迹示意图

$$y=\frac{gx^2}{2v_0^2\cdot\sin^2\beta}+x\cdot\cot\beta \tag{2-5-18}$$

式中　v_0——岩块崩落至 O 点时的反射速度，可按本节第二部分相关公式计算 v_j 获得，m/s；

β——落石弹跳反射角，(°)；

g——重力加速度，m/s^2。

其中，β 值根据大量试验观测资料为

$$\beta=\frac{200+2\alpha\left(1-\frac{\alpha}{45}\right)}{\sqrt[3]{v_j}} \tag{2-5-19}$$

按式(2-5-19)编制的β如表2-5-6所示。

表 2-5-6　反射角 β

v_j (m/s)	α												
	20°	23°	25°	28°	30°	33°	35°	38°	40°	42°	45°	52°	60°
10	103°	103°	103°	102°30′	102°	101°	100°	98°20′	96°55′	95°30′	92°52′	85°20′	74°15′
11	100°	100°	100°	99°30′	99°	98°	97°	95°15′	94°	92°30′	90°	82°50′	72°
12	97°11′	97°	97°	96°30′	96°10′	95°	94°10′	92°30′	91°15′	90°10′	87°25′	80°20′	70°
13	95°	94°30′	94°30′	94°	93°45′	92°30′	91°45′	90°10′	89°	87°30′	85°12′	78°25′	68°15′
14	93°06′	92°38′	92°15′	91°41′	91°20′	90°15′	89°25′	87°50′	86°40′	85°20′	83°	76°20′	66°23′
15	91°30′	90°52′	90°20′	89°40′	89°10′	88°15′	87°20′	86°	84°42′	83°25′	81°	74°34′	64°53′
16	90°04′	89°12′	88°48′	88°	87°20′	86°30′	85°30′	84°20′	82°50′	81°31′	79°25′	73°	63°30′
16.5				86°58′									
17	88°50′	87°56′	87°15′	86°27′	85°35′	84°40′	83°45′	82°30′	81°15′	80°	77°50′	71°35′	62°10′
18	87°50′	86°37′	85°53′	84°58′	84°	83°05′	82°15′	81°	79°55′	78°30′	76°25′	70°15′	61°10′
19	86°50′	85°36′	83°50′	83°47′	82°46′	81°35′	80°45′	79°25′	78°20′	77°	75°	69°	60°
19.5						80°52′							
20	86°	84°38′	83°47′	82°35′	81°31′	80°21′	79°30′	78°	77°	75°50′	73°50′	67°40′	59°
21	85°08′	83°47′	82°49′	81°35′	80°28′	79°14′	78°10′	76°47′	75°44′	74°32′	72°30′	66°38′	58°
22	84°28′	83°03′	82°02′	80°40′	79°31′	78°08′	77°	75°36′	74°33′	73°26′	71°22′	65°40′	57°10′
23	83°54′	82°19′	81°15′	79°51′	78°24′	77°13′	76°11′	74°30′	73°26′	72°18′	70°20′	64°39′	56°15′
24	83°16′	81°38′	80°34′	79°01′	77°49′	76°17′	75°16′	73°37′	73°	71°16′	69°21′	63°44′	55°29′
25	82°45′	81°05′	79°54′	78°25′	77°06′	75°32′	74°28′	72°40′	71°35′	70°20′	68°24′	62°53′	54°43′
27	81°45′	80°01′	78°48′	77°09′	75°50′	74°06′	72°59′	71°07′	70°06′	68°54′	67°07′	61°18′	53°10′
30	80°34′	78°41′	77°24′	75°35′	74°10′	72°20′	71°05′	69°09′	68°	66°49′	64°49′	59°11′	51°20′
32	79°54′	78°08′	76°37′	74°44′	73°18′	71°19′	70°06′	68°	66°50′	65°38′	63°32′	57°55′	50°24′
35	79°	77°	75°35′	73°37′	72°08′	70°06′	68°42′	66°39′	65°24′	64°05′	61°54′	56°13′	48°55′
38	78°28′	76°11′	74°45′	72°41′	71°07′	69°03′	67°39′	65°25′	64°08′	62°45′	60°32′	54°42′	47°35′
40	77°55′	75°45′	74°17′	72°10′	70°36′	68°25′	66°59′	64°49′	63°26′	62°05′	59°40′	52°46′	46°47′

五、落石腾跃

落石腾跃计算主要是计算落石运动轨迹与山坡面的最大偏离，从而确定拦截构筑物的高度和构筑物与山坡坡脚的最小距离。

1. *落石撞击斜坡面后的最大偏离*

如图2-5-13所示，对斜坡面的最大水平偏离l_{max}为

$$l_{max}=\frac{v_0^2(\tan\alpha-\cot\beta)^2}{2g\tan\alpha(1+\cot^2\beta)} \tag{2-5-20}$$

落石对斜坡面的最大垂直偏离(图2-5-13)h_{max}为

$$h_{max}=l_{max}\tan\alpha=\frac{v_0^2\left(\tan\alpha-\cot\beta\right)^2}{2g\left(1+\cot^2\beta\right)} \tag{2-5-21}$$

落石在最大偏离处的纵坐标 y_1 和横坐标 x_1 分别为

$$y_1=\frac{{v_0}^2\left(\tan^2\alpha-\cot^2\beta\right)}{2g\left(1+\cot^2\beta\right)} \tag{2-5-22}$$

$$x_1=\frac{{v_0}^2\sin^2\beta\left(\tan\alpha-\cot\beta\right)}{g} \tag{2-5-23}$$

当山坡坡度 α 为 20°~60°时，l_{max} 和 h_{max} 可由式(2-5-20)和式(2-5-21)计算获得。

当山坡坡度为 $\alpha>60°$ 时，l_{max} 可由坠落运程系数 $x=\frac{l_{max}}{H}$ 计算确定。运程系数 x 值可按表 2-5-7 确定。

表 2-5-7　岩块坠落运程系数 x 值表

$x=0.96H^{-0.35}$							
H(m)	x	H(m)	x	H(m)	x	H(m)	x
5	0.546	15	0.372	25	0.312	45	0.254
7.5	0.474	17.5	0.352	30	0.292	50	0.245
10	0.428	20	0.336	35	0.277	55	0.236
12.5	0.397	22.5	0.323	40	0.264	60	0.229

2. 拦石墙高度的计算之一——设置在高山坡的缓坡段上

首先，如图 2-5-14 所示，假设在 A 点设置拦石墙，落石沿 BA 段山坡运动，在 B 点的切向分速度为 $v_{t(0)}$，该段山坡坡脚为 α，则落石在 A 点的计算速度 v_j 为

$$v_j=\sqrt{v_{t(0)}^2+2gH\mu^2} \tag{2-5-24}$$

式中　H——B、A 两点的高差，m；

μ——BA 段山坡计算速度系数，可查表 2-5-2。

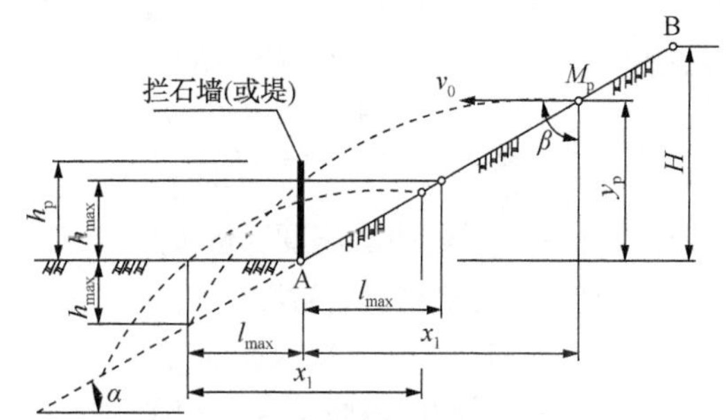

图 2-5-14　拦石墙高度计算示意图一

依据 v_j 和 α 值，按式(2-5-19)或表 2-5-6 求得反射角 β 值，然后用式(2-5-20)和式(2-5-21)求出 l_{max} 和 h_{max}，即可得到拦石墙的高度 h_p：

$$h_p=h_{max}+\text{安全值} \tag{2-5-25}$$

根据落石的大小，式(2-5-25)中的安全值一般为 0.5~1.0m。

其次，按式(2-5-23)求出落石达到最大偏离时的横坐标 x_1，并按下式求出其纵坐标 y_p 值：

$$y_p=x_1\cdot\tan\alpha \tag{2-5-26}$$

依据 x_1 和 y_p 可得到落石撞击斜坡对拦石墙的危险点 M_p 的位置，据此可调整计算速度 v_j 和反射角 β 值，然后再求出落石撞击 M_p 点后的运动轨迹曲线，以检查拦石墙高度是否合适，并进行调整。由于拦石墙设置在高山坡的平缓坡段上，因此 A 点和 M 点的计算速度一般相

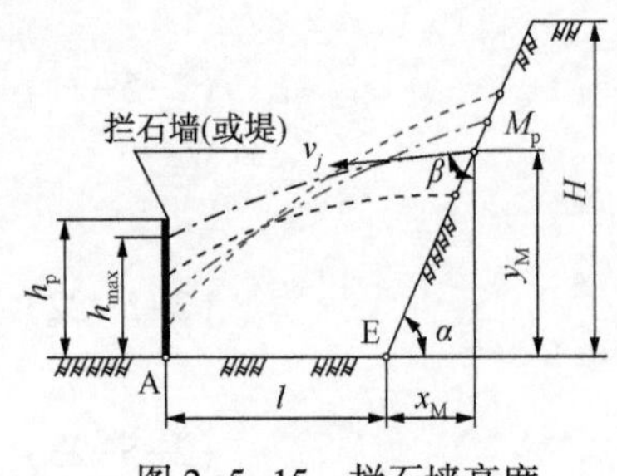

图 2-5-15　拦石墙高度计算示意图二

差甚小，通常可以直接用 A 点的计算速度 v_j 和反射角 β 求得的 l_{max} 和 h_{max} 用于设计。

若需要切割山坡时，则切坡线的边坡顶不应超过 M_p 点。

3. 拦石墙高度的计算之二——设置在陡而不高的山坡或削方坡脚

假设在不高的陡山坡或削方边坡坡脚处设置拦石墙，如图 2-5-15 所示，如果在 A 点设拦石墙，由于落石坠落高度不大，点 A 和落石撞击山坡的危险点 M_p 的计算速度相差明显，因此不能利用 A 点的计算速度计算落石的最大偏离值。而应进行连续试算方法，即在边坡上计算出三个或三个以上的落石撞击山坡危险点，选择其中落石运动轨迹在拦石墙设置点 A 处离地面最高者作为确定拦石墙高度的依据。

六、落石冲击力及缓冲土层厚度

落石冲击力和陷入缓冲土层深度的计算，其主要目的是确定缓冲层厚度或深度，并分析冲击力对拦截建筑物稳定性的影响，如图 2-5-16 所示。

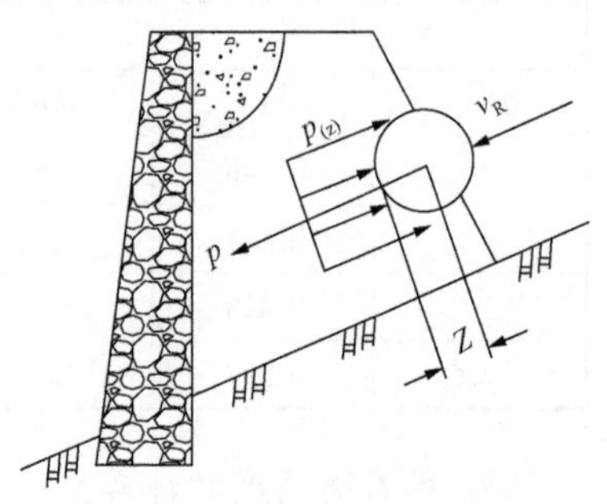

图 2-5-16　落石对缓冲层和拦石墙冲击力计算示意图

1. 落石入土深度 Z 的计算

$$Z=v_R\sqrt{\frac{Q}{2g\gamma F}}\cdot\sqrt{\frac{1}{2\tan^4\left(45°+\frac{1}{2}\phi\right)-1}} \quad (2-5-27)$$

其中

$$F=\pi R^2 \quad (2-5-28)$$

$$R=\sqrt[3]{\frac{3Q}{4\pi\gamma_1}} \quad (2-5-29)$$

式中　v_R——石块冲击速度，m/s；

Q——石块重量，kN；

γ——缓冲层容重，kN/m^3；

ϕ——缓冲层内摩擦角，(°)；

F——假定石块为球体的直径截面积，m^2；

R——石块球半径，m；

γ_1——石块容重，kN/m^3。

2. 落石冲击力 p 计算

$$p=p_{(Z)}F=2\gamma Z\left[2\tan^4\left(45°+\frac{1}{2}\phi\right)-1\right]F \quad (2-5-30)$$

式中　$p_{(Z)}$——石块陷入缓冲层的单位阻力，kPa。

冲击力在缓冲层中的扩散角一般用不超过 40°，按此扩散角将冲击力扩散到拦石构筑物上，以计算拦石构筑物的稳定性。

3. 单位体积落石陷入缓冲层深度 Z 的计算

一般常采用 1m^3 的落石来计算缓冲层陷入深度 Z，应用较为方便，计算结果见表 2-5-8。

表 2-5-8 1m³ 落石陷入缓冲层深度 Z 值表

v_R(m/s)	Q=22kN		Q=25kN	
	$\phi=40°$	$\phi=35°$	$\phi=40°$	$\phi=35°$
10	0.36	0.46	0.39	0.49
15	0.55	0.69	0.59	0.74
20	0.73	0.92	0.78	0.98
25	0.91	1.15	0.98	1.22
30	1.09	1.38	1.16	1.47
35	1.28	1.61	1.36	1.71

第六节 崩塌落石防治

崩塌防治措施按其建构筑物的类型可分为防崩塌遮挡建筑物、防崩塌支撑建筑物、防崩塌拦截建筑物和防崩塌加固措施四类，按其防护作用又可分为主动防护措施和被动防护措施两种。

一、防崩塌遮挡建筑物

防崩塌遮挡建筑物较为常见的有拱形明洞、板式棚洞和悬臂式棚洞三种，均属于被动防护措施。

1. 拱形明洞

拱形明洞由拱圈和两侧边墙构成，如图 2-6-1 所示。其结构较坚固，可以抵御较大的崩塌冲击力。其作用机理为：洞顶填土压力经拱圈传递与两侧边墙，两侧边墙均须承受拱脚传递的水平推力、垂直压力和力矩，其中外边墙承受的压力更大，因此要求明洞外侧有良好的地基和较宽阔的地势，以便砌筑截面较大的外边墙。

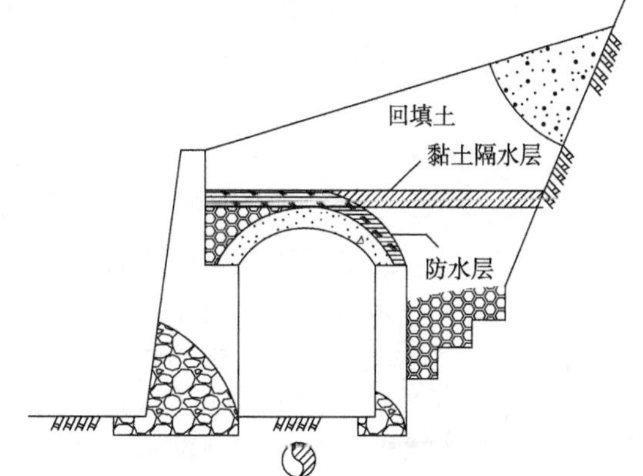

图 2-6-1 拱形明洞示意图

一般情况下，采用钢筋混凝土的拱圈和浆砌石边墙。但在大型崩塌地段或山体压力较大处，则拱圈和内外边墙以采用钢筋混凝土为宜。

2. 板式棚洞

板式棚洞由钢筋混凝土顶板和两侧边墙构成，如图 2-6-2 所示。顶部填土及山体侧压力全部由内边墙承受；外边墙仅承受由顶板传来的垂直压力，故墙体较薄。其适用于地形较陡的挖方边坡。由于侧压力全部由内边墙承受，强度有限，因此不适用于山体侧压力较大处，因而只能抵抗内边墙以上的中小崩塌，所以一般使内边墙紧贴岩层砌筑，有时在内边墙和良好岩层之间加设锚固钢筋。

3. 悬臂式棚洞

悬臂式棚洞的结构形式与板式棚洞相似，如图 2-6-3 所示。但因外侧地形狭窄，无可靠的基础做支撑，故将顶板改为悬臂式。其主要结构由悬臂顶板和内边墙组成，内边墙承担全部洞顶填土压力及全部侧向压力，因此其应力较大。其适用于外侧没有基础，内侧有良好稳固不产生侧压力的岩层。其优点是结构简单、施工方便；缺点是稳定性较差，不宜用于大型崩塌的整治。

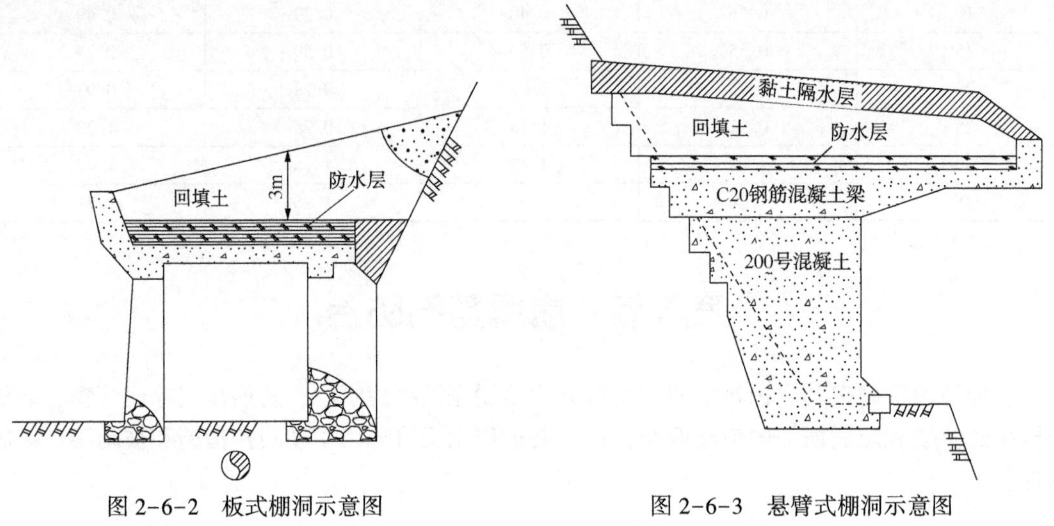

图 2-6-2　板式棚洞示意图　　　　图 2-6-3　悬臂式棚洞示意图

二、防崩塌支撑建筑物

防崩塌支撑建筑物依据其结构形式可划分为一般高支墙、支撑挡土墙和支护墙三种，均属于主动防护措施。其主要作用是，利用支撑结构的支顶作用来平衡危岩的坠落、错落或倾倒趋势，提高危岩体的稳定性。

1. 一般高支墙

一般高支墙适用于支撑高陡山坡上的悬岩崩塌，如图 2-6-4 所示。设计时应考虑可能崩塌岩体质量和支墙本身质量对基础的压力，通常是地基承载力控制支墙的高度。支墙须与山坡密贴，在相当高度时，结合断面加横条，形成整体圬工，并用钢筋与山坡岩体锚固，以承担悬岩下坠时的水平推力，使墙身与山体构成一体，可增大支托能力。支墙结构及材料视具体情况而定。

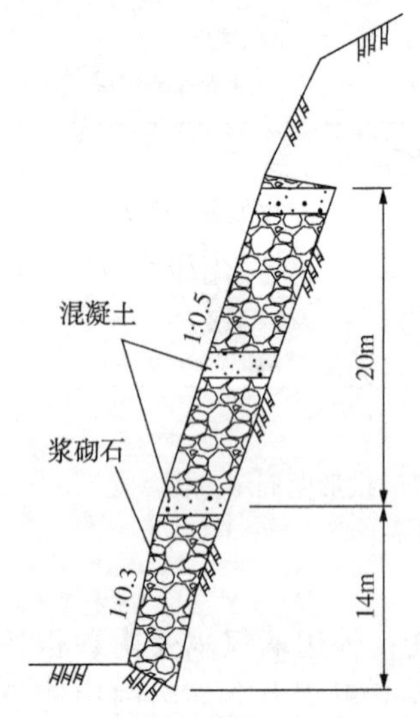

图 2-6-4　一般高支墙示意图

2. 支撑挡土墙

支撑挡土墙适用于高陡边坡上部较为坚硬有危岩的节理岩体，下部是易坍塌的软质岩。支撑挡土墙通常由“上墙”和“下墙”组成，如图 2-6-5 所示。“上墙”支撑上部危岩体防止其崩落；“下墙”不仅起到支撑“上墙”的作用，同时还挡住下部易风化坍塌的软岩，从而保证了边坡的稳定。

3. 支护墙

支护墙适用于上部有危岩，又不宜清除的风化严重的高陡边坡，如图 2-6-6 所示。支护墙的主要作用是防止边坡岩体继续风化，同时兼有对上部危岩的支撑作用。支护墙要求墙身必须和边坡岩体密贴。

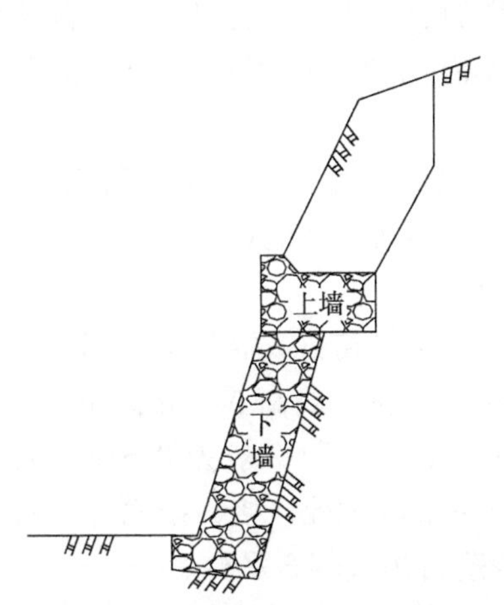

图 2-6-5　支撑挡土墙示意图

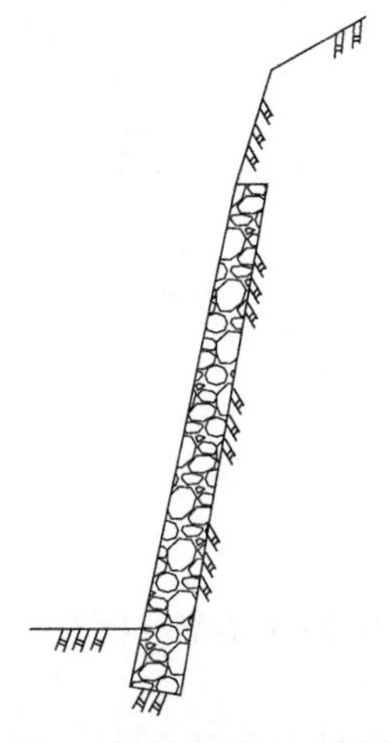

图 2-6-6　支护墙示意图

三、防崩塌拦截建筑物

当山坡上的岩体风化破碎，崩塌落石规模不大，但可能频繁发生时，则宜从侧面设置拦截建筑物。防崩塌拦截建筑物主要包括落石平台、落石槽、拦石堤、拦石墙及钢轨栅栏等，均属于被动防护措施。

1. *落石平台*

落石平台适用于不太高的边坡坡脚，如图 2-6-7 所示。当被保护建构筑物与坡脚间有足够的宽度，或在不影响边坡稳定性的条件下，扩大削方边坡以修筑落石平台。当落石平台标高与被保护建构筑物地面标高大致相同时，宜于在建构筑物侧沟外修拦石墙和落石平台联合拦截崩塌落石。落石平台宽度计算确定可根据现场试验确定。

2. *落石槽*

当被保护建构筑物距坡脚有一定距离时，且建构筑物地面标高高处坡脚标高较大(>2.5m)时，宜在坡脚修筑落石槽，如图 2-6-8 所示。落石槽断面尺寸可通过计算或现场试验确定。

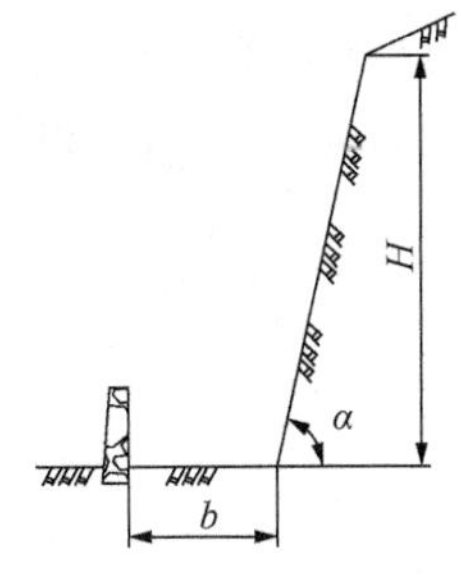

图 2-6-7　落石平台示意图

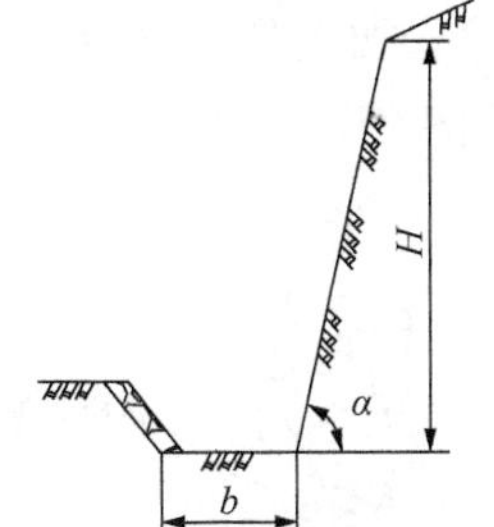

图 2-6-8　落石槽示意图

3. *拦石堤和拦石墙*

当陡峻山坡下部有小于 30°的缓坡地带，且有较厚的松散对基层，落石高度不超过 60m 时，在高出被保护建构筑物不超过 20m 处，修筑带落石槽的拦石堤是适宜的，如图 2-6-9 所示。拦石堤一般用当地土筑成，梯形断面，顶宽 2~3m。其外侧可根据土的性质，采用不

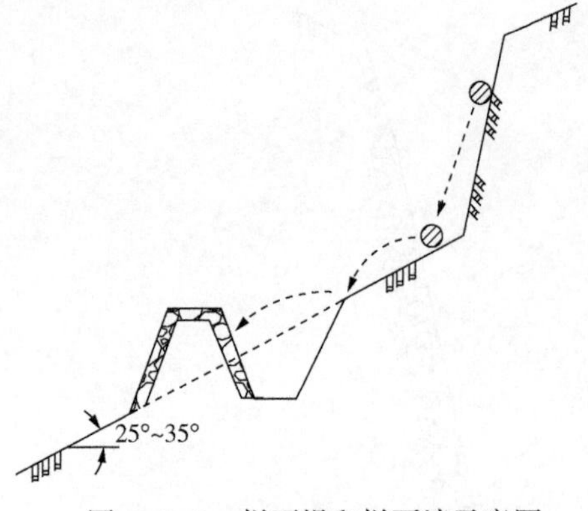

图 2-6-9　拦石堤和拦石墙示意图

加固的较缓的稳定边坡；也可采用较陡边坡，但应予以加固。其内侧迎石坡可用 1：0.75 边坡，并进行加固。

当落石山坡坡度大于 30°，落石高度超过 60m 时，则以修筑带落石槽的拦石墙为宜。

4. 钢轨栅栏

钢轨栅栏用浆砌石或混凝土做基础，用废钢轨做立柱、横杆，立柱一般高 3~5m，间隔 3~4m，基础深 1~1.5m，横杆间距一般为 0.6m 左右。立柱、横杆用直径 20mm 的螺栓连接，栅栏背后留有宽度不小于 3.0m 的落石沟或落石平台。其优点是造价低、省工省料。但其强度低，落石超过 $2m^3$ 时，立柱、横杆常被打断、打弯、打倾斜。此时，可用双层钢轨栅栏。

四、防崩塌加固措施

对于高陡边坡上的危岩，如果无条件修筑拦截或拦挡等建筑物，又不便清除时，可采用嵌补、锚杆或锚索、钢轨插别和灌浆等加固措施，加固措施属于主动防护措施。

1. 嵌补

嵌补是对外悬或坡面凹腔形成的危岩体采用浆砌石、混凝土或水泥砂浆填筑，以提高危岩稳定性的一种方法。嵌补结构必须要有稳定的基础，且必须与坡面密贴。边坡上的岩体因岩性不同，抵抗风化的能力也不同，往往在边坡上形成深浅不同的凹陷。凹陷较深的岩体就形成了上部突出的危岩。这种情况，可采用浆砌石或混凝土嵌补，以便对危岩进行加固，如图 2-6-10 所示。

2. 锚杆或锚索加固

在陡坡危岩的底部如果存在完整的岩体，可以采用锚杆或锚索将危岩和完整岩体串联起来，达到加固的目的，如图 2-6-11 所示。锚杆或锚索的长度、根数、间距及截面尺寸等数据，应根据实际情况，按第四章有关内容进行设计验算。锚固措施是边坡治理中常见的手段，对可确定的危岩加固是一种较好的选择，技术成熟，结构简单，不明显改变环境。

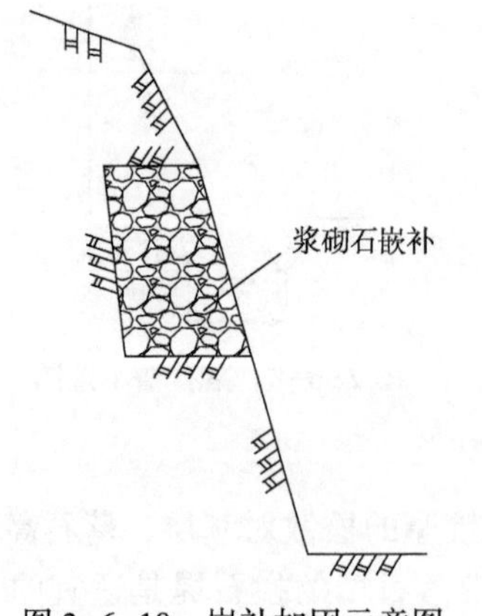

图 2-6-10　嵌补加固示意图

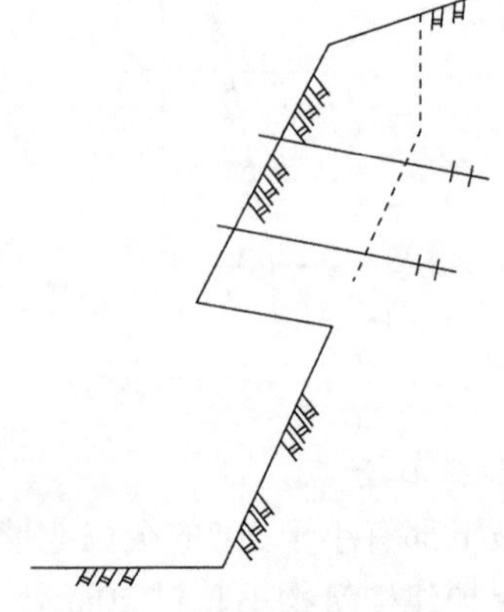
图 2-6-11　锚杆加固示意图

3. 钢轨插别

对陡坡上分散的危岩可采用钢轨插别加固。钢轨插别的长度、根数，可根据危岩体积大小、边坡坡度、节理密度、结构面产状等近似计算确定。一般情况下，钢轨外露长度不宜小于危岩厚度的2/3，埋入完整基岩的深度不得小于钢轨长度的0.4~0.5倍，外露长度宜为钢轨长度的0.5~0.6倍。插别的钢轨必须保持与危岩密贴，钢轨不能扭曲。应将钢轨四周的空隙和危岩的裂隙用水泥沙浆灌注捣实，并勾缝封闭。

4. 灌浆

对于危岩四周的裂缝可以采用灌注水泥砂浆的方进行加固，用以提高危岩体的稳定性。这种方法常和其他加固措施配合使用。采用上述加固措施的危岩，其危岩裂缝都应采用水泥砂浆进行灌注并勾缝。

五、其他防崩塌措施

1. 清除危岩

清除危岩属于典型的主动性防护措施。清除基岩坡面上受节理裂隙切割所形成的危石、各类搬运作用在坡面上形成的孤石和浮石，此类危岩、危石一般规模均较小，易于清除。常用的清除方法包括爆破、人工和机械方法。

2. 落石渡槽

落石渡槽属于被动防护措施。当山坡高陡，且山坡上的沟槽底坡较陡(35°~55°)，两侧山坡上的危岩和孤石较多，雨季常有大块岩石沿沟槽向下滚落，经常危及其下的被保护建构筑物安全时，为防止落实的危害，常顺自然沟槽修筑混凝土渡槽。渡槽通常宽4m以上，槽底坡30°以上，表面光滑，雨季落石不能在渡槽中停留，排落石效果较好。由于无须采用过多的辅助工程措施，这种方法或许是最为简单有效而经济的落实防护措施。

3. 排水

排水属于主动防护措施。修筑地表排水沟，截住流向潜在崩塌体的雨水和地表水，以保持潜在崩塌体的稳定性。排水的目的在于提高边坡稳定性，特别是对侵蚀比较敏感的边坡，其效果尤为明显。因此，在各类边坡防护工程中，其通常都是作为一种辅助措施加以考虑，但它通常不能完全取代其他工程措施的作用。

第七节　崩塌地区长输管道敷设与防护

一、崩塌地区管道选线要求

(1) 崩塌地区管道选线应坚持地质选线的原则。

管道线路应避绕可能产生大规模崩塌或治理难度极大的危岩、落石或崩塌地段。

(2) 应首先查清工程地质条件。

主要包括：地质构造、地层岩性、水文地质条件、地形条件和不良地质现象等。应将上述条件作为决定线路走向的依据。对于不良地质现象，不但要注意已有的崩塌落石，还要预判管道修建后可能引起崩塌落石的不利因素和危害对象。

(3) 管道线路走向应避免和区域构造线方向平行。

管线走向与区域构造线方向平行，即与区域构造的主应力方向垂直。在此条件下，采取深挖方扫线时，会不可避免地切割原有岩体，破坏山体平衡；会在垂直主应力的方向形成条带状减压带，造成应力松弛，在平行管线方向形成一系列的卸荷张裂缝，为崩塌落石的产生提供有利条件，导致大量崩塌的产生。特别是当管线敷设在高陡边坡处时，更易普遍发生崩塌落石危害。

(4) 管线位置应远离断层相交处。

在断层相交处，岩体节理裂隙发育，岩层破碎，崩塌落石较多。在断层相交处进行山体削方作业容易诱发大型崩塌。

(5) 高山峡谷区应尽量减少高边坡削方扫线作业。

高山峡谷两岸通常具有明显的新构造运动特征，主要表现为，山坡部分既突出又陡峻，又非一坡到顶，在山坡上部又具有一定的阶坎状地形。从地貌学观点来说，即具有“多层地形特征”。这种地貌说明该区域上升速度超过下切和旁蚀的强度，同时在上升过程中也有过相对停顿期。

高山峡谷区河流切割较深，岸坡陡峻，高差较大，岸坡岩体经常沿河发育有深宽的张开裂隙，工程地质条件差，如果对高陡边坡实施开挖，易于产生大量的崩塌落石。

(6) 管线应尽量避免在山区河谷的凹岸侧边坡坡面敷设。

一般而言，宽谷地貌区河谷较宽，山坡坡度较缓，坡度大部分在30°~50°，发生崩塌落石较少。但在河曲凹岸，因山坡坡脚常遭受水力冲刷，形成陡峻山坡，为崩塌落石的产生提供了有利的地形条件。

(7) 管线位置应避免在层面(或主要节理)倾向与山坡倾向相同的山坡敷设。

当管线敷设与岩层倾向与山坡倾向相一致的坡面时，由于岩层(或节理)倾向线路，在高陡边坡地段易于形成滑移式崩塌或滑坡。因此，其工程地质条件远不如对岸山坡。在条件允许时，经过技术经济比选，管线应尽量布置在岩层倾向山里的一侧。

(8) 管线应尽量避绕有带状出水迹象的山坡地段。

上坡上发育有带状出水迹象时，说明具有层状或面状地下水流，出水带以上的岩体一般不甚稳定。如果在此地段进行山体削方作业，特别是当管线位置低于出水带时，极易发生崩塌落石。因此管道线路路由应以避开为宜，或采取有效预防措施。

(9) 管线应尽量避绕岩性差异大的互层地段的高陡边坡。

由于岩性不同，抵抗风化的能力亦不同。当高陡边坡存在岩性差异较大的互层岩体时，抵抗风化能力差的岩体会率先风化而形成凹槽(腔)，使得抗风化能力强的岩体会突出形成危岩，倒悬于高边坡上，因此易于形成崩塌落石。

(10) 在高地震烈度(Ⅷ度及以上)的崩塌落石区，管线应远离活动断裂带。

高陡边坡在强震作用下，极可能诱发大规模的崩塌落石，对管道危害较大。相比较而言，隧道穿越山体的抗震性较好，可以采用隧道通过的方式避绕崩塌区。

二、崩塌地区长输管道的防护

1. 管道的避绕

管道线路应避绕可能产生大规模崩塌或治理难度极大的危岩、落石或崩塌地段。由于大型崩塌落石具有极大的摧毁力，即便是修筑坚固的拦截、遮挡建构筑物也很难抵抗其破坏力，无法保证管道的安全，因此管道选线时应设法避绕。管线避绕崩塌区的方法有3种，即安全距离避绕、非落石山坡避绕和隧道敷设方式避绕。

1）安全距离避绕

安全距离避绕是指将管道线位从落石崩落区、停积区等落石影响区域以内外移至落石影响区域以外的一种避绕方式，如图2-7-1所示。

安全距离避绕措施的关键是落石影响区的确定，即无论落石崩塌以何种运动方式，亦或沿任意地形坡度的边坡运动，其落石崩塌距离的确定是难点。目前国内一些学术著作关于落石崩落距离的阐述较多，公式也较为繁杂，涉及的计算参数较多，实际操作起来存在一定难度，特别是现场选定线人员很难正确有效把握公式的计算，使得管线路由的确定不太容易把握。笔者建议按本章第六节中有关落石崩落距离估算内容中的相关阐述和结论，采用危岩高度（H）的一半（即 $H/2$）作为落石崩落后距坡脚的水平距离来估算。同时，考虑到公式估算中的诸多不确定性及管道工程等级的重要性，推荐采取2倍的安全设计系数，即管道距坡脚的最小水平安全距离 $x=2\times H/2=H$，如图2-7-1所示。简而言之，管道敷设于落石崩塌影响区时，管道线位应至少距坡脚的安全距离1倍的落石高度以上。

2）非落石山坡避绕

非落石山坡避绕是指将管线线位从落石影响区的坡脚外移至对岸非落石边坡敷设的避绕方式，如图2-7-2所示。

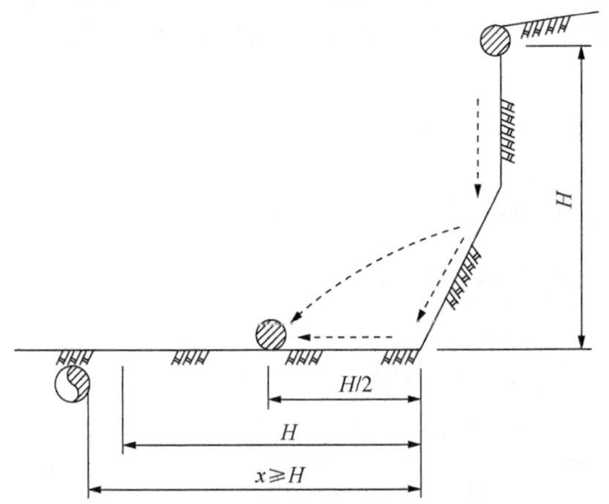

图2-7-1　崩塌地区管道距离避绕示意图

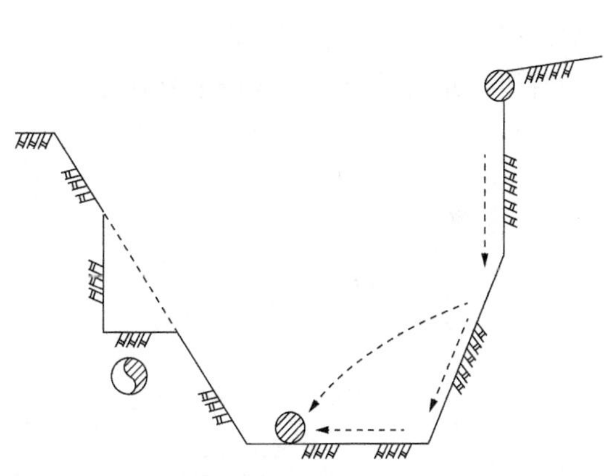

图2-7-2　崩塌地区管道非落石山坡避绕示意图

非落石山坡避绕的优势在于：（1）完全避绕了落石影响区对管道的危害，同时不受落石崩落距离的计算准确性的影响；（2）对管道线路而言，由于线位从一侧山坡移至对岸非落石山坡，因此相对而言改线长度和难度都不大。

但是，非落石山坡避绕也存在如下两个问题：（1）对非落石山坡应进行落石崩塌调查和稳定性评价，必须彻底排除改线后山坡落石的可能性；（2）由于改线后管道的敷设方式并未改变，仍然采用沟埋的方式。因此，改线后的施工作业带的扫线作业会形成新的削方边坡。相比较原始边坡而言，新的扫线边坡的稳定性会降低，因此诱发次生灾害（如滑坡、崩塌等）的可能性会存在，所以扫线削方工况应该作为稳定性评价的内容进行考虑分析。

3）隧道敷设方式避绕

隧道敷设方式避绕是指将线路移至较稳定的山体内，以隧洞方案通过替代沟埋方案，如

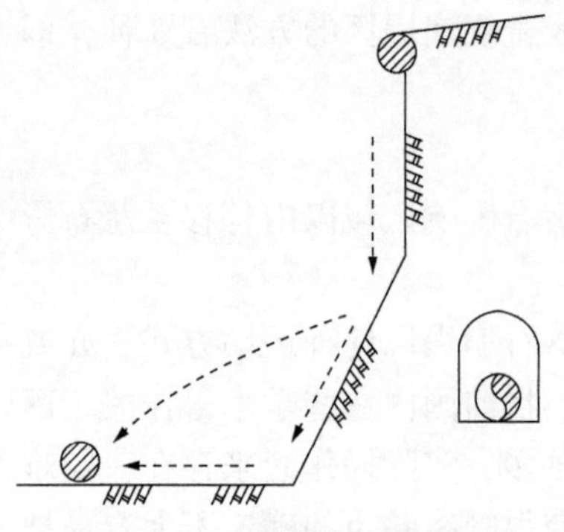

图 2-7-3　崩塌地区管道隧道敷设方式避绕示意图

图 2-7-3 所示。

隧道敷设方式避绕的优点在于：(1)管线彻底避开了崩塌落石的影响；(2)隧道施工的风险相对较小，基本避免了由于对山体的扰动形成次生灾害的可能性；(3)管道线位相对比较顺直。

隧道敷设方式避绕的难点在于：(1)隧道地质条件的勘察工作比较重要，崩塌落石地区山体内的危岩等级，特别是破碎带情况必须探明，否则隧道施工的风险会较高；(2)隧道洞口位置的选择很重要，洞口路线应远离崩塌落石的影响范围；(3)相对于沟埋敷设而言，隧道工程的工期会较长，投资会偏大。

2. 管道线路防护设计

对于中型规模的崩塌(崩塌体积介于 1～10m^3)，其落石仍具有一定的冲击破坏力，其选线原则是仍以避绕为主。在绕避不经济或受地形等条件制约而难以改线时，宜将线路尽可能外移，使其尽可能躲离崩塌冲击区，同时修筑遮挡、拦截、清除、加固等必要的防护措施。

对于小型规模的崩塌(崩塌体积小于 1m^3)，由于其冲击荷载相对较小，加之管道又属于地表浅埋构筑物，一般而言管线可以通过此类地区。但需对不稳定的局部岩体、孤石等进行清除、嵌补、支撑等加固措施。

管道线路防护设计建议按下列流程实施，如图 2-7-4 所示。

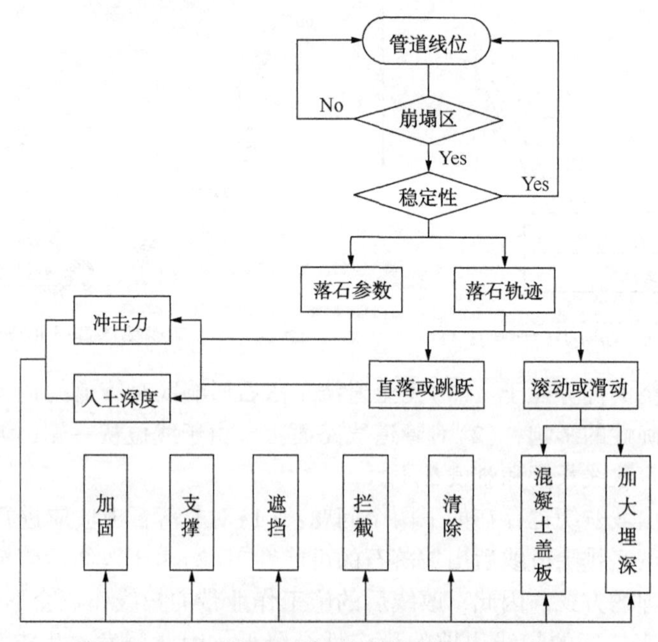

图 2-7-4　崩塌地区管道线路设计流程示意图

1）崩塌影响区的初步估算

当管道线位初步选定后，应依据“管道线位应至少距坡脚的安全距离 1 倍的落石高度以上"来初步估算管道是否位于落石崩塌区范围以内。当管道在安全距离以外时，可以初步判定管道处于安全位置；当管道位于崩塌影响区以内，即不能满足安全距离要求时，应对上防崩塌岩体的稳定性进行定量计算分析。

2）崩塌稳定性分析

应参照本章第四节的内容，依据危岩体的破坏形式和相关勘察数据，分别进行基本工况条件下和校核工况条件下的稳定系数计算。根据稳定系数值，当判定危岩体稳定状态为"稳定"时，可判定管道处于安全位置；否则，进行落石运动轨迹和运动参数（包括速度等）的计算（参见本章第五节相关内容）。

3）落石运动轨迹及运动参数（速度）的计算

落石运动轨迹的计算可依据式（2-5-17）和式（2-5-18）进行。落石运动速度的计算应依据山坡地形及其运动形式等参数，按式（2-5-1）至式（2-5-13）进行计算。

4）判断管道所受到的落石危害形式

根据落石运动轨迹和管线线位位置，判断管道所受到的崩塌落石的危害形式（滚动、滑动或直落、跳跃）。

当管道仅可能遭受落石滚动或滑动危害时，可采取加大管道埋深、管顶设置混凝土盖板等措施即可。建议管顶埋深值应大于落石最大边长值。

当管道可能受到落石直落或跳跃直接冲击危害时，应进行落石冲击力和入土深度计算。

5）落石冲击力及入土深度的计算

落石冲击力及入土深度的计算可依据式（2-5-27）和式（2-5-29）进行。应依据落石冲击力验算管道所承受的附加应力，并与管道允许附加应力进行比对分析，以确定管道的安全性。

（1）关于管道所承受的落石冲击附加应力的计算，马清文在《崩塌落石地区长输油气管道防护》一文中，提出了一种根据《土力学》地基中计算附加应力的计算方法来计算管道顶点处所受落石冲击垂直压应力 σ_H 的计算公式。该公式是将管道上方覆盖层所承受了巨大的冲击力看作恒定的附加荷载，其计算公式如下：

$$\sigma_H = \alpha \frac{P}{(H-Z)^2} \tag{2-7-1}$$

式中 σ_H——管道顶点处所受垂直压应力，kPa；

α——应力系数；

P——落石冲击力（地基反力），可通过式（2-5-29）计算所得，kN；

H——管道埋深，m；

Z——落石入土深度，可通过式（2-5-27）计算所得，m。

从式（2-7-1）可知如下几个结论：σ_H 与管道埋深 H 的平方成反比，增大 H 的值，则 σ_H 迅速减少；σ_H 与落石冲击力 P 成正比，增大落石冲击力则 σ_H 相应增大；假设管道允许最大破坏压力为 $\sigma_{允}$，当 $\sigma_H<\sigma_{允}$ 时，崩塌体或落石将不会造成管道破坏。

（2）另一种计算落石冲击附加应力的方法是，依据冲击力在缓冲层中的扩散角来进行，如图 2-7-5 所示，其计算公式如下：

$$\sigma_H = \frac{P_Z R}{R+2(H-Z)\cdot\tan\beta} \tag{2-7-2}$$

式中 P_Z——单位面积落石冲击力，可按式(2-5-29)计算，kPa；

R——假定落石为球体的直径，m；

β——土体压力扩散角，一般$\beta \leqslant 40°$。

由于附加应力为瞬间应力，因此不具有累加性。即，当一块落石不对管道造成伤害的话，再多次同样的落石也不会对管道造成威胁。因此，计算冲击力和入土深度时，应按具有最大冲击力和入土深度的落石进行计算。

6）管道防护措施

根据上述计算结果，选择设计相应的管道防护措施。近几年管道工程中应用较为普遍的措施有清除、锚索网加固、加大管道埋深和钢筋混凝土盖板。需特别说明的是，通过近几年管道建设的设计人员和运营人员的不断摸索及工程实践的检验，证明“增大管顶覆土厚度和分层级配覆土的粒径”是一种性价比较高的管道崩塌防治措施，应用最为广泛，如图 2-7-6 所示的是在危岩坠落地段采取的袋装砾石土防护措施的工程实例。

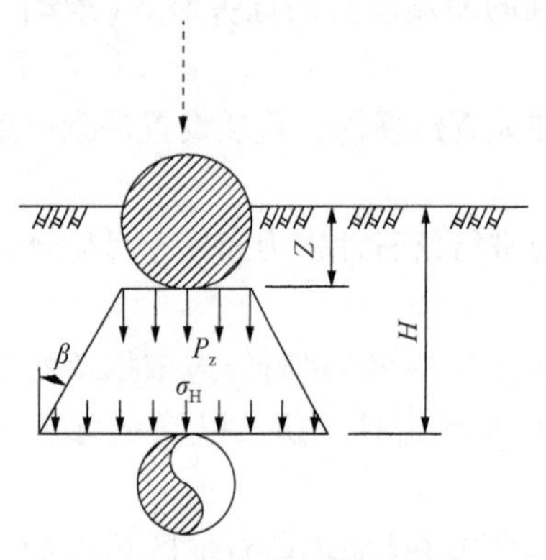

图 2-7-5　管道在落石冲击作用下的附加应力计算示意图

图 2-7-6　管道上方袋装砾石覆盖防护措施

三、崩塌地区场站的防护

崩塌落石不仅会使油气管道场站内的建筑物、设备、电器仪表遭到毁坏，还严重威胁工作人员的人身安全，严重时会因崩塌使正在运营中的管道停输，造成较大的经济损失。由于管道场站属于地表建筑物，而管道线路属于地下浅埋构筑物，因此落石对场站的危害更大，因此场站选址应避开落石影响区。

落石对场站的危害形式主要有两种，如图 2-7-7 所示：(1)由于落石的滚动或滑动作用，较大的石块在动能作用下，落石会撞击并破坏场站围墙及设备区，如图 2-7-7(a)所示；(2)由于落石的跳跃运动，即使是体积较小的落石极可能会弹跃至场站内，对场站内的设备和人员造成伤害，如图 2-7-7(b)所示。

由于油气管道场站的重要性，因此其针对崩塌落石的防护措施应以清除、支撑、加固等主动防护措施为主，以拦截防护措施为辅。根据落石对场站的运动危害方式，拦截防护有两种方式。

1. *滚动或滑动破坏的拦截防护*

(1) 可以在场站围墙外一定距离处设置拦石墙，以拦截滚(滑)动落石对场站围墙等设

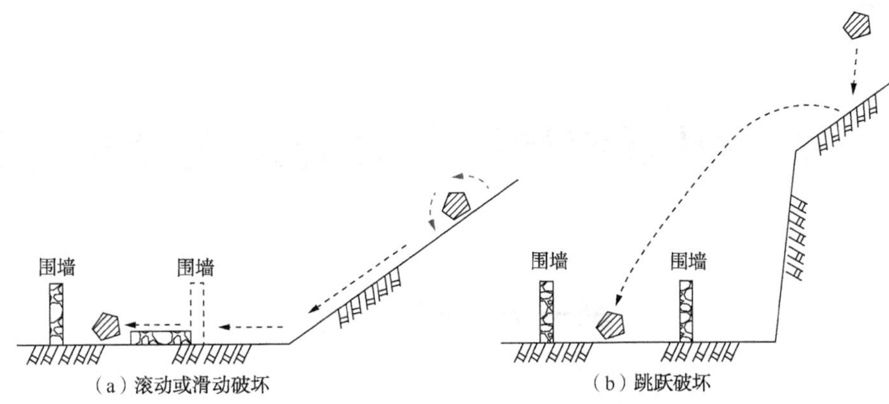

图 2-7-7　落石对场站危害示意图

施的破坏，如图 2-7-8(a) 所示。拦石墙的上游迎石侧必须设置缓冲层，这一点尤为关键。缓冲层的厚度应根据式(2-5-27)计算确定，落石冲击力应根据式(2-5-28)计算确定，并据此确定拦石墙的断面尺寸及稳定性。落石冲击力较大时，可以通过增设多级拦石墙以增大拦石措施的安全性。

(2) 可以在场站围墙外一定距离处设置落石槽，如图 2-7-8(b) 所示。落石槽的最小几何尺寸应大于最大拦截落石的最大边长，以确保落石槽可以完全拦截落石。有条件时，拦石墙和落石槽可以并用。

图 2-7-8　滚动或滑动破坏拦截防护示意图

2. *跳跃破坏的防护*

当场站可能会受到落石跳跃运动威胁时，如图 2-7-9 所示，应依据式(2-5-17)计算落石的运动轨迹及相关运动参数(如速度和反射角等)。依据落石的运动轨迹，确定拦石墙的设置高度；依据落石的速度等运动参数，确定拦石墙的断面尺寸及墙后缓冲层的厚度。

需说明的是，落石的起跳山坡一般较陡，如果在此设置拦石墙，其优点是高度会相对较矮，能节约圬工工程量。其缺点是施工难度较大。如果在落石的降落缓坡处设置拦石墙，其优点是施工较为方便，但墙体高度会较高，圬工量较大。两者比较而言，在落石起跳山坡设置拦石墙相对较好。

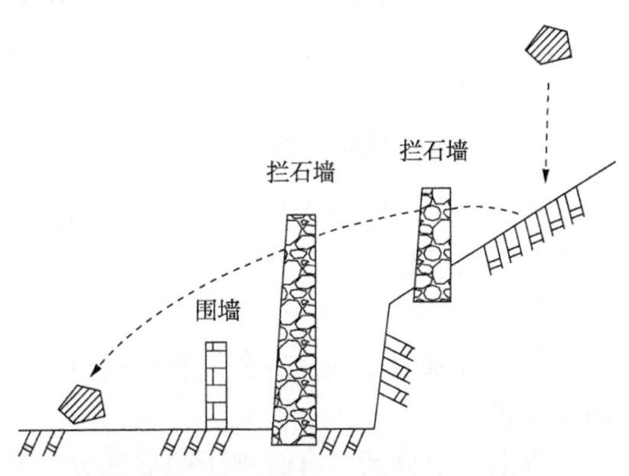

图 2-7-9　跳跃破坏拦截防护示意图

第三章　泥石流地区长输管道敷设与防护

第一节　概　　述

一、泥石流的基本概念

1. 泥石流的定义

泥石流是指由于降水(暴雨、冰川、积雪融化水)在沟谷或山坡上产生的一种挟带大量泥沙、石块、巨砾等固体物质的特殊洪流。其汇水、汇砂过程十分复杂，是各种自然和(或)人为因素综合作用的产物。

泥石流是山区特有的一种突发性的自然灾害现象。其常发生在山区小流域，是一种饱含大量泥沙石块和巨砾的固液两相流体，呈黏性层流或稀性紊流等运动状态，是地质、地貌、水文、气象、土壤、植被等自然因素和人为因素综合作用及山地环境恶化的结果。

2. 泥石流的分区

典型泥石流可依据其形成、流动和堆积特点分为3个区域，平面呈一不对称的哑铃状，如图3-1-1所示。

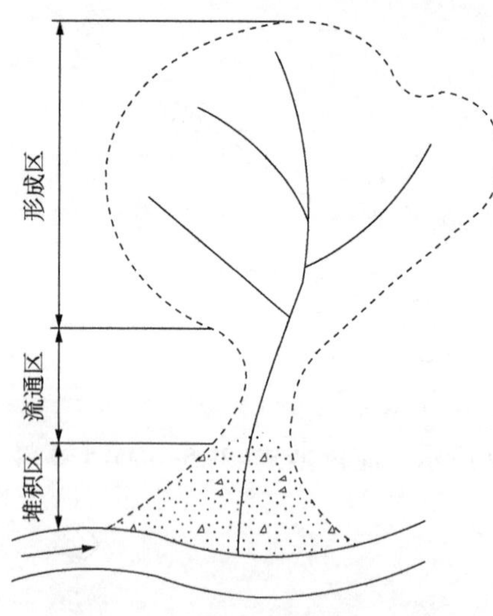

图3-1-1　泥石流流域分区示意图

1）形成区

一般位于上中游地段，地形多为高山环抱的盆地。山坡陡峻，沟槽纵坡较大。区域内岩层破碎，风化严重，山坡不稳，水土流失严重，常有崩塌、滑坡发育，松散堆积物储量丰富。坡面水流与松散固体物质主要在此汇聚。区域内岩性剥蚀作用的强度与规模直接影响泥石流的性质、规模和发育过程。形成区一般是由条带状向树枝状发展，形态相对不稳定。

2）流通区

一般位于整个区域的中下游地段，多为沟谷地形，沟道较窄，沟床比较顺直，纵坡较上游为缓，两侧山坡比较稳定。冲淤近于平衡，如无基岩控制，则略有下切。泥石流从此通过，直泄山外。流通区在发展过程中相对稳定。

3）堆积区

位于流域的下游，多在沟谷的出口处。当谷口外地形比较开阔时，就容易形成规模较大的洪积扇。

以上几个分区，有时难于明显区分。有的流通区也伴有堆积；有的形成区就是流通区；有的直接排入河道，被河水冲蚀而无明显的堆积区。堆积区由于流域内来沙量的增长而不断扩展，会迫使下游河道变形，因此形态相对不稳定。

二、泥石流的类型

1. 按水源成因及物源成因分类

泥石流按水源成因及物源成因分为暴雨(降雨)泥石流、冰川(冰雪融水)泥石流、溃决(含冰湖溃决)泥石流和混合型泥石流。其中混合型泥石流又分为坡面侵蚀型泥石流、崩塌型泥石流、冰碛型泥石流、火山泥石流、弃渣泥石流，见表3-1-1。

表3-1-1　泥石流按水源和物源分类表

<table>
<tr><th colspan="2">水体供给</th><th colspan="3">土体供给</th></tr>
<tr><th>泥石流类型</th><th>特征</th><th colspan="2">泥石流类型</th><th>特征</th></tr>
<tr><td>暴雨泥石流</td><td>泥石流一般在充分的前期降雨和当场暴雨激发作用下形成，激发雨量和雨强因不同沟谷而异</td><td rowspan="5">混合型泥石流</td><td>坡面侵蚀型泥石流</td><td>坡面侵蚀、冲沟侵蚀和浅层坍塌提供泥石流形成的主要土体。固体物质多集中于沟道中，在一定水分条件下形成泥石流</td></tr>
<tr><td rowspan="3">冰川泥石流</td><td rowspan="3">泥石流形成的主要水源为融雪水、冰崩和冰川融水。冰雪融水冲蚀沟床，侵蚀岸坡而引发泥石流。有时也有降雨的共同作用</td><td>崩塌型泥石流</td><td>固体物质主要由滑坡崩塌等重力侵蚀提供，也有滑坡直接转化为泥石流</td></tr>
<tr><td>冰碛型泥石流</td><td>形成泥石流的固体物质主要为冰碛物</td></tr>
<tr><td>火山泥石流</td><td>形成泥石流的固体物质主要为火山碎屑堆积物</td></tr>
<tr><td>溃决泥石流</td><td>由于水流冲刷、地震、堤坝自身不稳定性引起的各种拦水坝溃决和形成堰塞湖的滑坡坝溃决，造成突发性高强度洪水冲蚀而引发泥石流</td><td>弃渣泥石流</td><td>形成泥石流的固体物质主要由开渠、筑路、矿山开挖等的弃渣提供，是一种典型的人为泥石流</td></tr>
</table>

2. 按集水区地貌特征分类

泥石流按集水区地貌特征分为坡面型泥石流和沟谷型泥石流，见表3-1-2。

表3-1-2　泥石流按集水区地貌特征分类表

坡面型泥石流	沟谷型泥石流
(1)无恒定地域与明显沟槽，只有活动周界，形成区直接与堆积区连接，轮廓呈保龄球型，是水土流失剧烈的表现形式； (2)主要发生于25°~30°及以上的坡面。下伏基岩或不透水层较浅，物源地表覆盖层为主，活动规模小，破坏机制接近于坍塌； (3)发生时空不易识别，成灾规模及损失范围小，总量小，但分布空间广，无重复性、无后续性； (4)在同一坡面上可多处同时发生，呈梳状排列，顶缘距山脊线有一定距离； (5)可知性低，防范难； (6)流域面积在0.1~1.0km²，一般小于0.5km²； (7)主沟长度一般不大于1.0km，个别可达2.0km	(1)以流域为周界，受一定的沟谷制约，泥石流的形成、流通和堆积区明显，轮廓呈哑铃型，主要是暴雨对松散物源的冲蚀作用和汇流水体的冲蚀作用； (2)以沟槽为中心，物源区松散堆积体分布在沟槽两岸及河床上，崩塌滑坡、沟蚀作用强烈，活动规模大，由洪水、泥沙两种汇流形成，更接近于洪水； (3)发生时空有一定规律性，可识别，成灾规模及损失范围大，总量大，重现期短，有后续性，能重复发生； (4)构造作用明显，同一地区多呈带状或片状分布； (5)有一定的可知性，可防范； (6)流域面积大于1.0km²； (7)主沟长度大于2.0km

3. 按泥石流物质组成分类

泥石流按物质组成分为泥流型、泥石型和水石型泥石流，见表3-1-3。

表 3-1-3 泥石流物质组成分类表

分类指标	泥流型	泥石型	水石(砂)型
重 度	≥1.6t/m^3	≥1.3t/m^3	≥1.3t/m^3
物质组成	粉砂、黏粒为主，粒度均匀，98%小于 2.0mm	可含黏、粉砂、砾、卵、漂各级粒度，很不均匀	粉砂、黏粒含量极少，多为大于 2.0mm 的各级粒度，粒度很不均匀(水沙流较均匀)
流体属性	多为非牛顿体，有黏性，黏度>0.3~0.15Pa·s	多为非牛顿体，少部分为牛顿体。有黏性，也有无黏性的	为牛顿体，无黏性
残留表现	有浓泥浆残留	表面不干净，表面有泥浆残留	表面较干净，无泥浆残留
沟槽坡度	较缓	较陡(>10%)	较陡(>10%)
分布地域	多集中分布于黄土及火山灰地区	广见于各类地质体及堆积体中	多见于火成岩及碳酸岩地区

4. 按泥石流流体性质特征分类

泥石流按流体性质特征分为稀性泥石流和黏性泥石流，见表 3-1-4。

表 3-1-4 按泥石流流体性质特征分类表

性 质	稀性泥石流	黏性泥石流
流体的组成及特性	浆体是由不含或少含黏性物质组成，黏度值小于 0.3Pa·s，不形成网格结构，不会产生屈服应力，为牛顿体	浆体是由富含黏性物质(黏土，大于 0.01mm 的粉砂)组成，黏度值大于 0.3Pa·s，形成网格结构，产生屈服应力，为非牛顿体
非浆体部分的组成	非浆体部分的粗颗粒物质由大小石块、砾石、粗砂及少量粉砂黏土组成	非浆体部分的粗颗粒物质由大于 0.01mm 的粉砂、砾石、块石等固体物质组成
流动状态	紊动强烈，固液两项作不等速运动，有垂直交换，且有股流、散流现象；泥石流体中固体物质易出、易纳，表现为冲、淤变化大，无泥浆残留现象	呈伪一相层流状，有时呈整体运动，无垂直交换，浆体浓稠，浮托力大，流体具有明显的辅床减阻作用和阵发性运动；流体直进性强，弯道爬高明显；浆体与石块掺混好，石块无易出、易纳特性，沿程冲、淤变化小，由于黏附性能好，沿程留有残留物
堆积特征	堆积物有一定分选性，平面上呈龙头状堆积和侧堤式条带状堆积，沉积物以粗粒物质为主，在弯道处可见典型的泥石流凹岸淤、凸岸冲的现象，泥石流过后即可通行	呈无分选泥砾混杂堆积，平面上呈舌状，仍能保留流动时的结构特征；沉积物内部无明显层理，但剖面上可明显分辨不同场次泥石流的沉积层面，沉积物内部有气泡，某些河段可见泥球；沉积物渗水性弱，泥石流过后易干溜
容重	1.3~1.6t/m^3	1.6~2.3t/m^3

5. 按泥石流发生频率分类

泥石流按发生频率分为高频泥石流、中频黏性泥石流、低频黏性泥石流和极低频黏性泥石流，见表 3-1-5。

表 3-1-5 泥石流发生频率分类表

高频泥石流	中频黏性泥石流	低频黏性泥石流	极低频黏性泥石流
一年多次至 5 年 1 次	1 次/(5~20 年)	1 次/(20~50 年)	1 次/>50 年

6. 按泥石流流动速度分类

泥石流按流动速度分为高速泥石流、中速泥石流和低速泥石流，见表 3-1-6。

表 3-1-6 泥石流流动速度分类表

类 别	高速泥石流	中速泥石流	低速泥石流
稀性泥石流(m/min)	>1000	500~1000	<500
黏性泥石流(m/d)	>5	1~5	<1

7. 按泥石流堆积区厚度分类

泥石流按堆积区厚度分为包括薄层泥石流、中厚层泥石流、厚层泥石流和巨厚层泥石流，见表 3-1-7。

表 3-1-7 泥石流堆积区厚度分类表

类 别	薄层泥石流	中厚层泥石流	厚层泥石流	巨厚层泥石流
堆积区厚度(m)	<5	5~10	10~30	>30

三、泥石流的分级

1. 按泥石流一次性爆发规模分级

泥石流按一次性爆发规模可分为特大型、大型、中型和小型四级，见表 3-1-8。

表 3-1-8 泥石流爆发规模分级表

分级指标	特大型	大 型	中 型	小 型
泥石流一次堆积总量(10^4m^3)	>100	10~100	1~10	<1
泥石流洪峰流量(m^3/s)	>200	100~200	50~100	<50

2. 按单沟泥石流活动性定性分级

根据泥石流活动特点和灾情预测，其活动性可分为低、中、高和极高四级，见表 3-1-9。

表 3-1-9 单沟泥石流活动性分级表

泥石流活动特点	灾情预测	活动性分级
能够发生小规模和低频率泥石流	致灾轻微，不会造成重大灾害和严重危害	低
能够间歇性发生中等规模的泥石流，较易由工程治理所控制	致灾轻微，较少造成重大灾害和严重危害	中
能够发生大规模的高、中、低频率泥石流	致灾较重，可造成大、中型灾害和严重危害	高
能够发生特大规模的高、中、低、极低频率泥石流	致灾严重，来势凶猛，冲击破坏力大，可造成特大灾害和严重危害	极高

3. 按泥石流灾害危害性分级

泥石流按泥石流灾害一次造成的死亡人数或直接经济损失分级，可分为特大型、大型、中型和小型四个灾害等级，见表 3-1-10。

表 3-1-10 泥石流灾害危害性等级分级表

危害性等级	特大型	大 型	中 型	小 型
死亡人数(人)	>30	10~30	3~10	<3
直接经济损失(万元)	>1000	500~1000	100~500	<100

注：灾度的两项指标不在一个级次时，按从高原则确定灾度等级。

4. 按泥石流潜在危险性分级

对潜在可能发生的泥石流，根据受威胁人数或可能造成的直接经济损失，可分为特大型、大型、中型和小型四个潜在危险性等级，见表 3-1-11。

表 3-1-11 泥石流潜在危险性分级表

潜在危险性等级	特大型	大 型	中 型	小 型
直接威胁人数(人)	>1000	500~1000	100~500	<100
直接经济损失(万元)	>10000	5000~10000	1000~5000	<1000

注：潜在危险性等级的两项指标不在一个级次时，按从高原则确定灾度等级。

第二节 泥石流沟的识别

在长输管道工程的选线(址)和建设过程中，如何对工程区分布内的潜在泥石流沟进行识别，对工程的布置和安全性具有重要的作用。通常情况下，泥石流的形成需要有物源、地形和水源等基本条件。因而，在对工程区沟道开展调查时可以从上述三个主要方面来判断一条沟谷是否为泥石流沟。

一、物源条件

泥石流的形成，必须有一定量的松散土、石参与。沟谷两侧山体破碎、松散物质数量较多，沟谷两边滑坡、崩塌现象明显，植被不发育，水土流失、坡面侵蚀作用强烈的沟谷，易发生泥石流。影响物源的地质环境包括地质构造、地层岩性和地震等因素。

1. 地质构造

大断裂构造的破碎带可长达几千米至数十千米，沿断裂构造带上软弱构造面发育，岩石破碎，为泥石流的发生提供了丰富的物源。有数据表明，我国泥石流的绝大多数发育带与区域大断裂的展布有关。活动断裂构造有利于泥石流的发育和形成，但不是所有的断裂构造都能发育和形成泥石流。

2. 地层岩性

区域内的地层岩性与泥石流的发育和形成密切相关。由于风化速度的不均，岩性软弱的岩层或软硬相间的岩层比岩性均一的坚硬岩层更易遭到破坏，提供松散物质就越容易，因而对于形成泥石流就越有利。

3. 地震

地震，特别是强震，可显著降低表层的强度，破坏自然斜坡的稳定性。地震所激发的滑坡、崩塌等，是地震对斜坡的直接效应。7 级以上的强震还可产生大量的地震断层，这些都直接增加了泥石流固体物质来源。地震对泥石流发育和分布的影响大小受地震烈度控制。一般认为，地震烈度在 7 度以上的地区，地震对泥石流发育和分布的影响显著。

二、地形条件

能够汇集较大水量、保持较高水流流速的沟谷，才能容纳、搬运大量的土、石。沟谷上游三面环山、山坡陡峻，沟域平面呈漏斗状、勺状、树叶状，中游山谷狭窄、下游沟口地势开阔，沟谷上、下游高差大于300m，沟谷两侧斜坡坡度大于25°的地形条件，有利于泥石流的形成。泥石流形成的地形条件主要包括沟床比降、沟坡坡度、坡向、集水区面积和沟谷形态等。

1. 沟床比降

沟床比降是流体由位能转变成动能的底床条件，是影响泥石流的形成和运动的重要因素。一般而言，沟床比降越大，则越有利于泥石流的发生。我国某地区150条平泥石流平均沟床比降统计数据见表3-2-1。

表3-2-1 某地区泥石流沟床平均比降统计表

沟床比降(%)	<5	5~10	10~30	30~40	40~50	>50	小计
泥石流条数(条)	3	26	82	28	5	6	150
所占比例(%)	2	17.3	54.7	18.7	3.3	4	100

表3-2-1中可以看出，沟谷平均沟床比降在5%~40%的占总数的90.7%，尤以10%~30%沟床比降居多，占54.7%。说明这种沟床比降对泥石流的形成和运动最为有利，因此在10%~30%沟床比降范围内，泥石流爆发十分频繁。我国其他地区山区泥石流沟床比降情况与该地区也很相似，这种沟床比降既表现了沟谷坡面侵蚀与沟道侵蚀的相互关系，又反映出泥石流沟的发育情况。

2. 沟坡坡度

沟谷内沟坡坡度的陡缓直接影响到泥石流的规模和固体物质的补给方式和数量，如表3-2-2所示。从多数泥石流沟谷坡度来看，有利于提供泥石流固体物质的沟坡坡度，在东部中低山区为10°~30°，固体补给方式主要是滑坡；在西部边缘高山区则为30°~70°，固体补给方式大多是崩塌和滑坡。

表3-2-2 某地区泥石流形成区山坡坡度统计表

坡度(°)	20~30	30~40	40~50	50~60	60~70	小计
泥石流条数(条)	10	10	7	8	3	38
所占比例(%)	26.6	26.6	18.7	21.0	7.1	100

3. 集水区面积

泥石流大多形成于集水区面积较小的沟谷，一般而言，较小的集水区面积易于泥石流的形成和活动，表3-2-3是我国某地区219条泥石流沟流域面积的统计。

表3-2-3 某地区泥石流沟集水面积统计表

集水面积(km^2)	<0.5	0.5~10	10~50	50~100	>100	小计
泥石流条数(条)	26	135	49	7	2	219
所占比例(%)	11.9	61.6	22.4	3.2	0.9	100

表3-2-3中可以看出，集水面积在0.5~10km²的泥石流沟有135条，占总数的61.6%，大于10km²的有58条，小于0.5km²的有26条。因此流域面积在0.5~10km²的暴雨泥石流沟是最为普遍和活跃的。

4. 沟谷形态

泥石流沟谷因泥石流类型和发育阶段不同而具有多种形态。其中漏斗状和勺状是典型的泥石流沟谷形态，这种形态对于泥石流的形成和活动较为有利。这种流域形态多具有泥石流形成、流通和堆积3个区域，是发育比较完善的泥石流沟谷。

5. 地形坡向

地形坡向对泥石流的形成、分布和活动强度有显著影响。山地与河谷两岸因地形坡向的不同，而影响冰雪的积累、消融和降雨量的多少及植被生长和岩石风化程度等，尤以东西走向山地的喜马拉雅山和秦岭等山地的南北坡表现最为明显。由于在阳(南)坡地带受太阳辐射的热能强，并对南来的暖湿气流拦截更多的大气降水，加速冰川(雪)消融，极易形成泥石流。因此，阳(南)坡地带降雨型和冰川(雪)消融型泥石流发育。

三、水源条件

水为泥石流的形成提供了动力条件。局地暴雨多发区域，有溃坝危险的水库、塘坝下游，冰雪季节性消融区，具备在短时间内产生大量流水的条件，有利于泥石流的形成。其中，局地性暴雨多发区，泥石流发生频率最高。泥石流形成的水源条件主要包括降水和冰雪融水。

1. 降水

泥石流的发生和水的关系极为密切。泥石流发生的水源主要来自大气降水，其次为地下水和冰雪融水。若按年降水量500mm等值线为界，可将我国分成东部湿润区和西部干旱区。在东部湿润区多发生降雨型泥石流，且出现频率高；西部干旱区和高寒区出现冰雪消融泥石流、冰湖溃决泥石流和降雨型泥石流，冰雪消融泥石流规模大、频率高。

据研究表明，泥石流发生与前期降水量，特别是与10min和1h的短历时强降水量(雨强)有十分密切的关系。强暴雨的局地性和短历时雨强对泥石流激发起着重要的作用。有关国家资料统计显示，激发泥石流的1h雨强一般都在30mm以上，10min雨强都在7~9mm及以上。我国川西地区激发泥石流的雨强也在30mm左右，10min雨强都在10mm以上。

2. 冰雪融水

冰雪融水是现代冰川和季节性积雪地区泥石流形成的主要水源。影响冰川(雪)消融的因素极其复杂，主要有气温、降水与冰川(雪)消融水、冰湖溃决水之间的密切关系。总的来说，在高温条件下，有5~10mm的日降雨量，就会产生大量的冰川消融水，对冰湖类泥石流的激发很有利。

综上所述，如果一条沟在物源、地形和水源三方面都有利于泥石流的形成，这条沟就基本可以判定为泥石流沟。但泥石流的发生频率、规模大小、黏稠程度，会随着上述因素的变化而发生变化。已经发生过泥石流的沟谷，今后仍有发生泥石流的危险，但其重现期有长有短，短则每年都可能发生，长则50年甚至更长时间后才再次爆发。

四、泥石流与山洪的区别

山洪与泥石流同样发生在山区，两者形态相似，但性质有很大区别。

1. 山洪

山洪虽然流体混浊，但含沙量小，重度小于1.3t/m³，流动时形态与一般水流相似，连续流动，大石块在洪水里滚动，向下移动。在山口形成的堆积扇上沉积的泥沙有分选性，离山口越近石块越大，离山口越远石块越小。

2. 泥石流

泥石流含沙量大，重度不小于1.3t/m³，流体黏稠如钻井液，流体中大小石块随浆体一起运动，出山口后泥沙迅速沉积，在沟口形成泥沙与大小石块一起的混杂堆积物。泥石流比山洪重度大，流动时能量大、破坏力强，直行前进的能力强，在弯道凹岸或泥石流的正面冲撞处能爬上数米甚至十几米高的沟岸或山坡，造成意外的损失。

3. 冲洪积扇和泥石流堆积扇的区别

通常情况下，沟口堆积扇可能是泥石流堆积扇，也可能是冲洪积扇。在堆积特征、物质组成和沉积特征方面都有着明显的区别，这些特征往往是识别泥石流沟的最好办法，见表3-2-4。

表3-2-4　冲洪积扇和泥石流堆积扇的识别特征表

<table>
<tr><th>冲积扇</th><th>洪积扇</th><th>泥石流堆积扇</th></tr>
<tr><td>由河流搬运作用而成，泥沙粒径上游粗、下游细，磨圆度高，层次清晰，砾石通常呈叠瓦状排列</td><td>山区洪流作用形成，规模视洪流大小不同而异，分选性差、磨圆度差、层次不明显、孔隙度及透水性较大</td><td rowspan="2">呈整体停积、分散堆积两种：粗大颗粒在扇缘停积，无分选性，常见龙头堆积与侧堤堆积，沟槽绕龙头堆积两侧发展，有明显的受阻绕流特征，流路不稳；扇形地形态不完全符合统计规律，流路呈随机性，扇纵、横面不甚连续，常呈锯齿状</td></tr>
<tr><td colspan="2">沉积特征：冲积扇常具有二元结构特征。洪积扇的粗大颗粒堆积在扇面顶部及出口附近，向边缘逐步变细，有分选性；常可分为砾石相、亚黏土砂相、亚砂黏土相的相变特征；多具透镜状结构；垂直等高线发展，流路较稳</td></tr>
</table>

第三节　泥石流的相关计算

一、流量计算

泥石流流量包括泥石流峰值流量和一次泥石流输砂量，是泥石流防治的基本参数。泥石流峰值流量的计算主要有形态调查法和雨洪法两种。

1. 形态调查法

形态调查法是根据泥石流痕迹的高度和沟槽的形态，确定泥石流断面流量。具体做法：在泥石流沟道中选择2~3个测流断面。断面选在沟道顺直、断面变化不大、无阻塞、无回流、上下沟槽无冲淤变化、具有清晰泥痕的沟段；仔细查找泥石流过境后留下的痕迹，然后确定泥位；最后测量这些断面上的泥石流流面比降(也可用沟床比降替代)、泥位高度(或水力半径)和泥石流过流断面积等参数；用相应的泥石流流速计算公式(参见本节第二部分内容)，求出断面平均流速v_c后，按式(3-3-1)计算流量。

$$Q_c = W_c v_c \tag{3-3-1}$$

式中　Q_c——泥石流断面流量，m³/s；

W_c——泥石流过流断面面积，m^2；

v_c——泥石流断面平均流速，m/s。

2. 雨洪法

在泥石流与暴雨同频率且同步发生，计算断面的暴雨洪水设计流量全部转变成泥石流流量的假设下而建立的计算方法。其具体做法：先按水文方法计算出断面不同频率下的小流域暴雨洪峰流量，然后选用堵塞系数，按式(3-3-2)计算泥石流流量。

$$Q_c=(1+\phi)Q_P D_C \tag{3-3-2}$$

其中

$$\phi=\frac{\gamma_c-\gamma_w}{\gamma_H-\gamma_c} \tag{3-3-3}$$

式中 ϕ——泥石流泥沙修正系数；

Q_P——频率为 P 的暴雨洪水设计流量，m^3/s；

D_C——泥石流堵塞系数；

γ_c——泥石流重度，t/m^3；

γ_w——清水的重度，可取 1，t/m^3；

γ_H——泥石流中固体物质比重，t/m^3。

暴雨洪水设计流量 Q_P 根据各省水文手册中给出的计算公式计算，也可按下式计算：

$$Q_P=0.278riF \tag{3-3-4}$$

式中 r——按小时平均雨强设计，mm/h；

i——产流系数，一般取 0.5~0.9；

F——小流域面积，km^2。

泥石流堵塞系数 D_C 可通过查表 3-3-1 获得。有实测资料时，也可按下式估算：

$$D_C=0.87t^{0.24} \tag{3-3-5}$$

式中 t——堵塞时间，s。

表 3-3-1 泥石流堵塞系数 D_C 查阅表

堵塞程度	严重堵塞	中等堵塞	轻微堵塞	无堵塞
D_C 值	>2.5	2.5~1.5	1.5~1.0	1.0

3. 一次泥石流过流总量

一次泥石流过流总量 Q 可通过计算法和实测法确定。实测法精度高，但因往往不具备测量条件，只是一个粗略的概算。计算法是根据泥石流历时 T 和最大流量 Q_C，按泥石流暴涨暴落的特点，将其过程概化成五角形，按式(3-3-6)计算。

$$Q=0.264TQ_C=KTQ_C \tag{3-3-6}$$

式中，$K=0.264$。

当 $F<5km^2$时，$K=0.202$；$F=5\sim10km^2$时，$K=0.113$；$F=10\sim100km^2$时，$K=0.0378$；$F>100km^2$时，$K<0.0252$。

一次性泥石流冲出的固体物质总量 Q_H 可按下式计算：

$$Q_H=\frac{Q(\gamma_c-\gamma_w)}{\gamma_H-\gamma_w} \tag{3-3-7}$$

二、泥石流流速计算

1. 稀性泥石流

1）西南地区（规范推荐公式）

西南地区稀性泥石流流速计算可采用铁二院推荐公式：

$$v_c = \frac{1}{\sqrt{\gamma_H \phi + 1}} \cdot \frac{1}{n_c} \cdot R^{2/3} I_c^{1/2} \tag{3-3-8}$$

式中　v_c——泥石流断面平均流速，m/s；

$\frac{1}{n_c}$——清水沟床糙率系数，可查水文手册，无资料时可按表 3-3-2 选取；

R——泥石流流体水力半径，一般可用泥位平均深度 H_c 代替，m；

I_c——泥石流流面纵坡（‰），一般可用沟床纵坡代替；

ϕ——泥石流泥沙修正系数，可查表 3-3-3，也可按式（3-3-3）计算。

表 3-3-2　泥石流沟床糙率系数 $\frac{1}{n_c}$ 查阅表

泥石流沟床特征	$1/n_c$			
	H_c(m)			
	0.5	1.0	2.0	4.0
黄土地区泥石流沟或大型的黏性泥石流沟，沟床平坦开阔，流体中大石块很少，纵坡为 2%~6%，阻力特征属低阻区		29	22	16
小型黏性泥石流沟，沟谷一般平顺，流体中含大石块较少，沟床纵坡为 3%~8%，阻力特征属中阻型或高阻型	26	21	16	14
中小型稀性泥石流沟，碎石质河床，多石块，不平整，沟床纵坡为 10%~18%	12	9	6.5	
河道弯曲，沟内多顽石、跌坎，床面极不平顺的稀性泥石流沟，沟床纵坡为 12%~25%		5.5	3.5	

表 3-3-3　泥石流重度 γ_c、泥石流固体物质重度 γ_H 与泥石流泥沙修正系数 ϕ 对照表

γ_H	γ_c(t/m³)										
(t/m³)	1.3	1.4	1.5	1.6	1.7	1.8	1.9	2.0	2.1	2.2	2.3
2.4	0.272	0.400	0.556	0.750	1.000	1.330	1.80	2.50	3.67	6.00	13.00
2.5	0.250	0.364	0.500	0.667	0.875	1.140	1.50	2.00	2.75	4.00	6.50
2.6	0.231	0.333	0.454	0.600	0.778	1.000	1.28	1.67	2.20	3.00	4.33
2.7	0.214	0.308	0.416	0.545	0.700	0.890	1.12	1.43	183	2.40	3.25

2）西北地区

西北地区稀性泥石流流速计算可采用铁一院推荐的公式：

$$v_c = \frac{15.5}{\sqrt{\gamma_H \phi + 1}} \cdot H_c^{2/3} I_c^{3/8} \tag{3-3-9}$$

3）华北地区

华北地区稀性泥石流流速计算可采用北京市政设计院推荐公式：

$$v_c=\frac{M_w}{a}\cdot R_c^{2/3}I^{1/10} \tag{3-3-10}$$

式中　M_w——沟床外阻力系数，可参见表3-3-4选取。

表3-3-4　沟床外阻力系数M_w查阅表

分类	沟　床　特　征	M_w	
		I_c>0.15	I_c≤0.15
1	河段顺直，河床平整，由漂石、砂卵石或黄土质组成的河床，平均粒径为0.01~0.08m	7.5	40
2	河段较为顺直，由漂石、碎石组成的单式河床，河床质较均匀，大石块直径为0.4~0.8m，平均粒径为0.2~0.4m；或河段较弯曲，不太平整的河床	6.0	32
3	河段较为顺直，由巨石、漂石、卵石组成的单式河床，大石块平均直径为0.1~1.4m，平均粒径为0.1~0.4m；或河段较弯曲，不太平整的河床	4.8	25
4	河段较为顺直，河槽不平整，由巨石、漂石组成的单式河床，大石块直径为1.2~2.0m，平均粒径为0.2~0.6m；或河段较弯曲，不太平整的河床	3.8	20
5	河段严重弯曲，断面很不规则，有树木、植被、巨石严重阻塞河床	2.4	12.5

2. 黏性泥石流

1）西南地区

西南地区黏性泥石流流速计算可采用成都山地所推荐公式：

$$v_c=KH_c^{2/3}I_c^{1/5} \tag{3-3-11}$$

式中　K——黏性泥石流流速系数，可由表3-3-5查取；

　　　H_c——计算断面的平均泥深，m。

表3-3-5　黏性泥石流流速系数K值查阅表

H_c(m)	<2.5	3.0	4.0	5.0
K值	10	9	7	5

2）西北地区

西北地区黏性泥石流流速公式：

$$v_c=M_cH_c^{2/3}I_c^{1/2} \tag{3-3-12}$$

式中　M_c——沟床糙率系数，可参见表3-3-6选取。

表3-3-6　黏性泥石流糙率系数M_c值查阅表

序号	泥石流流体特征	沟床状况	糙率值	
			n_c	$M_c(1/n_c)$
1	流体呈整体运动；石块粒径大小悬殊，一般为30~50cm，2~5m粒径的石块约占20%；龙头由大石块组成，在弯道或河床展宽处易停积，后续流可超越而过；龙头流速小于龙身流速；堆积呈龙岗状	沟床极粗糙，沟内有巨石和挟带的树木堆积，多弯道和大跌水，沟内不能通行，人迹罕至，沟床流通段纵坡在10%~15%，阻力特征属高阻型	平均0.270	3.57
			0.445(H_c>2m)	2.25

续表

序号	泥石流流体特征	沟床状况	糙率值	
			n_c	$M_c(1/n_c)$
2	流体呈整体运动；石块较大，一般为20~30cm，含少量粒径2~3m的大石块；流体搅拌较为均匀；龙头紊动强烈，有黑色烟雾及火花；龙头和龙身流速基本一致；停积后有龙岗状堆积	沟床比较粗糙，凹凸不平，石块较多，有弯道、跌水；沟床流通段纵坡在7%~10%，阻力特征属高阻型	0.050~0.033(H_c<1.5m)	20~30
			平均0.040	25
			0.050~0.100(H_c>1.5m)	10~20
			平均0.067	15
3	流体搅拌十分均匀；石块粒径一般在10cm左右，挟有个别2~3m的大石块；龙头和龙身物质组成差别不大；在运动过程中龙头紊动十分强烈，浪花飞舞；停积后浆体与石块不分离，向四周扩散呈叶片状	沟床较稳定，河床质地较均匀，粒径10cm左右；受洪水冲刷沟底不平且粗糙，流水沟两侧较平顺，但干而粗糙。流通段沟底纵坡在5.5%~7.0%，阻力特征属中阻型或高阻型	0.043(0.1m<H_c<0.5m)	23
			0.077(0.5m<H_c<2.0m)	13
			0.100(2.0m<H_c<4.0m)	10
4		泥石流铺床后原河床黏附一层泥浆体，使干而粗糙河床变得光滑平顺，利于泥石流体运动，阻力特征属低阻型	0.022(0.1m<H_c<0.5m)	46
			0.038(0.5m<H_c<2.0m)	26
			0.100(2.0m<H_c<4.0m)	20

3. *泥石流中石块运动速度*

在缺乏大量实验数据和实测数据的情况下，以堆积后的泥石流冲出物最大粒径推求石块运动速度，其经验公式为：

$$v_s = \alpha\sqrt{d_{max}} \tag{3-3-13}$$

式中　v_s——泥石流中大石块的运动速度，m/s；

d_{max}——泥石流堆积物中最大石块的粒径，m；

α——全面考虑的摩擦系数(泥石流重度、石块密度、石块形状系数、沟床比降等因素)，$3.5 \leq \alpha \leq 4.5$，平均$\alpha = 4.0$。

三、泥石流冲击力计算

泥石流冲击力是泥石流防治工程设计的重要参数，分为流体整体冲压力和个别石块的冲击力两种。

1. *泥石流整体冲压力*

(1) 铁二院(成昆、东川两线)公式：

$$\delta = \lambda \frac{\gamma_c}{g} v_c^{\ 2} \sin\alpha \tag{3-3-14}$$

式中　δ——泥石流体整体冲击力，Pa；

g——重力加速度，取9.8m/s^2；

α——建筑物受力面与泥石流冲击力方向的夹角，(°)；

λ——建筑物形状系数，圆形建筑物$\lambda = 1.0$，矩形建筑物$\lambda = 1.33$，方形建筑物$\lambda = 1.47$。

（2）日本公式：

$$\delta=\gamma_c H_c v_c^{2} \tag{3-3-15}$$

（3）砂砾泥石流冲压力公式：

$$\delta=4.72\times10^{5}v_c^{2}\cdot d \tag{3-3-16}$$

式中 d——泥石流中石块的平均粒径，m。

2. *泥石流中大石块的冲击力*

1）对梁的冲击力

对梁的冲击力可通过式(3-3-17)和式(3-3-18)计算。

$$F=\sqrt{\frac{3EJv_s^2W}{gL^3}}\sin\alpha\text{（概化为悬臂梁的形式）} \tag{3-3-17}$$

$$F=\sqrt{\frac{48EJv_s^2W}{gL^3}}\sin\alpha\text{（概化为简支梁的形式）} \tag{3-3-18}$$

式中 F——大石块的冲击力，Pa；

E——构件弹性模量，Pa；

J——构件截面中心轴的惯性矩，m^4；

L——构件长度，m；

v_s——石块运动速度，m/s；

W——石块重量，t；

α——大石块运动方向与构件受力面的夹角，（°）。

2）对墩的冲击力

对墩的冲击力可通过式(3-3-19)计算。

$$F=rv_c\sin\alpha\frac{W}{C_1+C_2} \tag{3-3-19}$$

式中 r——动能折减系数，对圆形端 $r=0.3$；

C_1，C_2——分别为巨石、桥墩的弹性变形系数，$C_1+C_2=0.005$。

3）冲击力公式三

$$F=\gamma_H A v_c C \tag{3-3-20}$$

式中 A——撞击接触面积；

C——石块弹性波动传递系数。

四、泥石流冲起高度及弯道超高计算

1. *泥石流冲起高度*

（1）泥石流最大冲起高度 ΔH 为：

$$\Delta H=\frac{v_c^{2}}{2g} \tag{3-3-21}$$

（2）泥石流在爬高过程中由于受到沟床阻力的影响，其爬高 ΔH 为：

$$\Delta H=\frac{b\cdot v_c^{2}}{2g}\approx0.8\cdot\frac{v_c^2}{g} \tag{3-3-22}$$

式中 b——迎面坡度的函数；

2. 泥石流的弯道超高

由于泥石流流速块，惯性大，故在弯道凹岸处有比水流更加显著的弯道超高现象。

（1）根据弯道泥面横比降动力平衡条件，推导出弯道超高的计算公式：

$$\Delta h = 2.3\frac{v_c^2}{g}\cdot \lg\frac{R_2}{R_1} \tag{3-3-23}$$

式中　Δh——弯道超高，m；

R_2——凹岸曲率半径，m；

R_1——凸岸曲率半径，m。

（2）日本(高桥保)公式：

$$\Delta h = \frac{2B_c v_c^2}{R_c g} \tag{3-3-24}$$

式中　B_c——泥石流表面宽度，m；

R_c——河流曲率半径，m。

五、黏性泥石流冲刷深度计算

泥石流沟床冲刷深度是泥石流灾害防治工程设计最重要的参数之一，但至如今，关于黏性泥石流沟床冲刷的研究较少，沟床冲刷深度还没有权威可信的计算方法。本部分内容是根据中国科学院水利部成都山地灾害与环境研究所赵彦波等所发表的相关文章中的有关研究和试验结果，分别给出黏性泥石流沟床深度的理论计算公式和试验公式。

1. 黏性泥石流冲刷深度理论计算公式

1）基本条件

（1）泥石流冲刷沟床至最大深度时，满足力学平衡条件，即驱动力与运动阻力相等。

（2）黏性泥石流通过沟床时的动力的驱动力主要由重力提供，在沟床可能最大冲刷处，驱动泥石流运动的剪切力 T_1 可表述为

$$T_1 = (\gamma_c h + \gamma_s h_1)\cdot \frac{J}{\sqrt{J^2+1}} \tag{3-3-25}$$

式中　T_1——驱动泥石流运动的剪切力，kPa；

J——沟底纵坡比降；

γ_c——泥石流重度，kN/m^3；

h——原始沟床面上泥石流的泥深，即不包含沟床可能受冲刷参与运动的深度，m；

γ_s——沟床堆积体的重度，kN/m^3；

h_1——沟床可能最大冲刷深度，m。

（3）黏性泥石流在沟床运动时的阻力有底部的摩擦力、泥石流体及可冲刷层物质移动阻力及可冲刷沟床堆积土体的泥沙黏聚力，其运动阻力 T_2 公式为：

$$T_2 = (\gamma_c h + \gamma_s h_1)\cdot(\tan\phi + \tan\alpha)\cdot\frac{1}{\sqrt{J^2+1}} + c \tag{3-3-26}$$

式中　T_2——泥石流及潜在沟床冲刷层运动阻力，kPa；

c——沟床物质的黏聚力，kPa；

ϕ——沟床物质的内摩擦角，(°)；

α——泥石流动摩擦角，(°)。

(4) 不考虑泥石流体黏滞系数与本身颗粒成分情况。

(5) 公式适用于计算已发生泥石流地区的不同频率的泥石流的冲刷深度。

2) 泥石流沟床最大冲刷深度计算公式

令 $T_1=T_2$，则推导出泥石流沟床最大冲刷深度计算公式如下：

$$h_1=\frac{\gamma_c h(\tan\phi+\tan\alpha-J)+c\sqrt{J^2+1}}{\gamma_s[J-(\tan\phi+\tan\alpha)]} \tag{3-3-27}$$

3) 影响泥石流沟床最大冲刷深度的主要因素分析

(1) 泥石流的泥深 h 与沟床的冲刷深度 h_1 呈线性关系，泥石流泥深越大，沟床的冲刷深度也越大。

(2) 泥石流的重度 γ_c 与沟床的冲刷深度 h_1 呈线性关系，泥石流的重度越大，其对沟床的冲刷深度也越大。此外，不同泥深的泥石流重度 γ_c 与沟床冲刷深度 h_1 的关系直线并不相互平行。泥深越大，冲刷深度 h_1 随泥石流重度 γ_c 的增加速度越快。这说明泥深 h 与泥石流重度 γ_c 这两个因素对沟床冲刷深度影响是有相互关联的。

(3) 沟道纵比降 J 与沟床冲刷深度 h_1 呈非线性线关系，沟道纵比降越大，沟床冲刷深度越大。此外，不同泥深的沟道纵比降与沟床冲刷深度的关系曲线几乎相互平行，说明泥深与沟道纵比降这两个因素对沟床冲刷深度影响是相互独立的。

(4) 沟床堆积土体的内摩擦角 ϕ 越大，沟床冲刷深度 h_1 越小。

(5) 沟床堆积土体的黏聚力 c 越大，沟床冲刷深度 h_1 越大。

2. 黏性泥石流冲刷深度试验预测公式

1) 试验说明

(1) 本试验在中国科学院水利部成都山地灾害与环境研究所的泥石流模拟实验室内进行，采用室内水槽试验方法对黏性泥石流冲刷深度及其影响因素进行分析和探讨。

(2) 试验以水槽模拟泥石流沟道，以铺床物质模拟野外沟床物质，以配制的各容重泥石流模拟天然泥石流。

(3) 试验设计分为 3 组：①保持沟床物质容重和泥石流容重不变，改变沟床坡度，以分析不同沟床坡度条件下的沟床冲刷深度；②保持沟床物质容重和沟床坡度不变，改变泥石流容重，以分析不同泥石流容重条件下的沟床冲刷深度；③保持泥石流容重和沟床坡度不变，改变沟床物质容重，以分析不同沟床物质容重条件下的沟床冲刷深度。

2) 黏性泥石流沟床平均冲刷深度预测公式

应用水槽试验数据，采用多元线性回归的方法，得到黏性泥石流沟床平均冲刷深度的预测公式如下：

$$h_s=79.954\gamma_c+2.235\ln\gamma_s-0.14\theta-14.728 \tag{3-3-28}$$

式中 h_s——黏性泥石流沟床平均冲刷深度，cm；

θ——黏性泥石流沟沟床坡度，(°)；

γ_s——黏性泥石流沟沟床物质的容重，kN/m³；

γ_c——黏性泥石流流体的容重，kN/m³。

经验公式(3-3-28)适用范围为：泥石流和沟床物质同种物质，泥石流重度 18～20kN/m^3，沟床物质容重 20～23kN/m^3。

3）影响泥石流沟床最大冲刷深度的试验结果分析

（1）黏性泥石流沟床冲刷深度主要受沟床坡度、泥石流容重、沟床物质容重的影响。沟床冲刷深度受泥石流的运动距离和泥深影响较小。

（2）黏性泥石流冲刷沟床的深度随沟床坡度的增大而增大，沟床平均冲刷深度与沟床坡度基本呈线性正比关系。

（3）黏性泥石流冲刷沟床的深度随泥石流容重的增大而减小，沟床平均冲刷深度与泥石流容重基本呈线性反比关系。

（4）黏性泥石流冲刷沟床的深度随泥石流沟床物质容重的增大而减小，沟床平均冲刷深度与沟床物质容重的自然对数呈线性反比关系。

（5）黏性泥石流冲刷沟床的深度与泥石流泥深并无明显线性关系，但在沟道的局部范围内，黏性泥石流的泥深和冲刷深度又存在线性关系。这种线性关系可分为两种情形：当沟床起伏的坡向与水槽坡向相反时，泥石流冲刷深度随着泥深的增大而增大；当沟床起伏的坡向与水槽坡向相同时，沟床冲刷深度随泥深的增大而减小。

（6）沟床最大冲刷深度出现的位置具有一定的随机性。

（7）试验采用了同种物料作为沟床物质和泥石流体，当沟床物质与泥石流体不同或仅二者级配不同时，其沟床冲刷深度规律是否与本试验相同尚需继续试验研究。

第四节　泥石流地区长输管道敷设与防护

一、管道选线

（1）长输管道线路应避绕下列泥石流区域：

① 爆发规模为特大型和大型的泥石流。特大型泥石流是指一次性堆积总量超 100×10^{4}m^{3}或洪峰流量超 200m^3/s 的泥石流。大型泥石流是指一次性堆积总量介于(10～100)×10^{4}m^{3}或洪峰流量介于 10～200m^3/s 的泥石流。

② 活动性分级为高和极高的泥石流。活动性高的泥石流是指能够发生大规模的高、中、低频率泥石流，致灾较重，可造成大、中型灾害和严重危害的泥石流。活动性极高的泥石流是指能够发生特大规模的高、中、低、极低频率泥石流，致灾严重，冲击破坏力大，可造成特大灾害和严重危害的泥石流。

③ 灾害危害性等级为特大型和大型的泥石流。灾害危害性等级为特大型的泥石流是指泥石流灾害一次造成的死亡人数超 30 人或直接经济损失超 1000 万元的泥石流。灾害危害性等级为大型的泥石流是指泥石流灾害一次造成的死亡人数介于 10～30 人或直接经济损失介于(500～1000)万元的泥石流。

④ 泥石流潜在危险性等级为特大型和大型的泥石流。潜在危险性等级为特大型的泥石流是指对于可能发生的泥石流，直接受威胁人数超 1000 人或可能造成的直接经济损失超 10000 万元的泥石流。潜在危险性等级为大型的泥石流是指对于可能发生的泥石流，直接受威胁人数介于 500～1000 人或可能造成的直接经济损失介于(5000～10000)万元的泥石流。

⑤ 泥石流堵河严重地段的河岸。

⑥ 无安全、科学、可行的防治措施的泥石流，或防护工程施工难度极大、周期长(不能满足管道正常建设及投运)、投资巨大(治理费用超过该段管道建设费用的30%)的泥石流沟(群)。

(2) 对于其他泥石流区域(本节第一条以外的泥石流区域)，长输管道线路宜以避绕为主。在无法避绕的情况下，线路的选择与敷设应符合下列规定：

① 线路选择与敷设应以泥石流灾害危险性评估作为选线的重要依据。泥石流评估工作应该在选线之前完成。泥石流评估内容至少应包括泥石流区域的沟底冲刷下切和沟岸扩张作用、对可能采取的护底措施的揭底作用及护岸措施的冲击力作用等方面的数据和评价。

② 管线通过泥石流形成区和流通区时，宜采取定向钻、顶管等非开挖的方式。

③ 管道不宜以跨越的方式通过泥石流形成区、流通区和堆积区。必须采取跨越通过时，应结合地形、地质、沟床冲淤情况、泥石流冲击力、河槽宽度、泥石流泛滥边界、泥浪高度、流量、发展趋势等，采取安全合理的跨域方式。

④ 管线以开挖方式通过泥石流流通区时，应按下列规定执行：

a. 应避免将管道敷设于泥石流沟道的纵坡变坡处和平面弯道处。

b. 管道应敷设于泥石流沟道冲刷线以下不小于1m，泥石流爆发频率按50年(中小型穿越)或100年(大型穿越)一遇考虑。无泥石流冲刷资料时，管道埋深不得小于2.5m，并应在管道上、下游两侧分别设置防冲墙护底措施，必要时增加过水面护底措施。

c. 管沟地质为卵砾石或漂石时，宜采取混凝土连续浇筑的方式以防止管道防腐层受到磨损。混凝土包覆厚度以0.5m为宜，并不得小于0.3m。

d. 管道穿越段的沟道两岸应依据地形、地质、冲刷、泥位等资料设置护岸措施，以起到约束泥石流沟道、防止扩岸的作用。

⑤ 管线以开挖方式通过泥石流堆积区时，应按下列规定执行：

a. 应在评价泥石流揭底冲刷或淤积掩埋两者的危害性的基础上，确定管道的埋深及敷设等关键设计参数。

b. 管道不宜在泥石流堆积扇扇中部通过，管线线位宜在泥石流堆积扇扇末端扇缘附近通过。洪积扇扇末端处为泥石流强弩之末，其输移能力及冲击力远较流通区弱，且因受下游大河侵蚀基面的控制，其淤积的幅度和速度较扇顶处和扇中部要小而慢。

c. 管道埋设位置可能发生揭底冲刷时，应将管道应敷设于泥石流沟道冲刷线以下不小于1m，泥石流爆发频率按50年(中小型穿越)或100年(大型穿越)一遇考虑。无泥石流冲刷资料时，管道埋深不得小于2.5m，并应在管道上、下游两侧分别设置防冲墙护底措施，必要时增加过水面护底措施。管沟地质为卵砾石或漂石时，宜采取混凝土连续浇筑的方式以防止管道防腐层受到磨损。混凝土包覆厚度以0.5m为宜，并不得小于0.3m。

d. 管道埋设位置可能发生淤积掩埋时，应测算淤积厚度，并采取箱涵的穿越方式通过，箱涵与管道间可采取袋装土(砂)回填。

二、泥石流地区管道防护

泥石流沟道护岸措施的目的是约束沟道岸坡，防止其摆动侵蚀，保护爬升段管道的安全。护岸结构应符合下列规定。

（1）对于泥石流沟岸坡高度不小于1m，且岸坡坡度不小于25°的岸坡应采取护岸措施。

（2）护岸结构形式应满足泥石流整体冲压力和泥石流中大块石冲击力的要求，以防止结构出现冲击破坏，其结构形式优先选择重力式挡墙结构。

（3）护岸顶高程应高于设计最高泥位0.5m以上。护岸基底埋置深度应在冲刷线以下1m。

（4）泥石流沟由于其冲击力较大，因此宜优先选择刚性结构(浆砌石或混凝土等)进行岸坡防护加固。采取浆砌石结构护岸时，护岸最小厚度不宜小于沟道内最大卵石、漂石粒径的1.5倍；采取混凝土结构护岸时，护岸最小厚度不宜小于沟道内最大卵石、漂石粒径的1.0倍。

（5）受材料运输困难或施工难度大等条件限制时，可以采取石笼护岸。石笼护岸最小厚度不宜小于沟道内最大卵石、漂石粒径的2.0倍，且石笼应采取单体制作、整体绑扎的形式，以防止临泥一侧石笼受损时，整体结构不会受到太大影响。石笼内可填装块石、卵石、漂石，石料粒径应大于石笼网口尺寸1.5倍以上，以防止石料从石笼间漏出。

泥石流沟道常见护底措施包括过水面护底和防冲墙护底。护底工程的目的是防止沟床不被严重冲刷侵蚀，达到稳定沟底、保护穿越段管道埋深安全的目的。护底措施应符合下列规定。

（1）过水面护底的结构形式以浆砌石或混凝土结构为宜。在不很重要地段，亦可采取干砌石铺砌。对有大量漂石密布的陡坡沟床地段，还可采用水泥砂浆或细石混凝土将漂石缝隙填实，使其连接成整体，同样能达到良好的固床效果。

（2）过水面护底的纵坡设计应能满足顺利排走泥石流，同时又不会发生较大的冲淤变化。过水面纵坡宜保持单一坡面，且应与所在泥石流流通段沟床纵坡基本保持一致，不宜过大或过小。在特定地形地质条件下，只能由小逐渐增大，不得形成纵坡由大突然减小的情况，否则会造成因泥石流流体动能消失过大，而造成过水面表面停淤或堵塞。根据泥石流容重，可参考表3-4-1选择设置过水面护底的纵坡。

表3-4-1　泥石流沟过水面护底纵坡选择查阅表

<table>
<tr><th>泥石流性质</th><th>容重(kN/m³)</th><th>类别</th><th>纵坡(%)</th></tr>
<tr><td rowspan="6">稀性</td><td rowspan="2">13~15</td><td>泥流</td><td>3</td></tr>
<tr><td>泥石流</td><td>3~5</td></tr>
<tr><td rowspan="2">15~16</td><td>泥流</td><td>3~5</td></tr>
<tr><td>泥石流</td><td>5~7</td></tr>
<tr><td rowspan="2">16~18</td><td>泥流</td><td>5~7</td></tr>
<tr><td>泥石流</td><td>7~10</td></tr>
<tr><td rowspan="3">黏性</td><td rowspan="2">18~20</td><td>泥流</td><td>5~15</td></tr>
<tr><td>泥石流</td><td>8~12</td></tr>
<tr><td>20~22</td><td>泥石流</td><td>10~18</td></tr>
</table>

（3）防冲墙护底是指在泥石流沟道内按照沟床纵坡的变化，以一定间距设置单道或多道与泥石流流向垂直的潜坝(暗墙)。其目的是防止或减轻沟床被冲刷，通过保证管道上方一定的覆土厚度以达到保护管线安全的目的。

（4）防冲墙护底的材料一般以浆砌石或混凝土砌筑为主，重要地段或沟道内漂石粒径较大地段，可采用钢筋混凝土结构。采取浆砌石结构时，护底结构横断面最小厚度不宜小于沟道内最大卵石、漂石粒径的1.5倍；采取混凝土结构时，护底结构横断面最小厚度不宜小于沟道内最大卵石、漂石粒径的1.0倍。

(5) 防冲墙护底顶面应与泥石流沟底面齐平，特殊条件下不得高处沟底面0.5m。防冲墙基础地面应置于稳定地层，防冲墙全高宜控制在1.5~3m。

(6) 防冲墙距管道的间距可参照图3-4-1，按式(3-4-1)计算确定。

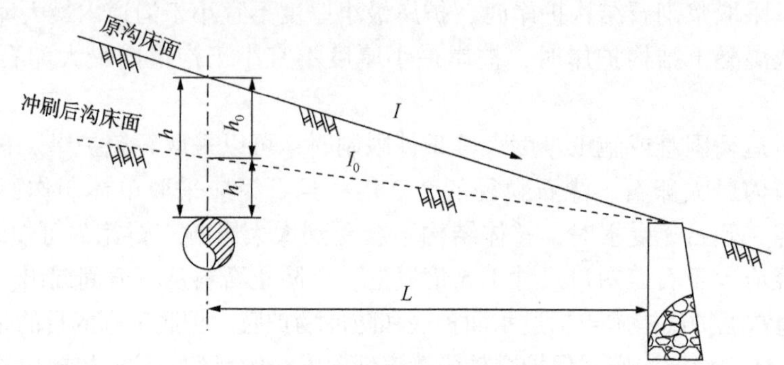

图3-4-1　泥石流沟道防冲墙与管道间距计算示意图

$$L=\frac{h_0}{I-I_0}=\frac{h-h_1}{I-I_0} \tag{3-4-1}$$

式中　L——防冲墙距管道的间距，m；

h_0——设置防冲墙后的冲刷深度，m；

I——原泥石流沟沟床纵坡；

I_0——冲刷后的泥石流沟沟床纵坡，$I_0=CI$，C值可按表3-4-2选用；

h——管道埋深，无冲刷资料时不低于2.5m；

h_1——管道最小安全覆土厚度，可按不低于1m计。

表3-4-2　C值查阅表

沟谷中泥石流情况	特别严重	严重	一般	轻微
C	0.5~0.6	0.6~0.7	0.7~0.8	0.8~0.9

按泥石流沟冲刷特别严重考虑(即$C=0.5$)、无冲刷资料的泥石流沟道管道最小埋深$h=2.5$m计，依据式(3-4-1)，计算不同水力坡度I值下的防冲墙距管道间距L值见表3-4-3。沟床比降I不在表中数值是时，可采用内插法查取L_{max}值。

表3-4-3　严重泥石流沟、管道埋深2.5m条件下的防冲墙距管道最大距离L_{max}表

沟床比降I	L_{max}(m)	沟床比降I	L_{max}(m)	沟床比降I	L_{max}(m)
0.01	300	0.11	27	0.21	14
0.03	100	0.13	23	0.23	13
0.05	60	0.15	20	0.25	12
0.07	42	0.17	17	0.27	11
0.09	33	0.19	16	0.29	10
0.10	30	0.20	15	0.30	10

(7) 在泥石流沟道冲刷严重或对管道安全有特殊要求的地段，宜设置多级防冲墙防止泥石流沟道的下切侵蚀。后一级防冲墙的设置目的是通过保证前一级防冲墙的稳定而达到间接保护管道的目的。多级防冲墙之间的间距可参照图 3-4-2，按式(3-4-2)计算确定：

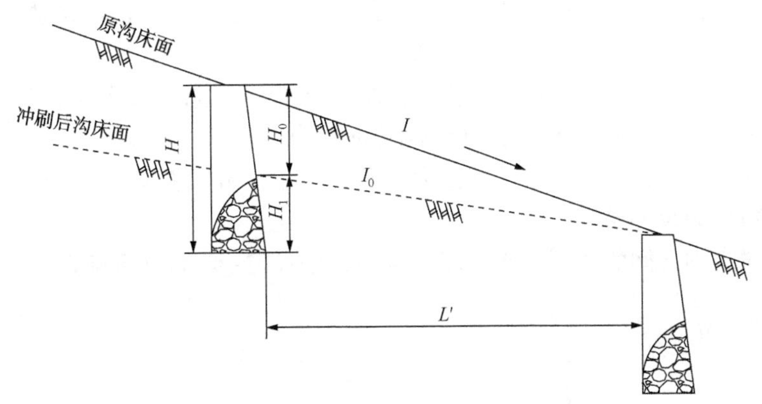

图 3-4-2　泥石流沟道多级防冲墙间距计算示意图

$$L'=\frac{H_0}{I-I_0}=\frac{H-H_1}{I-I_0} \tag{3-4-2}$$

式中　L'——防冲墙之间的间距，m；

H_0——设置防冲墙后的冲刷深度，m；

H——防冲墙埋深(全高)，m，宜控制在 1.5~3m，多选取 2.5m；

H_1——防冲墙最小基础埋深，可按不低于 $H/2$ 考虑。

按泥石流沟冲刷特别严重考虑(即 $C=0.5$)、防冲墙埋深(全高)$H=2.5$m、防冲墙基础最小埋深 $H_1=1.25$m($H/2$)计，依据式(3-4-2)，计算不同水力坡度 I 值下的防冲墙之间的最大间距 L'_{max} 值见表 3-4-4。沟床比降 I 不在表中数值是时，可采用内插法查取 L'_{max} 值。

表 3-4-4　严重泥石流沟、墙高 $H=2.5$m、基础最小埋深为 $H/2$ 下的防冲墙间最大距离 L'_{max} 表

沟床比降 I	L'_{max}(m)	沟床比降 I	L'_{max}(m)	沟床比降 I	L'_{max}(m)
0.01	250	0.11	22	0.21	11
0.03	83	0.13	19	0.23	10
0.05	50	0.15	16	0.25	10
0.07	35	0.17	14	0.27	9
0.09	27	0.19	13	0.29	8
0.10	25	0.20	12	0.30	8

泥石流沟道抬高沟床措施包括淤土坝。淤土坝工程的目的是抬高沟床并防止抬高后的沟床不被严重冲刷侵蚀，从而达到保护穿越段管道的埋深安全的目的。淤土坝措施一般应用于管道埋深浅，必须采取淤积管道上方覆土的措施方能保证管道安全埋深的地段。由于淤土坝

对现有泥石流沟道改变较大，且在泥石流的冲击作用下自身稳定性受到较大影响，因此宜采取多道并用的防护方案。淤土坝设置应符合下列规定。

(1) 淤土坝位置宜设置在泥石流沟谷束狭的卡口处，且坝后沟谷宽阔、纵坡平缓的地段。

(2) 淤土坝结构宜采用浆砌石或混凝土砌筑，特殊情况下可采取石笼淤土坝。淤土坝坝身宜设置泄水孔，淤土坝背水端宜设置防跌水措施。

(3) 淤土坝基础应置于稳定的地层内，应埋入原始泥石流沟床面以下不小于1m，并不得小于全墙高的1/3。淤土坝全墙高宜控制在5m以内。

(4) 为减缓泥石流沟道对坝体的冲击力，淤土坝迎水端应填筑一定厚度(不宜小于5m)的块状散体材料作为缓冲层。

(5) 多级淤土坝之间的间距可参照图3-4-3，按式(3-4-3)计算确定。

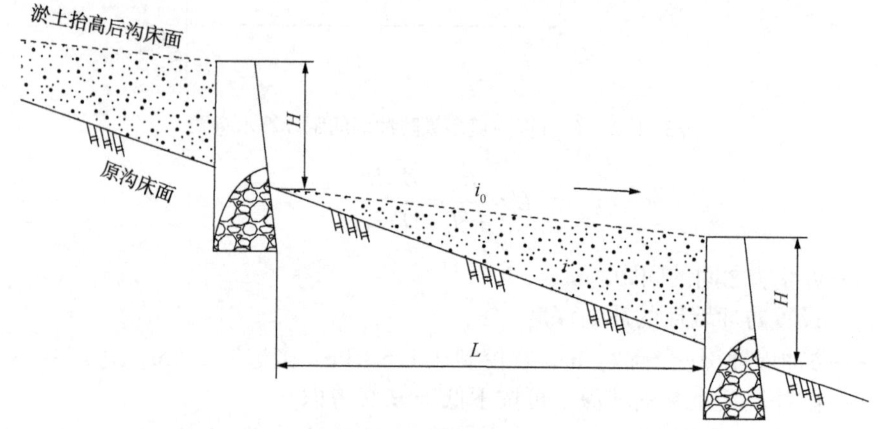

图3-4-3 泥石流沟道多级淤土坝间距计算示意图

$$L=\frac{H}{i-i_0} \tag{3-4-3}$$

式中 L——淤土坝之间的间距，m；

H——淤土坝露出原泥石流沟道以上的高度，m；

i——原泥石流沟道沟床纵坡；

i_0——回淤后的泥石流沟沟床纵坡。

其中

$$i_0=C'i$$

C'值可按表3-4-5选用。

表3-4-5 C'值查阅表

沟谷中泥石流情况	特别严重	严重	一般	轻微
C'	0.8~0.9	0.7~0.8	0.6~0.7	0.5~0.6

按泥石流沟冲刷特别严重考虑(即 $C'=0.9$)、淤土坝露出原泥石流沟道以上的高度 $H=2$m 计，依据式(3-4-3)，计算不同水力坡度 i 值下的淤土坝之间的最大间距 L_{max} 值见表3-4-6。沟床比降 i 不在表中数值时，可采用内插法查取 L_{max} 值。

表 3-4-6　严重泥石流沟、出露高 $H=3m$ 下的淤土坝间最大距离 L_{max} 表

沟床比降 i	L_{max}(m)	沟床比降 i	L_{max}(m)	沟床比降 i	L_{max}(m)
0. 10	200	0. 24	83	0. 38	52
0. 12	166	0. 26	76	0. 40	50
0. 14	142	0. 28	71	0. 42	47
0. 16	125	0. 30	66	0. 44	45
0. 18	111	0. 32	62	0. 46	43
0. 20	100	0. 34	58	0. 48	41
0. 22	90	0. 36	55	0. 50	40

第四章　岩溶地区长输管道敷设与防护

第一节　岩溶的定义及其对管道的危害

一、岩溶的定义

岩溶(又称喀斯特)是可溶性岩石在流水的长期化学作用和机械作用下，产生的各种地质作用、特殊地貌形态和水文地质现象的统称。

可溶性岩石包括碳酸盐类岩石(石灰岩、白云岩等)、硫酸盐类(石膏、芒硝等)岩石和卤素类(盐酸等)岩石。在我国各类可溶性岩石中，碳酸类岩石的分布范围占有绝对优势。

我国西南地区岩溶现象比较普遍，其中桂、黔、滇及川东、鄂西、湘西、粤北连成一片，面积达 $56\times10^4 km^2$。

二、岩溶对管道的危害

岩溶对管道的危害主要表现为 3 个类型，即管道悬空、管道受冲刷和管道弯曲变形。

1. *管道悬空*

该类型发生在管道直接通过岩溶竖井、落水洞的明洞口时，未采取任何防护措施，会造成通过段管道悬空，如图 4-1-1 所示。

2. *管道受冲刷*

由于地下岩溶水的活动，或因地面水的消水洞穴阻塞，导致管道基地冒水、管顶覆土流失、水淹管道、水冲管道等，如图 4-1-2 所示。

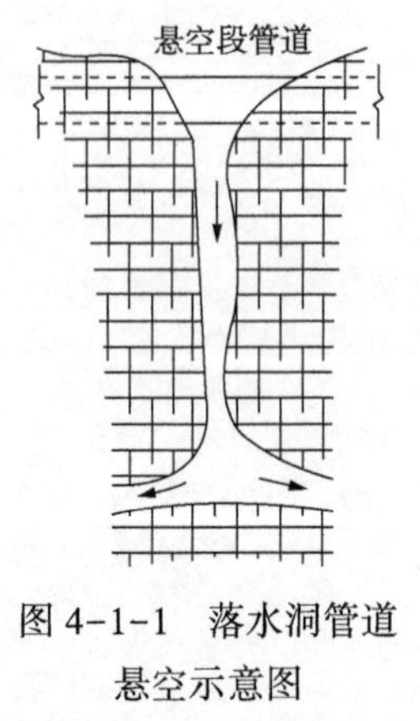

图 4-1-1　落水洞管道悬空示意图

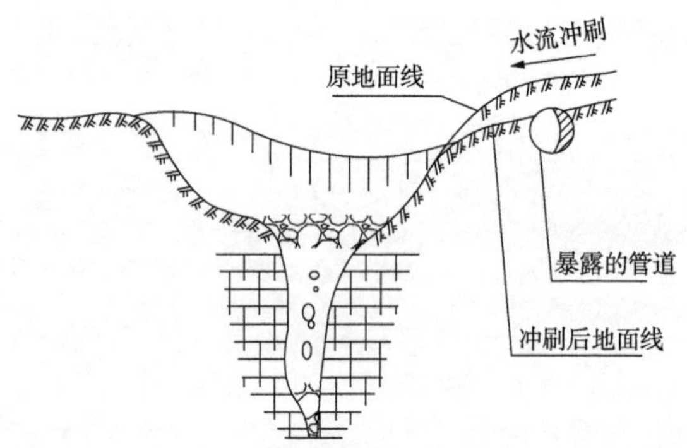

图 4-1-2　岩溶漏斗处管道受冲刷示意图

3. *管道弯曲变形*

由于地下岩溶顶板坍塌，引起地面塌陷，导致位于其上的管道本体及其附属构筑物失稳、下沉，如图 4-1-3 所示。

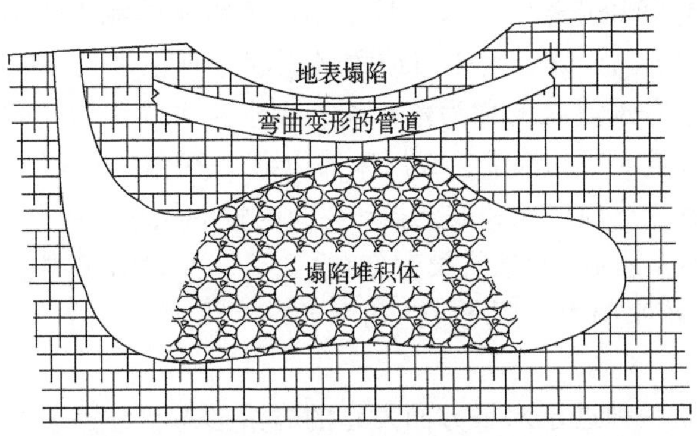

图 4-1-3　溶洞顶板塌陷对管道的危害示意图

第二节　岩溶的形态及类型

一、常见的岩溶形态及其特征

岩溶的形态类型很多，有溶沟和石芽，溶蚀裂隙、漏斗、溶蚀洼地，坡立谷和溶蚀平原，溶蚀残丘、孤峰和峰林，槽谷，落水洞，竖井，溶洞，暗河，天生桥，岩溶湖，岩溶泉及土洞等。岩溶形态虽然多种多样，但在一定的地质和水文地质条件下相互间存在着密切的内在联系，形成不同的地貌组合形态。

1. 溶沟和石芽

溶沟是指地表水沿可溶性岩石的裂隙溶蚀和机械侵蚀而形成的小型沟槽，如图 4-2-1 所示，其深度由几厘米至几米，或更深。

石芽是指溶沟之间残留的“脊”和“笋”状的石柱，如图 4-2-1 所示。

2. 漏斗

漏斗是最常见的地表岩溶形态之一。由地表水的溶蚀和侵蚀作用并伴随塌陷作用而成的封闭洼地，又可分为溶蚀漏斗和塌陷漏斗。底部常有落水洞或竖井，形态如漏斗；周围坡度较陡，溶蚀漏斗洞底堆积物较少，塌陷漏斗洞底可见崩塌堆积物；呈碟状或倒锥状，平面上呈圆形或椭圆形，直径和深度一般由数米至数十米，如图 4-2-2 所示。

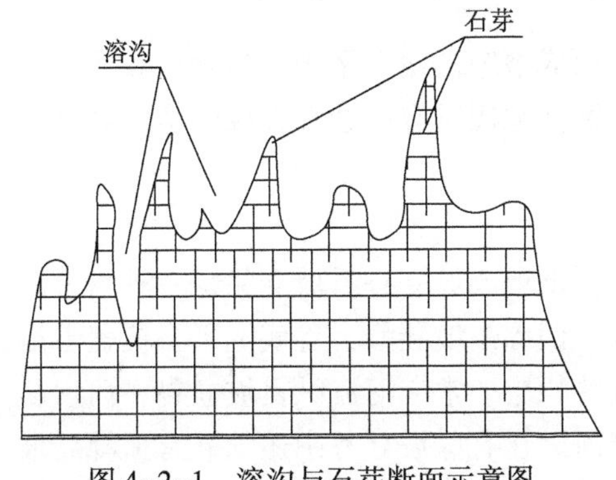

图 4-2-1　溶沟与石芽断面示意图

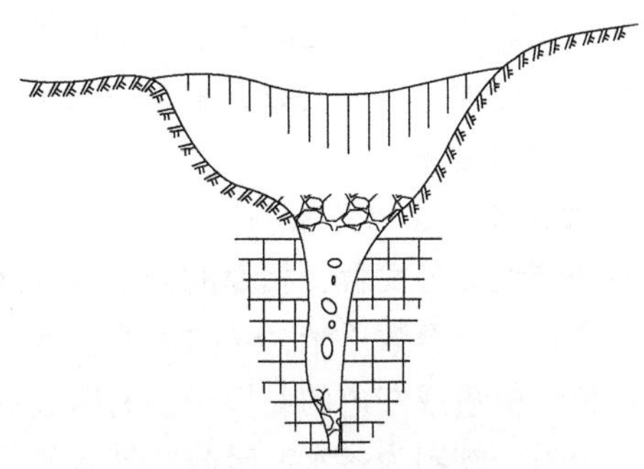

图 4-2-2　漏斗断面示意图

3. 落水洞和竖井

落水洞(图 4-2-3)和竖井是地表通向地下暗河或溶洞的流水通道，由岩石裂隙经流水长期溶蚀扩大或由岩层坍陷而成，呈垂直或稍倾斜状，直径多在 10m 以下，深度多在十余米到数百米。其中现今有水流入的称为落水洞，无水流入的称为竖井。落水洞常产生在漏斗、槽谷、溶蚀洼地和坡立谷的底部，或河床的边缘，多呈串球状分布。在雨季，由于落水洞排水不畅，常使槽谷、溶蚀洼地和坡立谷产生暂时性的积水，甚至发生淹水现象。落水洞按其形状可分为缝隙状落水洞(形态狭长，分布最广)、井状落水洞(呈井状)和竖井状落水洞(宽度和深度较井状落水洞大，深度可达几百米)。

4. 溶洞

溶洞(图 4-2-4)是一种近于水平方向发育的岩溶形态，常因岩溶水对岩层的长期溶蚀和塌陷作用而形成，是早期岩溶水活动的通道。洞内普遍分布有堆积物，有时还有河流流痕及砂砾、卵石冲积物。规模较大的水平溶洞系统，主要是在岩溶水的水平循环带中产生的。溶洞系统比较复杂，规模、形态变化很大，除少部分洞身比较顺直，断面比较规则外，大部分是忽高忽低，忽宽忽窄，洞身曲折起伏很大。支洞多，常有丰富的岩溶水。

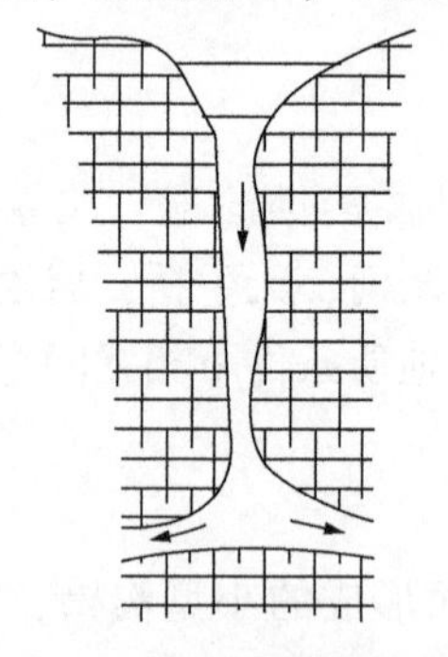

图 4-2-3　落水洞断面示意图

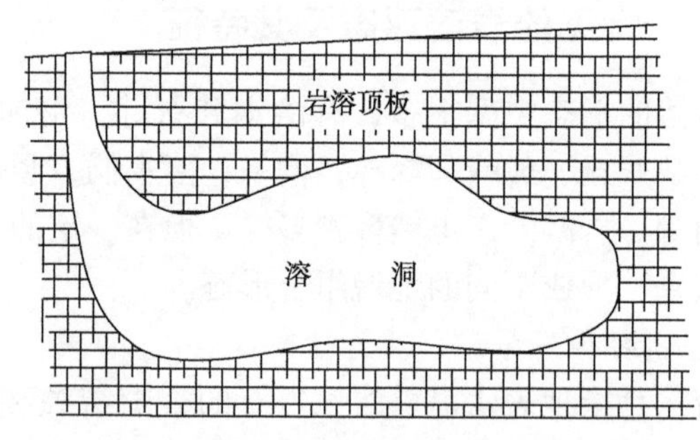

图 4-2-4　溶洞示意图

5. 暗河和天生桥

暗河是地下岩溶水汇集、排泄的主要通道，在岩溶发育地区，地下大部分都有暗河存在。其中部分暗河常与地面的槽谷伴随存在，通过槽谷底部的一系列漏斗、落水洞使两者互相连通。因此可以根据这些地表岩溶形态的分布位置，概略地估计暗河在地下的发展方向。地下的暗河洞道或溶洞塌陷，在局部地段有时会形成横跨水流的天生桥。

6. 溶蚀洼地

许多相邻的漏斗，经流水溶蚀不断扩大汇合而成溶蚀洼地。平面上呈圆形或椭圆形，但规模比漏斗更大，直径由数百米至一二千米。溶蚀洼地周围有溶蚀残丘或峰丛、峰林，底部常有落水洞和漏斗。

7. 坡立谷和溶蚀平原

溶蚀洼地充分发育，相邻的洼地彼此连通，便发展成坡立谷。坡立谷是一种大型的封闭洼地，宽数百米至数千米，长数百米至数十千米，四周山坡陡峻，谷底宽平，覆盖着溶蚀残余的黄色、棕色或红色的黏性土，有时还有河流冲积层。常有河流纵贯坡立谷，河水从一端流出，于另一端则为落水洞吸收，转入地下成暗河。在有些坡立谷中还耸立有孤峰。坡立谷常代表着岩溶发育的晚期阶段。

坡立谷进一步发展，即形成开阔宽广的溶蚀平原。溶蚀平原上还有许多其他岩溶形态。

8. *槽谷*

槽谷是岩溶山区比较常见的一种长条形的槽状谷地。谷底平坦，谷坡陡峻，主要是由水流长期溶蚀而形成。由于河谷底部发育有一系列漏斗、落水洞等，地表水流不断漏失，使原来的河谷失去排水作用，即成干谷。槽谷在大部分时间是干涸的，但在暴雨季节或排水不畅时，则会出现暂时的水流。

9. *岩溶泉*

岩溶水流出地面即成岩溶泉。它是岩溶发育地区分布最广泛的一种岩溶现象。其中下降泉居多，上升泉较少。岩溶泉有经常性和间歇性之分。间歇性泉旱季干湖，雨季流水。当暗河流向非岩溶地区时，在可溶岩层与非可溶岩层接触带的边缘，经常是岩溶泉最发育的地方。

10. *岩溶湖*

由于槽谷、溶蚀洼地、坡立谷中的大型漏斗底部的消水通道堵塞，或溶蚀平原局部洼地集水而成的湖泊。在溶洞中也常有小型的地下岩溶湖存在。

11. *土洞*

在槽谷、坡立谷底部和溶蚀平原上，可溶性岩层常为第四纪的松散土层所覆盖。由于地下水位降低或水动力条件的改变，在岩溶水的淋滤、潜蚀、搬运作用下，使上部土层下落、流失或坍塌，形成大小不一、形态不同的土洞。如广西、贵州和粤北等地土层覆盖的岩溶地区(即埋藏岩溶地区)，由于人为抽水、排水引起地下水位的变动，常形成土洞。

二、我国西南地区岩溶的主要类型

根据可溶性岩层的出露情况、岩溶水的特征、岩溶的形成作用和岩溶的形态类型，将我国西南地区岩溶的主要类型归纳为表 4-2-1 所列，各种岩溶形态的相互关系如图 4-2-5 所示。

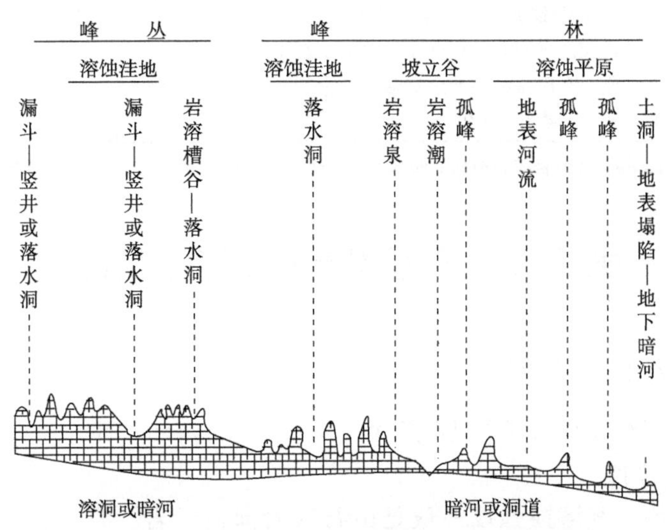

图 4-2-5　我国西南地区岩溶形态相互关系示意图

表 4-2-1 我国西南地区岩溶的主要类型

岩溶类型	特征	代表地点	对管道的影响
石芽、石林	地表水沿可溶性岩层表面和裂隙进行溶蚀，产生石芽、石林、溶沟等	云南路南石林，以及大型溶蚀洼地、槽谷、坡立谷底部和溶蚀平原某些部分的石芽地(石海)	地表坎坷不平。会对管道局部地段埋深造成影响，同时对管道施工会不利
残丘洼地型	地表水汇集成股状或槽状，地下水多沿大的溶蚀裂隙、通道流动，在地表水和地下水的溶蚀作用下，残丘突出，漏斗扩大成洼地或槽谷，地下发育有通道	川东、鄂西、湘西岩溶山地	岩溶发育一般。地表高差增大。应注意水流冲刷及管道基底的变形
峰丛洼地型	地表槽状或股状水流将残丘分割成峰丛，山峰的基座相连，山峰部分的高度小于基座部分的高度。山峰间有垭口，峰丛间有洼地、槽谷和坡立谷，它们的底部都有落水洞、漏斗。地表水通过落水洞等进入地下洞道	桂西、桂中岩溶中、低山	岩溶相当发育。地表高差很大。存在溶洞、暗河和天生桥。管道水害及基底塌陷问题较为突出
峰林洼地型	有地表河流，但常转变为暗河。地表和地下溶蚀同时存在。峰丛经溶蚀分割，基底降低或消失，山峰高差增大成峰林。洼地、股槽、坡立谷规模扩大	云、贵高原	岩溶发育。地表起伏较小，平地开阔。管道存在水害及基底塌陷隐患
峰林坡立谷型	地表河流更为发育。地下脉状洞道进一步发展成为网状洞道。峰林被溶蚀成为典型的锥状和塔状形态。洼地、槽谷被河流侧蚀展宽成坡立谷，其上挺立有孤峰。坡立谷平原上有较厚的黏性土覆盖，经机械浅蚀作用能形成地下暗洞和地表塌陷	广西桂林至阳朔一带坡立谷平原	岩溶形态发育成熟。谷底开阔，埋藏岩溶发育。管道水害及基底塌陷较为突出
溶蚀平原型	坡立谷被进一步扩展成平原，河流迂回曲折，平原上仅有少数孤峰，并有石芽地。地下洞道纵横交叉成网状，具有强烈的水力联系。平原上有深厚的黏性土覆盖，也有地下暗洞和地表塌陷的存在	桂中溶蚀平原	以岩溶顶板塌陷的隐患较为突出

注：表中除石芽、石林外，其他岩溶类型均不外露。

第三节　岩溶发育的条件及规律

一、岩溶发育的基本条件

岩石和流水是岩溶发育的两个根本条件，具体表现为四个方面。

1. 岩石具有可溶性

碳酸盐类的岩石，其溶蚀强度一般是由石灰岩向白云岩、泥灰岩、硅质灰岩等依次递减。

岩石的组织结构不同，岩溶强度亦不同。粗颗粒的岩石比细颗粒的易造成溶蚀。

在碳酸盐类岩层与硫化矿体(如黄铁矿 FeS_2)相接触处，因硫化矿体易于氧化而产生大量的硫酸根离子(SO_4^{2-})具有较大的侵蚀性，因此岩溶发育强烈。

碳酸盐类岩层与一些非可溶性岩层相接触处，因岩石性质不同，当受到地质构造应力作用后，易于产生裂隙及接触部位的形变，有利于地下水的活动，故岩溶发育也较强烈。

2. 岩石具有透水性

岩石的透水性取决于岩石的裂隙和孔隙。相比较而言，裂隙的透水性比孔隙的透水性更为重要。

较纯的石灰岩和相对隔水层少的厚层块状岩石刚性较强，裂隙多张开，透水性强，溶蚀强度宜较强；泥质灰岩和相对隔水层多的薄层岩石，刚性较弱，裂隙多密闭，透水性差，在溶蚀过程中并产生蚀余黏土物质，容易堵塞裂隙，因而溶蚀强度较弱。

孔隙主要通过增大水流与岩石的接触面积，对岩石的溶蚀强度产生影响。

岩石的岩溶化程度和透水性是相互助长的，岩溶化程度越高，透水性就越强。

3. 水具有溶解能力(含 CO_2)

水的溶解能力主要取决于含酸性，水中有酸才具有溶解可溶性岩石的能力。

自然界中的二氧化碳(CO_2)，溶于水中生成碳酸(H_2CO_3)，与石灰岩($CaCO_3$)相遇后产生化学反应($CaCO_3 + H_2CO_3 = Ca^{2+} + 2HCO_3^-$)，石灰岩被溶解成易溶的重碳酸钙[$Ca(HCO_3)_2$]，随水流带走。在岩溶过程中，岩石的溶蚀大于物质的重新沉淀，因而在岩体中形成了各种各样的空洞，为机械侵蚀和重力崩塌创造了条件。

除碳酸外，其他无机酸和有机酸都可溶蚀碳酸盐类的岩石。

水的溶解能力在不同的气候带中是不同的。如湿润热带的溶蚀强度大于干旱气候带的 71 倍，大于湿润温带的 7 倍，大于寒冷气候带的 11 倍。

4. 水具有流动性

水的流动性主要取决于降水量和水流通道的形态、规模、数量及连通情况。

岩溶水的一个重要补给来源是大气降水。降水多者，垂直循环交替快，溶蚀强度显著增加；降水少者，垂直循环交替就差，溶蚀强度减弱。

岩溶水的流动通道有孔隙、裂隙和溶洞等。通道的形态、规模、数量及连通情况控制着岩溶水流动的坡降、流速、流量和流向，即影响岩溶水的交替程度。水流交替强度大，溶蚀能力强，岩溶就发育。岩溶越发育，岩溶水的流动性就越好。

岩溶地区有深切峡谷或侵蚀沟谷切割时，河流成为岩溶水的排泄基准，岩溶水有 4 个垂直分带，如图 4-3-1 所示。

Ⅰ——垂直循环带(包气带)：丰水期地下水位以上，大气降水或地表水沿可溶岩的裂隙运动的地带。此带水流不具静水压力，且不连续。此带厚度从几十米至几百米。

Ⅱ——过度循环带(季节变动带)：由于季节水变化而引起地下水位升降波动的地带，是位于包气带和饱水带之间的过渡地带。当雨季潜水面升高时，构成饱水带的一部分，形成周期性交替。

Ⅲ——水平循环带(饱水带)：岩溶含水层枯水期地下水位以下的地带水流，常具有连续性和静水压力，发育有水平洞穴。

Ⅳ——深部循环带(滞留带)：在饱水带之下向远方排泄的深部岩溶水带，受当地排水基准面的影响很弱，地下水缓慢径流。

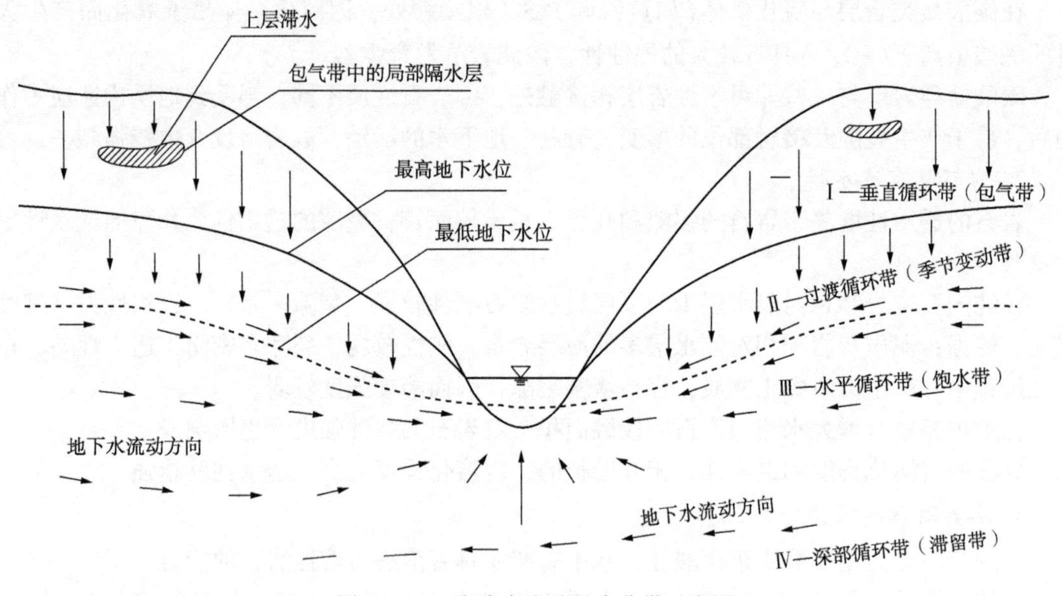

图 4-3-1　岩溶水流动垂直分带示意图

二、岩溶发育的规律

1. *岩溶发育的垂直分带性*

岩溶发育的垂直分带性取决于岩溶地区的水文地质的垂直分带。岩溶分带明显地表现在发育强度及形态分布上，如图 4-3-1 所示。

(1) 可溶岩受地表径流的影响，形成溶沟、溶槽、石芽等。

(2) 在包气带中，主要发育垂直形态的岩溶，如漏斗、落水洞、竖井等。如有上层滞水时，则形成局部的水平溶洞。

(3) 在积极交替带中，岩溶发育最为强烈，形成复杂、巨大的溶洞、暗河、地下湖等。

(4) 在饱水带中，岩溶发育强烈，形成大量的水平或倾斜的溶洞，构成相互联系的地下水通道。

(5) 在滞流带中，岩溶发育较弱，往往只有小溶洞及溶孔。

2. *岩溶发育的不均匀性*

在强烈的地下水交替地带，岩溶特别发育，岩溶的发育加剧了地下水的交替，又导致了岩溶更加发育。在同一地区，由于地下水交替强度不同，存在着岩溶发育程度的不均匀性，因而出现了岩溶发育程度由河谷向分水岭核部减弱的现象。但这种现象在一些特殊条件的影响下也有改变，如断层破碎带及非可溶岩的夹层等。

3. *岩溶发育与地形的关系*

地形陡峻、岩石裸露的斜坡上，岩溶多呈溶沟、溶槽、石芽等地表形态；地形平缓地带，岩溶多以漏斗、竖井、落水洞、塌陷洼地、溶洞等形态为主。

4. *岩溶发育与深度的关系*

岩石的透水性决定于裂隙的发育程度，一般裂隙随深度的增大而逐渐减少，地下水运动相应减弱，地下水的侵蚀性降低，因此岩溶的发育随深度的增大而减弱。

5. 岩溶发育地质构造的关系

(1) 节理裂隙：裂隙的发育程度和延伸方向通常决定了岩溶的发育程度和方向。在节理裂隙的交叉处或密集带，岩溶最易发育。

(2) 断层：沿断裂带是岩溶显著发育地段，常分布有漏斗、竖井、落水洞及溶洞、暗河等。往往在正断层处岩溶较发育，逆断层处岩溶发育较弱。

(3) 褶皱：褶皱轴部一般岩溶较发育。在单斜地层中，岩溶一般顺层面发育；在不对称褶皱中，陡的一翼岩溶较缓的一翼发育。

(4) 岩层产状：倾斜或较倾斜的岩层，一般岩溶发育较强烈。水平或缓倾斜的岩层，当上覆或下伏非可溶性岩层时，岩溶发育较弱。

(5) 可溶性岩与非可溶性岩接触带或不整合面岩溶往往发育。

6. 岩溶发育与新构造运动的关系

地壳强烈上升的地区，岩溶以垂直方向发育为主。地壳相对稳定地区，岩溶以水平方向发育为主。地壳下降地区，既有水平发育又有垂直发育，岩溶发育较为复杂。

7. 岩溶发育与地表水体及岩层产状的关系

地表水体与沿层面反向或斜交时，岩溶易于发育；地表水体与沿层面顺向时，岩溶不易发育。

8. 岩溶发育与气候的关系

在大气降水丰富、气候潮湿地区，地下水能经常得到补给，水的来源充沛，岩溶易发育。

第四节　管道岩溶地区调查

一、调查要点

为确定管线路由和进行管道线路设计，对管线通过地带的岩溶形态、地质、水文及水文地质情况应进行全面的调查研究。调查中应特别注意以下几点：

(1) 应查明管线线位与岩溶地貌(如溶洞、落水洞、竖井等)的空间位置关系；

(2) 对通过岩溶洼地或坡立谷的管线，应查明管道通过区域是否存在软土层；

(3) 当管线通过封闭岩溶洼地时，应查明洼地中消水洞穴的排水能力与洼地汇水面积、降雨量及其集水情况是否相适应；

(4) 在有土洞的地区，应查明地表土层塌陷的原因，了解是因农田灌溉而引起地下水位的变化，导致地表塌陷而影响管线稳定的可能性；

(5) 管线附近如有民用或农业用的岩溶水源时，应查明是否会因管沟开挖而降低地下水位，影响用水。

二、调查方法

1. 搜集已有资料

搜集管线线路经过地带的地质、水文地质、地形地貌、气象资料及修建铁路、公路、厂矿的有关调查、测绘、勘探资料，加以综合分析，借以了解路由可能通过地带的岩溶的发育程度及其分布的概略情况。

2. 访问群众

依靠当地群众，对当地岩溶的形成、发展和变化的历史，地表和地下岩溶的现状及其分布及对岩溶水的动态变化等都应进行全面的了解和认真的分析。

三、相关调查经验

1. 岩溶水的特点

岩溶水具有以下 4 个特点，在调查中应予充分重视。

(1) 岩溶地下水分布的不均匀性。

由于岩溶分布和发育的不均匀性，岩溶含水层的富水性强弱悬殊，极不均匀。在同一标高范围内或同一地段内，有的在几米或几十米范围内，其富水性相差可达数十倍，甚至千倍以上。一般情况是岩溶发育强烈，溶洞充填物少的地段富水性强；反之，富水性弱。在垂直剖面内浅部岩溶发育强烈，富水性强；深部岩溶发育弱，富水性弱。

(2) 岩溶地下水水力联系密切。

由于可溶性岩层中存在大量溶洞和溶蚀裂隙，溶洞与溶蚀裂隙之间相互连通，因而使岩溶水具有密切的水力联系和较强的传递能力。一般而言，岩溶发育、富水性强的地段，岩溶水水力联系密切，水力传递能力强，速度快；反之，水力联系程度就相对减弱。平行于岩溶发育方向或断裂带走向的纵向流，岩溶水水力传递能力强；垂直于岩溶发育方向或断裂带走向的横向流，岩溶水水力传递能力差。

(3) 岩溶地下水流量季节变化幅度大。

由于岩溶地下水与地表水联系密切，且存在地下通道，岩溶地下水往往与几处地表汇水区相连，因此，岩溶地下水流量的季节变化幅度很大，雨季比枯水期流量往往增加几倍、几十倍。

(4) 岩溶水动态多变，常具有反复性。

在天然条件下，与排泄条件较差的地下水通道相联系的漏洞、消水洞和溶蚀裂隙，往往随季节变化而具有反复性，表现为间歇性或周期性的泄水与涌水。消水洞排水不畅的槽谷、溶蚀洼地和坡立谷在雨季就会出现短期积水。人工排、蓄水，也容易引起岩溶水动态的改变。

2. 地表岩溶形态与地下岩溶发育有密切联系

由某些地表岩溶形态可以推断地下岩溶发育情况，如：

(1) 暗河多、天生桥多、河流时隐时现的地方岩溶发育；

(2) 塌陷谷较正常河谷地段岩溶发育；

(3) 漏洞、落水洞成群成串发育的地方岩溶发育；

(4) 土层陷穴多、土漏洞多的地方岩溶发育。

第五节　岩溶地区长输管道的选线原则

一、选线基本原则

在岩溶地区选线，必须认真勘测，全面比较，避重就轻，防害兴利。首先要从地质上弄清岩溶的发展规律和分布规律，在选线中慎重确定管道路由的布局和位置。

一般情况下，对局部严重的、大型的、不易搞清的岩溶地段，应尽量设法避绕；对不太严重的中、小型的岩溶地段，可以选择其最窄的、最易于采取措施的地段通过。

二、西南岩溶地区选线原则

(1) 在可溶性岩石分布区，线路宜选择在溶蚀强度较低的岩石地区通过。因为该地区的岩溶发育程度往往较弱。

(2) 在通过可溶性岩石分布区时，线路方向不宜与岩层构造线方向平行，而应与之斜交或垂直通过。因为暗河的主要通过方向多平行于岩层构造线方向。

(3) 在岩溶地区，线路应避开较大的断层破碎带，或使线路方向与之直交或斜交。可以避免或减少由于断层带岩石破碎、岩溶发育强烈和岩溶水丰富而威胁到管道的稳定性。

(4) 管道线路应尽可能避开可溶岩与非可溶岩相接触的地带。因为这种地带有利于地下水的活动，岩溶发育比较强烈，岩溶泉往往成群分布。

(5) 线路应尽可能避开碳酸盐类岩石同某些金属矿床(如黄铁矿 FeS_2)相接触的地带。因为这种地带往往岩溶发育比较强烈。

三、典型岩溶地貌地段选线原则

在西南岩溶山区主要分布有残丘洼地型、峰丛洼地型及峰林洼地型岩溶地貌。在这些地貌区域选线时还应遵循以下原则。

(1) 在地表高差较大的条件下，管道线路宜从溶蚀残丘和峰丛的山坡垭口通过，以减少线路起伏。

(2) 在地表高差较小的条件下，管道线路也可以穿越大型谷槽和溶蚀洼地，但宜在其周边山坡下部通过。这样可以少占农田，并避免管线受水冲刷和发生管道基底失稳。线路如果通过大型谷槽和溶蚀洼地的底部，可能会遭受水害侵蚀和管道基底失稳、塌陷等隐患。

(3) 为避绕岩溶地质灾害，管道线路可选于沿河、沟岸边或沿河床底敷设。沿河、沟管道的敷设，应查明河、沟的最高洪水位和地下岩溶水的排泄基准，并应注意岸坡的稳定性和弃渣的处理。

(4) 对于较大管径的管线通过峰丛洼地或峰林洼地时，可采用隧道凿通峰丛或峰林串联洼地的敷设方式。

(5) 在坡立谷和溶蚀平原区(岩溶的主要类型有峰林坡立谷型和溶蚀平原型)，地形平坦开阔，为线路提供了良好的条件。但选线应避绕水草地和石芽地，并应考虑某些地段危及管道基底稳定性的土洞和其他埋藏的岩溶形态，以及水淹和水冲路基等问题。

第六节　岩溶地区的稳定性评价

一、溶洞顶板稳定性评价计算

溶洞顶板的安全厚度，由于设计的因素较多，目前尚无可靠的计算方法。可参考现有工程实例确定，也可区分为完整顶板与不完整顶板两种情况加以估算。这里的完整顶板系指未被节理裂隙切割或虽被切割但胶结良好的情况，否则即为不完整顶板。

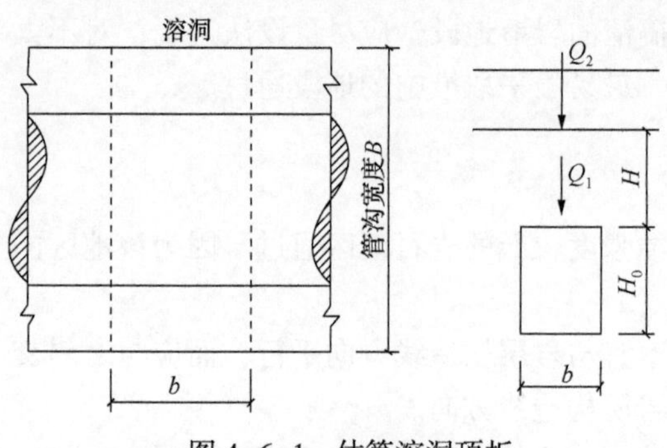

图 4-6-1　估算溶洞顶板安全厚度示意图

1. 完整顶板安全厚度估算

1）按剪切概念估算

当溶洞顶板岩层完整，洞跨较小，剪切是主要控制条件时，可按顶板受剪估算其安全厚度。

如图 4-6-1 所示，设管沟底宽为 B，溶洞宽度为 b，路基范围内的溶洞顶板自重为 Q_1、附加荷载(包括填土和活载)为 Q_2，根据极限平衡条件，顶板岩体抗剪力 T 为

$$T=Q_1+Q_2 \tag{4-6-1}$$

而 $T=\tau HL$，代入式(4-6-1)得：

$$H=\frac{Q_1+Q_2}{\tau\cdot L} \tag{4-6-2}$$

式中　τ——岩体的抗剪强度，石灰岩一般为其允许抗压强度的 1/12，kPa；

L——管沟下溶洞的平面周长，$L=2(B+b)$，m。

所得 H 再加适当的安全系数，即为顶板的安全厚度。

2）按梁板受力情况估算

当溶洞顶板岩层完整，近似于水平层，且洞跨较大，弯矩是主要控制条件时，可按梁板受力情况估算其安全厚度。

如图 4-6-1 所示，设路堤底宽为 B，溶洞宽度为 b，溶洞顶板总荷重为 Q，根据抗弯演算：

$$\frac{6M}{BH^2}\leqslant[\sigma] \tag{4-6-3}$$

得

$$H=\sqrt{\frac{6M}{B[\sigma]}} \tag{4-6-4}$$

式中　$[\sigma]$——岩体的抗弯强度，石灰岩一般为其允许抗压强度的 1/8，kPa；

M——弯矩，按两端固定梁计算，kN · m。

$$M=\frac{1}{12}Qb^2$$

所得 H 再加适当的安全系数，即为顶板的安全厚度。

2. 不完整顶板安全厚度估算

1）按坍塌堵塞概念估算

适用于顶板岩层裂隙发育、风化严重、完全有可能坍塌的溶洞。

溶洞顶板发生坍塌后，由于坍塌体体积增大，当塌落到一定高度 H 时，洞体就自行填满。

如图 4-6-2 所示，设溶洞体积为 V_0，发生坍塌的体积为 V，岩石的胀余系数为 K(石灰岩一般 $K=1.2$，黏土 $K=1.05$)，按上述概念可得：

$$VK=V_0+V \tag{4-6-5}$$

$$V=\frac{V_0}{K-1}VK=V_0+V \tag{4-6-6}$$

如溶洞为矩形，底面积为 F，则 $V=FH$，$V_0=FH_0$，代入上式，得：

$$H=\frac{H_0}{K-1} \tag{4-6-7}$$

所得塌落高度 H 再加适当的安全系数，即为顶板的安全厚度。

2）按破裂拱概念估算

适用于顶板为风化破碎的岩层。

如图 4-6-3 所示，溶洞未坍塌时，相当于天然拱处于平衡状态，如发生坍塌则形成破裂拱。破裂拱高度 H 为

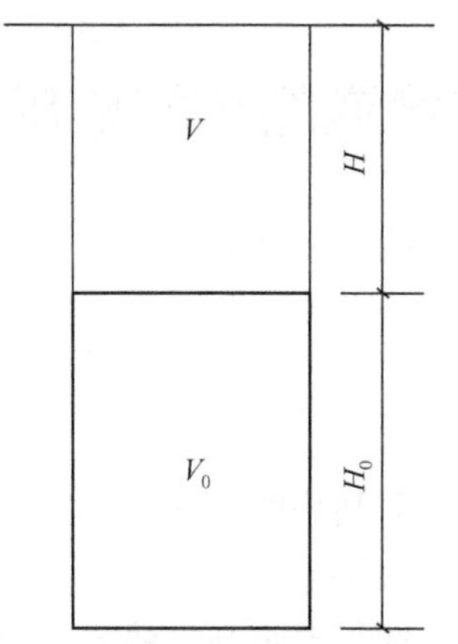

图 4-6-2　按坍塌堵塞概念估算溶洞顶板安全厚度示意图

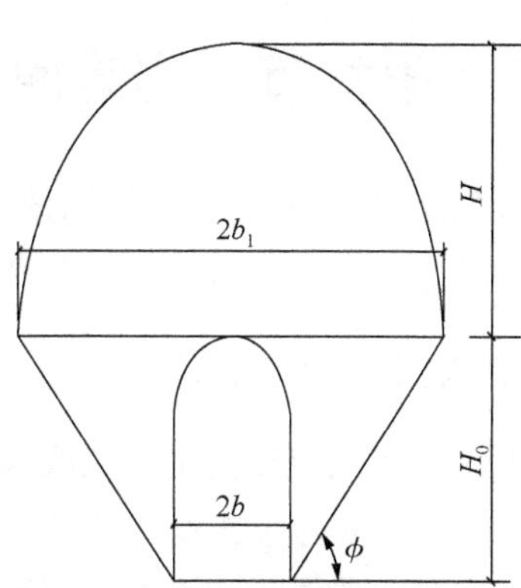

图 4-6-3　按破裂拱概念估算溶洞顶板安全厚度示意图

$$H=\frac{b+H_0\tan(90°-\phi)}{f} \tag{4-6-8}$$

其中
$$f=\frac{1}{\tan\phi}$$

式中　b——溶洞宽度的一半，m；

H_0——溶洞的高度，m；

ϕ——岩石内摩擦角，（°）；

f——岩石强度系数。

如溶洞不规则，H_0 和 b 应采用较大尺寸。

破裂拱以上的岩体重量由拱承担，因承担上部荷载尚需一定的厚度，故溶洞顶板的安全厚度为破裂拱高加上部荷载作用所需要的厚度，再加适当的安全系数。

二、溶洞距管线的安全距离估算

管道路线附近的溶洞，距离管线应有一定的距离，如一旦坍塌呈漏斗形，不致危及管线，该距离称为溶洞距管线的安全距离。由于影响因素较多，尚无可靠的计算公式，可暂按坍塌时的扩散角估算，如图 4-6-4 所示，安全距离 L 为：

$$L=L_1+L_2=H\cos\beta+L_2 \tag{4-6-9}$$

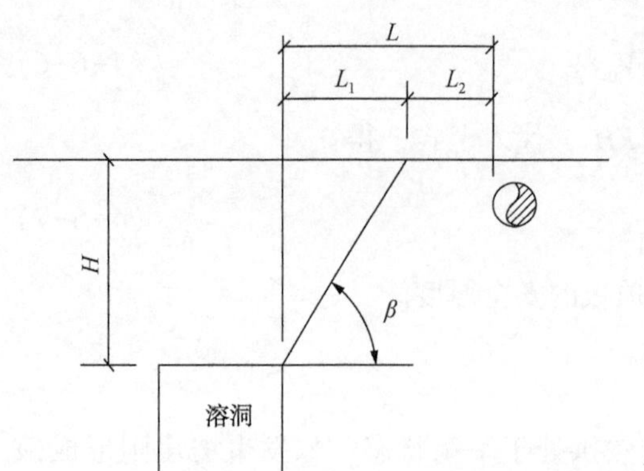

图 4-6-4　溶洞距管线的安全距离估算示意图

其中
$$\beta=\frac{1}{k}\left[45°+\frac{\phi}{2}\right]$$

式中 H——溶洞顶板厚度，m；

β——坍塌扩散角，(°)；

K——安全系数，取 1.1~1.25；

ϕ——岩石的内摩擦角，(°)；

L_2——一般不小于 5m。

如在顶板岩层上有覆盖土层，则自土层底起用 45°角向上绘斜线，求出与地面的交点，路基边坡坡脚应在交点范围以外。

第七节　岩溶地区长输管道的防护措施

岩溶地区的防治措施，主要是针对影响管道安全的岩溶和岩溶水进行预防和处理。其防治措施可以归纳为疏导、截流堵塞、跨越和加固四方面。

一、岩溶地表水的疏导

对岩溶地表水宜以疏导为主，采取因地制宜、因势利导的方法，不宜堵塞。疏导结构一般可采取排水沟渠、护岸、护底等措施，如图 4-7-1 所示。

岩溶地表水与一般河、沟道水流相比，有难以掌握其水量与水势的变化规律的特点。因此对岩溶水量的估计宁大勿小，相应的排水构筑物也应宁宽勿窄。

二、岩溶管沟水的截流、堵塞

在有些岩溶地区，由于岩石裂隙较为发育，且小型沟道支岔众多，因此管沟沟壁两侧的渗水通道较为发育。为防止管沟回填土的流失，对管沟内的渗水及水道的处理，应以堵塞为主。在封堵进入管沟水流通道的同时，还应在沟外设置一些阻水、截排措施，否则仍会给管道本体造成水患危害，如图 4-7-2 所示。

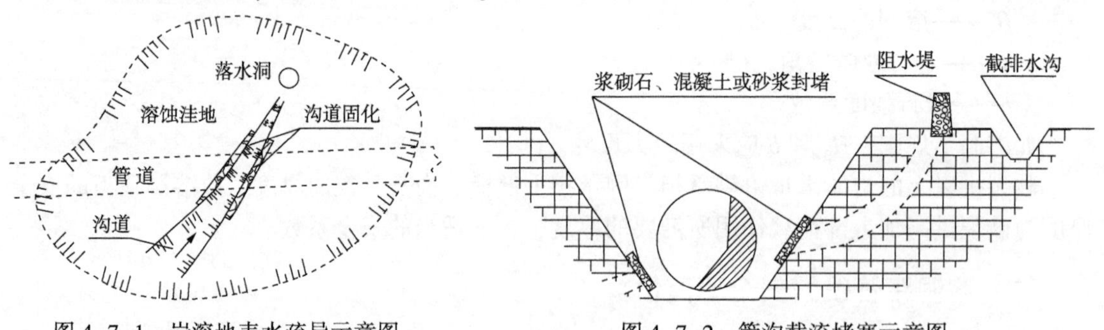

图 4-7-1　岩溶地表水疏导示意图

图 4-7-2　管沟截流堵塞示意图

三、溶洞口的跨越

管线通过岩溶洞口时，如跨越和施工条件较好，可考虑采取简易跨越的方法。

对于深而大、且过水量较大的落水洞，由于洞穴回填量及过水流量都较大，单纯采取堵塞洞穴的措施，对已有的水流态势造成较大的改变，会给管道带来新的水害侵蚀。因此管道通过此类洞穴时，宜采取拱跨的防治措施，如图 4-7-3 所示。

对于窄小而深的无水或水量较少的竖井，可采取钢筋混凝土板跨的结构措施。同时洞穴内填充透水性好的粗颗粒物质(块、卵石、砂等)，不但起到支撑的作用，而且排水宜较为通畅，如图 4-7-4 所示。

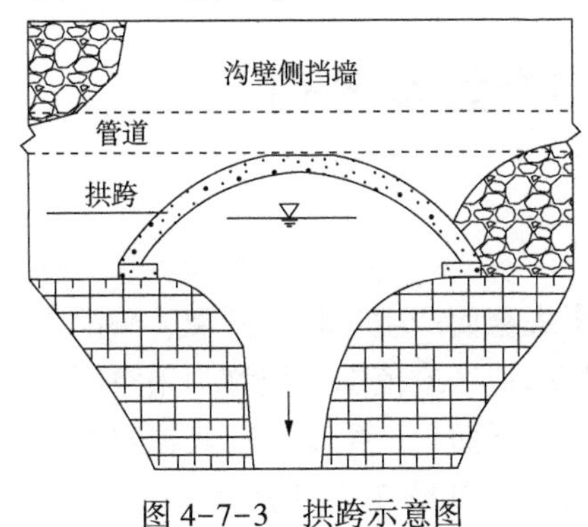

图 4-7-3　拱跨示意图

图 4-7-4　板跨示意图

四、岩溶溶洞的加固

管道敷设于岩溶溶洞顶板时，应按本章第六节第一部分的要求，进行溶洞顶板稳定性评价计算。溶洞顶板稳定性满足要求时，管道通过时可不对溶洞采取防治措施。管线必须通过不稳定岩溶溶洞顶板时，为防治地表塌陷，应采取如下溶洞加固措施。

(1) 对于跨度较大或洞内有流水的溶洞，可采取浆砌石等结构进行支顶加固，如图 4-7-5 所示，支柱间距视顶板厚度而定。

(2) 对于小型且洞内有一定充填物的溶洞，在施工条件许可的条件下，可采取块石、卵石回填加固的措施，如图 4-7-6 所示。

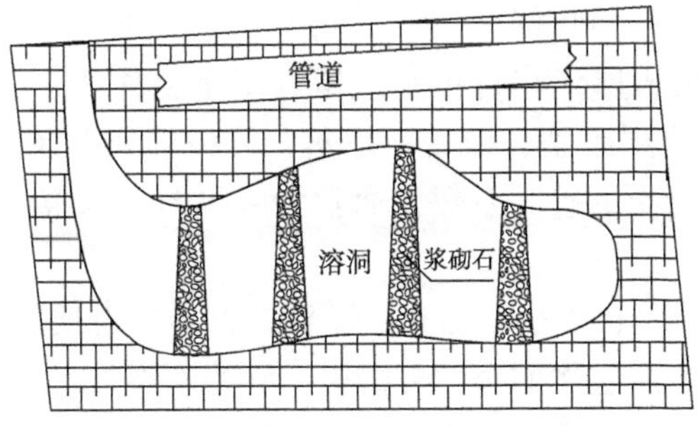

图 4-7-5　溶洞内浆砌石支柱加固示意图

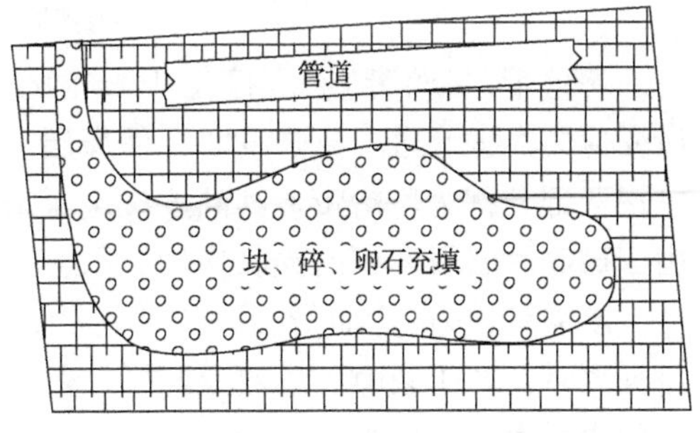

图 4-7-6　溶洞内块、卵石充填加固示意图

第五章　采空区长输管道敷设与防护

第一节　采空区的类型及分布

一、采空区的定义

地下固体矿床被开采后所形成的空间及其围岩失稳而产生位移、开裂、破碎垮落，直到上覆岩层整体下沉、弯曲所引起的地表变形和破坏的地区或范围，统称为采空区。

固体矿床采出后，周围岩石即失去平衡，岩体自下而上产生变形。其覆岩在垂直方向上的破坏可分为垮落带、断裂带和弯曲带，简称“三带”，如图 5-1-1 所示。

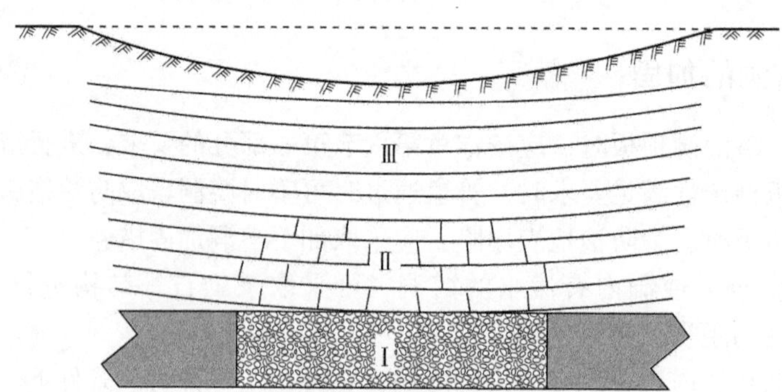

图 5-1-1　采空区岩层内部垂直分带示意图

Ⅰ—垮落带；Ⅱ—断裂带；Ⅲ—弯曲带

垮落带(冒落带)：直接位于采空区上方的顶板岩层，在自重和上覆岩层重力作用下，所受应力大大超过本身强度时，使煤层上方的部分岩层断裂、破碎而塌落，堆积于采空区，已塌落部分称为垮落带。其高度决定于采出厚度及岩石的碎胀系数，通常为采厚的 3~4 倍，由于破碎后岩石体积的碎胀作用，采空区被充填。

断裂带(破碎弯曲带、裂隙带)：垮落带上部岩层在重力作用下，所受应力超过岩层本身强度时，产生裂隙、离层及断裂，但仍保持原有岩层层次的那部分岩层，称为断裂带。此带的岩层由于坠压于垮落带上并产生较大的弯曲和变形，因而出现裂缝或断裂。

弯曲带(不破裂弯曲带)：断裂带上部的岩层在重力作用下，所受应力尚未超过岩层本身强度，产生微小变形，但整体性未遭破坏，也未产生断裂，仅出现连续平缓的弯曲变形，称为弯曲带。

地下煤层大面积采空后，煤层上部的岩层原有平衡条件受到破坏，使岩层塌落、弯曲，引起地表松散层下沉变形或裂缝，称之为地表松散层沉陷变形带。

二、采空区类型

1. 按采煤方法与顶板管理方法分类

(1) 长臂陷落法采空区：长臂大冒顶采煤法，为大型煤矿所采用。其单一工作面长度一般大于100m，推进长度大于500m。

覆岩破坏最为严重，一般具有三带的特征。当深厚比不太小时，能促使上覆岩层迅速而平稳地移动，地表下沉量达到最大，但地表变形分布均匀。但当深厚比太小时，垮落断裂带将到达地表，地表移动变形将失去其连续性，地表出现非连续性破坏，如大裂缝、台阶状断裂，甚至出现塌陷。

(2) 短臂陷落法采空区：短臂自由冒顶采煤法，为中型煤矿所采用。其单一工作面长度一般为60~80m，推进长度通常为200~300m。

(3) 巷柱或房柱式采空区：巷柱或房柱式采煤法形成的采空区。一般在顶板比较坚硬的情况下采用。

根据煤柱的尺寸大小、采留比例及采矿区充填与否，上覆岩层的破坏情况及地表移动特征有所不同。如留下煤柱尺寸较大，可以保证支持住顶板岩层使其不垮落，因而地表就可能不发生明显移动，或者很长时间内(几年或几十年)呈现极缓慢下沉。如果煤柱尺寸过小，不能支撑住顶板及上覆岩层，顶板照常垮落，覆岩破坏情况与全部垮落法几乎相同，地表出现的移动和变形不均匀。

(4) 条带法或充填法采空区：条带法或充填法采煤形成的采空区。

为了长期支撑上覆岩层和一定程度地减少地表和岩层移动与变形而采取的采一条、留一条的开采方法，称为条带法。用充填材料全部或部分充填采空区的岩层控制方法，称为充填法。

2. 按采煤深厚比分类

(1) 浅层采空区：开采深厚比小于40的采空区。

(2) 中深层采空区：开采深厚比大于40，但小于200的采空区。

(3) 深层采空区：开采深厚比等于或大于200的采空区。

3. 按采煤厚度分类

(1) 薄煤层：0.7m≤煤层厚度≤1.3m；

(2) 中厚煤层：1.3m<煤层厚度≤3.5m；

(3) 厚煤层：3.5m<煤层厚度≤8.0m；

(4) 特厚煤层：煤层厚度>8m。

4. 按矿层倾角分类

(1) 水平—缓倾斜煤层采空区：煤层倾角不大于15°；

(2) 倾斜煤层采空区：煤层倾角介于16°~45°；

(3) 急倾斜煤层采空区：煤层倾角大于45°。

5. 按采空区形成和停采的时间分类

(1) 现采空区：现采区的采空区(采煤后未放顶或刚放顶的采空区)。其地表移动、变形尚未发生或正在发生过程中。

(2) 老采空区：已停采的采空区。其地表移动、变形和移动盆地等已形成并趋于稳定。

（3）未来采空区：地下赋存有工业价值的煤层，目前尚未开采，而规划中要开采的采空区。

6. 按采空区的开采范围分类

（1）小型采空区：俗称小煤窑，多为手工作业，开采范围小，开采深度浅，多在地面下50m范围内，少数也可达200~300m，平面延伸为100~200m，以巷道采掘为主，向两边开挖支巷道。一般分布无规律或呈网格状，有单层或2~3层重叠交错。巷道的高、宽一般为2~3m，大多不支撑或临时支撑，任由其垮落。其地表变形特征：由于采空区范围窄小，地表不产生移动盆地，但因其开采深度浅、顶板又任其垮落，故地表变形剧烈，大多产生较大裂缝、台阶和陷坑；地表裂缝带常与开采工作面的前进方向平行，随工作面的推进，裂缝不断向前发展成相互平行的裂缝。裂缝一般上宽下窄，两边无显著高差出现。其类型还包括掏砂洞、掏金洞、坎儿井、古墓穴、大型地窖和大型窑洞等；

（2）大型采空区：大型采空区有规划，机械化程度高，开采范围大，回采率一般超过40%，甚至高达90%。其地表变形基本连续，会产生移动盆地，具备“三带”特征。

三、我国煤矿采空区分布及特征

1. 煤矿产分布与采空区

我国煤炭资源储量和产量，分别居世界第三位和第一位。除上海市外，各省(区)直辖市都分布有煤田，但地理分布很不均匀，90%以上煤炭储量集中于长江以北和西北地区。其中新疆、内蒙古、山西和陕西的储量占全国的75%以上。我国煤田的分布时代以早、中侏罗世煤炭储量最多，占全国总储量的一半以上；其次为石炭—二叠纪，储量占全国储量的四分之一强；晚侏罗世居第三位，占全国储量的7%；晚二叠世储量约占全国储量的6%。我国的成煤时代及煤田分布情况见表5-1-1。

2. 煤矿采空区的基本特征

（1）主要成煤时代为石炭纪、二叠纪、侏罗纪和古近—新近纪，其中石炭纪和二叠纪的煤田最多。

（2）煤系地层或覆岩的岩性，以砂岩、泥岩或页岩为主。

（3）开采深度，最浅小于30m，最深大于1000m，其中以150~370m为最多，如图5-1-2所示。且有村办、队办煤矿开采深度小，大中型煤矿开采深度大的特点。

（4）开采厚度以1~4m者居多，少数大于4m，如图5-1-3所示。

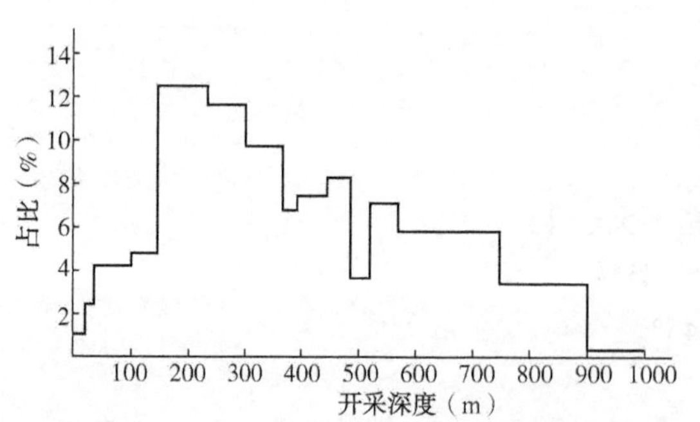

图5-1-2　我国主要煤矿开采深度分布示意图

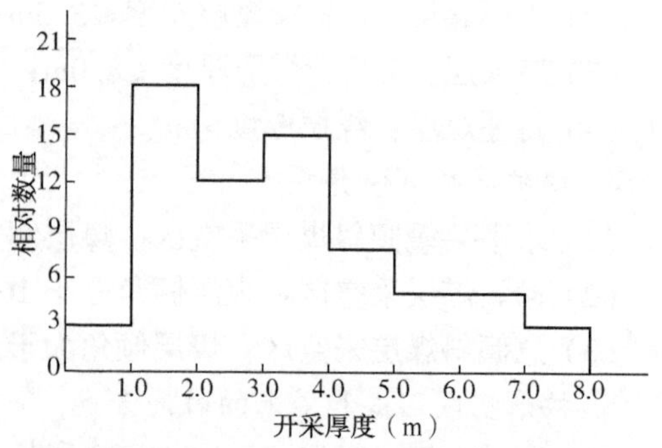

图5-1-3　我国主要煤矿开采厚度分布示意图

表 5-1-1 中国聚煤区概况

聚煤区		地理位置及省份	煤田分布情况	占全国煤炭储量比例(%)	主要煤系地层及可采煤层数量和厚度	开采的时间和规模	煤层的埋深和开采厚度	备注
编号	名称							
1	华北石炭—二叠纪聚煤区	位于贺兰山、六盘山以东，秦岭、大别山、清江断裂以北，阴山、燕山(北纬42°线)以南的华北地区，包括北京、天津、山西、山东、河南的全部，甘肃、宁夏的东部，内蒙古、辽宁、吉林的南部，陕西、河北的大部分，以及苏北、皖北等地区	石炭—二叠纪煤田遍及全区各地。晚二叠世石盒子组仅在豫淮一带含可采煤层。早、中侏罗世煤田主要分布在本区的西北及北部一带。晚三叠世、晚侏罗世及古近—新近纪煤田规模都比较小，分布局限(晚三叠世煤田分布于陕北和豫西一带；在山西、内蒙古、河南、河北及山东等地有古近—新近纪煤田零星分布)	约 45.6	石炭系(晚石炭统太原组)、二叠系(山西组和石盒子组)含可采煤层9～13层，可采总厚度0.5～10m；次为早、中侏罗统，含可采煤层1～13层；煤层总厚度9～30m，平均厚度为0.5～18m	本区勘探开发工作最早，如开滦、大同、京西、焦作、铜川、枣庄等矿区都有很久的开采历史，有的长达几百年；大规模勘探、开发是新中国成立后进行的。据统计，本区1991年的原煤产量为63130.62×10^4t，占全国同期原煤产量的58.23%，同年的矿井数量为1188处	煤层埋深0～2400m，有的埋深大于2400m。开采深度多为150～400m，大于1000m的矿区或矿井较少	本区为煤田分布范围广、数量多、煤层多、储量大、原煤产量也最大、每种齐全的焦煤、主焦煤和动力煤的重要产地和能源基地，对国民经济影响重大。它是我国多层煤矿采空区分布最多的地域
2	华南晚二叠世聚煤区	位于龙门山、大雪山、哀牢山以东，秦岭、大别山以南，包括贵州、广西、广东、海南、湖南、江西、浙江、上海、重庆、福建的全部，云南、四川、湖北的大部，苏皖两省的南部，涉及15个省(区)市	晚二叠世煤田遍及本区，仅苏南、海南没有。晚三叠世煤田在川、桂、粤、赣、鄂、闽、浙等省(区)有一些分布。其中川、滇、湘、赣四省分布较多。古近—新近纪煤田分布于云南东部、广西、广东等地。在川西、黔西、浙东、闽西有零星分布。早石炭世煤田，仅在黔西、桂北、湘中、粤北一带煤层发育，有一定的工业储量。早二叠世煤田仅在鄂东南、湘西、滇东、黔西有可采煤层分布	约 7.5	晚二叠统煤系地层，可采煤层1～38层，可采总厚4～50m，一般5～20m，单层可采厚度1～3m。晚三叠统含煤地层，可采煤层1～5层，采厚1m左右。古近—新近系含煤地层，含复煤层1层，煤层厚4～223m，平均139m。早石炭统含煤地层含1～3层可采煤层，煤层厚度1～5m。早二叠统煤系地层，含1层局部可采煤层，煤层厚度0～14m	勘探开发也很早，如萍乡、南桐、乐平等矿区19世纪已开采。大量地勘探开发是新中国成立后，特别是20世纪60—70年代才大规模地开采。本区1991年原煤产量为22155.94×10^4t，占全国同期的原煤产量20.44%；矿井数量约5008处。其中云南、贵州、四川、湖南、江西等5省的原煤产量占本区的84.2%	煤层埋深0～6000m，有的大于6000m。目前开采的深度，多小于300m。古近—新近系煤田的煤层埋藏浅，多是露天开采	云南、贵州、四川、江西和湖南等5省的煤炭储量占本区的50%左右，原煤产量(1991年)占本区的84.2%。因此，本区煤矿采空区主要分布在这5省之内

续表

聚煤区		地理位置及省份	煤田分布情况	占全国煤炭储量比例(%)	主要煤系地层及可采煤层数量和厚度	开采的时间和规模	煤层的埋深和开采厚度	备注
编号	名称							
3	东北内蒙古晚侏罗世聚煤区	本区位于阴山、大青山、燕山、长白山以北，狼山以东，范围包括黑龙江省全部和吉林、辽宁的大部分，内蒙古东部和河北省部分地区	本区主要为晚侏罗世煤田，分布全区。其中以内蒙古东三盟、三江平原、松辽平原南部和阴山构造带北缘分部较集中。晚侏罗世煤田的煤炭储量占本区储量的78%左右。次为早、中侏罗世煤田，主要见于内蒙古东部的巴林、扎鲁特，吉林的白城及漠河一带。在中蒙边境的阿巴嘎和吉林省汪清等地有若干孤立的小煤田。古近—新近纪煤田分布本区东部，即抚顺—密山断裂带和依兰—伊通断裂带内的煤田，松辽盆地北部依安、珲春，内蒙古东部翁牛特西等地	9.2左右	晚侏罗统含可采煤层1~40层，各煤田可采煤层数相差很大。煤层厚度0~119m，最大单层厚度286m(胜利煤田)；可采煤层总厚度为5~286m。如霍林河煤田含可采煤层8~13层，平均煤层厚45~102m，最厚275m。早、中侏罗统，煤层厚度不稳定，变化大，可采和局部可采煤层9~24层，煤层总厚度3.85~80.6m。古近—新近系含可采煤层1~2层，其总厚度0~130m	中国古代已开采和利用煤炭，但都是零星地土法开采。日本占领时是掠夺式开采，规模不大。真正大规模地勘探开发是新中国成立以后，尤其是20世纪70—90年代规模最大。据1991年统计，本区的原煤产量为19191.94×10^{4}t，占全国原煤产量的17.7%，其中矿井数量为2431处	本区煤层埋深为0~2000m。部分煤田的煤层埋深小(浅)、煤层厚度大，多是露天开采。如抚顺、阜新、霍林河、元宝山等露天煤矿区。煤层开采深度多为300~500m，大于500m的较少	
4	西北早中侏罗世聚煤区	位于贺兰山、六盘山以西、昆仑山、西秦岭以北的西北地区，包括新疆的全部，青海、甘肃的大部，宁夏和内蒙古的一部分	早、中侏罗世煤田在新疆、青海、甘肃境内分布较为普遍，即在天山南北、河西走廊、大通河流域，柴达木盆地北缘，阿尔金山及喀拉米兰一带广泛分布。其中新疆的煤炭储量达1.6×10^{12}t，占全区的90%以上。全区探明储量240×10^{8}t左右，大部分在新疆境内以及祁连地区。晚古生代煤田主要分布于甘肃的河西走廊一带。晚二叠世煤田在新疆库车、北塔山及青海湖西南的都兰等地零星分布	约37.5	早、中侏罗统煤层系地层含可采煤层2~30层，平均总厚度10~50m，最大厚度240m(乌鲁木齐)，单层厚度达81.75m(江仓矿区)	新中国成立以前，本区的煤田勘探开发工作基本上是空白。新中国成立后虽然做了大量地质工作，总的来看，工作程度还是比较低的。目前仅甘肃的窑街、阿干镇、靖远、新疆的哈密、乌鲁木齐、艾维尔沟、他什店，青海的大通、江仓、热水、大煤沟等矿区有一定规模的现代化开采。截至1991年底，本区的原煤产量为3940×10^{4}t，占全国的3.63%，矿井数量为695处	煤层埋深为0~3300m。开采厚度多数矿区小于300m，大于300m的很少	本区煤炭数量占全国的1/3强，新疆的煤炭储量占本区的90%以上。目前开采的规模比较小，主要在新疆境内。本区为我国重要的能源后备基地。煤矿采空区主要分布在新疆、甘肃境内

续表

聚煤区编号	聚煤区名称	地理位置及省份	煤田分布情况	占全国煤炭储量比例(%)	主要煤系地层及可采煤层数量和厚度	开采的时间和规模	煤层的埋深和开采厚度	备注
5	滇藏中生代聚煤区	位于龙门山、大雪山、哀牢山以西，昆仑山以南，包括西藏全部、青海南部，以及川西和滇西部分地区	晚三叠世煤田主要分布于唐古拉山和念青唐古拉山之间。古近—新近纪煤田主要见于滇西南一带。石炭纪煤田分布于唐古拉山以北昌都一带。侏罗纪、白垩纪煤田主要分布于雅鲁藏布江沿岸及喜马拉雅山北麓。青藏高原地壳活动性大，不利于煤炭沉积，区内煤层不发育	西藏—滇西和台湾中、新生代等煤田的煤炭储量，仅占全国的0.2%，不到100亿吨	晚三叠统煤系地层，含可采和局部可采煤层2~30层，可采总厚度1.6~15m，单层厚度0~20m。古近—新近系含可采煤层0~60m，单层厚0.3~5m，个别达20m。早石炭统含煤2~14层，局部可采，单层厚0~2m。中、晚石炭统含可采煤层2层，煤厚分别为1.26m和2.85m。二叠系煤层厚度一般为1m，最后达10m	本区基本没有勘探开发，仅有些土法开采的小煤窑。据1991年统计，原煤产量为0.9×10^4t，占全国同期原煤产量不到万分之一，仅有矿井1处	煤层埋深为0~3000m，开采深度小于200m	本区各时代的煤系地层的煤层厚度及不稳定，变化大，多呈透镜体状（尖灭频繁）。现有年产3×10^4t原煤的矿井一处
6	台湾石炭—二叠纪聚煤区	位于台湾岛及其周边	古近—新近纪煤田主要分布在基隆、台北、新竹、苗栗、台中及阿里山一带		古近—新近系含可采煤层1~12层，单层厚多在1m以内，可采煤层厚度为0.25~0.6m。煤层总厚度在5m以内	没有资料	没有资料	是我国煤炭储量最少的省份

第二节　采空区地表变形特征及其对管道的危害

一、采空区地表变形特征

1. 地表移动盆地的形成

地下矿层被开采后，其上部岩层失去支撑，平横条件被破坏，随之产生弯曲、塌落，以致发展到地表下沉变形，造成地表塌陷，形成凹地。随着采空区的不断扩大，凹地不断发展成为凹陷盆地，即地表移动盆地。

地表移动盆地的范围要比采空区面积大得多，其位置和形状与矿层的倾角带大小有关。矿层倾角水平或缓倾时，地表移动盆地位于采空区正上方，形状对称于采空区，如图 5-2-1 所示；矿层倾角较大时，盆地在沿矿层走向方向仍对称于采空区，而沿倾向方向，移动盆地与采空区的关系是非对称的，并随着倾角的增大，盆地中心越向倾向方向偏移，如图 5-2-2 所示。

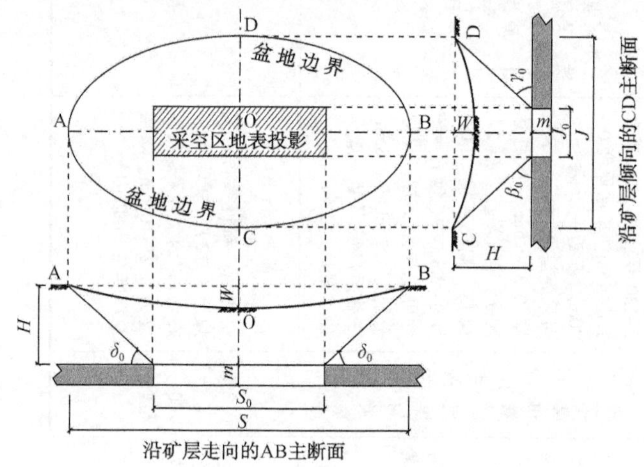

图 5-2-1　水平矿层上方的地表移动盆地示意图

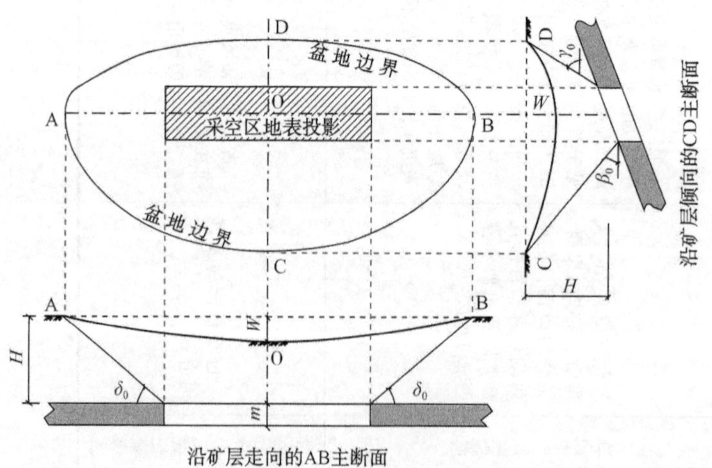

图 5-2-2　倾斜矿层上方的地表移动盆地示意图

2. 地表移动盆地的类型

按开采范围的大小，地表移动盆地基本可分为充分采动(地表下沉值 W 达到某种地质条件下可能的最大值 W_{max})、非充分采动(地表任意点的下沉值 W 均未达到某种地质条件下可能的最大值 W_{max})和超充分采动(地表有多个点的下沉值 W 达到 W_{max})3 种类型，如图 5-2-3 所示。

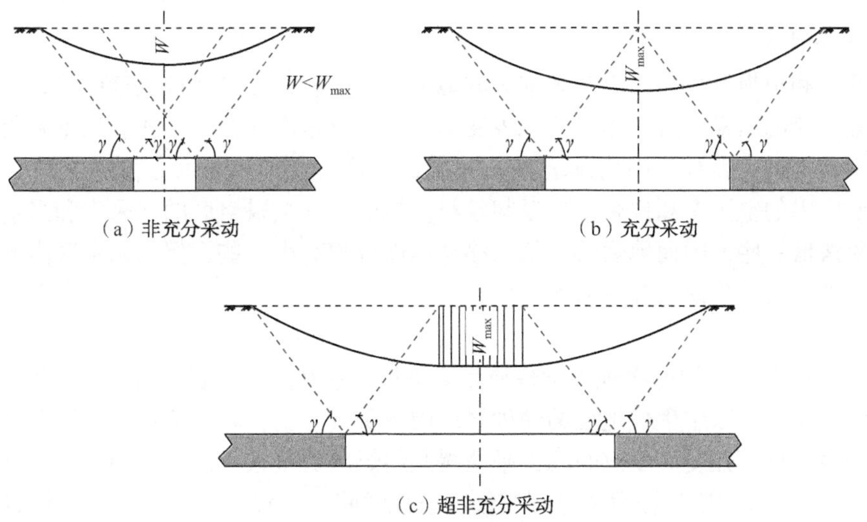

图 5-2-3 地表移动盆地类型示意图

3. 地表移动盆地的分区

当开采达到充分采动后，此时的地表移动盆地，称为最终移动盆地。最终移动盆地，根据地表变形特征和变形值的大小，自移动盆地中心向边缘地带可分为三个区：中间区、内边缘区和外边缘区，如图 5-2-4 所示。

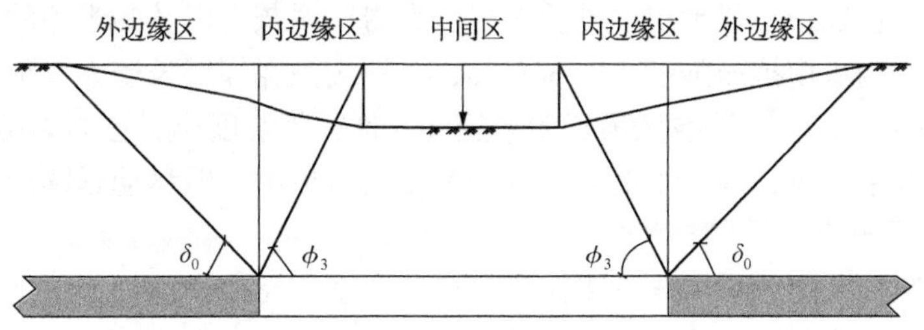

图 5-2-4 水平矿层上方的地表移动盆地分区示意图

(1) 中间区：位于采空区正上方，地表下沉均匀，但地表下沉值最大；地面平坦，一般不出现裂缝。

(2) 内边缘区：位于采空区外侧上方，地表下沉不均匀，地面向盆地中心倾斜，呈凹形；产生压缩变形，地面一般不出现明显裂缝。

(3) 外边缘区：位于采空区外侧矿层上方，地表下沉不均匀，地面向盆地中心倾斜，成凸形；产生拉伸变形，当拉伸变形超过一定数值后，地表产生张裂缝。

二、采空区地表变形分类及影响因素

采空区地表变形分为两种移动和三种变形。两种移动是垂直移动(下沉)W(单位：mm)和水平移动μ(单位：mm)；三种变形是倾斜i(单位：mm/m)、弯曲k(曲率单位：10^{-3}/m)和水平变形ε(拉伸为正、压缩为负，单位：mm/m)。影响采空区地表变形主要有4种因素。

1. 开采条件因素

矿层开采和顶板管理方法以及采空区的地大小、形状、工作面推进速度等，是影响地表移动变形最直接的因素，直接影响着地表变形值、变形速度和变形形式。长壁陷落法采空区的回采率高，推进速度快，因而地表移动速度快，移动变形量也大。但随着采空时间的推移，老采矿区内的空洞率和残余变形量却较小。短壁陷落法采空区的回采率和采空区面积都较长壁陷落法低一些，因而地表移动量和移动速度也相对小一些，但老采空区内的空洞率和残余变形量都较长壁陷落法开采略大一些。

2. 岩性因素

采空区上覆岩(土)层的物理力学性质是影响地表移动变形和稳定性的重要因素。

(1) 坚硬覆岩：以中生代地层的硬砂岩、硬石灰岩为主，岩层节理裂隙不发育，整体性较好，平均单项抗压强度大于60MPa，平地缓倾斜煤层长壁大冒顶开采的最大下沉量约为采厚的27%~54%。采空区顶板冒落过程缓慢，空顶时间长，冒落岩块较大，上覆岩层裂隙带发育较高，因而冒裂岩块间的空洞率较大，地表下沉和移动变形量较小，但移动时间较长。

(2) 中硬覆岩：以中生代地层的中硬砂岩、石灰岩、砂质页岩和页岩为主，岩层节理和裂隙较发育，平均单项抗压强度为30~60MPa，平地缓倾斜煤层长壁大冒顶开采的最大下沉量约为采厚的55%~84%。采空区顶板冒落较快，一般可随工作面的推进即时冒落，冒落岩块较小，上覆岩层裂隙带发育比坚硬岩低，冒裂岩块间的空洞率也较小，地表下沉和移动变形量较小，但移动延续期也比坚硬覆岩短。我国中硬覆岩矿区分布面积最大。

(3) 软弱覆岩：以新生代地层的砂质泥岩、泥岩、泥灰岩以及黏土和砂质黏土等软岩层和松散层为主，平均单项抗压强度小于30MPa，平地缓倾斜煤层长壁大冒顶开采的最大下沉量约为采厚的85%~100%。采空区顶板随采随冒，且冒落块度小，覆岩裂隙带发育高度低，冒裂岩层间的空洞率很小，地表下沉和移动变形量大而集中，但移动延续期短。

3. 采深与采厚因素

采空区地表移动变形的大小与开采深度呈反比关系，而地表移动范围则与采深呈正比关系。采空区地表移动变形的大小与开采厚度(煤层法向厚度)正相关，即采厚越大，或开采层数越多，地表变形量也越大。综合考虑，一般用采深采厚比来描述地表移动变形的情况。

(1) 浅层采空区：地表移动变形剧烈，移动速度和移动变形量都很大，地面可出现明显的台阶状塌陷裂缝和塌陷坑，地表裂缝可能与下部裂隙带连通，但移动延续时间短，地下空洞率和残余变形相对较小。目前浅层采空区约占我国煤矿采矿区的25%。

(2) 中深层采空区：采空区地表可产生不同程度的移动、变形和裂缝。目前中深层采空区约占我国煤矿采矿区的60%。

(3) 深层采空区：地表移动范围较大，但移动速度缓慢，移动变形量小，地表一般不会发生明显的塌陷裂缝，亦不会对地面构筑物产生结构性损害。目前中深层采空区约占我国煤矿采矿区的15%。

4. *矿层倾角因素*

矿层倾角直接影响采空区地表移动变形的分布状态。

(1) 水平—缓倾斜煤层采空区：地表移动盆地大体与采空区的平面位置相对称，如图5-2-5所示，地表移动变形分布大致对称于采空区中心。

(2) 缓倾斜煤层采空区：地表移动盆地偏向下山方向，如图5-2-6所示，地表移动变形值对采区中心呈偏态分布，下山方向的移动范围、移动变形值和移动延续时间都大于上山方向。

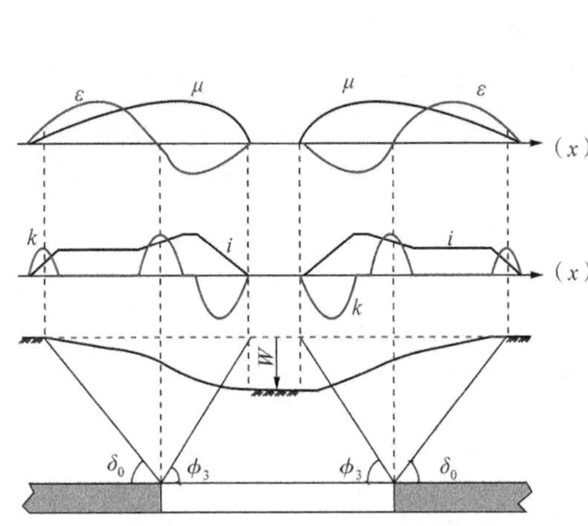

图5-2-5　水平矿层上方的地表移动盆地及移动变形示意图

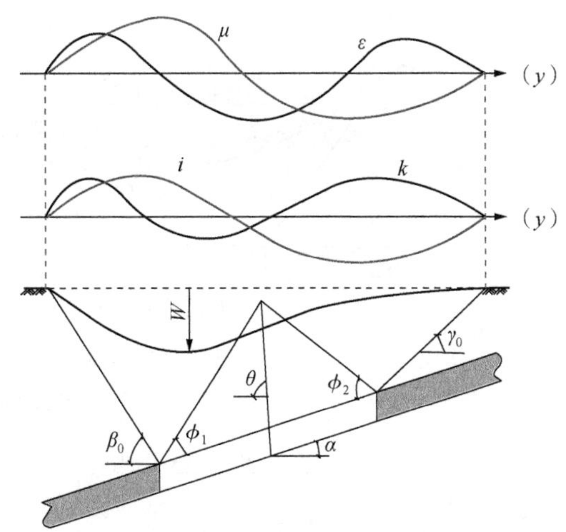

图5-2-6　倾斜矿层上方的地表移动盆地及移动变形示意图

(3) 急倾斜煤层采空区：地表移动盆地偏于下山方向。由于顶板冒落岩块沿底板滑动或滚动堆积于下山方向，倾向主断面常呈勺形，煤层露头处常出现塌陷槽，移动盆地的移动变形分布呈极不对称状态，有的水平移动可能大于下沉，移动盆地内常出现较宽的地表裂缝和倒台阶式剪切变形。

三、采空区地表变形对管道的危害

(1) 采空区地表移动盆地的形成造成管道移动。

采空区上方形成的地表移动盆地会造成敷设于移动盆地内的管道产生水平和竖向移动（位移），如图5-2-7所示。其中竖向位移向下，水平位移向移动盆地轴线方向。管道移动的发生主要是由于盆地内各土质点都发生了不同程度的移动变形所致，因此管道位移方向与地表各土质点的移动方向基本一致，但管道的位移量大小不与相应的土质点同步。由于钢制管道与土体的弹性模量不同，因此管道位移幅度小于各相应土质点的移动幅度。

(2) 采空区地表移动盆地及盆地中各土质点的变形造成管道变形。

管道变形一般采用任一管道截面上所承受到的最大拉伸ε_t^{max}应变或最大压缩应变ε_c^{max}来衡量，这也是基于应变的管道设计方法的核心所在。虽然采空区地表变形分为是垂直移动W、水平移动μ以及倾斜i、弯曲k和水平变形ε，但作用于管道上无外乎表现为拉伸和压缩两种变形。图5-2-8显示了地表移动盆地造成地表及埋地管道的变形情况。

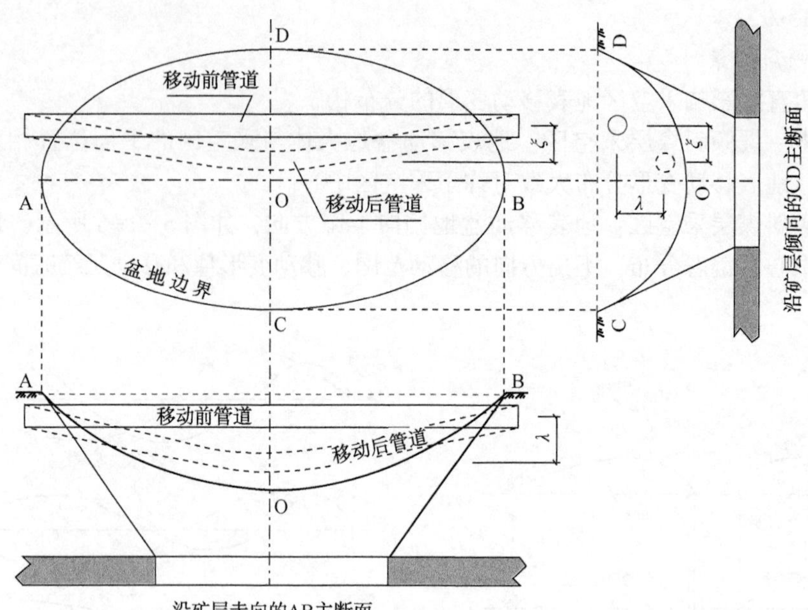

图 5-2-7 地表移动盆地及埋地管道移动示意图

λ—管道竖向位移；ξ—管道水平位移

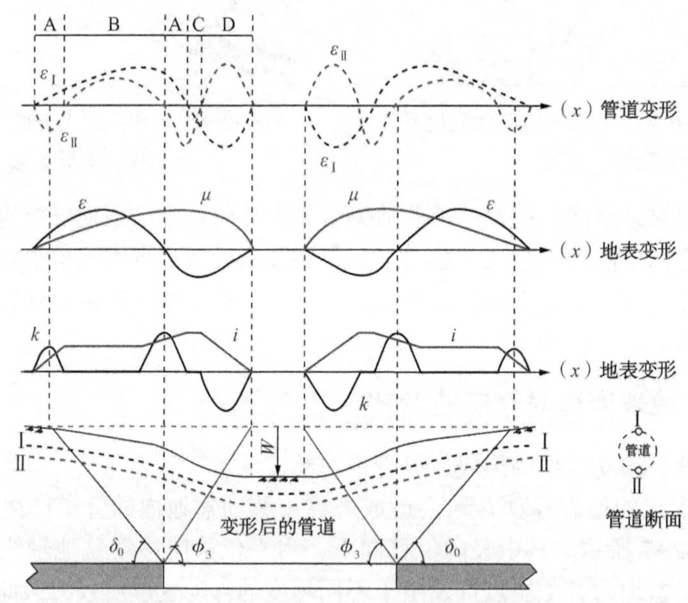

图 5-2-8 地表移动盆地及埋地管道变形示意图

Ⅰ—管道截面顶轴线；Ⅱ—管道截面底轴线；ε_{I}—管道截面顶轴线的应变；$\varepsilon_{\mathrm{II}}$—管道截面底轴线的应变

管道应变可分为四个区：A 区管道截面顶轴线的应变表现为拉伸，而管道截面底轴线的应变表现为压缩，该区管道呈现为向上的弯曲状态；B 区管道截面顶轴线和底轴线的应变均表现为拉伸，该区管道呈现为倾斜直线状态；C 区管道截面顶轴线和底轴线的应变均表现为压缩，该区管道宜呈现为倾斜直线状态；D 区管道截面顶轴线的应变表现为压缩，而管道截面顶轴线的应变表现为拉伸，该区管道呈现为向下的弯曲状态。

由于地表移动盆地所产生的地表变形，会引起管道本体产生相应的变形，当管道某一截面的最大拉伸 ε_t^{max} 应变或最大压缩应变 ε_c^{max} 超过管道本体的极限拉伸应变 ε_t^{crit} 或极限压缩应变 ε_c^{crit} 时，会造成管道断裂或屈曲褶皱，导致管道破损。

第三节　采空区地表稳定性的初步评价方法

采空区地表稳定性的初步评价，应在搜集有关资料的基础上，分别对采空区地表移动延续期、老采空区剩余沉降量和残余移动期、采深与采厚条件及地表移动和变形最大值的预测四方面进行地表稳定性的初步评价。

一、资料搜集

在对采空区地表稳定性初步评价之前，应搜集如下资料：

(1) 矿层分布、层数、厚度、埋深和上覆岩层的基本岩性、构造等；

(2) 矿层开采的范围、深度、厚度、开采时间、停采时间、开采方法和顶板管理方法；

(3) 地表变形特征和分布，包括地表、陷坑、台阶、裂缝的位置、形状、大小、深度、延伸方向及其与地质构造、开采边界、工作面推进方向等的关系；

(4) 地表移动盆地的特征，划分中间区、内边缘区和外边缘区，确定地表移动和变形的特征值；

(5) 采空区附近的抽、排水情况及其对采空区的影响；

(6) 搜集采空区附近建筑物变形和防治措施经验；

对以上搜集到的关于采空区的资料，必要时应利用物探和钻探的方法予以验证。

二、地表移动延续期的求取方法

1. 地表移动延续期的基本概念

采空区地表任意点的移动都要经历初始期 T_C、活跃期 T_H、衰退期 T_S 和残余期 ΔT，各时期的移动量和移动速度各不相同。其中初始、活跃和衰退三期之和称为移动延续期 T。

$$T=T_C+T_H+T_S \tag{5-3-1}$$

有关资料表明，地表移动延续期的长短与覆岩性质、开采方法、开采深度和工作面推进速度等因素有关。在长壁陷落法开采条件下，上覆岩层越硬，开采深度越大，工作面推进速度越慢，移动延续时间越长；反之，上覆岩层越软，开采深度越小，工作面推进速度越快，移动延续时间越短。

2. 地表移动延续期的划分

地表移动延续期通常依据最大下沉点的下沉与时间关系曲线和下沉速度曲线来划分，如图 5-3-1 所示。

1) 移动初始期 T_C

指地表点受工作面超前采动影响的下沉量达到 10mm 开始，至下沉速度达到 1.7mm/d (急倾斜煤层为 1.0mm/d，下同)为止的天数。对于中硬覆岩浅—中深层长壁陷落法采空区，移动初始期下沉量约占移动延续期总下沉量的 2%～5%，经历时间约占移动延续期的 3%～8%。

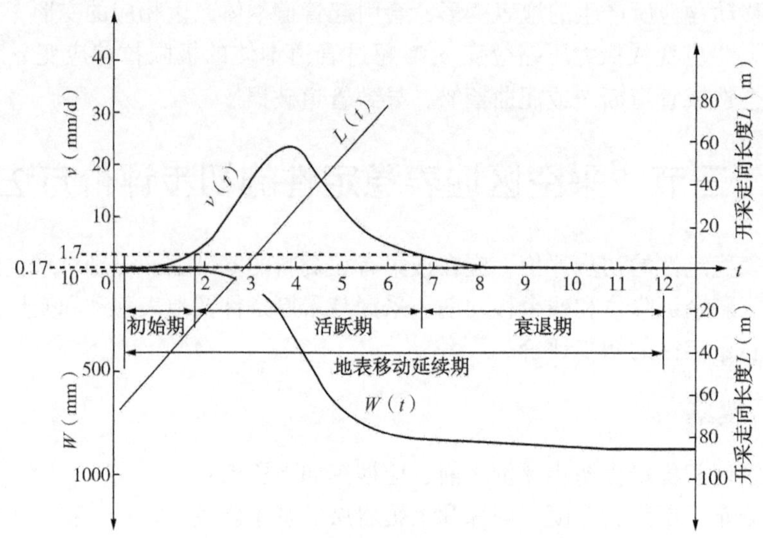

图 5-3-1　地表移动期的划分示意图

2）移动活跃期 T_H

指地表点的下沉速度大于 1. 7mm/d 所经历的天数。移动活跃期介于初始期和衰退期之间，是地表移动变形过程的集中阶段，亦称危险变形期。对于中硬覆岩浅—中深层长壁陷落法采空区，移动活跃期下沉量约占移动延续期总下沉量的 85%～95%，经历时间约占移动延续期的 35%～50%。

3）移动衰退期 T_S

指地表点的下沉速度小于 1. 7mm/d 开始，至下沉速度降到 0. 17mm/d 为止的天数。移动衰退期经历的时间较长，但移动量较少。对于中硬覆岩浅—中深层长壁陷落法采空区，移动初始期下沉量约占移动延续期总下沉量的 3%～10%，经历时间约占移动延续期的 40%～60%。

4）残余移动期 ΔT

亦称潜在移动期。一般指采空 1～3 年以后的采空区。

3. 地表移动延续期的计算

根据国内外某些长壁采空区的资料表明，工作面停采 5 年以后，地表移动会基本结束。对于浅层采空区，移动时间相对较短，一般采深小于 100m，持续时间为 8～10 个月；采深 100～200m，持续时间为 12～24 个月；采深 200～300m，持续时间为 24～36 个月。

在无实测资料的条件下，《建筑物、水体、铁路及主要井巷煤柱留设与压煤开采规程》推荐计算地表移动的延续期 T 的公式如下：

$$T=2.5H_0 \tag{5-3-2}$$

式中　H_0——工作面平均采深，m。

高速公路对建设场地稳定性评价的可靠度要求较高，因此该行业有关资料建议，在无实测资料验证时，采空区停采边界上方地表沉降延续时间 T 应按下式计算：

$$T=3.5H_0 \tag{5-3-3}$$

我国国内很多矿区亦建立了地表移动延续时间与开采深度等的回归关系，如表 5-3-1

所示。

表 5-3-1　国内部分矿区移动延续时间的回归关系式

矿　区	移动延续时间表达式	备注
本溪矿区	$T=2.103H_0+417$	A——回采工作面面积，m^2；
抚顺矿区	$T=2112-10.6A/H_0$	D_1——工作面斜长，m；
双鸭山矿区	$T=0.95H_0+262$	$\delta_{开采}$——开采厚度，m；
鹤岗矿区	$T=D_1(0.562-0.00353H_0/\delta_{开采})$	$v_{工作面}$——工作面推进速度，m/d
淮北矿区	$T=81.5+1.11H_0\pm74.9$	
徐州矿区	$T=2.87H_0+8$	
东煤矿区	$T=2.28H_0+43$	
兖州矿区	$T=0.628H_0/v_{工作面}+269$	

4. 任意时刻地表沉降量的经验公式计算

目前国内关于采空区地表任意时刻的沉降量的研究不多，国内抚顺矿区根据地表移动观测资料得到沉降与时间的关系如下：

$$W_t=W_{max}\left[1-e^{-5.3\left(\frac{t}{T}\right)}\right] \tag{5-3-4}$$

式中　W_t——t 时刻地表下沉值，m。

根据式(5-3-4)，可以计算出不同时刻地表移动量的大小，从而得到任意时间段地表下沉量增量大小，则任意时间段地表下沉的增量为：

$$\frac{\Delta W}{W_{max}}=e^{-5.3\frac{t_1}{T}}-e^{-5.3\frac{t_2}{T}} \tag{5-3-5}$$

式中　t_1，t_2——计算的时间段。

三、老采空区剩余沉降量及残余移动期 ΔT 的经验图解法

为安全起见，对于老采空区剩余沉降量计算，将式(5-3-5)中的 t_1 取工作面已经开采完成的时间，t_2 可以认为无限远的时间，即 $t_2\to\infty$，则式(5-3-5)可为：

$$\frac{\Delta W}{W_{max}}=e^{-5.3\frac{t_1}{T}} \tag{5-3-6}$$

从式(5-3-6)可以计算出可能的剩余沉降占最大下沉量的百分比，从而为计算地表剩余下沉的参数选取提供基础。

根据式(5-3-2)和式(5-3-6)可以计算得到不同开采深度条件下，工作面结束开采的不同时间段内地表剩余下沉量与最大下沉量的比值，如图 5-3-2 所示。

从图 5-3-2 可以看出，地表剩余下沉量在工作面结束 10 年后已经非常小，小于地表最大下沉的万分之二，地表移动已经稳定，不需要考虑开采引起的地表移动。

不同开采深度工作面，地表剩余量不同，在工作面开采结束 5 年后，除开采深度为 900m 的地表最大剩余沉降量为最大下沉量的 1.36%外，其余都在 1%以下，与国内外相关观测资料相符。因此可以认为，当工作面开采结束 5 年后，地表移动对管道影响很小，可以不考虑。但为安全起见，取 5~10 年内的工作面的地表下沉系数为 0.02。

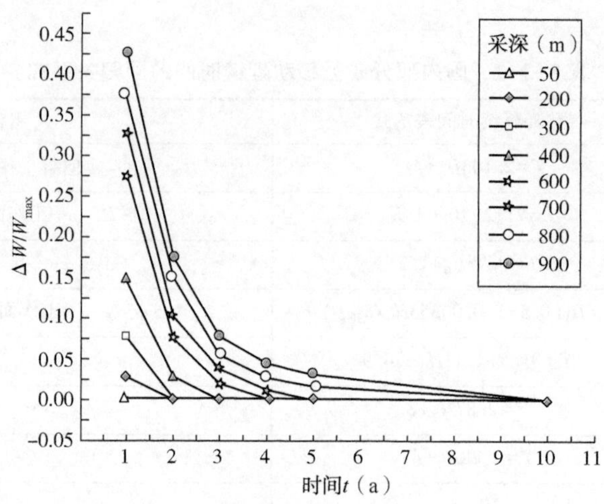

图 5-3-2　老采空区剩余沉降量与最大沉降之比同时间、采深的关系示意图

开采结束 2 年后，地表最大剩余沉降量为最大下沉量的 18%（900m 采深）。当采深在 500m 以下时，地表最大剩余沉降量为最大下沉量的 4%以下，因此可以取开采结束 2~5 年以内的工作面地表下沉系数为 0.05。

由于地表移动期定义为最大下沉点的时间，对于非地表最大下沉点，移动的时间将小于这一时间。特别是在开采结束后，地表下沉速度急剧衰减。另外地表移动大部分出现在活跃期内，考虑到上述因素，对于开采结束 1~2 年内、且采深小于 500m 的工作面，可取地表下沉系数为 0.2。

四、依据采深、采厚条件判别法

1. 公路行业经验公式

1）冒裂带高度的计算

按矿层开采的深厚比 H/M 或开采深度 H 来判断地表的稳定性的方法，目前较为广泛地应用于公路、铁路等行业的采空区稳定性的初步判别。由于地下采空区顶板冒落后会产生下部冒裂带（冒落带+断裂带）和弯曲带，冒裂带的岩体受采动影响发生冒落或存在空洞和裂隙，属不稳定岩体，下部冒裂带垂高 H_{li} 可按下列经验公式计算：

水平—倾斜煤层：

$$H_{li}=\frac{100M}{aM+b}\pm c \tag{5-3-7}$$

急倾斜煤层：

$$H_{li}=\frac{100Mh}{ah+b}\pm c \tag{5-3-8}$$

式中 M——单层开采的采厚或多层开采的累计厚度，m；

h——阶段垂高，m；

a，b，c——系数，均与覆岩物理性质有关，可按表 5-3-2 查取。

表 5-3-2　冒裂带高度计算 a，b，c 系数表

覆岩分类	覆岩性质		水平—倾斜煤层			急倾斜煤层		
	岩性	单向抗压强度(MPa)	a	b	c	a	b	c
坚硬	石英砂岩、硬质灰岩、砂质页岩和砾岩	80~40	1.2	2.0	8.9	4.1	133	8.4
中硬	砂岩、泥质灰岩、砂质页岩、页岩	40~20	1.6	3.6	5.5	7.5	293	7.3
软弱	砂质泥岩、泥岩	20~10	3.1	5.0	4.0			
极软弱	铝土岩、风化泥岩、黏土、砂质黏土	<10	5.0	8.0	3.0	—	—	—

2)安全开采深度的计算

长壁陷落法采空区管道安全开采深度 H_a 可用下列经验公式计算：

$$H_a \geqslant H_{li}+H_d+H_j+H_y \tag{5-3-9}$$

式中　H_d——地表弯曲带深度，m；

H_j——管沟深度，m；

H_y——管道加载对地基的扰动深度，m；

由式(5-3-7)和式(5-3-8)分析，冒裂带高度 H_{li} 一般不超过采厚 M 的 20 倍，地表弯曲带垂深 H_d 一般不超过 10m，管沟开挖深度 H_j 一般不超过 5m，管道加载对地基的扰动深度 H_y 基本为零。即式(5-3-9)中后三项之和为 15m。假定后三项之和也为采厚 M 的 20 倍(相当于 $M=0.75$m)，则式(5-3-9)可表达为

$$H_a \geqslant 20M+20M \approx 40M \tag{5-3-10}$$

从而得出，长壁陷落法采空区开采深厚比大于 40 时，管道敷设于采空区是安全的。柱式或其他开采方法形成冒裂带高度和地表弯曲带垂深小于长壁陷落法采空区，因而取等于或大于 40 倍采深作为临界采深也是安全的。

2. 铁路行业经验公式

一般而言，随着开采深度的增加，地表移动范围越来越大，而变形越来越小。当达到一定开采深度，其影响地表移动的程度对路基或建筑物不起有害作用时，即视为安全深度。安全深度 H_a 可根据采厚 M 和安全系数 K_a 按下式计算：

$$H_a = K_a M \tag{5-3-11}$$

K_a 值可参考表 5-3-3 选取。

表 5-3-3　安全系数 K_a 表

采动情况	矿层倾角(°)	安全系数 K_a		
		建筑物类别		
		1 类及 2 类	3 类	4 类
初次采动	0~45	75	125	175
	46~90	75	100	150
重复采动	0~45	75	150	200
	46~90	75	100	150

注：建筑物类别依据《民用建筑设计统一标准》(GB 50352—2019)中的规定，根据建筑物的设计使用年限划分如下：1 类—设计使用年限 5 年，适用于临时性建筑；2 类—设计使用年限 25 年，适用于易于替换结构构件的建筑；3 类—设计使用年限 50 年，适用于普通建筑和构筑物；4 类—设计使用年限 100 年，适用于纪念性建筑和特别重要的建筑。

3.《建筑物、水体、铁路及主要井巷煤柱留设与压煤开采规程》推荐的安全采深与采厚比

《建筑物、水体、铁路及主要井巷煤柱留设与压煤开采规程》(以下简称《三下开采规程》)中将同属于长距离线性工程的铁路，划分为Ⅰ、Ⅱ、Ⅲ和Ⅳ四个保护等级，分别对应国家一级铁路、国家二级铁路、国家三级铁路和工矿企业专用铁路四个铁路等级。现将其有关防护规定摘录如下。

第58条　必须在矿井、水平、采区设计时确定保护煤柱的铁路线路和与其配套的建(构)筑物为：

(1) 国家一级铁路；

(2) 国家二级铁路；

(3) 国家三级铁路：

薄及中厚煤层的采深与单层采厚比小于60；

厚煤层及煤层群的采深与分层采厚比小于80。

(4) 矿企业专用铁路：

薄及中厚煤层的采深与单层采厚比小于40；

厚煤层及煤层群的采深与分层采厚比小于60。

(5) 铁路隧道。

(6) 全长大于20m的铁路桥。

(7) 一、二级铁路线上的一、二等铁路车站。

(8) 目前条件下采用改道或不留设煤柱方法处理在技术上不可能或经济上不合理的铁路线路或其他建(构)筑物。

(9) 有严重滑坡危险而又难以处理的铁路线路。

上述各类铁路保护煤柱，在其条件符合第63条或第64条规定时，允许进行开采或试采。

第63条　符合下列条件之一者，铁路压煤允许采用全部垮落法进行开采。

(1) 国家三级铁路：

薄及中厚煤层群的采深与单层采厚比大于或等于60；

厚煤层及煤层群的采深与分层采厚比大于或等于80。

(2) 工矿企业专用铁路：

薄及中厚煤层的采深与单层采厚比大于或等于40；

厚煤层及煤层群的采深与分层采厚比大于或等于60。

(3) 本矿井在铁路下采煤有成功经验和可靠数据。

第64条　符合下列条件之一者，铁路压煤(指有缝线路)允许采用全部垮落法进行试采。

(1) 国家一级铁路：

薄及中厚煤层群的采深与单层采厚比大于或等于150；

厚煤层及煤层群的采深与分层采厚比大于或等于200。

(2) 国家二级铁路：

薄及中厚煤层群的采深与单层采厚比大于或等于100；

厚煤层及煤层群的采深与分层采厚比大于或等于 150。

(3) 国家三级铁路:

薄及中厚煤层群的采深与单层采厚比大于或等于 40，小于 60;

厚煤层及煤层群的采深与分层采厚比大于或等于 60，小于 80。

(4) 工矿企业专用铁路:

薄及中厚煤层群的采深与单层采厚比大于或等于 20，小于 40;

厚煤层及煤层群的采深与分层采厚比大于或等于 40，小于 60。

(5) 本矿井在铁路下采煤有一定经验和数据的。

铁路压煤试采，除自营线路外，应事先征得铁路主管部门同意。

五、采空区地表移动和变形最大值的预测

1. 地表最大下沉值的预测

(1) 首次采动时，充分采动情况下的最大下沉值计算:

$$W_{max}=qm\cos\alpha \tag{5-3-12}$$

式中 W_{max}——最大下沉值，mm;

m——矿层的法线厚度，m;

α——矿层倾角，(°);

q——下沉系数，m/m。

下沉系数 q 与顶板管理方式有关，无实测资料时，可按表 5-3-4 选取。

表 5-3-4 下沉系数 q 参数值表

顶板管理方法	下沉系数 q(m/m)	顶板管理方法	下沉系数 q(m/m)
全面垮落(初次采动)	0.7(0.6~0.8)	水砂充填	0.1~0.12
全面垮落(重复采动)	0.85	加压水砂充填	0.05~0.08
带状充填	0.55~0.70	条带式开采(回采 50%~60%)	0.03~0.10
干式全部充填	0.4~0.5	条带式开采(回采 50%~60%)水砂充填	0.015~0.03
风力和机械干式充填	0.3~0.4		

(2) 首次采动时，非充分采动情况下的下沉值计算:

$$W=\eta m\cos\alpha\sqrt{n_1 n_2} \tag{5-3-13}$$

式中 W——下沉值，mm;

n_1，n_2——分别为矿层倾斜方向与走向方向的采动程度系数。

$$n_1=0.9\frac{D_1}{H_0} \tag{5-3-14}$$

$$n_2=0.9\frac{D_2}{H_0} \tag{5-3-15}$$

式中 H_0——平均开采深度，m;

D_1，D_2——分别为采空区沿倾斜方向与走向方向的实际尺寸，m。

(3) 重复开采时，非充分采动情况下的下沉值 W(m)计算:

$$W=\eta m\cos\alpha\sqrt{n_1 n_2}\left(1+0.5\frac{H_1}{H}\right)（缓倾斜时） \tag{5-3-16}$$

式中 H_1——前次采动的上覆岩层厚度，m；

H——本次开采深度，m。

2. 地表最大倾斜 i_{max}、最大曲率 k_{max}、最大水平移动 μ_{max} 和变形值 ε_{max} 的预测

$$i_{max}=\frac{W_{max}}{R} \tag{5-3-17}$$

$$k_{max}=\pm 1.52\frac{W_{max}}{R^2} \tag{5-3-18}$$

$$\mu_{max}=bW_{max} \tag{5-3-19}$$

$$\varepsilon_{max}=\pm 1.52\frac{W_{max}}{R} \tag{5-3-20}$$

其中

$$R=\frac{H}{\tan\beta} \tag{5-3-21}$$

式中 R——地面影响半径，m；

H——开采深度，m；

b——水平移动系数，无实测资料时，按表 5-3-5 查取；

β——移动角，(°)。

表 5-3-5 按覆岩性质区分的地表移动一般参数值综合表(倾角 $\alpha<50°$)

覆岩类型	主要岩性	下沉系数 q	水平移动系数 b	移动角(°)			边界角(°)			主要影响正切 $\tan\beta$	S_0/H	开采影响传播角 θ_0 (°)
				δ	γ	β	δ_0	γ_0	β_0			
硬岩	以中生代地层硬砂岩、硬石灰岩为主，其他为砂质页岩、页岩、辉绿岩。单向抗压强度大于 60MPa	0.27~0.54	0.2~0.3	75~80	75~80	$\delta-(0.7\sim0.8)\alpha$	60~65	60~65	$\delta_0-(0.7\sim0.8)\alpha$	1.2~1.91	0.31~0.43	$90°-(0.7\sim0.8)\alpha$
中硬	以中生代地层硬砂岩、石灰岩、砂质页岩为主，其他为软砾岩、致密泥灰岩、铁矿石。单向抗压强度 30~60MPa	0.55~0.84	0.2~0.3	70~75	70~75	$\delta-(0.6\sim0.7)\alpha$	55~60	55~60	$\delta_0-(0.6\sim0.7)\alpha$	1.92~2.40	0.08~0.30	$90°-(0.6\sim0.7)\alpha$
软弱	以新生代地层砂质页岩、页岩、泥灰岩及黏土、砂质黏土等松散层。单向抗压强度小于 60MPa	0.85~1.0	0.2~0.3	60~70	60~70	$\delta-(0.3\sim0.5)\alpha$	50~55	50~55	$\delta_0-(0.3\sim0.5)\alpha$	2.41~3.54	0~0.07	$90°-(0.5\sim0.6)\alpha$

注：S_0 为拐点偏移距。

3. 地表移动盆地边界的预测

上山移动边界角 γ_0：

$$\gamma_0=\gamma-15 \tag{5-3-22}$$

下山移动边界角 β_0：

$$\beta_0=\beta-15(1-0.01\alpha) \tag{5-3-23}$$

走向移动边界角 δ_0：

$$\delta_0=\delta-15 \tag{5-3-24}$$

式中　γ，δ，β——无实测资料时，按表 5-3-5 查取。

松散层移动角 ϕ 无实测资料时，可按表 5-3-6 查取。

表 5-3-6　松散层移动角 ϕ 值

松散层厚度(m)	干燥，不含水	含水较强	含流沙层
<40	50°	45°	30°
40~60	55°	50°	35°
>60	60°	55°	40°

用上述边界角，反求移动盆地边缘，即从采空区边界做与水平线成边界角的斜线，此线与地表的交点为边界点。连续做多个边界点，可大致找出移动盆地的边界，如图 5-3-3 所示。

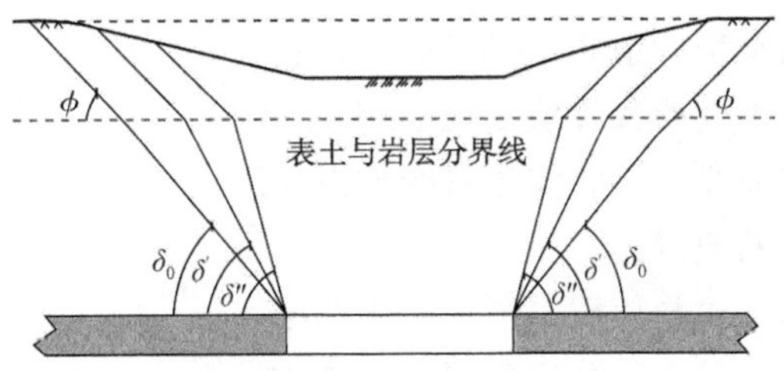

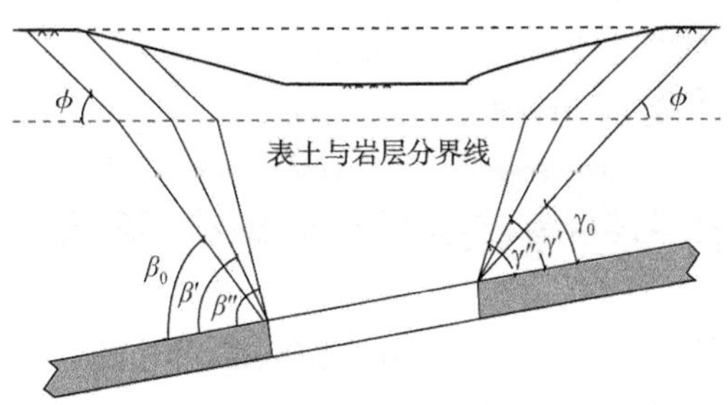

图 5-3-3　采空区移动角、破坏角与边界角示意图

4. 地表最大下沉速度

$$v_{max}=\frac{2CW_{max}}{H} \tag{5-3-25}$$

式中　v_{max}——地表最大下沉速度，mm/d；

C——工作面推进速度，m/d。

六、稳定性评价

采空区对管道影响的初步稳定性评价，可按地表移动延续期及剩余沉降、采深与采厚比、地表移动变形剩余最大预计值三方面进行评价。

满足下列条件之一的地段，可作为管线敷设场地：

(1) 工作面停采时间不小于5年，且不再开采的地段；

(2) 薄及中厚煤层的采深与单层采厚比大于或等于40；

(3) 厚煤层及煤层群的采深与分层采厚比大于或等于60；

(4) 地表剩余最大倾斜预计值不大于3mm/m且地表剩余最大曲率预计值不大于0.2mm/m^2，且地表剩余最大水平变形预计值不大于2mm/m。

满足下列条件之一的地段，作为管线敷设场地时，应评价其适宜性：

(1) 工作面停采2~5年的采空区，可按地表下沉系数为0.05核算地表构筑物的稳定性；

(2) 工作面停采1~2年、且采深小于500m的采空区，可取地表下沉系数0.2核算地表构筑物的稳定性；

(3) 薄及中厚煤层的采深与单层采厚比不小于20，但小于40；

(4) 厚煤层及煤层群的采深与分层采厚比不小于40，但小于60；

(5) 地表剩余最大倾斜预计值为3~10mm/m；

(6) 地表剩余最大曲率预计值0.2~0.6mm/m^2；

(7) 地表剩余最大水平变形预计值2~6mm/m。

满足下列条件之一的地段，不宜作为管线敷设场地：

(1) 地表处于活跃期的地段；

(2) 薄及中厚煤层的采深与单层采厚比小于20；

(3) 厚煤层及煤层群的采深与分层采厚比小于40；

(4) 地表剩余最大倾斜预计值为大于10mm/m；

(5) 地表剩余最大曲率预计值大于0.6mm/m^2；

(6) 地表剩余最大水平变形预计值大于6mm/m。

第四节　采空区地表任意点的移动和变形预计——概率积分法

采空区稳定性的初步评价方法仅是根据开采沉陷的基本规律，对采空区的变形与稳定性进行定性及半定量的描述，适用于油气长输管道建设的可行性研究阶段。对于管道工程初设、施工图设计及施工阶段而言，应针对管道具体敷设位置，需要更精确地对管道周边土体进行定量的评价，并据此判断管道的稳定性。根据我国煤矿的实际情况，在《建筑物、水体、铁路及主要井巷煤柱留设与压煤开采规程》中推荐的预计地表移动与变形的方法包括概率积分法、负指数函数法、典型曲线法和数值计算法(有限单元法、边界单元法和离散单元法)。其中，概率积分法是应用最为成熟、最为广泛的预计方法，因此本节着重介绍概率积分法在采空区地表移动和变形预计中的应用。

一、地表移动和变形预计

1. 定义

对一个计划进行开采的一个或多个工作面，根据其地质采矿条件和选用的预计函数、参数，预先计算出受此开采影响的地表移动和变形的工作，称为地表移动和变形预计(Ground Movement and Deformation Prediction)，简称预计。

预计时用到的地质采矿条件有煤层的法向开采厚度 m(采高)，煤层倾角 α，采空区下山边界开采深度 H_1、上山边界开采深度 H_2、走向主断面上开采深度 H_3 和平均开采深度 H_0，采空区走向长 D_3，倾向斜长 D_1，顶板管理方法，上覆岩层的性质，工作面形状和工作面推进速度等。

2. 预计参数

预计参数(Predicting Patameters)是指在预计函数(解析公式或图形等)中用到的一系列数据，这些数据是根据所预计的那些工作面的地质采矿条件确定的。对一个特定的矿区和开采而言，预计参数是固定的；对于不同的矿区和开采，预计参数是不同的。

3. 地表移动和变形预计的意义和作用

地表移动和变形预计是开采损害与保护的核心内容之一。它对开采沉陷的理论研究和生产实践都有重要的意义。

(1) 在理论研究上，利用预计结果可以定量地研究受开采影响的地表在时间上和空间上的分布规律。为了提高预计的准确性，必须对预计方法所采用的理论模型及其参数与地质采矿条件之间的定性、定量关系进行深入的研究，这些研究又进一步加深了对地表移动和变形基本规律的认识。

(2) 在生产实践上，利用预计结果可以指导建筑物、水体、铁路和管线下的开采实践。在建筑物下开采时，预计结果可以用来判别建筑物是否受开采影响和受开采影响的程度，作为受影响建筑物维修、加固、搬迁或重建的依据；在管线下开采时，可以依据预计结果判断管线下开采的可能性，以判断管线是否需要避绕或加固。

4. 地表移动和变形预计的内容

根据预计的要求、保护对象(管道)的空间位置和开采煤层的情况，地表移动和变形预计的内容主要有以下 3 个方面。

(1) 最大值的预计(见本章第三节)：预计地表指定部位的下沉、倾斜、曲率、水平移动和水平变形的最大值及其出现的位置。

(2) 主断面上地表移动和变形的预计：预计地表沿下沉盆地的走向或倾向主断面的移动和变形分布情况。

(3) 地表上任意点的移动和变形值的预计：预计地表下沉盆地内任意点的下沉值及该点沿指定方向的倾斜、曲率、水平移动和水平变形值。

二、概率积分法的定义及基本原理

1. 概率积分法的定义

概率积分法(Probability Integral Method)就是根据随机介质理论(Stochastic Medium Theory)，把开采引起的地表移动看作随机事件，用概率积分(或其导数)来表示微小单元开采引起地表移动和变形的预计公式(影响函数)，从而用叠加原理计算出整个开采引起的地表任意点的移动和变形。

2. 基本原理

1)随机介质移动规律

开采引起地表移动是非连续的，介质单元之间的关系发生变化，单元相互分离并作相对运动。因此可以用非连续介质模型研究开采沉陷问题，认为开采引起的地表移动的规律与随机颗粒体介质模型所描述的规律在宏观上相似。

随机颗粒体介质模型如图5-4-1(a)所示，介质是由类似于砂粒或相对很小的岩块颗粒组成的，颗粒之间完全没有联系，可以做相对运动，大量颗粒的移动被看作是随机过程。假设这些颗粒是一些大小相同、质量均一的小球，并被装在大小相同的均匀排列的方格内。当第1层中方格 a_1 内的小球被移走时，由于重力作用，第2层中两个相邻方格 b_1 和 b_2 内的小球之中的一个将滚入此方格，并且它们滚入的概率均为1/2；若 b_1 格中小球滚入 a_1，则 b_1 将被从第3层中 c_1 或 c_2 格中滚来的小球所占据；同样，若 b_2 格中小球滚入 a_1，则 b_2 将被从第3层中 c_2 或 c_3 格中滚来的小球所占据。根据概率中的乘法和加法定理，a_1 格内的小球被移走引起 c_1、c_2 和 c_3 格排空的概率分别是1/4、1/2和1/4；同理，排空第4层 d_1、d_2、d_3 和 d_4 的概率是1/8、3/8、3/8和1/8；依次类推，把各个格子由于 a_1 的移出引起排空的概率写在相应的格子中，就可以构成其概率分布直方图，如5-4-1(b)所示。若格子的尺寸非常小，则这个直方图就趋近于一条光滑的正态分布概率密度曲线。

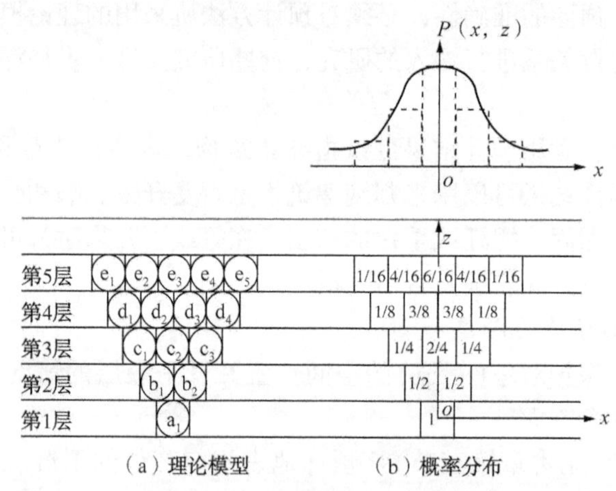

图5-4-1　随机颗粒介质模型

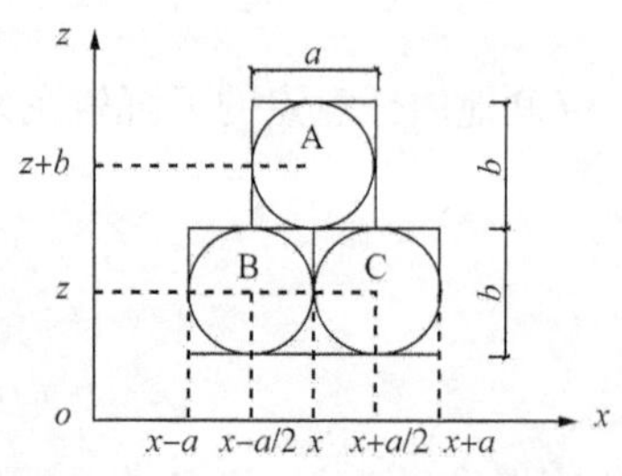

图5-4-2　随机颗粒介质游动模型

取图5-4-1中任意3个相邻的格子A、B和C，设格子的长和宽分别为 b 和 a，它们的中点坐标分别为 $(x, z+b)$、$(x-a/2, z)$ 和 $(x+a/2, z)$，如图5-4-2所示。若格子B和C中的小球都被移走了，格子B和C中均出现空位，则格子A中的小球在自重作用下可能滚入格子B或C，其概率均为1/2。设 $P(x, z+b)$、$P(x-a/2, z)$ 和 $P(x+a/2, z)$ 分别表示图5-4-1(a)中 a_1 格中小球被移走时，图5-4-2中A、B和C格子内小球发生移动使相应格子排空的概率，则根据概率中

的乘法和加法定理。可得

$$P(x,\ z+b)=\frac{1}{2}P(x-\frac{a}{2},\ z)+\frac{1}{2}P(x+\frac{a}{2},\ z) \tag{5-4-1}$$

若格子的尺寸非常小，a、b 与 x、z 相比可以认为是极小量，则可对式(5-4-1)在点$(x,\ z)$附近用泰勒公式展开，并根据精度和问题的要求取前 2 项或前 3 项，可得

$$\frac{\partial P(x,\ y)}{\partial z}=\frac{a^2}{8b}\cdot\frac{\partial^2 P(x,\ z)}{\partial x^2} \tag{5-4-2}$$

式中　$P(x,\ z)$——中点坐标为$(x,\ z)$的假想格子出现空位的概率。

由于格子尺寸非常小，当时 $P(x,\ z)$ 可以近似为连续函数，对式(5-4-2)两边取极限，即

$$\frac{\partial P(x,\ y)}{\partial z}=\lim_{\substack{a\to 0\\ b\to 0}}\frac{a^2}{8b}\cdot\frac{\partial^2 P(x,\ z)}{\partial x^2} \tag{5-4-3}$$

令 $A=\lim\limits_{\substack{a\to 0\\ b\to 0}}\frac{a^2}{8b}$，则可得微分方程：

$$\frac{\partial P(x,\ z)}{\partial z}=A\cdot\frac{\partial^2 P(x,\ z)}{\partial x^2} \tag{5-4-4}$$

式(5-4-4)是一个二阶的抛物线型的偏微分方程，求解得

$$P(x,\ z)=\frac{1}{\sqrt{4A\pi z}}e^{-\frac{x^2}{4Az}} \tag{5-4-5}$$

令 $r^2=\sqrt{4A\pi z}$，则式(5-4-5)可简化为：

$$P(x,\ z)=\frac{1}{r^2}e^{-\pi\frac{x^2}{r^2}} \tag{5-4-6}$$

2)单元下沉的确定

如图 5-4-3 所示，设在$(x,\ z)$周围有一个以$(x,\ z)$为中心，边长为 1×1 的开采单元 ABCD，将此开采单元划分很多均匀的格子，并装满小球，共有 N 个(N 可以是相当大的数)，如 5-4-3(a)所示。

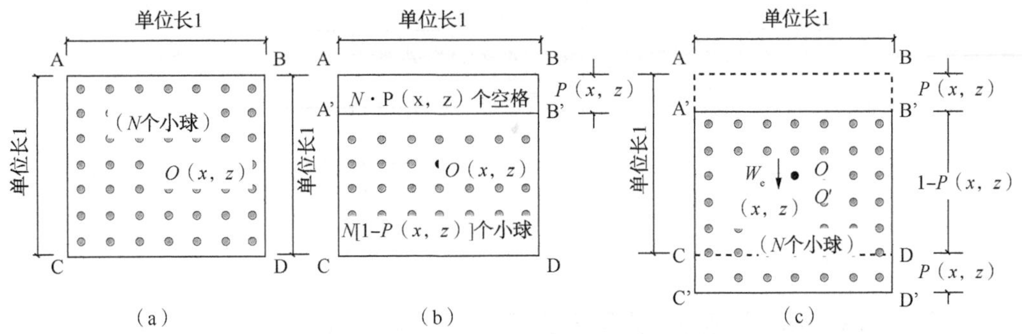

图 5-4-3　$P(x,\ z)$与 $W_e(x,\ z)$的关系

由于此开采单元与整个岩体相比是很小的，所以可以认为这 N 个小球排空的概率均相同，都为 $P(x,\ z)$。在图 5-4-1(a)中 a_1 格排出 N 个小球(即单元开采)时，由于 N 相当大，此开采单元内排出小球而出现了约为 $N\cdot P(x,\ z)$个空格，这些空格所占面积(对于二维空间来说)的

总和为 $N\cdot P(x,\ z)\times\frac{1}{N}=P(x,\ z)$ 个单位面积，如图 5-4-3(b)所示。若这些空格没有被单元ABCD 上面的小球所补充，则装满小球的开采单元 ABCD 会整体下降到 A′B′C′D′，即下降了 $\frac{P(x,\ z)}{1}=P(x,\ z)$，如图 5-4-3(c)所示。设单元开采时的下沉值为 $W_e(x,\ z)$，则

$$W_e(x,\ z)=\frac{1}{r_z{}^2}e^{-\pi\frac{x^2}{r_z{}^2}}=P(x,\ z) \tag{5-4-7}$$

对于地表来说，z 为常数，等于开采深度 H，则 z 深度处的主要影响半径 r_z 也为常数。令 $r=r_z$(r 为主要影响半径)，则有

$$W_e(x)=\frac{1}{r}e^{-\pi\frac{x^2}{r^2}} \tag{5-4-8}$$

式(5-4-8)即为采空区地表下沉盆地的表达式，该正态分布概率密度函数即为单元开采的单元下沉盆地的影响函数。

三、半无限地表移动盆地走向主断面(二维平面)上的移动和变形值预计

1. 计算模型

半无限地表移动盆地走向主断面(二维平面)上的移动和变形预计公式如图 5-4-4 所示。从开切眼处 o_1，沿工作面推进方向(开切眼的右侧)已全部被开采，开切眼的左侧没有开采，沿垂直于工作面推进方向的开采尺寸足够大，达到充分采动，称为半无限开采。设煤层的开采厚度为 m，开采深度为 H。考虑到煤壁右侧采空区顶板的悬臂作用，若设 o_1 的平距为 s_0(s_0 为拐点偏距)，则煤层坐标系统的坐标原点选择在假想煤壁的顶板点 o'_1，横坐标 s 沿煤层顶板指向采空区，纵坐 z 铅直向上。地表坐标系统的坐标原点选择假想煤壁的顶板点 o'_1 正上方的地表点 o'_2 作为横坐标的原点，x 轴沿地表指向采空区；纵坐标轴 $W(x)$ 为横坐标为 x 的地表点的下沉值，$W(x)$ 轴铅直向下；纵坐标轴 $\mu(x)$ 为横坐标为 x 的地表点的水平移动值，$\mu(x)$ 轴铅直向上。下面分别推导半无限开采时地表移动盆地走向主断面的移动和变形预计公式。

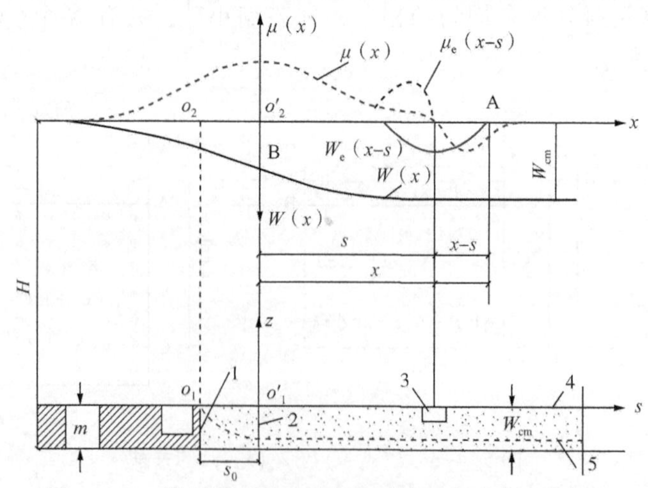

图 5-4-4 半无限开采时地表的下沉和水平移动示意图

A—地表任意点；1—实际煤壁；2—假想煤壁；3—开采单元；4—下沉前顶板原始位置；5—下沉后顶板位置；W_{cm}—顶板最大下沉量；B—拐点

2. 计算公式

1）下沉

假定在 s 处开采了一个宽度为 ds，厚度为 1 个单元的煤层引起地表上任意一点 A 下沉值为

$$\mathrm{d}W = W_{\mathrm{e}}(x-s)\mathrm{d}s \tag{5-4-9}$$

若开采厚度为 m，而不是单元厚度，但是由于顶板岩层的冒落、碎胀，充填采空区，加上煤层倾角的影响，所以开采厚度为 m 的煤层相当于只开采了 $mq\cos\alpha$（q 为下沉系数），则有

$$\mathrm{d}W = W_{\mathrm{e}}(x-s)mq\cos\alpha\mathrm{d}s \tag{5-4-10}$$

若令 $W_{\mathrm{cm}} = mq\cos\alpha$，则整个半无限开采引起 A 点的下沉值 $W(x)$ 为

$$W(x) = w_{\mathrm{cm}}\int_0^{\infty}\frac{1}{r}\mathrm{e}^{-\pi\frac{(x-s)^2}{r^2}}\mathrm{d}s \tag{5-4-11}$$

式中　$W(x)$——走向主断面任意点（坐标为 x）的下沉值，mm。

2）倾斜

$$i(x) = \frac{W_{\mathrm{cm}}}{r}\mathrm{e}^{-\pi\frac{x^2}{r^2}} \tag{5-4-12}$$

式中　$i(x)$——走向主断面的倾斜值，走向断面上向右倾斜为正，向左倾斜为负，mm/m。

3）曲率

$$k(x) = -\frac{2\pi W_{\mathrm{cm}}}{r^2}\frac{x}{r}\mathrm{e}^{-\pi\frac{x^2}{r^2}} \tag{5-4-13}$$

式中　$k(x)$——走向主断面的曲率值，地表下沉曲线上凸为正，下凹为负，10^{-3}/m。

4）水平移动

$$\mu(x) = \mu_{\mathrm{cm}}\mathrm{e}^{-\pi\frac{x^2}{r^2}} \tag{5-4-14}$$

式中　$\mu(x)$——走向主断面的水平位移值，走向断面上向右移动为正，向左移动为负，mm。

5）水平变形

$$\varepsilon(x) = -\frac{2\pi U_{\mathrm{cm}}}{r}\frac{x}{r}\mathrm{e}^{-\pi\frac{x^2}{r^2}} \tag{5-4-15}$$

式中　$\varepsilon(x)$——走向主断面的水平变形值，拉伸为正，压缩为负，mm/m。

3. 走向主断面上地表移动和变形最大值及其位置

（1）最大下沉值 W_{cm}：

$$W_{\mathrm{cm}} = mq\cos\alpha \quad (x=\infty) \tag{5-4-16}$$

（2）最大倾斜值 i_{cm}：

$$i_{\mathrm{cm}} = \frac{W_{\mathrm{cm}}}{r} \quad (x=0) \tag{5-4-17}$$

（3）最大曲率值 k_{cm}：

$$k_{\mathrm{cm}} = 1.52\frac{W_{\mathrm{cm}}}{r^2} \quad (x=\pm 0.4r) \tag{5-4-18}$$

(4)最大水平移动值μ_{cm}：

$$\mu_{cm}=bW_{cm} \qquad (x=0) \tag{5-4-19}$$

(5)最大水平变形值ε_{cm}：

$$\varepsilon_{cm}=1.52b\frac{W_{cm}}{r} \qquad (x=\pm 0.4r) \tag{5-4-20}$$

四、全盆地内任意点(三维平面)的移动和变形值预计

1. 计算模型

按式(5-4-11)的推导，并考虑图5-4-5所示的三维情况，假定煤层水平($\alpha=0$)，煤层坐标系to_1s和地表坐标系xoy的水平投影重合，在s处开采了一个宽度为ds、长度为dt、厚度为$W_{cm}=mq\cos\alpha$的单元$B(s, t)$，则引起地表任意点$A(x, y)$的下沉值为

$$\mathrm{d}W(x, y)=W_{cm}(x-s)W_e(y-t)\mathrm{d}s=W_{cm}\frac{1}{r^2}\mathrm{e}^{-\pi\frac{(x-s)^2+(y-t)^2}{r^2}}\mathrm{d}s \tag{5-4-21}$$

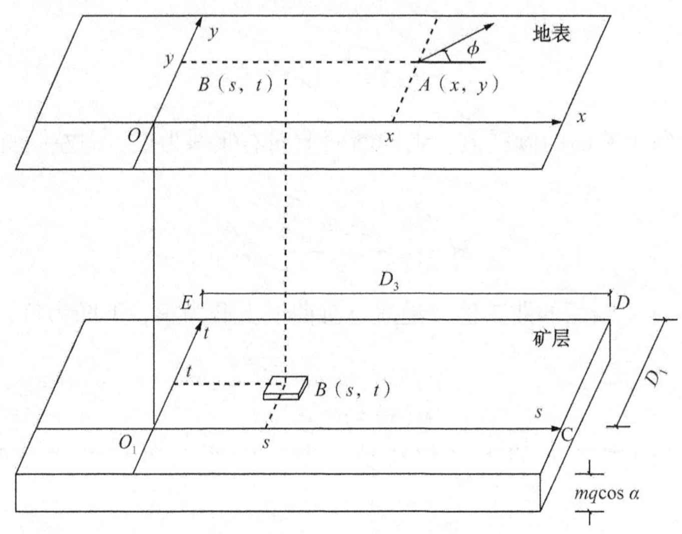

图5-4-5 地表移动盆地内任意点的移动和变形预计的三维坐标系

2. 计算公式

1)下沉

假定在如图5-4-5所示，若开采范围为o_1CDE，o_1C长为D_3，CD长为D_1，则整个开采引起地表$A(x, y)$点的下沉值为落(垮落)法采空区。

$$\begin{aligned}W(x, y)&=W_{cm}\int_0^{D_3}\int_0^{D_1}\frac{1}{r^2}\mathrm{e}^{-\pi\frac{(x-s)^2+(y-t)^2}{r^2}}\mathrm{d}t\mathrm{d}s\\&=W_{cm}\iint_D\frac{1}{r^2}\mathrm{e}^{-\pi\frac{(x-s)^2+(y-t)^2}{r^2}}\mathrm{d}t\mathrm{d}s\end{aligned} \tag{5-4-22}$$

式中 $W(x, y)$——地表任意点[坐标为(x, y)]的下沉值，mm；

r——走向主断面上采空区边界的主要影响半径，m。

2)倾斜

$$i_x(x,\ y)=W_{cm}\iint_D\frac{2\pi(s-x)}{r^4}e^{-\pi\frac{(s-x)^2+(t-y)^2}{r^2}}dsdt \tag{5-4-23}$$

$$i_y(x,\ y)=W_{cm}\iint_D\frac{2\pi(t-y)}{r^4}e^{-\pi\frac{(s-x)^2+(t-y)^2}{r^2}}dsdt \tag{5-4-24}$$

式中　$i_x(x,\ y)$——地表任意点走向方向的倾斜值，走向断面上向右为正，向左为负，mm/m；

$i_y(x,\ y)$——地表任意点倾斜方向的倾斜值，倾斜断面上向上山方向为正，向下山方向为负，mm/m。

3)曲率

$$k_x(x,\ y)=W_{cm}\iint_D\frac{2\pi}{r^4}\left(\frac{2\pi\ (s-x)^2}{r^2}-1\right)e^{-\pi\frac{(s-x)^2+(t-y)^2}{r^2}}dsdt \tag{5-4-25}$$

$$k_y(x,\ y)=W_{cm}\iint_D\frac{2\pi}{r^4}\left(\frac{2\pi\ (t-y)^2}{r^2}-1\right)e^{-\pi\frac{(s-x)^2+(t-y)^2}{r^2}}dsdt \tag{5-4-26}$$

式中　$k_x(x,\ y)$——地表任意点走向方向的曲率值，正曲率为正，负曲率为负，10^{-3}/m；

$k_y(x,\ y)$——地表任意点倾斜方向的曲率值，正曲率为正，负曲率为负，10^{-3}/m。

4)水平移动

$$\mu_x(x,\ y)=\mu_{cm}\iint_D\frac{2\pi(s-x)}{r^3}e^{-\pi\frac{(s-x)^2+(t-y)^2}{r^2}}dsdt \tag{5-4-27}$$

$$\mu_y(x,\ y)=\mu_{cm}\iint_D\frac{2\pi(t-y)}{r^3}e^{-\pi\frac{(s-x)^2+(t-y)^2}{r^2}}dsdt \tag{5-4-28}$$

式中　$\mu_x(x,\ y)$——地表任意点走向方向的水平移动值，走向断面上向右为正，向左为负，mm；

$\mu_y(x,\ y)$——地表任意点倾斜方向的水平位移值，倾斜断面上向上山方向为正，向下山方向为负，mm。

5)水平变形

$$\varepsilon_x(x,\ y)=\mu_{cm}\iint_D\frac{2\pi}{r^3}\left(\frac{2\pi\ (s-x)^2}{r^2}-1\right)e^{-\pi\frac{(s-x)^2+(t-y)^2}{r^2}}dsdt \tag{5-4-29}$$

$$\varepsilon_y(x,\ y)=\mu_{cm}\iint_D\frac{2\pi}{r^3}\left(\frac{2\pi\ (t-y)^2}{r^2}-1\right)e^{-\pi\frac{(s-x)^2+(t-y)^2}{r^2}}dsdt+i_y(x,\ y)\cot\theta_0 \tag{5-4-30}$$

式中　ε_x——地表任意点走向方向的水平变形值，拉伸为正，压缩为负，mm/m；

ε_y——地表任意点倾斜方向的水平变形值，拉伸为正，压缩为负，mm/m。

6)扭曲变形

$$S(x,\ y)=W_{cm}\iint_D\frac{4\pi^2(s-x)(t-y)}{r^6}e^{-\pi\frac{(s-x)^2+(t-y)^2}{r^2}}\cdot dsdt \tag{5-4-31}$$

7)剪切变形

$$\gamma(x,\ y)=2\mu_{cm}\iint_D\frac{4\pi^2(s-x)(t-y)}{r^5}e^{-\pi\frac{(s-x)^2+(t-y)^2}{r^2}}dsdt+i_x(x,\ y)\cot\theta_0 \tag{5-4-32}$$

五、地表移动计算参数的求取方法

1. 下沉系数 q

充分采动时，地表最大下沉值 W_{cm} 与煤层法线采厚 m 在铅垂方向投影长度的比值称下沉系数。

$$q=\frac{W_{cm}}{m\cos\alpha} \tag{5-4-33}$$

下沉系数 q 与开采的顶板管理方法有关，若矿区没有实测下沉系数，也可根据类比的方法确定。

2. 水平移动系数 b

充分采动时，走向主断面上地表最大水平移动值 μ_{cm} 地表最大下沉值 W_{cm} 的比值称水平移动系数。

$$b=\frac{\mu_{cm}}{W_{cm}} \tag{5-4-34}$$

3. 开采影响传播角 θ_0

充分采动时，为倾向主断面上地表最大下沉值 W_{cm} 与该点水平移动值 μ_{wcm} 比值的反正切为开采影响传播角。

$$\theta_0=\arctan\left(\frac{W_{cm}}{\mu_{wcm}}\right) \tag{5-4-35}$$

式中 μ_{wcm}——倾向剖面上最大下沉值点处的水平移动值。

4. 主要影响半径及主要影响角正切

如图 5-4-6 所示，受半无限开采的影响，除下沉以外，主要的地表移动变形均发生在 x 为 $-r \sim +r$ 的范围之内，所以称 r 为主要影响半径。

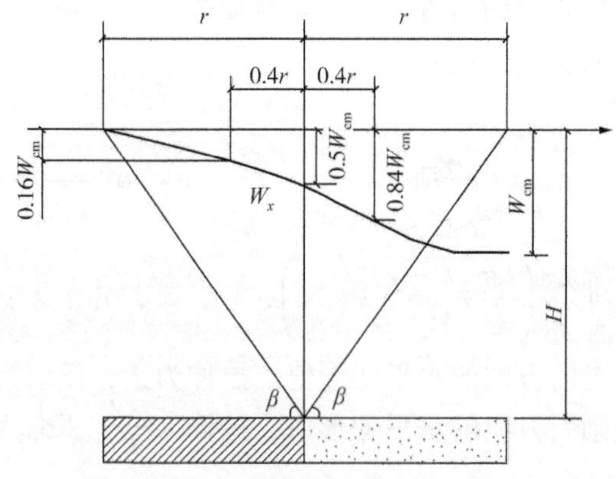

图 5-4-6　参数 r 及 $\tan\beta$ 的几何意义

将 $x=\pm r$ 的地表点与煤壁相连，其连线与水平线之间所夹的锐角 β 称为主要影响角，其正切 $\tan\beta$ 称为主要影响角正切，即

$$\tan\beta=\frac{H}{r} \tag{5-4-36}$$

主要影响角正切不随开采深度 H 的变化而变化，为便于对不同观测站的实测参数进行比较，所以一般都使用 $\tan\beta$ 作为概率积法的参数。

如果具有倾向充分采动、走向为半无限开采的走向实测下沉曲线 W_x 就可利用下列方法求出 r 值：在实测下沉曲线上分别确定下沉值为 $0.16W_{cm}$ 和 $0.84W_{cm}$ 的点，它们和下沉值为 $0.5W_{cm}$ 的点(下沉曲线的拐点)之间的平距均应为 $0.4r$，从而求出 r。若两个平距所得的 r 值稍有不同，可取其平均值。

5. 拐点偏距

如图 5-4-6 所示，充分采动时，下沉盆地主断面上下沉值为 $0.5W_{cm}$，最大倾斜和曲率为零的 3 个点的点位 x(或 y)的平均值 x_0(或 y_0)为拐点坐标。将 x_0(或 y_0)向煤层投影(走向断面按 90°、倾向断面按影响传播角 θ_0 投影)，其投影点至采空区边界的距离为拐点偏距。拐点偏距分下山边界拐点偏距 S_1、下山边界拐点偏距 S_2、走向左边界拐点偏距 S_3 和走向右边界拐点偏距 S_4。

6. 预计参数经验值

《三下开采规程》中指出，在没有本矿区基于实测资料的经验参数时，可依据预计开采覆岩的性质按表 5-3-5 确定概率积分法的预计参数。选取参数时，应详细分析本矿区具体的地质采矿条件，在地质采矿条件比较相似的情况下，才可以选用，以减小预计误差。也可以采用模糊数学的方法进行求取。

第五节　管道采空区勘察

一、管道采空区勘察目的及方法

油气管道采空区工程地质勘查应查明老采空区上覆岩层的稳定性，预测现采空区和未来采空区的地表移动、变性特征和规律性，进行地表稳定性评价，判断管道通过的适宜性。

管道采空区的工程地质勘查工作，主要是搜集资料、调查访问、地质测绘，必要时辅以物探、钻探工作。

二、管道采空区勘察工作的内容

根据高速公路及铁路地下采空区的勘察经验，结合管道自身特点，管道采空区工程地质勘查工作内容主要有以下 7 项：

(1) 工程地质调查与测绘；

(2) 工程物探；

(3) 工程钻探；

(4) 室内试验及原位测试；

(5) 高精度形变观测；

(6) 资料整理，包括采空区(空洞)工程地质条件分析、采空区覆岩的“三带”

划分、岩体基本质量分级、采空区(空洞)稳定性及其对管道工程的危害程度评价、采空区(空洞)治理方案建议；

(7) 勘察报告编写，其工作模式如图 5-5-1 所示。

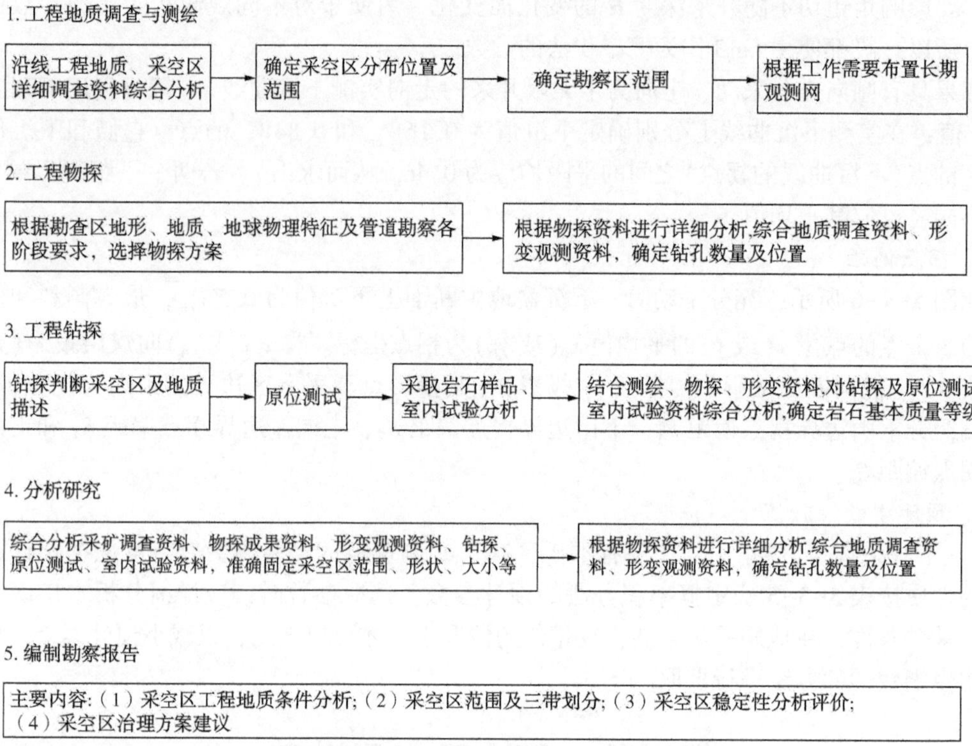

1. 工程地质调查与测绘

沿线工程地质、采空区详细调查资料综合分析 → 确定采空区分布位置及范围 → 确定勘察区范围 → 根据工作需要布置长期观测网

2. 工程物探

根据勘查区地形、地质、地球物理特征及管道勘察各阶段要求，选择物探方案 → 根据物探资料进行详细分析,综合地质调查资料、形变观测资料，确定钻孔数量及位置

3. 工程钻探

钻探判断采空区及地质描述 → 原位测试 → 采取岩石样品、室内试验分析 → 结合测绘、物探、形变资料,对钻探及原位测试室内试验资料综合分析,确定岩石基本质量等级

4. 分析研究

综合分析采矿调查资料、物探成果资料、形变观测资料、钻探、原位测试、室内试验资料，准确固定采空区范围、形状、大小等 → 根据物探资料进行详细分析,综合地质调查资料、形变观测资料，确定钻孔数量及位置

5. 编制勘察报告

主要内容:（1）采空区工程地质条件分析;（2）采空区范围及三带划分;（3）采空区稳定性分析评价;（4）采空区治理方案建议

图 5-5-1　采空区勘察工作模式

三、小型管道采空区的勘察

1. 小型采空区的分类及特征

1）小型采空区分类

（1）掏煤洞：指小型手工开挖的煤洞，一般有古窑和现代小窑两类。多分布于埋藏浅、易于开采的含煤地层中，以平洞及斜井为多。煤洞长，有岔洞，洞口多有弃渣堆的痕迹。

（2）掏砂洞：在含卵石的地层中开采卵石、砾石，用以覆盖耕地表面，以减少水分蒸发，用来保墒，卵石、砾石被掏后遗留的空洞俗称掏砂洞。在甘肃、青海一带，黄河及其支流的各级阶地上分布较多，洞口及其采空形态，因卵石层埋藏深度不同而异。横断面一般宽1~2m，高1~2m。在有掏砂洞地区，地表常有塌陷碟地、陷落漏斗及洞口等。但由于掏砂洞历史较久，有的洞口堵塞，地表状态变迁，至今已毫无痕迹。

（3）掏金洞：掏取砂金而遗留下来的洞穴。主要分布在接触变质岩和有大量侵入岩脉(石英脉)地区河流两岸及含有金砂的沉积阶地的卵石层底部。掏金洞埋深大，断面小，延伸长，支洞多，洞口多分布于阶地边缘斜坡上。

（4）坎儿井：为利用山前洪积平原的潜水而开挖的地下引水渠道。分布在新疆天山南北的山前洪积平原上，哈密至托克逊一带较多，其长度和深度取决于山前洪积平原地下水的埋藏条件和水量大小。在平面上，每隔一定距离即有一个开挖的竖井，竖井口周围有环形弃土堆。

（5）其他：如古墓穴、大型地窖、大型窑洞等，有时对管道建设有一定影响。

2）小型采空区的地表变形类型及特征

地表变形类型为地表塌陷和开裂。小型采空区范围狭窄，多呈巷道式，地表不会产生移动盆地，但由于开采深度浅，又任其自由坍落，地面变化剧烈。地表裂缝的分布常与开采工作面方向平行，且随开采工作面的推进而不断向前发展。除极浅的采空区外，裂缝一般上宽下窄，无显著位移。

2. 搜集资料

小型采空区一般没有专门勘察，开采也无规划，搜集资料十分困难，主要以调查访问当事者或当地居民和有关方面负责人，可以单独访问，也可以群访，以群访为好。其内容详见表 5-5-1。

表 5-5-1　采空区调查表

<table>
<tr><td>访问对象</td><td colspan="5"></td></tr>
<tr><td rowspan="2">矿区名称</td><td rowspan="2"></td><td>矿产权</td><td></td><td>开矿日期</td><td></td></tr>
<tr><td>开采方式</td><td></td><td>闭矿日期</td><td></td></tr>
<tr><td rowspan="2">矿区平面示意图</td><td rowspan="2"></td><td>矿井坐标</td><td></td><td></td><td></td></tr>
<tr><td>矿区坐标</td><td></td><td></td><td></td></tr>
<tr><td rowspan="11">工程地质及水文地质条件</td><td colspan="2">地层层序及岩性</td><td colspan="3"></td></tr>
<tr><td colspan="2">矿层分布范围</td><td colspan="3"></td></tr>
<tr><td colspan="2">矿层的采深、厚度、代号、产状、时代</td><td colspan="3"></td></tr>
<tr><td colspan="2">矿层开采方式、回采率</td><td colspan="3"></td></tr>
<tr><td colspan="2">矿井形态及矿层开采情况</td><td colspan="3"></td></tr>
<tr><td colspan="2">巷道空间形态、大小、断面尺寸、衬砌情况</td><td colspan="3"></td></tr>
<tr><td colspan="2">采空范围</td><td colspan="3"></td></tr>
<tr><td colspan="2">洞壁、洞顶情况（稳定、支护、回填、塌落、充水）</td><td colspan="3"></td></tr>
<tr><td colspan="2">地下水及有害气体</td><td colspan="3"></td></tr>
<tr><td colspan="2">周围建筑物变形情况</td><td colspan="3"></td></tr>
<tr><td colspan="2">地表变形情况</td><td colspan="3"></td></tr>
</table>

3. 地质调绘

（1）坑洞的分布、位置、断面大小、延伸方向及其相应的地表位置；

（2）因采空而产生的陷坑、裂缝的位置、形状、大小、深度、延伸方向及其与采空区和地质构造的关系；

（3）了解采空区附近工农业抽水和水利工程建设情况及其对采空区的影响。

4. 勘探

（1）简易勘探：螺钻、钎探、洞探等，适用于埋深浅，覆盖层为第四系沉积物。

（2）综合物探：采用电法、地震、地质雷达等综合物探方法。

（3）钻探：根据调查访问的资料、地质测绘以及物探的成果资料，综合分析，确定钻孔的数量及深度，以进一步验证物探结果，得以相互补充和验证。钻孔深度应钻至最低层洞底地层以下不少于2m。布孔应结合工程和坑洞展布情况以及物探异常点，经综合分析研究后进行布置。

5. 小型采空区的稳定性评价

(1) 地表产生裂缝和塌陷发育地段，属于不稳定地段，不适于管道建设。在附近修建管道时，需有一定的安全距离，安全距离一般应大于5~15m。

(2) 小型采空区顶板的稳定性计算如下：

$$Q=G-2f=\gamma H\left[B-H\tan\phi\tan^2\left(45°-\frac{\phi}{2}\right)\right] \tag{5-5-1}$$

式中 Q——采空段顶板上的压力，kN/m；

G——巷道单位长度顶板上岩层所受的总应力，kN/m；

B——巷道宽度，m；

ϕ——岩层的内摩擦角，(°)；

γ——上覆岩层的重度，kN/m^3；

H——巷道顶板的埋藏深度，m。

当H增大到某一深度，使顶板岩层呈自然平衡(即$Q=0$)，此时的H称为临界深度H_0。

$$H_0=\frac{B}{\tan^2\left(45°-\frac{\phi}{2}\right)\tan\phi} \tag{5-5-2}$$

当$H<H_0$时，顶板不稳定；$H_0\leqslant H\leqslant 1.5H_0$时，顶板稳定性差；$H_0<H$时，顶板稳定。

四、大型管道采空区的勘察

1. 搜集资料

(1) 搜集各种地质图及区域地质资料，借以了解地层构成、产状和构造及水文地质条件等。

(2) 搜集矿床分布图，以了解矿床分布范围、层次、开采深度、厚度及埋藏特征和上覆岩层的岩性、构造等。

(3) 搜集巷道图、采矿图、远景规划图，以了解采空区的位置、开采历史、计划、开采方法、开采边界、顶板处置管理方法、工作推进方向和速度、巷道平面展布方向、断面尺寸及相应的地表位置、顶板的稳定情况、塌落、支撑回填、积水情况、洞壁完整性和稳定程度及远景开采规划等。

(4) 搜集地表变形与有关变形的观测、计算资料，包括地表最大下沉值、最大倾斜值、最小曲率半径，陷坑、台阶、裂缝的位置、形状、大小、深度、延伸方向及其与地质构造、开采边界、工作面推进方向等的关系。

2. 调查访问

利用区域地质资料分析、实地调查、访问知情人或群访为主要手段，调查内容如下(内容简单时，也可填表5-5-1)：

(1) 矿区的分布范围，矿层的开采范围、深度、层数；

(2) 开采方法和顶板管理，巷道宽度、高度、延伸方向，采空区的塌落情况；

(3) 采空区开采历史及规划发展情况;

(4) 采空区地下水发育情况，排水、抽水情况及对采空区稳定的影响;

(5) 建筑物变形情况和防治措施;

(6) 有条件时，可进行实地测量。

3. 地质调绘

(1) 地层层序、岩性、地质构造、矿层的分布范围、开采深度、厚度等。

(2) 不良地质现象的类型，分布位置与规模。

(3) 地下水水位变化幅度，了解采空区附近工农业抽水和水利工程建设情况及其对采空区稳定的影响。

(4) 地表变形情况，塌陷、裂缝、台阶的分布位置、形状、大小，深度、延伸方向、发生时间、发展速度以及它们与采空区、岩层产状主要节理、断层、开采边界、工作面推进方向等的相互关系及移动盆地的特征、边界。

(5) 建筑物变形情况，变形的类型(倾斜、下沉、开裂)，发生的时间，发展速度，裂缝分布规律、延伸方向、形状大小，建筑物结构类型、所处位置及长轴方向与采空区地质构造、开采边界、工作面推进方向的相互关系及地基加固处理经验教训。

(6) 有害气体的类型，分布特征，压力及危害程度。

4. 勘察与测试

(1) 综合物探。采用电法、地震、地质雷达，必要时进行综合测井等综合物探手段，其方法可参考表 5-5-2。

表 5-5-2　采用物探方法参照表

地形情况	地形平坦				地形起伏较大	
埋深	0~10m	10~40m	40~100m	100~200m	0~40m	40~200m
平面物探	微重力法		折射波	瞬变电磁	射气法	瞬变电磁
剖面物探	地质雷达	瑞雷波	高密度电法	高分辨地震	瑞雷波	井间 CT 法

采空区物探测线布置应根据线路纵、横断面方向，并结合工程性质，坑洞的埋深、延伸方向进行布置，以查明采空区的范围、埋深，采空区的空间大小，上覆岩、土层厚度。

(2) 触探。有条件时也可以采用，如埋深较浅、覆盖层为土层等。

(3) 钻探与测试。

①钻探。根据搜集的图纸资料、调查测绘以及物探的成果资料，综合分析，确定钻孔的数量及深度，以进一步验证物探结果，得以相互补充和验证。钻孔深度应钻至最低层洞底地层以下不少于 2m。布孔应结合工程和坑洞展布情况以及物探异常点，经综合分析研究后进行布置。

②测试。对上覆不同性质的岩、土层，应分别取代表性试样进行物理力学性质试验，提供稳定性检算及工程设计所需参数；分别取地表水及地下水样作水质分析；对煤层或可能储气部位，必要时进行有害气体含量及压力的现场测试。

第六节　基于应变设计的采空区地表移动对管道影响的定量分析

采空区地表移动对管道影响的定量分析应按如下步骤进行：(1) 利用概率积分法，建立采空区任意点地表移动及变形计算模型；(2)利用有限元等计算方法，建立管土作用计算模型，求解最不利条件下管道任意断面的最大拉伸应变 ε_{tmax} 和最大压缩应变 ε_{cmax}；(3)利用活动断裂带管道基于应变设计研究技术研究成果及《油气输送管道线路工程抗震技术规范》(GB 50470)的相关规定，求解管道本体的容许拉伸应变[ε_t]及容许压缩应变[ε_c]值；(4)采用定量分析，将计算最大值 ε_{tmax} 和 ε_{cmax} 分别与容许值[ε_t]及[ε_c]进行比较，当 $\varepsilon_{tmax}\leqslant$[$\varepsilon_t$]且 $\varepsilon_{cmax}\leqslant$[$\varepsilon_c$]时，预测管道安全，否则，管道处于不安全状态。

以下简述基于应变设计的概念、管土作用模型及管道本体容许应变值的确定方法。

一、基于应变设计的概念和范畴

基于应变设计的概念是近几年欧美国家针对日益恶劣的管道施工和服役环境，如海洋管道，极地冻土区管道，地震引起的砂土液化、滑坡等地段管道，活动断层段管道，采空区段管道等而提出的新的设计方法。此方法的提出主要是由于：

(1) 人们对材料和各种受力状态下管道破坏形式认识的加深，即发现在不同状态下某个方向上的管道应变即使超过0.5%(最小屈服强度所对应的应变)也不会发生破坏，尤其是当管道受到温差、位移等形式荷载作用时。如管道工程中最常见的冷弯管，其应变远大于0.5%，但是没有发生破坏。

(2) 在恶劣环境下，管道施工和维护的费用很高。如果按常规的应力设计标准来控制施工过程管道受力(变形)或确定运行过程的维护周期，势必会降低施工速度或增加维护次数，项目费用将显著增加。如海洋管道，可以充分利用管道的纵向变形能力来适应更恶劣的海况，减少海上作业时间，从而节省了施工费用。

(3) 由管材的应力—应变曲线可知，当应力超出屈服强度之后，应力变化量小，而应变的变化量较大，采用应变作为标准更便于衡量和控制。

目前基于应变的设计的定义还没有定论，一般地，可以进行如下定义：在位移控制为主或部分以位移控制为主的状态下，为了保证管道在塑性变形下(应变大于0.5%)能够满足特定目标而进行的设计。这里的目标主要指管道要正常运行和提供服务。为了保证管道正常运行和提供服务，就必须保证管道在拉伸状态下实际应变不能超出管道本身的抗拉伸能力；同样，对于压缩状态管道也要满足类似的要求；对于截面塑性变形，由荷载引起的椭圆度不能影响管道清管等。所以，应变设计包括内容：(1)在不同状态下，管道设计应变的确定；(2)在相应状态下，管道临界应变能力的确定；(3)考虑一定安全系数后确定的管道的容许应变。

应变设计准则可以按下式来表达：

$$\varepsilon_d\leqslant\varepsilon_{cr}/F \tag{5-6-1}$$

式中 ε_d——设计状态下的设计应变；

ε_{cr}——不同设计状态下管段的临界应变，如临界压缩应变、临界拉伸应变等；

F——安全系数，$F\geqslant1$。

当管道设计应变大于容许的应变能力时，失效；而管道实际应变小于容许的应变能力时，安全。

对于管道的设计应变，要解决的是选择合理的管道应变计算模型的问题，涉及不同环境下地层变形预测模型、管土作用模型、材料强化能力等方面；对于管道的容许应变能力，要解决的是管道容许应变的保证问题，包括材料的性能(屈强比、硬化指数等)、几何尺寸(D/t、椭圆度、壁厚公差等)、焊接接头性能(高强匹配)、焊缝容许缺陷大小(CT OD，宽板拉伸试验等)及应变时效等方面的要求等。

二、管土作用模型

虽然利用概率积分法可以计算出采空区地表移动盆地上任意一点的地表移动及变形情况，但对于处在采空区地表移动盆地中的埋地管道而言，由于周围土壤对管道的约束作用以及管道与周围土壤的性质差别较大，导致管道本体的实际变形并不与地表变形同步。

埋地管道的土壤约束一般都是简化为离散的非线性弹簧—即土弹簧模型。当有限元在进行管道应变设计的模型中，管土作用模型是一个重要因素。它涉及管道周围土壤约束的简化问题。埋地管道的土壤约束一般都是简化为离散的非线性弹簧，如图 5-6-1 所示，简化后的模型如图 5-6-2 所示。

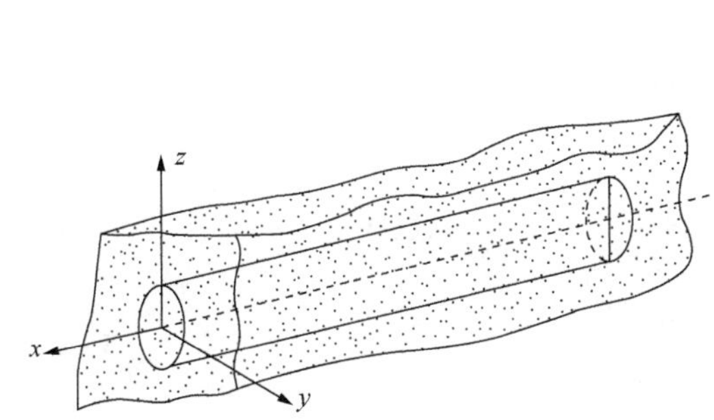

图 5-6-1　埋地管道土壤约束模型

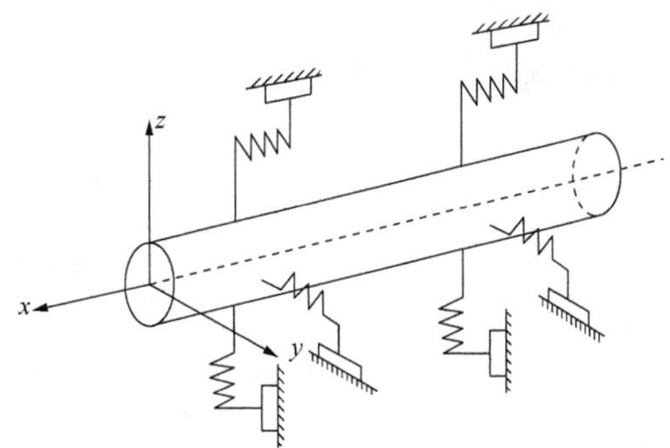

图 5-6-2　埋地管道土壤约束简化模型

在确定土弹簧时，有两个假设：

(1) 土体是均匀的；

(2) 到达最大位移后，土壤的约束达到最大且不再变化。

通过土弹簧模型，我们可以计算出水平、轴向以及垂向 3 个方向的管道所受周围土壤的约束力及对应的管道应力与位移。

三、管道本体容许应变的确定

采空区上方的地表移动盆地对管道破坏的形式，主要是在位移作用下管道发生内侧弯曲的局部屈曲和外侧的拉伸破裂。

1. 极限应变的确定

《西气东输二线工程强震区和活动断裂带管道基于应变设计研究技术研究报告》通过实验验证，提出了断层位移条件下偏保守的估算钢管及组焊管段的极限拉伸应变 ε_t^{crit} 和极限压缩应变 ε_c^{crit} 公式分别如下：

1) 极限拉伸应变 ε_t^{crit}

(1) 表面型缺欠时：

$$\varepsilon_t^{crit}=\delta^{(2.36-1.58\lambda-0.101\xi\eta)}(1+16.1\lambda^{-4.45})(-0.157+0.239\xi^{-0.241}\eta^{-0.315}) \qquad (5-6-2)$$

(2)深埋型缺欠时：

$$\varepsilon_t^{crit}=\delta^{1.08-0.612\eta-0.0735\xi+0.364\psi}(12.3-4.65\sqrt{t}+0.495t)$$
$$(11.8-10.6\lambda)\left(-5.14+\frac{0.992}{\psi}+20.1\psi\right)(-3.63+11.0\sqrt{\eta}-8.44\eta)$$
$$\left(-0.836+0.733\eta+0.0483\xi+\frac{3.49-14.6\eta-12.9\psi}{1+\xi^{1.84}}\right) \tag{5-6-3}$$

式中 ε_t^{crit}——极限拉伸应变，%；

δ——表观 CTOD 韧性，$0.1\leqslant\delta\leqslant0.3$，mm；

λ——屈强比，$0.7\leqslant\lambda\leqslant0.9$；

ξ——缺欠长度与壁厚比率 $2c/t$，$1\leqslant\xi\leqslant10$；

η——缺欠深度与壁厚比率 a/t(表面缺欠时)或 $2a/t$(深埋缺欠时)，$\eta\leqslant0.5$；

ψ——缺欠深度与壁厚比率 d/t；

t——管道壁厚，$t\leqslant D/32$，mm。

2）极限压缩应变 ε_c^{crit}

(1) 无压状态下时：

$$\varepsilon_c^{crit}=1.2\delta/D \tag{5-6-4}$$

(2) 有压状态下时：

$$\varepsilon_c^{crit}=0.5\frac{\delta}{D}-0.0025+3000\left(\frac{p}{2tE_s}\right)^2,\quad \frac{pD}{2\delta F_y}<0.4 \tag{5-6-5}$$

$$\varepsilon_c^{crit}=0.5\frac{\delta}{D}-0.0025+3000\left(\frac{0.4F_y}{E_s}\right)^2,\quad \frac{pD}{2\delta F_y}\geqslant0.4 \tag{5-6-6}$$

式中 ε_c^{crit}——管段的极限压缩应变；

δ——管道壁厚，m；

D——管道外直径，m；

p——设计压力，MPa；

F_y——有效屈服强度，当温度小于 120℃时，取最小屈服强度。

2. 容许应变的确定

基于应变设计的主要内容除了确定管道本体的极限应变之外，还要选取合理的安全系数，以确定管道的容许应变值。

1）安全系数

安全系数与破坏的形式和破坏可能造成的环境影响有关。在断层位移作用下的安全系数是根据 CSA Z662—2007 附录 C 的相关规定，拉伸安全系数为 1/0.7(=1.43≈1.5)，考虑到该附录推荐的公式中已含了一定的安全余量，适合环向应力较大的工况(超过 40%SMYS)，所以在设计压力状态下安全系数取 1.5。

但是在环向应力较小的工况下，拉伸极限应变能力会有较大的提高，所以安全系数取 1.25。

压缩屈曲安全系数为 1/0.8(=1.25)。

2）容许应变的确定

有了不同极限状态下管道的安全系数，就可以确定管道的容许应变。

(1)容许拉伸应变$[\varepsilon_t]$的计算。

① 环向应力较大的工况(超过40% SMYS)条件下，表面型缺欠时：

$$[\varepsilon_t]=\varepsilon_t^{crit}/1.5=\delta^{(2.36-1.58\lambda-0.101\xi\eta)}(1+16.1\lambda^{-4.45})(-0.157+0.239\xi^{-0.241}\eta^{-0.315})/1.5 \tag{5-6-7}$$

② 环向应力较大的工况(超过40% SMYS)条件下，深埋型缺欠时：

$$[\varepsilon_t]=\varepsilon_t^{crit}/1.5=\delta^{1.08-0.612\eta-0.0735\xi+0.364\psi}(12.3-4.65\sqrt{t}+0.495t)(11.8-10.6\lambda)$$
$$(-5.14+\frac{0.992}{\psi}+20.1\psi)(-3.63+11.0\sqrt{\eta}-8.44\eta)$$
$$(-0.836+0.733\eta+0.0483\xi+\frac{3.49-14.6\eta-12.9\psi}{1+\xi^{1.84}})/1.5 \tag{5-6-8}$$

③ 环向应力较小的工况(不超过40% SMYS)时，表面型缺欠时：

$$[\varepsilon_t]=\varepsilon_t^{crit}/1.25=\delta^{(2.36-1.58\lambda-0.101\xi\eta)}(1+16.1\lambda^{-4.45})(-0.157+0.239\xi^{-0.241}\eta^{-0.315})/1.25 \tag{5-6-9}$$

④ 环向应力较小的工况(不超过40% SMYS)时，深埋型缺欠时：

$$[\varepsilon_t]=\varepsilon_t^{crit}/1.25=\delta^{1.08-0.612\eta-0.0735\xi+0.364\psi}(12.3-4.65\sqrt{t}+0.495t)(11.8-10.6\lambda)$$
$$(-5.14+\frac{0.992}{\psi}+20.1\psi)(-3.63+11.0\sqrt{\eta}-8.44\eta)$$
$$(-0.836+0.733\eta+0.0483\xi+\frac{3.49-14.6\eta-12.9\psi}{1+\xi^{1.84}})/1.25 \tag{5-6-10}$$

(2) 容许压缩应变$[\varepsilon_c]$的计算。

① 无压状态下时：

$$[\varepsilon_c]=\varepsilon_c^{crit}/1.25=1.2\delta/D/1.25=0.96\delta/D \tag{5-6-11}$$

② 有压状态下时：

$$[\varepsilon_c]=\varepsilon_c^{crit}/1.25=0.4\frac{\delta}{D}-0.002+2400\left(\frac{p}{2tE_s}\right)^2,\ \frac{pD}{2\delta F_y}<0.4 \tag{5-6-12}$$

$$[\varepsilon_c]=\varepsilon_c^{crit}/1.25=0.4\frac{\delta}{D}-0.002+2400\left(\frac{0.4F_y}{E_s}\right)^2,\ \frac{pD}{2\delta F_y}\geqslant 0.4 \tag{5-6-13}$$

第七节　采空区长输管道敷设与防护

采空区管道线路设计应本着如下步骤进行：

(1) 选线；

(2) 地质调绘，依据本章第五节的内容进行；

(3) 定性评价，依据本章第三节的内容进行；

(4) 优化路由；

(5) 物探及钻探，依据本章第五节的内容进行；

(6) 定量评价，依据本章第四节、第六节的内容进行；

(7) 防治措施。

一、选线原则

管道线路宜避绕确认的矿区(将线路位置设置在采矿区影响范围以外，即管线在采矿区地表移动盆地边界线以外通过)。当必须通过时应与有关单位协商，了解矿区具体规划，根据评价结果，确认通过方式及治理措施。

管道线路应避绕下列地区：

(1) 经稳定性初步评价不宜通过的地段(见本章第三节第六部分内容)；

(2) 在开采过程中可能出现非连续变形地段(地表产生台阶、裂缝、塌陷坑等)；

(3) 特厚矿层和倾角大于55°的厚矿层露头地段(易造成矿层抽冒)；

(4) 由于地表移动和变形，可能引起边坡失稳和山崖崩塌的地段。

下列地段管道敷设时，其适应性应进行专项勘察与评价：

(1) 经稳定性初步评价应进行专项评价地段(见本章第三节第六部分内容)；

(2) 老采空区可能活化或有较大残余影响的地段。

下列地段为相对稳定区，管线可以通过：

(1) 经稳定性初步评价管线可以直接通过的地段(见本章第三节第六部分内容)；

(2) 预计最大地表变形所引起的管道拉伸应变和压缩应变小于管道本体容许应变值的地段。

二、管道本体抗变形措施

根据西气东输二线活动断裂带基于应变设计研究成果，目前常用的管道本体抗变形措施主要包括四大类：(1)调整管道与采空区移动盆地位置；(2)增加管道延性；(3)降低管土相互作用；(4)增加管道壁厚。

1. 调整管道与采空区移动盆地位置

一般来说，调整管道与采空区地表移动盆地的穿越位置可以使管道的应变分布更为合理。由于采空区地表移动盆地的中轴线处的地表变形表现得最为剧烈和明显，相应会造成管道局部的应变较大，因此管道中线穿越采空区移动盆地时应尽可能远离移动盆地的轴线(即中心区)。

2. 增加管道延性

增加管道的延性，可以通过降低钢管的材质实现。一般随着材质的降低，管道的延性提高，耐变形的能力也会提高。另一个方法是采用大变形钢管，这也是国内首次通过这种方式来提高管道延性。采用大变形钢管不仅可以改善计算应变的结果，还可以提高管道的允许应变，效果较好。一般情况下，大变形管的允许应变会比普通管提高约10%左右。

3. 减低管土互相作用

减低管土互相作用可以通过下列途径来实现：(1)回填松散材料，如砂土等；(2)浅埋或架空；(3)采用光滑的外包层；(4)套管技术(比如建涵洞)；(5)优化管沟断面，如宽沟、缓边坡等，或在管道周围采用可压缩或破碎的填料，以吸收侧向位移。其中(1)(2)(5)项措施比较常用；而(3)(4)项措施由于施工不便，而且增加投资，所以目前推广条件尚不成熟。

1）回填松散材料

回填松散材料，一方面减少了容重，另一方面减小了管道与土壤的摩擦系数，从而减少了各向土弹簧的系数，从而使管道的应变减小。

2）浅埋

浅埋与回填松散材料的原理类似，主要是减小管道周围的土压，降低各向土弹簧系数，从而使管道的应变减小。

3）优化管沟断面

通过优化管沟断面可以降低侧向土弹簧系数，从而对于以走滑为主的断层可明显降低计算的应变。西气东输二线活动断裂带基于应变设计研究成果通过数值模拟，验证了这一措施，主要的结论如下：

（1）随着管沟底部宽度的增大，管道所受的轴向最大拉伸(压缩)应变减小，而且在从 1.8m 增加到 1.9m 时发生突变。由此可见管沟底部宽度取 1.9m 时比较经济，再宽挖的意义不大。

（2）随着管沟坡度的减小，管道所受的轴向最大拉伸(压缩)应变均匀减小，因此在实际工程中，应根据不同断层类型，综合考虑经济性及管沟开挖的可操作性选择合适的管沟坡度。

4. 增加壁厚

增加壁厚对抗震的效果和采用大变形钢管类似，不仅可以改善计算应变的结果，还可以提高管道的允许应变，效果较好。但是造价较高，而且如果壁厚增加的过多，施工时与两侧的一般管道衔接可能需要过渡短管，不便于施工。

5. 其他措施

其他的抗变形措施主要有：

（1）在需要抗变形设防的埋地管段，不宜设置弯头，应采用弹性敷设，且曲率半径不得小于 1500D。若需要设置冷弯管时，其曲率半径不得小于 50D。

（2）在地表移动盆地影响区内，不应采用不同直径或壁厚的管道，不应设三通、旁通和阀门，不宜设置固定墩等部件。

（3）敷设于变形危险地段的管道，宜设置预警系统。

三、采空区(空洞)治理方法

采空区治理方法主要有预留矿柱法、注浆法、支撑回填法、开挖回填法和跨越法。

1. 预留矿柱法

在已有管线下方的地下开采，或线路要通过未来采空区时，可考虑采取预留矿柱的保护措施，以防止地表和建筑物变形。即在管线及其附属建构筑物下保留部分矿体不被采出，以支撑地面不使其下沉。这种方法虽然将使一部分矿体不能采出，会造成较大的赔偿，并使开采工作复杂化，但在目前仍是一种较为安全、切实可行的方法。在管线和其附属构建筑物的保护矿柱时，应遵循以下步骤。

（1）预留保护矿柱的范围，所预留保护矿柱范围内的矿产量即为管线的压矿量。其保护矿柱的计算方法有垂直剖面法、垂线法及数字高程投影法。一般采用垂直剖面法。

（2）围护带宽度按建筑物保护等级确定，综合考虑铁路、公路等相关行业的经验，结合管道保护条例的有关规定，建议管道维护带宽度为 10m。

(3) 预留矿柱范围按下列公式计算。

上山方向预留矿柱宽度：

$$B_{上山方向}=H_{埋深}\times\cot\gamma'+维护带宽度+\frac{管沟宽度}{2} \tag{5-7-1}$$

下山方向预留矿柱宽度：

$$B_{下山方向}=H_{埋深}\times\cot\beta'+维护带宽度+\frac{管沟宽度}{2} \tag{5-7-2}$$

其中

$$\cot\gamma'=\sqrt{\cot^2\gamma\times\cos^2\theta+\cot^2\delta\times\sin^2\theta}$$

$$\cot\beta'=\sqrt{\cot^2\beta\times\cos^2\theta+\cot^2\delta\times\sin^2\theta}$$

式中 γ，β，δ——分别为上山、下山及走向方向的岩层移动角，可在表5-3-5中查找；

θ——围护带边界与煤层走向线之间所夹的锐角。

2. 注浆法

注浆法是采用人工的方法向地基土颗粒的空隙、土层界面或岩层空隙(溶洞、溶隙、裂隙、空隙)或采空区的垮落带和裂隙带里，注入具有充填、胶结性能的浆液材料，以便硬化后增加其强度或降低渗透性的注浆施工方法。

3. 支撑回填法

支撑回填法是指在采矿后形成的空洞内，用片、块石等材料进行人工回填，使砌体与洞顶板紧密接触，使堆砌物起到支撑顶板的作用，从而保证采空区上方覆岩的稳定性。该方法主要适用于矿层开采后未完全塌落、空间较大的采空区，且应具备采空区通风良好、易于人工作业、材料运输等施工条件。该方法包括干砌石法和浆砌石法两种类型。

4. 开挖回填法

开挖回填法是指对管线下方的浅层采空区先进行开挖，然后采用干砌或浆砌的方式回填。

5. 跨越法

跨越法是指主要以直垮、桥或悬索的形式跨越采空区不稳定地段，跨越墩应在稳定的岩体中。该方法主要适用于开采规模小、开采深度几米至几十米的采空区。

上述治理方法分别适用于不同的采空区工程地质条件及管道工程的要求。但有时在同一个采空区(空洞)内，各个地段内顶板岩石的性质、埋藏深度、冒落及其对采空区充填程度不同，有的顶板未冒落，采空区未被充填，有的半充填，有的全部被充填。这样，采空区的不同部位就有两种或两种以上不同的治理条件。因此，对于不同地段(或条件)就需要采取不同的治理措施。也就是说，同一个采空区，由于其各地段的地质、采矿及工程地质条件的差异，可能采用两种或两种以上的治理方法。

第六章　边坡地区长输管道敷设与防护

第一节　概述

一、边坡与滑坡的含义及区别

目前有关人员对边坡与滑坡的含义往往理解不一，国内不同行业领域的工程专业人员常常有不同的理解。例如铁路、地质部门经常将坡体的岩土沿坡内一定的带(或面)整体向前移动的现象称之为滑坡，而不区分是天然坡体，还是人工开挖形成的坡体，也不区分滑带(或面)是自然形成的，还是由于开挖或填筑而在坡体中形成的。边坡则是泛指自然或人工形成的斜坡坡体，因而滑坡只是边坡破坏的一种形式。这种定义比较适用于滑坡的灾害分析，但不太适用于滑坡防治工程。因为它没有将潜在的滑坡包含在内，而这正是滑坡防治人员重点的研究对象。水电等建设部门通常把坡体称为边坡(有些部门与地区称为斜坡)，而把边坡(或斜坡)的滑动现象称为滑坡。这种定义的研究重点是边坡稳定性。边坡可以处在潜在滑动状态，也可以处在滑动状态。但这种定义也没有涉及边坡与滑面是如何形成的。建筑部门和采矿部门等则从工程防治观点出发，对边坡防治工程和滑坡防治工程进行了区分，由于边坡与滑坡成因、滑面形成、失稳机理、稳定性分析方法及其防治措施等不同而形成了两种不同的防治工程，简言之可称为边坡工程与滑坡工程。

一般而言，边坡是指由于工程行为而人工开挖或填筑的斜坡，坡体中滑面是新形成的，开挖或填筑前没有变形与滑动迹象。而滑坡多指由于自然因素而引起的坡体变形或滑动的自然斜坡，坡体中的滑面是自然存在的，坡体正处于蠕动变形或滑动阶段，坡体有变形或滑动迹象。部分滑坡指工程开挖形成的边坡，边坡中存在自然形成的滑面(如古滑坡)，开挖前坡体可以处于蠕动或滑动状态，也可以处于静止状态。某种意义上来讲，这种分法实际上将边坡和滑坡视作两种治理工程，因而从工程治理上讲是合适的。

本书将边坡地区和滑坡地区各自独立成章编写，其重点是要阐述两者对管道的危害性，因此需要对边坡与滑坡从对管道危害性评价的角度进行重新定义。

把自然的或第三方人为的岩土斜坡统称为斜坡。而边坡的定义则包括如下两方面：(1)由于管道工程建设而开挖或填筑的斜坡；(2)虽然目前没有蠕动或滑动迹象，也不会直接受到管道建设人为工程活动的影响，但对管道的建设或今后的运营会造成潜在隐患的斜坡。滑坡通常是指由自然原因引发的正在或已经蠕动与滑动的自然斜坡，称为自然滑坡；另一部分滑坡则是由于人为开挖或填筑而引发古滑坡的复活或自然滑坡的加剧而引发大规模滑坡，通常工程界将这种滑坡称为工程滑坡。

因此，涉及管道工程领域的边坡与滑坡的区别在于两点。

(1) 边坡是涉及管道工程建设中的人工斜坡，以及对管道建设或运营造成潜在隐患的自然斜坡；而滑坡是指由自然原因引发的失稳斜坡，工程建设加剧其失稳时，称之为工程滑坡。

（2）边坡的滑面是由于人工开挖或填筑后才形成的，原先并不存在或存在一稳定系数较低的潜在滑动面，且坡体无蠕动喝滑动迹象。而滑坡具有自然的滑面，且坡体有蠕动和滑动迹象，包括滑动已经发生的斜坡。

二、边坡类型

1. 按成因分类

按成因分类可分为人工边坡和自然边坡。

（1）人工边坡：由人工开挖或填筑所形成的地面具有一定斜度的地段；

（2）自然边坡：在工程范围内，有可能影响工程安全、由自然地质作用所形成的地面具有一定斜度的地段，形成时间一般较长。

2. 按地层岩性分类

按地层岩性分类可分为土质边坡、岩土混合边坡和岩质边坡。

（1）土质边坡：整个边坡均由土体构成，土层结构决定边坡的稳定性，边坡破坏形式主要为圆弧滑动和直线滑动。按边坡组成土的类型不同可分为黏性土边坡、碎石土边坡、黄土边坡、膨胀土边坡、堆积土边坡、填土边坡等。

（2）岩土混合边坡：边坡下部为岩层，上部为土层，即所谓的二元结构边坡。其稳定性决定于土岩界面的倾角。

（3）岩质边坡：整个边坡均由岩体构成，其稳定性决定于岩体主要结构面与边坡倾向的相对关系等，破坏形式主要为直线型和折线型。岩质边坡可进一步划分。

① 按岩层结构分为：

a. 层状结构边坡：由相互平行的一组结构面构成的边坡。

b. 块状结构边坡：由两组或两组以上产状不同的结构面组合而成的边坡。

c. 网状结构边坡：结构面比较密集，方向不规则的边坡(结构体为不规则块体)。

② 按岩层倾向与坡向的关系分为：

a. 近水平层边坡：岩层产状近于水平，走向与坡向垂直，如图 6-1-1(a)所示。

b. 顺向边坡：岩层走向与坡向垂直，倾向与坡向一致，如图 6-1-1(b)所示。

c. 反向边坡：岩层走向与坡向垂直，倾向与坡向相反，如图 6-1-1(c)所示。

d. 直立边坡：岩层产状直立，走向与坡向垂直，如图 6-1-1(d)所示。

e. 切向边坡：岩层走向与坡向相交，如图 6-1-1(e)和图 6-1-1(f)所示。

3. 按边坡高度分类

按边坡高度分类可分为低边坡、中高边坡、高边坡和超高边坡。

（1）低边坡岩质边坡总高度小于 8m，土质边坡总高度小于 5m。

（2）中高边坡岩质边坡总高度 8~15m，土质边坡总高度 5~10m。

（3）高边坡岩质边坡总高度 15~30m，土质边坡总高度 10~15m。

（4）超高边坡岩质边坡总高度大于 30m，土质边坡总高度大于 15m。

也有些资料按边坡高度，将边坡分为超高边坡(>100m)、高边坡(50~100m)、中边坡(20~50m)和低边坡(<20m)。

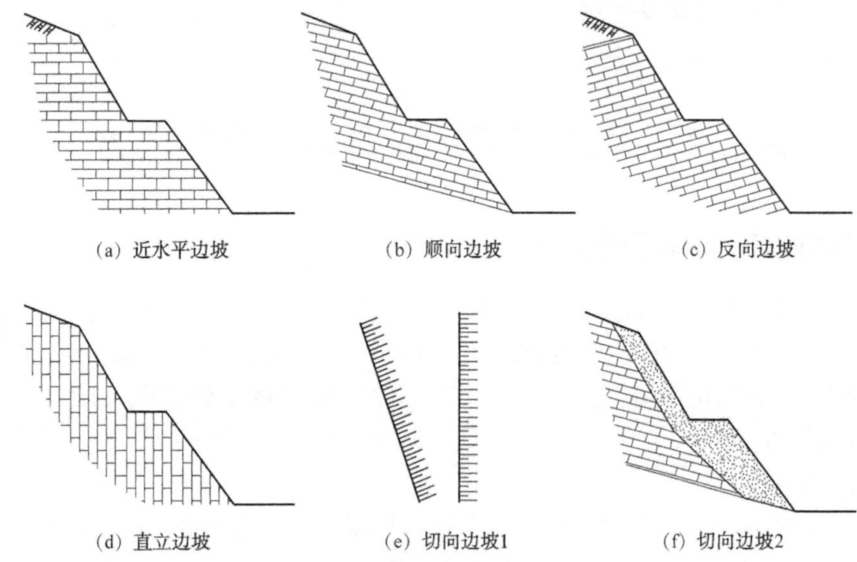

图 6-1-1　岩层倾向与坡向关系示意图

4. 按边坡坡度分类

按边坡坡度分类可分为平缓边坡、中等边坡、陡坡边坡、急坡边坡和倒坡。

(1)平缓边坡：坡度小于 15°。

(2)中等边坡：坡度介于 15°~30°。

(3)陡边坡：坡度介于 30°~60°。

(4)急坡：坡度介于 60°~90°。

(5)倒坡：坡度大于 90°。

5. 按坡长分类

按坡长分类可分为长边坡、中长边坡和短边坡。

(1) 长边坡：坡长大于 300m。

(2) 中长边坡：坡长 100~300m。

(3) 短边坡：坡长小于 100m。

6. 按使用年限分类

按使用年限分类可分为永久性边坡和临时性边坡。

(1) 永久性边坡：使用年限超过 2 年。

(2) 临时性边坡：使用年限不超过 2 年。

也有些资料按边坡使用年限，将边坡分为临时边坡、短期边坡和永久边坡，并作如下定义：

(1) 临时边坡：只在施工期间存在的边坡，如基坑边坡。

(2) 短期边坡：只存在 10~20 年的边坡，如露天矿边坡。

(3) 永久边坡：长期使用的边坡。

7. 按边坡的工程类别分类

(1) 路堑边坡、路堤边坡。

(2) 水坝边坡、渠道边坡、库岸边坡。

(3) 露天矿边坡、弃渣场边坡。

(4) 建筑边坡、基坑边坡。

第二节　边坡的破坏及其对管道的危害

一、边坡破坏的影响因素分析

边坡的破坏受多种因素的影响，可分为内部因素和外部因素。内部因素包括岩土性质、地质构造、岩土结构、水的作用、地震作用、地应力和残余应力等，外部因素包括工程荷载条件、斜坡形态以及风化作用、临空条件、气候条件和地表植被发育等。

1. 边坡破坏的因素

1) 岩土的性质

包括岩土的坚硬(密实)程度，抗风化和抗软化能力，抗剪强度，粒径大小、形状以及透水性能等。岩土体的力学性质决定了边坡破坏失稳的方式。坚硬岩石边坡破坏以崩塌和结构面控制型为主，软质岩石边坡破坏以应力控制型失稳为主。总之，岩土体的工程地质性能越优良，边坡稳定性越高。

2) 岩层结构及构造

包括节理、裂隙的发育程度及分布规律，结构面胶结情况以及软弱面、破碎带的分布与斜坡的相互关系，下伏岩土面的形态和坡向、坡度等。在评价结构面对边坡破坏的影响时，应特别注意结构面的产出状态与边坡面的关系。结构面与边坡面的组合不同，边坡的稳定性也不同。

3) 水文地质条件

包括地下水埋藏条件，流动、潜蚀情况以及动态变化等。岩土体的力学性质受水的影响很大，地下水富集程度的提高一方面增大坡体下滑力，另一方面又降低了软弱夹层和结构面的抗剪强度，引起孔隙水压力上升，降低滑动面上的有效正应力，导致滑动面抗滑力减小。

4) 风化作用

使岩土强度减弱，裂隙增加，影响边坡的形状和坡度，使地面水易于侵入，改变地下水动态。沿裂隙风化时，可使岩土脱落或沿边坡崩塌、堆积、滑移等。

5) 气候作用

岩土风化速度、风化层厚度以及岩石风化后的机械变化和化学变化(矿物成分的改变)，均与气候有关。大气降雨是地下水的主要补给源。气候类型不同，大气降雨量也不同。因此，在不同地区，由于大气降雨量不同，即使其他条件相同，边坡的稳定性也不同。暴雨或长期降雨及融雪过后，往往可以见到边坡失稳破坏增多现象。大气降雨、融雪增加了地下水的补给量，降低了边坡的稳定性。

6) 地震作用

除了岩土体受到地震加速度的作用而增加下滑力外，在地震作用下，岩土中的孔隙水压力增加和岩土强度降低都对边坡的稳定不利。地震作用产生的水平地震附加力的作用方向不利于边坡稳定时，边坡的下滑力增大，抗滑力减小。

7）地貌因素

边坡的高度、坡度和形态是造成边坡破坏的重要因素。不利形态和规模的边坡往往在坡顶产生张应力，并引起坡顶产生张裂缝；在坡脚产生强烈的剪应力，出现剪切破坏带，这些作用极大地增加了边坡破坏的概率。边坡面和地质结构面的不利组合，还会导致边坡结构面控制型失稳破坏。

8）人为因素

边坡不合理的设计、施工，大量外来水的渗入及爆破等都可能造成边坡破坏。诱发边坡破坏的人类工程活动有3种。

（1）削坡。

不当的削坡往往使坡脚结构面或软弱夹层的覆盖层变薄或切穿，减小了坡体滑动面的抗滑力，而边坡的下滑力却没有减小，加剧了边坡的破坏。当结构面或软弱夹层的覆盖层被切穿时，结构面与边坡面构成不利组合，边坡产生结构面控制型失稳破坏。

（2）坡顶加载。

坡顶加载一方面增加了坡体下滑力，却没有成比例地增加滑动面的抗滑力；另一方面增大了坡顶张应力和坡脚剪应力集中程度，使边坡岩土体破坏，降低强度，因而引起边坡稳定性降低。当边坡加载物为松散物时，由于其减少了大气降雨所产生的地表径流，增加了渗流量，因此边坡破坏的概率被大大增加。

（3）地下开挖。

地下开挖主要包括采矿和隧道，它所引起的地表移动亦会造成边坡的失稳破坏。

2. 边坡破坏因素的分析

1）黏性土类边坡

均一的黏性土类边坡的稳定性，主要决定于黏性土的性质（状态、含水量、抗剪强度）、地下水及地表水的活动。当为双层或多层结构时，还决定于层面的性质和软弱夹层的分布情况。当有裂隙存在时，裂隙的分布规律和发育程度，对边坡的破坏也起作用。

2）碎石类边坡

边坡的破坏取决于碎石粒径大小和形状、胶结情况和密实程度。在山区，碎石类土一般均含有黏性土或黏性土夹层，其稳定性主要取决于黏性土性质与地下水活动情况。当黏性土或碎石土与基岩接触构成边坡时，其破坏程度决定于接触面的形状、坡度的大小、地下水在接触面的活动及基岩面的风化情况。

3）黄土类边坡

其破坏与否取决于图层的密实程度和地层年代、成因、不同时期黄土的接触情况，地形地貌和水文地质条件，黄土本身陷穴、裂隙发育程度，主要力学指标的变化幅度，气候条件，地震影响以及河流冲刷等因素。

4）岩石类边坡

其稳定性主要取决于结构面的性质及其空间的组合、结构体的性质及其立体形式。影响边坡稳定的主要因素是岩层的倾角大小、层面的抗剪强度及边坡岩体被节理裂隙切割状况。层状同向缓倾边坡较为常见。由于施工开挖人为改变边坡坡角使边坡由缓边陡，使层面被切断。当边坡岩层被坡面切断后，最常见的变形是顺层滑动，特别是沿软弱夹层产生滑动。当节理裂隙的切割有利于割离坡体，下伏有软弱夹层时，雨后更易滑动。用结构面分析岩石类边坡的稳定性时，应注意下列问题。

（1）软弱结构面：有些结构面上的物质软弱破碎，含泥物质及水理性质不良黏土矿物在水的作用下，抗剪强度降低，对岩体的稳定性影响最大，应予以成分注意，对其矿物物质组成应进行分析。

（2）有些结构面延展性较强，在一定工程范围内切割整个岩体，对稳定性影响较大。而另一些结构面比较短小，互相不连贯，岩体强度有一部分仍受岩石强度控制，稳定性较好。

（3）结构面的密集程度、平直程度及光滑度或起伏差，都应予以研究和注意，以便区别各类结构面的力学特性，为确定强度参数提供依据。

二、边坡破坏的基本形式

目前国内对于边坡破坏的形式有多种分类方法，大致包括按灾害体运动特征分类、按破坏面形状分类和按变形深度分类三种。

1. 按灾害体运动特征分类

按灾害体运动特征分类分为崩塌、坍塌、滑塌、倾倒、剥落、错落、落石等。

1）崩塌

整体岩、土块体在重力和其他外力作用下，脱离母体，突然从较陡的斜坡上崩落的现象。崩塌过程中，岩、土块体顺斜坡猛烈地翻滚、跳跃、相互撞击，最后堆落于坡脚，原岩、土体结构受到严重破坏。规模巨大时称之为山崩，小规模时称为塌方。

2）坍塌

土层、堆积层或风化破碎岩层斜坡，由于土壤中水和裂隙水的作用、河流冲刷或人工开挖坡陡于岩、土体自身强度所能保持的坡度而产生逐层塌落的变形现象。在管道行业中是一种非常普遍的现象，灾害体一直塌到岩、土体自身的自然休止角时方能稳定。可见半圆形或无规则的滑移面，滑移面土的含水量明显高于坍滑土体。坍滑体上可见密集分布的裂隙。坍塌多发生在坡体的下部，往往是产生滑坡的先兆。

3）滑塌

斜坡上的岩、土体，在重力或其他外力作用下，沿坡体内新形成的滑面局部向下滑移的现象。对土质边坡而言，其表层吸水软化，抗剪强度降低。在重力和渗透压力的作用下，表现为沿坡面局部下滑。它与坡体滑坡十分类似，滑坡是沿坡体内一定的软弱面（或带）整体向下滑动。这是填方或挖方边坡常见的一种变形方式。

4）倾倒

陡倾的岩体由于卸荷回弹或其他外力作用，绕其底部某点向临空面方向倾倒的现象。它可以转化为崩塌或滑塌，也可以停止在倾倒变形阶段。

5）剥落

边坡表层因风化或其他原因造成土块之间黏结力减弱或丧失，碎解成粒或片状，在重力作用下沿坡面滚落。

6）错落

被陡倾的构造面与后部完整岩体分开的较破碎岩体，因坡脚受冲刷或人工开挖和震动影响，下伏软弱层不足以承受上部岩体压力而被压缩，引起坡体以垂直下错为主的变形现象。

7）落石

破碎且节理裂隙发育硬质岩斜坡，软、硬岩互层和断层破碎影响带岩块逐渐松动、坠落现象，以及大型危岩倒塌、坠落，统称危岩落石。

2. 按边坡破坏面形状分类

按边坡破坏面形状分类分为平面型破坏、弧面型破坏、楔型破坏和折线型破坏等。

1）平面型破坏

边坡沿某软弱结构面滑动［图(a)］或倾倒［图(b)］。根据岩体的破坏形式与机理之间的关系可知，滑动主要是滑动体的下滑力超过了软弱结构面的抗剪强度，从而发生剪切破坏所致。倾倒则是垂直与滑面的下滑力分量超过了软弱面的抗拉强度发生拉张破坏所致。

2）弧面型破坏

此时的滑面为曲面状，如图6-2-1(c)所示。此类破坏形式主要见于碎裂状或散体状的岩体边坡及均质土坡，坡残积土坡，砂土状强风化，不良地质堆积体等类型土质边坡。此时的破坏机理多是剪切破坏所致。

3）楔型破坏

楔体破坏是滑体是由两个具有一定角度结构面切割而成，如图6-2-1(d)所示。此时滑体似楔状，破坏时滑体沿结构面的交线滑动。当结构面的交线的倾向指向坡面临空方向时易发生破坏。此时的破坏为下滑力大于滑面的摩擦力所致。

4）折线型破坏

一般指不利结构面的组合和崩滑流堆积等不良地质界面，如图6-2-1(e)所示。在类土质边坡坡体结构中，存在两个或两个以上的地质不连续面，其走向大体平行于坡面且倾向与走向垂直，由多个地质不连续面组成折线型破裂面，其上岩土以此为依附面产生滑移变形和破坏。

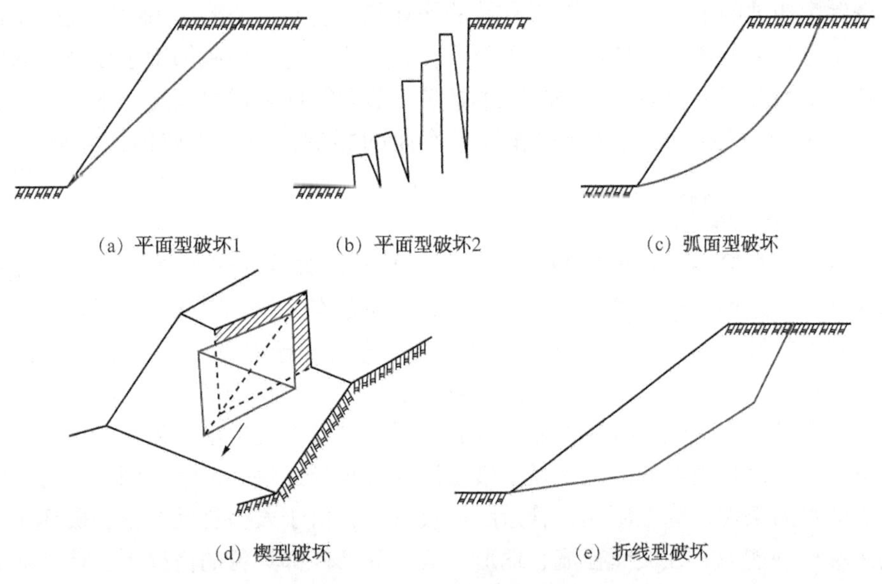

(a) 平面型破坏1　(b) 平面型破坏2　(c) 弧面型破坏

(d) 楔型破坏　(e) 折线型破坏

图6-2-1　边坡破坏面形状示意图

3. 按边坡变形深度分类

按边坡变形深度分类分为坡面变形、边坡变形和坡体变形

1) 坡面变形

变形深度不大于2m。其运动特征包括剥落(软岩剥落和土层剥落)、落石(岩块崩落)和坡面溜塌(堆积层溜塌和风化岩屑溜塌)。

2) 边坡变形

变形深度介于2~10m。其运动特征包括坍塌(堆积层坍塌和破碎岩层坍塌)、边坡滑塌(土层滑塌和风化破碎岩石滑塌)和小型崩塌(土崩塌和岩石崩塌)。

3) 坡体变形

变形深度不小于10m。其运动特征包括崩塌(以岩体崩塌为主)、滑坡(岩体滑坡和土体滑坡)、错落(以破碎岩体下错为主)和倾倒(以陡倾层状岩体倾倒为主)。

三、边坡破坏对管道的危害

边坡破坏对油气长输管道的危害程度决定于三个因素：(1)边坡体自身结构的稳定性；(2)管道本体与边坡体之间的空间关系，即管道通过边坡地区的敷设方式；(3)施工作业对边坡的扰动作用。目前国内管道行业在分析、评价边坡破坏对管道危害程度的工作不足，基本侧重于滑坡地质灾害的评价与治理。在边坡评价中又比较偏重边坡体自身稳定性的分析，轻视管道本体与边坡体空间关系的影响因素，而基本不考虑施工作业对边坡稳定性的扰动破坏作用。因此，边坡治理设计上表现为“单纯为治理边坡而进行评价和设计”，人为割裂了边坡体与管道的相互关系与作用。管道建设的实践证明，对于某些边坡虽然规模较大、稳定性亦较差，但由于距离管道较远或其灾害体的滑落方向偏离管道，因此并不对管道本体构成较大危害。而对于有些边坡而言，虽然边其规模较小且稳定性也高，但由于受管道施工的影响，如边坡开挖或超挖，改变了边坡形态，破坏了原岩体的力学平衡条件，而又未能及时加固补强，诱发了边坡的破坏，无法形成有效的作业操作空间。此外，施工过程中的动荷载、爆破扰动、生态环境的破坏及地震影响等因素，亦是施工过程中施加给边坡破坏的因素。关于有关边坡稳定性分析的内容，本书将在本章第三节和第四节详尽阐述，本节的重点在于通过比较管道通过边坡地区的敷设方式和施工作业的影响，阐述边坡体破坏对管道的危害类型。

1. 管道顺坡敷设通过边坡地区

顺坡敷设是指长输油气管道以与等高线交叉的敷设方式通过坡面，如图6-2-2(a)所示。当管线顺坡通过坡面时，管沟的倾向与坡面倾向基本一致，因此具备了形成水力冲刷的地形条件。管沟的开挖对坡面原状土形成了较深(管沟开挖深度一般为2m，宽度为1.5~2m)的扰动，为了保证管道埋深，大量虚土被回填进管沟，造成管沟回填土与原状土相比，其物理力学性能已大大降低，抗冲蚀能力减弱，因而具有了发生水土流失的地质条件。在强降雨条件下，坡面因降雨形成的地表径流极易汇入管沟形成集中汇水，因此具备了管沟内产生覆土流失的水力条件。综上所述，管道顺坡敷设时，由于人为扰动开挖，破坏了原有地质条件下的土壤抗蚀能力，在坡面径流、地形、地质等条件都具备的情况下，抗蚀能力弱的管沟内的松散回填土会发生较为严重的水土流失。其侵蚀过程是由面蚀向沟蚀的发展过程。沟蚀发展的最终阶段会造成整个管沟回填土全部流失，进而使管线暴露甚至悬空。

由于管道顺坡敷设对坡面的扰动很小，因此基本不涉及边坡失稳破坏隐患。其面临的主要问题是降雨所形成的坡面径流对管沟回填土的冲刷流失，因此其防护措施较为简单，只需采取一般性水工保护措施即可。防护措施设计时，应依据边坡的地质、地形及汇流情况，按科学的设防理念进行设计，充分考虑植被措施与工程措施的结合，如截水墙、护脚和植被护面等措施，如图 6-2-2(b)所示，以解决边坡工程防护与生态环境之间的矛盾，最大限度满足水土保持要求。

有鉴于此，顺坡敷设基本不涉及边坡破坏对管道危害性问题，因此不是本章论述的重点。

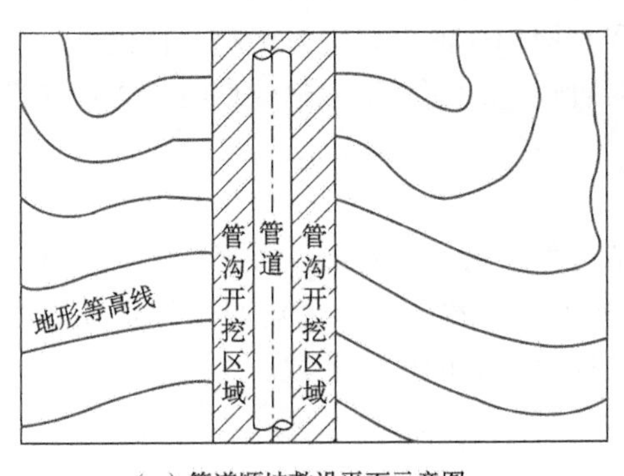

（a）管道顺坡敷设平面示意图

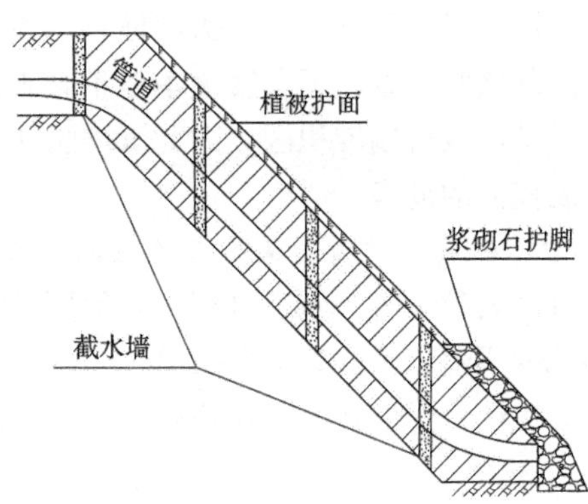

（b）管道顺坡敷设断面防护示意图

图 6-2-2　管道顺坡敷设示意图

2. 管道横坡敷设通过边坡地区

横坡敷设是指长输管道以基本平行于等高线的敷设方式通过坡面。在山区管道的建设中，由于地形起伏较大、河谷纵横、交通不便、地质条件复杂等因素的制约，因此横坡敷设是较为常见又不可避免的一种管道敷设方式。从管道与边坡体及潜在滑动面的空间关系上而言，管道通常以图 6-2-3 中Ⅰ、Ⅱ、Ⅲ和Ⅳ所示的四种方式通过边坡。现逐一分析四种横坡敷设方式下边坡体破坏对管道所造成的危害。

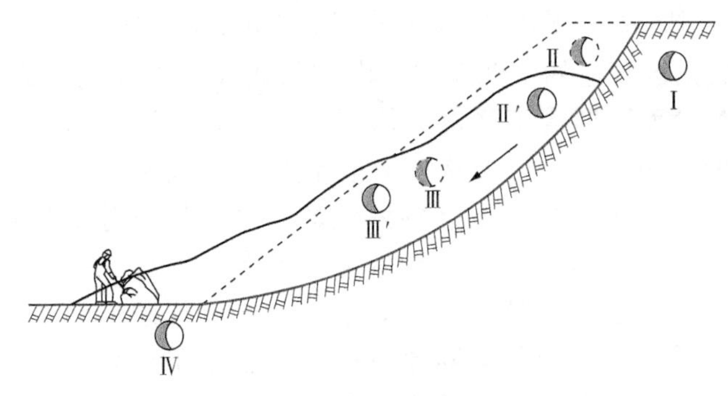

图 6-2-3　管道横坡敷设对破坏作用示意图

(1) Ⅰ方式：管道敷设于边坡顶部，且位于潜在滑动面以外。该敷设方式下，虽然边坡坡体的滑动破坏不能直接对管道本体构成破坏，但由于边坡体滑动破坏所形成的临空面有可能会造成管道侧向安全距离不足(一般管道侧向距临空面的安全距离不应小于 5m)，因此应确定边坡体潜在的滑动面与管道的空间关系，据此判定管道是否采取进一步加固措施。

(2) Ⅱ方式：管道敷设于边坡顶部，且位于潜在滑动面以内。该敷设方式下，边坡体的滑塌会造成管道向下山方向位移(如图中Ⅱ′)，管道本体所产生的径向变形会使得管道断面受到拉伸和压缩应变。当应变值超过管道本体允许应变值时，管道处于破坏失效状态。

(3) Ⅲ方式：管道敷设于边坡中部。由于管沟一般开挖深度均不超过5m，因此该敷设方式下，管道本体基本都位于潜在滑动面以内。边坡体破坏对管道的危害与Ⅱ方式基本类似。但由于管道位移较大，因此变形亦更明显，管道所受到的破坏程度也更大。同时，该方式下的设防措施的实施难度也更大，管道一旦受到破坏，几乎很难立即采取有效的应急抢险方案。因此管道敷设应尽可能避免横边坡中部通过。

(4) Ⅳ方式：管道敷设于边坡坡脚。一般情况下，边坡体潜在滑动面剪出口的位置位于坡脚，因此该敷设方式下，管道本体不会直接受到滑塌体的推挤变形影响。但是，由于边坡坡脚位置是边坡滑塌堆积区，因此滑塌物质会对管道建设期施工、运营期维护人员和设备的安全形成较大的危害。

3. 管道横坡敷设对管道施工作业的危害

管道横坡敷设时，施工过程中必须要进行清理作业带、开辟施工便道等扫线[图6-2-4(a)]和管沟开挖工作[图6-2-4(b)]。在上述两种工作状况下，会对原始稳定坡面产生一定程度的扰动，形成新的高陡路堑边坡，会降低原始坡面的稳定系数。

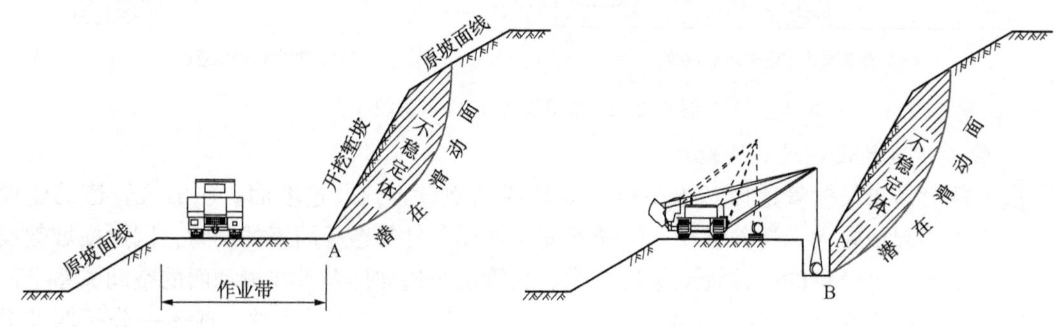

(a) 扫线形成的不稳定坡面　　(b) 管沟开挖形成的不稳定坡面

图6-2-4　横坡敷设条件下管道施工对边坡扰动示意图

目前国内已建成山区管道的实践表明，由于扫线和管沟开挖形成的削方路堑边坡，均会产生新的潜在滑动面，形成不稳定坡体(见图中阴影线部分)。对于扫线形成的开挖边坡而言，边坡的滑塌破坏一般会从A点位置剪出；而在管沟开挖工况下，边坡的滑塌破坏通常会从B点位置剪出。虽然突发性的滑坡、塌方等次生灾害规模不大，基本表现为牵引式的浅表层地质灾害，但滑塌体却常常堵塞施工便道和管沟，造成管道施工无法继续正常进行。在这种情况下，如果进一步清理滑塌体或继续开挖管沟，往往诱发更大规模的地质灾害。因此实际建设中经常就地采取坡脚防护措施。虽然在一定程度上缓解了滑塌进一步发生的可能性，但由于管道是以浅挖深埋的方式通过，因此管道本体处于相对不稳定状态。

目前，国内管道行业的相关人士普遍认为管道横坡敷设方式存在较大隐患。但是由于目前对该类型的研究尚属空白，还没有对管道横坡敷设条件下的各类工况的边坡稳定性进行定量地分析研究，因此在山区管道的建设中还存在横坡敷设并诱发次生灾害的事故。

第三节　边坡稳定性的初步判别方法

目前油气管道行业对所涉及的边坡稳定性采取的初步判别方法，大多是在岩土体经验参数的基础上，通过现场观察或人工模拟确定潜在滑动面，继而采取条分法等计算方法进行定量评价。在详评阶段，一般只进行补充详勘和物探，以获取更为准确的岩土体物理力学指标和滑动面相关参数，评价方法依然采取定量计算的模式。

因此，现有的管道行业边坡评价，初评和详评两个阶段从评价方法上而言无根本区别，基本采取的是依据公式计算的定量评价手段。唯一的区别是在岩土体物理力学指标参数上，前者采取的是经验参数，后者采取的是实验参数。其结果是由于初评结果的随意性较大，初评方法缺乏科学依据，因此判别结果可信度不高，导致几乎绝大多数的初评边坡都再次采取了详勘手段，以确定较为准确的定量评价。因此，由于初评手段的不尽合理，给工程项目造成了一定程度上的投资浪费及工期延误。

合理的边坡稳定性分析应遵循以定性分析为基础，以定量计算为重要辅助手段，进行综合评价的原则。在进行边坡稳定性计算之前，应根据边坡工程地质条件，可能的破坏模式及已经出现的变形破坏迹象，对边坡的稳定性状态做出定性判断，并对其稳定趋势做出估计，是边坡稳定性分析的重要内容。

国内相关行业和部门(如公路、铁路、水力和建设等)目前所采取的边坡稳定性初步评价方法较多，可靠度较高，且已通过实践证明。其大多是采取定性的评价手段，可以有效地对边坡稳定性进行初步判别。比较成熟、有效的方法有自然斜坡工程地质类比法、查表法(坡率法)和赤平极射投影法。

一、自然斜坡工程地质类比法

1. *方法原理*

自然斜坡的外形受地质构造、岩性、气候条件、地下水赋存情况、坡向等多因素影响。由于重力因素的作用，通常稳定的高坡要比稳定的低坡平缓，如图 6-3-1 所示。

影响斜坡的重力、岩性、岩体结构构造、气候条件、坡向等相同时，人工边坡较自然斜坡可维持较陡的坡度。

稳定的自然斜坡的高度和坡面投影长度依循下列关系：

$$H=aL^b \qquad (6-3-1)$$

式中　H——自然斜坡高度，m；

L——自然斜坡坡面投影长度，m；

a，b——常数。

将同一斜坡调查所得的 H，L 绘于双对数坐标纸上，可得到一条斜率为 b 的直线。对于不同边坡调查的结果所绘制的各直线有汇聚的趋势。据经验汇聚点坐标为 H= 3050m，L=22800m，如图 6-3-2 所示。

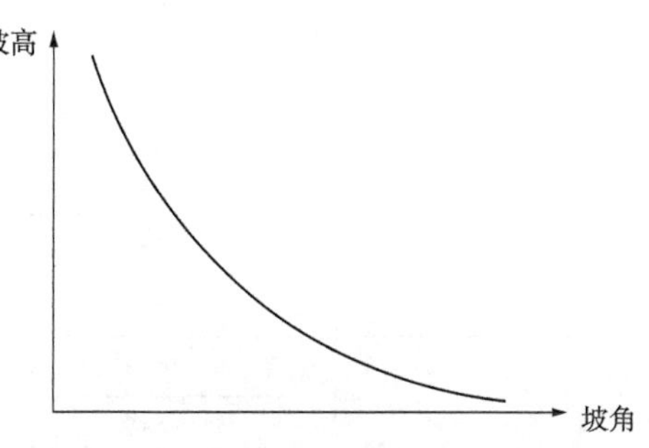

图 6-3-1　坡高与坡角的关系示意图

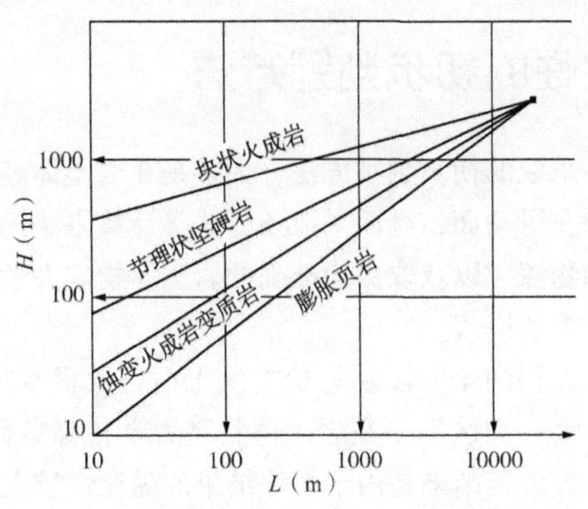

图 6-3-2　斜坡坡高、坡面长度经验汇聚点

2. 调查统计方法

(1) 在详细踏勘的基础上，从地形图上选取与设计的边坡在坡向、岩性、构造及地下水赋存状态等条件相同或相近的天然边坡。

(2) 将选出的天然斜坡划分成若干档次，在各段坡高的较陡区段量取其相应的坡面水平投影长，进行筛选，找出该档次坡高的最小坡面投影长度。此坡高与其相对应的最小坡面投影长度即为所获取的一对数据。如此进行，可获得对应不同档次坡高的一系列数对。

(3) 将这些数对标在双对数坐标纸上，绘出曲线(常为直线)，参照和利用前述经验汇聚点的位置，由最高数据点附近曲线上的一点到经验汇聚点连线的外插结果，可用以估计更高的自然斜坡的稳定坡度。

3. 算例

现有一边坡需进行削坡处理，拟计划削方后的边坡高度为 135m，拟方边坡坡角为 50°，试判别削方后的边坡稳定性。

1）调查统计

选用片区 1∶10000 地形地质图，选取与设计边坡分布地段的坡向、构造以及地下水赋存等与研究区地质环境条件相近的天然斜坡进行坡高和坡长统计。将选取的天然斜坡按 25m 高度划分为若干档次，25~150m 共划分为 6 挡，然后在地形图上找出各档次自然斜坡的较陡区段，量取其相应的坡面水平投影长度。共获得 14 个数据对，其所处位置、边坡高度、水平投影长度见表 6-3-1。

表 6-3-1　自然斜坡坡高 H、水平投影长度 L'统计表

组序	位置	边坡高度 H(m)	水平投影长度 L'(m)
1	1-1	25	13.5
	1-2		13.4
	1-3		12
2	2-1	50	33.0
	2-2		32.0
	2-3		27
3	3-1	75	50
	3-2		51
	3-3		49
4	4-1	100	74
	4-2		75

续表

组序	位置	边坡高度 H(m)	水平投影长度 L'(m)
5	5-1	125	98.8
	5-2		100.5
6	6-1	150	119.5

2）筛选各档次最小水平投影长度数据对

对表中各组数据进行筛选，找出该档次坡高的最小坡面水平投影长度。此边坡高度与其相应的最小坡面水平投影长度即为所获取的一对数据。经筛选共获得 6 个数据对，其所处位置、边坡高度、最小水平投影长度见表 6-3-2。

表 6-3-2　自然斜坡坡高 H、最小水平投影长度 L 统计表

组序	位置	边坡高度 H(m)	最小水平投影长度 L(m)
1	1-3	25	12
2	2-3	50	27
3	3-3	75	49
4	4-1	100	74
5	5-1	125	98.8
6	6-1	150	119.5

3）计算

将所获数据对建立 $\lg H=\lg a+b\lg L$ 线性方程，采用最小二乘法进行线性回归，得

对数回归方程

$$\lg H=0.589+0.76\lg L$$

幂函数回归方程

$$H=3.883L^{0.76}$$

相关系数

$$r=0.999$$

将拟计划边坡高度 $H=135$m 代入回归方程，解得相应边坡水平投影长度 $L=106.5$m，相对应的边坡角度 $\alpha=\arctan(H/L)=51.7°$，由于 $\alpha=51.7°>50°$，因此拟设计削方边坡初步判别为稳定。

二、查表法(坡率法)

采用自然斜坡工程地质类比分析法进行边坡稳定性判别比较烦琐，可靠度受人为因素的影响较大。因此，在实际工程的边坡设计中，经常应用查表法(坡率法)确定边坡坡度。我国的公路、铁路、水利和建设等部门在边坡设计治理过程中积累了很多经验，本节列出一些边坡坡率值，在没有试验资料进行稳定性计算时，可供参考应用。

1. 填方(路堤)边坡

填方(路堤)边坡坡率与填料类型和边坡高度有关，根据所用填料类型和管道建设的实际情况，本节将其分为一般土质、石质和黄土质三种填方(路堤)边坡。

1）一般土质填方(路堤)边坡

一般土质填方边坡，当边坡高度不大于20m时，其边坡坡率不宜陡于表6-3-3的规定值。对于浸水填方边坡，其设计水位以下的边坡坡率不宜高于1∶1.75，常水位以下部分可采用1∶2~1∶3的坡率，并视水流情况采取加固措施。

表6-3-3　一般土质填方(路堤)边坡坡率

填料类别	边坡坡率	
	上部高度 $H \leqslant 8m$	下部高度 $H \leqslant 12m$
细粒土	1∶1.5	1∶1.75
粗粒土	1∶1.5	1∶1.75
巨粒土	1∶1.3	1∶1.5

2）石质填方(路堤)边坡

工程建设沿线有大量天然石料或开挖坡体所得废石方时，可以用来填筑边坡。填石边坡坡率应根据填石料种类、边坡高度和基底地质条件确定，填石边坡坡率不宜高于表6-3-4的规定值。

表6-3-4　填石(路堤)边坡坡率

填料类别	边坡坡率	
	上部高度 $H \leqslant 8m$	下部高度 $H \leqslant 12m$
硬质岩石	1∶1.1	1∶1.3
中硬岩石	1∶1.3	1∶1.5
软质岩石	1∶1.5	1∶1.75

填石边坡应所采用码砌方式修筑，石料应规则，强度不应小于30MPa，粒径不应小于0.3m。但当采用易风化岩石或软质岩石作为边坡填筑材料时，边坡坡率应按风化后的土质边坡设计。如风化成黏土或砂，则应分别按黏性土或砂的边坡要求进行设计。依据石料饱和抗压强度指标，填石料可按表6-3-5分类。

表6-3-5　岩石分类表

岩石类型	单轴饱和抗压强度(MPa)	代表性岩石
硬质岩石	≥60	(1)花岗岩、闪长岩、玄武岩等岩浆岩； (2)硅质、铁质胶结的砾岩及砂岩、石灰岩、白云岩等沉积岩类； (3)片麻岩、石英岩、大理岩、板岩、片岩等变质岩类
中硬岩石	30~60	
软质岩石	5~30	(1)凝灰岩等喷出岩类； (2)泥砾岩、泥质砂岩、泥质页岩、泥岩等沉积岩类； (3)云母片岩或千枚岩等变质岩类

3）黄土质填方(路堤)边坡

《公路路基设计规范》(JTG D30—2015)规定，黄土地区填方边坡，当边坡高度不大于30m时，其填方(路堤)边坡坡率不宜高于表6-3-6的规定值。阶梯形断面适用于年均降雨量大于500mm的地区，在边坡高20m处设置宽为2.0~2.5m的边坡平台，边坡平台宜设截水沟。

表 6-3-6　黄土地区填方(路堤)边坡断面形式及坡率

断面形式	填方(路堤)分段边坡坡率		
	上部高度 0<H≤10m	中部高度 10m<H≤20m	下部高度 20m<H≤30m
折线形	1∶1.5	1∶1.75	1∶2
阶梯形	1∶1.5	1∶1.75	1∶1.75

2. 挖方(路堑)边坡

挖方(路堑)边坡坡率与边坡高度、坡体土石性质、地质构造特征、岩石的风化和破碎程度、地表水和地下水等因素有关。此外，地貌、气候等因素对其稳定性也有很大影响。设计时应参考当地稳定的自然山坡和人工边坡的坡率，并结合采用的施工方法等上述诸因素综合考虑。

由于相关行业涉及挖方边坡坡率内容较多，因此本节将分别阐述公路、铁路及建筑行业相关规范中所涉及的挖方(路堑)边坡坡率的内容，并按一般土质、岩质和黄土质三种挖方(路堑)边坡进行分类，以供有关人员在今后工作中有选择性地使用。

1) 一般土质挖方(路堑)边坡

一般土质挖方(路堑)边坡坡率应根据工程地质与水文地质、土的性质、边坡高度、施工方法、排水措施，并结合自然稳定边坡和人工边坡的调查综合确定。必要时可采用稳定性分析方法予以检算。

《公路路基设计规范》(JTG D30—2015)规定，一般土质路堑边坡，当边坡高度不大于20m时，其边坡坡率不宜大于表6-3-7的规定值。

表 6-3-7　一般土质挖方(路堑)边坡坡率

土的类别		边坡坡率
黏土、粉质黏土、塑性指数大于3的粉土		1∶1
中密以上的中砂、粗砂、砾砂		1∶1.5
卵石土、碎石土、圆砾土、角砾土	胶结和密实	1∶0.75
	中密	1∶1

注：(1)黄土、红黏土、高液限土、膨胀土等特殊土质挖方边坡形式及坡率不在本表规定之列；

(2)开挖后，密实程度宜降低的砂类土及砾类土地段，应采用较小的边坡坡率；

(3)有可靠的资料和经验时，可不受本表限制。

土的密实程度野外判别分类可参照表6-3-8。

表 6-3-8　土的密实程度野外划分表

分级	试 坑 挖 情 况
较松	铁锹很容易铲入土中，试坑坑壁容易坍塌
中密	天然坡面不易陡立，试坑坑壁有掉块现象，部分需用皋开挖
密实	试坑坑壁稳定，开挖困难，土块用手使力才能破碎，从坑壁取出大颗粒处能保持凹面形状
胶结	细粒土密实度很高，粗颗粒之间呈弱胶结，试坑用镐开挖很困难，天然坡面可陡立

《铁路路基设计规范》(TB 10001—2016)规定，一般土质路堑边坡，当边坡高度不大于20m时，其边坡坡率可按表6-3-9确定。

表 6-3-9　一般土质挖方(路堑)边坡坡率

土的类别		边坡坡率
黏土、粉质黏土、塑性指数大于 3 的粉土		1∶1~1∶1.5
中密以上的中砂、粗砂、砾砂		1∶1.5~1∶1.75
卵石土、碎石土、圆砾土、角砾土	胶结和密实	1∶0.5~1∶1.25
	中密	1∶1.25~1∶1.5

《建筑边坡工程技术规范》(GB 50330—2013)规定，一般土质边坡的坡率应依据经验，按工程类比的原则并结合已有稳定边坡的坡率值分析确定。当无经验，且土质均匀良好、地下水贫乏、无不良地质现象和地质环境条件简单时，可按表 6-3-10 确定。

表 6-3-10　一般土质挖方边坡坡率允许值

边坡土体类别	状态	坡率允许值(高宽比)	
		坡高小于 5m	坡高 5~10m
碎石土	密实	1∶0.35~1∶0.50	1∶0.50~1∶0.75
	中密	1∶0.50~1∶0.75	1∶0.75~1∶1.00
	稍密	1∶0.75~1∶1.00	1∶1.00~1∶1.25
黏性土	坚硬	1∶0.75~1∶1.00	1∶1.00~1∶1.25
	硬塑	1∶1.00~1∶1.25	1∶1.25~1∶1.50

注：(1)表中碎石土的充填物为坚硬或硬塑状态的黏性土；

(2)对于砂土或充填物为砂土的碎石土，其边坡坡率允许值应按自然休止角确定。

2）岩质挖方(路堑)边坡

岩质挖方(路堑)边坡坡率应根据工程地质与水文地质、岩性、边坡高度、施工方法，并结合岩体结构、结构面产状、地貌形态以及自然稳定边坡和人工边坡的调查综合确定。必要时可采用稳定性分析方法予以检算。岩石的分类、风化和破碎程度及边坡高度是决定坡率的主要因素。

《公路路基设计规范》(JTG D30—2015)规定，当岩质挖方(路堑)边坡高度不大于 30m，且无外倾软弱结构面的边坡坡率时可按表 6-3-11 确定。

表 6-3-11　岩质挖方(路堑)边坡坡率

边坡岩体类别	风化程度	边坡坡率	
		坡高 H<5m	15m<坡高 H≤30m
Ⅰ类	未风化、微风化	1∶0.1~1∶0.3	1∶0.1~1∶0.3
	弱风化	1∶0.1~1∶0.3	1∶0.3~1∶0.5
Ⅱ类	未风化、微风化	1∶0.1~1∶0.3	1∶0.3~1∶0.5
	弱风化	1∶0.3~1∶0.5	1∶0.5~1∶0.75
Ⅲ类	未风化、微风化	1∶0.3~1∶0.5	
	弱风化	1∶0.5~1∶0.75	
Ⅳ类	弱风化	1∶0.5~1∶1	
	强风化	1∶0.75~1∶1	

注：(1)有可靠资料和经验时，可不受本表限制；

(2)Ⅳ类强风化包括各类风化程度的极软岩。

岩质边坡的岩体分类及岩体完整程度划分分别见表6-3-12和表6-3-13。

表6-3-12　岩质边坡的岩体分类

边坡岩体类型	岩体完整程度	结构面结合程度	结构面产状	直立边坡自稳能力
Ⅰ	完整	结构面结合良好或一般	外倾结构面或外倾不同结构面的组合线倾角为75°或小于35°	30m高边坡长期稳定，偶有掉块
Ⅱ	完整	结构面结合良好或一般	外倾结构面或外倾不同结构面的组合线倾角为35°~75°	15m高的边坡稳定，15~30m高的边坡欠稳定
	完整	结构面结合差	外倾结构面或外倾不同结构面的组合线倾角大于75°或小于35°	
	较完整	结构面结合良好或一般或差	外倾结构面或外倾不同结构面的组合线倾角小于35°，有内倾结构面	边坡出现局部塌落
Ⅲ	完整	结构面结合差	外倾结构面或外倾不同结构面的组合线倾角35°~75°	8m高的边坡稳定，15m高的边坡欠稳定
	较完整	结构面结合良好或一般	外倾结构面或外倾不同结构面的组合线倾角35°~75°	
	较完整	结构面结合差	外倾结构面或外倾不同结构面的组合线倾角大于75°或小于35°	
	较完整（破碎镶嵌）	结构面结合良好或一般	结构面无明显规律	
Ⅳ	较完整	结构面结合差或很差	外倾结构面以层面为主，倾角多为35°~75°	8m高的边坡不稳定
	不完整（散体、碎裂）	碎块间结合很差		

注：(1)边坡岩体分中未含有软弱结构面控制的边坡和倾倒崩塌型破坏的边坡；

(2)Ⅰ类岩体为软岩、较软岩时，应降为Ⅱ类；

(3)当地下水发育时，Ⅱ、Ⅲ类岩体可视情况降低一挡；

(4)强风化岩和极软岩可划为Ⅳ类岩体；

(5)表中外倾结构面系指倾向与坡向的夹角小于30°的结构面；

(6)岩体完整程度按表3-3-12确定。

表6-3-13　岩体完整程度划分

岩体完整程度	结构面发育程度	结构类型	完整性系数 K_v
完整	结构面1组~2组，以构造节理或层面为主，密闭型	巨块状整体结构	>0.75
较完整	结构面2组~3组，以构造节理或层面为主，裂隙多呈密闭型，部分为微张型，少有充填物	块状结构、层状结构、镶嵌碎裂结构	0.35~0.75

续表

岩体完整程度	结构面发育程度	结构类型	完整性系数 K_v
不完整	结构面大于 3 组，在断层附近受构造作用影响较大，裂隙以张开型为主，多有充填物，厚度较大	碎裂状结构、散体结构	<0.35

注：(1)完整性系数 $K_v=\frac{v_R}{v_P}$，v_R——弹性纵波在岩体中的传播速度；v_P——弹性纵波在岩块中的传播速度；

(2)镶嵌碎裂结构为碎裂结构中碎块较大且相互咬合、稳定性相对较好的一种结构。

《铁路路基设计规范》(TB 10001—2016)规定，岩石路堑边坡高度不大于 20m 时，其边坡坡率可按表 6-3-14 确定。

表 6-3-14　岩石挖方(路堑)边坡坡率

岩石类别	风化程度	边坡坡率
硬质岩	未风化、微风化	1∶0.1~1∶0.3
	弱风化、强风化	1∶0.3~1∶0.75
	全风化	1∶0.75~1∶1
软质岩	未风化、微风化	1∶0.3~1∶0.75
	弱风化、强风化	1∶0.5~1∶1
	全风化	1∶0.75~1∶1.5

注：有可靠资料和经验时，可不受本表限制。

《建筑边坡工程技术规范》(GB 50330—2013)规定，在边坡保持稳定的条件下，岩质边坡开挖的坡率允许值应依据经验，按工程类比的原则并结合已有稳定边坡的坡率值分析确定。对无外倾软弱结构面的边坡，其坡率允许值可按表 6-3-15 确定。

表 6-3-15　一般岩质挖方边坡坡率允许值

边坡岩体类型	风化程度	坡率允许值(高宽比)		
		H<8m	8m≤H<15m	15m≤H<25m
Ⅰ	微风化	1∶0.00~1∶0.10	1∶0.10~1∶0.15	1∶0.15~1∶0.25
	中等风化	1∶0.10~1∶0.15	1∶0.15~1∶0.25	1∶0.25~1∶0.35
Ⅱ	微风化	1∶0.10~1∶0.15	1∶0.15~1∶0.25	1∶0.25~1∶0.35
	中等风化	1∶0.15~1∶0.25	1∶0.25~1∶0.35	1∶0.35~1∶0.50
Ⅲ	微风化	1∶0.25~1∶0.35	1∶0.35~1∶0.50	
	中等风化	1∶0.35~1∶0.50	1∶0.50~1∶0.75	
Ⅳ	中等风化	1∶0.50~1∶0.75	1∶0.75~1∶1.00	
	强风化	1∶0.75~1∶1.0		

注：(1)表中 H 为边坡高度；

(2)Ⅳ类强风化包括各类风化程度的极软岩。

3）黄土质挖方(路堑)边坡

黄土质挖方(路堑)边坡形式，应根据黄土类别及其均匀性、边坡高度按表 6-3-16 确定。重要性黄土挖方(路堑)边坡宜采用台阶形。边坡小平台宽度为 2.0~2.5m；边坡大平台宽度应根据稳定性计算确定，宜为 4～6m。年均降雨量大于 250mm 的地区，平台上应设截水沟，并应予以防护。

表 6-3-16　黄土质挖方(路堑)边坡形式及适用条件

边坡形式		适用条件
直线形(一坡到顶)		(1)均质土层，Q_4、Q_3 黄土边坡高度 $H\leqslant15$m；Q_2、Q_1 黄土边坡高度 $H\leqslant15$m； (2)非均质土层，边坡高度 $H\leqslant10$m
折线形(上缓下陡)		非均质土层，边坡高度 $H\leqslant15$m
台阶形	小平台	(1)均质土层，Q_4、Q_3 黄土边坡高度 15m<$H\leqslant30$m；Q_2、Q_1 黄土边坡高度 20m<$H\leqslant30$m； (2)非均质土层，边坡高度 15m<$H\leqslant30$m
	大平台	边坡高度 H>30m

《公路路基设计规范》(JTG D30—2015)规定，黄土质挖方(路堑)边坡高度不超过 30m 时，其边坡坡率应依据黄土的地貌单元、时代成因、构造节理、地下水分布、降雨量、边坡高度、施工方法，并结合自然或人工稳定边坡坡率，按表 6-3-17 确定。

表 6-3-17　黄土质挖方(路堑)边坡坡率

分区	分类		边坡坡率			
			边坡高度			
			≤6m	6～12m	12～20m	20～30m
Ⅰ东南区	新黄土 Q_3、Q_4	坡积	1∶0.5	1∶0.5～1∶0.75	1∶0.75～1∶1.0	
		洪积	1∶0.2～1∶0.3	1∶0.3～1∶0.5	1∶0.5～1∶0.75	1∶0.75～1∶1.0
	新黄土 Q_3		1∶0.3～1∶0.5	1∶0.4～1∶0.6	1∶0.6～1∶0.75	1∶0.75～1∶1.0
	老黄土 Q_2		1∶0.1～1∶0.3	1∶0.2～1∶0.4	1∶0.3～1∶0.5	1∶0.5～1∶0.75
Ⅱ中部区	新黄土 Q_3、Q_4	坡积	1∶0.5	1∶0.5～1∶0.75	1∶0.75～1∶1.0	
		洪积、冲积	1∶0.2～1∶0.3	1∶0.3～1∶0.5	1∶0.5～1∶0.75	1∶0.75～1∶1.0
	新黄土 Q_3		1∶0.3～1∶0.4	1∶0.4～1∶0.5	1∶0.5～1∶0.75	1∶0.75～1∶1.0
	老黄土 Q_2		1∶0.1～1∶0.3	1∶0.2～1∶0.4	1∶0.3～1∶0.5	1∶0.5～1∶0.75
	红色黄土 Q_1		1∶0.1～1∶0.2	1∶0.2～1∶0.3	1∶0.3～1∶0.4	1∶0.4～1∶0.6
Ⅲ西部区	新黄土 Q_3、Q_4	坡积	1∶0.5～1∶0.75	1∶0.75～1∶1.0	1∶1.0～1∶1.25	
		洪积、冲积	1∶0.2～1∶0.4	1∶0.4～1∶0.6	1∶0.6～1∶0.75	1∶0.75～1∶1.0
	新黄土 Q_3		1∶0.4～1∶0.5	1∶0.5～1∶0.75	1∶0.75～1∶1.0	1∶1.0～1∶1.25
	老黄土 Q_2		1∶0.2～1∶0.4	1∶0.4～1∶0.6	1∶0.6～1∶0.75	1∶0.75～1∶1.0
Ⅳ北部区	新黄土 Q_3、Q_4	坡积	1∶0.5～1∶0.75	1∶0.75～1∶1.0	1∶1.0～1∶1.25	
		洪积、冲积	1∶0.2～1∶0.4	1∶0.4～1∶0.6	1∶0.6～1∶0.75	1∶0.75～1∶1.0
	新黄土 Q_3		1∶0.3～1∶0.5	1∶0.5～1∶0.6	1∶0.6～1∶0.75	1∶0.75～1∶1.0
	老黄土 Q_2		1∶0.1～1∶0.3	1∶0.2～1∶0.4	1∶0.3～1∶0.5	1∶0.5～1∶0.75
	红色黄土 Q_1		1∶0.1～1∶0.2	1∶0.2～1∶0.3	1∶0.3～1∶0.4	1∶0.4～1∶0.6

注：表中边坡值为平台设置后的平均值。

《铁路特殊路基设计规范》(TB 10035—2018)规定，黄土质挖方(路堑)边坡坡率应采用工程地质类比法结合边坡稳定性检算等综合确定。当边坡高度 H 不大于 20m 时，可按表 6-3-18确定边坡坡率。

表 6-3-18　黄土质挖方(路堑)边坡坡率

黄土名称	边坡坡率	
	$H\leqslant 10$m	10m<$H\leqslant 20$m
全新世、晚更新世坡积黄土	1∶1~1∶1.25	1∶1.25~1∶1.5
全新世和晚更新世冲积、洪积、风积黄土	1∶0.75~1∶1	1∶1~1∶1.25
早更新世、中更新世黄土	1∶0.75~1∶1	

三、赤平极射投影法

1. *方法原理*

赤平极射投影，是利用一个球体做投影工具，如图 6-3-3 所示，通过球心做平面 EAWC，这个平面通过球体赤道(所以叫赤道面)，从球体的一个极点 S 或 N(南极或北极)发出射线(叫极射)，射线与赤道交点 M，即为投影。这种投影方式，称为赤平极射投影。

赤平极射投影就是把物体放在球体的中心，将物体上各部分的位置投影与赤平面上，化立体为平面的一种投影。因目的不同，投影的发射点，有时自南极开始，只投影上半球的物体；有时自北极开始，只投影下半球的物体；有时自南、北两极开始，投影上、下两半球的物体。若以一极(例如南极 S 点)同时投影上、下两半球的物体时，下半球的物体，有时可能要投影到球的赤平面之外，如图 6-3-3 中的 G 点。从一极只投影相对半球物体时，投影均落于赤平面之内。

下面仅介绍从南极 S 点开始，投影上半球的物体。

(1) 点的投影(point projection)：以南极 S 为发射点，犹如自 S 仰观上半球物体，视线与赤平面相交，点为投影点。如图 6-3-3 所示，P 为上半球面上任意一点，做 SP 连线交赤平面于 M，M 即为 P 点在赤平面上的投影。若 P 点绕 N 旋转一周，它的投影点 M，亦绕 O 点旋转一周。

(2) 线的投影(line projection)：如图 6-3-4 所示，OB 为一直线，与赤平面夹角 α，从 S 仰视，则 OB 线在赤平面上的投影为 OM。

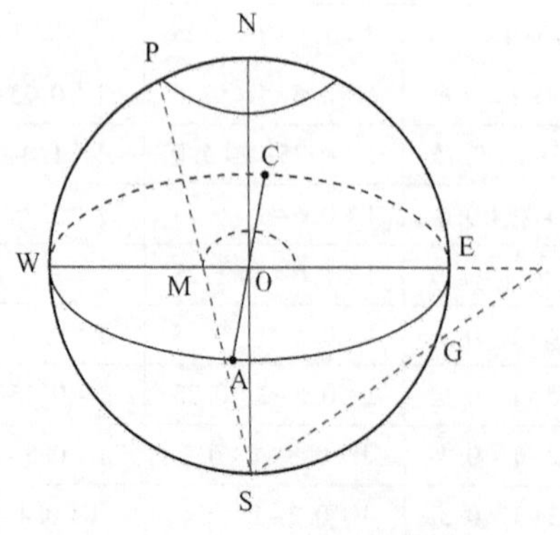

图 6-3-3　赤平极射投影法基本原理示意图

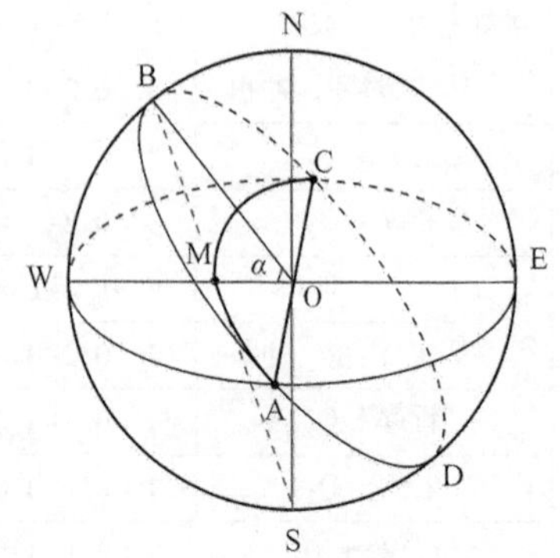

图 6-3-4　赤平极射投影法线与面的投影关系示意图

从图上可以看出：当 B 点位置移动时，M 点亦随之移动，MO 的方向与 BO 线的倾向一致。

OM 线段的长度随夹角 α 的大小而变，α 愈大，线 OM 愈短，反之愈长。当 $\alpha=90°$ 时，OM=0，即为 O 点。当 $\alpha=0°$ 时，OM=OW。因此，将线段 OW 由 W 至 O 点按比例划分为 90°，则 WM 线的长度代表夹角 α。

（3）面的投影（plane projection）：如图 6-3-4 所示，ABCD 为通过球心的倾斜平面，与赤平面相交于 A、C，与赤平面夹角为 α。自 S 仰视上半球面 ABC，则其在赤平面上的投影为 AMC，AMC 为一圆弧。若将赤平面从球体中拿出来，即如图 6-3-5 所示。从图可知，线 AC 代表面 ABCD 走向。

同线的投影一样，线 OM 的长短随面的夹角 α 的大小而变，若将 WO 划分为 90°，则 WM 代表夹角 α。

若有两个相交的面，其投影如图 6-3-6 所示，MO 则为两面交线的投影，MO 的方向代表交线的倾向，PM 代表交线的倾角。

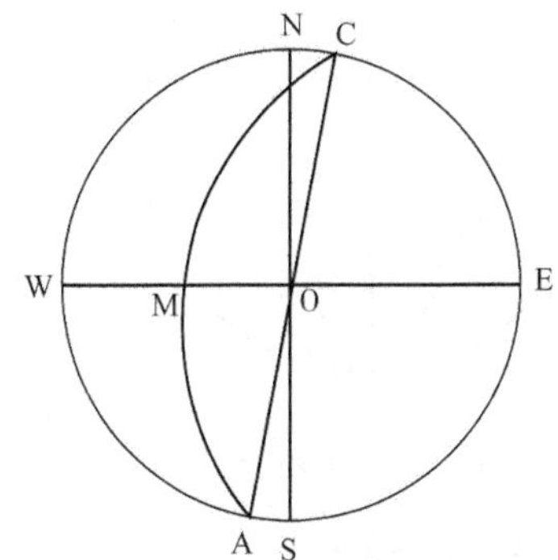

图 6-3-5　单个平面于赤平面投影示意图

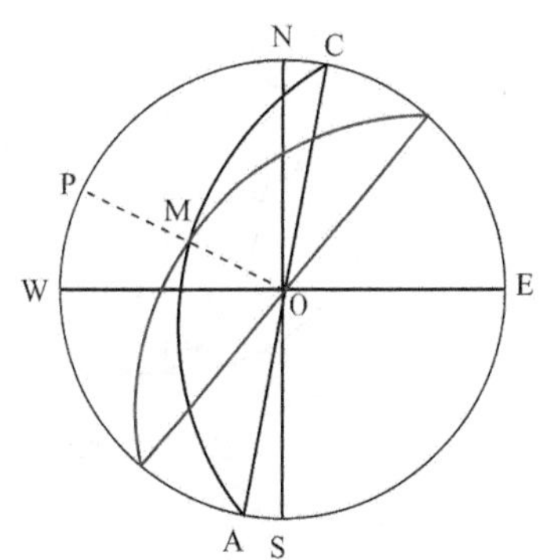

图 6-3-6　两个平面于赤平面投影示意图

同上述原理，可求出三个面或更多面的特征。

2. *赤平面投影结构面边坡稳定性分析*

根据结构面和临空面的关系进行稳定性分析的典型问题之一是岩质边坡稳定性。岩体内在的各类软弱结构面是影响岩体稳定性的主要因素，而其他因素一般是通过结构面对岩体稳定性施加影响。岩质边坡的变形破坏，往往是受几组主要结构面所控制。结构面或结构面组合线的产状及其与边坡临空面的关系对边坡稳定性的影响极大。

赤平极射投影法是岩质边坡稳定性中的一个重要的方法，它既可以确定边坡上的结构面和边坡临空面的关系，确定边坡上可能不稳定楔形结构体的几何形体、规模大小以及他们的空间位置和分布，也可以确定不稳定结构体的可能变形位移方向，并直观、初步做出边坡稳定性状态评价。

按边破岩体内结构面组数的多少，可将岩质边坡分为一组结构面、二组结构面、三组结构面和多组结构面边坡。

1）一组结构面边坡的分析

一组结构面边坡分析比较简单，多见于层状岩层，如果没有地形切割，则边坡稳定性好。按结构面与边坡的产状关系又可分为 6 种情况：

(1) 水平结构面边坡，如图 6-3-7(a)所示。边坡岩体内只有一组水平或接近水平产状的结构面，结构面 J_1 基本呈直线并处于投影圆直径位置处，边坡 M 的投影弧位于结构面 J_1 的一侧。若边坡岩体为砂岩、页岩互层，往往形成凹凸不平的坡面。这是页岩易风化剥落而砂岩抗风化力较强的缘故。水平结构面边坡属稳定结构边坡。

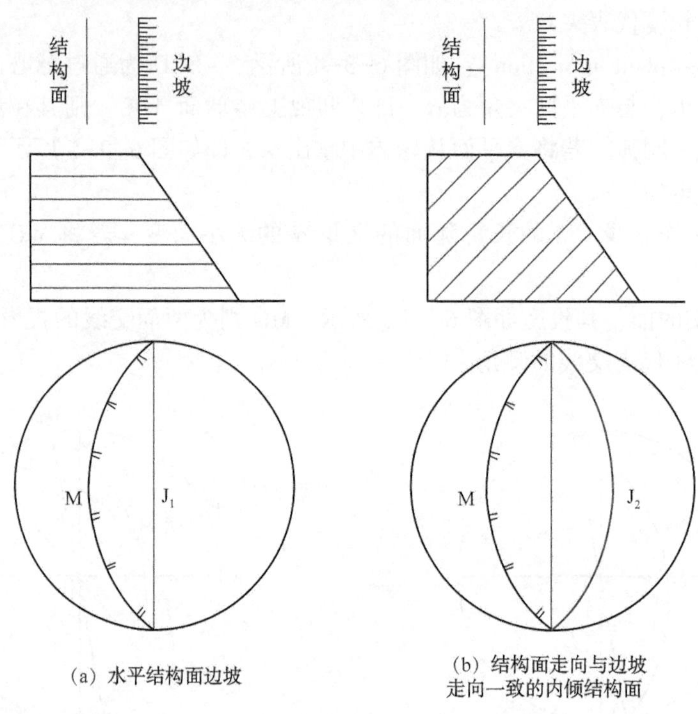

(a) 水平结构面边坡

(b) 结构面走向与边坡走向一致的内倾结构面

图 6-3-7　一组水平或内倾结构面赤平极射投影图

(2) 结构面走向与边坡走向一致的内倾结构面，如图 6-3-7(b)所示。由于结构面与边坡的倾向相反(内倾)，边坡 M 与结构面 J_2 的投影弧相对。该结构面边坡属最稳定结构边坡。

(3) 结构面与边坡的走向倾向均一致，倾角 β 小于边坡坡角 α 的结构面，如图 6-3-8(a)所示。结构面 J_3 的投影弧位于边坡 M 的投影弧之外。该结构面边坡属不稳定结构边坡。特别当结构面倾角 β 又大于结构面的内摩擦角时，边坡失稳极易发生。

(4) 结构面与边坡的走向倾向均一致，但倾角 β 大于边坡坡角 α 的结构面，如图 6-3-8(b)所示。结构面 J_4 的投影弧位于边坡 M 的投影弧之内。该结构面边坡属基本稳定结构边坡。

(5) 结构面走向与边坡的走向相交，斜交夹角 θ 大于 40°的结构面，如图 6-3-9(a)所示。结构面 J_5 的投影弧与边坡 M 的投影弧呈大角度交叉。该结构面边坡属基本稳定结构边坡。

(6) 结构面走向与边坡的走向相交，但斜交夹角 θ 小于 40°的结构面，如图 6-3-9(b)所示。结构面 J_6 的投影弧与边坡 M 的投影弧呈小角度交叉。该结构面边坡属基本不稳定结构边坡。

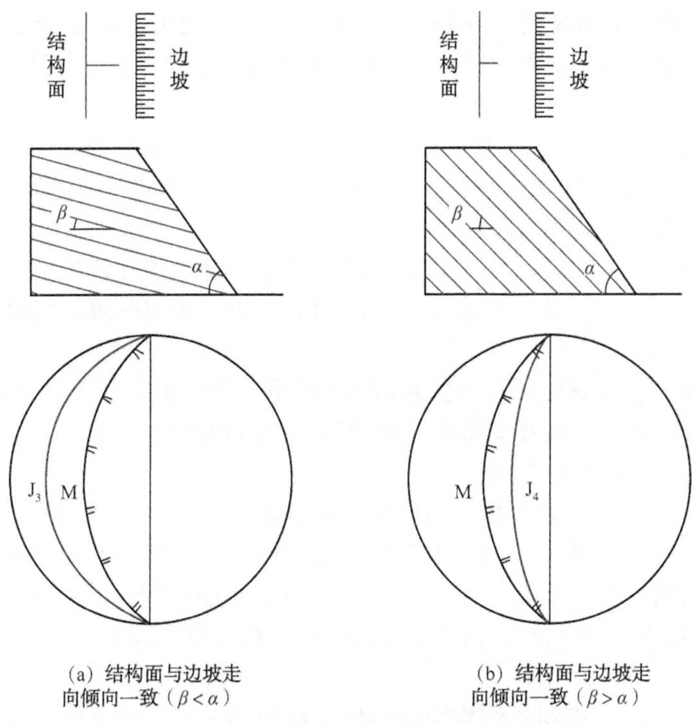

（a）结构面与边坡走向倾向一致（$\beta<\alpha$）

（b）结构面与边坡走向倾向一致（$\beta>\alpha$）

图 6-3-8　一组外倾结构面赤平极射投影图

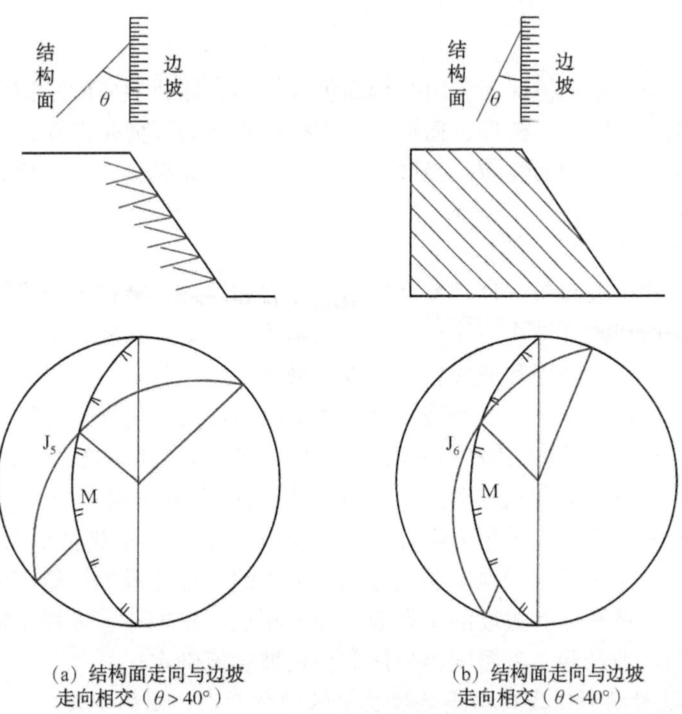

（a）结构面走向与边坡走向相交（$\theta>40°$）

（b）结构面走向与边坡走向相交（$\theta<40°$）

图 6-3-9　一组斜交结构面赤平极射投影图

2）两组结构面边坡的分析

两组结构面边坡是指有两组相互斜交的结构面构成的边坡，如X形断裂的组合，或岩层层面与一组断裂的组合等。由两组结构面控制的边坡稳定性，按主要结构面组合交线与边坡的关系进行分析，一般有以下5种情况：

(1) 两结构面 J_1、J_2 的交点M位于人工边坡投影弧cs和天然边坡ns的对侧，如图6-3-10(a)所示，说明组合线交线的倾向与边坡倾向相反，所以没有发生顺层滑动的可能性，属于最稳定结构。

(2) 两结构面 J_1、J_2 的交点M与边坡投影弧在同一侧，但位于人工边坡投影弧cs的内侧，如图6-3-10(b)所示，说明组合线交线的倾向与边坡倾向一致，但倾角大于坡角，属于稳定结构。

(3) 两结构面 J_1、J_2 的交点M与边坡投影弧在同一侧，但位于天然边坡投影弧ns的外侧，如图6-3-10(c)所示，说明组合线交线的倾向与边坡倾向一致，但倾角小于天然坡角，在坡顶无出露点，属于基本稳定结构。

(4) 两结构面 J_1、J_2 的交点M与边坡投影弧在同一侧，但位于天然边坡投影弧ns和人工边坡投影弧cs之间，如图6-3-10(d)所示，说明组合线交线的倾向与边坡倾向一致。但倾角小于人工坡角而大于天然坡角，在坡顶有出露点，但出露点 C_0 距离人工坡面较远，结构面交线在人工坡面上没有出露，而插于坡角以下，对结构体具有一定的支撑作用，属于基本不稳定结构。

(5) 与图6-3-10(d)类似，结构面组合线交线的倾向与边坡倾向一致，但倾角小于人工坡角而大于天然坡角，结构面交线在两种坡面都有出露点，如图6-3-10(e)所示，属不稳定结构。

3）三组结构面边坡

三组结构面边坡的稳定情况与三组结构面组合切割岩体所形成的结构体形式有关。其中不稳定的结构体主要有楔形、棱形、槽形等。这些结构体的底面是滑动面，侧面较陡时，一般属于拉裂面或具部分滑动面性质。当底面在边坡有临空面出露，且倾角大于结构面本身的内摩擦角时，边坡不稳定。

4）多组结构面边坡

在强风化带、构造破碎带、片理发育的结晶片岩和层理、节理十分发育的页岩地带，常见到边坡多组结构面切割，结构面纵横交错，结构体形式复杂多样，岩体支离破碎，边坡稳定性很差，往往易于发生崩塌和形成较大范围的滑坡。

对于极软弱、风化破碎的岩质边坡，可采用土质边坡的分析评价方法。而对于一般常见的硬质岩边坡，则首先要分析边坡的稳定条件，用赤平极射投影图解法找出最不稳定的滑动体或软弱结构面，分析边坡的稳定性。然后用实体比例投影法确定不稳定体滑动的边界条件，在工程地质分析的基础上采用力学计算方法求其稳定安全系数。当地质条件比较简单，或工程要求较低时，也可用工程地质类比法确定边坡的稳定性或设计稳定的边坡值。在进行类比时要求评定的边坡和已有边坡的工程地质条件相似。在山体整体稳定情况下，边坡的容许坡度值，应根据当地经验，参照同类岩体的稳定坡度值确定。

3. 关于赤平极射投影法进行岩质边坡稳定性初步判别方法的规定

《水利水电工程边坡设计规范》(SL 386—2007)中关于岩质边坡赤平极射投影法的应用说明中，引入了摩擦圆的概念，因此其岩质边坡稳定性的判定原则较前述内容更为精确，具

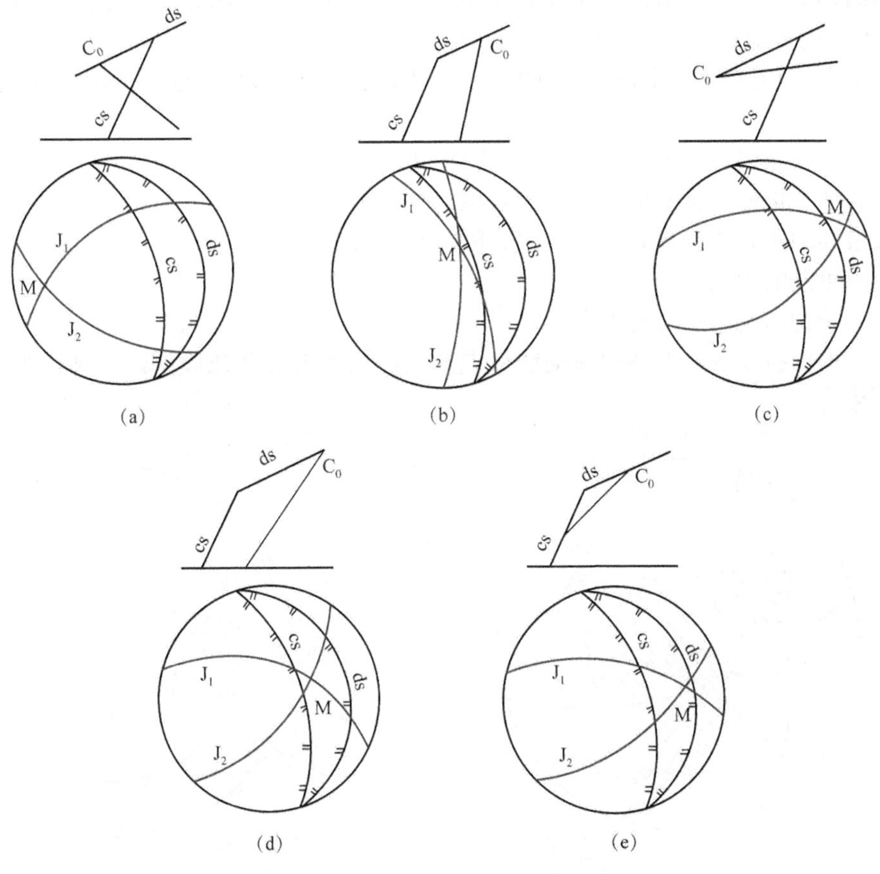

图 6-3-10　两组结构面赤平极射投影图

体规定如下。

（1）采用极射赤平投影法初步判别岩质边坡稳定性时，可采用下半球等面积投影法；进行滑动破坏判别时，可采用大圆分析法或极点分析法；进行倾倒破坏判别时，可采用极点分析法。

（2）若边坡体存在多组结构面，应对结构面进行分组，再进行稳定性判别。

（3）采用大圆分析法时，宜按下列步骤做出极射赤平投影图，如图 6-3-11 所示。

① 按坡面的倾向 α_s、倾角 β_s 绘出边坡面大圆；

② 按岩体结构面的摩擦角 ϕ 绘出摩擦圆；

③ 按 $\beta_s \geqslant \beta \geqslant \phi$ 的原则绘出可能的滑动区；

④ 按结构面的产状绘出结构面大圆。

（4）任意两组结构面大圆的交点落入图 6-3-11 所示的滑动区，则认为边坡可能失稳；

（5）对于单组结构面，宜按下列步骤进行边坡稳定性判别，如图 6-3-12 所示。

① 按坡面的倾向 α_s、倾角 β_s 绘出边坡面大圆；

② 绘出边坡的倾向线；

③ 在倾向线两侧绘出 30°的倾斜线；

④ 按岩体结构面的摩擦角 ϕ 绘出摩擦圆；

⑤ 由 30°的倾斜线，摩擦圆和坡面大圆围成的区域就是可能的滑动区；

⑥ 按结构面的产状绘出结构面大圆和倾向线。当结构面大圆和倾向线落入阴影区域时，则认为边坡可能失稳。

（6）采用极点分析法初步判别岩质边坡稳定性时，宜按下列步骤进行判别，如图 6-3-13 所示。

① 按坡面的倾向 α_s、倾角 β_s 绘出边坡面大圆；

② 按岩体结构面的摩擦角 ϕ 绘出摩擦圆；

③ 按坡面的倾斜线和视倾角绘出边坡可能的滑动区；

④ 绘出可能的倾倒区；

⑤ 绘出结构面及其交线的极点；

⑥ 若结构面极点或两组结构面交线极点落入图示的滑动区或倾倒区，则认为边坡可能滑动或倾倒。

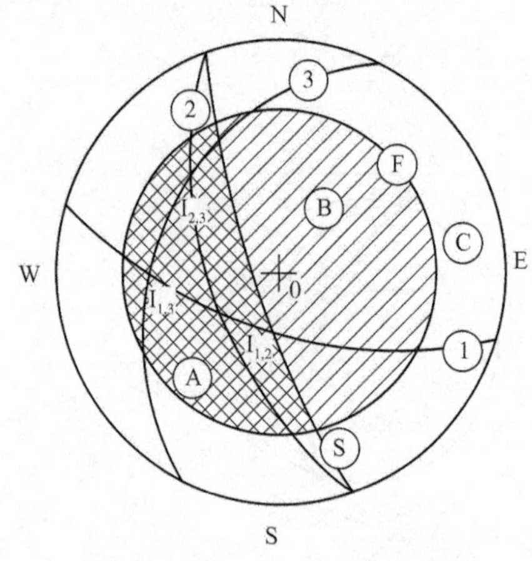

图 6-3-11 采用大圆分析法初步判别岩质边坡失稳可能性的极射赤平投影图

①②③—结构面（组）编号；

$I_{1,2}$，$I_{1,3}$，$I_{2,3}$—结构面交点；Ⓕ—摩擦圆；Ⓐ—滑动区；

Ⓑ—稳定区；Ⓒ—稳定区；N，S，W，E—方向

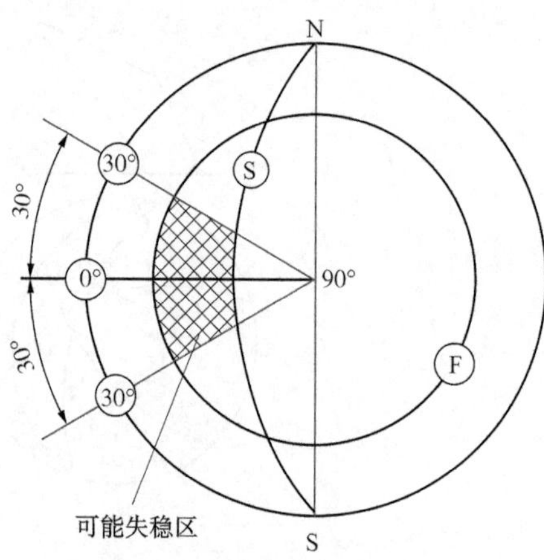

图 6-3-12 大圆分析法初步判别存在单相结构面岩质边坡失稳可能性的赤平极射投影图

Ⓢ—坡面大圆

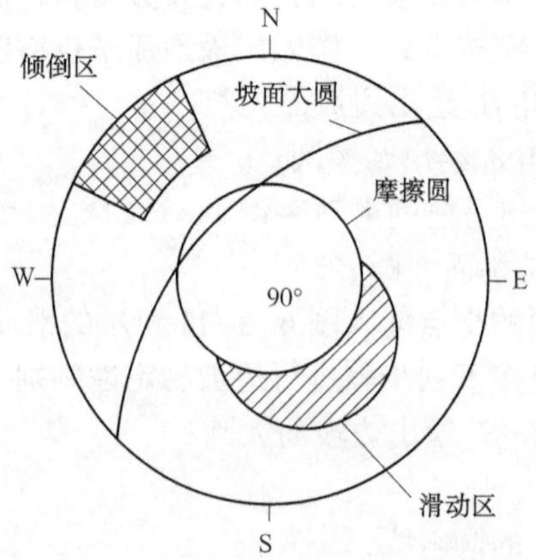

图 6-3-13 采用极点分析法初步判别岩质边坡失稳可能性的极射赤平投影图

第四节　边坡稳定性的定量分析方法

边坡稳定性分析研究，尽管已有百年以上的历史，但一直是国内外学术界和工程界关注的重大课题。边坡稳定性分析问题涉及矿山工程、道桥工程、水利工程、建筑工程等诸多工程领域。特别是近十年来，随着长输油气管道建设的大力发展，涉及边坡稳定性方面所暴露出的问题也越来越突出。因此，吸取国内相关行业的成熟技术和经验，对边坡稳定性分析方法进行较为系统的归纳和总结，对于长输管道行业而言就显得尤为重要。

一、边坡稳定性定量分析方法分类及简介

目前边坡稳定性的分析评价方法多种多样，大体上可以将它们分为定性分析方法(本章上节已阐述)和定量分析方法两类。而定量分析方法又分为确定性分析方法和不确定性分析方法。其中确定性分析方法主要包括极限平衡分析法和数值分析方法，不确定性分析方法主要包括系统分析方法、灰色系统分析方法、可靠度分析方法、模糊数学评判法等。

1. *确定性分析方法*

1）极限平衡分析法

极限平衡法在工程中的应用非常广泛，它是根据边坡上的滑体或滑体分块的力学平衡原理(即静力平衡原理)，分析边坡在各种模式下的受力状态，以及边坡上的抗滑力和下滑力之间的关系来评价边坡的稳定性。其基本原理是设边坡的稳定安全系数为 F，则当边坡土体的抗剪参数(摩擦因数 $\tan\phi$ 和内聚力 c)降低 F 倍后，边坡内某一最危险滑面上的滑体将濒于失稳的极限平衡状态。在极限平衡分析中，需要假定潜在的滑动面，如果滑动面为任意形状，为了确定沿滑动面的应力分布，需要将滑动土体分成若干垂直土条，通过分析作用于土条上的力来建立平衡方程，此即条分法。目前主要有瑞典圆弧法(Fellenius)(1927)、简化毕肖普法(Bishop)(1950)、摩根斯顿—普莱斯法(Morgenstern—Price)(1965)、詹布法(Janbu)(1973)、萨尔玛法(Sarma)(1973、1979)、楔体法、不平衡推力法等。各种方法的最大不同之处在于对相邻条之间内力的假定不同。

(1) 瑞典圆弧条分法：Fellenius 法假定滑裂面为圆弧面，不考虑条间力，其安全系数为滑裂面上的抗滑力矩与滑裂面以上土体的滑动力矩之比，用总应力法求得给定滑裂面的安全系数，再经反复试算比较可确定出边坡最小安全系数。

(2) 简化毕肖普法：Bishop 法假定条间力水平，即只考虑水平推力而不考虑竖向剪力，故安全系数为整个滑裂面的抗剪强度与实际剪应力之比，然后通过试算—迭代法可求得边坡最小安全系数。

(3) 詹布条分法：詹布法假定滑体中推力线已知，利用力矩平衡条件把条间竖向剪力表示成水平推力的函数，其适用于最一般的情况。此外，利用该法不仅可求出滑裂面平均安全系数及应力分布，还可求出各分界面上的抗剪安全系数作为校核。

(4) 摩根斯顿—普莱斯法：Morgenstern—Price 法首先对任意形状的滑裂面进行了分析，导出了满足力的平衡及力矩平衡的微分方程式，然后假定两相邻土条法向条间力和切向条间力之间存在一个对水平方向坐标的函数关系，根据整个土体的边界条件求出问题的解答。该方法是对土坡稳定进行分析计算的最一般方法，该方法计算烦琐、复杂，必须借助于电子计

算机的帮助。

(5) 萨尔玛法：Sarma 法适用于任意形状滑裂面的土坡，它假想在每一土条重心作用着一水平地震惯性力 K_{Wi}，使滑裂面恰好达到极限状态，此时水平地震加速度为临界地震加速度 K_c。解题时以 K_c 作为稳定程度的判断标准，可以不用迭代和试算，使计算工作量大为减轻。

2）数值分析法

数值分析方法主要是利用某种方法求出边坡的应力分布和变形情况，研究岩体中应力和应变的变化过程，求得各点上的局部稳定系数，由此判断边坡的稳定性。数值分析法是考虑到岩土体为非均质、不连续、大变形等特点而出现的方法。

(1) 有限元法。有限元法是数值分析法中的典型代表，其全面满足了静力许可、应变相容和应力—应变之间的本构关系。与极限平衡法相比具有以下优点：破坏面的形状或位置不需要事先假定；不必要引入假定条件，保持了严密的理论体系；有限元解提供了应力—变形的全部信息。有限元法是目前应用最广泛的数值分析方法。在有限元法中常用的是强度折减法。其基本原理是将坡体黏聚力 c 和内摩擦角 ϕ 同时除以一个折减系数 F_t，得至一组新 c'，ϕ'值，将其作为新的参数，再进行试算。当计算不收敛时，对应的 F_t 为坡体最小的稳定安全系数。此时坡体达到极限状态，发生剪切破坏，同时可得到破坏滑动面。

(2) 边界单元法。边界单元法只需对研究区的边界进行离散化，输入数据较少，计算精度较高，在处理无限域方面有明显优势的特点。其不足之处是在处理材料的非线性和严重不均匀的边坡问题方面远不如有限元法。

(3) 离散单元法。离散单元法可以直观地反映岩体变化的应力场、位移场及速度场等各个参量的变化，模拟边坡失稳的全过程。该方法特适合块裂介质的大变形及破坏问题的分析。

2. 不确定性分析方法

1）系统分析方法

由于边坡处于非常复杂的岩土体力学环境条件下，其稳定性的涉及面很广，影响因素也很多，且稳定程度非常复杂。因此，边坡稳定性问题也是一个系统工程问题。应用系统分析方法遵循的途径为：岩体力学环境条件的研究→变形破坏机制研究→稳定性计算分析。目前，系统分析方法广泛应用于边坡稳定性分析之中。

2）灰色系统分析方法

灰色系统理论认为，在决定事物的诸因素中若既有已知的，又有未知的或不确定的，他们所在的系统则称为灰色系统。该方法主要是用灰色聚类理论进行边坡稳定性的分级、分类。

3）可靠度分析方法

可靠度分析方法在进行边坡稳定性分析时，充分考虑了影响安全系数的各个要素(如岩体及结构面的物理力学性质，地下水的作用包括静水压力、动水压力、裂隙水压力、软化作用、浮托力、各种荷载等)的变异性。通过对各种因素不确定性的认识，结合边坡系统的具体情况，采用概率分析方法和可靠度尺度描述边坡工程系统的质量。

4）模糊数学评判法

模糊理论是应用模糊变换原理和最大隶属度原则，综合考虑被评事物或其属性的相关因素，进而进行等级或级别评价。其在边坡稳定性分析方面的应用是首先找出影响边坡稳定性的因素，然后进行分类，分别赋予一定的权值，再根据最大隶属度原则判断边坡单元的稳定性。实践证明，模糊评判法效果较好，为多变量、多因素影响的边坡稳定性综合评价提供了一种有效的手段。但其各个因素的权重分配多由经验确定，主观判断性较大。

3. 相关规范对边坡稳定性计算方法的使用规定

(1)《建筑边坡工程技术规范》(GB 50330—2013)第 5. 2. 2 条的规定如下：

边坡抗滑移稳定性计算可采用刚体极限平衡法。对结构复杂的岩质边坡，可结合采用极射赤平投影法和实体比例投影法；当边坡破坏机制复杂时，可采用数值极限分析法。

(2)《水利水电工程边坡设计规范》(SL 386—2007)的相关条款规定如下：

① 经稳定性初步判别有可能失稳的边坡均应进行稳定计算，初步判别难以确定稳定性状的边坡也应进行稳定计算；

② 抗滑稳定计算应以极限平衡方法为基本计算方法，对于 1 级边坡，可同时采用强度指标折减的有限元法验算其抗滑稳定性；

③ 对于土质边坡和呈碎裂结构、散体结构的岩质边坡，当滑动面呈圆弧形时，宜采用简化毕肖普(Simplified Bishop)法和摩根斯顿-普赖斯法(Morgenstern-Price)进行抗滑稳定计算；当滑动面呈非圆弧形时，宜采用摩根斯顿-普赖斯法和不平衡推力传递法进行抗滑稳定计算；

④ 对于呈块体结构和层状结构的岩质边坡，宜采用萨尔玛法(Sarma)和不平衡推力传递法进行抗滑稳定计算。

(3)《公路路基设计规范》(JTG D30—2015)第 3. 7. 5 条第 2 款的规定如下：

① 规模较大的碎裂结构岩质边坡和土质边坡宜采用简化 Bishop 计算；

② 对可能产生直线形破坏的边坡宜采用平面滑动面解析法进行计算；

③ 对可能产生折线形破坏的边坡宜采用不平衡推力法计算；

④ 对结构复杂的岩质边坡，可配合采用赤平投影法和实体比例投影法分析及楔形滑动面法进行计算；

⑤ 当边坡破坏机制复杂时，宜结合数值分析法进行分析。

鉴于目前国内工程建设设计领域所涉及的边坡稳定性定量分析的做法基本以极限平衡法为主，结合以长输油气管道建设的设计现状，因此本节将重点阐述能直接指导边坡设计的几种常用的极限平衡法，包括适用于直线滑动面的解析法、适用于圆弧滑动面的简化 Bishop 法、适用于折线滑动面的不平衡推力法及适用于复杂岩质边坡的楔体法。

二、直线滑动面解析法

1. 适用条件

可产生平面滑动面破坏的边坡包括由砂土、砂砾土、碎片石土、碎石土等均质砂性土构成的开挖或填筑的边坡，此外岩体边坡常沿顺层或软弱夹层作平面滑动。这类土质路基的稳定性设计，可假定：

(1) 不考虑滑动土体自身的内应力分布；

(2) 认为平衡状态只在破坏面上达到，破坏时整体下滑；

(3) 破坏面为平面滑动面。

2. 单一边坡

如图 6-4-1 所示，边坡 ABC 沿 AC 平面滑动，边坡高度为 H；边坡倾角为 β；滑体的容

重为 γ；滑面 AC 的水平倾角为 α；c、ϕ 分别为滑动面上的黏聚力和内摩擦角；滑体自重 W 所产生的侧向滑动力 T 应小于或等于滑动面的抗滑阻力 R，根据刚体极限平衡原理，平面破坏边坡的安全系数 F 可表示为

$$F=\frac{R}{T}=\frac{W\cos\alpha\tan\phi+cH\csc\alpha}{W\sin\alpha}\tan\phi\cot\alpha+\frac{2c}{\gamma H}\frac{1}{\sin^2\alpha(\cot\alpha-\cot\beta)} \tag{6-4-1}$$

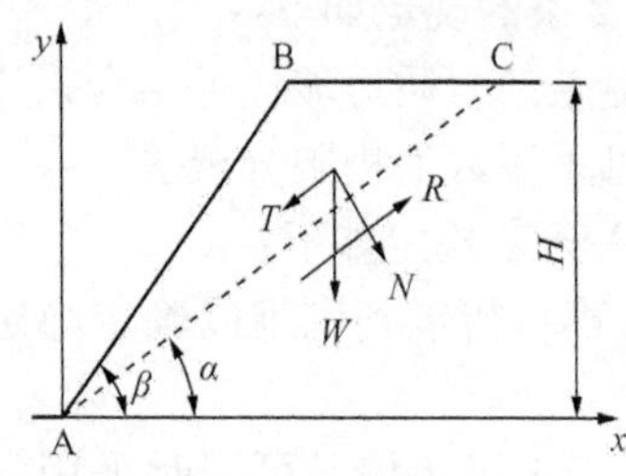

图 6-4-1　单一边坡直线滑动示意图

从式(6-4-1)可以看出安全系数 F 是滑面倾角 α 的函数。取 $f=\tan\phi$，$a=2c/(\gamma H)$，并令 $\mathrm{d}F/\mathrm{d}\alpha=0$，以求 F 为最小时的滑面倾角 α_0，得

$$\cot\alpha_0=\cot\beta+\csc\beta\sqrt{a/(a+f)} \tag{6-4-2}$$

将式(6-4-2)代入式(6-4-1)，得最小安全系数为

$$F_{\min}(2\alpha+f)\cot\beta+2\csc\beta\sqrt{a/(a+f)} \tag{6-4-3}$$

3. 折线形边坡

边坡较高时常采用折线形边坡。如图 6-4-2 所示，边坡高度为 H 边坡有 n 条折线，第 $i(i=1,2,\cdots,n)$ 条边坡线的高度为 H_i，其倾角为 β_i；滑面的倾角为 α。

根据图 6-4-2，滑体 $A_1A_2\cdots A_nBC$ 的面积等于三角形 A_1CD 的面积减去多边形 $A_1A_2A_nBD_1$ 的面积，即在 $H_i'=H_i/H$ 时，滑体的自重 W 的计算式为

$$W=\frac{1}{2}\gamma H^2\left[\cot\alpha-\cot\beta_1-\sum_{i=1}^{n-1}(1-H'_i)^2(\cot\beta_{i+1}-\cot\beta_i)\right] \tag{6-4-4}$$

若取

$$\cot\beta=\cot\beta_1+\sum_{i=1}^{n-1}(1-H'_i)^2(\cot\beta_{i+1}-\cot\beta_i) \tag{6-4-5}$$

利用式(6-4-1)、式(6-4-2)、式(6-4-3)，可得折线形边坡的安全系数 F、最不利的滑面倾角 α_0 及最小安全系数 $F_{\min}$。

4. 台阶形边坡

为了增加高边坡的稳定性或便于施工，台阶形边坡也是常见的边坡形式。如图 6-4-3 所示，边坡高度为 H；边坡有 n 条倾斜线和 n 个台阶；第 $i(i=1,2,\cdots,n)$ 条倾斜线的高度为 $H_i(H_n=H)$，倾角为 β_i；第 $i(i=1,2,\cdots,n-1)$ 个台阶的宽度为 l_i，滑面的倾角为 α。

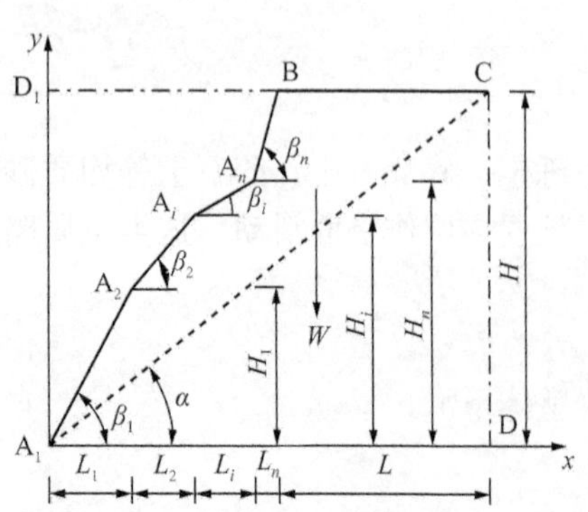

图 6-4-2　折线形边坡直线滑动示意图

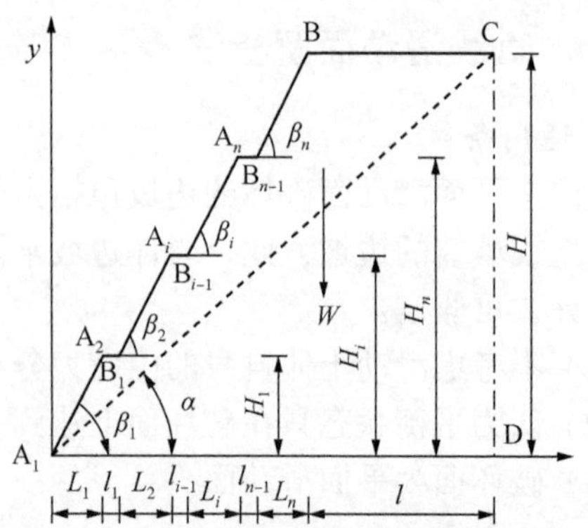

图 6-4-3　台阶形边坡直线滑动示意图

滑体 $A_1A_2\cdots A_nB_{n-1}BC$ 的面积除用折线形边坡的方法计算外，还可用多边形 $A_1A_2B_1\cdots A_nB_{n-1}BCD$ 的面积减去三角形 A_1CD 的面积得到。即根据图 6-4-3 有

$$L_1=H_1\cot\beta_1 \tag{6-4-6}$$

$$L_i=(H_i-H_{i-1})\cot\beta_i \qquad (i=2,\ 3,\ \cdots,\ n) \tag{6-4-7}$$

$$H\cot\alpha=\sum_{i=1}^{n}L_i+\sum_{i=1}^{n-1}l_i+l \tag{6-4-8}$$

式中　L——BC 的距离，m。

将式(6-4-7)代入式(6-4-8)，可得

$$l=H(\cot\alpha-\cot\beta_n)+\sum_{i=1}^{n-1}H_i(\cot\beta_{i+1}-\cot\beta_i)-\sum_{i=1}^{n-1}l_i \tag{6-4-9}$$

滑体的自重 W 可表示为

$$W=\frac{1}{2}\gamma[H_1L_1+2H_1l_1+(H_1+H_2)L_2+2H_2l_2++(H_{n-1}+H)l_n+2Hl-H^2\cot\alpha] \tag{6-4-10}$$

将式(6-4-7)，式(6-4-9)代入式(6-4-10)，当 $H_i'=H_i/H$，$l_i'=l_i/L$ 时，W 的计算式为

$$W=\frac{1}{2}\gamma H^2\left[\cot\alpha-\cot\beta_1-\sum_{i=1}^{n-1}(1-H'_i)^2(\cot\beta_{i+1}-\cot\beta_1)-2\sum_{i=1}^{n-1}l_i(1-H'_i)\right] \tag{6-4-11}$$

类似折线形边坡，若取

$$\cot\beta=\cot\beta_1+\sum_{i=1}^{n-1}(1-H'_i)^2(\cot\beta_{i+1}-\cot\beta_i)+2\sum_{i=1}^{n-1}L'_i(1-H'_i) \tag{6-4-12}$$

利用式(6-4-1)、式(6-4-2)、式(6-4-3)，可得台阶形边坡的安全系数 F、最不利的滑面倾角 α_0 及最小安全系数 $F_{\min}$。

针对折线形和台阶形边坡进行边坡稳定性计算时，除应考虑通过坡脚的滑动面的稳定性外，还应对通过边坡坡面边坡点的滑动面进行验算。

三、圆弧滑动面的简化 Bishop 法

1. 适用条件

可产生圆弧滑动面破坏的边坡主要是指由含有黏性土的开挖或填筑的土质边坡，这类土质边坡的稳定性设计，可假定：

(1) 假定土条只有水平推力，竖向剪切力为 0；

(2) 土条满足竖向力平衡条件；

(3) 土条满足力矩平衡条件。

2. 简化毕肖普(Bishop)法

取一简单土坡，可建立如图 6-4-4 所示的边坡稳定分析模型。具有圆弧滑面(半径为 R)的滑体分成 n 个垂直条块。第 i 条块宽度 b_i，高度 h_i，弧长 l_i；底面倾角 α_i，条块体重力为 W_i，水平条间作用力为 E_i 和 E_{i+1}，垂直条间作用力(条间剪力)为 S_i 和 S_{i+1}，条底法向作用力 N_i，条底剪力 T_i，滑面内摩擦角 ϕ，黏聚力 c_i，土体容重 γ。滑面安全系数为 F_s。

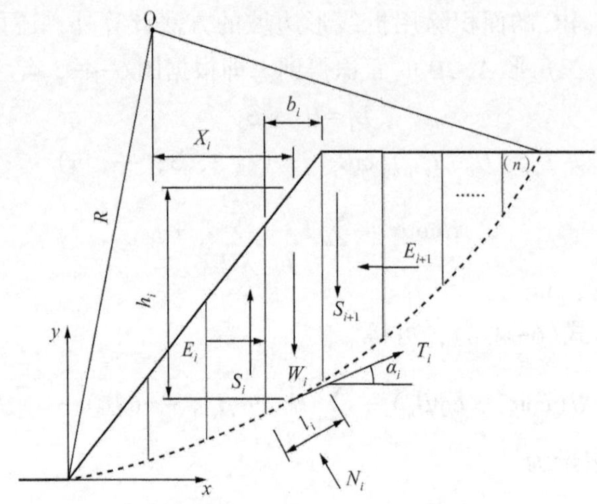

图 6-4-4　简化的毕肖普法边坡稳定分析模型示意图

按图 6-4-4 所示，可列出绕圆弧中心 O 点的力矩平衡方程如下：

$$\sum_{i=1}^{n} W_i x_i = \sum_{i=1}^{n} T_i R \tag{6-4-13}$$

其中

$$T_i = \frac{1}{F_s(N_i \tan\phi + cl_i)}$$

$$l_i = \frac{b_i}{\cos\alpha_i} \tag{6-4-14}$$

$$x_i = R\sin\alpha_i \tag{6-4-15}$$

$$W_i = \gamma b_i h_i \tag{6-4-16}$$

按照条块垂直方向力的平衡，得

$$W_i - N_i\cos\alpha_i - T_i\sin\alpha_i = 0 \tag{6-4-17}$$

将式(6-4-14)之 T_i 代入式(6-4-17)，即得 N_i 表达式如下：

$$N_i \frac{W_i - \dfrac{cl_i\sin\alpha_i}{F_s}}{\cos\alpha_i + \dfrac{\tan\phi\sin\alpha_i}{F_s}} \tag{6-4-18}$$

将式(6-4-14)至式(6-4-17)代入式(6-4-13)，即得土体沿圆弧滑动面下滑的稳定系数 K_s，见式(6-4-19)。

$$K_s \frac{\sum_{i=1}^{n}\left[(W_i\tan\phi + cb_i)\dfrac{1}{m_a}\right]}{\sum_{i=1}^{n} W_i\sin\alpha_i} = \frac{\sum_{i=1}^{n}\left[(\gamma b_i h_i\tan\phi + cb_i)\dfrac{1}{m_a}\right]}{\gamma\sum_{i=1}^{n} b_i h_i\sin\alpha_i} \tag{6-4-19}$$

其中

$$m_a = \cos\alpha_i\left(1 + \frac{\tan\alpha_i\tan\phi}{F_s}\right) \tag{6-4-20}$$

式(6-4-18)即为著名的简化 Bishop 法安全系数计算公式。由于 m_a 算式中包含未知的安全系数 F_s 值，因此计算需用试算法进行。即先假设一稳定系数 K_s，按式(6-4-19)和式

(6-4-20)算出另一值，若两者一致即可；否则重新设定一 K_s 值，再代入式中计算，直到两者一致为止。

利用简化简化 Bishop 法对每一假设的滑动面均可算得相应的稳定系数 K_s。为寻找最危险的滑动面位置，需假设数个滑动面，逐个计算，而后求得最小的稳定系数，据以判断边坡是否稳定。

3. 简化的毕肖普(Bishop)法的解析计算法

简化的 Bishop 法在边坡安全系数的迭代计算过程中，需要对每一条块求和，计算较繁杂，且初值选得不好则解可能不收敛。采用积分代替条块求和，一方面可以简化计算，另一方面可以提高计算精度，此外还可以在最小安全系数的确定中计算更有效。

有关文献对于简化 Bishop 法，采用积分精确表示条块的求和，通过获得其积分表达式的具体解析算式来表示边坡的安全系数，现将文献内容摘录如下。

1）简化 Bishop 法的积分表示

如图 6-4-5 所示，设定一边坡高度为 H；边坡倾角为 β；边坡的滑裂面为圆弧，其圆心为 O(a，b)(a，b 分别为 x 与 y 方向的坐标值)、圆弧半径为 R。若 $R>\sqrt{a^2+b^2}$，圆弧滑裂面称为坡底圆，即，滑裂面在坡角 A 点前方与水平面相交于 D 点，这时滑裂面常是深层的，往往受边坡下硬层的控制；若 $R=\sqrt{a^2+b^2}$，这时，D 点与 A 点重合，圆弧滑裂面称为坡脚圆，多数斜坡的圆弧滑裂面属于坡脚圆。设边坡滑裂满足 Mohr—Coulomb 条件，其内聚力和摩擦角分别用 C 和 ϕ 表示。

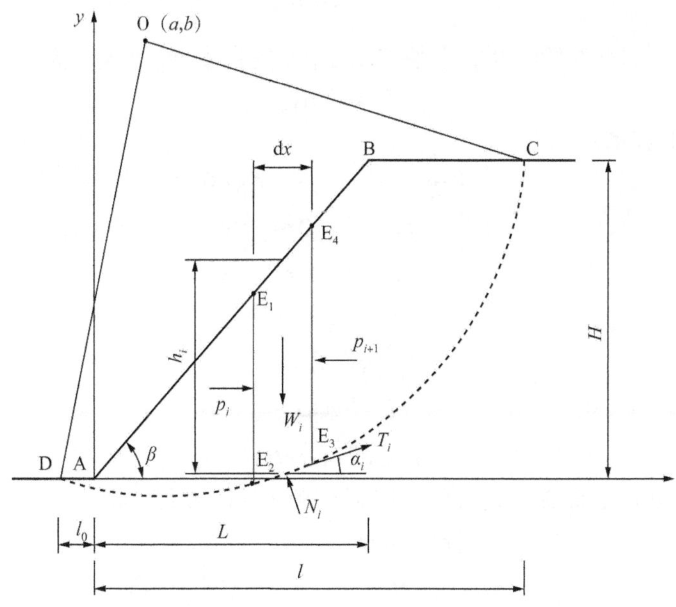

图 6-4-5　采用积分计算的简化毕肖普法边坡稳定分析模型示意图

下面就坡底圆的情形作一般性分析。

根据图 6-4-5，考虑任意无限小条块 $E_1E_2E_3E_4$(忽略条块侧面上作用力的影响)，点 E_2 的横坐标为 x，用符号“i”表示典型条块。由 y 方向的静力平衡，得

$$W_i=N_i\cos\alpha_i+T_i\sin\alpha_i \tag{6-4-21}$$

其中

$$\alpha_i=\arcsin[(x-a)/R]$$

式中 W_i——条块自重；

N_i——条块底滑面上的法向反力；

T_i——条块底滑面上的剪切反力；

α_i——条块底滑面与 x 轴的夹角。

根据 Mohr—Coulomb 准则，在边坡破坏前，条块底滑面上应有

$$T_i=\frac{C\mathrm{d}x\sec\alpha_i+N_i\tan\phi}{F} \tag{6-4-22}$$

式中 dx——条块宽度；

F——边坡安全系数。

将(6-4-22)代入(6-4-21)，解得 N_i 为

$$N_i=\left(W_i-\frac{C\mathrm{d}x\tan\alpha_i}{F}\right)\frac{1}{\cos\alpha_i+\dfrac{\tan\phi\sin\alpha_i}{F}} \tag{6-4-23}$$

就整个滑动坡体对圆心 O 求力矩平衡，因各条块 N_i 的作用线通过圆心，故有

$$\sum W_iR\sin\alpha_i-\sum T_iR=0 \tag{6-4-24}$$

将式(6-4-22)和(6-4-23)代入式(6-4-24)可得

$$F=\frac{1}{\sum W_i\sin\alpha_i}\sum\frac{C\mathrm{d}x+W_i\tan\phi}{\cos\alpha_i+\dfrac{\tan\phi\sin\alpha_i}{F}} \tag{6-4-25}$$

根据图 6-4-5，忽略高阶小量，条块 $E_1E_2E_3E_4$ 的自重 W_i 可表示为

$$W_i=\gamma h_i\mathrm{d}x \tag{6-4-26}$$

式中 γ——滑体的容重；

而

$$h_i\begin{cases}-y_3 & -l_0\leqslant x<0\\ y_1-y_3\quad, & 0\leqslant x<L\\ y_2-y_3 & L\leqslant x\leqslant l\end{cases} \tag{6-4-27}$$

其中

$$l_0\sqrt{R^2-b^2}-a$$

$$L=H\cot\beta$$

$$l=a+\sqrt{R^2-(b-H)^2}$$

而 y_1，y_2，y_3 分别是直线 AB、直线 BC 及圆弧 CD 的方程，即

$$\begin{cases}y_1=x\tan\beta\\ y_2=H\\ y_3=b-\sqrt{R^2-(x-a)^2}\end{cases} \tag{6-4-28}$$

将式(6-4-26)和(6-4-27)代入式(6-4-25)，将条块求和用积分代替，可得边坡安全系数 F 的积分形式为

$$F=\frac{1}{\int_{l_0}^{l}\gamma h_i\sin\alpha_i\mathrm{d}x}\int_{l_0}^{l}\frac{C+\gamma h_i\tan\phi}{\cos\alpha_i+\dfrac{\tan\phi}{F}\sin\alpha_i}\mathrm{d}x \tag{6-4-29}$$

式(6-4-29)可以通过改变积分变量 dx 用角度变量 dα 代替，可以获得边坡安全系数 F 的积分形式的具体算式，因而，可以直接应用解析算式做计算，而不需要用数值积分做计算。下面就给出边坡安全系数 F 的积分解析算式。

2）简化 Bishop 法的积分计算

式(6-4-29)中的积分可分开计算，即

$$F=\frac{l}{I_{\mathrm{W}}}\{C_{\gamma}I_{\mathrm{c}}(F)+f[Y_1(F)+Y_2(F)-Y_3(F)]\}\tag{6-4-30}$$

其中

$$\begin{aligned}I_{\mathrm{W}}&=\int_{-l_0}^{l}h_i\sin\alpha_i=\int_0^L y_1\sin\alpha_i\mathrm{d}x+\int_L^l y_2\sin\alpha_i\mathrm{d}x-\int_{-l_0}^{l}y_3\sin\alpha_i\mathrm{d}x\\&=\frac{H}{6R}[3(R^2-a^2-b^2)+3H(b+a\cot\beta)-H^2\csc\beta]\end{aligned}\tag{6-4-31}$$

$$I_{\mathrm{c}}(F)=\int_{-l_0}^{l}\frac{\mathrm{d}x}{\cos\alpha_i+f_{\mathrm{F}}\sin\alpha_i}=\frac{R}{\lambda_{\mathrm{F}}^2}\left[\arcsin\frac{l-a}{R}+\arcsin\frac{l_0+a}{R}+f_{\mathrm{F}}\ln\frac{b-H+f_{\mathrm{F}}(l-a)}{b-f_{\mathrm{F}}(l_0+a)}\right]\tag{6-4-32}$$

$$\begin{aligned}Y_1(F)&=\int_0^L\frac{y_1\mathrm{d}x}{\cos\alpha_i+f_{\mathrm{F}}\sin\alpha_i}=\frac{aR\tan\beta}{\lambda_{\mathrm{F}}^2}\left[\arcsin\frac{L-a}{R}+\arcsin\frac{a}{R}+f_{\mathrm{F}}\ln\frac{L_{\mathrm{a}}+f_{\mathrm{F}}(L-a)}{\sqrt{R^2-a^2}-f_{\mathrm{F}}a}\right]+\\&\frac{R^2f_{\mathrm{F}}\tan\beta}{\lambda^3}\left[\ln\frac{L_{\mathrm{a}}+f_{\mathrm{F}}(L-a)}{R\lambda_{\mathrm{F}}+L-a-f_{\mathrm{F}}L_{\mathrm{a}}}-\ln\frac{\sqrt{R^2-a^2}-f_{\mathrm{F}}a}{R\lambda_{\mathrm{F}}-a-f_{\mathrm{F}}\sqrt{R^2-a^2}}\right]+\frac{R\tan\beta}{\lambda_{\mathrm{F}}^2}(f_{\mathrm{F}}L-L_{\mathrm{a}}+\sqrt{R^2-a^2})\end{aligned}\tag{6-4-33}$$

$$Y_2(F)=\int_L^l\frac{y_2\mathrm{d}x}{\cos\alpha_i+f_{\mathrm{F}}\sin\alpha_i}=\frac{HR}{\lambda_{\mathrm{F}}^2}\left[\arcsin\frac{l-a}{R}-\arcsin\frac{l-a}{R}+f_{\mathrm{F}}\ln\frac{b-H+f_{\mathrm{F}}(l-a)}{L_{\mathrm{a}}-f_{\mathrm{F}}(L-a)}\right]\tag{6-4-34}$$

$$\begin{aligned}Y_3(F)&=\int_{-l_0}^{l}\frac{y_3\mathrm{d}x}{\cos\alpha_i+f_{\mathrm{F}}\sin\alpha}=\frac{bR}{\lambda_{\mathrm{F}}^2}\left[\arcsin\frac{l-a}{R}-\arcsin\frac{l_0-a}{R}+f_{\mathrm{F}}\ln\frac{b-H+f_{\mathrm{F}}(l-a)}{b-f_{\mathrm{F}}(l_0+a)}\right]-\\&\frac{R^2f_{\mathrm{F}}^2}{\lambda_{\mathrm{F}}^3}\left[\ln\frac{R\lambda_{\mathrm{F}}+l-a-f_{\mathrm{F}}(b-H)}{b-H+f_{\mathrm{F}}(l-a)}-\ln\frac{R\lambda_{\mathrm{F}}-l_0-a-f_{\mathrm{F}}b}{b-f_{\mathrm{F}}(l_0+a)}\right]-\frac{R}{\lambda_{\mathrm{F}}^2}(l+l_0-f_{\mathrm{F}}H)\end{aligned}\tag{6-4-35}$$

其中

$$\begin{cases}C_{\gamma}=C/\gamma\\f=\tan\phi\\f_{\mathrm{F}}=f/F\\\lambda_{\mathrm{F}}=\sqrt{1+f_{\mathrm{F}}^2}\\L_{\mathrm{a}}=\sqrt{R^2-(L-a)^2}\end{cases}\tag{6-4-36}$$

式(6-4-30)就是边坡安全系数解析算式的一般形式。显然，通过迭代一代数方程即可获得边坡的安全系数 F。在以上表达式中，若取 $l_0=0$，$R=\sqrt{a^2+b^2}$，就可获得对应坡脚圆时边坡安全系数的解析算式。

四、折线滑动面的不平衡推力法

1. 适用条件

不平衡推力法又称传递系数法或剩余推力法，由于它计算简单，可考虑复杂形状的滑动面，是我国工程技术人员常用的一种分析滑坡稳定的方法，国家规范和行业规范中都将其列为推荐方法使用。

不平衡推力法是针对滑面为折线形的条件下提出的刚体极限平衡分析法。其假定条件如下：

（1）取铅直条分，假定了条块间作用力的方向，即上一块土条传递来的推力平行于上一块土条的底滑面，其作用点位于两单元的分界面的中点；

（2）然后根据平行于底滑面和垂直于底滑面两个方向的合力等于零以及最前缘一块的剩余推力为零进行求解；

（3）滑动面的破坏服从 Mohr—Coulomb 破坏准则；

（4）整个滑动面满足静力平衡条件，但是不满足力矩平衡条件，条块受力分析如图6-4-6所示。

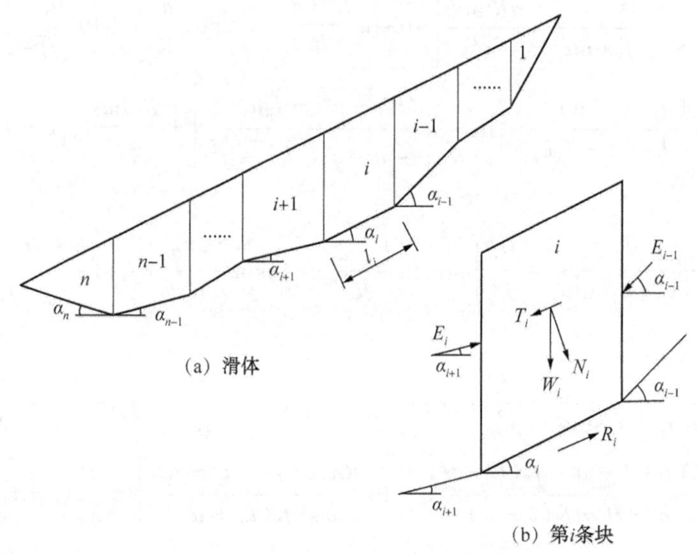

图 6-4-6　不平衡推力法计算简图

2. 不平衡推力法的隐式解法

根据图 6-4-6 所示的简图可导出下面的计算公式：

$$E_i = T_i - \frac{R_i}{F_s} + E_{i-1}\psi_{i-1} \tag{6-4-37}$$

其中

$$\psi_{i-1} = \cos(\alpha_{i-1} - \alpha_i) - \frac{\tan\phi_i \sin(\alpha_{i-1} - \alpha)}{F_s} \tag{6-4-38}$$

$$R_i = c_i l_i + W_i \cos\alpha_i \tan\phi_i \tag{6-4-39}$$

$$T_i = W_i \sin\alpha_i \tag{6-4-40}$$

将式(6-4-38)、式(6-4-39)、式(6-4-40)代入式(6-4-37)，则有

$$E_i = W_i\sin\alpha_i - \frac{c_i l_i + W_i\cos\alpha_i\tan\phi}{F_s} + E_{i-1}\left[\cos(\alpha_{i-1}-\alpha_i) - \frac{\tan\phi_i\sin(\alpha_{i-1}-\alpha)}{F_s}\right] \quad (6-4-41)$$

式中　W_i——第 i 土条的重力与外加竖向荷载之和；

α_i——第 i 土条底边与水平线的夹角；

c_i，ϕ_i——第 i 土条底的内聚力和内摩擦角；

l_i——第 i 土条底滑面的长度；

E_{i-1}——第 $i-1$ 土条传递给第 i 土条的不平衡推力(下滑力)；

F_s——安全系数；

ψ_{i-1}——力的传递系数；

R_i——第 i 土条地的剪切强度。

不平衡推力法的隐式解法为迭代法，又称强度储备法，该法通过不断折减抗剪强度，使坡体达到极限平衡状态，以此来求稳定系数。其求解过程是假定处于滑体顶端的第 1 条块右侧的 $E_0=0$，根据式(6-4-41)逐条计算条间力，直至处于坡趾的第 n 条块，要求 $E_n=0$。如果 $E_n=0$ 不成立，则需重新调整 F_s 值，直到 $E_n=0$ 成立为止，此时的 F_s 即为所求的稳定系数。

3. 不平衡推力法的显式解法

不平衡推力法的显式解法又称超载法，是在正常荷载组合作用的基础上，按一定的倍数增大荷载直至边坡破坏失稳，用这种方法求得的安全系数叫超载安全系数。

其推导过程如下：

在式(6-4-37)右边乘以一放大系数 F_s，其简化方程为

$$E'_i = F_s T_i - R_i + E'_{i-1}\psi'_{i-1} \quad (6-4-42)$$

其中

$$\psi'_i = \cos(\alpha_{i-1}-\alpha_i) - \tan\phi_i\sin(\alpha_{i-1}-\alpha)$$

按式(6-4-42)逐条计算条间力，求解条件仍然是 $E_n=0$。经过这一简化处理 F_s 仅出现在一个线性方程中，经过推导可以得到下面安全系数的显示计算公式：

$$F_s = \frac{\sum_{i=1}^{n-1}\left(R_i\prod_{j=i}^{n-1}\psi_i\right) + R_n}{\sum_{i=1}^{n-1}\left(T_i\prod_{j=i}^{n-1}\psi_i\right) + T_n} \quad 6-4-43)$$

其中

$$\prod_{j=i}^{n-1}\psi_i = \psi_i\psi_{i+1}\psi_{i+2}\cdots\psi_{n+1}$$

式(6-4-43)就是目前多数规范[如《岩土工程勘察规范》(GB 50021—2001)、《建筑边坡工程技术规范》(GB 50330—2002)]中推荐的稳定系数计算公式。

另外，认为土条之间不承受拉力，当任何土条的推力 F_i 出现负值时，就意味着 F_i 不再向下传递，在计算下一块土条时，上一块土条的推力取零。

4. 不平衡推力法的隐式解法和显示解法的区别及精度分析

1）两种解法的区别

不平衡推力法的隐式解法采用的是上一条块剩余下滑力向下一条块滑动面逐块投影法。即考虑了分块和整体的静力平衡，且每一块土条的稳定系数与整体稳定系数相等。稳定系数计算时满足当条块剩余下滑力小于零时令其等于零的条件。假定滑动面的剪切强度参数黏聚力 c 及摩擦系数 $\tan\phi$ 具有一定的安全储备。

不平衡推力法的显式解法采用的是上一条块下滑力和抗滑力向下一条块滑动面分别逐块投影法。仅考虑了整个滑坡体的静力平衡，各条块的稳定系数与安全系数和整个滑坡体的稳定系数与安全系数不一定相等。且这种方法在计算稳定系数时不满足剩余下滑力小于零时令其等于零的条件，但计算推力时，为剩余下滑力为负值时令其等于零。

2）两种解法的精度分析

国内有关人员专门将不平衡推力法与简化的 Bishop 法就边坡稳定系数进行过计算结果的比较，得出如下结论。

(1) 不平衡推力法所求得的安全系数不是最小值。不平衡推力法在计算假定中规定上一条块传递来的推力平行于上一条块的底部，当 $\alpha_{i-1}-\alpha_i>0$ 时，增加了底部的抗滑力，使所求的安全系数不是最小值。对于圆弧滑面，不平衡推力法的隐式解与 Bishop 法是很吻合的，而显式解并不能保证任何情况下与 Bishop 法接近。对于折线型滑面，不平衡推力法的计算结果一般都较大，偏于不安全，尤其是显式解，误差更大。显示解法安全系数偏大的原因是因为它不是严格意义上的超载法，是经过简化的超载法。如果条块间存在负的下滑力，由于在安全系数计算中负下滑力不归零，求解结果将更大。鉴于这种情况，建议取消显式解在工程中的应用。

(2) 不平衡推力法隐式解的误差大小，取决于滑面控制点处滑面的倾角变化值，该变化值越大，误差越大。同时滑面控制点处滑面倾角的变化值对误差的影响与控制点的位置有关，在滑动段与抗滑段的交界附近，误差对倾角的变化很敏感，而在滑坡的后缘误差对倾角的变化的敏感度要小一些。

(3) 对于光滑连续的滑面，不平衡推力法隐式解可以无条件使用。对于由折线形组成的滑面，不平衡推力法隐式解的使用应有限制条件，超过这个限制其误差太大不能够使用，应采用其他方法或对超限点进行处理。对于折线形滑面，其限制条件是滑面中所有控制点处的倾角变化值必须小于 10°(后缘部位可以放宽到 15°)，若满足该条件其误差可控制在 3%以内。

五、复杂岩质边坡的楔体法

1. 适用条件

在岩质边坡的失稳模式中，楔体破坏是最常见的一种类型，在边坡失稳模式中占有重要位置，如图 6-4-7 所示。楔体是由两条或两条以上的结构面对岩体切割而形成的，滑体同时沿这两个面发生滑移，故其滑移方向必然是沿着该两个结构面的组合交线方向，且该交线的倾角必定缓于边坡坡角，并在坡面出露。由于滑体同时沿两个面滑动，其力学机制比较复杂。在边坡开挖过程中，边坡表面由于卸荷作用，岩体松弛，强度降低。加以坡面不平整，小块岩体极易具备临空条件，所以在开挖边坡的表面，经常会发生小块岩体以平面或楔体破坏形式的剥落现象，其体积由几立方米至几百立方米不等。影响楔体稳定的因素有滑体自身重力、底滑面的抗剪强度参数、滑面上的外水压力和外衙载等。

2. 按“仿平面”问题处理的解法

根据图6-4-7所示的简图，直立平顶边坡由两组结构面切割成一个四面体ABCD。设四面体ABCD的容重为γ，滑面ΔABD及ΔBCD相交的倾斜线BD的倾角为α。滑面ΔABD命名为F_1滑面，其内聚力为c_1，内摩擦角为ϕ_1。滑面ΔBCD命名为F_2滑面，其内聚力为c_2，内摩擦角为ϕ_2。

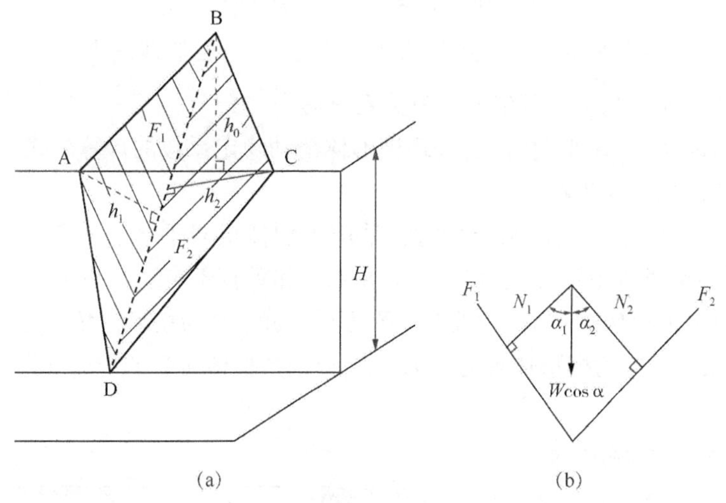

图6-4-7　按“仿平面”问题处理的两组节理面相交切割的楔体稳定计算示意图

楔形体体积为

$$V_{\mathrm{ABCD}}=\frac{1}{3}\Delta_{\mathrm{ABC}}H$$

$$\Delta_{\mathrm{ABC}}=\frac{1}{2}\overline{\mathrm{AC}}h_0$$

楔形体的重力为

$$W=\frac{\gamma H}{6}\overline{\mathrm{AC}}h_0$$

两个结构面的面积为

$$\Delta_{\mathrm{ABC}}=\frac{1}{2}\overline{\mathrm{BD}}h_1$$

$$\Delta_{\mathrm{BCD}}=\frac{1}{2}\overline{\mathrm{BD}}h_2$$

两个结构面受到楔形体的有效正压力为

$$N_1\ \frac{W\cos\alpha\sin\alpha_2}{\sin(\alpha_1+\alpha_2)} \tag{6-4-44}$$

$$N_2\ \frac{W\cos\alpha\sin\alpha_1}{\sin(\alpha_1+\alpha_2)} \tag{6-4-45}$$

又令 $BD=L$，则楔形体的稳定系数为

$$K=\frac{(N_1\tan\phi_1+N_2\tan\phi_2)+(c_1\Delta_{ABC}+c_2\Delta_{BCD})}{W\sin\alpha}=$$

$$\frac{\sin\alpha_2\tan\phi_1+\sin\alpha_1\tan\phi_2}{\tan\alpha\sin(\alpha_1+\alpha_2)}+\frac{\frac{1}{2}L(c_1h_1+c_2h_2)}{W\sin\alpha}=$$

$$\frac{\sin\alpha_2\tan\phi_1+\sin\alpha_1\tan\phi_2}{\tan\alpha\sin(\alpha_1+\alpha_2)}+\frac{3L(c_1h_1+c_2h_2)}{\gamma H\,\overline{AC}h_0\sin\alpha} \tag{6-4-46}$$

式中　α_1，α_2——分别为两结构面交线的法线与 F_1、F_2 滑面法线的夹角；

L，$\overline{AC}$，h_0，h_1，h_2——可依据三角关系求得。

式(6-4-46)即为按“仿平面”问题处理楔形体滑动稳定系数的计算公式。

3. 按“立体”问题处理的解法

楔形体破坏，按“立体”问题来分析时，采用了刚体极限平衡法对其进行简化分析。图6-4-8为楔形体自然条件下沿交线[(图6-4-8(a)]和垂直于交线[(图6-4-8(b)]方向剖面的受力示意图。图中 α 为楔形体交棱线与水平面的夹角，β 为楔形体角平分线与水平面的夹角，ξ 为楔形体张角，W 为楔形体重力，R_A、R_B分别为楔体所受的滑面支撑力。

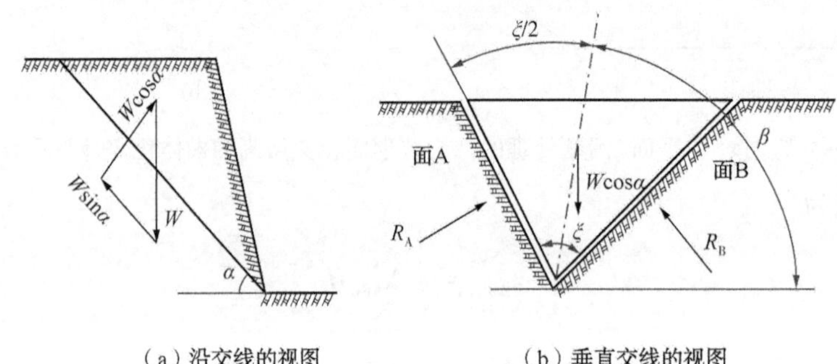

（a）沿交线的视图　　（b）垂直交线的视图

图6-4-8　按“立体”问题处理的两组节里面相交切割的楔体稳定计算示意图

对图6-4-8在水平和竖直方向建立静力平衡关系，可得到如下两个方程：

$$R_A\sin(\beta+\frac{\xi}{2})=R_B\sin(\beta-\frac{\xi}{2}) \tag{6-4-47}$$

$$R_B\cos(\beta-\frac{\xi}{2})=R_A\cos(\beta+\frac{\xi}{2})=W\cos\alpha \tag{6-4-48}$$

由式(6-4-47)和(6-4-48)解得

$$R_A=\frac{W\cos\alpha\sin(\beta-\frac{\xi}{2})}{\sin\xi}) \tag{6-4-49}$$

$$R_B=\frac{W\cos\alpha\sin(\beta+\frac{\xi}{2})}{\sin\xi}) \tag{6-4-50}$$

$$R_A+R_B=\frac{W\cos\alpha\sin\beta}{\sin\dfrac{\xi}{2}} \tag{6-4-51}$$

由于R_A、R_B分别与式(6-4-48)中的N_1、N_2的大小相等，因此将式(6-4-49)、式(6-4-50)代入式(6-4-48)，得

$$K=\frac{(R_A\tan\phi_A+R_B\tan\phi_B)+(c_A\Delta_A+c_B\Delta_B)}{W\sin\alpha}=$$

$$\frac{\left(\dfrac{W\cos\alpha\sin(\beta-\frac{\xi}{2})}{\sin\xi}\tan\phi_A+\dfrac{W\cos\alpha\sin(\beta+\frac{\xi}{2})}{\sin\xi}\tan\phi_B\right)+(c_A\Delta_A+c_B\Delta_B)}{W\sin\alpha}=$$

$$\frac{\sin(\beta-\frac{\xi}{2})\tan\phi_A+\sin(\beta+\frac{\xi}{2})\tan\phi_B}{\tan\alpha\sin\xi}+\frac{c_A\Delta_A+c_B\Delta_B}{W\sin\alpha} \tag{6-4-52}$$

式(6-4-52)即为按“立体”问题处理楔形体滑动稳定系数的计算公式。

式中　c_A，c_B——分别为滑面A、滑面B的内聚力；

ϕ_A，ϕ_B——分别为滑面A、滑面B的内摩擦角；

Δ_A，Δ_B——分别为滑面A、滑面B的面积。

以上无论是按“仿平面”问题还是按“立体”问题所推导的楔形体稳定性计算公式，只是考虑了岩体边坡上的重力作用。实际上，岩质边坡的稳定性计算除了涉及重力作用外，还有地下水、地震及其他作用力。因此在分析边坡稳定性时，还应注意各种附加力作用的影响，以及由于水的作用使滑动面或充填物的力学强度降低而导致边坡发生变形的可能性。

4.《水利水电工程边坡设计规范》(SL 386—2007)中关于楔体法的计算公式

采用楔体法(图6-4-9)，当滑动方向沿CO时，应按式(6-4-53)计算。

$$K=\frac{c'_AA_A+c'_BA_B+N_A\tan\phi'_A+N_B\tan\phi'_B}{m_{WS}W+m_{CS}U_C+m_{PS}P} \tag{6-4-53}$$

其中

$$N_A=qW+rU_C+sP-U_A$$

$$N_B=xW+yU_C+zP-U_B$$

$$q=(m_{ab}m_{Wb}-m_{Wa})/(1-m_{ab}^2)$$

$$r=(m_{ab}m_{cb}-m_{ca})/(1-m_{ab}^2)$$

$$s=(m_{ab}m_{Pb}-m_{Pa})/(1-m_{ab}^2)$$

$$x=(m_{ab}m_{Wa}-m_{Wb})/(1-m_{ab}^2)$$

$$y=(m_{ab}m_{ca}-m_{cb})/(1-m_{ab}^2)$$

$$z=(m_{ab}m_{Pa}-m_{Pb})/(1-m_{ab}^2)$$

$$m_{ab}=\sin\psi_a\sin\psi_b\cos(\alpha_a-\alpha_b)+\cos\psi_a\cos\psi_b$$

$$m_{Wa}=-\cos\psi_a$$

$$m_{Wb}=-\cos\psi_b$$

$$m_{ca}=\sin\psi_a\sin\psi_c\cos(\alpha_a-\alpha_c)+\cos\psi_a\cos\psi_c$$

$$m_{cb}=\sin\psi_b\sin\psi_c\cos(\alpha_b-\alpha_c)+\cos\psi_b\cos\psi_c$$

$$m_{Pa}=\cos\psi_P\sin\psi_a\cos(a_P-a_a)-\sin\psi_P\cos\psi_a$$

$$m_{Pb}=\cos\psi_P\sin\psi_b\cos(\alpha_p-\alpha_b)-\sin\psi_P\cos\psi_b$$

$$m_{WS}=\sin\psi_S$$

$$m_{CS}=\cos\psi_S\sin\psi_C\cos(\alpha_S-\alpha_C)-\sin\psi_S\cos\psi_C$$

$$m_{PS}=\cos\psi_S\sin\psi_P\cos(\alpha_S-\alpha_P)+\sin\psi_P\cos\psi_S$$

式中 A_A，A_B——滑动面 A、滑动面 B 的面积，m^2；

C'_A，C'_B——滑动面 A、滑动面 B 的有效凝聚力，kPa；

ϕ'_A，ϕ'_B——滑动面 A、滑动面 B 的内摩擦角，(°)；

ψ_a，α_a——滑动面 A 的倾角和倾向，(°)；

ψ_b，α_b——滑动面 B 的倾角和倾向，(°)；

ψ_c，α_c——滑动面 C 的倾角和倾向，(°)；

ψ_P，α_P——滑动面 P 的倾角和倾向，(°)；

ψ_S，α_S——滑动面 A、B 交线 OC 的倾角和倾向，(°)；

U_A——滑动面 A 上的孔隙压力，kN,；

U_B——滑动面 B 上的孔隙压力，kN,；

U_C——滑动面 C 上的孔隙压力，kN,；

W——楔形体重量，kN,；

P——锚杆加固力，kN。

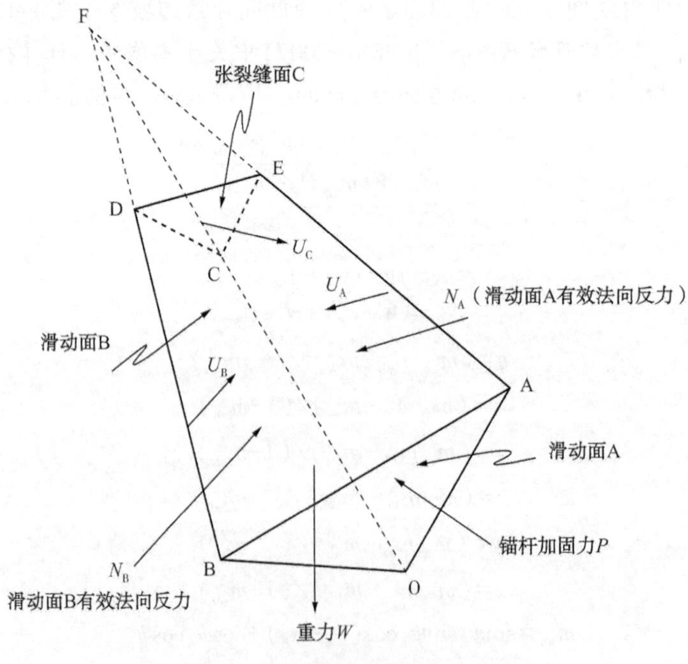

图 6-4-9 楔体法稳定计算简图

第五节 边坡勘察

一、边坡勘察的目的

边坡工程勘察的目的在于查清边坡所在地段的环境工程地质条件(自然地理、经济状况、地形地貌、地层岩性、地质构造、水文地质及地震活动等)、气象水文及人类活动等作用因素，自然斜坡的稳定状况以及人类工活动作用后边坡和滑坡稳定性可能发生的变化，从而评价工程活动的可行性并提出活动方式及应采取的措施或方案建议。

依据边坡与滑坡影响及被保护的建(构)筑物的重要性等级、边坡高度和滑坡规模以及不同设计阶段的要求，边坡与滑坡勘察可划分为可行性研究阶段的勘察、初步设计阶段的勘察、施工图设计阶段的勘察及施工阶段的补充勘察。

1. 可行性研究阶段的勘察

可行性研究阶段的勘察是为大方案比选服务的，要求达到基本定性。如边坡所在地段有无大型古老滑坡、崩塌及岩堆存在，是否为岩层顺倾地段，边坡是否位于大型断裂带内以及边坡开挖后会否出现大的失稳变形等。

2. 初步设计阶段的勘察

初步设计阶段的勘察要求达到基本定量。需查清边坡及滑坡地段的基本工程地质和水文地质条件，当地的降雨、地震、河流冲刷情况，岩土的基本性质及变化趋势，分析边坡开挖后可能产生的变形类型和规模大小，是整体破坏还是局部失稳；若有滑坡、崩塌等不良地质现象存在，应查明其范围、规模、性质、稳定程度和发展趋势以及工程活动后可能发生的变化，并提出处治建议。

3. 施工图设计阶段的勘察

施工图设计阶段的勘察要求达到定量，为施工图设计提供足够的资料和设计参数。

4. 施工阶段的补充勘察

施工阶段的补充勘察则是根据开挖后地质情况的变化做必要的勘察，为变更设计提供依据。

二、油气管道边坡工程安全等级

1. 油气管道边坡工程安全等级的划分

油气管道边坡工程应按边坡损坏后可能造成的破坏后果(危及人的生命、造成经济损失、产生社会不良影响)的严重性、边坡类型和坡高等因素，根据表6-5-1确定安全等级。

后果很严重、严重的下列建筑边坡工程，其安全等级应定为一级：

(1) 由外倾软弱结构面控制的边坡工程；

(2) 危岩、滑坡地段的边坡工程；

(3) 边坡塌滑区内或边坡塌方影响区内有重要建(构)筑物的边坡工程。

破坏后果不严重的上述边坡工程的安全等级可定为二级。

表 6-5-1　油气管道边坡工程安全等级

边坡类型		边坡高度 H(m)	破坏后果	安全等级
岩质边坡	岩体类型为Ⅰ或Ⅱ类	$H≤30$	很严重	一级
			严重	二级
			不严重	三级
	岩体类型为Ⅲ或Ⅳ类	$15<H≤30$	很严重	一级
			严重	二级
		$H≤15$	很严重	一级
			严重	二级
			不严重	三级
土质边坡		$10<H≤15$	很严重	一级
			严重	二级
		$H≤10$	很严重	一级
			严重	二级
			不严重	三级

注：(1) 一个边坡工程的各段，可根据实际情况采用不同的安全等级；

(2) 对危害性极严重、环境和地质条件复杂的特殊边坡工程，其安全等级应根据工程情况适当提高；

(3) 岩质边坡的岩体分类及岩体完整程度划分可参见表 6-3-11 和表 6-3-12。

2. 油气管道破坏后果分类

油气管道边坡破坏后果分类是依据中国石油天然气企业标准《管道完整性管理规范》(Q/SY 1180. 3—2009)，第 2 部分：管道高后果区识别规程，分类如下。

(1) 满足下列条件之一，可界定为破坏后果很严重：

① 边坡损坏导致管道破裂；

② 边坡损坏导致管道严重变形，不能正常运营；

③ 边坡损坏导致建设期或运营期间人员伤亡；

④ 边坡损坏导致管道附属设施(如伴行路等)损毁严重，且无法修复、投资巨大。

(2) 满足下列条件之一，可界定为破坏后果严重：

① 边坡损坏导致管道变形，但基本可以正常运营；

② 边坡损坏导致管道建设不能正常进行，管道必须改线避让；

③ 边坡损坏导致管道附属设施(如伴行路、测试桩等)损毁，但不影响管道正常运营，且短期内可以修复、投资较大。

(3) 满足下列条件之一，可界定为破坏后果不严重：

① 边坡损坏导致管道不变形或轻微变形，但完全可以正常运营；

② 边坡损坏导致管道建设受影响，但采取措施可以正常进行；

③ 边坡损坏导致管道附属设施(如伴行路、测试桩等)损毁，但不影响管道正常运营，且短期内可以修复、投资较小。

三、边坡滑动失稳影响范围估算

曾裕平在其成都理工大学的博士学位论文《重大突发性滑坡灾害预测预报研究》中，曾对滑坡运动空间范围进行了研究，根据不同的滑坡运动模式，推导出了滑坡的滑行距离，其研究内容如下。

1. 高位滑坡——整体无碰撞滑行模式

这类滑坡具有的地形条件好，坡面顺直，坡度较缓，具有连续滑动的条件，坡脚和水平地面相接或很近，滑坡体的运动不存在或少有崩落现象。模式图如图 6-5-1 所示。

假设条件：

(1) 滑坡体运动过程中，整体运动，一起下滑；

(2) 滑坡块体属于刚体，体积不变；

(3) 滑动过程中，土(石)体与底面的摩擦系数为定值 f；

(4) 不计滑动过程的能量损失。

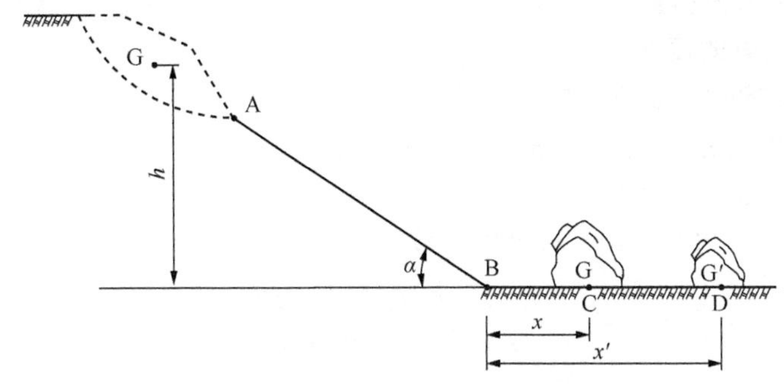

图 6-5-1 高位滑坡整体滑行模式(无碰撞及碰撞)示意图

滑坡在剪出口 A 点开始下滑时，具有动能和高度 h 的势能，但是由于滑坡体速度小，因此动能忽略不计，故在剪出口时只计势能。

如果滑坡体在坡脚 B 点没有发生碰撞，滑坡整体运动到 C 点，那么按照能量守恒定理可以写出如下方程：

$$mgh=\frac{mg\cos\alpha fh}{\sin\alpha}+mgfx+w \tag{6-5-1}$$

式中 f——摩擦系数；

α——斜坡坡度；

h——滑体在 A 点开始下滑时的高度；

w——滑动过程中的能量损失。

依据假设，方程可写为：

$$mgh=\frac{mg\cos\alpha fh}{\sin\alpha}+mgfx \tag{6-5-2}$$

式中 α——斜坡角度；

f——摩擦系数，需要根据实际情况确定，可按滑带内摩擦角的正切值确定。

2. 高位滑坡——整体碰撞滑行模式

这类滑坡具有的地形条件好，坡面顺直，具有连续滑动的条件。但坡度较陡，滑坡体在坡脚 B 点发生碰撞，并解体。模式图如图 6-5-1 所示，D 点为解体后的滑坡体运动的最远距离处。

假设滑坡体运动到坡脚 B 点速度为 v，解体之后，把滑坡体按两部分考虑，能够运行最远至D点的G′滑体具有最大速率为 v_1；剩下的滑坡体，由于运行距离短，都视为平均速率 v_2。

按照能量守恒定理和动量守恒定律可以写出如下方程：

$$\frac{1}{2}m_1v_1^2+\frac{1}{2}m_2v_2^2+w=\frac{1}{2}mv^2 \tag{6-5-3}$$

$$m_1v_1+m_2v_2=mv\cos\alpha \tag{6-5-4}$$

式中 m——滑坡体总质量；

v——m 时碰撞前具有的速度；

m_1——碰撞后达最远距离的滑坡碎体G′质量；

v_1——m_1 时具有的速度；

m_2——剩余滑坡体质量；

v_2——m_2时具有的速度；

w——B点碰撞时的能量损失。

令碰撞时能量损失 $w=k\times(1/2)mv^2(0<k<1)$；$m_1=\lambda m$，则 $m_2=(1-\lambda)m \quad (0<\lambda<0.5)$

这样，式(6-5-3)和式(6-5-4)可以写成

$$\lambda v_1^2+(1-\lambda)v_2^2=(1-k)v^2 \tag{6-5-5}$$

$$\lambda v_1+(1-\lambda)v_2=v\cos\alpha \tag{6-5-6}$$

求出 v_1，v_2 得

$$v_1=\frac{\lambda\cos\alpha+\sqrt{(\sin^2\alpha-k)(\lambda-\lambda^2)}}{\lambda}v \tag{6-5-7}$$

$$v_2=\frac{(1-\lambda)\cos\alpha-\sqrt{(\sin^2\alpha-k)(\lambda-\lambda^2)}}{1-\lambda}v \tag{6-5-8}$$

而滑坡体到达B点时，有

$$mgh=\frac{mg\cos\alpha fh}{\sin\alpha}+\frac{1}{2}mv^2+w_1 \tag{6-5-9}$$

式中 v——滑坡体到达坡脚B的速度；

α——斜坡角度；

h——滑体重心高度；

w_1——滑动过程中损失能量。

忽略 w_1，并解得

$$v=\sqrt{2gh(1-\frac{f}{\tan\alpha})} \tag{6-5-10}$$

若G′滚动至D点，依据能量守恒可以得到：

$$x'=\frac{v_1^2}{2g\mu} \tag{6-5-11}$$

将式(6-5-7)、式(6-5-10)代入式(6-5-11)，则式(6-5-11)可写为：

$$x'=h\left(\frac{1-f\cot\alpha}{\mu}\right)\left(\frac{\lambda\cos\alpha+\sqrt{(\sin^2\alpha-k)(\lambda-\lambda^2)}}{\lambda}\right)^2 \tag{6-5-12}$$

式中　f——坡面滑动摩擦系数；

μ——地面滚动摩擦系数；

α——斜坡坡度；

h——滑体重心下落高度；

λ——解体后较小的滑坡体的系数，为小于0.5的正数；

k——碰撞时的能量损失系数。

能量损失系数 k 可按式(6-5-13)求解：

$$k=\cos^2(90°-\alpha)(1-\rho)=\sin^2\alpha(1-\rho) \tag{6-5-13}$$

式中　ρ——恢复系数。

恢复系数，可根据表6-5-2选用。

表6-5-2　恢复系数 ρ

序号	山坡表层覆盖物情况	恢复系数 ρ
1	基岩外露	0.7
2	密实的岩块堆积层	0.5
3	长有草皮的光滑坡面	0.3
4	松散的坡积层、堆积层等	0.3
5	基岩埋藏不深(≤0.5m)的山坡	0.5

将式(6-5-13)代入式(6-5-12)，则有

$$x'=h\left(\frac{1-f\cot\alpha}{\mu}\right)\left(\frac{\lambda\cos\alpha+\sqrt{\sin^2\alpha\rho(\lambda-\lambda^2)}}{\lambda}\right)^2 \tag{6-5-14}$$

因为滑坡滑落到B点时，弹跳距离很小，忽略不计，故认为碰撞后的所有能量均转化为滚动摩擦能，因此最终达到的最远距离就为 x'。

滚动摩擦系数 μ 按照苏联尼·米·罗依尼什维里教授提出的经验公式确定：

$$\mu=\begin{cases}0.41+0.043\alpha & (0<\alpha\leqslant30°)\\0.543-0.048\alpha+0.000162\alpha^2 & (30°<\alpha\leqslant60°)\\1.05-0.0125\alpha+0.0000025\alpha^2 & (60°<\alpha\leqslant90°)\end{cases} \tag{6-5-15}$$

可见，高位滑坡滑行模式的滑落距离和坡高、坡度及摩擦系数有关，对于有碰撞运动，还与能量恢复系数 ρ 和解体后的系数 λ 有关。

由高位滑坡整体滑行模式可以得到以下认识：

(1) 坡度越缓，滑距越小，当坡度缓至一定程度时，滑距为负值，说明坡体不能下滑。

(2) 坡体越高，滑距越大；坡体越低、滑距越短。

(3) 摩擦系数越大，滑落越短；摩擦系数越小、滑距越远。

(4) 碰撞时的滑距与恢复系数和碰撞解体系数有关。恢复系数 ρ 越大，距离越远；解体时系数 λ 越小，距离越远。

3. 高位滑坡——滑落堆积模式

这类滑坡坡度很大，或者滑坡滑动缓慢，滑落的坡体物质堆积在坡脚，形成圆锥形堆积体，之后的滑体物质顺着堆积体滑落下去，模式如图6-5-2所示。

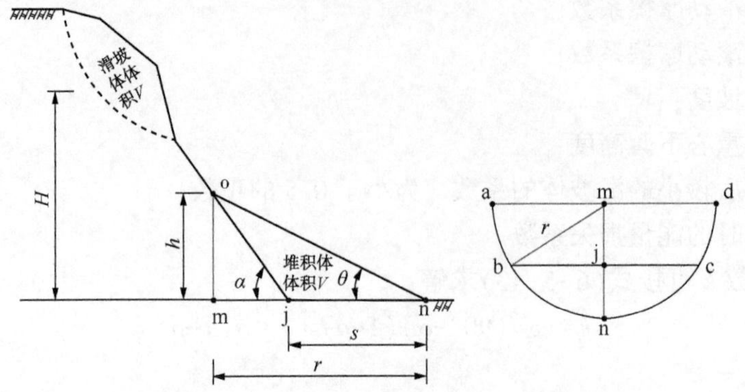

图 6-5-2 高位滑坡滑落堆积模式示意图

假设：

(1) 滑落的坡体物质堆积在坡脚，忽略滚动距离，形成休止角为 θ 的半圆锥体；

(2) 整个滑动过程中相同物质具有相同的摩擦系数，并保持不变；

(3) 滑坡体属于刚体运动，体积保持不变；

(4) 不计滑动过程的能量损失。

因为陡坡地段大部分滑坡体物质堆积在坡脚，只有很少部分在后期的滑落能够滑到前方，因此，这部分体积可以忽略，认为圆锥体积等于滑坡体积 V。

滑落下来的滑坡体和斜坡一起形成半圆锥形 omn、ojn 的体积等于滑坡体体积 V。

$$V=V_{\text{omn}}-V_{\text{omj}} \tag{6-5-16}$$

$$V_{\text{omn}}=\frac{1}{2}\times\frac{1}{3}\pi r^2 h=\frac{1}{6}\pi r^2 r\tan\theta=\frac{\pi}{6}r^3\tan\theta \tag{6-5-17}$$

$$V_{\text{omj}}=\frac{1}{3}S_{\text{abcd}}h=\frac{1}{3}\left(2\times\frac{1}{2}\overline{\text{mj}}\sqrt{r^2-\overline{\text{mj}}}+2\times\frac{1}{2}r^2\,\widehat{\text{amb}}\right)r\tan\theta \tag{6-5-18}$$

$$\overline{\text{mj}}=h\cot\alpha=r\tan\theta\cot\alpha \tag{6-5-19}$$

$$\widehat{\text{amb}}=\frac{\pi}{2}-\arccos\left(\frac{\overline{\text{mj}}}{r}\right) \tag{6-5-20}$$

将式(6-5-19)、式(6-5-20)代入式(6-5-18)并简化有：

$$V_{\text{omj}}=\frac{1}{3}r^3\tan\theta\left[\tan\theta\cot\alpha\sqrt{1-\tan^2\theta\cot^2\alpha}+\frac{\pi}{2}-\arccos(\tan\theta\cot\alpha)\right] \tag{6-5-21}$$

将式(6-5-17)、式(6-5-21)代入式(6-5-16)并简化有：

$$V=\frac{\pi}{6}r^3\tan\theta\ \frac{1}{3}r^3\tan\theta\left[\tan\theta\cot\alpha\sqrt{1-\tan^2\theta\cot^2\alpha}+\frac{\pi}{2}-\arccos(\tan\theta\cot\alpha)\right] \tag{6-5-22}$$

解式(6-5-22)得

$$r=\sqrt[3]{\frac{3V}{\tan\theta\arccos(\tan\theta\cot\alpha)-\tan^2\theta\cot\alpha\sqrt{1-\tan^2\theta\cot^2\alpha}}} \tag{6-5-23}$$

$$S=r-\overline{\text{mj}}=(1-\tan\theta\cot\alpha)\sqrt[3]{\frac{3V}{\tan\theta\arccos(\tan\theta\cot\alpha)-\tan^2\theta\cot\alpha\sqrt{1-\tan^2\theta\cot^2\alpha}}} \tag{6-5-24}$$

式中 V——滑坡体体积；

α——边坡坡度；

θ——堆积体休止角，可按表 6-5-3 和表 6-5-4 选用。

式(6-5-24)即为高位滑坡—滑落堆积模式下的滑落距离计算公式。

由式(6-5-24)可以看出，高位滑坡滑落堆积模式的距离与滑坡体体积 V，斜坡坡度 α，堆积体休止角 θ 有关。V 越大，距离越远；斜坡坡度 α 越大，距离越远；堆积体休止角 θ 有越小，距离越远。

表 6-5-3　几种岩石碎块的休止角

岩屑堆的成分	最小休止角(°)	平均休止角(°)	最大休止角(°)
砂岩、页岩(角砾、碎石、混有块石的亚砂土)	25	35	42
砂岩(块石、碎石、角砾)	26	32	40
砂岩(块石、碎石)	27	33	39
页岩(角砾、碎石、亚砂土)	36	38	43
石灰岩(碎石、亚砂土)	27	35	45

表 6-5-4　几种含水量不同泥砂的休止角

泥砂种类	休止角(°)		
	干	很湿	水分饱和
泥	10	25	15
松软砂质黏土	40	27	20
洁净的细砂	40	27	22
紧密的细砂	45	30	25
紧密的中粒砂	45	33	27
松散的细砂	37	30	22
松散的中粒砂	37	33	25
砾石土	37	33	27

4. 高位滑坡——凌空飞跃模式

这类滑坡在坡面上滑行后，落地之前遭遇临空面，出现凌空飞行后着地的现象，模式如图 6-5-3 所示。

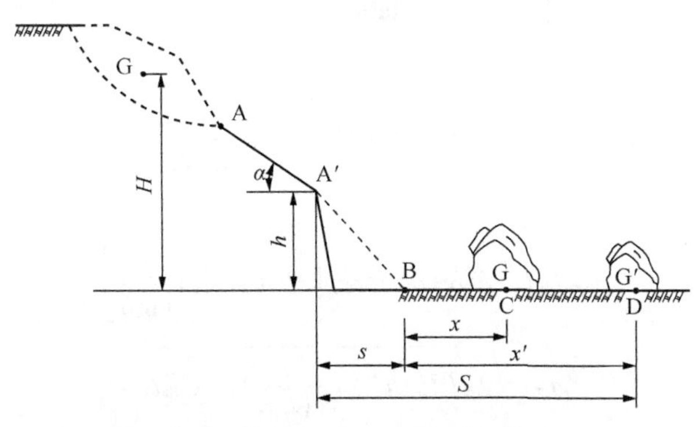

图 6-5-3　高位滑坡凌空飞跃模式示意图

假设滑坡体 m 运动到 A′点速度为 v，着地解体之后，在 B 点和地面发生碰撞，把解体后的滑坡体仍按两部分考虑：能够运行最远至 D 点的 G′滑体 m_1 具有最大速率 v_1；剩下的滑坡体 m_2，由于运行距离短，都视为平均速率 v_2；摩擦系数为 f。

滑坡体到达 A′后的速度：

$$v=\sqrt{2g(H-h)(1-\frac{f}{\tan\alpha})} \tag{6-5-25}$$

滑坡体到达 B 点时有

$$h=v\sin\alpha t+\frac{1}{2}gt^2,$$

解出

$$t=\frac{\sqrt{v^2\sin^2\alpha+2gh}-v\sin\alpha}{g} \tag{6-5-26}$$

所以到达 B 点时：

$$s=v\cos\alpha t=v\cos\alpha\frac{\sqrt{v^2\sin^2\alpha+2gh}-v\sin\alpha}{g} \tag{6-5-27}$$

在 B 点碰撞时与整体碰撞滑行情况分析相类似，可以写出方程

$$\frac{1}{2}m_1v_1^2+\frac{1}{2}m_2v_2^2+w=mgh-mg\cos\alpha\frac{(H-h)}{\sin\alpha}f \tag{6-5-28}$$

$$m_1v_1+m_2v_2=mv\cos\alpha=m\cos\alpha\sqrt{2g(H-h)(1-\frac{f}{\tan\alpha})} \tag{6-5-29}$$

令碰撞时能量损失 w：

$$w=k\times\left[mgH-mg\cos\alpha\frac{(H-h)}{\sin\alpha}f\right]\quad(0<k<1) \tag{6-5-30}$$

$$m_1=\lambda m$$

则

$$m_2=(1-\lambda)m\quad(0<\lambda<0.5) \tag{6-5-31}$$

将式(6-5-13)、式(6-5-29)、式(6-5-30)代入式(6-5-27)、式(6-5-28)，则有

$$\lambda v_1^2+(1+\lambda)v_1^2=(1-k)2g\left[H-(H-h)\frac{f}{\tan\alpha}\right]=2g(\cos^2\alpha+\rho\sin^2\alpha)\left[H-(H-h)\frac{f}{\tan\alpha}\right] \tag{6-5-32}$$

$$\lambda v_1+(1-\lambda)v_1=\sqrt{2g(H-h)(1-\frac{f}{\tan\alpha})}\cdot\cos\alpha \tag{6-5-33}$$

令

$$p=2g(\cos^2\alpha+\rho\sin^2\alpha)\left[H-(H-h)\frac{f}{\tan\alpha}\right] \tag{6-5-34}$$

$$q=\sqrt{2g(H-h)(1-\frac{f}{\tan\alpha})}\cdot\cos\alpha \tag{6-5-35}$$

式(6-5-33)、式(6-5-34)中 p，q 值均可求。

依据式(6-5-31)至式(6-5-34)求出 v_1，v_2，见下式：

$$v_1=\frac{\lambda q+\sqrt{(p-q^2)(\lambda-\lambda^2)}}{\lambda} \tag{6-5-36}$$

$$v_2=\frac{(1-\lambda)q-\sqrt{(p-q^2)(\lambda-\lambda^2)}}{\lambda} \tag{6-5-37}$$

得到

$$x'=\frac{v_1^2}{2g\mu}=\frac{\left(\lambda q+\sqrt{(p-q^2)(\lambda-\lambda^2)}\right)^2}{2g\mu\lambda^2} \tag{6-5-38}$$

于是，总距离 S：

$$S=s+x'=v\cos\alpha\frac{\sqrt{v^2\sin^2\alpha+2gh}-v\sin\alpha}{g}+\frac{\left(\lambda q+\sqrt{(p-q^2)(\lambda-\lambda^2)}\right)^2}{2g\mu\lambda^2} \tag{6-5-39}$$

式中　f——坡面摩擦系数；

α——边坡坡度；

λ——为 B 点碰撞时的解体系数；

ρ——能量恢复系数，可参见表 6-5-2 选取。

式(6-5-39)即为高位滑坡——凌空飞跃模式下的滑落距离计算公式。

由公式可以看出，高位滑坡凌空飞跃模式运动距离与高度 H 和 h，坡面摩擦系数 f，滚动摩擦系数 μ，碰撞时解体系数 λ 以及恢复系数 ρ 有关，与整体碰撞滑行具有相似的规律。

5. 低位滑坡——弧形滑动模式

这类滑坡滑面呈圆弧形，没有坡面滑行距离，滑坡体物质在滑面上直接滑到坡脚下，滑行距离不远，滑体形状大部分保持不变，模式如图 6-5-4 所示。

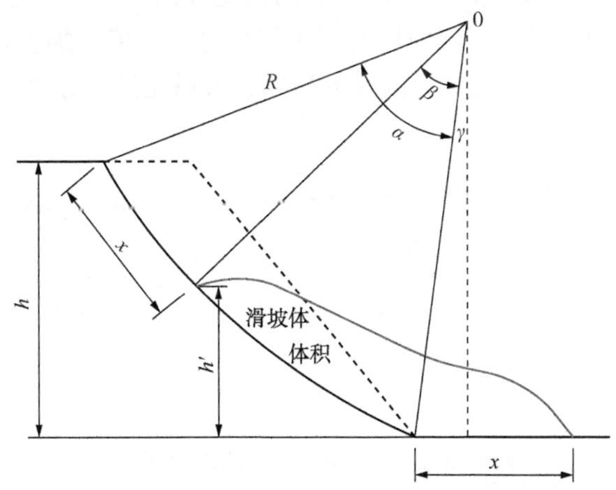

图 6-5-4　低位滑坡弧形滑动模式示意图

图中滑坡体在坡脚起动并滑动距离 x 后停止。滑坡滑动面是以 O 为圆心，R 为半径的圆弧。

为求 x，做如下假设：

（1）滑坡体整体滑动，体积不变；

（2）滑坡体下落的圆弧近似看成线段 x；

（3）地面摩擦系数为定值 f；

（4）滑动过程除了摩擦做功外没有其余能量转化。

实际起动力作用的部分为滑坡后缘 x 段长度的滑坡体，因此该问题其实是考虑这段滑坡体推动滑坡体运动 x 距离的问题。

滑坡体重心下降为：

$$h-h'=(R\cos\beta-R\cos\alpha)\cos\gamma=\left[R\cos\left(\alpha-\frac{x}{R}\right)-R\cos\alpha\right]\cos\gamma \tag{6-5-40}$$

考虑滑坡体滑动 x 段长路径做功，依据能量守恒有

$$\frac{R\alpha-x}{R\alpha}mg\left[R\cos\left(\alpha-\frac{x}{R}\right)-R\cos\alpha\right]\cos\gamma=\frac{R\alpha-x}{R\alpha}mgfx \tag{6-5-41}$$

对式(6-5-41)进行求解：

$$x=R\left(\sqrt{\frac{\cos^2\gamma}{f^2}-1}-\frac{\cos\alpha\cos\gamma}{f}\right) \tag{6-5-42}$$

式中 R——滑面圆弧半径；

α——滑面圆弧以弧度为单位的圆心角；

γ——坡脚剪出口和圆心的连线与水平地面垂线的夹角；

f——地面摩擦系数。

式(6-5-42)即为低位滑坡——弧形滑动模式下的滑落距离计算公式。

6. 最远滑动距离的估算

潘家铮在其《建筑物的抗滑稳定和滑坡分析》一书中，提到一个较为简单的计算滑坡公式。

如图 6-5-5 所示，如果刚性体沿平滑光滑的凹型曲线下滑，则它自 A 点开始降到最低点 B 以后还会继续向上爬升至 C 点。但 BC 段下滑力已为负值，加上阻力的作用，会迅速使滑体减速而静止。刚性滑体爬升 BC 段的最大高度 h 可以用能量原理进行估算。

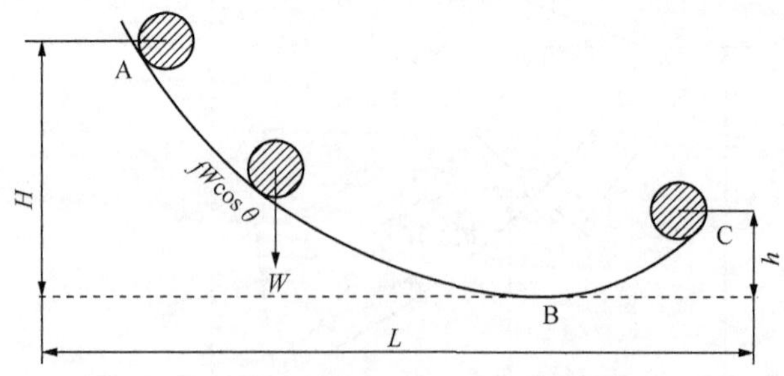

图 6-5-5 最远滑动距离估算示意图

刚性滑体自 A 点滑落到 C 点，高程下降了 $H-h$，即势能减少了 $W(H-h)$。这一势能损失应等于在滑动过程中阻力所做的功。如果阻力全系由摩擦力 $fW\cos\theta$ 产生，则在任一微小段内，阻力所做的功为：

$$fW\cos\theta\Delta S=fW\cos\theta\frac{\Delta L}{\cos\theta}=fW\Delta L$$

故

$$W(H-h)=\Sigma fW\Delta L=fWL$$

或

$$L=\frac{H-h}{f}$$

当 $h=0$ 时，有

$$L_{max}=\frac{H}{f} \tag{6-5-43}$$

式中　H——滑坡体重心高度；

F——动摩擦系数，对于不同规模的滑坡，计算方法不同。

式(6-5-43)即为最远滑动距离的估算公式。

对于体积达到 106m^{3}的超大型滑坡，其摩擦系数可参考谢得格尔法，即通过滑坡的体积大致确定滑坡的摩擦系数：

$$\lg f=a\lg V+b \tag{6-5-44}$$

式中　V——滑坡体体积，m^3。

a，b——系数，$a=-0.15666$，$b=0.62219$。

对于一般体积滑坡，动摩擦系数可采用上述推导结论；也可采用工程地质类比法，通过对典型滑坡的反演分析确定。计算过程中，应根据需要适当选取。动摩擦系数 f 不应超过滑动面摩擦系数的实验值。

四、边坡勘察的主要内容

一级管道边坡工程应进行专门的岩土工程勘察；二、三级管道边坡工程可与主体建筑勘察一并进行，但应满足边坡勘察的深度和要求。大型的和地质环境条件复杂的边坡宜分阶段勘察；地质环境复杂的一级边坡工程尚应进行施工勘察。

边坡岩土工程勘察工作应包括如下主要内容：

(1) 边坡调查测绘；

(2) 边坡勘探；

(3) 边坡岩土试验；

(4) 边坡的稳定性分析；

(5) 边坡监测；

(6) 边坡岩土工程勘察报告。

边坡岩土工程勘察报告应包括如下主要内容。

(1) 边坡区的地理位置、自然环境和气象水文特征。

(2) 边坡的地质环境。

包括当地一定区域的地形地貌、地层、岩性、地质构造、地震烈度，边坡体的地形形态、植被、冲沟、地层岩性及分布位置和风化程度，主要构造面的产状、分布位置及其与临空面的关系，水文地质特征等。

(3) 边坡坡体结构特征。

在查明边坡工程地质和水文地质条件的基础上，确定边坡结构类型和特征，可能发生的变形类型、破坏形式、破坏部位及破坏模式。

(4) 边坡的变性特征。

对已经发生的自然斜坡和开挖边坡的变形描述其类型、规模、分布的位置和范围、变形发生的条件和原因、变形历史过程和危害性。

(5) 边坡破坏的自然和人为作用因素，特别要找出主要作用因素。

(6) 边坡稳定性评价。

采用工程地质综合分析力学计算法评价边坡的整体和局部稳定性，包括工程活动过程中边坡稳定性的评价，划分出稳定边坡、欠稳定边坡和不稳定边坡。

(7) 对潜在的不稳定边坡的整治措施设计、施工注意事项及监测方案提出建议。

(8) 对所勘察的边坡工程是否存在滑坡(或潜在滑坡)等不良地质现象，以及开挖或构筑的适宜性做出结论。

(9) 报告尚应提供如下参数和资料：

① 依据岩土水试验资料，提供验算边坡稳定性、变形和设计所需的计算参数值；

② 对需进行抗震设防的边坡应根据区划提供设防烈度或地震动参数；

③ 工程地质平面图(1∶500~1∶1000)或立面图(1∶500)；

④ 边坡代表性断面图(1∶200~1∶500)；

⑤ 对安全等级为一、二级的管道边坡工程尚应提出沿边坡开挖线的地质纵、横剖面图；

⑥ 边坡稳定性计算成果；

⑦ 钻孔柱状图、试坑(探井)展示图；

⑧ 变形监测资料；

⑨ 相关照片。

五、边坡工程勘察的前期准备工作

1. 编制勘察工作大纲

其内容应包括：

(1) 任务来源、目的及技术要求；

(2) 边坡地段的地理位置、社会经济概况和交通情况；

(3) 勘察采用的技术方案、主要技术手段和勘察工作量；

(4) 人员组成；

(5) 主要仪器和机具设备；

(6) 勘察进度安排和工作流程；

(7) 勘察报告的主要内容和附件；

(8) 经费概算。

2. 资料搜集

(1) 充分收集拟建边坡的区域地质资料和图件，包括地形图、地质图、照片、航空照片、主要地层及分布、地质构造、地震区划等。

(2) 收集边坡所在地的气象、水文资料及已有人为工程活动资料，包括降雨季节和降雨量，河流水位、冲刷及变迁情况，已有斜坡或边坡的变形类型、规模、部位、发生时间、危害情况及采取的治理措施和效果，以及前人曾做过的勘察资料。

(3) 长输管道线路走向及相关附属建、构筑物平面布置图。

(4) 拟建管道及相关附属建、构筑物的性质、结构特点及采取的作业带范围、管道埋深、管沟尺寸、基础形式、占地范围、整平标高和挖方、填方情况。

(5) 边坡高度、坡底高程和边坡平面尺寸。

(6) 场地及其附近已有的勘察资料和边坡支护形式。

六、边坡调查测绘

边坡的调查测绘是边坡勘察中最基本、最主要的工作。它将从宏观上、整体上掌握边坡所在地段的地层岩性、坡体结构和构造格局；判断边坡是否可能发生整体失稳还是局部变形以及变形的类型、机制和规模大小；并提出勘探线、点的布设位置数量和深度以及是否需要进行动态监测等。

1. 边坡调查测绘的方法

目前尚无公认的统一方法，一般仍是采用普遍适用的工程地质调查测绘方法，但针对边坡工程的特点，又有其特殊的要求和做法。

(1) 调查范围顺边坡走向应超出边坡范围100~200m，以便于地质条件的对比垂直边坡走向上(即横断面上)向上应达到稳定地层，向下应达到当地侵蚀基准面(河底或沟底)，以便预测可能发生的变形发展深度。

(2) 充分利用当地河岸、沟岸和山坡上的基岩露头及人工挖面(如堑坡、采石场、坑、洞等)调查稳定地层的岩性和产状、构造分布及其与临空面、开挖面之间的关系。

(3) 调查由整体到局部，由宏观到微观，面、线、点相结合逐步深入，先从整体上掌握整个坡体的结构、构造格局和稳定性，再分段、分层调查各个局部的不同特征，以及已有的和潜在的变形类型和范围，逐一做出评价。

(4) 工程地质对比法是调查评价的基础。

2. 边坡调查测绘的内容

1) 自然山坡形态特征和稳定状况调查

调查自然山坡的坡形、坡率和坡高，如直线坡、凹形坡、凸形坡、台阶状边坡等及每一坡段的高度、坡度及横向展布长度。

从山坡形态调查中还应区分出不同岩土类型的稳定坡、不稳定坡和极限稳定坡。

(1) 稳定坡表现为坡面平直、形态圆顺，坡面无突变陡坎；岩性较为单一或为均匀互层；无不良地质现象，坡面冲沟均匀顺直。

(2) 不稳定坡表现为坡面凹凸不平。若有滑坡则表现出滑坡的特有地貌特征，如“圈椅”状地貌形态，坡面树木分布有“马刀树”或“醉汉林”等；若有崩塌落石，则山坡上部有崩塌迹象，坡脚或坡面有块石堆积；若有坍塌，则表现为多处上陷下凸的不顺特征。坡面冲沟分布不均匀且不顺直，沟岸常不稳定，有坍塌及堆积，甚至有堵沟现象。

(3) 极限稳定坡是介于稳定与不稳定坡之间的一种过渡状态，当山坡的平均坡率达到或接近岩土的最大休止角时即处于极限稳定状态。外貌上表现为坡面基本平顺，有少量或局部不平顺，有少量裂缝出现，无大的变形迹象。其表明只要再受到自然和人为的作用就会发生变形。

2）地层岩性的调查测绘

地层岩性是构成斜坡的物质基础。岩土的成因和性质决定了其能保持的稳定坡率和高度。各种成因的土层，包括黏性土，黄土、崩积、洪积、冲积、残积成因的土，各有其不同的颗粒组成、密实程度、含水状态和强度特征，因此有不同的稳定坡率。

岩层层面和不同成因、不同时代岩层的接触面(如坡积与洪积接触面、风化界面、整合面与不整合面)是坡体结构上的软弱面，它们的产状常常控制边坡的稳定。当这些结构面倾向开挖面时，常会发生变形。岩石的风化程度不同，具有不同的强度，其所能保持的坡高和坡度也不同。

3）构造结构面的调查测绘

对岩质边坡的稳定性控制作用，除层面外主要是构造结构面，因此这项调查测绘工作是非常重要的。岩质边坡的调查测绘应注意小构造的调查测绘及其相互切割的配套分析，包括结构面的产状、性质、密度、延伸长度、结构面间的充填物及含水状况等及其与开挖面的关系。

4）地下水调查

水是边坡失稳变形的重要因素。除调查边坡汇水条件外，更应重视地下水出露情况的调查，包括地下水露头(泉水、湿地)位置、形态(线状、点状、是否承压)、流量、水温、水质等，并分析地下水对边坡稳定性的影响。地下水呈线状出露处，其下的隔水层常是岩性软弱、遇水软化、容易发生变形的部位。

5）坡体结构调查

坡体结构是坡体内岩、土体及结构面的分布和排列顺序、位置、产状及其与临空面(边坡开挖面)之间的关系，它是边坡稳定或失稳变形的地质基础。在上述地质调查的基础上，应分析边坡所在坡体结构类型，从而预测边坡开挖后可能出现的变形类型和发生部位。

根据实践经验，将坡体结构划分为以下类型，如表 6-5-5 所示。

表 6-5-5　坡体结构类型表

坡体结构	结构特点	变形类型
类均质体结构	黏土、黄土、堆积土、残积土等土层结构，无明显软弱结构面。属土质边坡稳定问题	含水量过高时，会发生坍塌、溜塌，沿弧形面滑动
近水平层状结构	土层、半成岩地层、岩层，产状近水平(倾角小于 10°)，软硬相间	一般较稳定，但有上覆土层沿下伏基岩面的顺层滑动
顺倾层状结构	土层、堆积层、岩层层面倾向临空面，倾角大于 10°，常有软夹层，有渗水	最易发生顺层牵引式滑，具有多层、多级的特点。当有软弱夹层时，倾角为 10°～30° 时最易滑动；当无软弱夹层时，倾角为 30° 时也不一定滑动，取决于层面倾角与层间综合内摩擦角的对比，前者大于后者时才会滑动。这类边坡的失稳变形最多
反倾层状结构	岩层面倾向山体内，倾角大于 10°，单一岩层或软硬岩互层，节理较发育	一般较稳定

续表

坡体结构	结构特点	变形类型
斜交层状结构	岩层面倾山或倾临空面，层面走向与坡面走向夹角小于35°，有软弱夹层，有渗水	层面和节理面控制的滑坡和崩塌。当夹角大于35°时，很少发生滑坡变形
碎裂状结构	构造破碎带，岩体呈碎块石状，常有次级外倾破碎泥化带，渗水	坍塌，沿软弱带滑坡
块状结构	厚层块状岩体，强度高，但节理发育，有时有外倾小断层	一般边坡稳定受风化程度和构造面控制，易沿节理面崩塌或沿构造面滑坡

6）坡体结构调查

若边坡地段已有古老的或正在活动的斜坡变形现象，如坍塌、滑坡、崩塌等，应详细调查它们的类型、规模、分布位置和主要地层等，分析其产生的条件和原因，并对其稳定性做出评价和预测，与拟建边坡进行对比分析。

七、边坡勘探

地面调查测绘后尚不易查明的情况，如地层埋藏情况、风化界线、埋藏构造、软弱面和潜在滑动面的形状和埋深、地下水的含水层、隔水层等，需通过勘探予以查明。

边坡工程勘探宜采用钻探、坑(井)探和槽探等方法，必要时可辅以硐探和物探方法。

1. 勘探线、点的布置

勘探线、点的布置应根据勘察阶段的不同而设定。

（1）施工图设计阶段勘探线应垂直边坡走向布置，详勘的线、点间距可按表详勘的线、点间距可按表6-5-6或地区经验确定，且对每一单独边坡段勘探线不宜少于2条，每条勘探线不应少于2个勘探孔。

表6-5-6　详勘的勘探线、点间距

边坡工程安全等级	勘探线间距(m)	勘探点间距(m)
一 级	≤20	≤15
二 级	20~30	15~20
三 级	20~40	20~35

（2）初步设计阶段必须布置少量勘探，勘探线、点的间距与详勘阶段比可适当放宽，一般一段边坡至少应布置1~2条勘探线。有滑坡时，每一滑坡主轴线应布置一条勘探线。

（3）可行性研究阶段应以地面调查为主，一般不安排勘探。

2. 勘探范围及深度

（1）建筑边坡的勘探范围应包括不小于岩质边坡高度或不小于1.5倍土质边坡高度，以及可能对管道及其附属建(构)筑物有潜在安全影响的区域。

（2）控制性勘探孔的深度应穿过最深潜在滑动面进入稳定层不小于5m，并应进入坡脚地形剖面最低点和支护结构基底下不小于3m。

八、边坡的岩土试验

为了进行边坡的稳定性计算和加固工程设计，必须在勘察中对构成边坡的岩土取样并进行物理力学试验。主要岩土层和软弱层应采集试样进行物理力学性能试验，土的抗剪强度指标宜采用三轴试验获取。每层岩土主要指标的试样数量：土层不应少于6个，岩石抗压强度不应少于9个。岩体和结构面的抗剪强度宜采用现场试验确定。

1. 土质边坡试验内容

(1) 包括各类土的天然容重、饱水容重、天然含水量、液限、塑限、塑性指数、颗粒组成及天然和饱和状态下的黏聚力和内摩擦角；

(2) 对具有膨胀性的土应试验其自由膨胀率和膨胀力；

(3) 对具有湿陷性的黄土则应测试其湿陷系数和等级。

2. 岩质边坡试验内容

(1) 对岩质边坡实践证明其失稳破坏主要受构造结构面和软弱岩层(或夹层)控制，因此其试验内容除岩层的容重外主要是测定结构面和软弱岩层的强度参数，包括其单轴和三轴抗压强度，不同含水状态下的黏聚力和内摩擦角，以及一些特殊岩层的崩解性、胀缩性等。有时因取样困难需进行现场原位剪切试验。

(2) 对有特殊要求的岩质边坡宜做岩体流变试验。

3. 边坡力学参数

《建筑边坡工程技术规范》(GB 50330—2013)关于边坡力学参数做了如下规定：

(1) 岩体结构面的抗剪强度指标的试验应符合现行国家标准《工程岩体试验方法标准》GB/T 50266的规定。当无条件进行试验时，结构面的抗剪强度指标标准值在初步设计时可按表6-5-7并结合类似工程经验确定。

表6-5-7 结构面抗剪强度指标标准值

结构面类型		结构面结合程度	内摩擦角 ϕ(°)	黏聚力 c(MPa)
硬性结构面	1	结合好	>35	>0.13
	2	结合一般	35~27	0.13~0.09
	3	结合差	27~18	0.09~0.05
软弱结构面	4	结合很差	18~12	0.05~0.02
	5	结合极差(泥化层)	<12	<0.02

注：(1) 除第1项和第5项外，结构面两壁岩性为极软岩、轮岩时取较低值；

(2) 取值时应考虑结构面的贯通程度；

(3) 结构面浸水时取较低值；

(4) 岩体结构面连通性差取表中的高值；

(5) 临时性边坡可取高值；

(6) 已考虑结构面的时间效应；

(7) 未考虑结构面的参数在施工期和运行期受其他因素的影响发生的变化，当判定为不利因素时，可进行适当折减。

(2) 岩体结构面的结合程度可按表6-5-8确定。

表6-5-8 结构面的结合程度

结合程度	结合状况	起伏粗糙程度	结构面张开度(mm)	充填状况	岩体状况
结合良好	铁硅钙质胶结	起伏粗糙	≤3	胶结	硬岩或较软岩
结合一般	铁硅钙质胶结	起伏粗糙	3~5	胶结	硬岩或较软岩
			≤3		软岩
	分离	起伏粗糙	≤3(无充填时)	无充填或岩块、岩屑充填	硬岩或较软岩

续表

结合程度	结合状况	起伏粗糙程度	结构面张开度(mm)	充填状况	岩体状况
结合差	分离	起伏粗糙	≤3	干净无充填	软岩
		平直光滑	≤3(无充填时)	无充填或岩块、岩屑充填	各种岩层
		平直光滑		岩块、岩屑夹泥或附泥膜	各种岩层
结合很差	分离	平直光滑 略有起伏		泥质或泥夹岩屑充填	各种岩层
		平直很光滑	≤3	无充填	各种岩层
结合极差	结合极差			泥化夹层	各种岩层

（3）当无试验资料和缺失当地经验时，天然状态或饱和状态岩体内摩擦角标准值可根据天然状态或饱和状态岩块的内摩擦角标准值结合边坡岩体完整程度按表 6-5-9 所列的折减系数确定。

表 6-5-9　边坡岩体内摩擦角折减系数

边坡岩体完整程度	内摩擦角的折减系数
完整	0.90~0.95
较完整	0.85~0.90
较破碎	0.80~0.85

（4）边坡岩体等效内摩擦角宜按当地经验确定。当缺乏当地经验时，可按表 6-5-10 取值。

表 6-5-10　边坡岩体等效内摩擦角标准值

边坡岩体类型	Ⅰ	Ⅱ	Ⅲ	Ⅳ
等效内摩擦角 ϕ_e(°)	>72	$72\geqslant\phi_e>62$	$62\geqslant\phi_e>52$	$52\geqslant\phi_e>42$

注：(1) 适用于高度不大于 30m 的边坡；当高度大于 30m 时，应做专门研究；

(2) 边坡高度较大时宜取小值；高度较小时宜取大值；当边坡岩体变化较大时，应按同等高度段分别取值；

(3) 已考虑时间效应；对Ⅱ、Ⅲ、Ⅳ类岩质临时变坡可取上限值，Ⅰ类岩质临时变坡可根据岩体强度及完整程度取大于 72°的数值；

(4) 适用于完整、较完整的岩体；破碎、较破碎的岩体可根据地方经验适当折减。

（5）边坡稳定性计算应根据不同的工况选择相应的抗剪强度指标。土质边坡按水土合算原则计算时，地下水位以下宜采用土的饱和自重固结不排水抗剪强度指标；按水土分算原则计算时，地下水位以下宜采用土的有效抗剪强度指标。

（6）填土边坡的力学参数宜根据试验并结合当地经验确定。试验方法应根据工程要求、填料的性质和施工质量等确定，试验条件应尽可能接近实际情况。

九、边坡的稳定性分析

边坡的稳定性分析常有两种方法，即工程地质综合分析法和力学平衡计算法。工程地质综合分析法是最基础的方法，它根据边坡体的岩土体构成、分布、性质、地质构造、水文地质条件及自然和人为作用因素的影响，与已有边坡的对比等分析边坡的整体和局部稳定程度，可能发生的变形破坏类型(滑动、崩塌、坍塌等)、部位、破坏面的形态等，为力学计算提供边界条件。

坡体结构控制着边坡破坏面的形态和破坏模式，如类均质土坡常发生圆弧形的滑动破坏，而二元或三元结构的土坡则可能沿其交界面发生滑动。土坡常由岩土的强度和含水状态控制其稳定性，岩质边坡则受岩体强度控制，更受其不利结构面组合控制，有时还受风化程度控制。

工程地质分析方法参见本章第三节，关于力学计算方法参见本章第四节。

第六节　边坡地区长输管道敷设与防护

一、边坡地区长输管道设计原则

长输油气管道是一种技术等级要求较高的线形带状工程，随着长输管道逐步向山区、丘陵区和黄土沟壑地区的延伸，地形地貌、地质条件愈加复杂，边坡稳定性问题也更加突出。边坡地区管道建设正面临着项目巨额投资制约与地方发展强烈需求的矛盾以及工程建设大发展与环境保护严重不足等一系列问题，需要从工程实践中不断总结经验和教训，进一步转变长输管道设计理念和方法，建立符合地方特色的边坡地区长输管道建设科学发展观。

1. 坚持安全第一的设计原则

边坡地区公路建设环境十分险恶，陡峻的地势、灾难性的滑坡、突兀的滚石等都会给工程建设及运营带来极大的困扰，安全问题不容忽视。

因此，边坡地区管道设计应遵循管道建设安全、管道运营安全的原则，从技术条件、施工条件、工程完成后的运营条件和抵御自然灾害的能力以及对环境、社会影响、工程成本、运营成本等方面进行综合评价，确定设计方案。

2. 坚持生态和谐的科学设计原则

自然山坡是大自然历经千百万年风雨雕琢的盔甲，天然冲沟是大自然运行气血的经络，它们都是大自然系统平衡的产物，是大自然维系现有平衡的支柱所在，人为的开挖、迁移或堵塞都可能会导致自然灾害的发生，这就是系统平衡遭遇破坏时所谓的“蝴蝶效应”或“多米诺骨牌效应”。“沿江不占江，沿路不占路，逢山少挖山”是和谐的工程设计理念，是山区工程建设以不变应万变的道理所在。

公路部门在山区公路建设上积累了丰富的工程经验和设计理论，一些新的设计理念有效保障了在建山区公路的安全、环保、造价和工期的控制，取得了社会好评。在高山峡谷地区，“宁桥不隧、宁隧不挖”“沿江不占江，沿路不占路，逢山少挖山”“以桥代路，以隧代路”“逢山少挖，逢沟不断”等设计思想是老一辈工程师在长期工作中形成的山区公路设计“精髓”。“以桥代路，以隧代路”可以节省大量的土地资源，减少拆迁，缓和社会矛盾，而且可以在地势陡峻的路段降低工程难度，减少地质风险；“宁桥不隧，宁隧不挖”可以在选线上规避岩土工程的不确定性和地质灾害风险，有利于风险和投资的可控性；“逢山少挖，逢沟不断”诠释了一个尊重大自然系统平衡的道理。

山区公路建设的一些设计理念给同属于长距离线型带状工程的管道建设提供了可借鉴参考的经验。

3. 坚持地质选线的设计原则

众多实践表明，山区管道设计务必坚持地质选线，重视前期地质勘查与灾害风险评估，回避大型的地质灾害。

边坡地区滑坡、崩塌等不良地质地段，管道选线时应尽可能避绕。当必须穿过某些不良地质时，应选择合适的位置，缩小穿越范围，并采取必要的工程措施。对于高填深挖地段的管道边坡，做好路基边坡岩土情况的勘测工作，查清边坡及基底情况，据此进行填(挖)边坡的稳定计算，采取切实可行及安全可靠的防护措施。

顺层地带的管道选线时需要慎重考虑，避免因边坡的开挖而诱发地质灾害。岩层产状或接触面倾向于管道线位的岩层，其稳定性较背向管道线位的岩层差。

4. 坚持技术创新的设计原则

实践创新是设计的生命力，是打造山区管道成为“平安型管道、生态型管道”的重要驱动力。山区管道建设难免会碰到一些新问题，而且这些问题可能会经验不足甚至没有先例，解决这些问题有时需要一些开创性的胆识、原创的设计理念、经验的类比及科学的评价进行综合分析，细节论证，最后达到异曲同工之妙，同时又能提升设计品质。

5. 坚持立体设计的原则

传统的管道线路设计基本以平面、纵断面的设计为主。但是，对于边坡地区，特别是管道横坡敷设条件下，如果单从平面及纵断面上看，填挖高度并不大，平面合乎线路设计条件。但从横断面上结合地质水文条件看，则可能出现较大工程，或者线路处于不利位置。因此，需在初步定出纵断面以后进行横断面定线。所以，对于边坡地区的困难复杂地段，应采取平面、纵断面、横断面的合理配合设计。

二、管道横坡敷设与防护

管道横坡敷设(Pipe Laying Cross Slope)是指管道通过坡面时，管道基本平行于等高线的敷设方式。横坡敷设是对管道的危害性较大，同时又是边坡地区管道不可避免的一种敷设方式(详见本章第二节的阐述)。根据边坡岩土体的构成，横坡敷设可分为顺层边坡的横坡敷设、均质稳定边坡的横坡敷设和潜在不稳定边坡的横坡敷设三种类型，现逐一从其对管道的危害机理及管道的线路设计两方面论述如下。

1. 顺层边坡

1）危害分析

管道的安全主要包括两个方面：一是建设过程中施工设备、人员、管道本体的安全，二是管道运营过程中巡护人员、机具及管道本体的安全。管道横坡敷设顺层条件下，如图 6-6-1所示，管道建设过程中的作业带扫线以及管沟的开挖两项工作，对边坡的扰动很大，其中尤以作业带扫线对边坡稳定性的影响最大。目前管道施工基本以机械化作业为主，因此在建设期间，为满足设备行走、管道的运输、吊装、布管、焊接以及管沟开挖、挖方土的临时堆砌，一般而言需要开辟出一条 10~20m 的作业带(双管同沟或并行是作业带宽度可达 30m 左右)。同样，为满足规范规定的管道敷设指标，一般管沟的开挖断面在 1. 5m(宽)×2. 0m(深)左右。

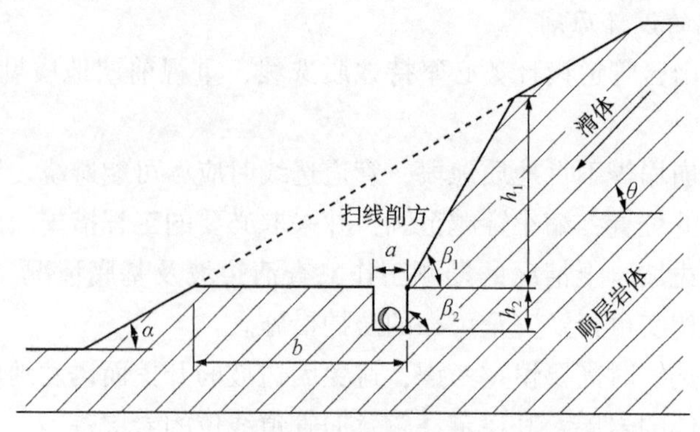

图 6-6-1 横坡敷设顺层条件下不稳定边坡对管道影响示意图

管道作业带的扫线削坡及管沟开挖必定会切断顺层边坡的结构面，降低了天然边坡的稳定性。如图 6-6-1 所示，图中 α 为边坡角度，β_1 为扫线后边坡角度（一般情况下 β_1 远大于 α），β_2 为管沟沟壁边坡角度（一般情况下接近于 90°），θ 为岩层倾角，b 为扫线作业带宽度，a 为管沟宽度，h_1 为扫线后边坡高度，h_2 为管沟深度。

边坡稳定性分析及危害如下：

（1）从定性的角度上来讲，当 $\beta_1>\theta$ 时，在扫线过程中，岩体就可能产生顺构造面的滑动。其危害是堵塞作业带，使得扫线工作无法进行，当然后续的管沟开挖工作更无法实施。当 $\beta_2>\theta>\beta_1$ 时（一般情况下 θ 值都小于 β_2 值），虽然在扫线过程中，岩体一般不产生顺构造面的滑动，但在后续的管沟开挖工作中，岩体会产生顺层滑动。其危害是堵塞管沟，无法保证管道的正常埋深。

（2）从定量的角度分析，岩体的顺层滑动稳定性可采用直线滑动面解析法进行准确的定量计算（详见本章第四节），其稳定性还涉及边坡倾角为 α、滑体的容重 γ、滑面倾角 θ、滑体自重 W 以及滑动面上的黏聚力 c 和内摩擦角 ϕ 等参数。

扫线削方工程量 S_1 可按下式计算：

$$S_1=\frac{b^2\sin\alpha\sin\beta_1}{2\sin(\beta_1-\alpha)} \tag{6-6-1}$$

管沟开挖工程量 S_2 可按下式估算：

$$S_2=ah_2 \tag{6-6-2}$$

2）管道线路设计

管道横坡通过顺层边坡坡面敷设时，不得将管道布于顺层边坡坡面处，管道线位应置于反倾岩层一侧，如图 6-6-2 所示。

管道必须横坡通过顺层边坡时，应最大限度降低管道施工对边坡的扰动所诱发次生灾害的可能性，管道宜布设于顺层边坡的坡脚处，并采取沟壁侧挡墙等浅挖深埋的防治措施，如图 6-6-3 所示。

受条件所限，管道必须横坡通过顺层边坡坡面时，应在边坡稳定性评价的基础上，依据岩土的物理力学指标参数，设计采取板桩墙（抗滑桩+面板）等支挡防护措施。为防止管道施工过程中所诱发的次生灾害造成对施工人员的伤害及设备的损失，支挡防护措施应在管道施工前实施完毕，且支挡抗滑措施宜选择对边坡坡面扰动少的非开挖类措施，如图 6-6-4 所示。

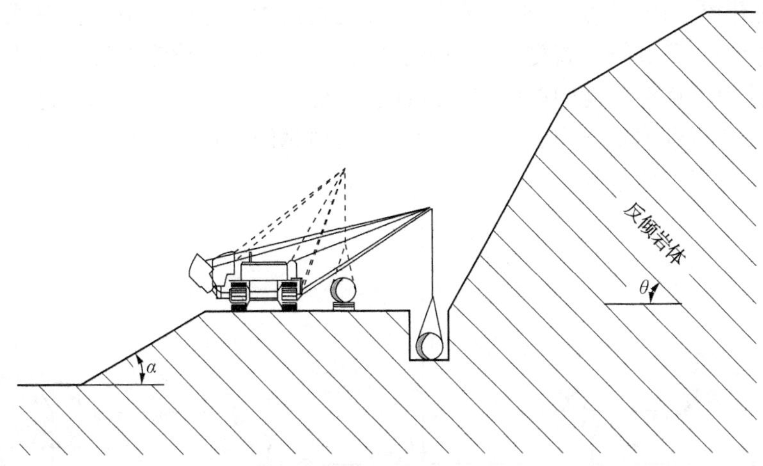

图 6-6-2　横坡敷设条件下管道布于反倾一侧坡面示意图

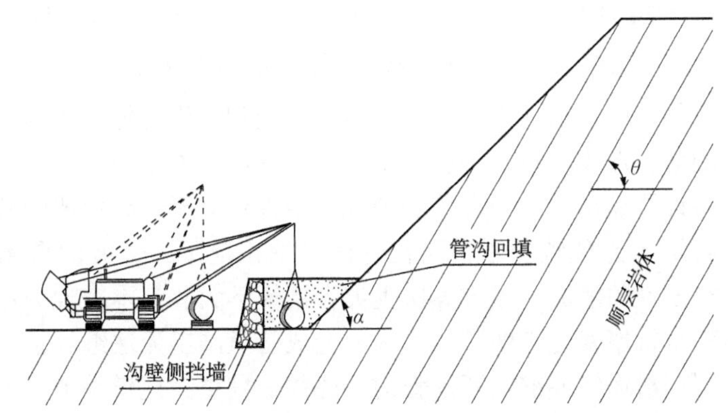

图 6-6-3　横坡敷设顺层条件下管道布于坡脚防护示意图

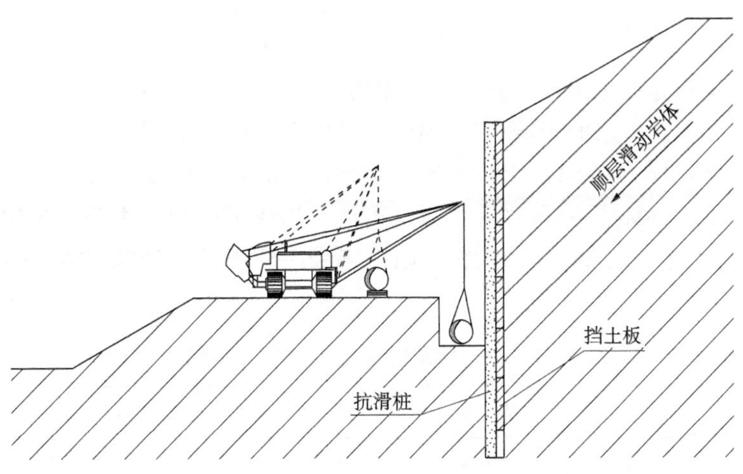

图 6-6-4　横坡敷设条件下管道布于坡面防护示意图

2. 均质稳定边坡

1）危害分析

管道横坡敷设时，施工过程中必须要进行清理作业带、开辟施工便道等扫线（图 6-6-5

工况Ⅰ)和管沟开挖工作(图6-6-5工况Ⅱ)。在上述两种工作状况下，会对原始稳定坡面产生一定程度的扰动，形成新的高陡削方边坡，降低原始坡面的稳定系数。对均质的岩石边坡而言，由于岩体内不存在不良构造面和节理面，因此一般情况下管道削方边坡基本稳定，不会对管道施工及管道本体安全构成太大的危害，岩质越硬，边坡也越稳定。因此本节所提到的均质边坡主要是指土质边坡。

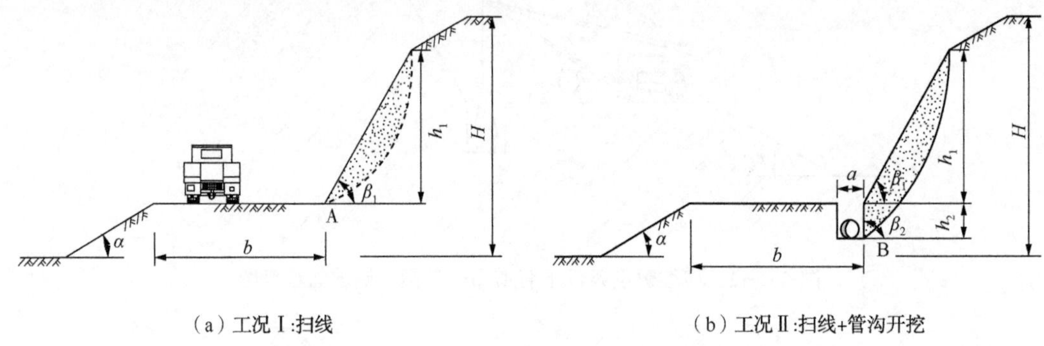

(a)工况Ⅰ:扫线　　(b)工况Ⅱ:扫线+管沟开挖

图6-6-5　横坡敷设条件下管道施工工况示意图

目前国内已建成的山区管道的实践表明，由于扫线和管沟开挖形成的削方土质边坡，均会产生新的潜在滑动面，形成不稳定坡体，如图6-6-5中虚线部分。土质边坡的滑动面一般呈弧形，其稳定性计算满足简化毕肖普法的计算条件。对于扫线形成的开挖边坡而言，边坡的滑塌破坏一般会从A点位置剪出，而在管沟开挖工况下，边坡的滑塌破坏通常会从B点位置剪出。虽然突发性的滑坡、塌方等次生灾害规模不大，基本表现为牵引式的浅表层地质灾害，但滑塌体确常常堵塞施工便道和管沟，造成管道施工无法继续正常进行。在这种情况下，如果进一步清理滑塌体或继续开挖管沟，往往诱发更大规模的地质灾害的发生。

关于扫线工况和扫线+管沟开挖两种工况条件下，边坡稳定性分析，我们可以通过某一具体算列来说明。

(1) 算例：

假定边坡由均质黏性土组成，黏性土内聚力 c 为5kPa，内摩擦角 ϕ 为35°、土体容重 γ 为18kN/m^3，不考虑地下水的影响。扫线作业带宽度 b 为12m，管沟深度 h_2 为2m。按简化的毕肖普法，依据式(6-4-18)及上述参数设定条件，分别对坡脚 α 为15°、30°、45°以及坡高 H 为20m、50m、100m指标参数下的原始边坡、扫线工况和管沟开挖工况下的边坡稳定系数 K，K_1 和 K_2 值进行计算，计算图示如图6-6-5所示，计算结果分别见表6-6-1至表6-6-3。

表6-6-1　原始边坡稳定系数 K 的计算

稳定系数 K_1	$H=20$m	$H=50$m	$H=100$m
$\alpha=150$	2.923	2.778	2.716
$\alpha=300$	1.473	1.350	1.299
$\alpha=450$	0.946	0.830	0.781

表 6-6-2　工况 I ——扫线边坡稳定系数 K_1 的计算

稳定系数 K_2		$H=20\text{m}$	$H=50\text{m}$	$H=100\text{m}$
$\alpha=15°$	$\beta=15°$	3. 118	2. 880	2. 778
	$\beta=30°$	1. 831	1. 822	1. 818
	$\beta=45°$	1. 409	1. 412	1. 412
	$\beta=60°$	1. 172	1. 170	1. 166
	$\beta=90°$	0. 777	0. 777	0. 777
$\alpha=30°$	$\beta=30°$	1. 636	1. 434	1. 350
	$\beta=45°$	1. 098	0. 975	0. 975
	$\beta=60°$	0. 824	0. 812	0. 811
$\alpha=45°$	$\beta=45°$	1. 097	0. 910	0. 830
	$\beta=60°$	0. 829	0. 627	0. 598

表 6-6-3　工况 II ——管沟开挖的边坡稳定系数 K_2 的计算

稳定系数 K_3	$H=20\text{m}$	$H=50\text{m}$	$H=100\text{m}$	
$\alpha=15°$	$\beta=15°$	1. 040	1. 045	1. 044
	$\beta=30°$	1. 036	1. 036	1. 038
	$\beta=45°$	1. 007	1. 006	1. 005
	$\beta=60°$	0. 799	0. 800	0. 799
	$\beta=90°$	0. 587	0. 587	0. 586
$\alpha=30°$	$\beta=30°$	1. 045	1. 045	1. 043
	$\beta=45°$	0. 998	0. 966	0. 971
	$\beta=60°$	0. 705	0. 712	0. 725
$\alpha=45°$	$\beta=30°$	1. 037	1. 039	1. 040
	$\beta=45°$	0. 960	0. 865	0. 814
	$\beta=60°$	0. 685	0. 586	0. 588

注：依据《建筑边坡工程技术规范》(GB 50330—2013) 的相关规定，当表中边坡的稳定系数 $K\geqslant1.35$ 时，属稳定边坡，可不采取加固措施；当 $1.35>K\geqslant1.0$ 时，属不稳定、欠稳定或基本稳定边坡，应采取边坡治理措施；当 $K<1.0$ 时，边坡实际已经破坏。

（2）计算结果分析：

① 在边坡土体物理力学指标（c、ϕ 和 γ 值）、边坡角度 α 和高度 H 一定的条件下，当 $\beta>\alpha$ 时，同类边坡的原始边坡稳定系数 $K>$ 扫线边坡稳定系数 $K_1>$ 管沟开挖边坡的稳定系数 K_2，亦即原始边坡表现得最为稳定。随着扫线和管沟开挖工作的展开，边坡稳定性越来越差。

② 在边坡土体物理力学指标（c、ϕ 和 γ 值）、边坡角度 α 和高度 H 一定的条件下，当 $\beta=\alpha$ 时，扫线边坡稳定系数 $K_1>$ 原始边坡稳定系数 K。这主要是扫线减轻了边坡上部荷载的缘故。此种情况下，存在两处稳定系数 K 值相等的潜在危险滑动面，分别位于原始边坡坡脚处和扫线形成的路堑坡坡脚处，且滑动面分别通过两处坡脚。

③ 对原始边坡而言，在边坡土体物理力学指标一定的条件下，对边坡稳定性影响最大

的几何参数是坡角 α，α 值越大稳定系数 K_1 值越低。同一 α 角度下，随着边坡高度 H 的增大，稳定系数 K_1 略有下降。随 α 着值的增加，相应各土条底面倾角 α_i 值也相应增加，因此使得稳定系数 K 值降低。

④ 对扫线边坡而言，当 $\beta>\alpha$ 时，随着扫线形成的路堑边坡角 β 的增大，边坡稳定系数 K_1 与 K_2 相比呈明显下降趋势。但潜在危险滑动面仍然通过扫线形成的路堑边坡的坡脚 A 点处。当 β 和 α 值一定时，坡高 H 值的增加虽然会使得 K_1 值减小，但减小幅度不大。扫线形成的削方边坡角度 β 值的大小是决定边坡稳定性的最为关键的因素之一，当 $\beta>\alpha$ 时，使得路堑坡的坡体形成新的危险滑动面，而且 β 值越大(即削方边坡越陡)，路堑边坡也越不稳定。

⑤ 对管沟开挖形成的沟壁边坡而言，与扫线工况下的 K 值相比，K_1 值的降低幅度较大。在 $\beta>\alpha$ 时潜在危险滑动面从管沟沟底 B 处通过，同时最危险滑动面的半径较大，滑塌体较薄，说明浅表层滑塌迹象很明显。在 $\beta=\alpha$ 时，潜在危险滑动面通过管沟沟底处。

2）管道线路设计

(1) 管道横坡通过均质边坡坡面敷设时，应在边坡稳定性评价和定量计算分析的基础上，对扫线和管沟开挖两种工况下的边坡稳定性系数进行计算。在此基础上，确定边坡的开挖断面及防护工程方案。

(2) 由于管道扫线、管沟开挖作业均会造成削方边坡的稳定系数明显下降，其中对边坡稳定系数影响最大的参数依次是路堑边坡角 β、管沟开挖的深度 h_2、原始边坡的坡角 α 及边坡高度 H。因此在原始边坡的坡角 α 值和边坡高度 H 值一定的条件下，扫线作业应尽可能降低路堑坡的 β 值。同时管沟不能超深开挖，以保证边坡的稳定性。

(3) 通过边坡稳定性计算，如果扫线过程中形成的削方边坡不能满足边坡稳定性要求时，应及时改线或采取防护措施。

(4) 通过边坡稳定性计算，虽然扫线过程中形成的削方边坡稳定，但若管沟开挖时边坡稳定性不能满足边坡要求时，应停止管沟开挖，采取浅挖深埋的防护措施保证管道施工及管道本体安全(图 6-6-3)。

(5) 对于横坡坡度 $\alpha>30°$ 的土质边坡，不宜采用横切坡的管道敷设方式。

(6) 实际扫线过程中出现削方边坡滑塌迹象时，应立即停止扫线和管沟开挖工作，及时采取改线或支挡措施加固边坡。因为随着管沟开挖工作的进行，只能加剧路堑坡发生滑塌的趋势。

(7) 管道实际扫线作业时，一般路堑坡的坡角 β 值远大于原始边坡的坡角 α，主要原因在于可以节约削方工程量。因此，虽然增大削方边坡坡角 β 值可以大大节约土方工程量，但同时也增大了诱发滑塌等次生灾害的可能性，因此实际扫线作业时不能单纯从节约投资的角度考虑，而忽视了管道本体及施工过程中的安全隐患。

3. 潜在不稳定边坡

1）危害分析

管道横坡通过潜在不稳定边坡时，由于边坡的安全系数较低，因此容易发生边坡体的滑塌破坏。根据管道与边坡体的空间位置关系，易滑边坡体对管道本体的危害可分为管道变形、管道暴露和管道掩埋三种类型，如图 6-6-6 所示。

(1) 管道变形破坏。

如图所示，管道于Ⅰ位置通过潜在不稳定边坡体，当边坡体滑塌时，管道会随之位移至Ⅱ位置，相应管道横断面靠坡体一侧会出现压缩应变，而临空一侧则会产生拉伸应变。当管道的应变值超出其允许值时，管道就会出现不可恢复的塑性变形，严重时甚至断裂。因此管道横坡通过不稳定边坡体内部所产生的破坏最为严重。

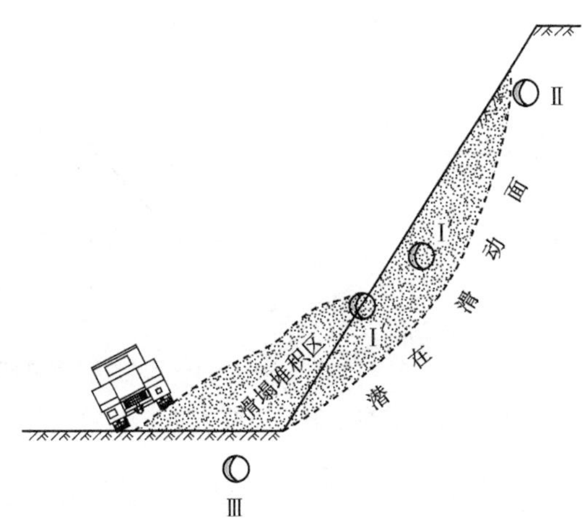

图 6-6-6　横坡敷设通过潜在不稳定边坡条件下管道所受危害示意图

（2）管道暴露。

如图 6-6-6 中Ⅱ所示，管道通过潜在不稳定边坡体时虽然未处于边坡滑动面以内，但距滑动面较近，因此边坡一旦失稳滑动，会造成管道覆土减薄甚至完全流失，使得管道暴露。这种情况下，虽然管道本体未直接受到严重伤害，但是后续的补救措施实施难度极大，而且管道会随时发生危险。因此管道横坡通过不稳定边坡体滑动边界附近所产生的破坏亦较为严重。

（3）管道掩埋。

如图 6-6-6 中Ⅲ所示，管道于潜在滑动面剪出口外部附近通过不稳定边坡体。边坡体滑动基本不会造成管道变形，边坡体滑塌所产生的堆积体虽然会掩埋管道，但对管道的危害作用并不很大。然而，该破坏模式对管道建设期的施工设备和人员的威胁很大。一旦施工过程中产生滑动，会掩埋机具，危及人身安全。因此管道横坡通过不稳定边坡体滑动面剪出口外部附近所产生的破坏作用不容忽视。

2）管道线路设计

（1）管道横坡通过潜在不稳定边坡体时，应对边坡体稳定性进行评价，同时应对边坡体变形失稳后的影响范围进行计算。在此基础上，确定管道的通过方式和防护方案。

（2）在分析边坡体失稳对管道本体的破坏影响同时，还应将施工过程中人员、设备的安全性纳入评价分析范围中。

（3）管道线位应避绕不稳定边坡体。可采取在不稳定边坡体影响周界范围以外通过，如图 6-6-7(a)中 M 和 N 位置所示。管道敷设于边坡体周界以外时，应考虑足够的安全空间。

（4）管道线位必须通过不稳定边坡体时，应充分考虑到原边坡体的潜在滑动面、施工过程所形成的新的滑动面的影响，并对其进行定量评价，在此基础上确定是否采取抗滑措施以及抗滑措施的具体类型，如图 6-6-7(b)所示。

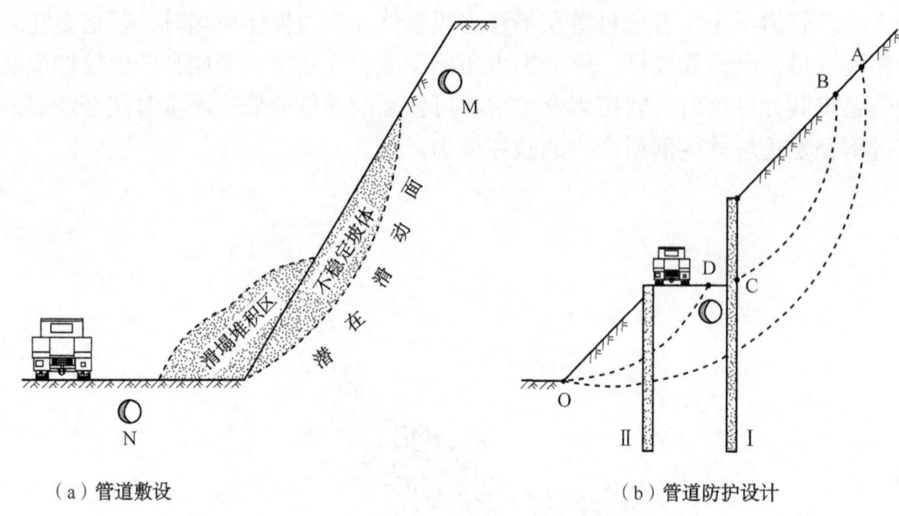

（a）管道敷设　　（b）管道防护设计

图 6-6-7　横坡敷设通过潜在不稳定边坡条件下管道敷设防护示意图

图 6-6-7(b)中，原边坡潜在滑动面为$\overset{\frown}{AO}$，管道扫线后削方边坡的上部边坡可能的潜在滑动面为$\overset{\frown}{BC}$，下部边坡可能会形成新的潜在滑动面$\overset{\frown}{DO}$。因此在对边坡进行稳定评价时，应分别$\overset{\frown}{AO}$、$\overset{\frown}{BC}$和$\overset{\frown}{DO}$的稳定安全系数，并据此确定防护方案。削方上部边坡的抗滑桩(图中Ⅰ所示)等支挡措施的设计，在满足防止边坡体沿$\overset{\frown}{AO}$整体滑动的同时，还要满足防止边坡体沿$\overset{\frown}{BC}$局部滑动的要求。同样，削方下部边坡的抗滑桩(图 6-6-7 中Ⅱ)等支挡措施的设计，在满足防止边坡体沿$\overset{\frown}{AO}$整体滑动的同时，还要满足防止边坡体沿$\overset{\frown}{DO}$局部滑动的要求。

4. 立体设计在横坡敷设困难地段的应用

管道线路设计施工图基本采取平面图[图 6-6-8(a)]结合管线纵断面图[图 6-6-8(b)]的设计形式，这种做法对于简单的地形地貌而言可以满足设计和施工要求。但在管线横坡敷设时，当遇到横坡地形较陡和不良地质地段，单从纵断面上看，填挖高度并不大，平面合乎线路设计条件。但从横断面上结合地质水文条件看，则可能出现较大工程，或者线路处于不利位置。因此，需在初步定出纵断面以后进行横断面定线，其步骤如下。

(1) 首先找出控制线路的横断面。在横坡较陡地段、不良地质地段、沿岸冲刷严重等地段，测绘典型地段横断面图。如图 6-6-8(a)中Ⅰ—Ⅰ断面所示(图中虚线部分为原线位，实线部分为改线线位)。

(2) 根据典型地段横断面图[图 6-6-8(c)]及管线线位，评价管道在施工过程中及今后的运营期的安全性，并决定是否需要进行改线或加固设计。如图 6-6-8(c)所示，原线位横坡坡度 30°，因此地形较陡。且管道敷设于潜在不稳定边坡体中，因此需要重新选择路由。

(3) 对于改线线位(图中实线部分)，选择有代表性的横断面进行测绘，如图 6-6-8(a)所示的Ⅱ—Ⅱ横断面。

(4) 根据改线线位典型地段横断面图[图 6-6-8(d)]及管线线位，评价管道在施工过程中及今后的运营期的安全性，并决定是否需要进行再次改线或加固设计。如图 6-6-8(d)所示，改线线位的横坡坡度为 20°，较原线位地形坡度平缓。经边坡稳定性评价，采取抗滑措施后，管线可以通过。

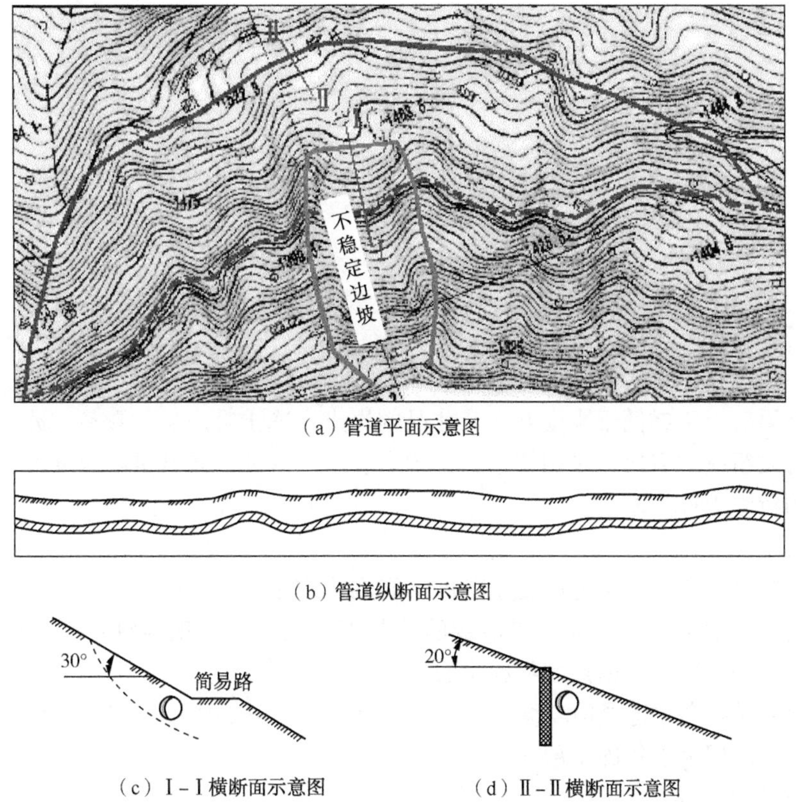

（a）管道平面示意图

（b）管道纵断面示意图

（c）Ⅰ–Ⅰ横断面示意图　（d）Ⅱ–Ⅱ横断面示意图

图 6-6-8　管道立体设计示意图

第七章 冻土地区长输管道敷设与防护

第一节 概 述

一、冻土的基本概念

1. 冻土的定义

冻土是指温度等于或低于零度并含有冰晶的岩土。冻土是由矿物颗粒、冰、未冻水和气体四种物质匀质组成的多成分多相体系，其中水、未冻水和气体含量随温度变化。

不含冰的负温土称为寒土。

2. 多年冻土层

季节冻融层是指多年冻土地区受季节冻结和融化作用的地表层。

季节冻结层是指不与多年冻土层衔接的季节冻融层。其表现为每年寒季冻结、暖季融化，其下卧层为融土层或不衔接多年冻土层。

季节融化层是指冬季冻结时与多年冻土层衔接的季节冻融层。其表现为每年寒季冻结、暖季融化，其下卧层为多年冻土层。

3. 多年冻土层的界限

多年冻土层的顶面，又称多年冻土的上限，简称上限。在天然状态下形成的上限，称为天然上限。

多年冻土层的底面，又称多年冻土的下限，简称下限。在天然状态下形成的下限，称为天然下限。

4. 多年冻土层的地下

层上水是指多年冻土层上限界面以上的地下水。

层间水是指多年冻土层内局部融区的地下水。

层下水是指多年冻土层以下的地下水。

5. 冻土的分布

地球上多年冻土的分布面积约占陆地面积的 23%，主要分布在俄罗斯、加拿大、中国和美国的阿拉斯加等地，其中中国的多年冻土分布面积约 $215\times10^4km^2$，仅次于俄罗斯（$1000\times10^4km^2$）和加拿大[390×10^4 ~ $490\times10^4km^2$]，约为美国多年冻土面积（$140\times10^4km^2$）的 1.5 倍。由此可见，中国是世界上第三冻土大国，约占世界多年冻土分布面积的 10%，占中国国土面积的 22%左右，主要分布在东北大、小兴安岭北部，青藏高原及天山、阿尔泰山等西部高山地区。中国东北的多年冻土位于欧亚大陆高纬度多年冻土区的南缘，最南端达北纬 46.5°；青藏高原的多年冻土位于高纬度多年冻土南界以南，属高海拔多年冻土，是世界上中、低纬度地带海拔最高、面积最大的多年冻土区，面积约 $149\times10^4km^2$，占中国多年冻土总面积的70%。

中国的季节性冻土的分布面积远大于多年冻土，遍布于长江流域以北十多个省区。冻结深度大于0.5m的季节冻土区约占全国总面积的68.6%，其南界西起云南章风，向东经昆明、贵阳、川北到长沙、安庆、扬州一线。

二、冻土的类型

1. 按冻结持续时间的长短分类

按冻结持续时间长短分类分为季节冻土、隔年冻土和多年冻土。

(1) 季节冻土是指地壳表层寒季冻结，暖季又全部融化的土(岩)；

(2) 隔年冻土是指寒季冻结，翌年暖季未融化的冻土；

(3) 多年冻土是指冻结状态持续时间2年或2年以上的冻土。

2. 按含冰特征分类

按含冰特征分类分为少冰冻土、多冰冻土、富冰冻土、饱冰冻土和含土冰层，见表7-1-1。

表7-1-1　冻土的含冰特征分类表

<table>
<tr><th>冻土类型</th><th colspan="2">含冰特征</th></tr>
<tr><td>少冰冻土</td><td colspan="2">肉眼看不见分凝冰的冻土</td></tr>
<tr><td>多冰冻土</td><td rowspan="3">肉眼可见分凝冰，但冰层厚度小于25mm的冻土</td><td>在颗粒周围有冰膜的冻土</td></tr>
<tr><td>富冰冻土</td><td>不规则走向的冰条带冻土</td></tr>
<tr><td>饱冰冻土</td><td>层状或明显定向的冰条带冻土</td></tr>
<tr><td>含土冰层</td><td rowspan="2">冰层厚度大于25mm</td><td>含土</td></tr>
<tr><td>纯冰层</td><td>不含土</td></tr>
</table>

3. 按多年冻土的自然条件分类

按多年冻土的自然条件分类分为高纬度多年冻土和高海拔多年冻土。

(1) 高纬度多年冻土主要分布在我国东北大小兴安岭地区，面积$(38\sim39)\times10^4km^2$。

(2) 高海拔多年冻土主要分布在青藏高原和喜马拉雅山、祁连山、天山和阿尔泰山、长白山等高山地区，面积$180\times10^4km^2$。

4. 按多年冻土的水平分布分类

按多年冻工的水平分布分类分为大片多年冻土、岛状融区多年冻土和岛状多年冻土。

(1) 大片多年冻土是指冻土在较大区域内呈片状分布。其形态特征为：冻土面积大于90%，仅在大河和大湖底部及地热异常地带(如温泉)无冻土。

(2) 岛状融区多年冻土是指在冻土层中有岛状的不冻层分布。其形态特征为：冻土面积占70%~80%，融区呈岛状分布。

(3) 岛状多年冻土是指冻土呈岛状分布在不冻土区域内。其形态特征为：冻土面积占50%~60%，冻土以岛状分布在融区中。

5. 按多年冻土年平均地温分类

按多年冻土年平均地温分类分为高温多年冻土和低温多年冻土。

(1) 高温多年冻土是指多年冻土区年平均气温高于或等于-1.0℃，受外界环境因素和人为活动影响，易产生退化和消融，是不稳定的多年冻土。

(2) 低温多年冻土是指多年冻土区年平均气温低于-1.0℃，不易受外界环境因素和人为活动影响，易产生退化和消融，是稳定的多年冻土。

6. 按多年冻土状态分类

按多年冻土状态分类分为坚硬冻土、塑性冻土和松散冻土。

(1) 坚硬冻土是指土粒被冰牢固胶结，在荷载作用下，具有一定的脆性和不可压缩性。砂土和黏性土的温度低于一定数值时，便形成坚硬冻土。

(2) 塑性冻土是指土粒被冰胶结，含有一定量的未冻水，在荷载作用下可以压缩，其温度比坚硬冻土高。

(3) 松散冻土是指土中含水量很少，没有被冰胶结的砂土和大块碎石土均属此类。当冻土融化时，其力学性质基本上不会发生变化，也不会出现沉陷。

7. 按多年冻土的垂直构造分类

按多年冻土的垂直构造分类分为衔接的多年冻土和不衔接的多年冻土。

(1) 多年冻土的上限与季节融化层衔接，冻土层中无不冻结的活动层的多年冻土，称为衔接的多年冻土，如图 7-1-1(a)所示。

(2) 多年冻土的上限与季节冻结层不衔接，中间为不冻土层所隔开的多年冻土，称为不衔接的多年冻土，如图 7-1-1(b)所示。

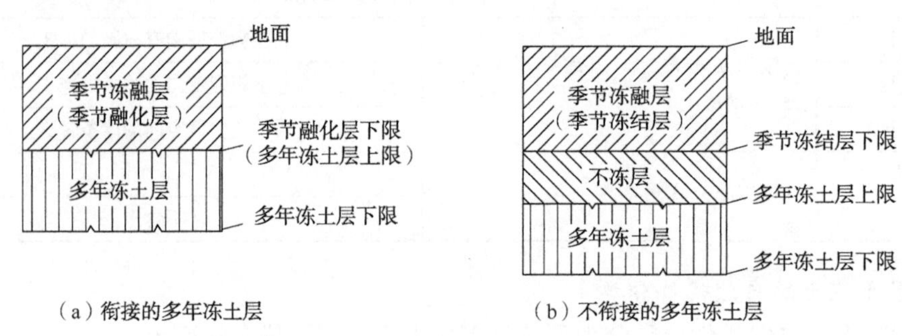

图 7-1-1　多年冻土垂直构造分类示意图

8. 按冻土冷生构造分类

土体发生冻结时，由于土的类别、水的补给及冷冻强度等条件的不同，会形成特殊的冻土结构。其包括整体(粒状或块状)构造、层状构造和网状(蜂窝状)构造，如图 7-1-2 所示。

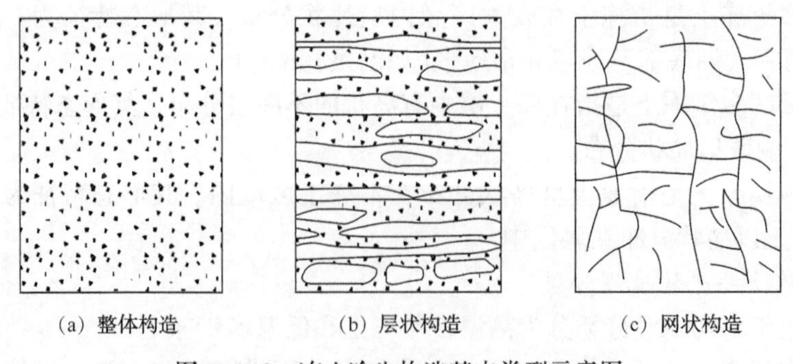

图 7-1-2　冻土冷生构造基本类型示意图

(1) 整体状构造的冻土是土体在快速冻结时形成的，只形成冰胶结物。其特征是冰晶体(孔隙冰)均匀分布在冻土中。整体构造的冻土，在冻结状态下具有较大的强度，融化时沉降量最小，仍保留有坚固的性质。

(2) 层状构造的冻土是松散土单项冻结时形成的，多半有外界补给水，或含有较大的含水量，由于冻结时水分的重新分布形成冰夹层而形成的。该类土解冻时，承载力会急剧下降，甚至较原来未受冻时还要低。

(3) 网状构造的冻土一般是在有补给水源和非单项冻结条件下而形成。网状构造冻土融化时的沉降量要大于层状构造的冻土。

9. 按冻土体积压缩系数(m_v)或总含水量(w)分类

按冻土体积压缩系数或总含水量分类分为坚硬冻土、塑性冻土和松散冻土。

坚硬冻土：体积压缩系数 $m_v \leqslant 0.01\mathrm{MPa}^{-1}$，土中未冻水含量很少，土粒与冰牢固胶结，土的强度高。坚硬冻土在荷载作用下，表现为脆性破坏和不可压缩性，与岩石相似。坚硬冻土的温度界限对分散度不高的黏性土为-1.5℃，对分散度很高的黏性土为-5～-7℃。

塑性冻土：体积压缩系数 $m_v > 0.01\mathrm{MPa}^{-1}$，虽被冰胶结但仍含有多量未冻结的水，具有塑性，在荷载作用下可以压缩，土的强度不高。当土的温度在零度以下至坚硬冻土温度的上限之间、饱和度不超过 80%时，常呈塑性冻土。塑性冻土的负温值高于坚硬冻土。

松散冻土：含水量 $w \leqslant 3\%$，由于土的含水量较少，土粒未被冰所胶结，仍呈冻前的松散状态，其力学性质与未冻土无多大差别。砂土和碎石土常呈松散冻土。

10. 按冻土中易溶盐含量或泥炭化程度分类

按冻土中易溶盐含量或泥炭化程度分类分为盐渍化冻土和泥炭化冻土。

(1) 冻土中易溶盐含量超过表 7-1-2 中数值时，称为盐渍化冻土。

表 7-1-2　盐渍化冻土的盐渍度界限值表

土类 项目	含细粒土砂	粉土	粉质黏土	黏土
盐渍度 ζ(%)	0.10	0.15	0.20	0.25

盐渍化冻土的盐渍度 ζ 可按下式计算：

$$\zeta = \frac{m_g}{g_d} \times 100\% \tag{7-1-1}$$

式中　m_g——冻土中含易溶盐的质量，g；

g_d——冻土中土骨架的质量，g。

(2) 冻土中的泥炭化程度超过表 7-1-3 中数值时，称为泥炭化冻土。

表 7-1-3　泥炭化冻土的泥炭化程度界限值表

土类 项目	含细粒土砂	黏土
泥炭化程度 ξ(%)	0.10	0.200.25

泥炭化冻土的泥炭化程度 ξ 可按下式计算：

$$\xi=\frac{m_{\rho}}{g_{d}}\times100\% \tag{7-1-2}$$

式中 m_{ρ}——冻土中含植物残渣和泥炭的质量，g。

三、冻土的工程地质分区

1. 按苏联北方道路工程的工程地质分区

按苏联北方道路工程的工程地质分区可分为简单地区、复杂地区和特别复杂地区三类，见表7-1-4。

表7-1-4　苏联北方道路工程地质分区原则

分区类别	地层特点	一般特征
简单地区	土层具有单一层理和同样的成分，无潜水和冻结作用表现	山岳地区，地层主要为卵砾石层、砂砾层、碎石土层和砂黏土碎石层；向阳山坡的开阔地和地表排水有保证的靠山坡地段，季节融化层厚3.0~3.5m，其含水量为液限的0.4~0.5，无冻结层上水。 该区工程建筑可按一般地区设计
复杂地区	土层为非单一成分的层理，含水层位置是变化的，有冻结作用表现	高山阶地的林区和原始森林区的分水岭地带，季节融化层厚度不超过2.0m，其含水量为液限的0.8~0.9，部分地段达到液限。苔草植被厚度在10~12cm，排水不良，地表潮湿。 该区工程建筑要按冻土地区设计，应采取防止冻胀和融沉的措施
特别复杂地区	土层含冰量很高，或多年冻土上层埋藏有地下冰	缺少排水条件的河谷、丛林沼泽地及封闭的凹地，季节融化层厚度不超过0.8m，其含水量超过液限，冻土往往为饱冰土，冰透镜体达0.2m甚至更厚。 该区工程建筑要严格按冻土地区设计，基础或基底应保持冻结状态

2. 按青藏高原多年冻土地区铁路勘察工程地质分区

按青藏高原多年冻土地区铁路勘察工程地质分区又分为按地带分区（表7-1-5）、按冻害程度分区（表7-1-6）、按处理等级分区（表7-1-7）、按形成的冻害类型分区（表7-1-8）四种分区形式。

表7-1-5　多年冻土区铁路勘测工程地质按地带分区原则

分区名称	一般特征
相对稳定地带	年平均气温低于-4℃，多年地温低于-1℃，一年内冻结深度大于融化深度，在垂直方向上多年冻土是衔接的
不稳定地带	年平均气温低于-2℃，多年地温低于0℃，部分地区多年冻土是不衔接的
非多年冻土地带	年平均气温高于-2℃，多年地温高于0℃，无多年冻土分布，建筑条件与一般地区相同

表7-1-6　多年冻土区铁路勘测工程地质按冻害程度分区原则

分区名称	一般特征
严重冻害地区	山岳丘陵地区，一般是透镜状厚层地下冰发育，对建筑物的稳定性影响较大
一般冻害地区	厚层地下冰发育的大河阶地和高平原地区。虽常有热融沉陷和热融湖（塘）等不良地质现象，但对建筑物的稳定性影响不严重
轻微冻害地区	不良地质现象分布很少的大河阶地和高平原地区、基本岩层裸露的山谷地区等

表 7-1-7　多年冻土区铁路勘测工程地质按处理等级分区原则

分区名称	一般特征
特殊处理地段	含土冰层发育地段、饱冰冻土很发育地段、富冰冻土很发育的多年冻土不稳定地段、地下水发育或地表积水的地段等
一般处理地段	饱冰冻土发育地段、富冰冻土很发育地段、多冰冻土很发育的多年冻土不稳定地段、有地下水或地表积水且对工程有一定影响的地段等
稍加处理地段	富冰冻土发育地段、多冰冻土很发育地段、一般的多年冻土不稳定的地段等
不予处理地段	基本基岩裸露地段、少冰冻土地段、虽有多冰冻土但对工程建筑几无影响的地段、无多年冻土分布的地段
轻微冻害地区	不良地质现象分布很少的大河阶地和高平原地区、基本岩层裸露的山谷地区等

表 7-1-8　多年冻土区铁路勘测工程地质按形成的冻害类型分区原则

分区名称	一般特征
可能形成明显滑塌的地点	横坡大于 3°的有厚层地下冰分布的地点、热融滑塌发育的地点、建筑物或地表面有明显移动现象的地点
可能形成严重融沉的地点	横坡小于 3°的有厚层地下冰分布的地点、具有强融沉性的冻土广泛分布的地点、热融沉陷或热融湖(塘)发育的地点、建筑物或地表面普遍或经常沉陷的地点、多年冻土不稳定地点等
可能形成严重冻胀的地点	地下水、冰锥、冰丘、充水鼓丘、沼泽化湿地发育的地点，具有强冻胀性的季节融化土广泛分布的地点，建筑物或地表面普遍或经常冻胀的地点，道路经常翻浆的地点等
一般多年冻土的地点	无不良地质现象的多年冻土地点；虽有少量不良地质现象，但对工程建筑影响不大的多年冻土地点
无多年冻土影响的地点	基本岩层裸露地点、无多年冻土影响的地点等

第二节　冻土的不良地质现象

冻土的不良地质现象包括两类，即伴随冻土的冻结过程而发生的不良地质现象和伴随冻土的融化过程而发生的不良地质现象。当土体冻结时，土体中水分在冻结过程中的重分布伴随着压力产生，使土粒结构、密度发生变化形成冻胀；当冻土融化时，在自重和外荷载作用下产生排水固结，土层压缩变形造成沉降。

一、伴随土的冻结过程而发生的不良地质现象

伴随土的冻结过程而发生的不良地质现象主要包括冻胀(冻胀丘和拔石)、厚层地下冰、冰锥、寒冻石流、寒冻裂隙、石海、石环和斑土。

1. 土的冻结过程

一般而言，并不是温度低于 0℃融土就会立即变成冻土，通常要经历 3 个阶段，土的受冷冻结过程如图 7-2-1 所示。

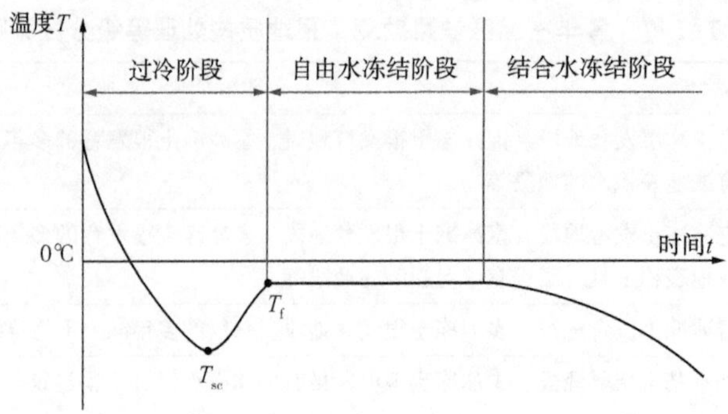

图 7-2-1　土的冻结过程示意图

首先是过冷阶段，土体温度由正温持续下降至 0℃以下达到 T_{SC} 值(冻土过冷阶段的最低温度)，此时土中水处于亚稳定状态，仅仅是土体温度下降，并不结冰。当土中温度达到 T_{SC} 值后，土中自由水开始结晶成冰，并释放出大量潜热，使得温度上升至 T_f 值。T_f 又称为土的冻结温度，对于粗粒土，这个温度接近 0℃，而对于细粒土尤其是黏土，冻结温度可能会低达-5℃。

其次是土中自由水冻结阶段，当土体温度达到 T_f 值后，土中的自由水被冻结，继续释放出潜热，土的冷却过程缓慢。

最后是土中结合水冻结阶段，当自由水基本被完全冻结后，这时土中结合水开始成冰，释放的潜热不多，冷却过程才会继续。

需要特别指出的是，即使在较低的温度下，土中仍然会存在一部分未冻水。因此冻土是四相体系，即物质构成包括空气、未冻水、冰和土颗粒。而融土是由空气、未冻水和土颗粒三相组成。在特定温度下，冻土在未受力时，未冻水与冰之间处于动态平衡状态。而在受力变形过程中，未冻水含量会增大，因此冻土的力学性质远比融土复杂。

2. 土的冻胀性分级

季节性冻土和季节性融化层土的冻胀性，根据土的平均冻胀率 η 的大小，按表 7-2-1 划分为不冻胀、弱冻胀、冻胀、强冻胀和特强冻胀五级。冻土层的平均冻胀率 η 按下式计算：

$$\eta=\frac{\Delta_Z}{h-\Delta_Z}\times100\% \tag{7-2-1}$$

式中　Δ_Z——地表冻胀量，mm；

h——冻胀层厚度，mm。

表 7-2-1　季节冻土与季节融化层土的冻胀性分级

土的名称	冻前天然含水率 ω(%)	冻前地下水位距设计冻深的最小距离 h_ω(m)	平均冻胀率 η(%)	冻胀等级	冻胀类别
碎(卵)石、砾砂、粗砂、中砂(粒径小于 0.075mm 颗粒含量不超过 15%)、细砂(粒径小于 0.075mm 颗粒含量不超过 10%)	不饱和	不考虑	$\eta\leq1$	Ⅰ	不冻胀
	饱和含水	无隔水层	$1<\eta\leq3.5$	Ⅱ	弱冻胀
	饱和含水	有隔水层	$\eta>3.5$	Ⅲ	冻 胀

续表

土的名称	冻前天然含水率 ω(%)	冻前地下水位距设计冻深的最小距离 h_{ω}(m)	平均冻胀率 η(%)	冻胀等级	冻胀类别
碎(卵)石、砾砂、粗砂、中砂(粒径小于 0.075mm 颗粒含量大于 15%)、细砂(粒径小于 0.075mm 颗粒含量大于 10%)	$\omega\leqslant12$	>1.0	$\eta\leqslant1$	Ⅰ	不冻胀
		≤1.0	$1<\eta\leqslant3.5$	Ⅱ	弱冻胀
	$12<\omega\leqslant18$	>1.0			
		≤1.0	$3.5<\eta\leqslant6$	Ⅲ	冻 胀
	$\omega>18$	>0.5			
		≤0.5	$6<\eta\leqslant12$	Ⅳ	强冻胀
粉砂	$\omega\leqslant14$	>1.0	$\eta\leqslant1$	Ⅰ	不冻胀
		≤1.0	$1<\eta\leqslant3.5$	Ⅱ	弱冻胀
	$14<\omega\leqslant19$	>1.0			
		≤1.0	$3.5<\eta\leqslant6$	Ⅲ	冻 胀
	$19<\omega\leqslant23$	>1.0			
		≤1.0	$6<\eta\leqslant12$	Ⅳ	强冻胀
	$\omega>23$	不考虑	$\eta>12$	Ⅴ	特强冻胀
粉土	$\omega\leqslant19$	>1.5	$\eta\leqslant1$	Ⅰ	不冻胀
		≤1.5	$1<\eta\leqslant3.5$	Ⅱ	弱冻胀
	$19<\omega\leqslant22$	>1.5			
		≤1.5	$3.5<\eta\leqslant6$	Ⅲ	冻 胀
	$22<\omega\leqslant26$	>1.5			
		≤1.5	$6<\eta\leqslant12$	Ⅳ	强冻胀
	$26<\omega\leqslant30$	>1.5			
		≤1.5	$\eta>12$	Ⅴ	特强冻胀
	$\omega>23$	不考虑			
黏性土	$\omega\leqslant\omega_p+2$	>2.0	$\eta\leqslant1$	Ⅰ	不冻胀
		≤2.0	$1<\eta\leqslant3.5$	Ⅱ	弱冻胀
	$\omega_p+2<\omega\leqslant\omega_p+5$	>2.0			
		≤2.0	$3.5<\eta\leqslant6$	Ⅲ	冻 胀
	$\omega_p+5<\omega\leqslant\omega_p+9$	>2.0			
		≤2.0	$6<\eta\leqslant12$	Ⅳ	强冻胀
	$\omega_p+9<\omega\leqslant\omega_p+15$	>2.0			
		≤2.0	$\eta>12$	Ⅴ	特强冻胀
	$\omega>\omega_p+15$	不考虑			

注：(1) ω_p为塑限，ω为冻前天然含水率在冻层内的平均值,%；

(2) 盐渍化冻土不在表列；

(3) 塑性指数大于 22 时，冻胀性降低一级；

(4) 小于 0.005mm 的粒径含量大于 60%时，为不冻胀土；

(5) 当碎石类土的填充物大于全部质量的 40%时，其冻胀性按填充物土的类别判定；

(6) 隔水层指季节冻结、季节融化活动层内的隔水层；

(7) 对冻胀变形敏感的工程尚应分析冻胀类别为“不冻胀”土的微冻胀性对工程的影响；

(8) 表中设计冻深 Z_d按《冻土工程地质勘察规范》(GB 50324—2014)的附录 D 计算。

3. 冻胀现象

随着多年冻土季节融化层冻结过程而发生土中水分冻结，产生土体体积膨胀的现象称为土体的冻胀性。它取决于土体的粒度成分、矿物成分、含水量、冻结条件等。冻胀的主要表现是土层不均匀升高，主要包括冻胀丘和拔石。

1）冻胀丘

冻胀丘是冬季土层由上而下冻结时，缩小了地下水的过水断面，使地下水承压。同时由于水分向冻结锋面迁移，形成了地下冰层。随着冻结深度的增加和下部多年冻土层的遏阻，当冰层的胀力和水的压力增加到大于上覆土层的强度时，会对四周产生扩张空间的压力。当该压力大于上覆土层的强度时，使地表变形隆起，形成丘状的形态即为冻胀丘，如图 7-2-2 所示。在每年的 1~2 月份隆起，夏季融化消失的冻胀丘为季节性冻胀丘，其直径一般为 2~30m，高 1~3m，最高的可达 10 余米。

此外，在冻土地区的草根密集处，由于地下水的聚集较多，因此冻胀效应十分明显，经常形成拱起的冻胀草丘，如图 7-2-3 所示，其形成机理与冻胀丘相似。

图 7-2-2　冻胀丘

图 7-2-3　冻胀草丘

图 7-2-4　拔石

2）拔石

在冻土区地表有时可见到直立的石块。冬天，当土冻结时，嵌在土中的石块随着土的冻胀而上升，石块升高后下面的空隙为土所填充，次年融化季节到来时，土向下融沉，而石块却没有了下沉空间，形成拔石，如图 7-2-4 所示。年复一年，石块就会逐渐拔高以至脱离地表倾倒。拔石是土冻结发生冻胀作用的产物，亦是土体冻胀性的良好指示物。

4. 厚层地下冰

在黏性土的多年冻土上限附近，常可遇见一层厚度不等的较纯的地下冰层，称之为厚层地下冰，如图 7-2-5 所示。在山坡下部和一些负地形部位，地下冰层的厚度有时可达几十厘米，最大为 2~3m。厚层地下冰是在年复一年冻结凝冰过程中形成的。在有厚层地下冰分布地段采取工程措施，需特别注意其分布规律和厚度，采取预防融沉的措施。

5. 冰锥

冰锥产生于地下水位较浅且较丰富的地段，冬季自地表而下快速冻结，使下层地下水压力增大，冲破上覆土层或冰层而溢出地表，溢水边流边冻，并沿原地下水流路延伸，这样就形成了锥形的冰体，如图 7-2-6 所示。冰锥的形状、大小变化很大，有的直径仅有 2～3m，有的可以延伸几十米乃至数百米。

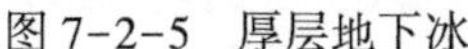

图 7-2-5　厚层地下冰

图 7-2-6　冰锥

冬季在河流水溪的河床部位，由于水面封冻，使过水断面减小，形成阻塞压力。一旦压力大于冰层强度，河水便冲破冰层且溢流于冰面形成河冰锥。河冰锥一般分布于河床宽浅、容易冻结之处。其规模随冬季河水流量和气温而定，大者可沿河长达 1～2km。以地下水为水源而形成的冰锥为泉冰锥。

6. 寒冻石流

在斜坡上因寒冻风化而形成的碎石，在冻融过程中受到重力和流水作用顺坡而下，便形成寒冻泥石流。寒冻泥石流常危害位于其上方和下方影响区内的建构筑物。

7. 寒冻裂隙与石海

在寒冬季节的低温作用下，土石表面的收缩应力大于土石的内聚强度，而使其开裂，形成寒冻裂隙。裂隙深度一般不大于冻深。

存在很多裂隙的岩石，其中的水分冻结膨胀迫使岩石破裂成很多小块，或者因温度变化，组成岩石的矿物不均匀地热胀冷缩，造成岩石破裂，由此会产生大量大小不等的棱角状岩块及岩屑。在地形平缓的条件下，大多数岩屑在原地残留下来，形成碎石覆盖地面，俗称石海，如图 7-2-7 所示。

8. 石环与斑土

由于石块和土的导热性能不同，冻结速度也各不一样。碎石导热率大，会先冻结，水就会向石块附近迁移并在其附近形成冰。水结冰后体积膨胀，使碎石产生移动，被排挤到周边，呈多边形或近圆形，好像有人有意识地将石头围成圈，称之为石环，如图 7-2-8 所示。石环常见于离河滩不远的平地或河流出山口。

图 7-2-7　石海

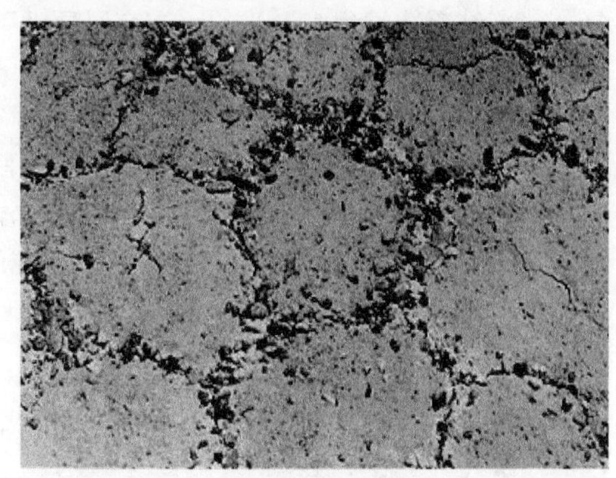

图 7-2-8　石环

图 7-2-9　斑土

斑土的形成机制和过程与石环十分近似，地表呈现出岩块、岩屑遍布，泥土呈斑状嵌在碎石之间，格外引人注目，如图 7-2-9 所示。

二、伴随土的融化过程而发生的不良地质现象

伴随土的融化过程而发生的不良地质现象主要包括热融沉陷和热融湖塘、热融滑塌、融冻泥流和热融冲沟。

1. 多年冻土的融沉性分级及融陷性分级与评价

1）融沉性分级

多年冻土的融化下沉性分级根据土的平均融化下沉系数 δ_0 的大小，按表 7-2-2 划分为不融沉、弱融沉、融沉、强融沉和融陷五级。冻土层的平均融化下沉系数 δ_0 按下式计算：

$$\delta_0=\frac{h_1-h_2}{h_1}=\frac{e_1-e_2}{1+e_1}\times 100\% \tag{7-2-2}$$

式中　e_1，e_2——冻土试样融化前、后的孔隙比；

h_1，h_2——冻土试样融化前、后的高度，mm。

表 7-2-2　多年冻土的融沉性分级

土的名称	总含水率 ω(%)	平均融化下沉系数 δ_0(%)	融沉等级	融沉类别
碎(卵)石、砾砂、粗砂、中砂(粒径小于 0.075mm 颗粒含量不超过 15%)	$\omega<10$	$\delta_0\leqslant 1$	Ⅰ	不融沉
	$\omega\geqslant 23$	$1<\delta_0\leqslant 3$	Ⅱ	弱融沉
碎(卵)石、砾砂、粗砂、中砂(粒径小于 0.075mm 颗粒含量大于 15%)	$\omega<12$	$\delta_0\leqslant 1$	Ⅰ	不融沉
	$12\leqslant\omega<15$	$1<\delta_0\leqslant 3$	Ⅱ	弱融沉
	$15\leqslant\omega<25$	$3<\delta_0\leqslant 10$	Ⅲ	融沉
	$\omega\geqslant 25$	$10<\delta_0\leqslant 25$	Ⅳ	强融沉

续表

土的名称	总含水率 ω(%)	平均融化下沉系数 δ_0(%)	融沉等级	融沉类别
粉细砂	$\omega<14$	$\delta_0\leqslant1$	Ⅰ	不融沉
	$14\leqslant\omega<18$	$1<\delta_0\leqslant3$	Ⅱ	弱融沉
	$18\leqslant\omega<28$	$3<\delta_0\leqslant10$	Ⅲ	融沉
	$\omega\geqslant28$	$10<\delta_0\leqslant25$	Ⅳ	强融沉
粉土	$\omega<17$	$\delta_0\leqslant1$	Ⅰ	不融沉
	$17\leqslant\omega<21$	$1<\delta_0\leqslant3$	Ⅱ	弱融沉
	$21\leqslant\omega<32$	$3<\delta_0\leqslant10$	Ⅲ	融沉
	$\omega\geqslant32$	$10<\delta_0\leqslant25$	Ⅳ	强融沉
黏性土	$\omega<\omega_p$	$\delta_0\leqslant1$	Ⅰ	不融沉
	$\omega_p\leqslant\omega<\omega_p+4$	$1<\delta_0\leqslant3$	Ⅱ	弱融沉
	$\omega_p+4\leqslant\omega<\omega_p+15$	$3<\delta_0\leqslant10$	Ⅲ	融沉
	$\omega_p+15\leqslant\omega<\omega_p+35$	$10<\delta_0\leqslant25$	Ⅳ	强融沉
含土冰层	$\omega\geqslant\omega_p+35$	$\delta_0\geqslant25$	Ⅴ	融陷

注：(1)ω为总含水率(%)，包括冰和未冻水；ω_p为塑限；

(2)盐渍化冻土、泥炭化冻土、腐殖土、高塑性黏土不在表列；

(3) 粗颗粒土用起始融化下沉含水率代替塑限ω_p。

2）融陷性分级及评价

根据多年冻土的类别及其特性，多年冻土的融陷性及评价按表 7-2-3 划分为不融陷、弱融陷、中融陷、强融陷和极强融陷五级。

表 7-2-3　多年冻土的融陷性分级及评价

多年冻土名称		总含水率 ω(%)	融化后的潮湿程度	融陷性分级及评价
少冰冻土	粉黏粒质量不超过 15%(或粒径小于 0.1mm 的颗粒不超过 25%，以下同)的粗颗粒土(包括碎石土、砾砂、粗砂、中砂，以下同)	$\omega\leqslant10$	潮湿	Ⅰ级不融陷
	粉黏粒质量大于 15%(或粒径小于 0.1mm 的颗粒大于 25%)的粗颗粒土、细砂、粉砂	$\omega\leqslant12$	稍湿	
	黏性土、粉土	$\omega\leqslant\omega_p$	半干硬	
多冰冻土	粉黏粒质量不超过 15%的粗颗粒土	$10<\omega\leqslant16$	饱和	Ⅱ级弱融陷
	粉黏粒质量大于 15%的粗颗粒土、细砂、粉砂	$12<\omega\leqslant18$	潮湿	
	黏性土、粉土	$\omega_p<\omega\leqslant\omega_p+7$	硬塑	
富冰冻土	粉黏粒质量不超过 15%的粗颗粒土	$16<\omega\leqslant25$	饱和出水(水量<10%)	Ⅲ级中融陷
	粉黏粒质量大于 15%的粗颗粒土、细砂、粉砂	$18<\omega\leqslant25$	饱和	
	黏性土、粉土	$\omega_p+7<\omega\leqslant\omega_p+15$	软塑	

续表

多年冻土名称		总含水率 ω(%)	融化后的潮湿程度	融陷性分级及评价
饱冰冻土	粉黏粒质量不超过15%的粗颗粒土	$25<\omega\leqslant44$	饱和出水（水量10%~20%）	Ⅳ级强融陷
	粉黏粒质量大于15%的粗颗粒土、细砂、粉砂		饱和出水（水量<10%）	
	黏性土、粉土	$\omega_p+15<\omega\leqslant\omega_p+35$	流塑	
含土冰层	碎石土、砂土	$\omega>44$	饱和出水（水量10%~20%）	Ⅴ级强融陷
	黏性土、粉土	$\omega>\omega_p+35$	流塑	

注：(1) 碎石土及砂土的总含水量界限为该两类土的中间值，含粉黏粒少的粗颗粒土比表列数值小；细砂、粉砂比表列数值大。

(2) 黏性土、粉土总含水量界限中的+7、+15、+35为不同类别黏性土的中间值。粉土比该值小，黏土比该值大。

2. 多年冻土的融沉类型的现场初步判别方法分级及评价

冻土融沉特性的分类主要是根据土的类别以及室内试验测定的冻土总含水量对融沉系数的影响来划分。目前，这在一般的勘察设计单位是很容易做到的，如进行土的筛分、含水量测定等，具有较好的实用性。但是，在油气管道线路工程的现场工程地质勘查工作中，在不能保证做到每点必测的情况下，也可以根据工作人员的实践经验进行现场判断。表7-2-4给出了作为现场初步判断的依据。同时，这种分类方法对确定多年冻土地区油气管道工程设计原则(如是否需要保护冻土)具有一定的指导意义。

表7-2-4 多年冻土的融沉类型的现场初步判别方法

冻土类型	融沉分级	粗粒土		细粒土	
		冻结状态特征	融化过程特征	冻结状态特征	融化过程特征
少冰冻土	不融沉	结构较为紧密，仅在空隙中有冰晶存在	融化过程中土的结构没有变化，不发生颗粒重分布现象	整体状冻土构造，肉眼看不见冰层，多数小冰晶在放大镜下可见	融化过程中土的结构没有变化，不发生颗粒重分布现象，无渗水现象
多冰冻土	弱融沉	有较多冰晶充填于空隙中，偶尔可见薄冰层及冰包裹体	融化后产生小的密实作用，但结构外形基本不变，有明显渗水现象	以整体状冻土构造为主，偶尔可见微冰透镜体或小的粒状冰	融化过程中土的结构基本不变，但有体积缩小现象，并有少量渗水现
富冰冻土	融沉	除空隙被冰充填满外，可见冰晶将颗粒包裹，卵砾石相互隔离或存在较多的土冰透镜体	融化过程中发生明显的颗粒重排列(密实)作用，并有大量水分渗出，土表面可见水层	以网状、层状冻土构造为主，冻土中可见分布不均匀的冰透镜体和薄冰层	融化过程中发生明显的矿物颗粒重分布(密实)作用，并有较多水分渗出

续表

冻土类型	融沉分级	粗粒土		细粒土	
		冻结状态特征	融化过程特征	冻结状态特征	融化过程特征
饱冰冻土	强融沉	卵砾石颗粒基本为冰晶所包裹或存在大量的土冰透镜体和冰透镜体	融化过程中使冻土结构破坏，土(石)发生密实作用，最后水土(石)界限分明	以网状、层状冻土构造为主，在空间上冰、土普遍相间分布	融化中发生崩塌现象，融化后呈流动状态。在容器中融化后，水土界限分明
含土冰层	强融陷	冰体积大于土颗粒的体积	融化后水土(石)分离，上部可见水层	以中厚层状冻土构造为主，冰体积大于土的体积	融化后完全呈流动状态

3. 热融沉陷与热融湖塘

夏季地温升高，使多年冻土区地下冰局部融化，地表土体发生沉陷，形成垂直下陷的凹地的过程称之为热融沉陷。当这些热融沉陷凹地被地表水或地下水注满时就形成热融湖塘，如图 7-2-10 所示，其规模和深度取决于厚层地下冰及其上覆土层的厚度。热融湖塘是厚层地下冰的良好指示物。热融沉陷是与冻胀丘完全相反的过程。热融沉陷和热融湖塘主要分布在高平原有厚层地下冰分布的平台地上，在丘陵缓坡坡脚也有分布。

4. 热融滑塌

关于热融滑塌(图 7-2-11)目前有两种解释。

图 7-2-10　热融洼地及湖塘

图 7-2-11　热融滑塌

(1) 第一类为因坡脚处地下冰融化而发生的热融滑塌。在有厚层地下冰分布的斜坡上，当坡脚处由于人为活动(施工取土等)、自然因素(河流侵蚀坡脚)的作用或地下冰在夏季发生融化时，其上覆融土及植被会因失去支撑而塌落，掩盖了坡脚及其两侧暴露的冰层，同时却暴露了上方的地下冰层，使其发生融化，产生新的滑落。如此反复滑塌，一直向斜坡上方发展，形成热融滑塌。热融滑塌是冰层融化、融化下沉和滑塌互相作用循环发生作用的结果，直至恢复热平衡和力平衡状态才能稳定。

(2) 第二类为因斜坡处地下冰直接融化而发生的热融滑塌。在有厚层地下冰分布的斜坡，当斜坡处的厚层地下冰发生融化时，斜坡上部土体沿融浆面向下滑移，形成热融滑塌。

5. 融冻泥流

缓坡上的细粒土，由于冻融作用导致结构被破坏，又因下伏冻土层阻隔，土中水分不能下渗，从而使土体饱和成为泥浆，沿层面顺坡向下蠕动，这种现象称为融冻泥流，如图 7-2-12所示。融冻泥流包括表层泥流和深层泥流两种。表层泥流具有分布广、规模小、流动快的特点；深层泥流以地下冰或多年冻土层为滑动面，长达几百米，宽几十米，移动速度缓慢。融冻泥流对其下方建构筑物的安全影响很大。由于泥流顺坡蠕动时，各层流速不一，表层流速大于下层，所以有时会把泥炭、草皮等卷入活动层中，产生褶皱或圆柱体等构造形态。

6. 热融冲沟

初夏冻土层中的地下冰融化成水，因下层冻土尚未融化，水无法下渗而侧向流动，使地表出现短而深的沟壑，称之为热融冲沟，如图 7-2-13 所示。也可能是斜坡上已经存在了降水作用形成的冲沟，冻土融陷时逐渐将土壤带走形成大的冲沟。

图 7-2-12　融冻泥流

图 7-2-13　热融冲沟

7. 冻土沼泽

在多年冻土地区的排水不畅地带，由于冻土层形成大面积的隔水层，使地表长期过湿、沼泽植物繁育并泥炭化，即形成冻土沼泽，如图 7-2-14 所示。冻土沼泽多见于洼地，也见于平坦的分水岭或缓坡上。在沼泽分布地带，由于草墩及泥潭层覆盖，多年冻土上限很浅，容易产生不均匀冻胀和热融沉陷。

图 7-2-14　冻土沼泽

第三节　多年冻土对管道的危害

一、冻胀对管道的危害

1. 冻胀机理

冻胀是在冻结过程中水分在温度梯度下发生迁移而使土体发生膨胀的现象。土中水结冰时体积增大，冻结过程中水分向冻结锋面迁移和冰析作用是产生土体冻胀的直接原因。冻胀的强弱主要取决于土体颗粒大小、矿物成分、土中水分补给来源、冻结条件、外荷载作用等因素。

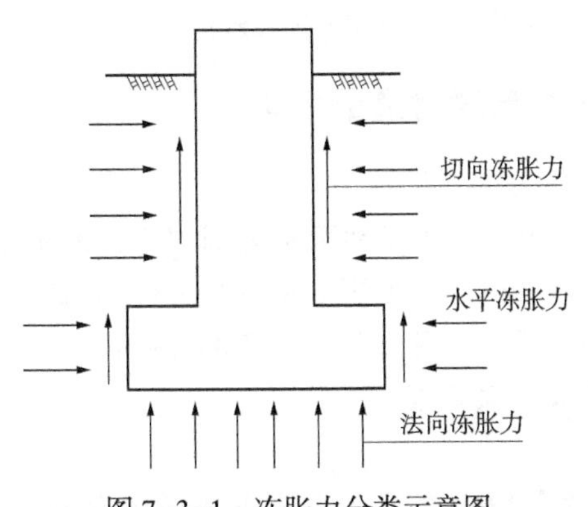

图 7-3-1　冻胀力分类示意图

当冻胀均匀发生在成分与含水量均一的大面积上，则土中不会产生内力，而只发生正冻土层的单纯膨胀。当膨胀受约束时，会对建构筑物产生冻胀力。当建构筑物的重量和附加荷载不足以与之平衡时，建构筑物将在冻胀力的作用下产生冻胀变形，严重时将引起建构筑物的破坏。由于土体冻结时一系列内部与外部作用的差异，冻胀力的方向和数值各不相同，依据冻胀力作用于基础表面的部位和方向，可分为法向冻胀力、切向冻胀力和水平冻胀力三类，如图 7-3-1 所示。

2. 对管道及构筑物的危害

土体在冻结过程中，水分子以薄膜水的形式从相对温暖区域向相对寒冷区域迁移，而迁移水冻结所产生的体积增大非常明显，土体膨胀推动管道本体及其附属构筑物向上运动，引起管道翘曲或构筑物变形。

1）对管道的影响

图 7-3-2 为俄罗斯 Novij Urengoj 地区天然气管道的冻胀变形图片。图中管道支撑桩由于受切向冻胀力的作用及差异性冻胀的影响，使得部分支撑桩被拔起，造成桩顶部架空敷设的管道产生翘曲变形。冬季融化层回冻所产生的严重冻胀，是多年冻土区结构物遭受冻害的主要原因。

图 7-3-2　Novij Urengoj 地区管道的支撑桩冻胀变形图

2）对水工构筑物的影响

冻胀作用对挡土墙冻害破坏的特征主要包括整体稳定破坏和局部强度破坏两类。第一类是挡土墙在以水平冻胀力为主的作用下的前倾变位，挡土墙前后变位和前倾变化随整个冻结期周期性变化，在冻结末期或融化开始期产生最大前倾值，在融化过程中开始向原位恢复，但每年都要留有残余变化，如图 7-3-3 所示。这些残余变化的累积是造成冻土地区挡土墙在外观上前倾变位大的根本原因。

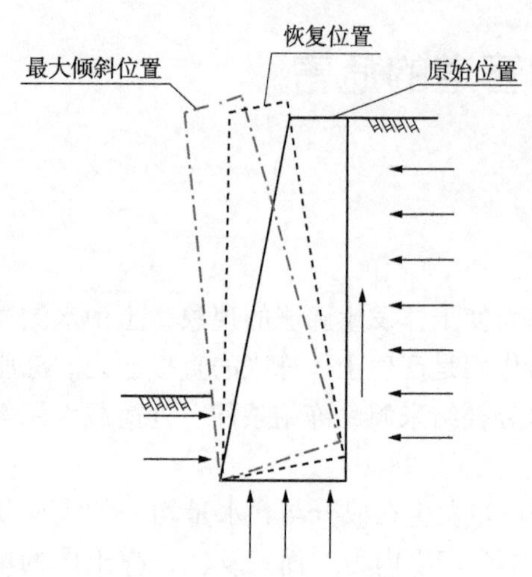

图 7-3-3 挡土墙受冻胀力作用产生前倾破坏示意图

第二类是挡土墙在水平冻胀力作用下的强度破坏。当挡土墙的设计断面及配筋不满足强度要求时，在受到水平冻胀力或地基的不均匀冻胀和融化时，产生水平裂缝、拐角处裂缝、长墙的竖向裂缝和斜裂缝等。对浆砌石挡土墙而言，还易产生沿灰缝方向的不规则裂缝，墙体严重变形，直至丧失抵抗土压力的能力。

对浆砌石截排水渠而言，冻胀现象主要表现为水渠的扭曲变形、倒塌、急流槽断裂。主要原因为构筑物断面较小，浆砌石结构的整体性较差，在并不强烈的冻胀力作用下就会产生破坏。

二、冻胀丘对管道的危害

1. 冻胀丘的发育机理

冻胀丘的形成是由于地下水受到超压，但由于地表冻结土层较厚，地下水不足以突破地表，只引起地表的局部变形。冻胀丘一般为每年深冬隆起，春末消失，位置多不固定。因此，冻胀丘的生成条件是：具有严寒的气候；有丰富的地下水源；具有水的通道；有驱动力，冻结过程使地下水承压。

2. 冻胀丘对管道的危害

当管道从冻胀丘上方通过时，冻胀丘对管道的危害较为严重，主要表现形式有两种：(1)冬季随着冻胀丘侵入管道基地，因冻胀丘形成时产生较大的隆胀力和隆胀量，从而使得管道因隆起而发生翘曲变形；(2)夏季随着冻胀丘的融化消失，造成管道的下沉位移变形。图 7-3-4 为格拉管线在乌丽附近，由于冻胀丘发育、冻结融化导致管道发生翘曲变形的案例，该处地表以上的管道最大翘曲高度达到 0.5m，推算最大翘曲为 1.9m。

图 7-3-4 格拉管线乌丽附近管道翘曲变形

当冻胀丘位于管道上方时，对管道的影响较小。如果冻胀丘位于管道一侧，那么冻胀丘发展时会对管道形成侧向挤压作用，引起管道的侧向移动，也会造成管道的侧向弯曲变形，形成潜在的冻害风险。

三、冻拔对管道的危害

1. 冻拔机理

冻拔是由冻结土层对建构筑物表面的切向冻结力引起的。冻拔过程不可逆，因此表现为建构筑物逐年不断被拔起、抬高。一般分布在冻胀性较强的土层中。

2. 冻拔对管道的危害

冻拔不会对管道本体构成直接的危害，但是会对管道标志桩、阴保桩等附属构筑物造成较大破坏。在反复的冻融过程中，这些柱状体会被不断地被拔起，严重时会倾倒。

四、冰锥对管道的危害

1. 冰锥发育机理

泉冰锥主要是由承压的泉水冻结而形成，一般形体高达，位置较固定，生成早，消失晚，常出现在有泉水出露处。

层上水冰锥主要是由层上在融冻层冻结过程中双向受压，而溢出冻结所形成，比泉冰锥生成晚，消失早，位置不固定，常出现在有地下水露头处。

2. 冰锥对管道的危害

图 7-3-5 为东北地区某管道上部发育出的一处泉冰锥。该冰锥发生于山前缓坡地带，冬季开始时冰锥发展迅速，后期运营单位进行了钻孔防水泄压，冰锥才没有进一步发展。该冰锥在调查时高度约有 2.5~3m，顶部出现 20~30cm 宽的裂缝，运营单位对管道进行了检测发现管道没有较大的变形，目前泉冰锥还没有对管道形成威胁。

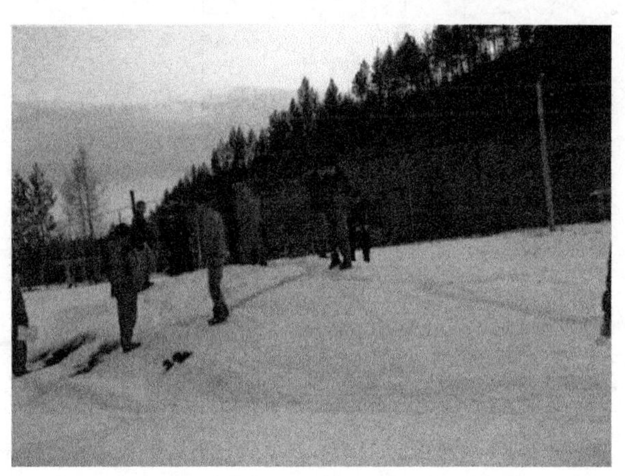

图 7-3-5　东北地区某管道上部的泉冰锥

五、融沉对管道的危害

1. 融沉机理

融沉是由于冻土中的冰融化所引起的。在冻土地区，一般有两种不同性质的冻土带：一种是融化稳定区，当有外界热量输入而引起冻土融化后，其土质仍是稳定的；另一种是融化不稳定区，当有外界热量输入引起冻土融化后，土质失去支撑能力，并因融化深度、含冰量和土体颗粒大小等的不同，融沉量也有差异。

2. 管道与土体的热相互作用

干线管道段通常按其所运送的能源载体的温度而分成高温段(所输送产品温度在全年都是正值)和暖温段(仅产品的年平均温度是正温)和寒冷段(输送产品年平均温度为负温)。寒冷管道段又可分成输送产品温度全年都是负温的管段和输送产品温度仅仅是年平均温度是负温，但在一年内某些时段里可能是正温的管段。通过输送产品的年平气温度 T_{pr}、最高温度 T_{max}和最低温度 T_{min}的组合，就表现出管道对土体非常不同的热力影响，特别是将形成季节性或多年性的冻结或融化圈，如图 7-3-6 所示。

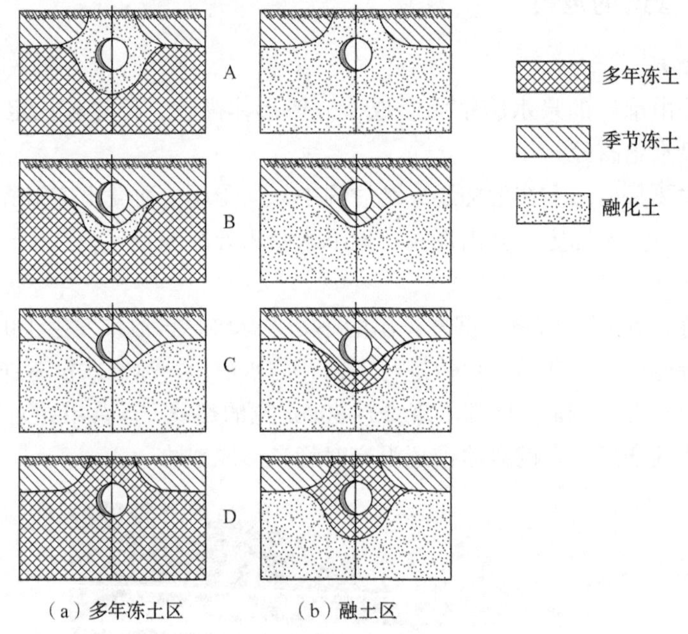

图 7-3-6 管道与土体热相互作用示意图

A—T_{pr}>0℃，T_{min}>0℃；B—T_{pr}>0℃，T_{min}<0℃；C—T_{pr}<0℃，T_{max}>0℃；D—T_{pr}<0℃，T_{max}<0℃

3. 融沉对管道的危害

当埋地管道通过多年冻土地段时，正温输送的介质不断向管道周围土体释放热量，使冻土中的冰升温融化，管道周围出现融化圈(盘)，冻土融化固结并将水分排出，地表开始沉降，冻土对管道的支撑作用降低，致使管道发生不均匀沉降。同时，聚集在管沟内的融水加速了管道下部和周围冻土的进一步融化，加剧了管道的融沉变形，管道在自重和上覆土层的压力以及地表瞬时荷载作用下发生差异性沉降变形，过量的沉降变形会引起管道破坏。特别是在融化稳定区和不稳定区的过渡带，埋设于其中的管道将会出现较大的应变，可能造成管道屈服破坏。

图 7-3-7 是加拿大 Norman Wells 管道某监测点经 12 年后融化深度增加及其所产生的地表和管道沉降的情况。

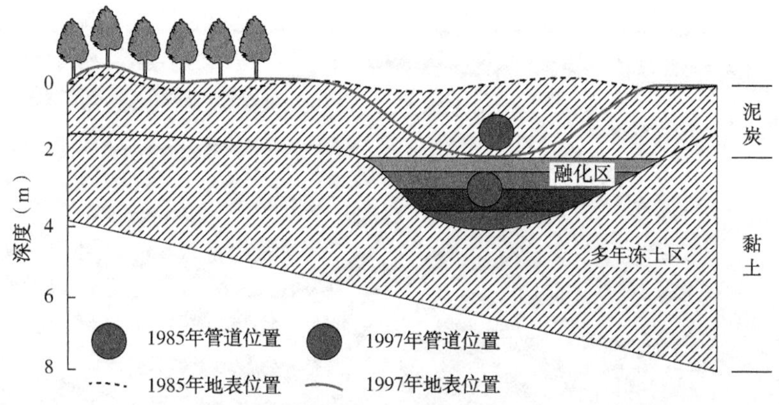

图 7-3-7　Norman Wells 管道某监测点施工 12 年后融化深度、地表和管道沉降变化示意图

图 7-3-8 是中国东北地区某管道管沟地表因融沉而形成积水通道的情况。

中国的管道运营单位利用探地雷达分别于 2012 年 10 月和 2013 年 6 月对东北地区的某条管道附近的融化深度和冻融界面进行了探测，探测结果如图 7-3-9 所示。从图中可以发现管道下方较远处存在较大的融化盘，10 月份浅地表开始回冻了一部分，管底下部最大融化深度约 1.0m。2013 年 6 月探测结果发现管道下面融化深度继续增加，管底最大融化深度约 1.5m。根据现场其他典型地方探地雷达融化深度探测，发现经过 3 年多的运行管道周围融化圈持续发展。该管道其他监测点融沉情况地质雷达检测数据见表 7-3-1，统计数据证明，管道沿线的融化圈普遍在扩大，因植被、埋深、敷设方式不同而不同，基本在 2.5~4.0m。

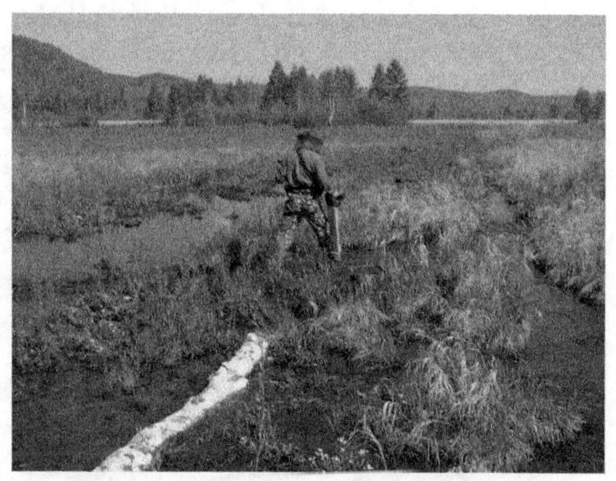

图 7-3-8　某地段管沟融沉形成积水通道

表 7-3-1　典型断面融化圈 GPR（探地雷达）探测结果统计表

监测点	2012 年 10 月融深（m）	2013 年 11 月融深（m）	融深扩大量（m）	备 注
A	1.5	3.0	1.5	保温段
B	1.5	2.5	1.0	河漫滩
C	2.0	2.5	0.5	埋深较深
D	2.5	4.5	2.0	
E	2.5	3.0	0.5	热棒
F	1.5	3.5	2.0	沼泽
G	1.5	3.5	2.0	沼泽

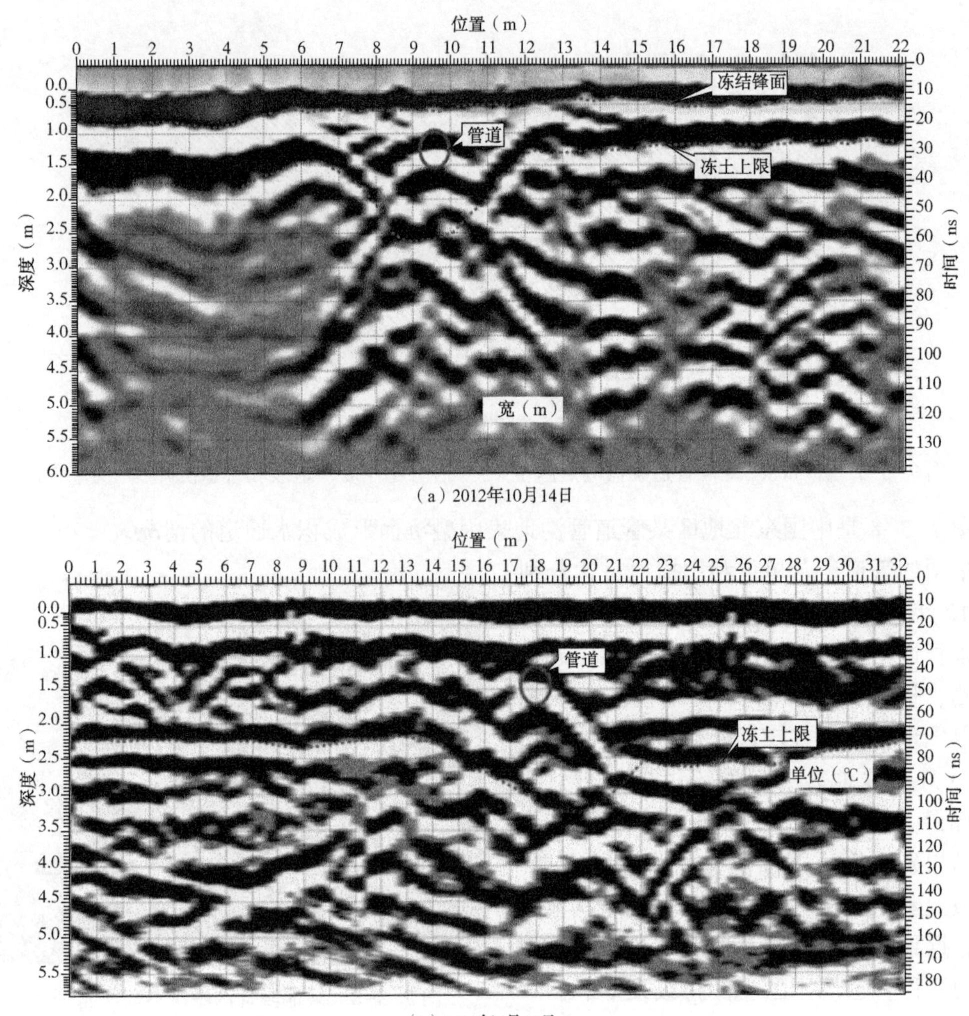

图 7-3-9 东北某管道地质雷达剖面示意图

六、正融土滑坡对管道的危害

1. 正融土滑坡机理

正融土滑坡与季节交替在土体中形成的冻融作用直接相关，根据其形成特征和主要影响因素，正融土滑坡可划分为融冻泥流、热融滑塌两种类型。

1）融冻泥流

融冻泥流是由于冻融作用，冻土结构破坏，上部融化土与下部冻土界面成为滑动面，饱和融土在自重作用下顺坡向下缓慢蠕动成为泥流。其组合物多为饱和状态的草皮苔藓、泥炭和土、砂类混合物，蠕动后的滑动面成为无地表植被的、光秃秃的滑动面。融冻泥流多发生在缓坡地段的富冰冻土内。融冻泥流包括泥流阶地、泥流舌、鱼鳞状草皮等多种类型。

融冻泥流的形成具有以下 3 个特点。

(1) 具有间歇性的特点。尤其在春天融化季节出现，融化在大范围冻土区滑坡的形成过程中起着十分重要的作用。由于各部分运动速度不同或泥流互相重叠，表现出各种形态，如泥流阶地、泥流舌。

(2) 一般在低缓的斜坡上，甚至在 1°~2°坡度上都有可能发生。

(3) 泥流作用在活动层中，属浅层滑动，且运动速度常常很慢。

2) 热融滑塌

热融滑塌的失稳因素可以归结为两个方面：(1)存在厚层地下冰且埋藏深度较浅易受地表气温变化的影响，这是热融滑塌形成的内在因素；(2)不合理取土引起厚层地下冰暴露且使坡体形成临空面而使其失去支承力，这是热融滑塌形成的外在因素(诱发因素)。

有资料表明，坡度大于 3°的斜坡上，在热融过程中，就有可能形成热融滑塌。表层冻土由于气温升高产生融化，在高含冰量条件下，滑动土体表现为坚硬的岩土块体和液状泥浆组成的混合物，这种物质抗剪强度很低或无抗剪强度。因此很容易产生大致平行于坡面的滑动面。由于融土的深度有限，滑体厚度不大。另一方面，由于滑体为融流体，因而可发育于坡度很缓的斜坡上。这种情况在高原自然斜坡，尤其是工程影响下的自然斜坡上最为常见。虽然其厚度有限，但因发育范围较大，且发展速度快，极易造成滑坡后缘的不断侵蚀、植被破坏和水土流失，且治理难度大，破坏后的地质环境不易恢复。

2. 正融土滑坡对管道的危害

图 7-3-10 为西北地区某管道在建设过程中的穿越融冻泥流沟，图 7-3-11 为西北地区某已建管道一侧出现的热融滑塌。上述两种情况的形成是由于管道横坡敷设时，由于管沟开挖、水工构筑物施工等人为因素的影响，引起厚层地下冰的暴露、融化，使坡体形成临空面而使其失去支承力。

图 7-3-10　管道穿越融冻泥流沟

图 7-3-11　管道一侧的热融滑塌

第四节　冻土地区长输管道敷设与防护

一、长输管道选线

(1) 管线通过山坡时，宜选择在地表平缓、干燥、向阳的地带。这里的多年冻土埋藏较深，埋藏的冰较少，稳定性好。积雪地区的路线应选择在积雪轻微的山坡上。

一般情况下，地面横向坡度平缓，其覆盖层和基岩面间的横向坡度亦平缓，因而不会有滑动现象，较为稳定。地表干燥，说明地表排水良好，土壤透水性强，故在冬季时不会因含水量大而造成管道回填土及沉陷。如线路走在低洼处，因地表排水不良，易潮湿积水，土壤夏季含水量大，冬季含冰量大，就会发生融沉、冻胀等病害。如管道线路敷设在较陡山坡上，当管沟基底土壤为黏性土，或有多年冻土存在时，受土壤中水的影响，会引起沿软土、基岩面、冻土层面发生滑移。因此最好把线路定在平缓干燥的斜坡上，尽量避免定在低洼潮湿和较陡的山坡上。

阳坡受日照时间长，因而地面吸收热量大，水分多被蒸发。冬季积雪少，植物覆盖层薄，地表较为干燥，土壤含水量小，一般无多年冻土，因此引起的冻害和其他病害的机会就少。而阴坡易产生冻害、削方边坡挂冰、溜塌、下滑等病害。所以在技术条件和工程造价相差不很大时，路线应尽量选择在向阳的坡面上。

(2) 管线线位尽量选定在良好的土壤上。

所谓良好土壤是指块石、碎石、卵石、砂砾等粗粒土和含水量少的硬塑至半干硬的黏性土。有这些土壤的地段，地表干燥、土壤冻胀性小、力学性质好，有利于管道基底稳定。即使有多年冻土存在，一般亦含冰量不大，不需要特殊处理，能保证线路质量。

(3) 管道顺坡敷设时，宜慎重通过山脊垭口地带。

一般地区管道线路通过山脊时，为降低高度和施工难度，多选在低矮的垭口通过。这些低矮的垭口往往蕴藏着不同程度的地下水，在地形上两翼高突，中间低平呈马鞍状。而且由于地表水易于积聚，湿生植物生长茂密，形成了分水岭沼泽。这些地段大都有多年冻土存在(零星岛状多年冻土带除外)。因此，管道顺坡翻越山脊的选线工作，应首先进行大面积地质调查，利用地表植物法调绘，并结合勘探，弄清分水岭的地质和水文地质特征，以及有无多年冻土分布和沼泽、冰丘、冰锥、厚层地下冰等不良地质情况后进行。尽可能将路线定在分水岭上的非多年冻土区内通过。当无法避开多年冻土层时，亦应尽量选择在覆盖层较薄、冻土含冰量较少的地段或风化轻微、地下水量少的基岩中通过，从而避免或减少因冻土破坏而对管道造成的危害。对采用管道直埋还是隧道穿越通过山脊，应进行全面的经济技术比较来加以决定。

(4) 沿大河河谷定线，宜选择在阶地或大河融区。但是，应避免在融区附近的多年冻土边缘地带定线，当路线必须穿过冻土时，则应以较短的距离通过多年冻土地带。

(5) 路线应尽可能避绕冻土沼泽地段。如必须通过时，路线宜从较窄、较薄且埋藏较深处通过，并应遵循下列原则。

① 路线通过多年冻土沟谷沼泽时，因沼泽呈带状分布，绕行不能明显减少线路穿越沼泽的长度时，应采用路堤特殊设计方法，以路线最短、平面最好的原则通过沼泽；若路线通过冲、洪积阶地范围宽广的大片沼泽区时，应选在沼泽的边缘通过为宜；路线在沼泽中间通过时，应注意是否有古河床存在及沼泽底横向坡度的大小。因为淤积的古河床泥炭淤泥等软弱土层厚、含冰量大，地质严重不良，横向坡度大时易产生滑动。如必须在大片沼泽中间通过时，尽量选择在沼泽中稍高处通过。因低洼的沼泽区一般积水较深，难以排除，而且地质情况相对也差，这些都不利于管道的稳定。

② 路线通过缓山坡沼泽，如路线方向与山坡走向平行时，由于坡面横向坡度较陡，在融化季节，坡面常会产生滑动。这是因为沼泽中冻土含冰量一般较大，冻土融化后易形成泥浆，这种流动状态的泥浆极易滑动。所以选线时应尽量避免通过横向坡度较陡的山坡沼泽地段。

(6) 路线应尽可能避绕冻土冰锥、冰丘地段。如必须通过时，管道应敷设在冰锥、冰丘的地下水通路下方通过，管沟的施工及回填不得影响地下水态势。管道敷设不宜采取管堤方式通过。

① 在冰锥、冰丘地区选线时，应根据水文地质条件确定线路位置。冰锥、冰丘水源一般来自多年冻土的层上壤中水，在这种情况下，路线应远离冰锥、冰丘，距离宜在几十米以外。

② 当采取管堤方式在冰锥、冰丘上方通过时，由于管堤的填方修建会造成冻土上限上升及基底土壤压实会阻碍地下水的通道，导致在路线附近形成新的冰锥、冰丘，易形成潜在的危害。有时为了避免冰锥、冰丘的威胁，甚至将路线选择在冰锥、冰丘附近下方的多年冻土沼泽中，也是比较安全的。如果必须在冰锥、冰丘近处通过时，应进行详细的测绘及勘探，收集足够的资料，采取必要的防护措施。

③ 当冰锥、冰丘水源为多年冻土层间水或层下水时，地下水一般均具有较大的承压性，此时路线应选在冰锥、冰丘的上方几十米处，尽量以填方通过。因这种地下水不受冻土上限变化及基底土壤压实的影响，选在其上方可避免积冰对路线的威胁。

④ 在山坡或分水岭地段，当有地下水存在时，由于挖方会暴露地下水，造成堑内积冰病害，在路堑内产生新的冰锥、冰丘。因此在经勘探发现路堑有地下水时，应尽量改移路线位置，以横断面选线，将挖方改为填方通过，或展长线路，抬高路线设计高程。

(7) 线路应绕避厚层地下冰地段。

厚层地下冰是多年冻土区特有的物理地质现象之一。当路线通过这种地段时，由于人为活动破坏了多年冻土的天然热平衡状态，在热交换作用下，使多年冻土上限下降，厚层地下冰局部或完全融化，造成地面大量下沉、严重变形，构筑物会开裂损坏，直接威胁管道运营安全，所以选线时应尽量绕避。但当完全绕避代价过高时，应根据具体情况，将路线选在厚层地下冰地段狭窄处或厚度较薄处通过。

(8) 管道宜以管堤方式通过热融湖(塘)地段，管堤高度要考虑最高水位、波浪侵袭高度及管堤修筑后的壅水高度等因素。

(9) 管道通过热融滑塌体时，以从滑塌体外缘以深埋的方式通过。

(10) 多年冻土隧道位置选择，在满足纵横坡度与线路半径要求的前提下，应充分利用多年冻土特点，做好线位设计。

① 越岭隧道定位标高应尽可能根据多年冻土温度与厚度确定，隧道最大埋深宜在多年冻土层内的中下部穿越，即使整个隧洞在多年冻土中穿越(防止地下水危害)。

② 构造谷地、断陷谷盆两侧的傍山隧道，应尽可能回避从构造破碎融区(道)中穿越，若不能回避，其定位标高应适当放低(有利于在侧向设横向盲井、盲沟、泄水洞及缩短进出口段穿越多年冻土的长度)。

③ 冻土隧道进出口(含门洞内外)应尽可能回避从厚层地下冰层中穿越。

④ 隧道进出口段应选择有利排泄地表水和地下水及不利于风吹雪堆积的地形位置。

⑤ 岛状冻土区隧道应尽量选择隧道之上有较大面积多年冻土覆盖(防地表水直接渗入补给)的位置，尽量回避隧道之上为非多年冻土且有汇(集)水沟槽和洼地的位置，回避在隧道底板之上有常年性富水地层穿越。

二、长输管道线路设计原则

（1）多年冻土地区管道线路设计，应根据具体情况，分别采取保护多年冻土和破坏多年冻土的设计原则。

① 在连续多年冻土地带、不连续多年冻土地带和保温条件好的岛状多年冻土地带，应按保护多年冻土的原则进行管道线路设计。

② 在人为活动频繁和地面保温条件差的岛状多年冻土地带应按破坏或保护多年冻土的原则进行管道线路设计。

（2）多年冻土区路基应尽量减少挖方、零断面及高度小于 1.0m 的低填方管堤和高度大于 3m 的高填方管堤。

（3）在少冰冻土和多冰冻土地段，管道线路设计可按一般地段采取沟埋方式设计。在富冰冻土、饱冰冻土和含土冰层地段及有冻胀丘、冰锥、冻土沼泽、热融滑塌、热融湖(塘)等不良地质地段，管道线路设计应按特殊地段采取管堤敷设方式或架空敷设方式设计。

（4）冻土地区的管道水工保护建构筑物宜采取预拼装化的柔性结构。

（5）多年冻土地区的支挡结构荷载除计算土压力外，还应考虑作用在基础上的冻胀力和墙背上的水平冻胀力、土压力。水平冻胀力应按寒季和暖季分别计算，水平冻胀力和土压力不应叠加。

(6)按保护多年冻土原则进行管道线路设计时，应采取加强地面排水和保护管沟附近地表植被不被破坏的措施。

（7）采取管堤方式敷设时，管堤回填材料不宜采取大粒径材料，否则应在管堤两侧坡面设置黏性土保温层，管堤边坡坡率应较一般地区放缓一级。

（8）特殊地段多年冻土区管道，宜采取基于应变的极限状态设计方法。并应进行温度场、地表位移和管道变形监测。

（9）多年冻土地段的正温管道应采取适当的隔热保温措施，以减小管道自身引起的冻融圈大小，减缓管道对下部多年冻土的扰动，降低管道所引起的冻融过程对管道变形稳定性的影响程度。保温层的厚度根据具体的工程措施来确定。

三、冻土地区长输管道敷设与防护

冻土地区管道的敷设方式一般包括地埋式、管堤式和架空式三种。阿拉斯加管道于 1974 年 4 月动工，1977 年 6 月建成投产，全长 1280km，管径 l219mm，是在多年冻土区实施的最大单体工程。采用地埋方式敷设管道长度达 611. 5km(其中直埋敷设 605km，特殊地埋敷设 6. 5km)，占管线全长的 47. 5%，主要用于穿越融化稳定区；采用架空式敷设管道长度达 676 km，占管线全长的 52. 5%，主要用于穿越融化不稳定区。阿拉斯加管道未采取管堤敷设方式。

1. 地埋式敷设

1）直埋

用于少冰、多冰多年冻土地段，或者基岩埋藏较浅的地段。当管底以下多年冻土出现一定融化厚度，管道不会产生不允许的下沉变形，采取直埋方式即可。管道敷设如图 7-4-1 所示。

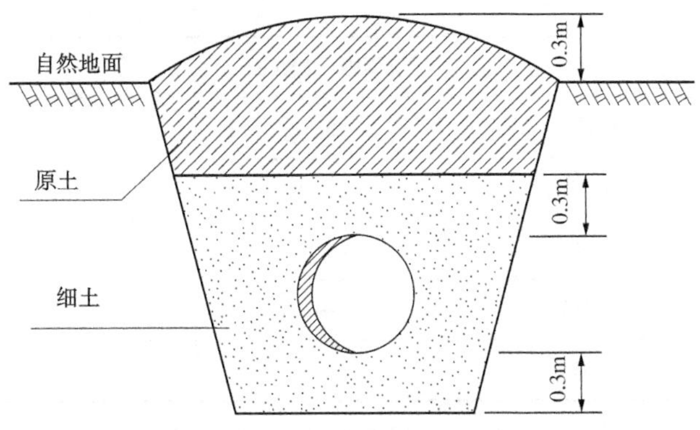

图 7-4-1　直埋管道敷设示意图

在石质土和大块碎石土中，为避免保温层破损，管底应敷设厚度不小于 0.2m 的砂垫层。回填料中不得混有冰块、芦苇或植物秸秆。

2）直埋+保温

对于管底饱冰多年冻土层较厚，管底多年冻土融化呈可塑或硬塑地段，河流小型穿越地段，采取直埋+保温的敷设方式。管道敷设如图 7-4-2 所示。

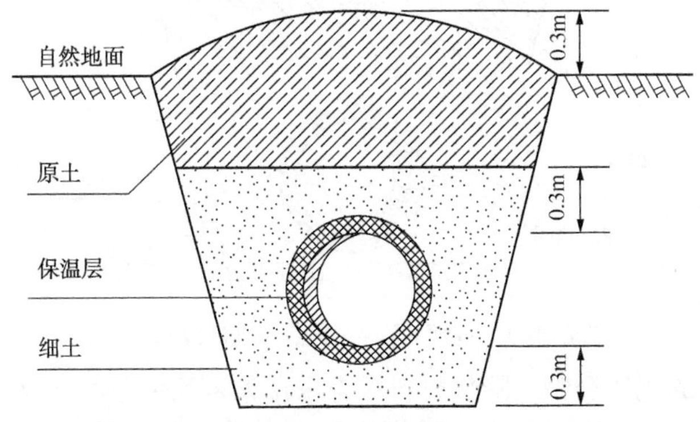

图 7-4-2　直埋+保温管道敷设示意图

在多年冻土区，管道不论采取何种方式敷设，管道保温材料的选择、保温结构的优化和保温管道的施工都是不可忽视的技术问题。一般来说应该选择轻质高效率的保温材料，保温层的外防护材料应具有严格的密封性能，耐久性好；在接口处要采取合理的技术措施，既能适应因温度变化引起的膨胀和收缩，又能在位移中保持密封。阿拉斯加管道采用的保温材料为聚氨酯泡沫（PU），其导热系数约为 0.029W/（m·K），密度约为 60kg/m^3，要求在 23℃时垂直耐压强度不小于 0.28MPa。表 7-4-1 是几种常用的保温材料的性能指标，通过比较发现聚氨酯泡沫的导热系数最低，因此建议冻土地区管道的保温材料选用聚氨酯泡沫。

表 7-4-1　常温条件下几种常用保温材料的性能指标

材料名称	导热系数[W/(m·K)]	抗压强度(MPa)	吸水率(%)
聚氨酯泡沫	0.026~0.03	≥0.2	<3
聚乙烯泡沫	0.034	≥0.05	<3
聚苯乙烯泡沫	0.038	≥0.10	<3

续表

材料名称	导热系数[W/(m·K)]	抗压强度(MPa)	吸水率(%)
珍珠岩	0.058	≥0.50	<6
硅酸钙	0.055	≥0.50	<8
泡沫玻璃	0.062	≥0.50	<5
岩棉	0.038	—	—
离心玻璃棉	0.036	—	—

3）直埋+保温+隔热

对于冻土上限较浅，单纯的保温措施不能完全防止冻土上限下降的地段，可以采取直埋+保温+隔热的方式。管道敷设如图 7-4-3 所示。

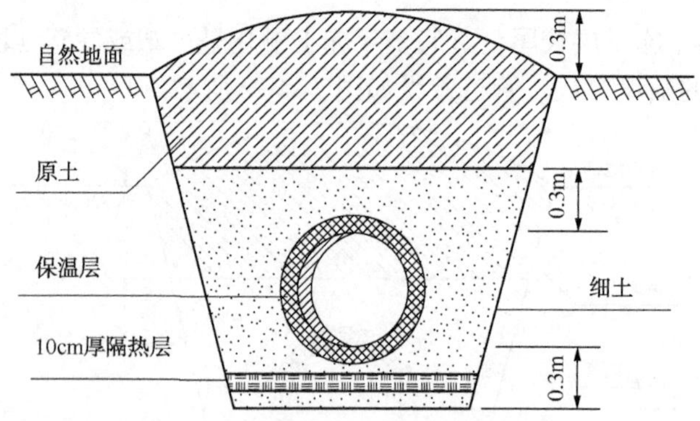

图 7-4-3　直埋+保温+隔热管道敷设示意图

根据公路等行业的成功经验，隔热材料推荐采用聚苯乙烯(EPS)板。EPS 已广泛用作包装材料，例如，电视机、电冰箱、洗衣机等家用电器的包装都是用 EPS 制作。EPS 为轻质半硬性多孔材料，由无数封闭的小孔组成，含空气 97%以上，具有导热系数小、抗压强度较高、吸水性小、耐老化、尺寸稳定、施工方便等特点，是良好的保温隔热材料。在冷藏车、冷库、管道系统等绝热工程中也得到了较为广泛的应用。随着科学技术的发展和研究成果的推广应用，EPS 开始在道路和机场跑道工程中应用。

1969 年 7 月，美国位于阿拉斯加多年冻土区的 Kotzebue 机场跑道填土工程中，采用 10cm 厚的 EPS 板作为隔热层，共铺设 31720m^2，埋深约 23cm，隔热层上直接铺筑沥青混凝土面层。观测表明，非隔热层段融化深度已达 3m，而隔热层段融化深度在 1.65~2.0m，即减小融化深度 1.0~1.35m。在跑道工程中隔热层段无明显的冻胀和热融下沉，10cm 厚的隔热层起到了很好的隔热作用。1985 年 3 月，阿拉斯加西南部多年冻土区的 Nunapitchuk 机场开始建设，跑道路堤采用淤泥质砂直接填筑在苔原地面，路堤高度 1.22m，在跑道填土中采用 EPS 板材料作为隔热层，厚度 15cm，埋深 46~61cm。1985 年 4 月建成后的观测资料证实，路堤中心多年冻土上限上升至隔热层下 10cm 处，在暖季隔热层以下土体温度保持在负温范围内，隔热效果是明显的。1972 年加拿大国家研究委员会在依努维克和 N. E. T 机场之间的砾石路面公路上进行了 EPS 板隔热层试验研究，共铺设 3 段，EPS 板隔热层厚度分别为 5cm、9cm 和 11.5cm，隔热层埋深约 70cm，路基高约 1.5m。在隔热层铺设后的 6 年里，在 5cm 隔热层路段路中心有热融变形(小于设计允许变形值)，9cm 和 11. 5cm 隔热层路段热融变形很小。6 年的观测资料表明，9cm EPS 板隔热层可以有效防止多年冻土融化，1976 年，中国铁道部科学研究院西北研究所在青藏高原风火山多年冻土区的铁路路基试验工程中曾埋设了 EPS 板隔热层(未见报道)。20 世纪 80 年代初，长春水科所等单位在挡土墙试验工程中采用了 EPS 板隔热层用以减小挡土墙背后填土的冻结和融化深度，从而减小了冻胀与水平冻胀力。1992—1993 年，在青藏公路格尔木至拉萨整治工程、整治改建工程及正在建设的青藏铁路路基设计中，部分路基和结构物均不同程度地采用了 EPS 隔热层。综上所述，EPS 隔热层在国内外多年冻土区的道路、机场跑道等工程中已得到了较为广泛的应用，其隔热效果是比较明显的。因此建议管道行业中开始 EPS 板隔热层的试验性工程应用工作。

4）直埋+保温+换填

对于管底饱冰、含土冰层多年冻土层较厚，多年冻土融化后为软塑、流塑状态的地段，采取“直埋+保温+换填(超挖 0. 5m)”的敷设方式。管道敷设如图 7-4-4 所示。

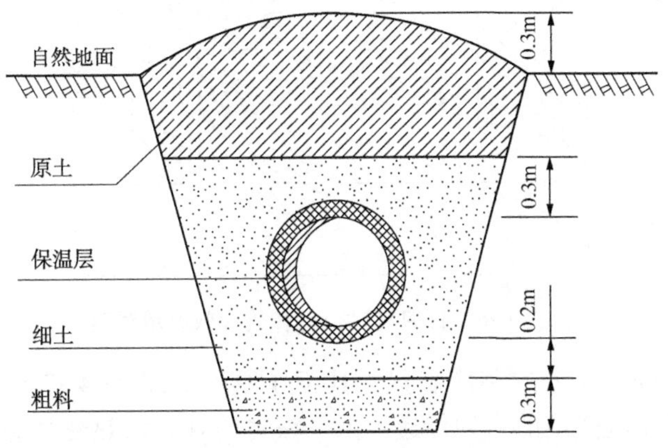

图 7-4-4　直埋+保温+换填管道敷设示意图

5）直埋+保温+冷冻管

阿拉斯加管道的其中 6. 5 km 的管段采用了特殊地下方式埋设管道，即直埋+保温+冷冻管的敷设方式。该方式主要用于穿越不稳定融化区且不宜采用立式支撑架的地段或穿越公路等情况。具体方法是在保温层内沿管道设置冷冻管，如图 7-4-5 所示，通过冷冻管把管道散发出来的热量带走，保持冻土层不融化。

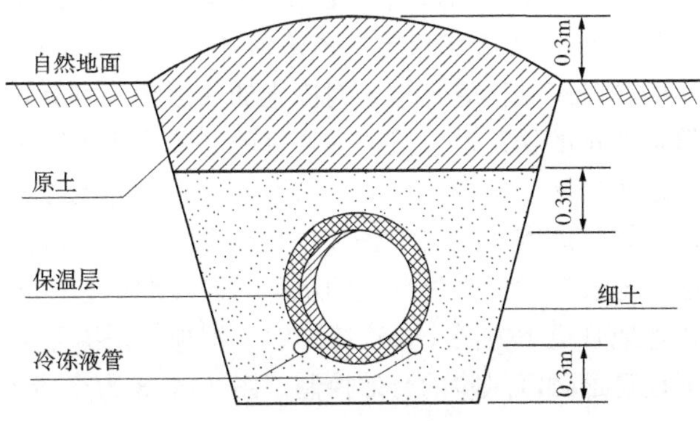

图 7-4-5　直埋+保温+冷冻管管道敷设示意图

6）直埋+换填+热棒

我国东北地区某管道投产后，运营单位根据实际运行情况，参考冻土区工程建设经验，设计了热棒与粗颗粒土换填相结合的多年冻土沼泽区域管道融沉防治方案，并进行了示范段建设。在示范段管道周围土壤中安装了温度监测系统，通过近一年的温度监测数据分析了目前示范段的融沉防治情况，表明热棒的安装降低了管道地基的温度，增加了土壤的冷储量，起到了稳定地基的作用，而管道底部换填的粗颗粒土可以保障热棒的制冷作用，不会引发管道冻胀灾害。直埋+保温+热棒的管道敷设如图 7-4-6 所示。

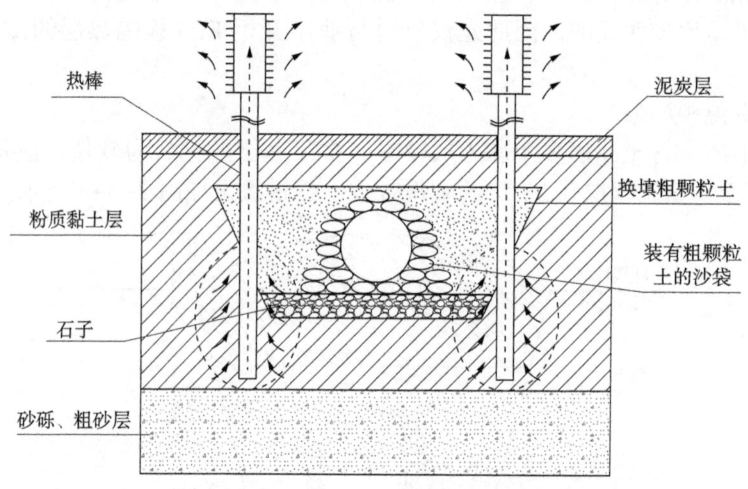

图 7-4-6　直埋+换填+热棒管道敷设示意图

热棒是一种无需外加动力的制冷装置，其工作原理如图 7-4-7 所示。热棒利用了液、气两相转换对流循环实现热量的自动传递，由一根封闭管和散热翅片组成，管中充以工质，上部为冷凝段，中部为绝热段，下部为蒸发段。当冷凝段与蒸发段之间存在温差时，蒸发器中的工质吸热蒸发，在压差作用下，蒸汽沿管腔上升至冷凝器，与较冷的冷凝器管壁接触，放出汽化潜热，冷凝成液体，附于管壁上，在重力作用下，液体工质沿管壁流回蒸发段。如此往复循环，不断将地基中的热量带出。只要冷凝器与蒸发器之间存在温差，这种循环便可持续进行。当外界温度高于蒸发段温度时，工质冷凝过程停止，循环随即终止。因此，热棒具有单向导热性，不会将大气中的热量导入冻土之中。使用时，蒸发段和绝热段埋设于地下，冷凝段伸出地面置于空气之中。通过热棒在寒季采集大气中的冷量，输入地基多年冻土中，对地基冻土进行养护，与天然状态相比，热棒地基多年冻土可以冷却到更低水平。因而，地基可以储存更多的冷量来补偿管道输送对冻土的热影响，可有效防止和减缓多年冻土的衰退和融化，提高管道地基的稳定性。热棒在寒季的制冷作用可以增加埋地管道地基的冷储量，用以补偿埋地管道对周围冻土的热影响，从而有效防止和减缓冻土的衰退。在暖季热棒无法有效工作时，埋地管道周围弱融沉冻胀性粗颗粒土的存在，可以保障埋地管道对周围冻土圈的融化不会引起埋地管道发生超过预期的沉降，保障埋地管道运行安全。此外，粗颗粒土的存在还可以防止埋地管道下方融土再次冻结时，埋地管道冻胀灾害的发生。两项措施相结合，可以实现对埋地管道融沉风险的有效控制。图 7-4-8 为热棒示范工程。

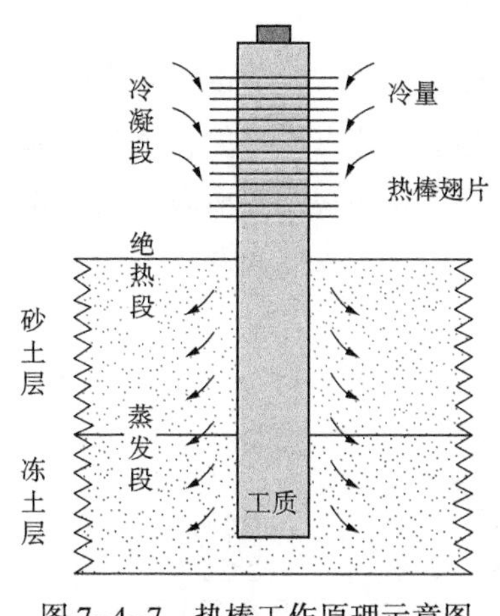

图 7-4-7　热棒工作原理示意图

图 7-4-8　热棒示范工程

2. 架空式敷设

可以在除流冰的河漫滩外的任何地方敷设。管道敷设在单独的支墩上，支墩间距 20~60m(决定于管径，由计算确定)。管墩可以是金属的或钢筋混凝土的，布置在基础和管道之间。支墩可以是钢筋混凝土板式结构、横梁式结构、框架和框架结构。支墩结构一般预留一个不大的可供调整管道位置的高度。支墩在地面以上的高度为 0. 25~1. 5m(低架支墩—堤上管道架空敷设)或者 2. 5~3. 0m 或更大(高架支墩—"H"形支撑架架空敷设)。支墩可分成固定式(死的)、纵向活动式(仅仅沿管道轴线可以活动)、自由活动式(管轴和横向都可活动)及摆动式。后三种支墩是为了抵消管道的温度变形。采用特别的活动滑块、辊轴滑轮和悬挂装置以保证管道在支墩上的活动。

阿拉斯加管道一半以上采取了管道架空敷设方式。为了避免管道向周围土壤散热，造成冻土融化并失去支撑能力，将管道架设在"H"形立式支撑架上。另外，为吸收管道由于气温变化或管内油温变化而造成的热胀冷缩，管道一般敷设成 Z 字形。

1）堤上管道架空敷设

为避免输油管道向周围土壤散热，引起冻土层的融化，可采用卵石或大块石头堆积成长堤。由于卵石或大石块之间存在着缝隙，容易将管道的热量散发出去，使管道与冻土之间起着很好的隔离作用，从而保证了冻土的物理状态，避免融沉现象的发生。堤上管道架空敷设如图 7-4-9 所示。

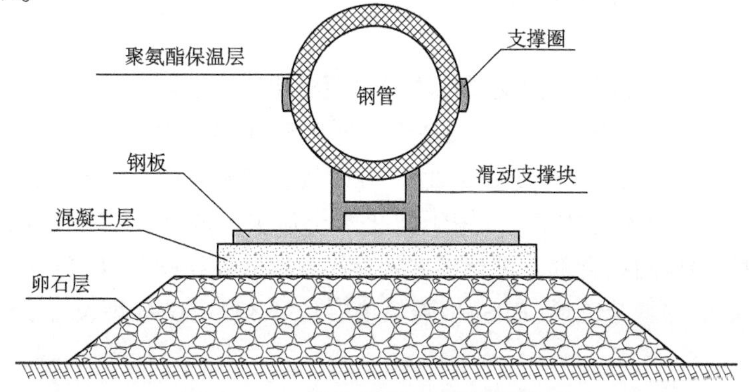

图 7-4-9　堤上管道架空敷设示意图

2）“H”形支撑架架空敷设（VSM）

在不连续多年冻土地带采用“H”形支撑架方式敷设管道，是一种防止输油管道热量向冻土层扩散的有效措施。两侧竖向支架均采用热管结构，热管内装有脱水氨，热管上部有散热片。当环境温度高于冻土温度时，通过氨的相态转换，气态吸热转化成液态，液态放热转化成气态，如此往复循环，把热管中的热量不断带入大气中，保持竖桩底部多年冻土层不致融化。“H”形支撑架架空敷设如图 7-4-10 所示。

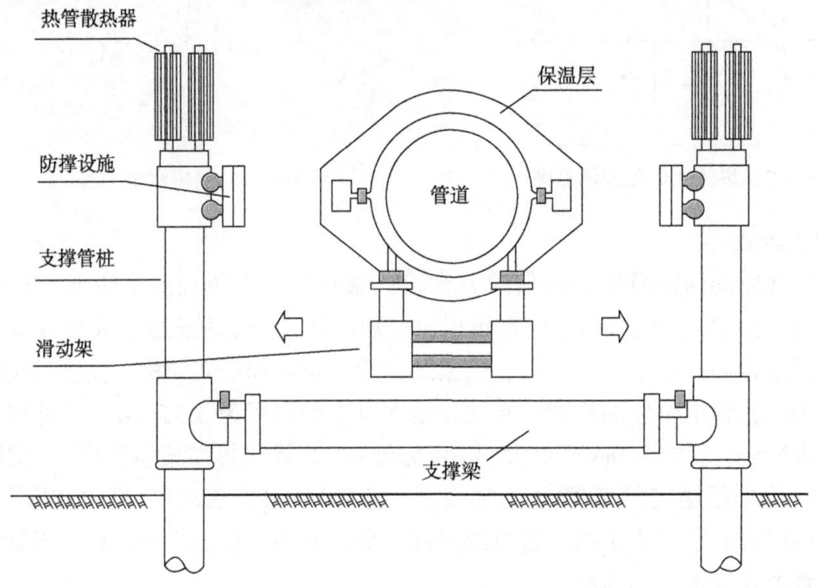

图 7-4-10 “H”形支撑架架空敷设示意图

在已建成的国外冻土地带架空支架中，约 80% 都采用了热管方式。以阿拉斯加 ϕ1219mm 管道为例，支撑架间距为 18～24m。ϕ457mm 的钢管桩支架埋入地表层以下 9～18m，横梁设有滑动机构，允许管子轴向活动量为 3.66m，垂直方向活动量为 0.61m，管道距离地面最小高度为 1.5m。另外沿管道敷设方向每隔 250～550m 还设置一个嵌固型支架。地上管道敷设成 Z 形，以吸收管道由于气温变化或管内油温变化而造成的热胀冷缩。在设计中要考虑应力和应变两个因素，总的环向应力和轴向应力按现有的规范加以限定，而应变则由非弹性分析法和实验加以确定。

3. 管堤式敷设

管堤式敷设通常用于地形剧烈交错地段或强沼泽化线路地段。地面式敷设时，管子铺设在 0.2m 厚的碎石垫层上。管堤的高度要高于管顶 0.5m 以上，管堤的顶宽应大于 1.5m 或管径的 1.5 倍，管堤边坡坡度 1∶1.5～1∶2.0。在管堤顶部和侧面大部分范围内恢复种植一些浅根耐寒植物（草类和小型灌木类），用于防止水土流失。并在易产生冲刷的地段和部位，如在管堤根部和与山体的结合部，进行护坡处理。管堤敷设如图 7-4-11 所示。管体外加设聚氨酯保温层，底面加聚苯乙烯（EPS）板隔热垫层。每 300～500m 埋设排水管将地表水流从管堤中排走。

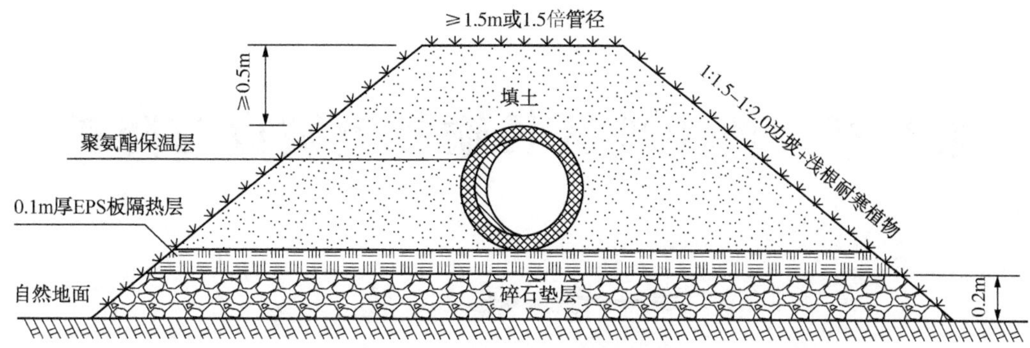

图 7-4-11　管堤敷设示意图

与地埋式管道比较，管堤式敷设的优点在于线路无须进行大开挖，无须铺设道碴和锚固设施。缺点是外力冲撞作用下可靠性较低，运土工程量大，对多年冻土有附加的间接热力作用，会使天然地表径流发生变化。

第八章　黄土地区长输管道敷设与防护

第一节　概　　述

一、黄土的基本概念

1. 黄土

黄土是指地质时代中的第四纪期间，在干旱、半干旱气候条件下，以风力搬运的黄色粉土的陆相沉积物。

2. 湿陷性黄土

湿陷性黄土是指在一定压力下受水浸湿，土体结构迅速破坏，并产生显著附加下沉的黄土。并非所有的黄土都具有湿陷性，有的地区的黄土厚度达几十米到一二百米，但湿陷性黄土仅为近地表的那一部分，其厚度一般只有几米到几十米。

3. 非湿陷性黄土

非湿陷性黄土是指在一定压力下受水浸湿，无显著附加下沉的黄土。

4. 自重湿陷性黄土

在上覆土的自重压力下受水浸湿，发生显著附加下沉的黄土。

5. 非自重湿陷性黄土

在上覆土的自重压力下受水浸湿，不发生显著附加下沉的黄土。

6. 黄土堆积地貌

由于黄土生成的特殊环境或新构造运动上升区，后经外动力地质作用，形成典型的黄土高原单元的黄土梁、黄土峁、黄土塬和新构造运动下降区的黄土平原及黄土河谷阶地地貌。

7. 黄土侵蚀地貌

由于黄土土质疏松，遇水易崩解，易冲刷起槽，常形成大型河谷及冲沟地貌。

8. 黄土潜蚀地貌

由于黄土土质疏松，垂直节理发育，含易溶盐及湿陷性等特性，在地表水的作用下，形成特有的黄土碟型洼地、黄土陷穴、黄土漏斗、黄土井、黄土柱与黄土桥等潜蚀地貌。

9. 重力地貌

黄土重力地貌主要有崩塌、黄土滑坡等。

二、黄土的类型

1. 按黄土的物理性质分类

根据黄土的塑性指标 I_P 进行划分，分为黄土质黏砂土、黄土质砂黏土和黄土质黏土，见表 8-1-1。

表 8-1-1 黄土物理性质分类表

黄土类型	塑性指数 I_P
黄土质黏砂土	$1<I_P\leqslant 7$
黄土质砂黏土	$7<I_P\leqslant 17$
黄土质黏土	$I_P>17$

2. 按黄土的生成时代、地层及工程性质分类

按黄土生成时代，将全新世早期堆积黄土 Q_4^2、近期堆积黄土 Q_4^1 和晚更新世 Q_3 马兰黄土划分为新黄土，中更新世 Q_2 离石黄土、早更新世 Q_1 午城黄土划为老黄土，见表 8-1-2。

表 8-1-2 黄土的生成时代、地层及工程性质分类表

<table>
<tr><th colspan="2" rowspan="2">年代</th><th colspan="2" rowspan="2">黄土名称</th><th colspan="5">工程性质</th></tr>
<tr><th>湿陷性</th><th>抗水性</th><th>透水性</th><th>压缩性</th><th>直立性</th></tr>
<tr><td rowspan="2">全新世 Q_4</td><td>近期 Q_4^1</td><td rowspan="3">新黄土</td><td>新近堆积黄土</td><td>中—强</td><td rowspan="2">易冲蚀、潜蚀、崩解</td><td rowspan="2">中</td><td rowspan="2">高—中</td><td rowspan="2">直立性较差，不能维持陡边坡</td></tr>
<tr><td>早期 Q_4^2</td><td>黄土状土</td><td>中—强</td></tr>
<tr><td>晚更新世 Q_3</td><td></td><td>马兰黄土</td><td>弱—强</td><td>易冲蚀、潜蚀、崩解</td><td>中</td><td>中</td><td>直立性较差，不能维持高、陡边坡</td></tr>
<tr><td colspan="2">中更新世 Q_2</td><td rowspan="2">老黄土</td><td>离石黄土</td><td>基本无</td><td>冲蚀、潜蚀、崩解较慢</td><td>弱</td><td>中—低</td><td>直立性强，能维持高陡边坡</td></tr>
<tr><td colspan="2">早更新世 Q_1</td><td>午城黄土</td><td>无</td><td>冲蚀、潜蚀、崩解慢</td><td>弱</td><td>低</td><td>直立性强，但须设防护工程</td></tr>
</table>

3. 按黄土成因及其成分分类

按黄土的成因分类，分为风积黄土、坡积黄土坡、洪积黄土、冲积黄土、残积黄土等，见表 8-1-3。

表 8-1-3 黄土的成因及其成分分类表

<table>
<tr><th>成因类型</th><th>分布</th><th>厚度</th><th>成分</th></tr>
<tr><td>风积</td><td>黄土高原平坦顶部及山坡上</td><td>较大</td><td>无水平层理，上下质地比较均一，多孔性，有发育很好的垂直节理</td></tr>
<tr><td rowspan="2">坡积、洪积</td><td>小型山间盆地或山前地带的洪积、沉积物，分布不广，如固原盆地、河西走廊一带、祁连山东麓和太行山东麓</td><td>不大</td><td>夹有来自附近山地的粗碎屑，下部有较厚的砂、卵石层、黏土薄层或碎石层</td></tr>
<tr><td>较老的黄土状土受风化剥蚀，受地表水流的搬运堆积而形成的坡积与洪积混合的沉积物，分布于六盘山以东泾河盆地内</td><td>数十米至百米</td><td>在本地区内最西一带为浅红色黄土质重砂黏土层，向东为黄土质砂黏土，最东是厚层黄土构成的高原地形</td></tr>
</table>

续表

成因类型	分布	厚度	成分
坡积	基岩山地前缘坡积黄土状土	数米	成分复杂，常夹有基岩碎屑，下部黏土成分较高
	分布在黄土状土所构成的峁或梁的斜坡上	10~20m	成分较单一
冲积	大河谷地的阶地上，如黄河及其支流渭河、汾河	阶地高、厚度大；阶地低，厚度薄	有明显的层理，夹粉土、黏土、砂、卵石土、砾石土等薄层，下部常有厚数米至数十米的砾石土夹层
残积、坡积	低山山顶及缓坡上	成薄层覆于基岩上	
洪积	陇东、天山北麓、六盘山等地山间盆地	数米至十数米	多为黄土质重砂黏土、砂黏土或黏砂土，有不规则层理
残积	基岩山地上部	数米	多由各种较早的黄土状土、基岩风化而成

4. 按黄土地貌类型分类

按黄土地貌类型分类分为黄土塬、黄土梁、黄土峁三类，见表 8-1-4。

表 8-1-4 黄土地貌类型分类表

地貌类型	地形形态	分区及范围		厚度	水文地质	不良地质现象
黄土塬	平坦高地，面积较大，塬的中心部分较完整，其中心切割沟谷很少，塬的边缘部分被沟谷深切，支离破碎，沟谷最深可达 200m。塬可分为内塬及外塬两部分，内塬为典型平坦高地，外塬向沟谷微微倾斜，沟谷多直立深切	陇东塬区	鄂尔多斯地台南部，子午岭以西，东至正宁，南至彬县，西至平原，北至豫旺	>190m	埋藏较深，沟谷中常可见到水从地层接触面上流出	外塬有垂直发育的冲沟，沟壁有坍塌，冲沟沟头和谷缘上方的塬畔常分布有圆或椭圆形陷穴，多数呈串珠状；有层间水出露，有时可形成切层滑坡；内塬表层土有大孔隙，有湿陷性
		陕北塬区	鄂尔多斯地台南部，子午岭以东，东至洛川，南至宜君，西至子午岭，北至富县			
黄土梁	多分布在塬的外围逐渐转变为峁形的地区，梁呈长条状，两旁夹以深谷；梁顶高度大致保持一致，宽数十米至数百米，表面坡度 1°~3°。每个梁可分为梁顶、斜坡、沟谷三部分。 黄土梁区切割深度较塬区小，但沟谷密度较塬区大	陇中梁区	六盘山以西的陇中盆地南部	<30m	埋藏较深，在基岩与黄土接触处有时可见到地下水出露	斜坡和沟谷上有较厚的坡积黄土，稳定性较差，并有冲沟发育，切割深达 100m，呈“V”字形。 地下水出露处有坍塌迹象，陷穴多发育在沟头水流集中处或上游沟坡低洼处。以陇中、陇东两区陷穴发育较多
		陇东梁区	陇东盆地黄土塬四周山前地带	<40m		
		陕北梁区	陕北黄土塬四周地带	>100m		
		晋南梁区	山西高原，吕梁山、太岳山和中条山地带	<100m		

续表

<table>
<tr><th>地貌类型</th><th>地形形态</th><th colspan="2">分区及范围</th><th>厚度</th><th>水文地质</th><th>不良地质现象</th></tr>
<tr><td rowspan="2">黄土峁</td><td rowspan="2">个体独立的丘陵，连续峁平面上呈圆形或椭圆形，四周为凸坡形，两峁连接处呈鞍形，孤立峁呈馒头形</td><td>皋兰峁区</td><td>苑川河以北，祖厉河下游地区</td><td rowspan="2">较塬区薄</td><td rowspan="2"></td><td rowspan="2">峁的斜坡及沟谷黄土厚度较大，土质不均匀，含水量变化大，稳定性差，湿陷性较大，坡面冲沟发育。凹形坡面水流集中，下切作用较大，多冲沟及陷穴</td></tr>
<tr><td>陕北峁区</td><td>永平以北的黄土地区及黄河南侧切割破碎地带，其中包括山西一部分</td></tr>
</table>

5. 按黄土湿陷性及湿陷等级分类

黄土的湿陷性及湿陷等级的分类，应依据黄土的湿陷系数 δ_S 进行分类，分为非湿陷性黄土和湿陷性黄土两类。其中湿陷性黄土的湿陷等级又可分为湿陷性轻微、湿陷性中等和湿陷性强烈三级，见表 8-1-5。

表 8-1-5　黄土的湿陷性和湿陷性等级分类表

<table>
<tr><th>黄土名称</th><th>湿陷系数 δ_S</th><th>湿陷等级</th></tr>
<tr><td>非湿陷性黄土</td><td>$\delta_S<0.015$</td><td>无</td></tr>
<tr><td rowspan="3">湿陷性黄土</td><td>$0.015\leq\delta_S<0.03$</td><td>湿陷性轻微</td></tr>
<tr><td>$0.03\leq\delta_S<0.07$</td><td>湿陷性中等</td></tr>
<tr><td>$\delta_S>0.07$</td><td>湿陷性强烈</td></tr>
</table>

注：湿陷性系数 δ_S 是指单位厚度的环刀试样在一定压力，下沉稳定后，试样浸水饱和所产生的附加下沉。

三、黄土的特征

1. 黄土的结构

黄土的颗粒组成以粉粒为主，其含量可达 50%~75%。其中，以粗粉粒(粒径 0.01~0.05mm)为主体骨架结构，其含量大于细粉粒(粒径 0.005~0.01mm)的含量，其间零星分布着较大的砂粒。附于砂粒和粗粉粒表面的细粉粒、黏粒(粒径小于 0.005mm，含量一般在 8%~26%)、腐殖质胶体以及大量集合于大颗粒接触点处的各种可溶盐和水分子形成胶结性连接，从而构成了矿物颗粒的集合体。黄土中的粉粒和集合体共同构成了支撑结构的骨架，较大的砂粒则“浮”在结构体中。由于排列比较疏松，接触连接点较少，构成了一定数量的架空骨架，而在接触连接处没有或只有少量胶结物质，如图 8-1-1 所示。常见的胶结物质有聚集在连接点处的黏粒、易溶盐与沉积于此的碳酸钙、硫酸钙(含量一般在 10%~30%)等。

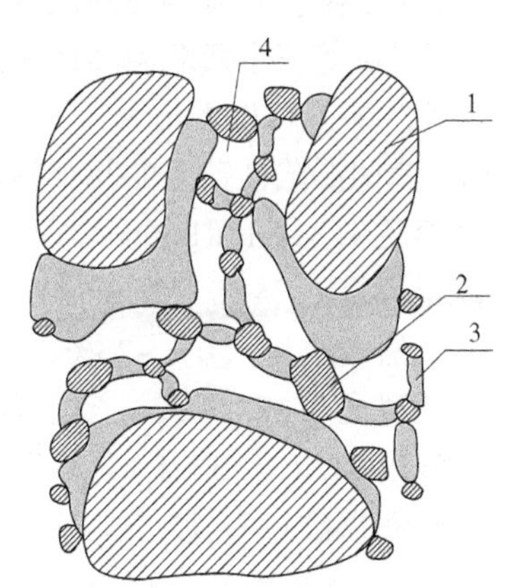

图 8-1-1　黄土结构示意图

1—砂粒；2—粗粉粒；3—胶结物；4—大孔隙

2. 黄土的多孔隙性

黄土结构中的孔隙可分为三类。

(1) 大孔隙：基本上肉眼可见、直径0.5~1.0mm的孔道；

(2) 细孔隙：架空结构中大颗粒的粒间孔隙，肉眼不可见，可在放大镜下观察；

(3) 毛细孔隙：由大颗粒与附在其表面上的小颗粒所形成的粒间孔隙，肉眼更不可见。

上述3种孔隙形成了黄土的高孔隙度，故又称黄土的“大孔土”。黄土的孔隙率变化在35%~40%，有沿深度加深逐渐减小的趋势。在地理分布上有着自东向西、自南向北孔隙率增大的规律。黄土中的孔隙呈垂直或倾斜的管状，以垂直为主，上下贯通，其内壁附有白色的碳酸钙薄膜，碳酸钙的胶结对黄土起着加固土的作用。

3. 黄土的节理

新黄土中原生柱状垂直节理发育，未发现有构造节理。老黄土中普遍发育有斜节理，属构造节理。节理，特别是构造节理，不但对边坡的稳定起到了控制作用，对黄土冲沟的发育和黄土暗穴的形成也常起到控制作用。

4. 黄土的渗水性

由于黄土具有大孔隙及垂直节理等特殊构造，故其垂直方向的渗透性较水平方向大。黄土经压实后大孔构造被破坏，其透水性也大大降低。此外，黏粒的含量也会影响黄土的渗透性。黏粒含量较多的埋藏土及红色黄土经常成为透水不良或不透水土层。

5. 黄土的崩解性

各类黄土的崩解性相差很大，新黄土浸入水中后，很快就全部崩解。老黄土则要经过一段时间才全部崩解。红色黄土浸水后基本不崩解。

6. 黄土的物理特征

表8-1-6是以六盘山、吕梁山、太行山等南北向山脉为界，大体上划分为四大地段，在地段中又以某些具有共性的区域划分若干地区，列出了新疆天山南北、青海柴达木盆地和甘肃河西走廊等三个西北内陆地区的湿陷性黄土物理性质指标统计数值(一般值)。

从表8-1-6可以看出：

(1) 我国湿陷性黄土的几个物理性质(状态)指标的一般值为：

① 容重1.33~1.81g/cm^3，多数为1.40~1.60g/cm^3；

② 干容重1.24~1.52g/cm^3，多数为1.25~1.33g/cm^3；

③ 天然含水量7.0%~23%，多数为12.0%~20.0%；

④ 孔隙比0.78~1.50，多数为0.8~1.2；

⑤ 液限21.7%~32.5%，多数为25%~31%；

⑥ 塑性指数6.7~13.1，多数为8~12。

(2) 我国湿陷性黄土物理性指标(一般指标南北方向)的变化规律大体上是由北向南逐渐增大，孔隙比则由大变小。

(3) 我国湿陷性黄土物理性指标(东西方向)的变化规律(按横穿我国主要黄土区的北纬36°线方向进行比较)，自西而东有陇西区→陇东陕北区→汾河流域区→河北区→山东区。这些地区的物性(状态)指标为：

① 容重基本上自西向东由小变大；

② 天然含水基本上自西向东由小变大；

③ 孔隙比基本上自西向东由大变小；

④ 液限基本上自西向东由小变大；

⑤ 塑性指数大体上自西向东由小变大。

表 8-1-6　我国湿陷性黄土几个主要物理性质指标统计表(一般值)

地区	容重(g/cm³)	干容重(g/cm³)	天然含水量(g/cm³)	孔隙比	液限(%)	塑限(%)	塑性指数
陇西地区	1.33~1.69	1.24~1.43	7.0~18.0	0.90~1.21	23.9~28.5	15.9~17.5	8.0~11.0
宁陕晋北部地区	1.39~1.60	1.30~1.45	7.0~10.0	1.02~1.04	21.7~27.2	14.6~17.5	7.1~9.7
陇东陕北地区	1.43~1.62	1.28~1.37	12.0~20.0	0.80~1.15	25.0~31.0	17.0~18.8	8.0~12.2
关中、豫西地区	1.47~1.67	1.24~1.38	14.0~21.0	0.94~1.12	26.2~31.0	16.7~19.6	9.5~12.2
汾水流域地区	1.45~1.64	1.31~1.38	11.0~19.0	0.94~1.18	25.1~31.0	17.0~17.9	7.7~13.1
晋东南地区	1.54~1.72	1.31~1.40	18.0~23.0	0.85~1.02	27.0~32.5	17.0~19.5	10.0~13.0
豫西北部分地区	1.61~1.81	1.39~1.50	16.0~21.0	0.86~1.07	26.0~32.0	16.0~19.0	10.0~13.0
河北地区	1.55~1.70	1.36~1.41	14.0~18.0	0.85~1.00	25.0~28.7	15.7~16.0	9.0~13.0
山东地区	1.64~1.74	1.41~1.43	15.0~23.0	0.85~0.96	27.7~31.0	18.0~18.1	9.6~13.0
河西走廊地区	1.55~1.67	1.36~1.42	14.0~18.0	—	22.6~32.0	15.9~20.0	6.7~12.0
柴达木盆地	1.35~1.45	1.21~1.30	14.0~20.0	1.01~1.05	24.0~38.0	14.0~25.5	10.0~12.5
天山南北麓	1.54~1.77	1.37~1.52	12.1~16.2	0.78~1.03	22.6~29.8	14.4~18.7	8.2~11.1

四、我国黄土的分布与工程地质分区

1. 中国黄土的分布

我国黄土分布面积约 63×10^4km²，约占中国国土面积的 6.3%，主要分布在北纬 33°~47°，以 33°~47°之间最为发育。在此区域内，一般气候干燥，降雨量少，蒸发量较大，属于干旱、半干旱气候类型。黄土分布在年均降雨量 250~600mm 的地区，年均降雨量小于 250mm 的地区，黄土很少出现，主要为沙漠和戈壁。年均降雨量大于 750mm 的地区，也基本上没有黄土。我国黄土的分布情况见表 8-1-7。

表 8-1-7　中国黄土分布简表

分布区域		黄土分布面积(km²)	黄土状土分布面积(km²)	分布区域简述
松辽平原		11800	81000	长白山以西，小兴安岭以南，大兴安岭以东的松辽平原及其周围山界内侧
黄河流域	下 游	26000	3880	三门峡以东，太行山东麓，冀北山地南麓，以及河北北部和山东丘陵地带
	中 游	275600	2400	乌鞘岭以东，三门峡以西，长城以南和秦岭以北
	青海高原	16000	8800	刘家狭，亨堂以西地区，湟水流域和青海湖附近

续表

<table>
<tr><th colspan="2">分布区域</th><th>黄土分布面积(km^2)</th><th>黄土状土分布面积(km^2)</th><th>分布区域简述</th></tr>
<tr><td colspan="2">甘肃河西走廊</td><td>1200</td><td>15520</td><td>乌鞘岭以西，玉门以东，北山以南，祁连山以北的走廊地带</td></tr>
<tr><td rowspan="2">新疆</td><td>准格尔盆地</td><td>15840</td><td>91840</td><td>天山以北地区</td></tr>
<tr><td>塔里木盆地</td><td>34400</td><td>51000</td><td>天山以南地区</td></tr>
<tr><td colspan="2">总 计</td><td>380840</td><td>254440</td><td></td></tr>
</table>

2. 中国湿陷性黄土的工程地质分区

我国的湿陷性黄土共包括Ⅰ~Ⅷ共8个工程地质区，表8-1-8列出了8个工程地质分区的相关工程地质特征。

表8-1-8 中国湿陷性黄土的工程地质分区表

<table>
<tr><th>分区</th><th>亚区</th><th>地貌</th><th>黄土层厚度(m)</th><th>湿陷性黄土层厚度(m)</th><th>工程地质特征</th></tr>
<tr><td rowspan="2">陇西地区Ⅰ</td><td rowspan="2"></td><td>低阶地</td><td>4~25</td><td>3~16</td><td rowspan="2">自重湿陷性黄土分布很广，湿陷性黄土层厚度通常大于10m，湿陷等级多为Ⅲ~Ⅳ级，湿陷性敏感</td></tr>
<tr><td>高阶地</td><td>15~100</td><td>8~35</td></tr>
<tr><td rowspan="2">陇东—陕北—晋西地区Ⅱ</td><td rowspan="2"></td><td>低阶地</td><td>3~30</td><td>4~11</td><td rowspan="2">自重湿陷性黄土分布广泛，湿陷性黄土层厚度通常大于10m，湿陷等级一般为Ⅲ~Ⅳ级，湿陷性较敏感</td></tr>
<tr><td>高阶地</td><td>50~150</td><td>10~15</td></tr>
<tr><td rowspan="2">关中地区Ⅲ</td><td rowspan="2"></td><td>低阶地</td><td>5~20</td><td>4~10</td><td rowspan="2">低阶地属非自重湿陷性黄土，高阶地和黄土塬多属自重湿陷性黄土。湿陷性黄土厚度：渭北地区一般大于10m，在渭河流域两岸多为4~10m，秦岭北麓有的小于4m。湿陷等级一般为Ⅱ~Ⅲ级，自重湿陷性黄土层一般埋藏较深，湿陷发生较迟缓</td></tr>
<tr><td>高阶地</td><td>50~100</td><td>6~23</td></tr>
<tr><td rowspan="3">山西地区Ⅳ</td><td rowspan="2">汾河流域区Ⅳ$_1$</td><td>低阶地</td><td>8~15</td><td>2~10</td><td rowspan="3">低阶地属非自重湿陷性黄土，高阶地(含山麓堆积)多属自重湿陷性黄土。湿陷性黄土厚度多为5~10m，个别地段小于5m或大于10m。湿陷等级一般为Ⅱ~Ⅲ级。在低阶地新近堆积(Q_4^2)黄土分布较普遍，土体结构松散，压缩性高</td></tr>
<tr><td>高阶地</td><td>30~100</td><td>5~20</td></tr>
<tr><td>晋东南区Ⅳ$_2$</td><td></td><td>30~53</td><td>2~12</td></tr>
<tr><td>河南地区Ⅴ</td><td></td><td></td><td>6~25</td><td>4~8</td><td>一般为非自重湿陷性黄土，湿陷性黄土厚度一般为5m，土结构较密实，压缩性较低。部分新近堆积黄土压缩性较高</td></tr>
<tr><td rowspan="2">冀鲁地区Ⅵ</td><td>河北区Ⅵ$_1$</td><td rowspan="2"></td><td>3~30</td><td>2~6</td><td rowspan="2">一般为非自重湿陷性黄土，湿陷性黄土厚度一般小于5m，局部地段为5~10m，湿陷等级一般为Ⅱ级。土结构较密实，压缩性低。在黄土边缘地带及鲁山北麓的局部地段，湿陷性黄土层薄，含水量高，湿陷系数小，湿陷等级为Ⅰ级或不具湿陷性</td></tr>
<tr><td>山东区Ⅵ$_2$</td><td>3~20</td><td>2~6</td></tr>
</table>

续表

分区	亚区	地貌	黄土层厚度(m)	湿陷性黄土层厚度(m)	工程地质特征
北部边缘地区Ⅶ	宁-陕区Ⅶ$_1$		5~30	1~10	多为非自重湿陷性黄土，湿陷性黄土厚度一般小于5m，湿陷等级一般为Ⅰ~Ⅱ级。土的压缩性低。土的含砂量较多，湿陷性黄土分布不均匀
	河西走廊区Ⅶ$_2$		5~10	2~5	
	内蒙古中部-辽西区Ⅶ$_3$	低阶地	5~15	5~11	靠近山西、陕西一般为非自重湿陷性黄土，湿陷等级一般为Ⅰ级。湿陷性黄土厚度一般为5~10m。低阶地新近堆积(Q_4^2)黄土分布较广，土体结构松散，压缩性较高；高阶地土体结构较密实，压缩性较低
		高阶地	10~20	8~15	
	Ⅶ$_4$		5~35	1.2~16	多为自重湿陷性黄土，湿陷性黄土厚度一般为5~10m，湿陷等级一般为Ⅱ~Ⅲ级。压缩性较高，部分地区含砂量较大
新疆地区Ⅷ			3~30	2~10	一般为非自重湿陷性黄土，湿陷等级为Ⅰ~Ⅱ级，局部为Ⅲ级。湿陷性黄土厚度一般小于8m，黄土层厚度和湿陷性变化大。主要分布于沙漠边缘，冲、洪积扇中上部，河流阶地和山麓斜坡，北疆呈连续条状分布，南疆呈零星分布

第二节 黄土的不良地质现象

黄土的不良地质现象主要包括三种，即黄土的湿陷件、黄土微地貌和黄土边坡的变形破坏。

一、黄土湿陷性

1. 黄土的湿陷机理

黄土的湿陷现象是内因和外因共同作用的结果。从内因上说，该现象是由黄土的物理性质决定的；从外因上说，是由外部压力和水共同作用的结果。黄土是在气候干燥、降水稀少、蒸发量大的干旱和半干旱地区形成的，由于土层中水分不断减少、盐类析出、胶体凝固，产生加固黏聚力，在土层厚度不大的情况下，上覆土层的重量不足以克服下面土层的加固黏聚力，从而保持着较松散的状态，即土层处于欠压密状态。一旦浸水，土中含水量急剧增大、盐类溶解，黏土颗粒的胶结作用减弱，使得加固凝聚力减弱或消失，从而产生湿陷。这就是湿陷性黄土产生湿陷的机理。

2. 黄土的湿陷原因

导致黄土湿陷的主要原因有黄土的力学性质、黄土浸水湿化及土体内部结构三方面。

1）黄土的力学性质

黄土在浸水湿化以及外部荷载等因素作用下使得其内部应力发生变化，当剪应力超过抗剪强度时，就会引起湿陷。

2）黄土浸水湿化

黄土内部被水浸泡、湿化，摩擦力逐渐降低，外部扰动(如荷重扰动)的作用便会诱发湿陷，如图 8-2-1 所示。

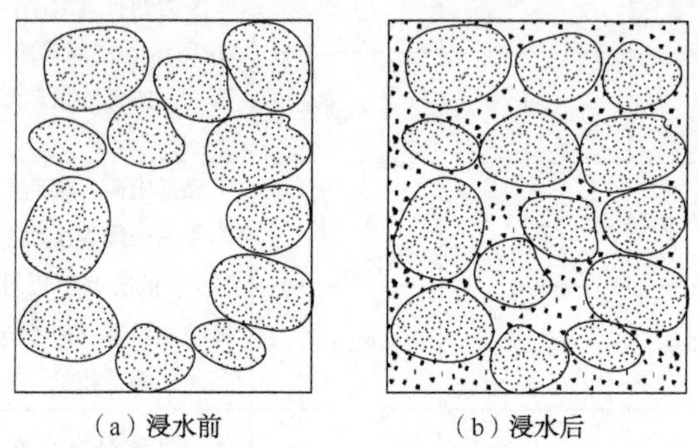

（a）浸水前　　（b）浸水后

图 8-2-1　黄土浸水前后土体结构变化示意图

3）土体内部结构

湿陷是黄土骨架颗粒间胶结强度弱化与天然结构的崩解。在湿陷变形过程中，不仅有颗粒间的相对滑移，还有小颗粒落入架空孔隙和大孔隙的跃迁。黄土骨架颗粒间胶结物质被水溶解或胶结强度降低，其剩余的强度不能与外加荷载平衡，而造成整个结构破坏。

3. 黄土湿陷性随其影响因素的变化规律

影响黄土湿陷性主要有四个因素，即压力(荷载)、深度、孔隙比和含水量。

1）压力(荷载)

黄土的湿陷系数随压力的增加而增大。当压力达到某一定数值时，湿陷系数达到最大值，随后随压力的增加开始逐渐减小。只有在压力恰好等于峰值湿陷系数的压力时，土样的湿陷作用发展得最充分，湿陷系数最大。只有当压应力超过湿陷起始压应力而又不大于湿陷终止压应力时，饱和浸水才可能产生相当于不小于 0. 015 的湿陷变形。因此，在工程建设中要选择合适的地基压应力，尽量使压应力值小于湿陷起始压应力或者大于湿陷终止压应力，可以减小湿陷对工程建设带来的不利影响。

2）深度

一般情况下，黄土随着深度的增加，其湿陷性将逐渐减弱。深度越大，其湿陷性就越不明显，黄土的工程性质就越好。在相同荷载作用下，湿陷性黄土的压缩量随着深度的增加而减小。

3）孔隙比

孔隙比越大，黄土的湿陷系数越大，表层土的孔隙比及湿陷系数越大。初始孔隙比和湿陷系数有随深度增加而减小的趋势。

4）含水量

黄土的湿陷性随其天然含水量的增加而减弱。天然含水量相同时，黄土的湿陷性则随浸湿程度的增加而增强。试验证明，压力一定时，当湿陷性黄土的含水量在湿陷起始含水量与饱和含水量之间变化时，湿陷系数与含水量之间呈线性关系。

4. 黄土高原黄土的湿陷性特征

表 8-2-1 为我国黄土高原黄土湿陷性分区特征情况。

表 8-2-1 中国黄土高原黄土湿陷性分区特征表

分区		黄土厚度(m)	地貌类型	地层结构	物质成分					湿陷性	
					颗粒组成(%)			易溶盐		湿陷厚度(m)	湿陷系数
					>0.05mm	0.05~0.005mm	<0.005mm	类型	含量(%)		
Ⅰ湟水区		100	黄土梁	全新世、马兰黄土发育	23.47	56.16	20.37	Cl^-，SO_4^{2-}型	>0.50	10~27	0.09
Ⅱ陇西区	北部亚区	100~300	黄土塬黄土梁	古土壤层不发育	25.4	63.1	11.5	SO_4^{2-}，Cl^-型	0.50	27	0.08
	南部亚区	20~100	黄土梁	缺乏午城黄土	24.97	56.44	18.59	SO_4^{2-}型	0.40	20	0.06~0.07
Ⅲ宁南陕北区		100~200	黄土梁峁	全新世、马兰黄土发育	23.62	60.69	15.69	SO_4^{2-}，CO_3^{2-}型	0.3~0.5	9~20	0.06~0.08
Ⅳ陇东陕中区		130~180	黄土塬	古土壤层发育	6.8	65.8	27.4	CO_3^{2-}型	0.40	9~20	0.05~0.07
Ⅴ晋中区		60~100	黄土梁峁	古土壤层发育	27.19	53.72	19.09	CO_3^{2-}型	0.25	10~17	<0.06
Ⅵ豫西区		<60	黄土梁峁	古土壤层发育	5	<75	>20	CO_3^{2-}型	<0.25	8	0.05~0.04

二、黄土微地貌

黄土微地貌又称黄土喀斯特地貌，广泛分布于我国黄土地区。

1. 黄土微地貌的形态

黄土微地貌形态主要有黄土蝶形洼地、黄土陷穴、黄土井、黄土桥、黄土柱、黄土墙、盲沟、水涮窝、跌穴、潜蚀沟等类型。

1）黄土蝶形洼地

黄土蝶形洼地是一种深度远小于直径的蝶形洼地，直径几米至几十米、深零点几米至几米，多见于黄土塬、梁的顶部或鞍部相对缓得低洼地带，呈单体散布，如图 8-2-2 所示。

2）黄土陷穴

黄土陷穴是黄土蝶形洼地的进一步发展，深度略小于直径，直径几米至几十米。陷穴多具出水口，其出口往往是下一个陷穴的洞底。黄土陷穴呈个体散布、群体成片状或串珠状，如图 8-2-3 所示。

图 8-2-2　黄土蝶形洼地

图 8-2-3　黄土陷穴

3）黄土井

黄土陷穴是黄土陷穴向下发展形成的深度大于井径若干倍的陷阱，如图 8-2-4 所示。其直径几米至几十米，深度可达数十米。井缘清楚，井壁直立，井深度大，往往切入老黄土或基岩顶面，井与井间以地下暗沟(盲沟)相连。

4）盲沟

黄土蝶形洼地、黄土陷穴、黄土井的底部都有通向下坡或沟槽的通道，通道末端有出水口，如图 8-2-5 所示。在水流作用下，地下通道不断扩大形成地表看不见的地下暗沟即为盲沟。

图 8-2-4　黄土井

图 8-2-5　黄土盲沟出水口

5）黄土桥

地下通道长度很短时，形成穿洞。随着穿洞的不断扩大，其上方土体又未塌落，上部残留的土体形似土桥，即称之为黄土桥，如图 8-2-6 所示。

6）黄土潜蚀沟

多个黄土陷穴、黄土井、残穴、残井成串地在地面上下联通成沟，进而与下游大沟沟通。在其沟底，雨季时有向沟口流动的水流，此类沟即为潜蚀沟，如图 8-2-7 所示。

图 8-2-6　黄土桥

图 8-2-7　黄土潜蚀沟

7）黄土墙、柱

沿同一组两组黄土构造节理向两侧崩塌，形成长度远大于宽度、平直或偶有拐弯的土墙，即为黄土墙，如图 8-2-8 所示。其高度 1～20m、长 5～100m 或更长。黄土墙进一步坍塌，或有残井、穴间的土体侵蚀成为高度大于长和宽度的土柱，如图 8-2-9 所示。

图 8-2-8　黄土墙

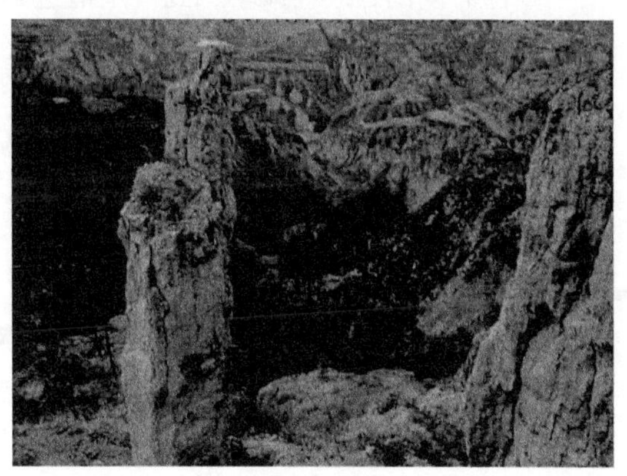

图 8-2-9　黄土柱

8）黄土水涮窝

为直立的半圆形黄土凹槽，分布在黄土陡崖的立壁或地埂上，如图 8-2-10 所示。

2. 黄土微地貌的形成原因

1）形成条件

（1）黄土结构疏松，胶结程度差，颗粒以粉砂为主，节理发育，含易溶盐，为微地貌形成创造了基本条件；

图 8-2-10　黄土塬畔的水涮窝

(2) 下渗水带走黄土中的粉砂颗粒，溶解易溶盐，潜蚀节理，从而决定了黄土微地貌的发生；

(3) 黄土微地貌的普遍发育所产生的集中渗流和水平定向径流通道的构造节理，控制了黄土微地貌；

(4) 既要有供水区和排水区，又要有水力坡度，地形条件也是不可缺少的。

以上 4 个条件的共同存在与作用导致了黄土微地貌的形成。

2) 影响黄土微地貌的形成因素

研究结果表明，黄土的构造节理、疏松结构及其渗透、崩解特性是使黄土微地貌发育并具有特殊形态结构的内在因素，干旱多暴雨的降雨特性和起伏破碎的地形结构是使黄土微地貌发育的外部因素，人为活动、动物孔穴、临空面附近的风化、卸荷和滑塌节理对其也有影响。

(1) 构造节理。

黄土构造节理的发育与黄土的颗粒成分、胶结形式、容重、膨胀性等有关。黏粒成分越高，容重越大，则膨胀性越强，构造节理也越发育。沟边、塬畔等处常因水分变化频繁和重力作用，使节理卸荷或风化后开启显得密集，而又易张开成缝。

(2) 黄土渗透率。

黄土渗透率有如下特点：

① 随时间的延续而减小，到一定值达到稳定的渗透率。原状新黄土的渗透率一般为 5~9mm/min，最大初渗率 13mm/min；老黄土较紧密，一般为 1~2mm/min。土壤表层的稳渗率为 2~4mm/min。

② 渗透率在垂直方向大于水平方向，两者相差数倍到十数倍，且呈先后衔接的两阶段进行。

③ 黄土渗透性有随深度而减弱的趋势，尤以垂直方向的减弱最明显。这主要与渗透过程中的土粒膨胀和渗透压密的作用有关。

节理和黄土的渗透性特点，是黄土微地貌能够形成，并随不同土层和土层的不同部位而各具特点的重要原因。地面聚集的径流渗入土体后，先以垂直入渗为主并逐渐减弱，到一定程度或当遇到不透水层和构造节理时，即发生水平侧渗，以致形成陷穴。

(3) 崩解性和抗冲性

浸水容易崩解，是黄土的又一特征。崩解性反映了黄土抗冲性的强弱。新黄土遇水崩解最快，多在 1~2min 即可全部崩解；老黄土要在 3~5min 全部崩解。崩解过程主要是浸水后，土粒周围迅速加厚的水膜对土粒间连接或盐晶裂隙的楔入和窒息空气压力作用的结果。老黄土黏粒含量高而紧密，崩解较慢，洞穴发育亦弱。黏黄土也有类似特点。砂黄土崩解率较快、抗冲性弱、塑性弱、固结性差，构造节理不甚发育，易形成跌穴而不宜形成陷穴。

(4) 降雨特征。

暴雨的强度和历时对微地貌侵蚀的发育程度和类型均有影响。高强度和短历时的暴雨，有利于地面径流和冲刷，因而有利于沟穴的发展和跌穴的发育；而长历时的持续性降雨，则有利于径流的下渗，尤其当沿黄土节理或裂缝中和不同土层间的水分增多时，就容易形成陷穴侵蚀及滑坡、崩塌等重力侵蚀。研究表明，年降雨量的多少也是影响当地黄土微地貌现象发育程度的重要因素。如对于年降雨量为 607~635mm 的湿润、半湿润地区，其黄土微地貌密度为 71.7~582.3 个/km^2；而对于年降雨量为 40~400mm 的干旱、半干旱地区，其黄土微地貌密度为 3.7~124 个/km^2。前者的降雨量和黄土微地貌密度，均高出后者的降雨量和黄土微地貌的密度 2~5 倍。两者降雨量之比和黄土微地貌密度之比大体对应。

（5）地形结构。

在各种地形要素中，坡形和地面波折情况对黄土微地貌发育的影响最为明显。黄土蝶形洼地、黄土陷穴、黄土井等不同类型的黄土微地貌现象发育的坡形是不同的：陷穴以凹形和凸形坡为主，常见于塬畔、沟掌、沟坎等地形的边缘部位。黄土井集中发源于塬畔、梯田、阶地和深沟缘等地形处。黄土蝶形洼地仅见于低洼平缓部位。黄土蝶形洼地、黄土陷、穴、黄土井都有地下穴道和出水口，其发育深度受出水口基面控制；出水口位置均高于附近沟床且与穴底保持一定高差，没有出水口就不能发育黄土蝶形洼地、黄土陷穴、黄土井。

3. 黄土微地貌的演化过程

黄土微地貌的演化过程大致可分为 4 个阶段，如图 8-2-11 所示。

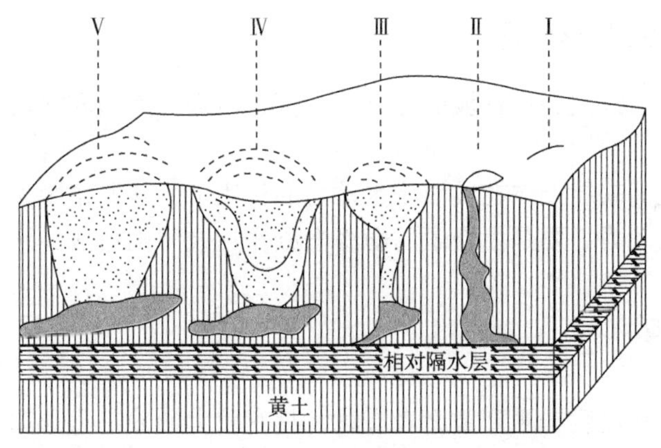

图 8-2-11　黄土微地貌形成过程示意图

Ⅰ—黄土构造节理及井槽；Ⅱ—黄土蝶形洼地；Ⅲ、Ⅳ—黄土陷穴；Ⅴ—黄土井

1）第一阶段：隐伏潜蚀期(图 8-2-11 中Ⅰ)

在这一阶段中，地表水沿构造节理下渗，浸润黄土和溶解黄土中的易溶盐类，带走大量黏土物质，使构造节理扩宽张开。因节理张开度不大，加上人类生产活动，地表无明显黄土微地貌显示。

2）第二阶段：地表塌陷潜蚀前期(图 8-2-11 中Ⅱ)

节理的扩宽张开为增大地表水的下渗创造了条件。在下渗水的作用下，更多的黄土颗粒随水加速向下运移至相对隔水层，受阻后产生水平径流，并潜蚀黄土构造节理的两壁，使节理底部空间加大成为黄土洞穴，在重力或地震力作用下，洞顶土体塌陷至地表，形成黄土蝶形洼地(到第三阶段它们又发育成黄土井)。

3）第三阶段：地表塌陷潜蚀后期(图 8-2-11 中Ⅲ)

黄土蝶形洼地的形成，为地表水的聚集提供了场所。蝶区土体塌陷的裂隙及加宽了的构造节理，为下渗水疏通了通道。地表一旦积聚水体，水即顺裂隙急速下渗并带走大量的黄土颗粒，受阻后水平径流流量及其潜蚀能力也随水量的增加而增加，致使黄土蝶形洼地深部已形成的空间迅速扩大。在重力作用下，黄土蝶形洼地顶部土体再次向深部坍落，形成深度大于宽度的陷穴，进而发展成为黄土井。此时，由于增加了从黄土陷穴和黄土井直接流入的地表水，遇隔水层受阻的水平径流的水量大增，黄土构造节理两壁开始受到水的机械侵蚀。沿黄土构造节理一线发生的黄土陷穴、黄土井、黄土蝶形洼地，在隔水层附近贯通，成为隐伏于地下的黄土盲沟，构成一定范围内的地下汇水流域，并在排水区形成出水口。

多数盲沟通向地表的窗口——陷穴和井，在重力作用和垂直水流潜蚀作用下进一步坍塌，使陷穴与陷穴、陷穴与井、井与井之间成为黄土桥。此阶段常造成大量的地面塌陷和裂缝。

4）第四阶段：地表水潜蚀阶段(图 8-2-11 中Ⅳ、Ⅴ)

随着地表垂直水流的潜蚀作用和重力作用的加强，黄土桥顶部坍塌形成潜蚀沟。较长的潜蚀沟多是由几个黄土陷穴间的黄土桥塌落相连而成的。潜蚀沟形成后，地表垂直水流和地下水平径流都转变为地表水平径流，加上重力的作用，两条潜蚀沟间的土体逐渐变窄成为黄土墙。黄土墙在地表水流和重力的作用下，会沿一组或几组构造节理塌落成为黄土柱。

三、黄土边坡的变形破坏

黄土边坡的破坏形式主要包括坡面冲刷、剥落、滑塌、崩塌和滑坡五种。

1. *坡面冲刷*

坡面冲刷是指坡面表层土体在坡面流水动力的作用下，从原位脱离而遭到流失破坏的现象。其中，坡面流水动力主要是由降雨的雨滴击溅作用及降雨形成的坡面径流的水流冲蚀产生的。

1）坡面冲刷机理

（1）雨滴溅蚀。

雨滴以一定质量和速度击溅到黄土表层时，具有较大的冲击力和动能，特别是在暴雨情况下表现得尤为明显。当雨滴打击坡面土粒或坡面薄层水流时，能使土体团粒分散，飞溅到四周，产生溅蚀，并使薄层水流产生强烈紊动，增加水流的挟带能力，对表土产生冲蚀。从能量角度看，雨滴溅蚀表土的过程就是雨滴冲量、动能耗散的过程。一般情况下，降雨越大，其动能越大，雨滴溅蚀量也就越大，对表土的溅蚀作用越强烈。另外，总雨量越大(即同一强度的降雨持续时间越长)，单个雨滴动能虽未增加，但雨滴总数增多，降雨总动能就变大，雨滴溅蚀破坏力也就相应增大。除此之外，雨滴溅蚀还与坡度有明显关系。如果坡度大，雨滴落地时的入射角就大，沿分散±粒方向的分力也大，相应的雨滴击溅的作用就越强。

雨滴溅蚀基本上均布于地表，其对坡体上部的破坏性较之于坡体下部更大。这是因为，从表土击溅而起的土粒向下移动的距离和数量远远大于其向上移动的距离和数量。因此，坡体顶部、上部等比较高一些地段的溅蚀量远远大于沉积量，击溅破坏情况比较严重。而由坡体上部溅蚀下来的土粒流向并沉积到坡体下部，从而使坡体下部的沉积量大干溅蚀量，破坏情况相对轻微得多。

(2) 水流冲蚀。

冲蚀并不像溅蚀那样均布于地表，它是在降雨持续一定时间后，先将坡面表层的一些小洼地连接起来，然后随着降雨的增多，不断挟带、冲蚀由溅蚀而分离的土粒，逐渐冲刷、掏蚀表层坡体，形成数目众多、宽细深浅不一的细沟，造成各种各样的坡面侵蚀破坏形态。水流的破坏作用细分为以下4类。

①推离作用。坡面径流流经表土时具有一定流速，会对土粒产生一个推力。同时土粒是有质量的物体，自身由于摩擦作用对水流会有一个相应的抗力。当水流的推力大于土拉的抗力时，土粒就被冲离原位，出现冲蚀破坏。

②上举作用。当坡面径流流过表层较大土粒或土块时，由于土粒或土块顶部流速大，底部流速接近于零，流速相差较大，从而在顶、底两层水流之间产生向上的压力差，把土粒从原位上举分离。若上举力大于或等于重力，土粒会以悬浮状态随水流移动；若小于重力，土粒则下沉。另外，径流速度减小时，上举力也会相应减小。

③摩擦作用。坡面径流流动时，所挟带的砂、砾对细沟具有一定的摩擦力和强烈的撞击力，从而不断侧蚀沟壁、掏蚀沟底，对坡体结构造成破坏。且坡体径流量越太，流速越高，挟沙能力越强，摩攘侵蚀作用就越明显。

④溶蚀作用。在坡面径流移动的过程中，还会有一部分水流下渗。渗入黄土的水流会溶解土体结构中的易溶盐及各类矿物形成的胶结物，使之到达土颗粒表面，进一步破坏土粒间的联结薄膜，大大降低了土体的抗剪强度，对土体造成破坏。

2) 坡面细沟的发育过程

由于黄土坡面的产流方式以超渗产流为主，降雨开始后，坡面产流极为迅速。试验表明，坡面细沟的发育过程，坡面经历了面蚀、细沟雏形、细沟发育和细沟调整四个阶段，如图8-2-12所示。

(1) 面蚀阶段。

降雨开始后，雨滴打击坡面，溅起散状土粒，但这一现象被迅速出现的片流掩盖，如图8-2-12(a)所示。斑状片流最早出现于坡顶与中部，在降雨经过一段时间后，坡面顶部开始向下产流，坡面形成在横向分布均匀的坡面流。在缓坡面上可以明显看到由于雨滴击溅而出现的泥浆漩涡，而在陡坡面上坡面流成层状，不能明显看到雨滴击打坡面的痕迹。坡面中下部在坡面流的冲刷下出现明显零星的低凹处，它的出现破坏坡面流在横向的同步性，坡面流流经之后形成形态不一的股流。坡面低凹的地方出现小跌水，由此引发跌坎的形成，跌坎的出现表明细沟侵蚀开始发育。此过程定义为面蚀阶段；

(2) 细沟雏形阶段。

早期跌坎在横向出现，没有规律性，随机出现，在纵向上主要集中于坡面的中下部。因为跌坎的出现，其周围尤其上方明显地势偏低，坡面股流会因此而显现方向。股流出现的方向逐渐形成串状的跌坎，如图8-2-12(b)所示。已有研究用最小耗能原理解释此现象，随着降雨的继续进行，串状的跌坎发展到坡面中上部，就其发展方向可以看出细沟形态迹象。此时中下部最早出现的跌坎已经开始向上溯源侵蚀。以单处跌坎进行溯源侵蚀为标志，将此过程定义为细沟雏形阶段。

(3) 细沟发育阶段。

跌坎溯源侵蚀迅速进行，展开细沟长度，形成断续的细沟。跌坎之间进行串通，使断续的细沟连接成为有一定长度规模的完整细沟，如图 8-2-12(c)所示。然而与此同时，细沟不但长度增加，还包含 3 种侵蚀现象：①溯源侵蚀剧烈，一些坡面细沟已发育到距离坡顶附近；②同时在细沟间的层状坡面流作用下，出现新的跌坎，但深度很小，并不断串通，在细沟间形成较小细沟；③已经发育的细沟，由于细沟流对沟底冲刷使细沟深度加深。在此细沟发育过程中，侵蚀方式包括溯源侵蚀、下切侵蚀与细沟间的面蚀，将此过程定义为细沟发育阶段。

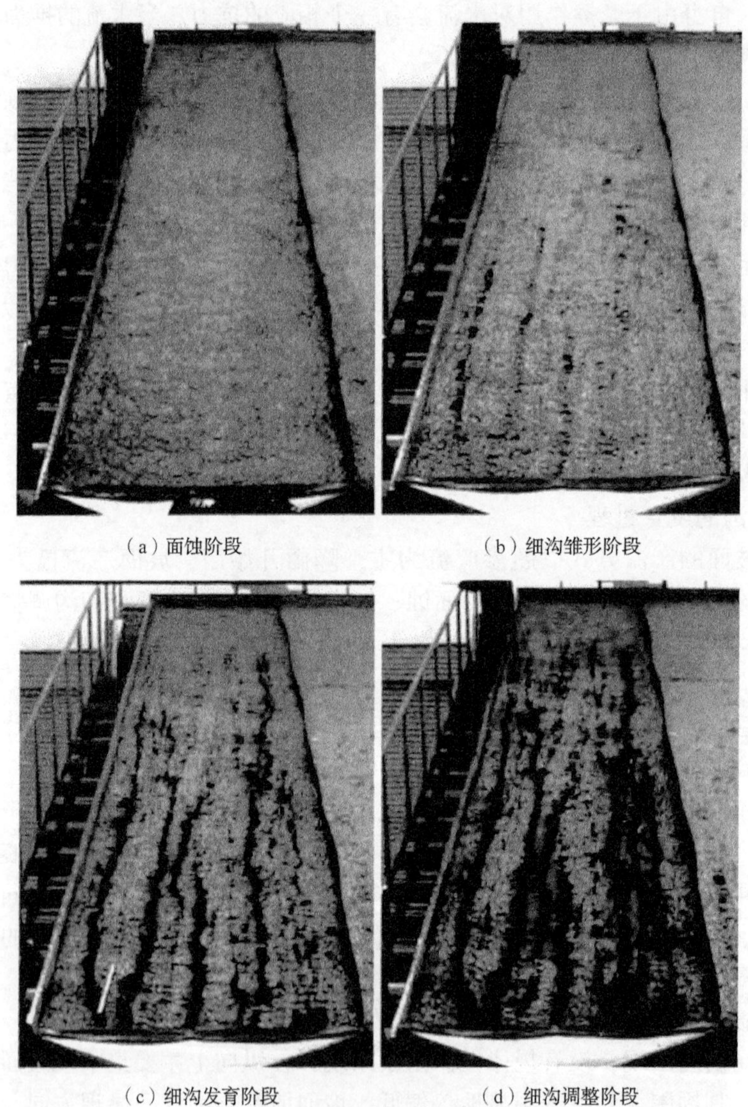

（a）面蚀阶段　（b）细沟雏形阶段

（c）细沟发育阶段　（d）细沟调整阶段

图 8-2-12　黄土坡面细沟发育过程中的形态演变示意图

(4) 细沟调整阶段。

在降雨的后期，细沟发展到一个相当稳定的长度，看不到明显的溯源侵蚀，如图 8-2-12(d)所示。研究表明，集中流的形成与侵蚀的出现需要一定的坡面长度，这一长度随着坡度的改变而改变。坡面径流主要以细沟流的形式汇入出水口。在此过程中，细沟流对已经发育的细沟进行一些部位调整。细沟流主要对细沟底部与内壁进行冲刷，由于两侧对细沟壁的掏蚀，细沟壁在重力作用下，稳定性变差而塌陷，尤其在两个跌坎之间发育而成的细沟沿更为脆弱；同时细沟间汇流面积很小，坡面降雨从横向两侧进入细沟，形成侧面跌水，即使跌水能量很小，但也会促进细沟的扩宽发育。将此过程定义为细沟的调整阶段。

3）坡面冲刷侵蚀的主要影响因素

坡面冲刷侵蚀的主要影响因素包括坡顶汇水面积、边坡坡场合坡度、植被覆盖情况。

（1）坡顶汇水面积。

除边坡坡面范围以内的坡面流水能够造成严重的坡面侵蚀外，边坡坡顶上游有汇水区且汇水区内的水流流向边坡时，也加重了坡面侵蚀的力度。这是因为，在原有雨滴溅蚀和水流冲蚀的破坏基础上，又累加了一层水流冲蚀破坏效果。且汇水面积越大，对边坡坡面造成的破坏程度越高。

（2）边坡坡长和坡度。

经验表明，一般当坡面长度小于 8m 时，冲刷破坏较轻微，当坡面长度大于 8m 时，冲刷破坏加剧，尤其是 8m 以下的坡体冲刷情况更甚。对于设有多级边坡平台的高边坡，多从第 2 个边坡平台向下的坡面开始，破坏逐渐加剧；下一级边坡平台坡面比上一级边坡平台坡面破坏程度严重；最下部坡面剥落、冲刷很发育。坡顶有汇流区时，坡面冲刷更严重，但当长度大于 24m 时，由于坡面阻力和水流内部摩阻作用，坡面冲刷破坏现象反而有所减轻。且坡面越大，路径越长，能量消耗越多，冲蚀破坏能力却越来越弱。在坡顶无汇水的情况下，其破坏主要集中干坡面下部，坡面中上部则基本完好。当边坡坡度很小时，坡面径流的冲蚀能力较弱，侵蚀力较小。当边坡坡度大于一定值后，随着坡度的增加，水流速度增大，坡面径流的冲蚀能力越强，侵蚀破坏力越大。但当边坡坡度大于坡面侵蚀的临界坡度时，若没有额外的汇水，随坡度增加，坡面实际的受雨面积将显著减少，坡面径流量的冲刷动能减小，相应地，坡面侵蚀破坏力度变小。

（3）植被覆盖情况。

坡面植被发育时，雨滴只有经过植物的叶、茎、杆才能到达地面。这样就削弱了雨滴的动能，降低了雨滴的溅蚀力。并有部分雨水被植被截留，使得坡面径流量相对减少。另外，植被增加了水流的径流阻力，使其流速减小，相应就对坡面的冲刷变弱。而且在植被枯死后，腐化分解得到的腐殖质能够改善土粒结构，增加吸水性能，相应地也就降低了坡面的径流量。

2. 剥落

剥落作为黄土边坡坡面破坏形式之一，普遍存在于黄土地区的边坡中。边坡剥落的发生不仅关系到黄土坡面及坡体的稳定，而且关系到管道的安全运营。黄土高边坡剥落的形式主要有片状剥落、层状剥落和鳞片状剥落等几种。

1）剥落的基本特点

黄土坡面剥落与坡面的风化程度等因素有关，一般阳坡面比阴坡面剥落严重，坡面的坡度变化位置较其他位置剥落严重，黏粒含量大的易剥落，含盐量高的易剥落；

2）剥落的形成机理

基于黄土本身的工程特性，开挖高陡黄土边坡会影响边坡的整体性。在开挖的过程中，由于未及时防护及表层水分蒸发的差异性(主要为黏粒含量及含水量差异)，会在局部形成一层硬壳。加上昼夜温差变化引起的热胀冷缩，雨水冲刷或其他各种外界因素的共同作用，使硬壳逐渐与下部土体分离，在风、水及自重力的作用下，沿较陡坡面堆积于坡脚。

3）剥落的类型

(1) 片状剥落。

多发生在新黄土中。由于昼夜温差较大，边坡表面随之发生收缩和膨胀。多次反复作用后，造成表层破裂，从而形成坡面的片状剥落。此外，冻结及融化的循环作用，也会造成边坡剥落。

(2) 层状剥落。

多发生在有砂黏土和黏砂土互层的冲积黄土中。由于两种土的收缩膨胀性不同，易产生层状剥落。

(3) 鳞片状剥落。

由于黄土中所含易溶盐受热蒸发后，集中于表面形成结晶而膨胀，再经雨水溶滤而收缩，多次反复作用后，使表层隆起松动，形成鱼鳞状剥落。

3. 滑塌(坍塌)

滑塌是黄土边坡中常见且危害较大的破坏形式之一。

坡体一定部位发育节理裂隙，雨水或坡表水下渗侵蚀，使裂缝进一步发育而切割下部坡体，在自重应力或其他外力作用下，下部率先坍塌，上部失去支撑而发生由下而上的逐层坍塌，如图 8-2-13 所示。坍塌发生后，会形成一定的临空条件而诱发滑坡。

4. 崩塌

陡坡上被直立裂缝分割的坡体，因根部空虚而产生折断压碎或局部移滑，失去稳定，引发突然脱离母体向下倾倒、翻滚并堆积在坡脚(或沟谷)，此种地质现象称为崩塌。

1）崩塌的基本特点

崩塌所在坡体陡直且高差较大，或坡体成孤立山嘴，或凹形陡坡，坡顶黄土垂直节理裂隙发育，受水或自重应力作用演变成切割坡体的裂缝；

2）崩塌形成机理

坡面陡直，边坡具备一定的临空条件，坡顶黄土垂直节理或裂隙发育，在雨水或地表水下渗侵蚀作用下，裂缝贯通，在地震、水流冲刷坡脚或人类工程活动的诱发下，极易发生崩塌，如图 8-2-14 所示。

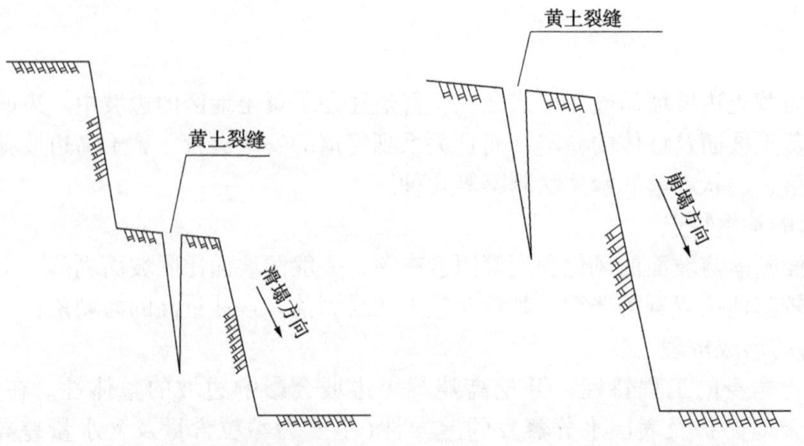

图 8-2-13　黄土边坡滑塌意图　　图 8-2-14　黄土边坡崩塌意图

5. 滑坡

黄土滑坡是黄土地区广泛发育的一种地质灾害，是一种典型的、至今难以根除的灾害现象。因黄土的特有结构，后缘极易拉裂，地表水极易下渗至坡体，造成坡体加重，岩土强度降低，在外力诱发下发生滑坡灾害。

1）滑坡的基本特点

黄土滑坡主要有两类：

（1）黄土隔水层滑坡。此类边坡，因黄土下卧的岩层或黏土层具有很强的隔水性，地下水在运移过程中在黄土基岩(黏土)接触带上受阻富集，使接触带进一步软化，并在此处发生剪应力集中，形成软弱易滑层，边坡整体极易沿此层发生破坏。此类滑坡后壁往往异常陡直，如图 8-2-15 所示。

（2）黄土透水层滑坡。当黄土层中夹有砂土层时，在地下水作用下，坡脚一旦失去支撑，容易形成崩塌性滑坡，如图 8-2-16 所示。

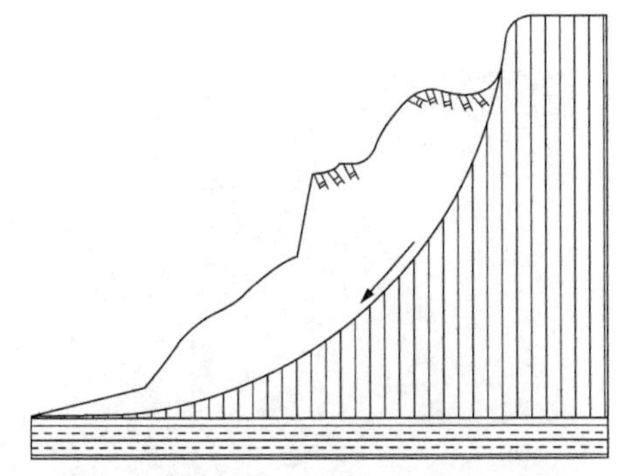
图 8-2-15　黄土隔水层边坡滑坡意图

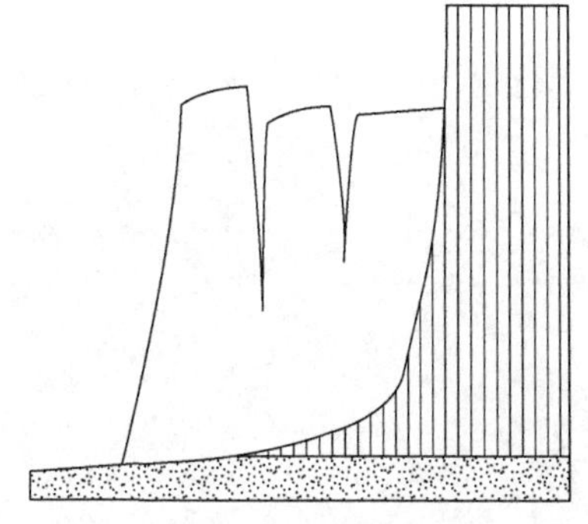
图 8-2-16　黄土透水层边坡滑坡意图

2）滑坡形成机理

下伏软弱层隔水性能较好，地下水在此处运移过程中富集，使接触带进一步软化，抗剪强度迅速降低，加上坡顶黄土垂直节理和裂隙发育，在雨水及地表水作用下，滑动面极易贯通。

第三节　黄土对管道的危害

一、黄土塬地区对管道的危害

管道敷设于黄土塬地区时，主要表现为两种对管道的危害方式，即管沟地表沉降和黄土洞穴的水力侵蚀。

1. 管沟地表沉降危害

1）地表沉降的机理分析

塬上黄土基本为新近沉积的新黄土，因此其湿陷等级相对较高。黄土塬地区由于较为平坦，因此大多被开垦为农业用地。管道敷设于黄土塬地区时，由于管沟的回填土大部分未经过压实或其他措施的处理，呈块、粒状的开挖黄土被直接回填于管沟。因此，决定黄土湿陷性的两个特征因素，即盐胶结和大孔隙并未从根本上消除，也就是说该段管沟内的回填黄土与原状黄土在湿陷性上基本无太大变化，同样具备较强的湿陷性，甚至是自重湿陷性。管沟回填土的自重湿陷性为管沟回填土的沉降提供了地质条件，大气降雨和农田灌溉用水为管沟回填土的沉降提供了水源条件。水流的下渗、浸泡，溶解了回填土中的易溶盐，土颗粒间的胶结作用减弱，使得骨架支撑作用消失，从而产生湿陷。

2）地表沉降对管道的危害

黄土塬地区的管沟回填土在降雨和黄土湿陷性等因素的作用下，管沟回填土表面开始会出现的低于周围地表的沉降沟，如图 8-3-1 所示。随着沉降沟的进一步沉降，逐步会形成较深的汇流沟。降雨形成的地表径流或农田灌溉形成的地表径流，均会集中汇入管沟内。由于管沟内的回填土基本未经压实处理，较周边未扰动的土壤更为松散、更易流失，因此在汇流的集中冲刷作用下，管沟内的回填土会出现明显的流失，管沟会形成冲刷侵蚀沟，严重时造成管道暴露甚至悬空，如图 8-3-2 所示。总之，黄土塬地区管沟的侵蚀危害要经历两个阶段，即以自重湿陷形成浅侵蚀沟为代表的第一阶段和以冲刷侵蚀造成管沟回填土大量流失为代表的第二阶段。

图 8-3-1　黄土地区管沟地表沉降

图 8-3-2　黄土地区管沟沉降、冲刷形成汇流侵蚀沟

2. 黄土陷穴的危害

1）黄土陷穴的基本特征及形成条件

黄土陷穴常见于黄土塬塬畔、阶地、梯田边缘或陡然转缓的地形部位，深度一般大于口径。据统计，黄土塬塬畔处的陷穴深而细，口径约为 1.5m 左右，深 10～18m，个别可达 30 余米；阶地和梯田处的陷穴粗而浅，口径为 2～8m，深 2～10m；竖井状陷穴（又称黄土井）距塬边较远，30～50m。梯田处的陷穴出口多发育在填土结合部；土坝上的陷穴多出现于坝端和基部；在较平缓的阶地和梯田上，陷穴也呈串珠状群体分布。

黄土陷穴的发育应具备如下 4 个基本条件。

（1）充沛的地表径流。与其他水蚀类型相同，黄土陷穴发育的主要外营力是流水，高强度的暴雨、农田灌溉和地表水流聚集的地形部位是其发育的最基本条件。

（2）导致地表径流局部强烈下渗的途径。黄土的构造节理、卸荷节理、动物穴及植物腐根孔等因素是地表径流能在土内聚集并发生作用的重要前提。

（3）表层抗冲蚀性大于心土层的土体结构。这是陷穴形成的基本物质基础。在黄土区表层因植物活动或成土过程，抗蚀性较强且具有一定的塑性，而心土层极易分散冲刷，故易形成洞穴。

(4) 出水口。水流集中渗入到土体内部，沿弱透水层和交错构造节理侧向运动，并在适宜部位排出地表，才能形成洞穴。没有出口，潜流就不能形成而发生作用，土体内物质也难以排出，则洞穴就不能发展。

2）对管道的危害

管道的建设和运营经验表明，对管道形成危害的陷穴大多集中在雨后或集中灌溉的时间段，陷穴发育非常明显，多出现在黄土塬农田低洼处。有的陷穴比较明显，有的从表面看很难发现，只有当人或设备走到上面，感觉土质松软或脚陷下去时才能发现。陷穴直径一般为0.5m左右，有的沿着管道方向延伸，有的又不知道去向，这给管道维护工作带来了较大的困难。若陷穴发现不及时，可直接引起管道暗悬或沉降受力。悬空长度如果超过极限要求就可能使管道变形，严重的会造成管道断裂，给管道运行带来极大危害。特别是暗穴，由于不易被人发现，更易引发事故。

图8-3-3为某黄土段管沟，管道敷设于陷穴出水口处。在现场设计时发现，管沟细土已回填至管顶以上，且回填细土均已做了夯实处理。但现场还发现回填的细土已多处渗水，细土流失严重，管沟沟底可见成股的水流。如果不采取任何措施的话，势必使得细土全部塌陷流失。更为严重的是，水流的形成，还非常有可能使沟底形成暗穴、暗沟，造成管线暗悬，长距离悬空甚至会使管线断裂。造成此种隐患的主要原因是未对陷穴的进水口进行有效的夯实封堵处理，使得地表水不断沿陷穴通道下渗进入管沟。

图8-3-4为某黄土地区管道上方发育出多个串珠状陷穴，直径0.6~1m，深度直达管沟沟底(深度约2m)，管沟处地表虽无明显沉降，但已出现地表变形缝。管道已受到地下潜流的侵蚀，随着侵蚀空间的进一步扩大，地表会出现因底部悬空而垮塌。

图8-3-3　黄土段管沟沟壁渗水情况

图8-3-4　黄土管沟上方形成多个串珠状陷穴

图8-3-5为某公路排水边沟疏通不畅，造成地表径流的集中冲刷，在管道附近的地表形成陷穴。图中可见，管道上方覆盖图依然存在，但管道底部土已流失，管道暗悬长度约3m。形成管道暗悬的主要原因是，地表径流沿下渗通道进入管底以下的相对隔水层后，沿相关裂隙通道流动，流动过程中带走易溶蚀的土壤所致。随着侵蚀的进一步发育，管道暗悬长度会进一步增长，在上覆土荷载和管道自重荷载的共同作用下，管道会出现向下的弯曲变形，严重时会造成管道的断裂。

图 8-3-5 黄土陷穴造成管道暗悬

二、黄土冲沟对管道的危害

1. 穿越黄土冲沟对管道的危害

1）黄土冲沟的种类

黄土冲沟是指沟底及两岸均为黄土土质的冲沟形式，此类冲沟一般均成“V”字形，两岸岸坡较陡(一般大于 45°)是其显著特点。黄土冲沟按其外形尺寸主要分为两种：一种为较大型的冲沟，沟深一般在 10m 以上，断面上开口宽一般在 30m 以上；另一种冲沟规模相对较小，沟深一般在3~5m，断面上开口宽一般在 10m 以内。

2）黄土冲沟形成的原因

沟蚀是对输油(气)管线工程危害最为严重的侵蚀方式之一。沟蚀又称线状侵蚀，其形态包括浅沟、切沟和冲沟等。浅沟是细沟侵蚀的进一步发展，深度和宽度自几十厘米至 1~2m，沟床比降与所在坡面的坡度大体一致。切沟和冲沟是对管线危害性较大的又很常见的侵蚀沟。横断面一般呈“V”字形，纵断面呈阶梯状，纵坡比降小于所在坡面的坡度。切沟和冲沟有以下区别：

(1) 二者的几何尺寸是冲沟大于切沟，冲沟深达十几米至几十米，宽几十米甚至百米；切沟深度一般为十米以下，宽几米至几十米；

(2) 切沟可以发育在梁、峁坡面，也可以发育在河沟沟岸，长度较小；

(3) 冲沟的沟岸上常有小的沟谷发育，切沟的沟岸上没有次级的沟谷发育；

(4) 从发育的阶段来看，冲沟是切沟的进一步发展，是现代侵蚀发育的高级阶段。

沟底下切、沟岸扩展和沟头前进，是各类沟谷共有的侵蚀方式。沟底下切过程也就是沟床纵剖面的塑造过程。超渗产流初期，水量很小，不足以发生沟谷侵蚀。水流汇聚到一定量后，首先发生下切侵蚀，同时伴以侧向侵蚀，于是沟床不断刷深和展宽。受水流最小消能原理支配，任何一条沟道的沟床纵剖面都不可能是一条平滑的曲线，而是一条起伏不平的阶梯状曲线，从而说明沟床下切的速度是不均匀的，在比降陡处冲刷较强，比降平缓处冲刷较弱；沟岸扩展是由于沟床不断下切和侧蚀，沟岸的相对平衡受到破坏而致。沟岸扩展的动力有流水侵蚀和重力侵蚀两种。切沟是导致沟岸迅速扩展的主要水力侵蚀方式，扩展速度视坡面特征和径流量大小而变。重力侵蚀中的滑塌和崩塌可以导致沟岸的迅速扩展，沟头前进是目前最活跃的沟谷侵蚀方式。流水侵蚀及由此引起的滑塌、崩塌和浅蚀，是沟头前进的主要方式。沟头前进速度一方面取决于沟头上方坡面的来水情况，另一方面又受沟头地形影响。如果沟头上方坡面的面积较小，沟头处又没有较大陡崖，沟头前进速度较慢。如果沟头上方坡面的面积较大，沟头处有高差较大的陡崖，大暴雨径流期常常在沟头形成瀑布，使陡崖迅速崩塌后退，在陡崖下方冲蚀成潭穴，小暴雨径流期水流沿着崖面掏蚀，使陡崖面向内凹进，并引起凹部上方土体崩塌，沟头作弧形扩展前进。指向扇形凹坡的沟头，如果扇形面的面积不大，水流在下部汇为一股注入沟头，沟头前进速度较快；如果扇形面的面积较大，水流汇为多股注入沟头，沟头前进速度较慢。

冲沟的形成必须具备两个条件：(1)上方必须有一定的汇水面积，该段的坡面汇水的集中冲刷是形成黄土小冲沟的水源条件；(2)必须有易受侵蚀的地质条件，该段以黄土状粉土(即次生黄土)为主，且较厚未能切穿。通过前面的分析可知，与老黄土比较，其结构更为疏松，见水更易崩解，渗透率更大，因此更易遭受水力侵蚀。此外，地形等条件对切沟的形成也起着催化剂的作用。

3）黄土冲沟对管道的危害

冲(切)沟对管线穿越而言的危害相当大，因其发育十分迅速且趋势较难预测，主要体现在沟床下切及由于沟床下切所造成的沟岸垮塌扩张两个方面。当管线穿越冲(切)沟时，如不采取任何水保措施，沟底土的流失必然会造成管线的逐步暴露甚至悬空。如果水流携带有块、卵石会对管线形成撞击作用，严重时会使管道变形或断裂。此外，受水流对沟岸坡脚的侧淘作用，会使岸坡的坡度增大，造成沟岸因重力作用而垮塌，使沟岸扩张。由于两侧管线埋深较浅，因此很容易裸露。

2. 穿越黄土冲沟沟头对管道的危害

1）沟头的种类

黄土沟头一般包括两种类型：

(1) 原始沟头。沟头正面投影呈楔形，沟头平面投影呈扇形，弦长一般在10m左右。沟头处呈台地状，有的带有二台地，台地下游冲沟呈尖“V”字形，沟底比降远大于所在地形坡度。

(2) 人工加固沟头。从外形来看整个冲沟呈台阶状。台阶以上冲沟呈明显的“U”字形，沟底很宽且平，底宽约在30m以上，沟底已被人为抬高并被开垦为耕地，如图8-3-6所示。

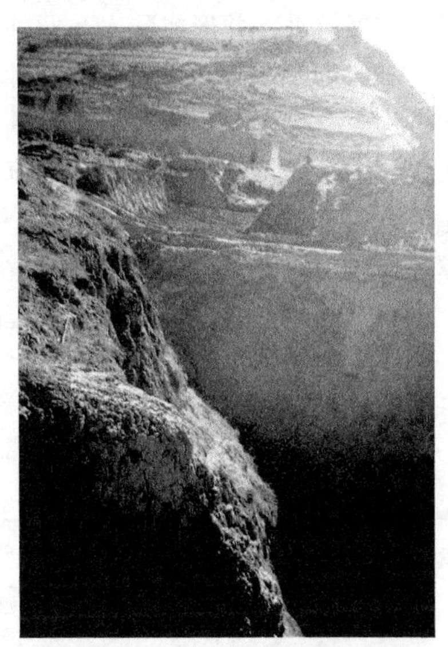

图8-3-6　黄土沟头地貌

沟两岸陡直，高度约在10m左右，沟底、沟岸地质条件以黄土状土为主。台阶以下冲沟呈明显的尖“V”字形，几乎见不到沟床，沟底比降远大于所在地形坡度。沟两岸坡度较陡，高度一般均在20m以上，沟底、沟岸地质条件仍以黄土状土为主。

2）黄土冲沟沟头的发育

沟底下切、沟岸扩张和沟头前进，是各类沟谷共有的侵蚀方式。其中沟头前进是应力侵蚀最重要的体现，是黄土高原目前最活跃的沟谷侵蚀方式。沿作为黄土软弱带的黄土构造节理方向和部位发生的流水侵蚀，以及由此引起的滑塌、崩塌和潜蚀，是沟头前进的主要方式。通过滑塌和崩塌前进的沟头，多见于黄土丘陵地区；由沿黄土构造节理潜蚀导致快速前进的沟头，在阶地分布区常见。沟头前进速度取决于沟头上方坡面的来水状况，同时又受沟头地形影响。如果沟头上方坡面的来水量不大，沟头处又没有较大的陡崖，常常形成楔形沟头，前进速度较缓；如果沟头上方坡面的面积较大，沟头处有高差较大的陡崖，大暴雨径流期常常在沟头处形成瀑布，使陡崖迅速崩塌后退，在陡崖下方冲蚀成潭穴；小暴雨径流期水流沿崖面掏蚀，使陡崖面向内凹进，并引起凹部上方土体崩塌，沟头作弧形扩展前进。此外当沟头向塬延伸方向上的洞穴比较发育时，也会大大加快沟头前进的速度。据澳大利亚学者研究，当洞穴侵蚀占主导作用时，沟头前进速度达 2.5m/a，而没有洞穴的地方，其沟头前进速度小于 0.5m/a。

3）黄土冲沟沟头的形成原因

沟头的形成主要取决于上方来水量与地质条件两方面因素。

（1）上方来水量。对第一种类型的沟头而言，来水主要来自地形的坡面由高到低的汇水，一般以多股形式出现，受当地降雨因素影响较大。而对第二种类型的沟头而言，来水主要来自上游冲沟的汇水冲刷，水流来势迅猛，以单股集中冲刷为主，水量大小主要取决于雨季时上游山地的会水面积大小。

（2）地质条件。第一种类型的沟头，其黄土地质年代相对要老许多（Q_3），因此相对较稳定。但由于老黄土地质的节理较为发育且暗沟、暗穴较多，因此容易遭受水力的侵蚀破坏。对第二种类型的沟头而言，其沟头地貌的形成主要受人为因素的影响，由于在原冲沟的基础上，大量的土方回填开垦为农田，改变了原沟道的形状，因此沟头土质仅有几年的时间，是极不稳定的。但由于农田的耕作，起到了极大的表土保持作用，增加了表土的稳定性。且不存在局部黄土微地貌发育问题。

在水源和地质条件都具备的条件下，也就具备沟头发育的条件。第一种类型的沟头发育的主要方式是沟头通过土体的滑塌和崩塌前进。引起土体滑塌、崩塌的原因如下：小暴雨径流期水流沿崖面掏蚀，使陡崖面向内凹进，并引起凹部上方土体因重力侵蚀而崩塌，沟头作弧形扩展前进，并形成陡崖。此外，当沟头向塬延伸方向上的洞穴比较发育时，也会大大加快沟头的重力侵蚀作用。对第二种类型的沟头发育的主要方式是沟头通过面蚀而前进。由于此类沟头上方土质尽管较虚，但其表层采取了较好的固土措施，加之台地的过水断面也已大大受到了人为拓宽，这就使水流流速大大放缓，水力动能减小，因而造成台地表土流失的可能性不大。然而当水流漫过台地后，顺沟头前壁而下，会造成坡面侵蚀。由于坡面虚土回填，又未采取任何保护措施，这就不可避免地造成坡面的水土流失。

4）黄土冲沟沟头对管道的危害

沟头发育对管道的危害是较大的，在其以崩塌、潜蚀的形式发育的同时，也正向管线逼近。由于此类沟头前进速度很快，个别地段可达 2.0m/a 以上，有的地段管线距沟头也仅为 1m 左右，一场雨就可能使管线裸露，当沟头前进超过管线时会使管线完全暴露。一旦形成这种情况，后续水保的工程量会很大，难度也很大。当沟头前进方式以坡面侵蚀为主时，虽然其向管线方向推进速度相对较慢，但当沟头一旦推过管线位置，会造成长达数十米的管线完全暴露，在管道自重作用下管道会出现悬空、沉降、甚至断裂，在造成灾害性事故的同时会使后续水保工程的工程量和难度都极大。

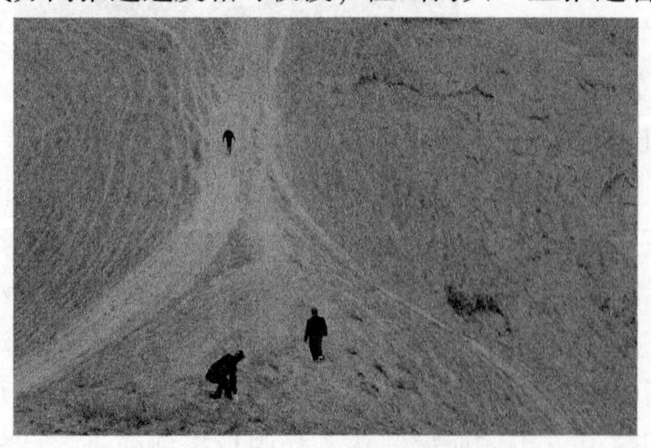

图 8-3-7　黄土嵝岘

三、黄土嵝岘对管道的危害

黄土地区沟壑众多、地面支离破碎、崎岖起伏、现代侵蚀异常强烈，侵蚀严重地段两峁（塬）之间的连接仅有一条狭窄地段（宽 2~10m），此种黄土塬地区连接两峁（塬）之间的狭窄通道称之为嵝岘，如图 8-3-7 所示。

1. 黄土崾岘地貌地质特征

黄土崾岘所处地段地貌形态多为黄土梁峁地貌，形态以梁居多，峁次之。梁高沟深，沟壑交错，相对高差20~70m。梁面平缓或起伏，宽窄不一，宽梁、长梁多分布在接近主分水岭地带，部分梁脊呈鱼背状，冲沟溯源侵蚀发育往往形成崾岘地貌。崾岘两侧沟坡为20°~30°，趋陡达40°以上或直立。且崾岘较两侧山梁地势低，两端山体汇水均从崾岘两侧冲入沟内，面蚀、细沟、浅沟侵蚀强烈，常伴有黄土陷穴、蝶形洼地等，如图8-3-8和图8-3-9所示。同时，该地区植被覆盖率低，大量的地面裸露，使土壤抗雨水冲刷的能力和涵养水源能力大大降低。

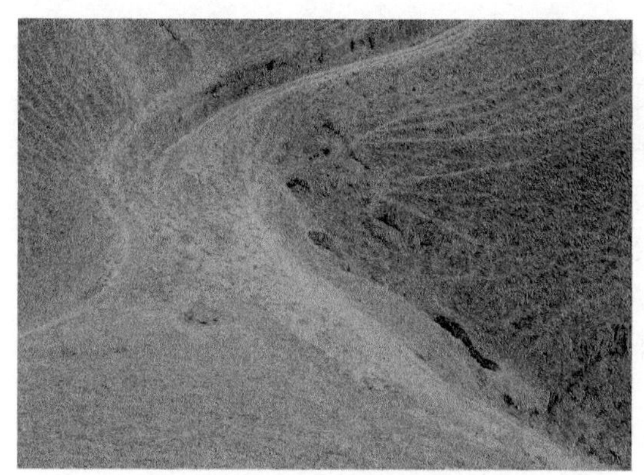

图8-3-8　黄土崾岘处发育的陷穴

图8-3-9　黄土崾岘处发育的陷穴及蝶形洼地

2. 黄土崾岘对管道的危害

黄土崾岘地表基本为马兰黄土(新黄土)覆盖，一般具有Ⅲ~Ⅳ级自重湿陷性。由于黄土结构的砂粒含量较高，黏粒含量低，黄土孔隙度大，密度低，垂直节理发育。而黄土地区降雨少而不均，属暴雨集中地区，极易产生地表径流，从而形成较为强烈的水力侵蚀。崾岘两侧坡面所受到的水力侵蚀主要来自两个方面：

图8-3-10　黄土崾岘处集中汇流冲刷

(1)由于崾岘处于两塬连接地段，且往往有路相伴，因此在降雨条件下，路边沟的汇水会自然流向崾岘处，并集中冲刷两侧坡面，如图8-3-10所示；

(2)崾岘两侧坡面直接受到降雨的影响，强降雨在坡面形成的径流会直接侵蚀坡面。无论上述哪种地表汇流方式，最终都会以沟蚀的方式侵蚀崾岘两侧坡面。轻者坡面会出现陷穴、落水洞、蝶形洼地等微地貌；严重时坡面径流会直接掏蚀坡脚，造成边坡角度变陡、形成临空面，从而导致崾岘上部土体因重力失稳而垮塌、甚至滑坡。崾岘两侧坡面的仅是结果是，使得本来就比较细窄的条形崾岘变得更加薄弱，严重时会造成顺崾岘窄梁敷设的管道完全裸露，甚至悬空破坏。

第四节 黄土地区长输管道敷设与防护

一、长输管道选线

1. 黄土塬、梁、峁区

(1) 黄土塬、梁、峁及丘陵区线路宜选择在山坡稳定、排水条件较好的地带。应避开地形零乱、沟谷深切、冲沟发育、下伏地层层面倾斜方向不利及地下水发育的塬梁边缘和斜坡地带。

(2) 线路应选择在地层单一、土质干燥、湿陷性较小地带，避开地质复杂、土质软弱、含水率大和地下水发育地段。应避免与长大干渠近距离并行。

(3) 黄土梁峁地段选线，尽量将线路布置在起伏较小的连绵梁峁山脊线之处，纵向坡度变化不应过大，尽量垂直梁峁等高线，优先采用纵向上弯或纵向下弯弹性敷设。这样可以缩短管道在斜坡面的长度，施工难度小，也不会发生强降雨危害后管道侧滑的现象。另外，施工对地貌扰动少，管道纵向稳定性好，管沟恢复以后容易堵截水流及易于保护设计。

(4) 管线通过黄土梁、崾岘时，应尽量选择顶部较宽、便于运输及施工，且两侧无沟头侵蚀、两侧坡体较缓且稳定的地段通过。

2. 沟谷区

(1) 河谷线路宜利用宽谷阶地布线，宜远离低阶地缺失的高陡谷坡地段。

(2) 河谷阶地选线，应尽量将管道线位布置在二级阶地之上。因为二级阶地具有分布面积大，地形平坦等特征，并且与河床相对高差较大。

(3) 管道顺沟谷敷设时，应选择沟谷宽阔、利于施工的地段。宜将管线埋设于冲刷线以下或采取相应的防冲刷下切措施及稳管措施。

(4) 管线穿越沟谷时，应选择在沟床下切缓慢、沟谷顺直、岸坡稳定地段通过，应避开谷坡零乱及山坡变形较多地段。

3. 斜坡地段

(1) 斜坡地段选线应根据坡体稳定程度确定线路通过部位、通过形式及应采取的工程处理措施。

(2) 黄土沟梁相间地段应进行沟埋与隧道、定向钻、斜井等方案比选。

(3) 管道越岭选线应优先选择垭口处通过。低平宽敞的垭口，常常是线路越岭的有利条件，对于减少拔起高度、缩短线路起着重要作用。但是，垭口高低仅是选择越岭位置的一个因素，应充分考虑黄土山区的垭口两侧的沟谷发育、微地貌发育和坡面侵蚀情况。因此垭口处的地形、地质状况，对方案起着重要作用。

(4)管道横坡敷设通过斜坡地段的方式应慎重采用。斜坡上的黄土常因重力作用向下运动，特别在水流冲刷、人为扰动下，容易形成崩塌、滑坡等不良地质现象。因此，黄土斜坡地段采取横坡敷设时，应尽量将线路布置在平缓且稳定性较高的斜坡上，避免布置在冲沟发育的边缘，以保证斜坡侧土壤的支撑能力能够承受管道在温差和内压作用下所产生的横向位移力。斜穿斜坡将对地貌的扰动非常大，若处置不当，则会带来管道失稳、诱发水土流失等一系列问题，因此不建议采取。

(5) 黄土地区的阴阳坡面，温湿差别很大。沟谷阴坡有时坡面平缓，选线者易为其所迷惑。山区阴坡积雪厚，日照时间短，蒸发小，在融冻季节，使土体容重增大，如有隔水或滞水层存在，就易产生滑坡。因此，阴坡线常出现地质、水文地质不良现象，一般不宜采用。

4. 特殊地段

(1) 线路宜避开地质复杂的黄土滑坡、崩塌、陷穴、人为坑洞等不良地质发育地段及新构造活动强烈地段，必须通过时应选择合适部位并采取适宜的工程措施。

(2) 线路通过黄土地区既有及拟建水库、池塘地段时，除应考虑水库溃坝、坍岸影响外，还应重视其蓄水后可能引起黄土湿陷性问题。

(3) 黄土隧道的洞门应选择在山体稳定，地表排水条件较好的山坡。洞身应选择在塬、梁顶面平整或地形凸起地带，避免在黄土与黏土分界处和软硬地层的界面附近及山坡零乱、陷穴发育、有封闭洼地的塬边、塬顶通过。

二、黄土地区长输管道防护

1. 黄土湿陷性的防护

1) 黄土塬

黄土塬地区具有地形平缓、适宜耕种等特点，因此当油气管道通过湿陷性较强的黄土源区域时，可能受到的危害类型有两种：(1)在降雨或集中灌溉的条件下，管沟极易产生自重湿陷沉降，从而形成沉降沟，造成管道覆土厚度不足；(2)在管道上方沉降沟形成后，在地表汇流条件下(由于降雨或集中灌溉而形成径流)，管沟又成为地表径流汇入的侵蚀沟。侵蚀的初期，由于管沟回填土相对较虚，地形相对平缓，因此地表径流以竖向渗流为主，渗入管沟底部后形成水力的水平侵蚀或纵向的进一步侵蚀。因此，极易在管沟底部发生湿陷、潜蚀、落水洞等现象而使管道出现大段悬空危及管道安全。

针对黄土塬地区的强湿陷性黄土地段，消除上述湿陷性危害的防护措施要从两方面着手。

(1) 管沟底宜采用2∶8水泥土(环保无要求时，可采取同等比例的石灰土)垫层进行消除管沟底部的夯实处理，以消除管底土的湿陷性。水泥土或灰土垫层宜在最优含水量条件下进行夯实处理，夯实后的垫层厚度宜为0.2~0.3m，压实系数不小于0.90。这就要求，管沟开挖时需要超挖0.2~0.3m。

(2) 对于集中灌溉的农田地区，为防止地表径流的集中顺管沟的冲刷侵蚀，从而造成管沟回填土大量流失的情况出现。尽管地形较缓，仍应设置截水墙防护措施。截水墙应采用与垫层同等材料和配比的固化土形式，截水墙间距可控制在20~50m，墙顶应距地表0.3~0.5m，以保留耕作层厚度。

处理黄土塬地区的管道湿陷性时，不宜采取水泥土或石灰土的盖面处理，也不宜采取满沟的水泥土或石灰土的夯填处理，否则既不经济，也影响到地表耕作。

2) 黄土斜坡

黄土斜坡地段由于具有地形起伏大、施工较为困难等特点，油气管道通过湿陷性较强的黄土斜坡区域时，可能受到的危害类型有两种：

(1) 斜坡顶塬汇流(主要是集中灌溉而造成)一旦进入管沟，由于斜坡具备了水力侵蚀的地形条件(水力坡度较大)极容易产生集中冲刷，从而造成管沟回填土的大量流失；

（2）地表径流一旦汇入管沟，在顺管沟方向集中冲刷的同时，也会产生大量的竖向集中下渗，造成管到底部的潜蚀、落水洞等情况出现。

针对管道敷设于斜坡地段的黄土强湿陷性，通常采取以下两种处理措施：①沟内间隔设置截水墙，其目的是防止汇流顺管沟的集中冲刷，从而造成大量的回填土流失状况的出现。截水墙可采取2：8水泥土(无环保要求时，可采取同等比例的石灰土)或袋装土的结构形式；②在坡面径流汇流量较大、地形较陡的强湿陷性地段，采取与截水墙同材质的护面措施。护面厚度一般为0.2~0.3m，宽度为管沟上开口宽度+每侧0.2m左右。护面的目的是从根本上防止地表汇流进入管沟形成集中冲刷。

处理黄土斜坡地段的管道湿陷性时，不宜采取管沟底部的垫层夯实处理，因为施工难度大、周期长，底部的垫层夯实难度远大于顶部护面施工。同时，顶部进行了盖面封水措施后，水流下渗入管沟的渗透量大大减小，基本不会造成管底土层的湿陷性出现。部分设计人员采取过满沟的水泥土(或石灰土)的夯实处理，单纯从防护斜坡地段的湿陷性上而言，这种做法显得不太经济。

2. *黄土微地貌的防护*

黄土微地貌形态是指发育初期的黄土蝶形洼地、黄土陷穴、盲沟、出水口、黄土井、黄土桥、水涮窝、跌穴、潜蚀沟等地貌及较为罕见的黄土墙、黄土柱这些发育晚期的地貌。管道通过上述区域时，应对管道周边5m范围内的黄土微地貌进行治理，具体措施有以下几种。

（1）管道穿越蝶形洼地、黄土墙及黄土柱地段时，应加大管道埋深，将管线埋入相对稳定的土层内，可以有效地减缓地表径流的冲刷及侵蚀破坏。

（2）管道一侧存在蝶形洼地、水涮窝时，应对洼地临近管道一侧，采取挡墙、护坡等加固措施，防护结构形式可选择草袋土或水泥土(灰土)材料。对于洼地较深、边坡较陡的洼地，可采取浆砌石挡墙+水泥土(灰土)夯填的形式防护。

（3）管道一侧存在陷穴、黄土井时，应对其采取填塞处理。具体做法为，首先采取袋装土抛填洞穴至地表深度以下1~2m处，而后用水泥土(或灰土)夯填至地表封水。对于地表有耕作要求的情况，可采取水泥土夯填至地表以下0.5m、上覆耕作层的做法来实施。

（4）管沟开挖出现盲沟或动物陷穴时，应首先采取水泥土堵塞盲沟出水口的措施，堵塞深度不宜小于1m。盲沟处的管沟回填应采取水泥土满沟夯填，夯填范围为盲沟两端各10m。同时，管沟内应每隔10m左右设置两端嵌入管沟(每侧嵌入管沟沟壁的深度不宜小于0.5m)的水泥土截水墙进行封处理。

（5）在微地貌发育的受水力侵蚀的上游位置，可在微地貌外缘5m位置处，设置阻水墙或排水沟，使雨水就地下渗，可以大大水力对微地貌的侵蚀。阻水墙或排水沟可采取水泥土夯填的结构形式。

（6）未经处理的黄土桥，管道不能直接从桥上通过。如必须通过时，应采取措施夯填或支撑桥下悬空段。

（7）采取水泥土或灰土夯填处理微地貌时，水泥土(或灰土)的比例宜为2：8(体积比)，宜在最优含水量条件下进行夯填作业，夯实系数不宜小于0.9。采用人工或轻型设备夯实时，分层虚铺厚度不应大于30cm/层。

3. 黄土冲沟穿越的防护

1）沟道穿越

黄土冲沟极其发育，冲沟的坡降大，两岸陡峭，黄土抗冲蚀能力差。在暴雨等水力作用下，冲沟的下切、侧蚀、溯源侵蚀作用强烈，沟坡下部不断遭受破坏，引起冲沟边坡失稳，产生滑坡、滑塌等重力侵蚀，从而危及管道的安全。因此管道防护工程应采取护岸和护底两类工程措施。

（1）岸坡防护。

由于冲沟两岸岸坡坡脚宜受到沟道汇水的水利侵蚀，因此护岸工程应采取浆砌石结构防护，宜优先选择自立性较强的重力式挡土墙。挡墙防护高度(外露高度)一般在3~5m。在原始岸坡坡脚较缓(一般小于25°)的条件下，可采取浆砌石坡式护岸的结构形式。

设置冲沟护岸工程时应注意以下四点：

① 由于是冲刷防护，所以一般情况下不宜采取草袋土或干砌石等散体材料的结构形式进行防护。

② 挡墙或护坡的防护高度不应依据岸坡高度而设定，即使在原始冲沟岸坡很高的条件下，也不能犯“一护到顶”的错误。否则防护结构的自身稳定性难以保证，同时也造成了经济上的不合理。挡墙或护坡以上的冲沟岸坡，可以采取水泥土截水墙的防护措施进行加固。特别高陡的岸坡，可采取截水墙+护面或截水墙+满沟水泥土夯填的防护措施。

③ 护岸工程的防护长度(顺水流方向)应针对施工扰动破坏的岸坡长度进行，不能仅局限于管沟长度而设防。如果坡脚护岸的防护长度不足，极易产生水流对护岸结构背后的绕流侵蚀，造成护岸结构的垮塌破坏。

④ 护岸工程的基础埋深不宜小于1m，且应在最大冻结深度以下不小于0. 25m。即使在沟底下切较剧烈的冲沟两岸设置的护岸工程，也不必过于加大基础埋深，可以采取护岸下游沟道内设置防冲墙的防护，形成人为再造冲刷线的固床措施，可以最大限度地保证护岸基础不会遭受水力下切破坏。

（2）沟底防护

黄土冲沟沟底下切往往表现得比较剧烈，因此护底措施显得尤为重要。从目前工程实际应用效果来看，防冲墙是近一段时期以来应用比较成功的保护穿越段管道埋深、防止冲沟下切的有效护底措施。

防冲墙护底工程应注意以下6点：①防冲墙结构形式应以刚性结构为主(如浆砌石、混凝土等)，不得采用袋装土、干砌石等散体材料结构；②，防冲墙走向应与沟道水流方向垂直，且应置于水流的管道下游一侧，防冲墙距管道距离以10~20m左右为宜；③为防止沟道汇流从防冲墙两端形成侧蚀，防冲墙的设置长度应以防护整个沟道穿越段管道的埋深安全为原则。防冲墙两端应嵌入原始沟道岸坡不小于1m，如若冲沟两岸设置护岸时，防冲墙两端与护岸搭接即可；④为防止沟道汇流形成集中冲刷，防冲墙顶高程应为水平，不得随着沟道横断面起伏而起伏；⑤当冲沟沟底纵坡比降较大时，可以采取多道防冲墙进行护底防护；⑥当穿越段管道埋深浅时，可以采取防冲墙和过水面的组合式护底措施。

2）沟头穿越

管沟两侧各5m范围内若存在冲沟头时，应采取治理措施。

(1) 对于沟头深度小于3m的冲沟，可在沟头壁处直接修筑挡土墙进行防护；对于沟头深度小于3~8m的冲沟，可在冲沟下游沟道3~10m处较窄的适宜位置修筑挡土墙，挡墙至沟头段采取水泥土(或素土)分层夯填，回填土坡比控制在不陡于1∶1；对于沟头深度大于8m的冲沟，应采取多级挡墙防护的措施，即在冲沟下游沟道内每隔10~20m修筑1道挡土墙，挡墙与沟头间、挡墙与挡墙间采取水泥土(或素土)分层夯填，回填土坡比控制在不陡于1∶1。

(2) 对沟头上游汇水较大冲沟头，除采取上述措施外，还应采取沿沟顶部边缘2~5m位置处设置阻水墙或截水沟的处理方法，以疏导地表汇流，抑制冲沟头的继续前进。阻水墙和截水沟可采取水泥土夯填而成，汇流较大时，截水沟可采取浆砌石的结构形式。

(3) 采取挡墙防护沟头前进措施时，由于沟头来水漫过墙顶下落时会形成跌水，继而会造成挡墙外侧基础被掏空的情况出现。因此，设置挡墙时，应在挡墙的外侧散水处设置防跌水措施，一般可采取干砌石或水泥土夯填。防护长度应为整个挡墙长度，防护宽度一般为2~5m。

4. 顺沟谷敷设的防护

随着管径越来越大以及建设用地愈发紧张，顺沟谷敷设已逐渐成为大口径管道建设的一种典型的敷设方式。黄土地区沟道发育、地形起伏剧烈，因此顺沟谷敷设已成为黄土地区管道建设较为普遍的方式。但是，近几年的管道工程水毁案例证明，对管道的建设者而言，顺沟谷敷设经常会出现以下3种错误的做法：(1)由于担心长距离顺沟谷敷设的管道一旦受到水力下切侵蚀，会造成管道长距离露管、漂管、甚至断裂，因此拒绝采用这种方式；(2)由于没有正确分析顺沟谷敷设的水毁机理，错误地采用了单纯的稳管方式对管道进行防护，造成了在水流冲刷作用下，因配重块失效而露管；(3)未考虑沟谷的水文条件及建设期施工诱发次生灾害的可能性，导致在沟谷内施工过程中遭受到突发性洪水及次生灾害频繁发生，使得管道施工难以顺利进行。

顺黄土沟谷敷设的正确防护措施如下。

(1) 顺黄土沟谷敷设应选择沟谷两岸稳定，无崩塌、滑坡迹象。沟谷较宽(一般不小于10m)，基本满管道施工作业条件。沟谷施工作业时，不宜大规模对坡脚进行削方处理，以避免诱发滑坡、崩塌等次生灾害。

(2) 顺沟谷敷设的管道埋深应置于冲刷深度以下不小于1m。无冲刷资料时，管道埋深不得小于2.5m。

(3) 敷设于沟谷内的管道，应每隔10m左右设置1道稳管截水墙。稳管截水墙应除应具备防冲刷功能外，还应满足稳管配重的需要，因此稳管截水墙应进行相应的管道抗漂浮计算。截水墙应选择浆砌石结构或混凝土结构形式。

(4) 对于沟床比降较大(不小于1%的沟床比降)、冲刷下切较为剧烈的沟道，可每隔30~50m增设1道贯通整个沟道的地下防冲墙，以起到稳定整个沟道的作用。

(5) 对于冲刷特别剧烈或管道埋深不能满足设计要求的情况，可在管沟顶部增设干砌石或石笼过水面。过水面应与管沟内的稳管截水墙搭接，利用截水墙支撑过水面的稳定性。

5. 黄土崾岘的防护

黄土崾岘水毁主要由其地形、土质和降雨决定。由于崾岘地势较低，两端边沟及地表水均汇入崾岘两侧冲沟内，对崾岘造成较大的侵蚀。崾岘是长期水土流失和雨水冲刷形成的地貌类型，部分崾岘两端有黄土陷穴、落水洞等。

管道崾岘的防护措施主要解决如下两个问题：(1)防止降雨汇流对崾岘两侧沟头边坡的冲刷侵蚀；(2)对于狭窄的崾岘梁，应采取增加其宽度的防护措施。因此崾岘治理措施也相应分为两类。

(1) 消除降雨径流对崾岘的侵蚀。

① 在崾岘两侧梁峁汇水坡面修筑截排水工程，以分散降雨径流在崾岘处的汇集，将山梁两侧的汇水引至远离崾岘的安全区域；

② 可采取在崾岘两侧梁峁上修筑水土保持工程的措施，如鱼鳞坑、水平阶、水平沟等工程就地拦蓄暴雨径流。

(2) 采取灰土填筑和护坡工程措施增加崾岘梁的宽度。

管道通过窄梁式黄土崾岘时，一般采用在崾岘一侧沟头夯筑灰土或加筋土，以加宽管道通过崾岘的作业带宽度，以利于管道的施工与通过。灰土体积比一般为2∶8或3∶7，夯实系数不小于0.9，每隔8~10m高设置分级平台，平台宽度不小于2m。

最低一级平台应设置浆砌石挡墙或浆砌石实体护坡进行坡脚防护，冲沟底部可设置防冲墙防止冲沟下切对挡墙或护坡基础造成进一步破坏。其余平台坡面可采取轻型护面措施以防止降雨侵蚀，如轻型骨架、鱼鳞坑、水平阶、土工格室或植生带等。

崾岘两端及两侧冲沟沟头坡面上发育的陷穴、落水洞等黄土微地貌应填实。

第九章 风沙地区长输管道敷设与防护

第一节 概 述

一、风沙的基本概念

1. 荒漠

荒漠是指气候干燥、降水稀少、蒸发量大、植被贫乏的地方。按地表组成物质分类，荒漠进一步可分为岩石长期裸露、风化形成的岩漠(rocky desert)，地面由碎石或卵石覆盖的砾漠(gravel desert)，沙丘起伏的沙漠(sandy desert)，泥质覆盖的泥漠(mire desert)，充满盐壳的盐漠(salt desert)及位于高寒地区的寒漠(cold desert)。

2. 沙漠与沙地

沙漠即沙质荒漠，是指干旱荒漠地区为风积的疏松沙所覆盖的陆地；沙地则是指位于半干旱湿润地区，地表为风积的疏松沙所覆盖的草原地区。沙地是生态长期平衡被破坏而沙漠化的土地，是沙漠中的一种局部分布现象。一般对“沙漠”一词有广义和狭义两种理解，狭义的沙漠是指沙质荒漠，广义的沙漠实际就是荒漠。

3. 公路行业对“风沙地区”的定义

公路部门所指的风沙地区包括沙漠和沙地两种地区。

4. 铁路行业对“沙漠”的定义

铁路工程所谓的沙漠主要包括沙质荒漠和石质荒漠(砾漠)。石质荒漠又被称之为戈壁。

5. 荒漠化(Desertification)

指在包括气候变化和人类活动的多种因素作用下，干旱、半干旱和干旱亚湿润区的土地退化。它又分为风蚀荒漠化、水蚀荒漠化、土壤盐渍化、冻融荒漠化等。其中“土地退化”是指由于使用土地或由于一种营力或数种营力结合致使干旱、半干旱和干旱亚湿润区雨浇地(旱地)、水浇地或草原、牧场、森林和林地的生物、经济生产力下降或丧失。

6. 沙漠化(Aandy Desertification)

沙漠化亦即沙质荒漠化或风蚀荒漠化。可概括为在干旱、半干旱(包括部分半湿润地区)脆弱的生态条件下，由于人为过度的经济活动，破坏生态平衡，使原非沙漠地区出现了以风沙活动为主要特征的类似沙质荒漠环境的环境退化过程。确切地说，沙漠化是在具有沙物质分布的干旱、半干旱及部分半湿润地区，不同时间尺度下，以风为动力，参与其他条件作用的一系列气候地貌过程。这个定义也就是沙质荒漠化的定义，也可作为风蚀荒漠化的定义。

7. 风沙化(或称沙化)

指具有风沙活动并形成风沙地貌景观的土地退化过程。这一过程主要出现在湿润及半湿润地带河流下游的沙质古河床、泛淤决口扇地段及海滨沙地，由于人为活动破坏植被导致风力作用下出现流沙，如黄淮海平原、赣北鄱阳湖沿岸、南昌附近、广西郁江的六景及粤、闽、台、桂、琼、鲁、冀等地的沿海地段等。

二、风沙地貌的类型

1. 按形态特征分类

根据风沙地貌的形态特征进行划分，包括裸露的平坦沙地、新月形沙丘、新月形沙丘链(横向沙垄)、格状沙丘、纵向新月形沙丘(纵向沙垄)、复合型沙丘和金字塔沙丘，见表9-1-1。

表9-1-1 风沙地貌的形态特征分类表

类 别	地貌特征
裸露的平坦沙地	分布在平坦开阔地带，平沙漫漫，没有明显的起伏，仅有沙纹或沙波，风沙流活动强度很大，如图9-1-1所示
新月形沙丘	多分布在平坦地区及流动沙丘的前缘地带，状如新月，有顺主导风向伸出的两角，剖面不对称，迎风坡缓而长，一般为8°~15°。整个迎风坡面呈凸起的圆弧形，沙层较致密；背风坡短而陡，一般为24°~34°。整个坡面呈凹进的弧形，沙层较疏松，有明显的弧形脊线，并与主风向垂直。一般高数米至数十米，具有明显的分带移动特征，如图9-1-2所示
新月形沙丘链(横向沙垄)	相邻的新月形沙丘逐渐发展增大，侧翼相互联结，形成曲折的沙丘链，各链呈平行排列，又称平行新月形沙丘链沙丘链。沙丘链的走向与主导风向相垂直，一般高数米至数十米，移动速度较新月形沙丘慢，如图9-1-3所示
格状沙丘	由平行新月形沙丘链进一步演变而成，由于沙丘链的高低起伏不同，低处前移较快，与前列沙丘链连接起来，形成大致互相垂直的格状。当有两组互相垂直的盛行风向，则形成两组相互垂直的方格状沙丘，此类沙丘多分布在风向较复杂的大面积流沙地带，沙丘链纵横交错，中间为洼地，状如簸箕。格状沙丘纵横向长度一般为50~150m，横向(与主导风垂直)高5~30m，纵向(与主导风平行)高5~10m，迎风坡为20°左右，迎风坡为30°左右，如图9-1-4所示
纵向新月形沙丘(纵向沙垄)	为两组不等的风力呈一定夹角风交替作用形成。形成初期呈鱼钩状，狭而长，两侧近似对称，走向与主导风向接近平行。长度自数公里至数十公里，各条沙垄互相平行。此类沙丘多分布在山间地带。丘顶呈尖棱形或圆弧形，高度约数米至十数米，如图9-1-5所示
复合型沙丘	体积高大，风向复杂，有次生沙丘分布在主丘上，移动较慢，但风沙流活动强度大。此类沙丘多分布在山前地带，高度多在百米以上，如图9-1-6所示
金字塔沙丘	在地形特殊、风向复杂、沙源极为丰富的条件下形成，体积高大，呈金字塔状，沙脊交错呈棋盘形。此类特殊的沙丘景观在我国新疆塔克拉玛干沙漠的西部有少量分布，如图9-1-7所示

图9-1-1 裸露的平坦沙地

图9-1-2 新月形沙丘

图 9-1-3 新月形沙丘链

图 9-1-4 格状沙丘

图 9-1-5 纵向新月形沙丘

图 9-1-6 复合型沙丘

图 9-1-7 金字塔沙丘

2. 按形态与风向的关系分类

根据风沙地貌的形态与风向的关系划分，包括横向沙丘、纵向沙丘及多风向作用下的沙丘，见表 9-1-2。

表 9-1-2 风沙地貌的形态与风向的关系分类表

类别	地貌特征
横向沙丘	沙丘走向与起沙风的合成方向呈 60°～90°交角，以单向风作用为主。此类沙丘包括横向沙垄、复合新月形沙丘、复合型沙丘、新月形沙丘及新月形沙丘链，如图 9-1-8 所示
纵向沙丘	沙丘的走向与起沙风的合成方向相平行或呈小于 30°交角。此类沙丘包括复合型纵向沙垄、沙垄及新月形沙垄，如图 9-1-9 所示

续表

类 别	地 貌 特 征
多风向作用下的沙丘	沙丘总的排列方向不与任何一种方向相平行或垂直，而是具有不同方向的脊线和斜面，金字塔沙丘便是典型代表，如图 9-1-10 所示

图 9-1-8　横向沙丘

图 9-1-9　纵向沙丘

图 9-1-10　多风向沙丘

3. 按稳定程度分类

按风沙地貌的稳定程度分类，包括固定沙丘、半固定沙丘和流动沙丘，见表 9-1-3。

表 9-1-3　风沙地貌的稳定程度分类表

类 别	地 貌 特 征
固定沙丘	沙地植被覆度在 50% 以上，一般呈冢状或钟状，高 1 ~2m ，也有高达数米的。多分布在平坦地区、湖泊、河流的边缘及流动沙丘的外围。 沙丘表层含粉土粒、黏土粒及有机质成分多，结有薄层硬壳，不易被风吹蚀，如图 9-1-11 所示

续表

类别	地貌特征
半固定沙丘	沙地植被覆盖度在 15%~50%，有一定的固沙作用，大风时部分沙粒开始移动。形态较复杂，一般呈浑圆或垄条状，高约数米至十数米，多分布在沙漠边缘地带。此类沙丘属于过渡类型，稍加处理，即可稳定，如图 9-1-12 所示
流动沙丘	沙地植被覆盖度在 15% 以下。沙丘完全裸露或只有极稀少的一年生植物，在个别风蚀洼地或背风坡脚处长有少量的多年生植被。依风向、地形、地表条件的不同，可形成大小不一、形态多样的沙丘或沙丘群。高度可由数米至数十米，也有高达百米以上的，往往汇集成群，宛如沙海，如图 9-1-13 所示

注：植被覆盖度是指植物枝叶阴影所遮盖的面积占沙丘全部面积的百分比。

图 9-1-11　固定沙丘

图 9-1-12　半固定沙丘

图 9-1-13　流动沙丘

三、我国沙漠、沙地的分布及气候特点

1. 风沙区的分布

中国是世界上风沙区面积较大、风沙危害及沙漠化严重的国家。我国风沙区总面积约 $153.3\times10^4km^2$(包括沙漠、戈壁、沙漠化土地及沿海、沿河沙地)，约占国土总面积的 15.9%，从分布状况来看，除少量沿海、沿河沙地外，绝大部分风沙地(包括沙漠、沙漠化土地及戈壁)分布在北方干旱、半干旱地区，见表 9-1-4。

表 9-1-4 中国沙漠、沙地及戈壁面积统计表

省、自治区	总面积(10^4km^2)	沙漠与沙地面积(10^4km^2)	戈壁面积(10^4km^2)
新 疆	71. 3	42. 0	29. 3
甘 肃	6. 8	1. 9	4. 9
青 海	7. 5	3. 8	3. 7
内蒙古	40. 1	21. 3	18. 8
宁 夏	0. 65	0. 4	0. 25
吉 林	0. 36	0. 36	0
辽 宁	0. 17	0. 17	0
陕 西	1. 1	1. 1	0
黑龙江	0. 26	0. 26	0
总 计	128. 24	71. 29	56. 29

我国的主要沙漠、沙地有位于新疆塔里木盆地的塔克拉玛干沙漠，准噶尔盆地的古尔班通古特沙漠、库姆塔格沙漠(靠近甘肃敦煌)，内蒙古的巴丹吉林沙漠、腾格里沙漠(靠近宁夏河东沙区)、乌兰布和沙漠、库布齐沙漠、毛乌素沙地(靠近陕西北部)、浑善达克沙地(又称小腾格里沙地)、科尔沁沙地(靠近辽宁西部)，青海的柴达木盆地沙漠及甘肃的河西走廊西部沙地。此外，在雅鲁藏布江谷地中亦有沙漠化土地的分布。截至 2001 年底，我国各大沙漠的分布面积见表 9-1-5。

表 9-1-5 我国各大沙漠分布面积表

沙漠名称	面 积(10^4km^2)
塔克拉玛干沙漠	33. 76
古尔班通古特沙漠	4. 88
巴丹吉林沙漠	4. 43
柴达木盆地沙漠	3. 49
腾格里沙漠	2. 30
库姆塔格沙漠	2. 28
库布齐沙漠	1. 61
乌兰布和沙漠	0. 99
总 计	53. 74

2. 沙漠、沙地的分区

我国的沙漠与沙地，从筑路观点可分为微湿沙地、半干旱沙地、干旱沙漠和过干沙漠四个区。微湿沙地区与半干旱沙地区的分界采用计算湿润系数 $k=0.5$ 等值线，半干旱沙地区与干旱沙漠区的分界采用 $k=0.25$ 等值线，干旱沙漠区与过干沙漠区的分界采用 $k=0.05$ 等值线，分区情况见表 9-1-6。

表 9–1–6　我国沙漠、沙地分区表

分区名称	所处自然带	包括的沙漠与沙地
微湿沙地	草原及干草原	西辽河沙地、呼伦贝尔沙地
半干旱沙地	干草原	小腾格里沙地、毛乌素沙地、库布齐沙漠的东部
干旱沙漠	荒漠草原及荒漠	库布齐沙漠的西部、乌兰布和沙漠、腾格里沙漠、巴丹吉林沙漠的东部、古尔班通古特沙漠
过干沙漠	荒 漠	塔克拉玛干沙漠、河西走廊西部沙地、巴丹吉林沙漠西部、柴达木盆地沙漠

3. 我国沙漠的气候特点

我国的沙漠一般深居内陆，远离海洋，且周围有高山、高原阻隔，因而具有典型的大陆性气候特点：夏季酷热、干燥，冬天干冷，春季风沙多，年温差大。

干燥少雨是沙漠气候最主要的特征。我国沙漠地区降水量的空间分布基本趋势是从东向西递减，且越向内陆减少越加迅速。不仅降水十分稀少，而且很不稳定，同时蒸发又极为强烈。沙漠里夏季白天虽然气温很高，但是相对湿度低，大都低于 30%，高温低湿，热而不闷，日温差变化极为显著。

我国沙漠地区不仅风力较大，而且频繁。大部分沙漠地区的起沙风每年可达 300 次以上。加上地表大部分为疏松的沙物质，易受风力吹扬造成风沙弥漫，特别是在植被稀疏的流沙地区更加频繁。

第二节　风沙运动

风沙运动表现为风沙流与沙丘移动两种形式，其中风沙流是风沙运动的基本形式，而沙丘移动是风沙流运动的函数，它随风沙流形式变化而变化。

一、风的基本特性

1. 风的基本概念

风是沙起动的直接因素，风带动沙形成风沙流。

围绕地球表面的大气圈是在不断变化的。一方面，在不同的时间，大气圈的温度会有所变化；另一方面，不同位置的地表处的气温也有所不同。这就使得各地的气压有高有低，从而造成空气的流动。空气由高压区向低压区的流动，便是风。

空气在流动的过程中，遇有地面起伏或其他障碍物，便会形成流线聚散与迂回。在与地面摩擦的过程中，由于热量的交换，会产生气温分布的变化。所有这些，都会在流动的空气中形成许多直径不等的涡旋。

风的基本特性取决于风向与风速。这两者在气象台是用安设在 12m 或 10m 高处的风向仪和风速仪来测定的。而沙漠地区的观测中，常在 2m 高处或更低的位置量测风向与风速。

2. 风速与高度的关系

不同高度位置的风速是不同的。由于空气密度的小、黏滞性低，当风速超过 1m/s 时，空气的流动就会变成紊流。在地面摩擦阻力的影响下，越接近地表，风速越小。

图 9-2-1 是对风速同高度的实测资料的分析结果，即高度的对数同相应高度的风速存在直线关系，图中截距 δ 表示在贴近地面的这一高度内，风速 v 为零。δ 值的大小反映地面的粗糙程度，称之为下垫层粗糙度，单位为 m。

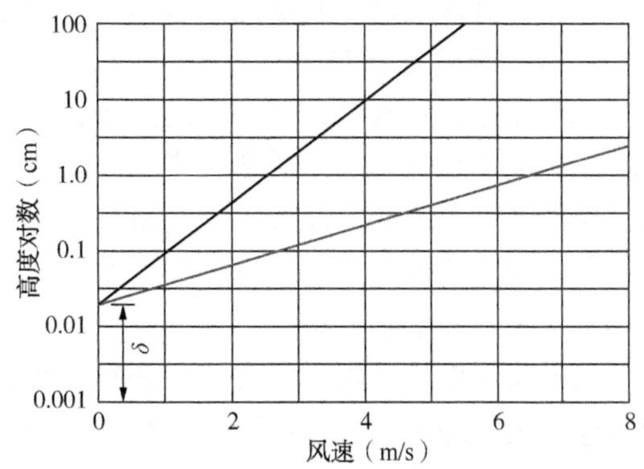

图 9-2-1　风速沿高度的分布示意图

考虑到在不同高度上风速的分布规律，为了将风标风速换算成为地面风速，苏联学者萨波仁科娃给出了下述换算公式：

$$v_H = v_\phi \frac{\lg H - \lg\delta}{\lg H_\phi - \lg\delta} \tag{9-2-1}$$

式中　v_H——距地面 H 高处的风速，m/s；

v_ϕ——风标在 H_ϕ 高处的风速，m/s；

δ——下垫层的粗糙度，m。

反映地面特征的下垫层粗糙度 δ 由实验资料确定。一些专业文献给出了这方面的经验数据。苏联学者查基洛夫给出了表 9-2-1 所列的数据。

表 9-2-1　不同地面条件下的粗糙度表

地面特征	粗糙度 δ(m)
没有植被的龟裂地	0.001~0.005
没有植被的平沙地	0.001
风蚀沙地	0.005

表 9-2-2 给出了我国青新线库尔干地区不同地貌条件下的粗糙度，表 9-2-3 为中国铁道科学研究院西北研究所在包兰线沙坡头地区防护带中测得的粗糙度。

表 9-2-2　不同地貌类型下垫面粗糙度表

地貌类型	流沙地	盐碱地	风蚀地	盐壳地	长草平沙地	芦苇地
粗糙度(m)	0.00009	0.00112	0.00243	0.00260	0.00350	0.00541

表 9-2-3　不同防护措施下的下垫面粗糙度表

下垫面种类	下垫面性质	粗糙度(m)
卵石平台	卵石粒径 1~2cm，一般大于 7cm	0.002
6 年前*铺设的 1m×1m 草方格沙障	沙面以上部分麦草已腐朽消失。方格中仍有深 15~17cm(从沙埂顶算起)的浑圆状浅坑	0.021
4 月前*铺设的 1m×1m 草方格沙障	沙障高出沙面 10cm 左右，方格中浑圆状浅坑深 11~13cm(从沙障根部算起)	0.058

* 为相对时间。

二、风沙流的运动

沙质地表的沙粒在气流冲击力的作用下，发生迅速地旋转，从而脱离地面，借助于气流的上升力，进入气流，并随之一起运动，便形成空气与沙粒的二相流，这便是风沙流。

1. 风沙流运动特征

风沙流是沙粒与风二者结合的产物，其中风力起动沙粒是形成风沙流的动力条件，沙粒(即下垫面)是物质条件；沙粒下垫面的地形起伏是加速或延缓、改变风沙流运动性质、扰动气流的条件。因此，风沙流运动特征是气流、沙粒、下垫面三者相互作用的特征，它的运动过程表现为吹蚀、搬运、堆积作用的统一过程。

2. 起动风速(起沙风速)

当风吹经由松散物质组成的地表时，使沙粒开始移动的临界风速，称为起动风速。速度超过起动风速的风谓之起沙风。只有在起沙风的作用下，才能形成风沙流。

起动风速与沙粒粒径、地表性质和沙层含水量等多种因素有关。粗糙的地表，由于摩擦阻力较大，这时的起动风速也必然较大。当雨后沙层面潮湿时，由于增大了沙粒间的黏聚力，起动风速也会增大。

吹经地表时，产生紊流，可使沙粒脱离地表面移动。考虑到起动风速取决于沙粒粒径 d 和实测风速因观测高度而不同，那么，在任一高度 y 处的起动风速值可用下式表达：

$$v_t = 5.75A\sqrt{\frac{\sigma-\rho}{\rho}gd} \cdot \lg\frac{y}{\delta} \tag{9-2-2}$$

式中 v_t——起动风速，m/s；

A——系数，当风沙流起动地表沙粒粒径大于 0.2mm 时，$A=0.1$；当风沙流起动地表沙粒粒径不大于 0.2mm 时，$A=0.08$；

σ——沙粒的密度，kg/m^3；

ρ——空气的密度，kg/m^3；

g——标准自由落体加速度，取 $9.8m/s^2$；

δ——下垫层的粗糙度，m。

中国科学院兰州沙漠所在新疆莎车的观测资料给出了与上述表达式相似的起动风速与沙粒粒径间的关系，见表 9-2-4。

表 9-2-4 沙粒粒径与起动风速关系表

沙粒粒径(mm)	起动风速(离地面 2m 处)(m/s)
0.10~0.25	4.0
0.25~0.50	5.6
0.50~1.00	6.7
1.00~1.25	7.1

由于试验条件不同，100 多年前俄国科学家索科洛夫给出了同上述资料相似，但不尽相同的资料，见表 9-2-5。

表 9-2-5 不同粒度沙粒的起动风速关系表

沙粒类型	沙粒粒径(mm)	起动风速(离沙面 0.08~0.15 m 处)(m/s)
细 沙	0.10~0.25	4.5~6.7
中 沙	0.25~0.50	6.7~8.4
粗 沙	0.50~1.00	9.8~11.4

式(9-2-2)可以看出，起动风速同沙粒径的平方根呈正比。然而，实测资料表明，这种相互关系并不是在任何条件下都与实际情况相符。特别大的颗粒和特别细的颗粒都不易起动。后者常受到由吸附水膜所产生的黏聚力的作用。有关针对0.015~5mm粒径范围内进行的试验表明，粒径为0.1mm左右的沙粒最容易起动，如图9-2-2所示。相对于0.1mm的沙粒，粒径的增大或减小，都会导致起动风速的增加。因此，起动风速同沙粒径的平方根呈正比的关系只适用于粒径大于0.1mm的情况。

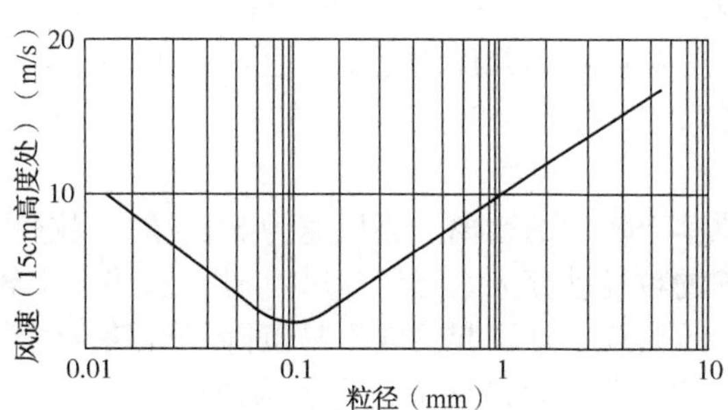

图9-2-2　沙粒粒径与起动风速的关系示意图

由上述可知，起动风速取决于很多因素，在不同的地点、不同的条件下会有不同的数值。起动风速与沙的含水量的关系见表9-2-6，不同地区的起动风速可参见表9-2-7。

表9-2-6　起动风速与粒径和含水量的关系表

沙粒粒径(mm)	不同含水量下的起动风速(m/s)				
	干燥状态	含水量			
		1%	2%	3%	4%
0.18~0.25	3.8	4.6	6.0	10.5	12.0
0.25~0.50	4.8	5.8	7.5	12.0	
0.50~1.00	5.0	7.0	9.5	12.0	
1.00~2.00	9.0	10.8	12.0		

表9-2-7　不同地区起动风速表

地区分类	起动风速(m/s)	地区分类	起动风速(m/s)
山地积沙	6.0~6.5	夹沙较少的砾石戈壁	12.5~14.5
半固定沙丘	6.0~7.0	沙漠区的松散浮沙	4.0
夹沙较多的砾石戈壁	7.0		

3. 沙粒运动形式

风沙流中沙粒的运动形式与风力的强弱、沙粒的粒径和质量有关，沙粒的运动以蠕移、跃移、悬移三种不同的形式进行。沙粒通过这三种运动形式由源地运移到别处，称为风沙搬动。

1）蠕移

在风力作用下，较大的沙粒不能升起，只能沿着地表滚动或滑动。此外，当跃移的沙粒以平缓的角度冲击地面时，一部分能量传递给被击起并继续跃移的沙粒，而另一部分能量则通过摩擦转化为推动周围沙粒徐徐移动的动能。观测表明，沙粒蠕移的速度很小，一般约为

2.5cm/s，仅为风速的几百分之一。参加蠕移的颗粒较大。在风沙流中，以蠕移方式紧贴地表搬运碎屑物的数量，一般约为总输沙量的20%左右。沙子的粒径大于0.5mm时，一般为蠕移。

2）跃移

当风力较强时，沙粒可从地面跃起一定高度，并在风力推动下增大动能。在飞行过程中，由于风力和重力共同作用，沙粒沿平缓曲线降落。在同地面撞击后，又可反跳起来。跃移是风沙流区别于水中泥沙运动的一个重要差异。由于水的密度（$1g/cm^3$）比空气的密度（$1.22\times10^{-3}g/cm^3$）大约800倍，泥沙在水中不可能弹跳。在风沙流中，沙粒跃移的速度一般为每秒数十至数百厘米，高度约为几厘米至十几厘米。跃移是风沙流中沙粒的主要运动方式。跃移的物质约为总输沙量的70%~80%。沙子的粒径在0.1~0.25mm时，一般为跃移。

3）悬移

细小的颗粒可随风飘移至较远的距离。当风速为5m/s时，粒径为0.2mm的沙粒就能悬移。风速变大时，能悬移的粒径就变大。当风速减小时，悬移质中较大的颗粒将首先沉降。然而，粒径小于0.05mm的颗粒一旦浮起，就不易沉降，可随空气飘移至上千千米才沉落。在风沙流中悬移质是很少的。在一般情况下，它仅为总输沙量的5%左右，不会超过10%。沙子的粒径小于0.1mm时，一般为悬移。

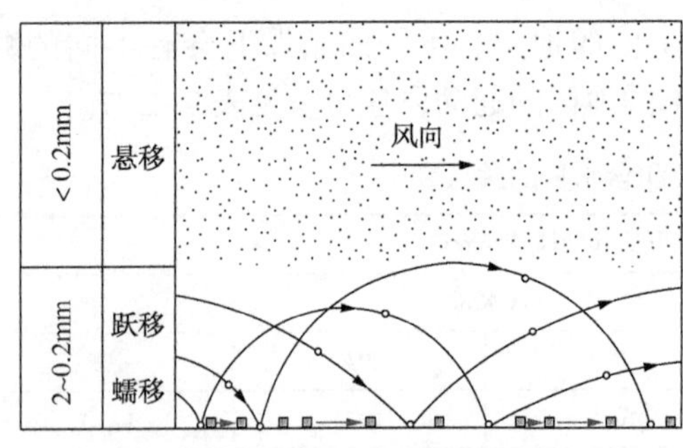

图9-2-3　沙粒的运动形式示意图

如图9-2-3所示，在风沙流中，离地面越高，细颗粒越多，而且主要呈悬浮状态；离地面越近，粗颗粒越多，主要运动形式是跃移和蠕移。跃移一般是在离地面10~20cm的高度内活动，以10cm的高度内活动居多，蠕移的活动高度一般为0~5cm，悬移的活动高度一般在20cm以上。

4）不同风速下的沙粒移动量

由上述可知，风对沙粒的搬运方式，以跃移为主，蠕移次之，悬移最少。对于某一粒径的沙粒而言，随着风速的增大，其可能从蠕移转化为跃移，或从跃移转化为悬移。反之，当风速减缓时，沙粒的运动方式也会向相反的方向转化。不同风速下的沙粒搬运量可参见表9-2-8。

表9-2-8　不同风速下沙粒移动量表

起动风速（m/s）	总输沙量（g/min）	跃移		蠕移	
		沙量（g/min）	（%）	沙量（g/min）	（%）
5	0.75	0.54	69	0.24	31
6	1.39	1.08	78	0.31	22
7	2.83	2.24	79	0.59	21
8	4.05	3.23	80	0.82	20
9	6.19	5.04	81	1.15	19
10	9.42	7.56	81	1.86	19

所谓总输沙量是指在单位时间内，通过风向垂直的单位宽度，由风沙流所搬运的沙量。它是衡量风沙危害程度的主要指标，也是防沙工程设计的基本依据。影响总输沙量的主要因素是风速大小和沙源补给条件。在我国南疆线干山观测站取得的实测资料表明，当风速超过起动风速后，随着风速的增大，输沙量显著增大，见表9-2-9。

表 9-2-9　风速与输沙量的关系表

2m 处风速(m/s)	8.5	8.6	8.8	9.8	10.9	13.7	14.5	15.3
输沙量[m^3/(m·h)]	0.0074	0.008	0.0089	0.046	0.080	0.18	0.22	0.26

大量观测资料表明，风沙流的总输沙量同风速与起动风速差值的三次方成正比。查基洛夫给出了下述近似关系式：

$$Q=0.10(v_{\phi}-5.4)^3 \tag{9-2-3}$$

式中　Q——风沙流的总输沙量，即在 1s 内通过 lm 宽度的风沙流中的沙子质量，g；

v_{ϕ}——气象站 10m 高处风标风速，m/s。

我国的刘振兴也得到了相应的经验公式：

$$Q=443\times10^{-6}v^3 \tag{9-2-4}$$

由于影响总输沙量的因素很多，在确定总输沙量时很少采用计算方法。在多数情况下，采用野外实测的方法确定总输沙量。

4. 风沙流结构及运动因素

1）风沙流结构

风沙流结构是指风沙流中不同层次的输沙量与层次高度间的关系，亦即输沙量沿高度的分布特征。沙粒在气流层内的垂直分布状态，主要取决于沙物质来源、粒径、风速和下垫层面性质等的相互关系。

在一定风速下，距地表越近，输沙量越大。据观测，风沙流总输沙量的绝大部分发生在离地表 30cm 以内，特别集中在 10cm 以内。早在 1942 年，苏联学者兹纳门斯基通过观察给出了当风速为 5m/s 时的风沙流结构，见表 9-2-10。中国南疆线天泉站在风速为 9.4m/s 时测得的风沙流结构列于表 9-2-11，风速为 9.8m/s 时测得的风沙流结构列于表 9-2-12。有关资料给出了风沙流在距地面高度 30cm 空间内不同高度的含沙量见表 9-2-13。

表 9-2-10　风速为 5m/s 时的风沙流结构表

高度(cm)	3.6	3.6~7.2	7.2~10.8	10.8~14.4	14.4~32.4
沙量(%)	43.0	31.0	16.1	6.5	3.4

表 9-2-11　风速为 9.4m/s 时的风沙流结构表

高度(cm)	0~10	10~20	20~30	30~40
沙量(g)	74.10	16.93	6.42	0.96
占比(%)	75.30	17.20	6.52	0.98

表 9-2-12　风速为 9.8m/s 时的风沙流结构表

高度(cm)	0~10	10~20	20~30	30~40	40~50	50~60	>60
沙量(%)	79.32	12.30	4.79	1.50	0.95	0.40	0.74

表 9-2-13　在距地面 30cm 范围内不同高度的含沙量表

高度(cm)	沙量(%)	高度(cm)	沙量(%)
0~5	58	10~15	10
5~10	30	15~30	2

在沙物质来源一致的条件下，距地表30cm气流层内的不同风速下的风沙流结构与地表下垫面性质的关系见表9-2-14。

表9-2-14 在距地面30cm范围内不同风速下的含沙量表

高度(cm)	不同风速下的含沙量(%)		
	6m/s	8m/s	10m/s
起伏沙丘	97~98	95~96	55~60
平坦沙地	76~78	70~75	60~65
平地砾石戈壁	95~97	85~90	70~75

从上述资料可以看出，风沙流中绝大部分沙粒是在离地表30cm高度以内运动的。其中，在0~10cm高度内的输沙量占总输沙量的3/4以上。可见，设置草方格沙障时，外露高度达到20~30cm，就能达到防风固沙的目的。

当风速变化时，风沙流的结构也会变化。随着风速的增大，下层气流输沙量的绝对值虽有所增加，但它在总输沙量中所占的比例将变小；相应地，上层气流输沙量在总输沙量中所占的比例将变大。图9-2-4给出的试验结果反映了地表以上10cm范围内，在不同风速下，分层输沙量所占比重与高度的关系。

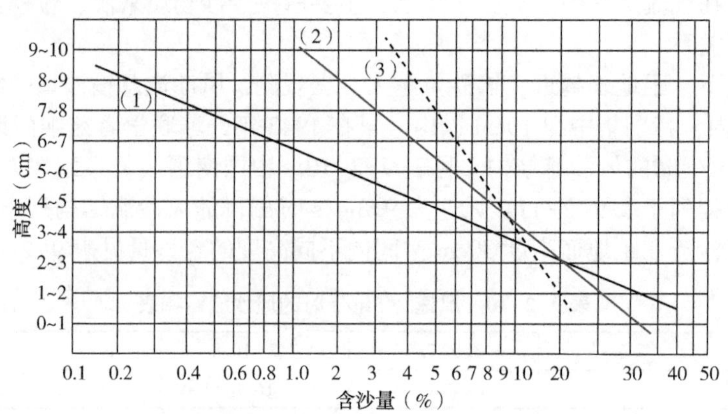

图9-2-4 含沙量与高度的关系示意图

(1) v=4.5m/s；(2) v=7.3m/s；(3) v=13.3m/s

2）风沙流运动因素及其关系

(1) 风速：在其他因素大体相近的条件下，风沙流结构的变化主要取决于风速的大小。风速越大，各层输沙量绝对值相应增大。

(2) 沙源：构成风沙流的另一个必要条件是必须拥有丰富的、活动的沙物质。沙源的丰欠是影响风沙流结构的重要因素。

(3) 地表组成物质：风速一定，风沙流结构变化主要取决于地表组成物质。地表物质越细、风沙流输沙量越多，反之越小。

(4) 地形部位：地形部位不同，风沙流结构也不同。同一沙丘，迎风坡下部是吹蚀部位、输沙量较小，沙丘顶部1/3处最大，越过丘顶的背风坡部位则形成堆积。

(5) 地表覆盖物：地表覆盖物是影响风沙流结构的重要因素、它改变风沙流结构状况的程度，决定于地表覆盖物的性质。实践中可通过提高地面粗糙度、创造抑制因素，从而有效地控制风沙流，改变蚀积状况。

(6) 水分：土壤中水分的含量超过15%一般就不容易起沙。

5. 堆积与吹蚀

风沙流是否产生吹蚀或堆积，主要由风速、沙源、障碍物、下垫层等因素而定。由于风速增大或沙源减少而使风沙流下层处于不饱和状态，就容易产生吹蚀或搬运。由于风速减弱或遇有障碍物，都会促使沙粒从风沙流中沉落而造成堆积。如进入气流的沙量和从气流中沉落的沙大致相等，则既不产生吹蚀，也不产生堆积。

三、沙丘的移动

沙丘的移动是风沙流中沙粒运动的结果。换而言之，沙丘移动是由于组成沙丘的沙在风力作用下产生移动的结果。其实质是在风力作用下，沙丘迎风坡上的沙粒不断被吹蚀，而在背风坡上不断堆积，于是表现为沙丘的移动。沙丘移动包括其移动的方向、方式和速度三方面。

1. 沙丘移动方向

沙丘移动的方向取决于有一定延续时间的起沙风的风向。在沙漠中，由于起沙风具有多种方向，因此沙丘移动的方向，不是由单一方向的起沙风所决定的，而是取决于所有起沙风的合成风向。换言之，沙丘移动的总方向是和起沙风的年合成风向大体一致的。

我国各地沙漠的移动方向因所处的地理位置不同而有所不同。除塔里木盆地伽师强孜至民丰沙吾札克一线以东的塔克拉玛干沙漠东、北及中剖的沙丘是从东北向西南移动外，其他沙漠(沙地)的沙丘都是从西北向东南移动的。

2. 沙丘移动方式

沙丘的移动方式取决于风向的稳定程度与变化规律，可分为前进式、往复前进式和往复式三种，如图 9-2-5 所示。

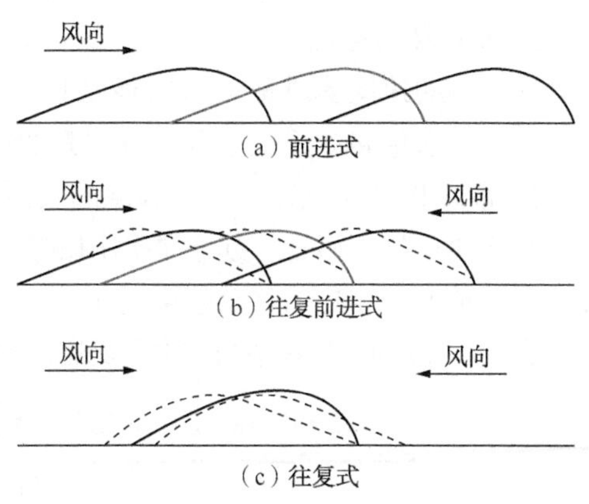

图 9-2-5　沙丘移动方式示意图

1) 前进式

当全年内的起沙风具有单一风向或几个风向相近的风占绝列优势时，沙丘沿着单一方向或主风向前进移动，速度较快，移动方式如图 9-2-5(a)所示。塔克拉玛干沙漠的东部、中部地区，巴丹吉林沙漠及腾格里沙漠的西部等地主要受单一的西北风或东北风的作用，沙丘的移动主要以前进式运动为主。

在中国兰新线精河地区，起沙风常年为西北风，风力强大。图 9-2-6 给出的是自 1956 年 4 月至 1958 年 2 月对两个沙丘移动量的实测结果。

2) 往复前进式

在两个方向相反而风力大小不等的冬、夏季风的交替作用下，沙丘在往复摆中前进，移动方式如图 9-2-5(b)所示。例如中国包兰铁路穿越的腾格里沙漠属交替区，冬季在西北风作用下，沙丘向东南移动；夏季在东南风作用下，沙丘向西北移动。由于西北风较强，故沙丘缓慢地向东南方向移动。由于西北风较强，故沙丘缓慢地向东南方向移动。图 9-2-7 给出的是沙坡头观测站取得的 1957 年 7 月至 1958 年 10 月间的实测资料。

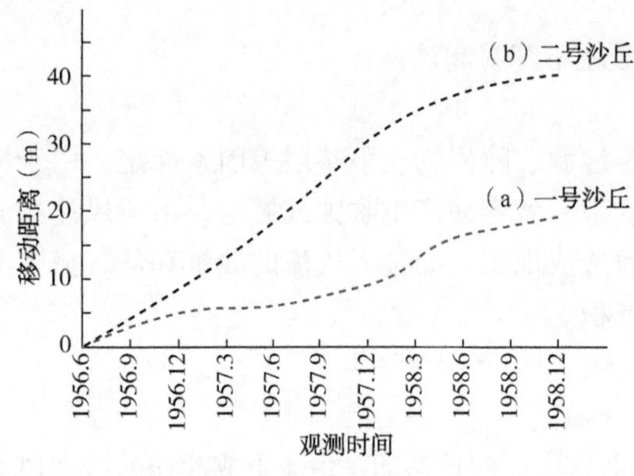

图 9-2-6　兰新线精河地区沙丘移动量示意图

图 9-2-7　包兰线沙坡头沙丘移动量示意图

3）往复式

在两组风的风向相反、风力大致相等的情况下，沙丘顶部脊线往复摆动，没有明显的迎风坡和背风坡，坡脚处的移动也不大，移动方式如图 9-2-5(c)所示。中国干武铁路元庄子站实测资料表明，高 3m 左右的沙丘，年移动量仅 0.5～0.8m，有些年份中的移动量更小。

此种沙丘的运动形式在我国比较少见，据国外资料，使沙丘向东南方向移动的夏季风，其实际风力几乎等于使沙丘朝相反方向(即西北方向)移动的冬季风的风力。于是，一年后的沙丘仍都回到原来的位置或稍做向前移动。

3. 沙丘移动速度

沙丘移动速度受风速、风向稳定程度、风的延续时间、沙的粒径、沙丘高度、沙丘密度、沙子含水量和沙丘植被等多种因素的影响。

1）沙丘移动与风速、沙丘高度的关系

对于沙丘移动而言，起主要作用的是风速和沙丘高度。风速愈大，沙丘的移动速度越大；高度越大，沙丘的移动速度越小。

表 9-2-15 列出的是中国甘肃省民勤治沙站所取得的实测资料。这些资料证实了上述规律。

表 9-2-15　沙丘移动与风速的关系表(甘肃民勤治沙站实测资料)

沙丘类型	起沙风持续时间(h)	风速(m/s)	移动距离(m)
新月形沙丘(高 4m)	5	12	1.06
		7	0.32
新月形沙丘(高 10m)	5	10	0.70
		5	0.20

沙丘的高度明显地影响着沙丘的移动速度。在风力相同的条件下，高大沙丘移动较慢，低矮沙丘移动较快。苏联学者兹纳门斯基曾测得新月形沙丘的移动速度与沙丘高度的乘积为一常数，即沙丘的移动速度与沙丘高度成反比。他曾给出了表 9-2-16 所列的观测资料。中国包兰铁路中卫沙漠研究站也获得了类似的结果，见表 9-2-17。在中国包兰、干武等铁路线上的观测资料还表明，对于同样高度的沙丘而言，间距越密，移动得越慢。

表 9-2-16　沙丘高度与移动速度的关系表(兹纳门斯基实测资料)

新月形沙丘编号	高度(m)	速度(m/a)	高度×速度
1	1.7	5.7	9.7
2	1.1	9.0	9.9
3	0.9	10.9	9.8

表 9-2-17　沙丘高度与移动速度的关系表(包兰铁路中卫沙漠研究站资料)

新月形沙丘高度(m)	速度(m/a)	高度×速度
10.30	2.9	29.87
12.15	2.8	34.02
5.70	5.7	32.49
9.20	3.4	31.28

我国学者根据沙丘移动速度计算公式，制出计算沙丘移动速度计算图(图 9-2-8)，只需知道风速和沙丘高度，即可很快查算出沙丘的移动速度。他们在甘肃金塔地区根据 1968 年和 1975 年两次地形测量图，量测了若干组不同高度的沙丘移动速度，用数理统计方法，求得沙丘移动速度与沙丘高度的相关性，其关系如下式：

$$D=14.03-0.64H \qquad (9-2-5)$$

式中　D——沙丘移动速度，cm/h；

H——沙丘高度，m。

由式(9-2-5)得出该地区不同高度沙丘的平均移动速度列于表 9-2-18。

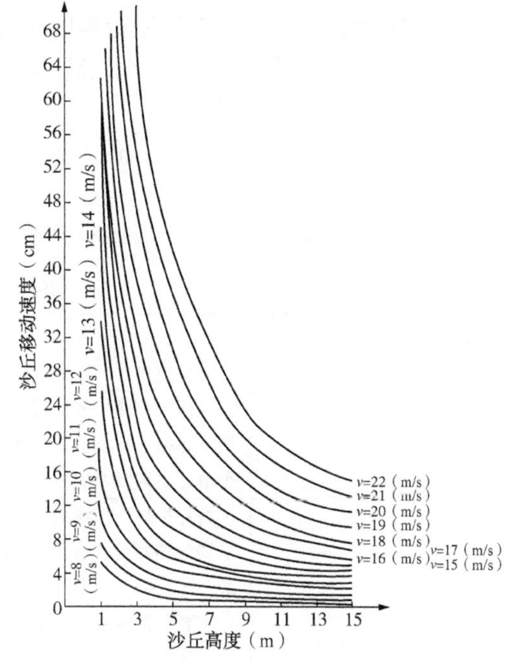

图 9-2-8　沙丘移动速度计算示意图

有资料显示，在地形比较平坦且无障碍物影响的情况下，沙丘移动速度与输沙量、沙的容重、沙丘高度有关：

$$D=\frac{Q}{\gamma H} \qquad (9-2-6)$$

式中　D——沙丘移动速度，m/h；

Q——单位时间内通过单位宽度的沙量，kg/(h · m)；

γ——沙的密度，kg/m^3；

H——沙丘的高度，m。

表 9-2-18　甘肃金塔地区不同高度沙丘的移动速度表

沙丘高度(m)	移动速度(cm/h)	沙丘高度(m)	移动速度(cm/h)
3	12.1	9	8.3
4	11.5	10	7.6
5	10.3	11	6.9
6	10.1	12	6.4

续表

沙丘高度(m)	移动速度(cm/h)	沙丘高度(m)	移动速度(cm/h)
7	9.6	13	5.7
8	8.9	14	5.1

2）沙丘移动与植被、沙丘含水量的关系

含水量小和裸露的沙丘移动速度大；而含水量大和长有植物的沙丘的移动速度小，甚至可完全固定下来。植被对沙丘移动的影响，在于沙丘上生长了植物后，能大大削弱近地表风速，减少沙子吹扬搬运的数量，从而使沙丘移动速度减慢，甚至完全终止。所以，植物固沙是治理沙害的重要措施。水分对沙丘的影响在于沙丘湿润时(大部分与降水有关)，沙子的黏滞性和凝聚作用加强，从而不易被吹扬搬运，所以影响了沙丘移动速度。

3）沙丘移动与风向、沙粒径的关系

沙丘的移动速度还同风向的稳定程度有关。风向单一时，沙丘移动得较快。若风具有多个方向，每当风向变化时，风力作用必然先改变沙丘的原有形态，以适应新的风向，因而沙丘移动速度必然相应地减缓。

在同样的风速条件下细粒沙组成的沙丘，同粗粒沙组成的沙丘相比，具有更大的移动速度。

4. 沙丘移动类型

按照沙丘的平均移动速度，可将沙丘移动情况划分为三种类型，见表9-2-19。

表9-2-19 沙丘移动类型表

类型	移动速度(m/a)	所在沙漠
慢速	<5	塔克拉玛干和巴丹吉林沙漠的大部分，古尔班通古特沙漠东部、克拉美石山西麓的流动沙丘，额尔齐斯河两岸的库姆塔别、塔孜库姆和阿克库姆，吐鲁番盆地的库姆塔格，腾格里沙漠的南缘和东南缘，乌兰布和沙漠的磴口—敖龙布鲁格—吉兰泰一线以东地区，河西走廊敦煌鸣沙山等地的沙丘等
中速	5~10	塔克拉玛干沙漠的布士里库姆东南部、皮山绿洲西北部、木桂、木吉绿洲西部、策尔勒绿洲西南、民丰绿洲西南及瓦石峡等地，准噶尔盆地精河地区的沙丘，毛乌素沙漠的东南部、库布齐沙漠中部和西辽河科尔沁沙地的流动沙丘等
快速	>10	主要包括塔克拉玛干沙漠喀什绿洲中的零星沙丘，皮山绿洲西南部和且末东南；河西走廊安西、民勒绿洲中的沙丘等

总之，沙丘移动特征各因素之间的关系如下。

(1) 沙丘移动速度与风速成正比(一种说法认为与风速的三次方成正比)，和本身高度成反比。

(2) 沙丘移动速度和沙丘的距离成正比，即间距越小，移动越慢；间距越大，移动越快。

(3) 含水量小和裸露的沙丘移动快；含水量大，长有植物的沙丘则移动慢，甚至完全固定下来。

(4) 风向频率较固定、风向单一地区的沙丘移动速度较快。

(5)沙粒粒径小的沙丘移动速度快。

(6)在地形平坦地区，沙丘移动速度较快。

(7) 位于大沙漠边缘的沙丘移动快，沙漠中部的沙丘移动慢。因边缘地带的沙丘，比较矮小，风力又大，年移值可达5~10m；中部的沙丘都很高大，风力较小，年移值甚至不到1m。

第三节　风沙对管道的危害

风沙活动对管道的危害包括风蚀和沙埋两种方式，危害对象主要有管道本体和伴行道路。

一、风蚀危害

1. 风蚀对管道的危害

1）机理

广义的风蚀是指风力作用下土壤圈及岩石物质损失过程。管道沙害中的风蚀是指在各种性质的风力作用下，地表物损失。风蚀包括吹蚀和磨蚀两种作用。众所周知，沙漠地区自然条件的一个重要特征是风大沙多，而管道的修建又往往利用就地取材的沙土，其缺乏黏性，易松散，受到风力作用，沙粒很容易被风吹走。在该地区修建管道，如不采取防护措施，在风沙流的作用下，很容易将管道覆土吹蚀带走，造成管道埋深不足。

建筑在沙漠地区的建(构)筑物若由就地取用的沙粒填筑的，比如路堤、埋设管道用管堤和半地下式截断阀室等，大风可使迎风面路堤或管堤产生剥蚀，所携带的沙粒冲击阀室或路面产生磨蚀。

风蚀降低了管线埋深或使管线外露，加剧了管线外围环境因子的变化，使管线外围温度、湿度更接近于土壤表层或大气环境，含氧量、植物根系分布量增加，其带来的结果就是：植物根系对防腐层破坏增加，温度剧变使得防腐层易于脱落，两种因素加速了管线防腐层老化。在冬季，管线运行的环境温度降低，形成了有利于天然水合物出现的条件。当露管段较长时，容易在露管下游或有降压、截流的部位形成冰堵，严重影响天然气管道的安全运行和下游用户的正常用气。此外，风蚀容易造成阴保桩及各种标识物、宣传牌的倾斜、倒伏。长呼管线在2003年底的一个风季中，未防沙段出现两处管线外露，多处标识物倾斜、倒伏现象。

有监测资料表明，固定、半固定沙地由于受长输管道施工的影响，使沙地活化，管道施工扰动区域的风蚀量为未扰动区域的2～3倍。流动沙地管线扰动区域与未扰动区域相比，风蚀影响较小。固定沙地、半固定沙地、流动沙地风沙土表层土壤有机质、全氮、全磷含量管道扰动区域较原地貌分别降低了30%～40%，土壤含水量扰动区域较原地貌降低25%～35%。这说明天然气管线施工造成土壤结构破坏，土壤的养分有机质、全氮、全磷含量不同程度下降，土壤含水量降低，在冬春季节易产生风蚀，其结果不利于地表植被恢复。

2）管道覆土风蚀速度的估算

相关资料表明，管道覆土的风蚀速度可按式(9-3-1)和图9-3-1进行估算。

$$h=0.0002U_0^{5.6218} \qquad (9\text{-}3\text{-}1)$$

式中　h——单位时间单位宽度管道覆土平均风蚀速度($U_0 \leq 6.0$m/s)，mm/(m·h)；

U_0——气流平均流速，m/s。

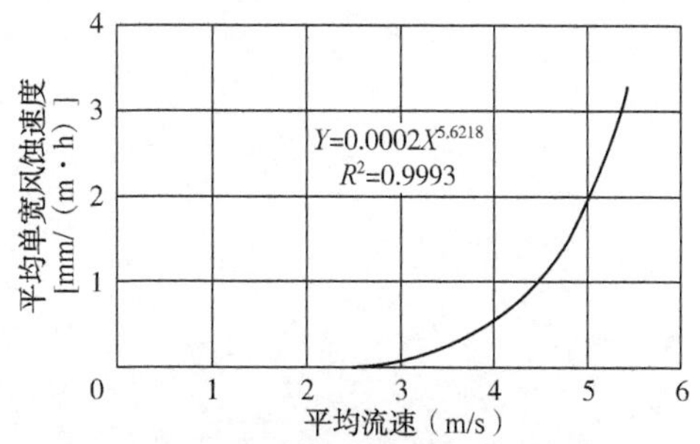

图9-3-1　风沙流管道覆土风蚀速度与平均流速曲线示意图

由式(9-3-1)和图9-3-1可知，在风向、风速等恒定的情况下，当气流平均流速为5.0m/s时，管道覆土风蚀速度约为1.70mm/(m·h)。若管道覆土厚度按2m计，根据式(9-3-1)可估算出管道露管的时间约为49d；当气流平均流速为6.0m/s时，造成管道露管的时间约为17.6d。

当平均流速超过6.0 m/s时，可以根据塔克拉玛干沙漠地区气象站高度风速与输沙率相关方程推导的公式进行估算，分别见式(9-3-2)至式(9-3-5)。

$$h=0.0857U_0^{2.2246} \quad (沙丘顶部) \tag{9-3-2}$$

$$h=0.0786U_0^{2.1985} \quad (沙丘迎风坡中部) \tag{9-3-3}$$

$$h=0.00004U_0^{5.3805} \quad (沙丘迎风坡下部) \tag{9-3-4}$$

$$h=0.00002U_0^{5.358} \quad (沙丘底部) \tag{9-3-5}$$

由式(9-3-2)至式(9-3-5)可知，当管道敷设于沙丘迎风坡面的中部时，若管道覆土厚度按2m计，在风速达到10m/s的条件下，管道覆土的风蚀速度约为12.41 mm/(m·h)，造成管道露管的时间约为6.7d；而当风速达到15m/s时，管道覆土的风蚀速度约为30.27mm/(m·h)，造成管道露管的时间仅为2.7d。上述计算结果基本符合某长输管道现场的实际情况。

3)案例

某长输管道位于迎风坡面，同时又处于两座巨型沙丘之间，故气流在该处的行进过程中必然要受到两侧沙丘的挤压，形成"漏斗"效应，从而导致通过该处的气流流速急剧增加。特别是当近地表气流运行速度达到或超过沙粒的启动速度时，沙粒开始发生滚动、跳跃乃至进入气流中，从而出现由气流演变成为风沙流的过程。而风蚀作用从形成风沙流的那一刻起变得更加剧烈，使得管道上部的沙粒不断地被风沙流输运，直至将管道上部的沙粒全部带走，最终发生露管现象，如图9-3-2所示。

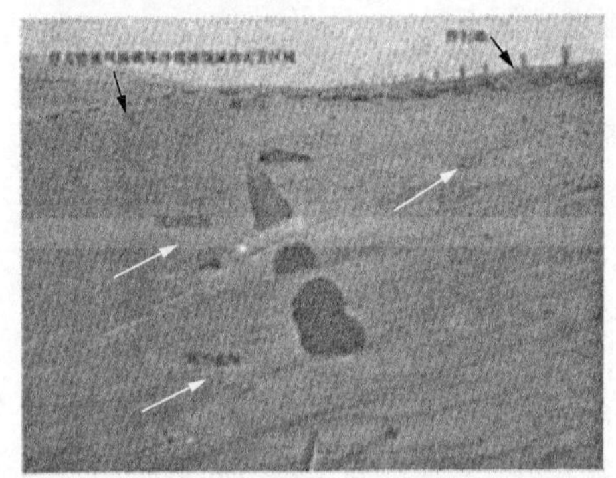

图9-3-2　案例1——某长输管道工程风沙段某处管道因风蚀露管

案例2(图9-3-3)和案例3(图9-3-4)所示某管道分别位于新疆轮南境内和雅满苏境内，管道穿越流沙地段，管道上部积沙覆盖层在风蚀的作用下呈逐步减少趋势，并且有进一步侵蚀的趋势。

图9-3-3　案例2——某管道因风蚀造成管道埋深不足(新疆轮南境内)

图9-3-4　案例3——某管道因风蚀造成管道埋深不足(雅满苏境内)

2. 风蚀对伴行路的危害

风蚀路基是风沙活动对伴线道路主要危害方式之一。饱和风沙流经过缺乏黏性，结构疏松的沙质路基时，受风力作用，沙粒很容易被风吹走，产生路基吹蚀；或因风沙流中的沙粒不断冲击路面，发生磨蚀。当路面有径流流痕或孔穴时，风沙流能产生旋磨。风蚀路基易使路基宽度减小，造成路肩、路面坍塌，严重影响正常行车安全，增加加维修工程量。

对于填方伴行路，风蚀主要集中表现在路基迎风边坡上，风蚀状况随路基形式与风向的不同而不同，多发生在迎风路肩和边坡上部，并在路肩边缘处达到最大风速和风蚀强度。特别是高路堤最为严重，常常形成上陡下缓、坎坷不平的风蚀坡面。一般风蚀量为十几厘米，最大可达数十厘米。整个路肩可被风蚀殆尽，不仅增加了养护工程量，而且由于风蚀后路基宽度变窄，会影响行车安全。路基高度与风蚀深度的关系如图 9-3-5 所示。

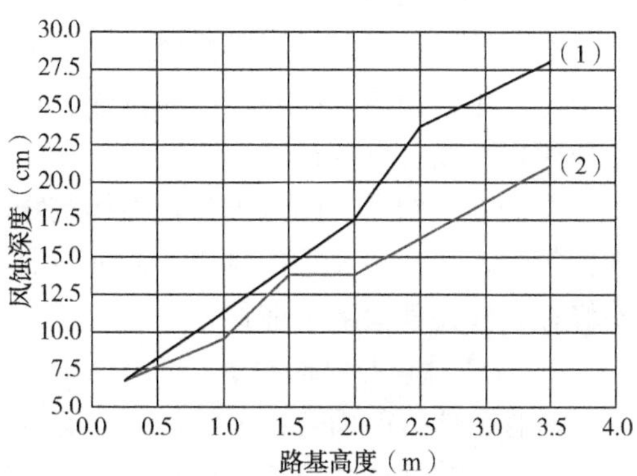

图 9-3-5　路基高度与风蚀深度的关系示意图

注：观测地点为内蒙古伊乌公路、锡宝公路、包硝公路；观测时间 5~8 年；图中：(1) 为迎风路肩风蚀深度；(2) 为背风路肩风蚀深度。

二、沙埋危害

1. 沙埋的机理及类型

沙埋危害按其成因分为：(1) 风流受阻导致沙埋；(2) 沙丘移动导致沙埋。沙流受阻埋与地表构筑物有关。当气流运行过程中遇到构筑物时，由于地形的突然变化，就会引起贴地层气流的分离，形成旋涡，增加了局部阻力，使近面气流速度大大降低，从而削弱了气流搬运沙子的能量，引起多余部分沙子从风沙流中沉落堆积。分离减速的大小，与构筑物的大小和高度有关。沙丘移动的沙埋是在风力作用下，沙子在沙丘的迎风坡吹扬、搬运，而在背风坡堆积的结果。沙丘的背风坡(落沙坡)是一个稳定、明显的涡流弱速区，来自迎风坡的跃移和蠕移的沙粒在通过丘脊后，在背风坡的风荫区沉积下来。

沙埋危害按积沙形式，可分为片状积沙、舌状积沙和堆状积沙三种基本形式。

1) 片状积沙

其特点是范围大，往往是积沙整片相连，可绵延数十米至数百米，甚至可达数千米。片状积沙厚度较小，一般为 10~20cm，最大厚度可超过 30cm。这种沙害在形成初期对构筑物影响不大，但给养护造成困难。因为消除积沙需花费大量的人力物力，若不及时清除，积沙会日益增厚。

2) 舌状积沙

这种沙害掩埋地段不长，为数米至十余米，沙子堆积形态呈前低后高、前窄后宽、状似舌头，沙体伸向构筑物。主要发生在两沙丘之间低洼处的风口地段，特别是当构筑物上风侧有障碍物(如高低起伏的地形、弃土堆和灌丛沙堆等)，有斜向风吹入或构筑物横切沙丘走向时较为普通。舌状积沙形成较快，积沙厚度较大。

3）堆状积沙

它是沙丘前移到管线或伴行路造成的。由于沙丘的移动方向和速度可以测量，所以沙害可以预测。但一经形成，因积沙量大，清除工作任务艰巨。

2. 沙埋对管道的危害

在风沙活动地区，由于修建地上建构筑物(如埋设管道的管堤、半地下式截断阀室等)的屏障作用，使风速减弱，沙粒沉落、堆积，导致建构筑物被掩埋。积沙带来的危害主要为埋压阴保桩及各种标识物，在阀室、场站内形成积沙，雨季易使建筑物遭受浸泡。

在场站、阀室、阴保桩等阻沙构筑物的作用下，风沙流中的沙粒聚集在构筑物两侧，掩埋构筑物。在沙源充足的风口，通常情况下 1m 高的构筑物一年内有可能被埋没，第二年如不修补，沙丘就会继续前移。

3. 沙埋对伴行路的危害

对管道伴行路而言，风沙流中多余部分沙子的沉落多少，与路基边坡度和填土高度有关。半挖半填地段和路堑分离显著，而流线型边坡的路堤则相对轻微。因此横断面有利于输沙时，一般不致造成较严重的风沙流受阻埋危害。

管道伴行路常见的沙埋现象有路基积沙、路面积沙及沙丘前进积沙。

1）路基积沙

风沙流通过路基时，路堤迎风坡坡脚气流受阻产生阻滞积沙，背风侧气流下沉产生旋涡，风速变小，发生停滞堆积，对路基边坡稳定性相对有利。

2）路面积沙

在路堑型地段，由于气流的旋涡作用，在“U”形槽内形成弱风区，气流挟沙能力降低，使部分沙粒聚积下来，引起路面积沙。路面积沙易产生以下几种危害：(1)当积沙较薄时，对行车造成阻力，车速减缓，延误行车时间；(2)路面积沙较厚时，形成沙埋，使路面产生车槽或造成会车及行车困难；(3)从路基边坡到路面被沙覆盖，使驾驶员分不清路面、路肩与边坡，这种灾难性覆盖使行车十分困难，稍不注意，会造成车翻人亡的交通事故。

3）沙丘前进积沙

沙丘前移致使沙埋路面，严重影响或断绝车辆通行，无法进行正常的管线巡护维修工作。长呼管线在 2003 年底的一个风季中，在未完防沙工程的路段出现高于 2m 的大沙堆埋压路面 5 处，中小沙堆埋压路面 16 处，导致伴线路无法通行。

4. 沙埋对伴行路的危害案例

某长输管道敷设于新疆雅满苏段，管道伴行路在穿越连绵 4 km 的流沙段时，由于路面过沙停留，或由于路面本身地处丘间洼地而发生沉积，造成伴行路面大量积沙，严重影响了巡线车辆的通行效率，如图 9-3-6 至图 9-3-8 所示。

图 9-3-6　案例 1——某管道因风速减小产生伴行路路面沙埋

造成管道伴行路沙埋的原因主要有两种：(1)当裹挟沙粒的风沙流越过沙丘顶部行进到沙丘间地段时，加大了风沙流的过流断面，或由于背风，风沙流的动力突然被削弱，从而使行进中的沙粒从风沙流中分离出来而在其重力作用下沉积下来，造成了沙丘间沙埋管道伴行路面的风沙灾害，如图9-3-6所示；(2)沙丘前进积沙导致沙埋伴行路面。所不同的是后者压埋的速度要比前者快得多，特别是低矮沙丘前移造成的压埋路面较为迅速。

图9-3-7　案例2——某管道因沙丘移动产生伴行路路面沙埋

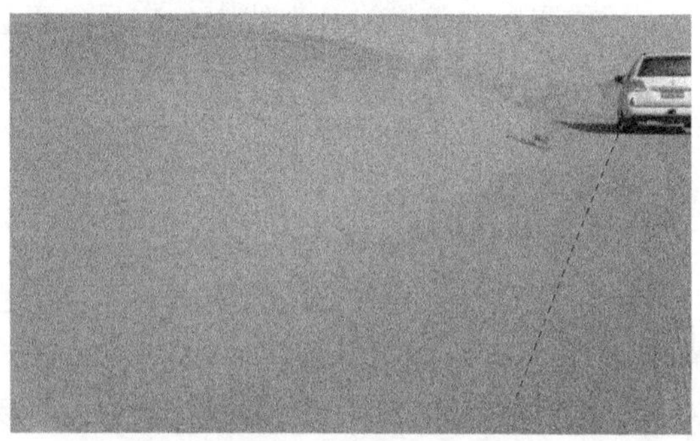

图9-3-8　案例3——某管道因沙丘移动产生伴行路路面沙埋

第四节　风沙地区长输管道敷设与防护

一、管道选线

1. 风沙地区管道选线的基本原则

1）最短距离原则

风沙地区长输管道的设计和施工均比较困难，尤其是管道及其附属工程的防沙设计，工程量大，工程造价高。因此，要求在沙漠管道设计时尽可能选择最短路线，管道路由尽量裁弯取直，且不宜设小半径平曲线，直线距离不能过长。

2）沙漠地区地基稳定性原则

沙漠地区河流极易形成冲刷，河水含泥沙量大，河道易淤积，河床易改道。管道、伴行路及场站阀室的设计应选择稳定地基、远离河道、地形相对平直的地段。不宜在河道变化大的凹岸处敷设管道、设置阀室。沙漠地区土质松散，极易受洪水冲刷，地基很不稳定，场站阀室基础宜采用桩基础。

3）靠近筑路材料和水源地原则

由于沙漠地区就近找砂石材料、水源较困难，因此建设施工材料必须从沙漠以外地区进行拉运。由于运输距离远，运输工程量大，所以运输成本很高。在风沙地区长输管道项目设计选线时，有条件应靠近有砂石料、水源地带。

4）管道路由走向与主导风向一致原则

管道路由走向与主导风向的夹角越小，沙害越轻，对管道防沙设计越有利。因此，管道路由的确定应结合主导风向，根据路线走向与主导方向，结合沙垄的走势来确定合理的管线线位。

5）绕避不良地质地段原则

管线通过不良地段时，如水毁、盐渍化、沼泽化、沙漠化严重等地段，地基处理技术难度大，投资费用高，管道选线时应尽量避绕。

6）顺应自然地形原则

风沙地区管道选线，应顺应自然地形地貌。复杂的沙漠地形地貌，是长期以来自然风力产生的结果。在管道设计选线中，应尽量不破坏自然地形地貌。一旦对自然地形地貌破坏较严重，风沙会对管道造成很大危害。由此造成的后果是，设计中必须考虑加大管线防沙力度，既增加了工程量，又提高了工程造价。管线建成后，其维护工作量也会加大，造成人力物力资源浪费。

2. 风沙地区管道选线一般要求

（1）管道路由选择在路线绕长不多，工程量增加不大时，要尽量绕避严重的流沙地段。路线必须通过严重流沙地段时，要综合考虑施工及运营维护等条件，做好方案比较。

（2）管道线位要尽可能选择在下列沙害较轻的地带通过：较为顺直的河流两岸、湖盆滩地、沙漠前沿的固定或半固定沙丘地带、沙地下伏古河床的地带及地下水溢出地带、大山或高地的前缘背风地带等。

（3）管线必须穿过流沙地带时，选线应注意力争在以下有利部位通过：在经由沙区最短的地段通过，将路由布设在沙丘背风侧的堆积部位，利用沙丘中的低矮处和风蚀洼地通过，尽可能充分利用较开阔的丘间低地等。

（4）路由应尽量靠近筑路材料产地和水源地带，以降低工程造价，并减少施工、养护的困难。

（5）风沙地区选线应尽可能使路线走向与当地的主导风向大致平行。最好少用曲线，特别不宜用小半径曲线。如必须设置曲线时，应将管道伴行路设置于迎风一侧，并将转角外侧面对主导风向。

（6）尽量减小线路与主导风向的交叉角度。交叉角度较大时，应降低路基高度，放缓路基边坡，与天然地形相适应，减轻风蚀影响。

（7）管道线位如不能绕避必须穿过活动沙丘时，应尽量利用在以下有利地段通过。

① 线路宜选择通过沙丘活动能力弱、沙害较轻的活动沙丘边缘地带。

② 线路通过活动性强的沙丘时，线路宜选沙丘的上风侧，避免沙体移动掩埋管道或伴行路。通过活动性较弱的沙丘，有充分依据时可从其侧后方较远处通过。

③ 风沙覆盖的山地、丘陵区选线，如遇风积沙带，宜选在沙带间的丘陵地通过，不宜穿越沙带。如条件限制必须穿越时，宜在沙带最窄部位，以深埋正交方式通过。

二、管道防护

1. 管道与伴行路的总体布置

1）流动沙丘、半固定沙丘地段

管道穿越流动、半固定沙丘时，宜按图 9-4-1 所示布置管道及伴行路线位。

（1）图 9-4-1 适用于线路与主导风向呈 45°～90°相交情况下的大面积流动沙丘地段或线路与主导风向呈 30°～90°相交情况下的半固定沙丘地段的管道与伴行路的防护的总体布置。

（2）伴行路应敷设于主导风向的管道下游一侧，并与管道并行敷设。对于管道而言，敷设于下游的伴行路具有轻微的阻沙作用，能够对管道上方的风蚀起到一定的缓解作用。同

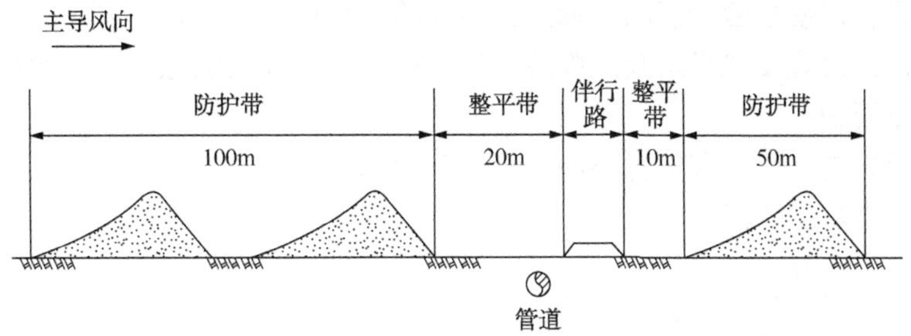

图 9-4-1　流动、半固定沙丘地段管道与伴行路布置示意图

时，对于沙丘移动而言，埋地管道所承受其危害相对较轻。

（3）整平带内的所有突起物(包括灌丛)均须夷平，以使挟沙风顺利通过管道与伴行路，以防止积沙威胁伴行路。

（4）整平带范围以外的地表植被严禁破坏。

（5）对于管道穿越流动沙丘地段而言，当主导风向与管道和伴行路的交角小于 30°时，可适当减小防护带宽度。

（6）对于管道穿越半固定沙丘地段而言，当主导风向与管道和伴行路平行时，可不设防护带，但仍需保留整平带。

2）固定沙丘地段

管道穿越固定沙丘时，宜按图 9-4-2 所示布置管道及伴行路线位。

（1）除管线与伴行路因施工需要进行必要的扫线整平作业带外，管道(包括伴行路)与固定沙丘之间不再设置另外的整平带。

（2）施工过程中须严格控制对地表植被的破坏。整平作业带迎风侧 500m 范围内、背风侧 200m 范围内的地表植被严禁破坏。管道施工过程中的弃土场、堆料场及施工营地等，应置于植被保护带以外。

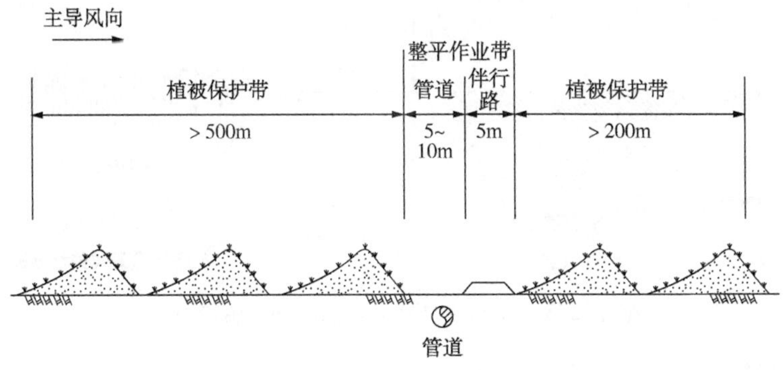

图 9-4-2　固定沙丘地段管道与伴行路布置示意图

3）流动沙地地段

管道穿越流动沙地时，宜按图 9-4-3 所示布置管道及伴行路线位。

（1）图 9-4-3 适用于线路与主导风向呈 45°~90°相交情况下的流动沙地地段的管道与伴行路防护总体布置。

（2）流动沙地地段一般地形平坦开阔，为适应原地面的起伏，管道伴行路宜采用缓边坡的路堤断面形式，以便过境沙能顺利通过，不在路面形成积沙危害。

(3) 防护带内设置带状半隐蔽或隐蔽固沙措施，以保证风能稳定，不使过境风沙达到饱和状态，防止路面积沙。

(4) 当主导风向与管道和伴行路的交角小于30°时，管道伴行路宜采用一般路基断面形式，并可适当减小防护带宽度。

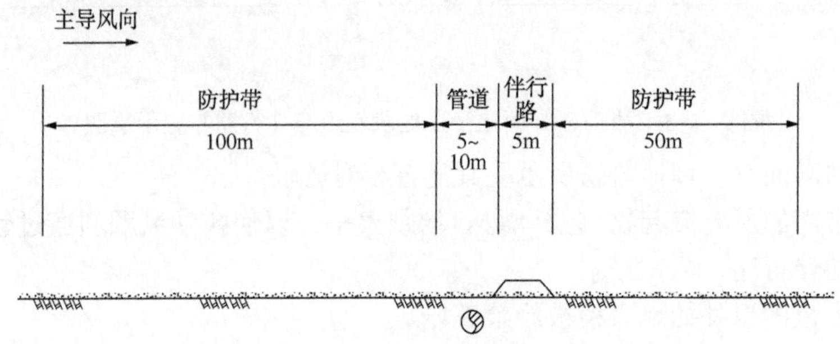

图 9-4-3　流动沙地地段管道与伴行路布置示意图

2. 管道本体固沙措施

管道穿越风沙地区时，为防止管道上方覆沙因风蚀而流失，造成管道覆土减薄，甚至露管现象的出现，宜在管道上方按图 9-4-4 所示采取相应的固沙措施。

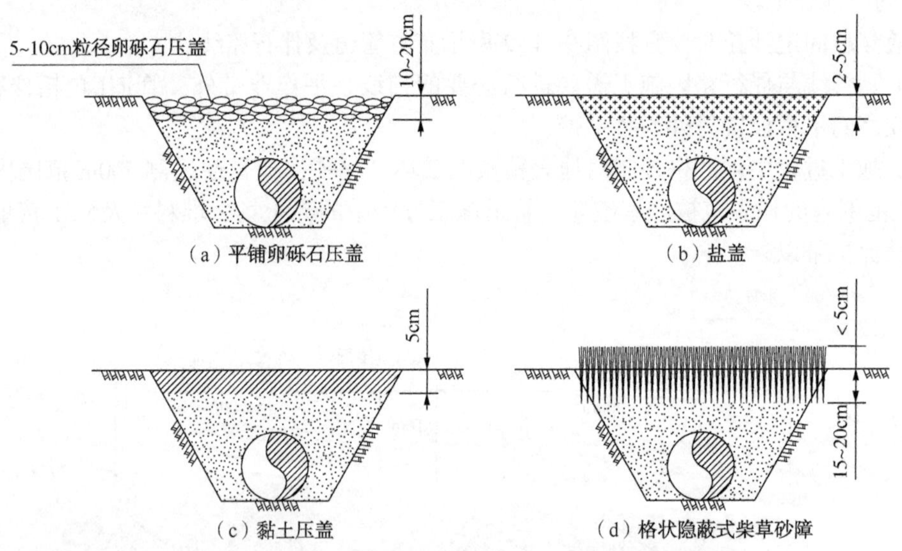

图 9-4-4　风沙地区管道本体固沙措施示意图

1) 平铺卵砾石压盖

(1) 适用条件及加固机理：平铺卵砾石压盖适用于产有该种材料地区的防止管顶覆土流失的防护，如图 9-4-5 所示。该方法也可应用于伴行路路肩坡的固沙处理。

(2) 加固机理：通过增加管道上方覆盖土的粒径，起到保护地表沙层不产生风蚀的效果。该措施在不改变风沙流结构特性的条件下，起到了很好的固沙作用。

(3) 材料要求：粒径不小于 5cm 的卵砾石。

(4) 技术要求：防护厚度宜为 10~20cm，如图 9-4-4(a)所示；铺砌方法采取平铺、整平、压实(或拍实)，铺砌卵石时可适当掺配些黏土，以增加整体稳定性。

2) 盐盖

(1) 适用条件：盐盖适用于分布有盐池、碱湖的沙漠地区的防止管顶覆土流失的防护。

(2) 加固机理：通过增加管道上方覆盖沙粒的胶结性，使得地表逐步产生了一层整体稳定性较好且较为坚硬的盐壳，起到保护其下沙层不产生风蚀的效果。该措施具有简单易行、效果好等优点，就地取材，因地制宜，是一种具有较强的抗风固沙性能的有效措施。

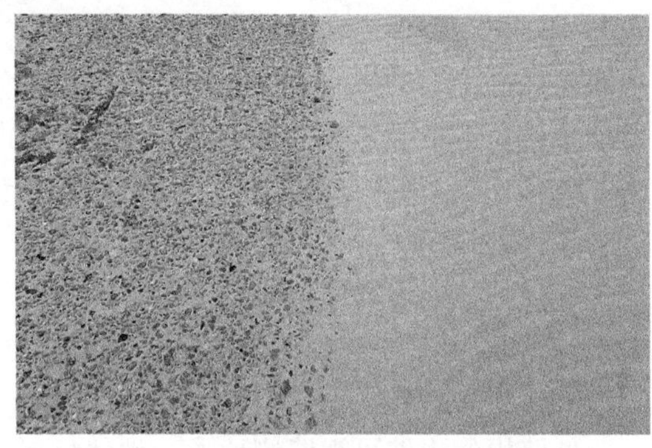

图 9-4-5　风沙地区平铺卵砾石压盖固沙

(3) 材料要求：天然盐、碱。

(4) 技术要求：防护厚度宜为 2~5cm，如图 9-4-4(b)所示；施工方法是将天然盐、碱溶液喷洒于沙面，形成坚实的板结层或硬壳。

3) 黏土压盖

(1) 适用条件：盐盖适用于产有黏性土的沙漠地区的防止管顶覆土流失的防护。

(2) 加固机理：通过在管道上方地表全面铺压一层黏性土层，增加了地表层的整体稳定性和抗风蚀性能，起到保护其下管道覆土不流失的效果。

(3) 材料要求：塑性指数大于 7 的黏性土。为增加黏性土的抗冲蚀强度和避免干裂，可掺配 10%~15%的沙或 20%~30% 的砾石(体积比)。

(4) 技术要求：防护厚度宜为 5cm，如图 9-4-4(c)所示。

图 9-4-6　风沙地区隐蔽式柴草砂障固沙

4) 隐蔽式柴草砂障

(1) 适用条件：流沙地区管道覆土防护的固沙措施，如图 9-4-6 所示。

(2) 加固机理：具有固定就地沙、使外来沙顺畅通过、施工简单易行等优点。使用年限较同类材料的外露沙障长。

(3) 材料要求：麦草、稻草、芦苇、沙蒿等草类。

(4) 技术要求：要求障顶与沙表层相平或不超过 5cm，如图 9-4-4(d)所示；根据风的情况可设置为格状或条状，格状规格为 1.0m×1.0m 或 1.0m×2.0m，条状规格的条间距为 1.0m 或 1.5m，并与主导风向垂直。

3. 伴行路设计

1) 路堤沙害分析

路堤上的风向、风速变化与路堤高度、边坡坡度和风向与路线的交角大小有关。

路堤与风向正交时，随着路堤高度的增加，增速作用十分明显。因此，较高的路堤一般不易遭受风沙流的沙埋危害。如边坡较陡(超过 1：2)，将在背风坡和迎风坡脚积沙，有时也在路面积沙；如边坡较缓(缓于 1：4)，气流可平顺越过路堤，将不易积沙。

当路堤与风向平行时，由于路堤具有一定的高度和光滑的表面，路基顶面风速较两侧沙地表面风速大，所以一般不会积沙。但须注意，随着路堤高度的增大，风蚀程度也会增加。

零填挖或近于零填挖的路基，不论路基与风向的关系如何，均易于积沙。所以管道伴行路不宜采用零路堤，宜采用低路堤的形式敷设。

2）路堤高度

沙漠地区路堤高度不应低于 0.3m，一般以 1m 左右为宜。在沙丘起伏地区，路堤高度要求比路基两侧 50m 范围内沙丘的平均高度高出 0.3~0.5m。

3）路堤边坡

低路堤的边坡可视路侧地形、地势情况，采用缓坡式或流线型的路基断面，以使风沙流平顺通过公路，路侧防护工程设施可适当缩减。对高路堤伴行路，边坡坡度采用 1∶1.5~1∶2，一坡到顶。路堤边坡设置参见表 9-4-1。伴行路路堤坡面须设置一定的防护设施，以防止风蚀路堤边坡。

表 9-4-1　路堤式伴行路路基断面形式表

路基高度(m)	≤1.0	>1.0
边坡推荐值	缓坡式 1∶4~1∶1	一般式 1∶1.5~1∶2.0
适用条件	适用于平坦或缓起伏的流动沙地，线位与主导风向交角为 45°~90°的地段，且路侧无防护措施或有少量防护措施	起伏较大的流动沙地，路侧设有相应的防护措施；或固定沙地，路线与主导风向平行的流沙地段

4)路基防护

伴行路路基防护的目的是为防止沙质路基风蚀，一般采用柴草、土石等材料进行防护，以保证路基的稳定和行车安全。常见措施包括层铺柴草防护、平铺编织物防护、平铺卵砾石防护和格状卵砾石防护，如图 9-4-7 所示。

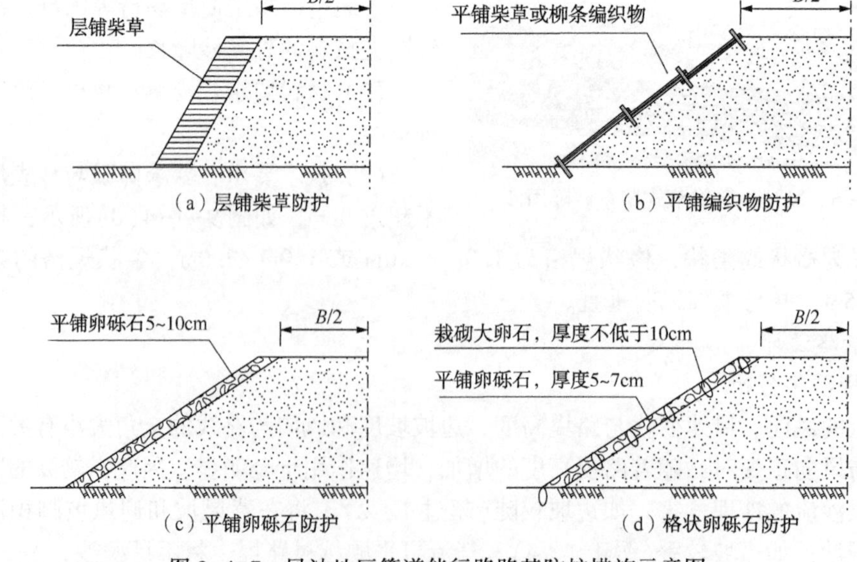

（a）层铺柴草防护　（b）平铺编织物防护

（c）平铺卵砾石防护　（d）格状卵砾石防护

图 9-4-7　风沙地区管道伴行路路基防护措施示意图

(1) 层铺柴草防护，如图 9-4-7(a)所示。

① 材料要求。

麦草、稻草、芦苇、沙蒿及其他草类。

② 防护规格及方法。

将植物的茎秆砍成 50cm 左右的短节，从坡脚开始向上每层按 5~10cm 厚度层铺、灌沙、捣实。如采用沙蒿等带有根系的野生植物时，可将根茎劈开，并使根系向外，按上述方法进行层铺。

③ 适用条件。

适用于有柴草来源的沙漠管道伴行路路基边坡防护。除沙蒿层铺使用年限在 10 年以上外，一般多为 3~5 年。如防护地区自然条件较好，边坡有植物生长后便可取而代之，起到长久稳固边坡的作用。缺点是材料用量较大。

(2) 平铺织物防护，如图 9-4-7(b)所示。

① 材料要求。

各种枝条、芦苇、芨芨草等。

② 防护规格及方法。

将材料扎成直径 5~10cm 的束把，或将其编织成笆块，沿路基坡脚向上平铺，以桩钉固定。

③ 适用条件。

适用于有该种材料产地的伴行路路基边坡的防护。使用年限 5~10 年。缺点是材料用量较大。

(3) 平铺卵砾石防护，如图 9-4-7(c)所示。

① 材料要求。

卵砾石。

② 防护规格及方法。

边坡防护厚度 5~10cm，路肩防护厚度 10~15cm；铺砌方法为平铺、整平、夯实(或拍实)，路肩部分平铺砾卵石可适当掺配些黏土，以增加其稳定性。

③ 适用条件。

适用于产有该种材料地区的沙漠伴行路路基全面防护。此种铺砌方法适用于路基高度小于 2m 的路基防护，效果较好。

(4) 格状卵砾石防护，如图 9-4-7(d)所示。

① 材料要求。

卵砾石。

② 防护规格及方法。

边坡防护厚度 5~7cm，路肩防护厚度 10~15cm；铺砌方法为先用 10cm 以上的卵石在边坡上做成 1m×1m 或 2m×2m 并和路肩边缘呈 45°角的方格，格内平铺粒径较小的砾卵石，路肩平铺砾卵石，并整平、夯(拍)实。

③ 适用条件。

适用于路基高度大于 2m 的路基全面防护。效果较好，但较费工。

4. 立式砂障

立式砂障是利用柴草等材料竖直设置，以降低近地表的风速，抑制就地起沙，并阻挡部分外来流沙，具有固沙和一定的阻沙作用。立式沙障距管道及伴行路要有一定的距离(低立式砂障须大于20m，高立式砂障须大于50m)，不宜太靠近管道和伴行路。

平铺式砂障和立式砂障综合应用时，一般是将平铺砂障用于管道上方或靠近路基地带，把立式砂障设在平铺砂障的外侧，这样效果较好。

1) 低立(半隐蔽)式柴草砂障

低立(半隐蔽)式柴草砂障如图 9-4-8 所示。

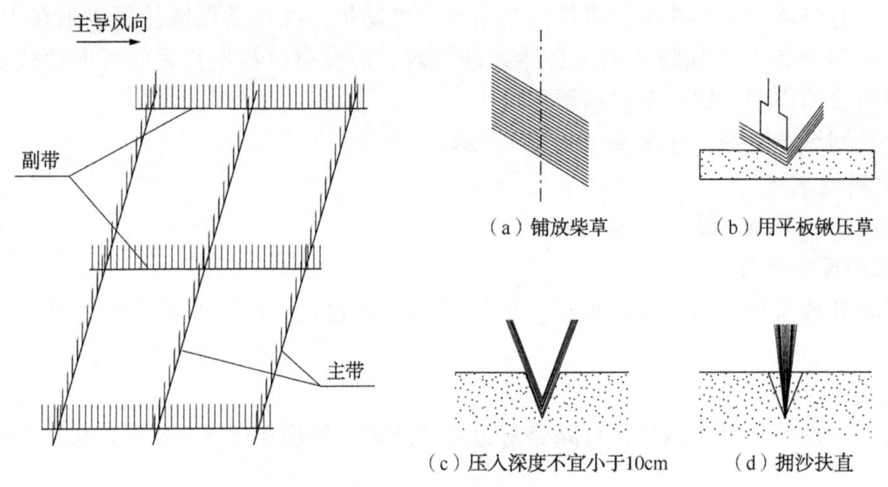

图 9-4-8 低立式柴草砂障示意图

(1) 材料要求。

麦草、麦草、稻草、谷草、玉米秸秆、碾压芦苇等。

(2) 设置方法。

对于流动沙丘，在迎风坡先设主带，即与主风向相垂直的砂障，后设副带，即与次要风向垂直的砂障(指格状砂障而言)，主带从迎风坡下部开始向上进行；在背风坡，宜先设副带，再自上而下设置主带。柔韧性的草类沙降，其埋设步骤如图 9-4-8 所示。对于较硬的柴草(如沙蒿、板条等)，需开挖沟槽，然后埋入沙中，并将砂障两侧的沙踏实。砂障外露高度以 15~30cm 为宜。

图 9-4-9 低立式柴草砂障

(3) 适用条件。

适用于产有草类、管道与伴行路两侧的大面积流沙的防治。该种砂障既能有效地降低沙表风速，削弱风蚀作用，从而稳定大面积流沙；又能阻挡部分外来沙，并使外来沙较均匀地分布在整个障内，具有固沙和阻沙双重作用。其工程造价较低，是近地风沙流边界层防止风沙危害的一种经济实用、功能独特、效果显著而应用最为广泛的固沙措施，如图 9-4-9 所示。

(4) 防沙原理与作用。

① 露出沙面格状边框全部置于风沙流边界层内，增大了下垫面的粗糙度，明显降低了底层风速，进而减弱了输沙强度，使流沙表面得以稳定。

② 格状砂障对外来风沙流有阻拦作用，对原有沙面有固定作用。在格状边框内，由于气流的涡旋作用，使得格内原始沙面充分蚀积最后达到平衡状态，即稳定的凹曲面形成。这种有规则排列的凹曲面，对不饱和风沙流具有一种升力效应，从而形成沙物质的非堆积搬运条件，这是格状砂障作用的关键，如图 9-4-10 所示。

图 9-4-10　格状柴草砂障及其内部凹曲面的形成

③ 对防护材料的要求是露出沙面部分必须具有一定的弹性和透风度，才能保证障内涡旋的形成与作用。否则，在其根部容易造成强烈“掏蚀”，难以形成凹曲面。

④ 理论分析和防沙实践均证明，格状砂障的边长与其风蚀深度之间保持 1∶10~1∶8 的比例关系是相对稳定的。

⑤ 实验证明 2m×2m、1.5m×1.5m 和 2m×2m 规格的草方格砂障的防沙效果都是非常显著的。而 0.5m×0.5m 的方格不仅费工费料，而且防风固沙效果很不理想，并很快因沙埋失去防护功能。

⑥ 对于同一规格的格状砂障，往往由于设置的地形部位不同，其防护作用可能产生很大的差异。因此，应该根据一个地区的风沙流场性质和砂障功能综合评价半隐蔽砂障防护效益。

2) 高立式枝柴砂障

高立式枝柴砂障如图 9-4-11 所示。

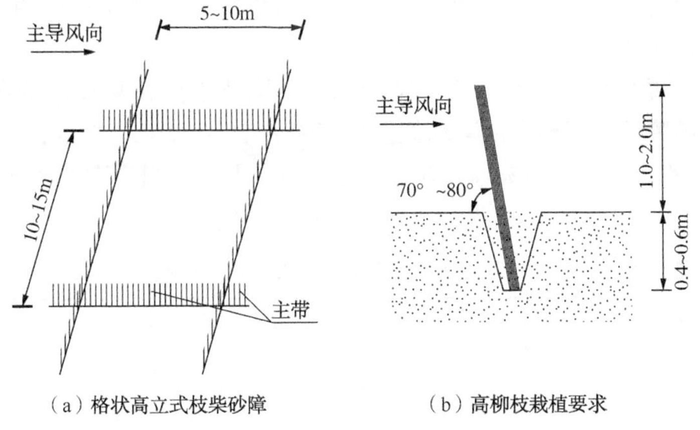

图 9-4-11　高立式枝柴砂障示意图

(1) 材料要求。

以灌木枝柴为主，如沙柳等。

(2) 设置方法。

外露高度在 1.0~2.0m；根据当地风的状况，分为条状、带状、格状三种规格形式，均为透风结构；单一风向地区多用条、带状形式，在风向多变地区采用格状结构。

条带间距 5~10m，并与主导风向垂直；带间距 10~20m，每带 3~5 行构成，行间距为 2~3m，并与主导风向垂直；格状为 5m×5m 和 5m×10m；埋置深度与外露高度的比例为 1：2 为宜。

图 9-4-12　高立式枝柴砂障

(3) 适用条件。

适用于产有枝柴地区的流沙防治，如图 9-4-12 所示。该类砂障系透风结构，其具有将整体气流分为若干小气流，化强为弱，从而抑制流沙活动的性能；并能较均匀地散布外来沙，有一定的阻沙作用。如在适宜季节(春、秋)用新砍伐的沙柳栽植砂障，掌握好埋植深度，尚能成活一部分。

(4) 防沙原理与作用。

① 高立式砂障防风固沙作用体现在降低风速和促使沙粒从空气中分离并沉积。

② 有关实验(3 排砂障：第 1 与第 2 排之间的距离为 16.4 m，第 2 与第 3 排之间的距离为 20m。)结果表明，针对砂障降低风沙侵蚀量而言，多排高立式砂障第 1 排砂障降低侵蚀量约为 67.94%，第 2 排砂障降低侵蚀量约为 99.86%，第 3 排砂障后 10m 和 20m 处分别降低侵蚀量约为 99.88%和 99.73%。结果表明，高立式砂障的多排应用对于降低侵蚀量的作用优于单排砂障。第 2 排和第 3 排砂障后的侵蚀量远小于对照区和第 1 排砂障后侵蚀量。这是因为风沙流经过第 1 排砂障后，尽管砂障有降低风速和促使沙粒沉积的作用，但这种作用不如第 2 排或者第 3 排砂障的作用强烈，故第 1 排砂障后的集沙率高于第 2 和第 3 排砂障后的集沙率。由此可见，高立式砂障具有明显的降低风蚀量的作用，特别是多排高立式砂障的综合应用效果更佳。从分析结果来看，高立式砂障可以降低风蚀量达 67.94%~99.88%；

③ 实验的风速观测结果表明，第 1 排砂障后不同测点风速降低值的范围为 14.63%~86.15%，第 2 排砂障后不同测点风速降低值的范围为 41.97%~97.91%，第 3 排砂障后不同测点风速降低值的范围为 22.80%~87.40%。将不同测点及不同高度的风速与同时刻相同高度对照区风速的比值进行比较，结果见表 9-4-2；

表 9-4-2　某工程项目高立式砂障防护区不同测点及不同高度风速与对照区风速的比较表

距砂障距离(m)	测量高度(m)	防护区风速与对照区风速之比(%)		
		第 1 排之后	第 2 排之后	第 3 排之后
2	3	85.37	58.03	63.18
	2	17.12	27.70	41.54
	1	29.75	2.09	12.60

续表

距砂障距离(m)	测量高度(m)	防护区风速与对照区风速之比(%)		
		第 1 排之后	第 2 排之后	第 3 排之后
5	3	66. 44	43. 37	68. 61
	2	18. 36	40. 68	77. 20
	1	30. 52	6. 14	14. 54
8	3	48. 64	40. 47	65. 30
	2	23. 06	25. 78	74. 42
	1	13. 85	6. 62	22. 49
12	3	42. 50	40. 29	46. 73
	2	32. 97	36. 39	35. 33
	1	14. 68	20. 03	19. 25
22	3			52. 42
	2			55. 42
	1			40. 75

④ 另有实验结果表明，高立式格状砂障对风速具有显著削弱作用，且越接近地表，风速被削弱的程度越大，砂障内 5 个观测点 2 m 高处风速平均减弱了 33. 0%，而 0. 2m 高处风速平均减弱了 81. 5%；高立式格状砂障使地表粗糙度增大了 44 倍，地表粗糙度的增加，能提高起沙风速，从而减少风蚀量。

5. 风沙地区管道设计及施工注意事项

(1) 管道及伴行路两侧 10~20m 范围内的地面应保持平顺，地上的突起物或灌丛均须铲除，并予整平。

(2) 管道及伴行路两侧防护带和植被保护带的宽度，主要视沙源情况、沙丘活动程度、风沙流强度及主导风的状况而定。防护带一般在管道及伴行路的上风侧应不小于 100m；在下风侧，如只有单一主导风时则可不设，如除主导风向作用外还有反向风作用时，则需设宽度不小于 50m 的防护带。

(3) 管道及伴行路施工时，要注意保护路侧原有固定沙地的植被，不得随意破坏。当必须破坏时，要及时加以防护，以免沙化蔓延。

(4) 最适宜的施工季节是夏秋两季。要尽量避免在多风的春季进行施工。夏秋两季由于风沙较少，且进入雨季，沙土比较湿润，是风沙区施工的最佳季节。

(5) 取土坑应设置在管道和伴行路的下风一侧。当必须两侧取土时，施工完毕后应将上侧取土坑予以封闭或填平。弃方要置于管道和伴行路的下风一侧的低洼处，并摊平，严禁随意堆弃。

第十章 软土地区长输管道敷设与防护

第一节 概 述

一、软土的基本概念

1. 软土的定义

软土在我国沿海一带分布很广，如渤海湾、长三角、珠三角及浙、闽沿海地区等都存在海相或湖相沉积的软土。它们是在咸水或淡水中沉积形成的细粒土，含有有机质和矿物质的综合物。软土具有松软、天然孔隙比大、天然含水量高、压缩性高及承载力和抗剪强度很低的特点，其厚度由数米至数十米不等，但在同一地区的厚度变化不太大，土层呈带状分布。软土是一类土的总称，具体可将其划分为淤泥质土、泥炭、泥炭质土、淤泥等。以饱水的软弱黏性土沉积为主的地区，称之为软土地区。

国内各行业对软土的定义不尽相同，但可归纳如下：软土是一种天然含水量大(大于液限)、压缩性高(>0.5MPa^{-1})、天然孔隙比大于或等于1.0、抗剪强度低(快剪的内摩擦角小于5°，内聚力小于20kPa)的细粒土。

通常将经生物化学作用形成的、含有较多有机物(大于5%)的软弱黏性土称淤泥类土。其中，孔隙比大于1.5的称为淤泥；孔隙比小于1.5的称为淤泥质土；含有大量未分解的腐殖质，有机质含量大于60%的土称为泥炭；有机质含量为10%~60%的土为泥炭质土。

2. 软土的成因

软土主要是静水或者缓慢流水环境中沉积的以细粒土为主的第四纪沉积物。

通常在软土形成过程中有生物化学作用参与。因为在软土形成过程中生长着喜湿植物，植物死亡后遗体埋在沉积物中，在缺氧的条件下分解形成软土。按软土成因类型分类包括滨海沉积、湖泊沉积、河滩沉积和谷地沉积四种。其中，滨海沉积是在较弱的海岸流及潮汐的水动力作用下，逐渐停积淤成；湖泊沉积是淡水湖盆沉积物在稳定的湖水期逐渐沉积而形成的，沉积相带有季节性；河滩沉积是在平原河流流速减小的情况下，水中携带的黏土颗粒缓慢沉积而成；谷地沉积是在山区或丘陵区地表水带有大量含有有机质的黏性土沉积于平缓谷地之后，流速降低，淤积而成的软土。

二、软土的类型

1. 按成因分类

我国的软土按其成因可分为4大类，即滨海沉积、湖泊沉积、河滩沉积和谷地沉积，按其沉积环境的不同又可分为9种类型，见表10-1-1。

表 10-1-1　我国软土的成因类型及特征表

类型		厚度(m)	特征	分布情况
滨海沉积	滨海相	60~200	面积广，厚度大，常夹有砂层，极疏松，透水性较强，易于压缩固结	东海、黄海、渤海等沿海岸地区
	三角洲相	5~60	分选性差，结构不稳定，粉砂薄层多，有交错层理、不规则尖灭层及透镜体	
	潟湖相	2~60	颗粒极细，孔隙比大，强度低，常夹有薄层泥炭	
	溺谷相		颗粒极细，孔隙比大，结构疏松，含水量高，分布范围较窄	
湖泊沉积	湖 相	5~25	粉土颗粒占主要成分，层理均匀清晰；泥炭层多是透镜体状，但分布不多，表层多有小于 5m 的硬壳	洞庭湖、太湖、鄱阳湖、洪泽湖周边，古云梦泽边缘地带
河滩沉积	河床相 河漫滩相 牛轭湖相	<20	成层情况不均匀，以淤泥及软黏土为主，含砂与泥炭夹层	长江中下游、珠江、闽江下游及河口、淮河平原、松辽平原
谷地沉积	谷地相	<20	呈片状，带状分布，靠山浅、谷中心深，谷底有较大的横向坡，颗粒由山前到谷中心逐渐变细	西南、南方山区或丘陵区

2. 按物理力学特征分类

根据软土的物理力学特征可分为 5 类，即软黏性土、淤泥质土、淤泥、泥炭质土和泥炭，见表 10-1-2。

表 10-1-2　软土分类及物理特征分类表

类别	天然重度(kN/m^3)	天然含水量(%)	天然孔隙比	有机质含量(%)	压缩系数(MPa^{-1})	渗透系数(cm/s)	天然快剪强度		标准贯入值
							内聚力(kPa)	内摩擦角(°)	
软黏性土	16~19	<100	>1.0	<3	>0.3	$<10^{-6}$	<20	<10°	<2
淤泥质土			1.0~1.5	3~10					
淤 泥			>1.0						
泥炭质土	10~16	100~300	>3	10~50	>2.0	$<10^{-3}$	<10	<20°	
泥 炭	10	>300	>10	>50		$<10^{-2}$			

三、我国软土的分布

我国软土的主要分布区，按工程性质结合自然地质环境，可划分为三个地区，即沿秦岭走向向东至连云港以北的海边一线，作为优秀地区和中部地区的界限；沿苗岭、南岭东向向东至莆田的海边一线，作为中部地区和南部地区的界限。

以滨海相沉积为主的软土，主要分布在湛江、香港、厦门、温州湾、舟山、宁波、连云港、天津塘沽、大连湾等地；以潟湖相沉积为主的软土层，主要以温州、宁波等地为代表；三角洲相软土主要分布在长江中下游的上海地区、珠江下游的广州地区；河漫滩相沉积软土主要分布在长江中下游、珠江下游、淮河平原、松辽平原等地区；内陆软土主要为湖相沉积，如洞庭湖、洪泽湖、太湖、鄱阳湖四周、古云梦泽地区边缘地带及云南昆明的滇池地区等。

第二节　软土的工程特性及物理性质指标

风沙运动表现为风沙流与沙丘移动两种形式，其中风沙流是风沙运动的基本形式，而沙丘移动是风沙流运动的函数，它随风沙流形式变化而变化。

一、软土的地质特征及工程性质

1. 软土的地质特征

我国软土有下列特征：

(1) 软土的颜色多为灰绿、灰黑色，手摸有滑腻感，能染指，有机质含量高时有腥臭味；

(2) 软土的颗粒成分主要为黏粒及粉粒，黏粒含量高达60%~70%；

(3) 软土矿物成分除粉粒中的石英、长石、云母外，黏土矿物主要是伊利石，高岭石次之；此外软土中常有一定量的有机质，可高达8%~9%；

(4) 软土具有典型的海绵状或蜂窝状结构，其孔隙比大、含水量高、透水性小、压缩性大，是软土强度低的重要原因；

(5) 软土具有层理构造，软土、薄层粉砂、泥炭层等相互交替沉积，或呈透镜体相同沉积，形成性质复杂的土体。

2. 软土的工程性质

软土的工程特性主要有含水量高、孔隙性高、渗透性低、压缩性高、抗剪强度低，并有较显著的触变性和蠕变性，具体见表10-2-1。

表10-2-1　软土的工程特性对工程性质的影响表

软土的特点	对工程性质的影响
含水量高	软土的天然含水量一般为50%~70%，山区软土有时高达200%，其饱和度一般大于95%。软土的高含水量特征是决定其压缩性和抗剪强度的重要因素
孔隙性高	软土的天然孔隙比为1~2，最大可达3~4。软土的高孔隙性是决定其压缩性和抗剪强度的重要因素
渗透性低	软土的渗透系数一般在$1\times10^{-8}\sim1\times10^{-4}$，通常水平向的渗透系数较垂直方向要大得多。由于该类土渗透系数小，含水量大且呈饱和状态，使得土体的固结过程非常缓慢，其强度增长的过程也非常缓慢
压缩性高	软土的压缩系数一般为$0.7\sim1.5\text{MPa}^{-1}$，最大达$4.5\text{MPa}^{-1}$，因此软土都属于高压缩性土。随着土的液限和天然含水量的增大，其压缩系数也进一步增高。由于该类土具有高含水量、低渗透性及高压缩性等特性，因此，其具有变形大而不均匀，变形稳定历时长的特点

续表

软土的特点	对工程性质的影响
抗剪强度低	软土的抗剪强度很小，同时与加荷速度及排水固结条件密切相关。如不排水，三轴快剪得出其内摩擦角为零，其黏聚力一般都小于 20kPa；直接快剪内摩擦角一般为 2°~5°，黏聚力为 10~15 kPa；而固结快剪的内摩擦角可达 8°~12°，黏聚力为 20kPa 左右。因此，要提高软土地基的强度，必须控制施工和使用时的加速荷载
触变性	软土触变性是指软土被扰动后强度降低，但休止一段时间后强度又慢慢恢复的一种特性。由于软土具有较为显著的结构性，故触变性是它的一个突出性质。触变性用土的灵敏度来反映。灵敏度是指原状土的强度与扰动土强度的比值。灵敏度越高，土的触变性越大。灵敏度大于 1 且小于 2 属低灵敏度土，大于 2 且小于 4 属中灵敏度土，大于 4 属高灵敏度土
蠕变性	软土的蠕变性也是比较明显的。表现在长期恒定应力作用下，软土将产生缓慢的剪切变形，并导致抗剪强度的衰减；在固结沉降完成之后，软土还可能继续产生可观的次固结沉降

二、软土的物理性质指标

土是一种松散的颗粒堆积物，它由固相、液相和气相三部分组成。固相部分主要是土粒，有时还有粒间胶结物和有机物，它们构成土的骨架；液相部分为水及其溶解物；气相部分为空气及其他气体。土的物理性质可以用组成它的土粒、水和空气三者在数量上的比例关系来反映。为了研究土的性质，将工程性质相近的土粒合并为一组，称为粒组。因为天然土是由无数大小不同的土粒组成的，逐个研究它们的大小不可能也没必要。土中各种粒组的含量不同，反映出来的性质也不同。软土的颗粒组成主要以细粒土为主，所以有其特殊的性质，如含水率大、孔隙比大和塑性指数高等。物理性质指标就是用来表示土中三相比例关系的一些物理量。

1. 全国不同成因类型软土的物理性质指标

全国不同成因类型软土的物理性质指标的经验数据，依据相关资料提供借鉴，见表 10-2-2。

表 10-2-2　全国不同成因类型软土的物理性质指标表

成因类型	地区	土层埋深（m）	天然含水量（%）	容重（kN/m^3）	孔隙比	液限（%）	塑性指数（%）	液性指数	有机质含量（%）
潟湖相	温 州	1~35	63	16.2	1.79	53	30	1.5	5~8
	宁 波	2~12	56	17.0	1.58	46	19	1.23	
		12~28	38	18.5	1.08	36	15	1.11	
溺谷相	福州 大连	3~19	68	15.0	1.87	54	29	2.4	8~14
		1~3 19~25	42	17.1	1.17	41	21	1.4	
		≤10	33	18.0	1.05	32	14	1.4	5

续表

成因类型	地区	土层埋深（m）	天然含水量(%)	容重（kN/m³）	孔隙比	液限(%)	塑性指数（%）	液性指数	有机质含量(%)
滨海相	天津	7~14	34	18.2	0.97	34	17	1.1	
	塘沽	8~17	47	17.7	1.31	42	22	1.1	
		0~8 17~24	39	8.1	1.07	34	15		
	新港	1~9	79	15.5	2.05	67	36	1.33	
		>18	58	16.5	1.66		26	1.09	
	舟山	2~14	45	17.5	1.32	37	18		
		17~32	36	18.0	1.03	34	14		
	连云港	10~20	40~61	18.2~16.5	1.04~1.63		20~29		
	厦门		71~86	14.9~15.7	1.96~2.41	57	29	1.5	7
三角洲相	上海	6~7	50	17.2	1.37	43	20	1.16	
		1.5~6 >20	37	17.9	1.05	34	13	1.05	
	杭州	3~9	47	17.3	1.34	41	19		
		9~10	35	18.4	1.02	33	15		
	广州	0.5~10	73	16.0	1.82	46	19		
沼泽相	昆明		68	16.2	1.56	60	18		
			42	18.5	0.95	34	12		
	武汉	2~11	42	17.8	1.20	38	20	1.05	
河漫滩相	南京		40~50	18.0~17.2	0.93~1.32	35~44	17~20	1.01~1.6	
	苏北		48	17.4	1.31	39	16	1.56	
	界首		81	14.9	2.06	78	32	1.09	17.3
	水城		49	16.7	1.32	52	22	0.59	10.9
洪积堆积相	水城		78	15.4	2.05	74	33	1.16	17.9
			61	15.5	1.64	61	28	1.0	9.6
	盘州		75	15.4	1.89	69	26	1.19	15.0
			65	15.1	1.81	78	36	0.88	15.6

2. 上海软土的物理性质指标

上海地区各个软土层的物理性质指标的平均值经验数据，依据相关资料提供借鉴，见表10-2-3。

表 10-2-3　上海地区各主要软土层的物理性质指标表

土层名称	土层埋深（m）	容重（kN/m³）	含水率（%）	孔隙比	稠度	液限（%）	塑限（%）	塑性指数
褐黄色粉质黏土		19.0	25~50	0.7~1.0	0.8~1.0	30~37	19~22	10~17
灰色淤泥质亚黏土（夹薄层粉砂）	2~3	18.0	35~40	1.0~1.3	>1.0	33	21	10~17
灰色淤泥质黏土	8~10 3~4	17.5	50~60	1.3~1.6	1.15~1.8	36~45	20~24	17~24
草黄色粉质黏土	18~20 3~4	18.5	35	0.8~0.9	>1.0			
灰色粉质黏土	18~22	18.5	33	1.0	>1.0	32	20	12
灰色粉质黏土	27~40	18.5	33	1.0	>1.0	33	21~25	8~15

3. 福建、珠三角、天津等地软土的物理性质指标

福建、珠三角、天津等地软土的物理性质指标，依据相关资料提供借鉴，见表 10-2-4 至表 10-2-6。

表 10-2-4　福建软土的物理性质指标表

地 区	含水量(%)	容重(kN/m³)	孔隙比	饱和度(%)	液限(%)	塑性指数
福 州	45.0~90.0	14.0~17.5	0.8~1.0	90~98	35~75	16~35
马 尾	45.7~63.0	16.0~17.5	>1.0	90~100	35~75	16~35
厦 门	37.0~68.0	1.0~2.0	1.15~1.8	85~100	35~60	16~30
漳 州	50.0~90.0	1.3~2.5	>1.0	85~96	50~78	20~35
泉 州	45.0~76.0	1.25~2.05	>1.0	96~99	40~60	20~30
诏 安	36.0~51.0	0.99~1.4	>1.0	86~100	50~78	20~35

表 10-2-5　珠江三角洲软土的物理性质指标表

地 区	深度(m)	含水量(%)	容重(kN/m³)	孔隙比	液限(%)	塑限(%)	塑性指数	液性指数
番禺南沙	3.5~6.6	80.1	14.9	2.183	51.6	28.1	23.5	2.14
中山市	6.0~6.3	102.7	14.6	2.624	49.9	30.3	19.6	3.68
张家边	27.0~27.3	61.5	16.2	1.601	42.5	24.3	18.2	2.04
东莞市	4.3~4.5	97.5	14.6	2.539	61.1	33.9	27.2	3.34
	14.7~14.9	53.5	17.0	1.381	41.4	23.8	17.6	1.68
斗 门	9.2~9.4	71.5	14.6	2.207	51.9	29.1	22.8	1.86
广州黄埔	3.5~3.7	93.1	14.8	2.524	64.0	42.4	21.6	2.35
	13.0~13.2	66.0	16.1	1.808	53.9	34.1	19.8	1.61
南海盐步	8.2~8.4	37.0	18.2	1.032	36.3	20.7	15.6	1.04

续表

地 区	深度(m)	含水量(%)	容重(kN/m^3)	孔隙比	液限(%)	塑限(%)	塑性指数	液性指数
广州西壕门		44.7	17.3	1.162	26.5	14.9	11.6	2.56
三水	3.5~3.9	55.3	16.2	1.492	31.1	18.2	12.9	2.88

表 10-2-6　天津塘沽新港软土各土层的物理性质指标表

土层名称	厚度(m)	含水量(%)	容重(kN/m^3)	饱和度(%)	孔隙比	液限(%)	塑限(%)	塑性指数	液性指数
淤泥质黏土(粉质黏土)	4	38~58	16.7~18.0	96~100	1.09~1.6	34~45	17~22	17~23	1.22~1.82
黏土(粉质黏土)	2	26~40	18.4~19.5	94~100	0.76~1.09	25~36	13~18	12~18	1.05~1.22
淤泥质黏土	5	47~56	16.9~17.6	98~100	1.32~1.54	42~55	21~26	21~30	1.02~1.32
黏土(粉质黏土)	6	28~47	17.6~19.5	96~100	0.79~1.27	28~43	15~22	13~23	0.87~1.29
砂质粉土粉砂	18m以下	25	20.1	99	0.69	23~29	17~23	4~6	

4. 华北平原软土的物理性质指标

我国华北平原地区软土的物理性质指标和强度指标，依据相关资料提供借鉴见表 10-2-7 和表 10-2-8。

表 10-2-7　华北平原软土层的物理性质指标表

土层名称	天然含水量(%)	重度(kN/m^3)	土粒相对密度(%)	天然孔隙比	液限(%)	塑限(%)	液性指数
黏土	31.60~39.75	17.65~24.88	2.70~2.75	0.51~1.14	40.11~50.88	9.87~25.98	0.38~0.86
粉质黏土	24.34~30.46				30.07~32.78		
粉土	17.00~24.88				14.93~26.50		

表 10-2-8　华北平原软土层的强度指标表

土层名称	压缩系数(MPa^{-1})	压缩模量(MPa)	直剪		标贯修正击数(击 30cm)	锥头阻力(MPa)
			内摩擦角(°)	黏聚力(kPa)		
黏土	0.35~0.68	3.33~5.68	5.74~13.59	21.20~41.45	4.0~9.6	0.21~3.18
粉质黏土	0.31~0.42	4.49~6.15	10.10~16.60	21.66~46.18		

5. 我国沿海地区典型软土的物理性质指标

我国沿海地区典型软土的物理性质指标和强度指标，依据相关资料提供借鉴，见表 10-2-9。

表 10-2-9　天津塘沽新港软土各土层的物理性质指标表

类型	含水量(%)	密度(g/cm^3)	孔隙比	液限(%)	塑限(%)	塑性指数	压缩系数(MPa^{-1})	不排水强度(kPa)	渗透系数(10^{-7} cm/s)	颗粒组成(%)		
										沙粒	粉粒	黏粒
淤泥	60~90	1.5~1.6	>1.5	50~55	25~30	25~30	1.5~2.3	5~10	0.1	10	40	50
淤泥质黏土	45~50	1.70~1.75	1.3	40~55	20~25	20	1	10~30	1.0	5	55	40
淤泥质粉质黏土	35~40	1.80~1.85	1.05	34	20	14	0.7		10.0	5	60	35
淤泥混砂	35~40	1.80~1.85	1.0~1.15	34	20	14				50	15	35

6. 我国软土主要分布地区的软土物理性质指标

我国软土主要分布地区的软土物理性质指标平均值，依据相关资料提供借鉴，见表 10-2-10。

表 10-2-10　我国软土主要分布地区的物理性质指标平均值表

区别	海陆别	沉积相	土层埋深(m)	含水量(%)	容重(g/cm^3)	孔隙比	饱和度(%)	液限(%)	塑限(%)	塑性指数	液性指数	有机质含量(%)
北方地区	沿海	滨海	0~34	45	1.78	1.23	93	42	22	19	1.25	7.5
		三角洲	5~9	40	1.79	1.11	97	35	19	16	1.35	
中部地区	沿海	滨海	2~32	52	1.71	1.41	98	46	24	24		
		潟湖	1~35	51	1.67	1.61	98	47	25	24	1.34	6.5
		溺谷	1~25	58	1.63	1.74	95	52	31	26	1.90	11
		三角洲	2~19	43	1.76	1.24	98	40	23	17	1.11	
	内陆	高原湖泊		77	1.54	1.93		70		28	1.28	18.4
		平原湖泊		47	1.74	1.31		43	23	19		9.9
		河漫滩		47	1.75	1.22		39		17	1.44	
南方地区	沿海	滨海	0~9	61	1.63	1.65	95	55	27	26	1.94	
		三角洲	1~10	66	1.58	1.67		54	37	24		

第三节　软土对管道的危害

软土对管道的危害包括管道漂浮、管道沉降和管道侧挤三种方式。

一、软土的危害

1. 软土的变形

软土地基上修建管道工程除要保证地基的稳定外，还必须使变形不要过大，地基变形应控制在管道允许的范围以内。地基变形过大，沉降量超过管道的承受能力，会带来过大的不均匀沉降，造成管道产生较大的变形破坏，严重影响管道的正常使用。软土的变形不仅仅是指地基沉降，还包括侧向变形。土体侧向受挤压膨胀，会使得竖向沉降加大。软土除了具备一般土质的各种变形特征外，还有其自身特点，概括起来有如下几点。

(1) 变形量大。

软土指的是淤泥和淤泥质土，其孔隙比 $e>1.0$，受压缩后沉降量自然较大。有些软土含水量达60%以上，$e>1.5$，则压缩性会更高。更有泥炭类的软土含水量高达 200%~500%，土体大部分由水构成。在施加荷载的条件下，水从孔隙中被挤出，整个土体会如同塑料泡沫般被压扁。

(2) 压缩所需时间长。

软土的颗粒组成以黏粒为主，尽管孔隙比大，但单个孔隙却很细，水在孔隙中流动较难，因此渗透性很低，渗透系数一般为 10^{-7}cm/s 至 10^{-8}cm/s 量级。饱和软土受外力荷载后，水不能很快排出，变形也只能慢慢发展。在地基中，这一变形过程往往延续数年，乃至数十年。

(3) 侧向变形较大。

软土的侧向变形比一般土质要大，而且侧向变形量与竖向变形量之比在相同条件下也比一般土质要大。换而言之，其泊松比要比非软土大。饱和软土受荷载时，初期水来不及排出，土体体积不能及时收缩，便从侧向向外挤出。侧向膨胀的体积与竖向沉降的体积近于相等，泊松比接近于 0.5。随着水的逐步排出，土体体积收缩，竖向沉降进一步发展，而侧向可能略有收缩。这时的泊松比小于 0.5，达到 0.4，乃至 0.3 以下。从最终的稳定变形来看，软土的泊松比一般高于非软土。

2. 管道漂浮

地表浅埋的油气管道及其配套设施通过河网、沼泽等高地下水位软土地区时经常发生管道逐渐上浮的情况。很多管道工程在竣工运行后不久，水网地带敷设的穿越管段出现了抬升至地表的现象，严重威胁了线路安全。某工程案例的实际资料表明，在距管道完工后约两周时间，就发现管道有上浮迹象。经过现场测量，该管道上覆土层厚度仅 0.2~0.3m，严重影响管道以后的运营安全。

管道上浮的主要原因在于管道本体所受到的上浮力大于管道本体的自重和上覆土压力。常规管道浮力计算一般是按管道本体排开的清水体积而得出的。但是，在软土地区敷设的管道，由于管沟内回填的淤泥质土受扰动已形成“糊状”的“胶体物”，此时土体对管道的浮力不能简单地只考虑地下水的浮力，而应以“胶体物”的浮力作为计算依据，其浮力要大于地下水的浮力。

1) 案例 1

如图 10-3-1 至图 10-3-4 所示，某管道位于江西省境内，所处地区等级为Ⅱ级，地表隆起段长度约 40m，管顶覆土厚度在 0.3~0.6m，地表植被为草地，结合开挖的探坑可知管道底部有地下水。上拱段沿线为农田，地形平坦。管顶设计最小覆土厚度 1.2m。地质情况为：第 1 层为人工填土，厚 0.70~1.00m；第 2 层为粉质黏土(局部过渡为粉土)，黄褐色，可塑，厚 1.50~3.70m；第 3 层为中砂，厚 1.00~1.50m。结合管道埋深和工程地质可知，本段管道在粉质黏土中敷设。

图 10-3-1　某软土地段管道上浮造成地表局部隆起

图 10-3-2　管道上方土体隆起

图 10-3-3　管道开挖验证水位较高

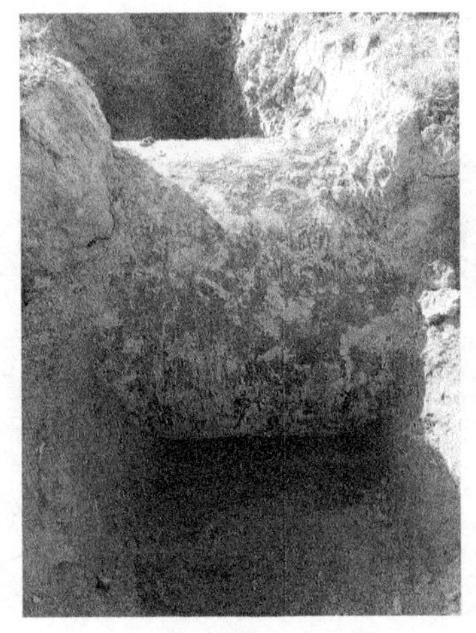

图 10-3-4　管道底部脱离沟底约 30cm

经分析计算，降雨后土壤处于饱和状态时，此时管道受到的向上的浮力 F 正好与向下的管道自重 G_1 和管道上方饱和状态土的重力 G_2 达到平衡，即：

$$G_1+G_2=F$$

表 10-3-1　1m 管段受力平衡计算表

管径(mm)	壁厚(mm)	单位管重 G_1 (kg/m)	单位浮力 F (kg/m)	土饱和容重 (kg/m^3)	管道上方土体积 (m^3)	管道上方土重量 G_2(kg)
1219	18.4	544.80	1167.07	1300	0.48	622.27

则

$$544.8+622.27=1167.07(\text{kg})$$

由表10-3-1可知管道上方土体积为0.48m^{3}时管道正好处于平衡状态，按照1219mm管径折算成高度为0.39m。也就是说，当管顶覆土为0.39m，且土体处于饱和状态时，管道会处于上浮的临界平衡状态。此状态下，当管道受到轻微外力就会失去平衡。而埋地管道的最薄弱方向是上方，且为埋深最浅处，管道失稳后必将在埋深最浅处发生上拱。本段上拱管道的埋深在0.3~0.6m，与0.39m相符，同时该段管道处于弹性敷设段，而弹性敷设段本身就是一个欠稳定状态，因此可以初步验证上拱管道处于“欠稳定状态”这一前提是成立的。

从上面的分析可以得出如下结论：(1)管道浮力是导致管道上拱的根本原因；(2)压缩机频繁开关使管道产生轻微蠕动和震颤以及管道的弹性敷设是诱发管道上拱的两个因素。

2）案例2

如图10-3-5所示，某管道穿越鱼塘，穿越长度约40m，穿越地层条件为淤泥质粉质黏土，投产8年来，由于清淤造成管道覆土减薄，使得管道上方的土荷载减小，在浮力的作用管道逐年上浮，最终管顶覆土厚度约30~50cm。

3）案例3

如图10-3-6所示，某管道穿越水网沼泽，穿越长度约3km，穿越地层条件为流塑态淤泥，原设计埋深为1.2m，未采取稳管措施。投产10年来，在淤泥浮力的作用下管道逐年上浮，最终管顶覆土厚度为10~30cm，局部管道已暴露于水中。图中站人处即为管道中线位置。

图10-3-5 管道穿越鱼塘上浮造成埋深不足

图10-3-6 管道穿越水网地区上浮造成埋深不足

4）案例4

如图10-3-7所示，某管道穿越藕塘，穿越长度约100m，穿越地层条件为淤泥，原设计埋深为1.5m，未采取稳管措施。投产1年来，在淤泥浮力的作用下管道上浮较大，管道已出露于地表，图中土堤即为为保护管道而临时采取的土堤压盖措施。

3. 管道沉降

软土地区管道沉降的主要原因是由于软土地基变形较大，从而造成管道的沉降变形加剧。特别是在地质不均匀的条件下，所产生的不均匀沉降对管道的危害性更大。

图10-3-8为我国南方某城市燃气管道所发生的因软土地质不均匀沉降引起的管道断裂事故案例。该处管道地质勘查情况见表10-3-2。

图 10-3-7　管道穿越藕塘上浮造成埋深不足

图 10-3-8　南方某城市燃气管道因软土沉降造成管道严重变形

表 10-3-2　事故段管道岩土工程勘察报告表

层 号	地层名称	埋深(m)	地质土工程特性
1	黏土	0~-1.8	地表硬壳层，灰黄色、褐黄色，力学强度在浅表地层中相对较好，可承载一般轻型荷载。但厚度较薄，且下卧层为软弱土层
2	淤泥	-1.8~-24	灰色高压缩性，低抗剪性软弱土层。顶部为硬壳层过渡带，土体稍好
3	淤泥质黏土	-24~-34	高压缩性、低抗剪性的软弱土层
4	粉质黏土	-34~-39	硬可塑，中压缩性，力学强度较好，全场分布
5	黏土	-39~-50	软可塑，中压缩性，力学强度一般，全场均有揭露

由表 10-3-2 可知，燃气管道位于淤泥地层中敷设，其压缩性高、抗剪强度低。因此在管沟地基未做任何改良处理的情况下，就会产生不均匀不沉降，对管道产生危害。

4. 管道侧挤

由于软土的泊松比较大(接近于 0.5)，因此其侧向变形能力要比一般土质大许多，因此软土地区敷设的管道受侧挤变形的概率较高。特别是在管道侧方有堆载的条件下，会大大加剧管道的侧挤变形。

图 10-3-9 至图 10-3-11 为我国南方某省管道所发生的因管道上方一侧堆土加载，诱发软土侧向变形推挤管道，造成管道弯头出现严重鼓胀变形的事故案例。图 10-3-9 为断管抢修时的情景，管道左侧上方可见堆有 3~4m 高的含有建筑垃圾的堆土。图 10-3-10 为因土体挤压产生鼓胀变形的 15°热煨弯头。图 10-3-11 为事故弯头处管沟开挖验证情况，可见淤泥质地质。该处地质特征描述见表 10-3-3。

表 10-3-3　事故段管道地质特征表

层 号	地层名称	埋深(m)	地质土工程特性
1	素填土	0~-1.7	灰黄—灰色，松散—稍密，湿—饱和，主要以粉质黏土为主，结构紊乱，不均质，局部见植物根茎及少量小粒径碎石
2	淤泥质粉质黏土	-1.7~-12	流塑，局部软状。高压缩性，易缩孔，强度较低。局部夹薄层粉土，具有水平层理

图 10-3-9　南方某省管道因软土侧挤变形严重

图 10-3-10　弯头受挤出现鼓胀破坏

图 10-3-11　管道淤泥地质情况

由表 10-3-3 可知，管道位于淤泥质粉质黏土地层中敷设，其压缩性高、强度低。由于土体为流塑状态，因此其自身侧向变形能力较强，在侧向外力荷载作用下，大大加剧了其对管道本体的推挤作用。管道弯头在土体侧挤作用下，受到较大的附加应力并产生严重的鼓胀变形，造成弯头失效。

二、管道的上浮计算

有资料表明，软土地段管道的上浮计算应依据软土灵敏度 S_t 的不同，按如下两种工况分别计算：(1) $S_t \geqslant 4.0$ 条件下；(2) $S_t < 4.0$ 条件下。现依据图 10-3-12 分别说明。

1. 软土灵敏度 $S_t \geqslant 4.0$ 条件下管道的上浮计算

当管道周围及其上覆土体的灵敏度 $S_t \geqslant 4.0$ 时，软土基本呈流塑状态。管沟内回填的淤泥质土由于受扰动已形成“糊状”的“胶体物”。此时土体对管道的浮力不能简单地只考虑地下水的浮力，而应以“胶体物”的浮力作为计算依据，其浮力要大于地下水的浮力。此种情况多用于管道已经呈现上浮趋势的情况下。

由于该条件下软弱土经扰动后强度非常低，力学性质很差，因此，假定淤泥质土扰动后形成的“胶体物”抗剪强度为零，此时管道只受“胶体物”的浮力和管道自身的重力。考虑到

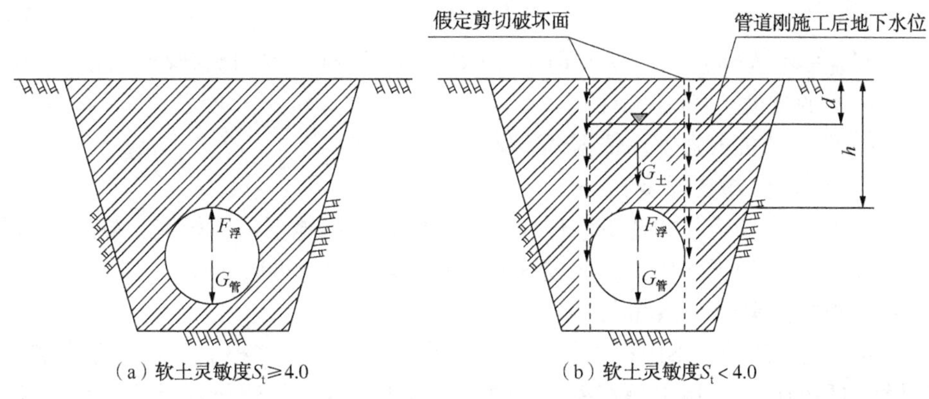

图 10-3-12　软土地区管道上浮计算示意图

虽然该段软弱土力学性质很差、灵敏度较高，为了便于计算，管道抗浮力仅考虑管道自重，而未考虑管道上覆土层的抗剪阻力。管道浮力及抗浮力的计算如图 10-3-12(a)所示，其计算公式如下：

$$F_{浮}=\pi R^{2}\gamma_{土} \tag{10-3-1}$$

$$F_{抗}=2\pi R\delta\gamma_{铁} \tag{10-3-2}$$

式中　$F_{浮}$——管道所受浮力，kN/m；

$F_{抗}$——管道抗浮阻力，kN/m；

$\gamma_{土}$——土的重度，kN/m^3；

R——管道半径，m；

$\gamma_{铁}$——管道的密度，$78kN/m^3$。

2. 软土灵敏度 $S_t<4.0$ 条件下管道的上浮计算

当管道周围及其上覆土体的灵敏度 $S_t<4.0$ 时，软土基本呈软塑—可塑状态。软弱土的重塑土抗剪强度也明显比“胶体物”状的软弱土高，其他力学性质相对好一些。因此，在进行抗浮验算时，有必要考虑经扰动后回填至管沟内的填土的抗剪切破坏阻力。

由于软弱土的高触变性，管道施工刚完成后软弱土的强度降低，抗剪强度也进一步减小，造成管道上覆土层的抗浮阻力减小，易引起管道上浮。随着管道上覆软弱土的逐渐固结，其强度及密实程度均有所提高，对管道抗浮产生有利影响。另外，管道施工刚结束时，由于软弱土的低渗透性，管沟内的积水来不及消散，管沟处将形成相对较高的地下水位，这将使上覆土层有效土重度降低，同样易引起管道上浮。随着管沟处的地下水位回落，上覆有效土重增加，也会对管道抗浮产生有利影响。

基于以上分析，管道施工刚结束时将是管道最容易上浮的时候。因此，管道抗浮计算应以管道刚施工后的状态和边界条件作为计算依据。即地下水位宜取刚施工后的高水位，抗剪强度指标宜取软弱土经扰动后的指标。

为便于管道抗浮计算，特作出以下假设：因饱和软弱土基本以淤泥质粉质黏土或淤泥质黏土为主，因此管道上覆饱和软弱土的内摩擦角约等于 0，此时抗剪切破坏面近似为垂直，如图 10-3-12(b)所示。

根据以上假设，以管道单位长度为计算单元，管道的浮力和抗浮阻力如图 10-3-12(b)所示，其计算公式如下：

$$F_{浮}=\pi R^2\gamma_{水} \tag{10-3-3}$$

$$F_{抗}=2\tau(h+R)+d\gamma_{土}+2\pi R\delta\gamma_{铁}+[2R(h+R-d)-1/2\pi R^2]\gamma_{浮}+2\pi R\delta\gamma_{铁} \tag{10-3-4}$$

式中 $\gamma_{水}$——水的重度，10kN/m³；

τ——重塑土的抗剪强度，依据试验结果确定，kPa；

h——管道埋深(覆土厚度)，m；

d——刚施工后管道处的地下水位埋深，考虑软土区地下水位较浅，施工后将形成短时间的高地下水位，因此宜按最不利因素考虑，可取 $d=0$；

$\gamma_{浮}$——土的浮重度，kN/m³；

软土地区管道抗浮计算不应根据软弱土的性状区别对待，并根据管道的浮力 $F_{浮}$ 和抗浮力 $F_{抗}$ 的计算结果的比较，确定是否配重。同时，软土地区的管道抗浮计算对管道勘察提出了更高的要求，不仅需要采用原位测试等手段，还需要有针对性地进行物理力学性质指标的测试，为管道抗浮计算提供依据。

三、管道的沉降计算

1. 分层总和法

1）简介

分层总和法是目前国内各行业最为常见的地基沉降计算方法。我国建筑、铁道、交通和水利等部门颁布的有关地基基础设计规范中采用的基础最终沉降的计算公式虽然形式不同，但都基于同一基本假定，即假定地基的沉降是在结构物荷载作用下，基底下有限厚度的压缩层在不能侧膨胀条件下压实的结果。这些公式采用的是同一方法，即分层总和法。

分层总和法是将地基沉降计算深度范围划分为若干层，计算各分层的压缩量，然后求其总和。计算时应先按基础荷载、基底形状和尺寸及土的有关指标确定地基沉降计算深度，且在地基沉降计算深度范围内进行分层，然后计算基底附加应力，各分层的顶、底面处自重应力平均值和附加应力平均值。通常假定地基土压缩时不允许侧向变形(膨胀)，即采用侧限条件下的压缩性指标。为了弥补这样得到的沉降量偏小的缺点，通常是将计算沉降量乘以沉降系数(经验系数)，从而得出地基最终沉降量。计算地基最终沉降量的分层总和法公式如下：

$$S=mS_{\mathrm{C}}=m\sum_{i=1}^{n}\frac{e_{1i}-e_{2i}}{1+e_{1i}}h_i \tag{10-3-5}$$

式中 S——地基最终沉降量，m；

m——沉降系数(经验系数)，与地基条件、荷载强度、加荷速率等因素有关，无资料时可取 1.1~1.7；

S_{C}——主固结沉降量，m；

e_{1i}——第 i 层中点之土在自重应力作用下所对应的初始孔隙比；

e_{2i}——第 i 层中点之土在自重应力和附加应力共同作用下所对应的稳定孔隙比；

h_i——第 i 分层土的厚度，m。

关于压缩层计算深度的确定，《港口工程地基规范》(JTS 147-1—2010)规定：地基压缩层计算深度 H 宜满足式(10-3-6)的要求，计算深度下有软土层时，尚应满足式(10-3-7)的要求。压缩层计算深度的确定方法如图 10-3-13 所示。

$$\sigma_z = 0.2\sigma_c \tag{10-3-6}$$

$$\sigma_z = 0.1\sigma_c \tag{10-3-7}$$

式中　σ_z——深度 H 处的地基垂直附加应力，kPa；

σ_c——深度 H 处的地基自重应力，kPa。

2）计算步骤

按分层总和法计算基础沉降如图 10-3-14 所示，其步骤如下。

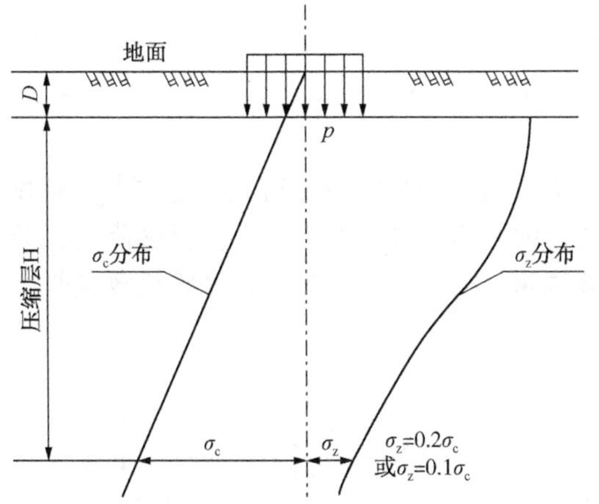

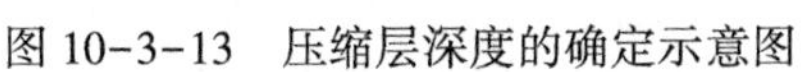
图 10-3-13　压缩层深度的确定示意图

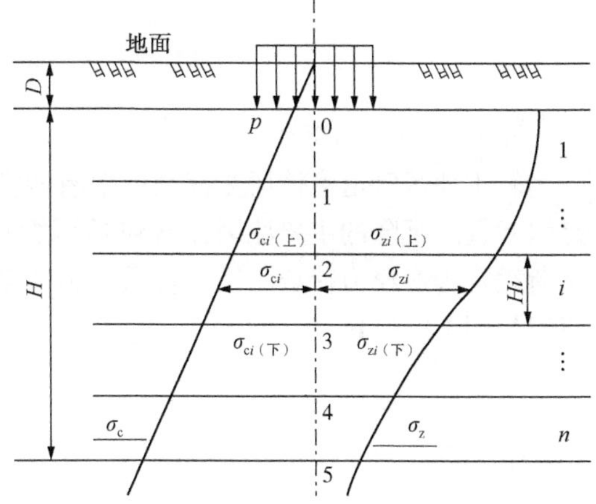

图 10-3-14　分层总和法计算示意图

（1）选择沉降计算剖面，在每一剖面上选择若干计算点。在计算基底压力和地基中附加应力时，首现依据建(构)筑物的基础尺寸，判别是属于空间问题还是平面问题；再按作用于基础的荷载性质(中心、偏心或倾斜)等情况，求出基底压力的大小和分布；然后结合地基中土层性状，选择沉降计算点的位置(图 10-3-14 是以条形基础、均质地基、中心荷载、基础中心点的沉降为例)。

（2）将地基分层。在分层时、天然土层的交界面和地下水位面应为分层面。在同一类土层中，分层的厚度不宜过大，每层的厚度可控制在 2~4m。对于每一分层，可近似认为压力是均匀分布的。

（3）求出计算点垂线上各分层层面处(如图 10-3-14 中的 0，1，2，…)的竖向自重应力 σ_c(应从地面算起)，并绘出其分布曲线；

（4）求出计算点垂线上各分层层面处的竖向附加应力 σ_z(应从基底算起)，并绘出其分布曲线。并以 $\sigma_z = 0.2\sigma_c$ 或 $\sigma_z = 0.1\sigma_c$ 的标准确定压缩层的厚度 H；

（5）按算术平均计算各分层的平均自重应力 σ_{ci} 和平均附加应力 σ_{zi}，见图 10-3-14，其计算方法如下：

$$\sigma_{ci} = \frac{\sigma_{ci(上)} + \sigma_{ci(下)}}{2} \tag{10-3-8}$$

$$\sigma_{zi} = \frac{\sigma_{zi(上)} + \sigma_{zi(下)}}{2} \tag{10-3-9}$$

式中　$\sigma_{ci(上)}$，$\sigma_{ci(下)}$——第 i 分层上、下面的自重应力，kPa；

$\sigma_{zi(上)}$，$\sigma_{zi(下)}$——第 i 分层上、下面的附加应力，kPa。

(6) 根据第 i 分层的平均初始应力 $p_{1i}=\sigma_{ci}$，$p_{2i}=\sigma_{ci}+\sigma_{zi}$，由 e—p 压缩曲线(图 10-3-15)查出相应的初始孔隙比 e_{1i} 和压缩稳定后的孔隙比 e_{2i}。

(7) 按式(10-3-5)依次求出第 i 分层的主固结压缩量 S_{ci}、所有分层压缩量 S_c 和地基最终沉降量 S。

$$S_{ci}=\frac{e_{1i}-e_{2i}}{1+e_{1i}}h_i \tag{10-3-10}$$

$$S_c=\sum_{i=1}^{n}S_{ci} \tag{10-3-11}$$

$$S=mS_c \tag{10-3-12}$$

2. 管道所受的荷载

软土地区管道本体所受荷载主要有两类：附加应力荷载和自重应力荷载。附加应力荷载是引起管道沉降的主要原因，其包括钢管自重(含管内介质重或试压水重)、管堤荷载、配重荷载及管道浮力荷载 4 项。自重应力荷载仅指管顶覆土荷载 1 项。软土地区管道敷设所受荷载如图 10-3-16 所示。

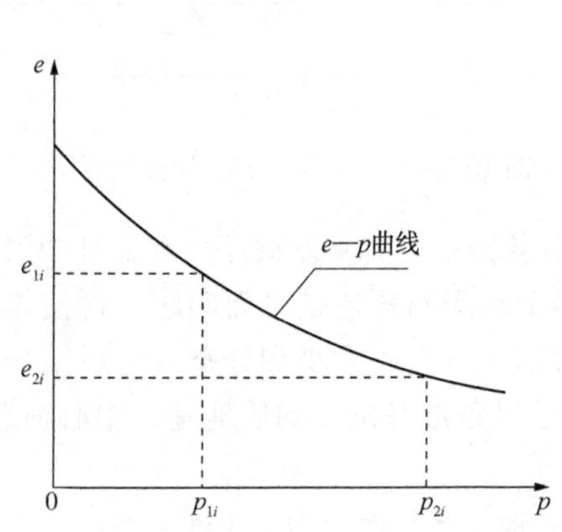

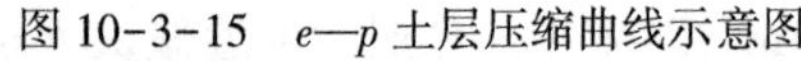

图 10-3-15　e—p 土层压缩曲线示意图

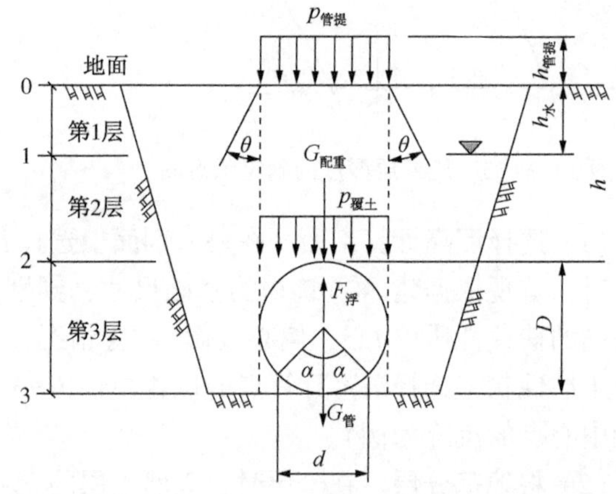

图 10-3-16　软土地区管道受力及沉降计算示意图

1) 管堤荷载 $p_{管堤}$

管堤是管道上方人工填土所形成的约 30cm 厚的人工覆盖土层，其目的是防止地表沉降而在管沟位置形成沟槽，从而无法保证管道埋深所设置。因此管堤荷载属于附加应力，初始荷载呈线性均布。其向纵深传递时是以压力扩散角 θ 的形式随深度传递，随着传递深度的增加其荷载呈现出愈来愈小的趋势。管堤压应力 $p_{管堤}$ 的计算及其向深度 H 传递的压应力 $p_{管堤H}$ 计算分别见式(10-3-13)和式(10-3-14)。

$$p_{管堤}=\gamma_{管堤土}h_{管堤} \tag{10-3-13}$$

$$p_{管堤H}=\frac{p_{管堤}D}{2H\sin\theta+D}=\frac{\gamma_{管堤土}h_{管堤}D}{2H\sin\theta+D} \tag{10-3-14}$$

式中 $\gamma_{管堤土}$——管堤填土容重，kN/m^3；

$h_{管堤}$——管堤填土高度，m；

θ——地基压力扩散角，(°)，依据《地基基础设计规范》(GB 50007—2011)，计算选取；

D——管道外径，m。

2）管道覆土荷载 $p_{覆土}$

管道覆土是由人工回填填满全管沟断面，一般以就地取材为主，为保证管道安全和埋深的基本措施，管顶覆土厚度一般在0.8~2.5m。管道覆土因为多以就地取材为主，回填土未做特殊处理，因此就土体本身而言其性质属于土体自重荷载，呈线性均布。其向纵深传递时以线性的形式随深度传递，随着传递深度的增加其荷载呈现出愈来愈大的趋势。由于软土本身强度非常低、力学性质很差，加之实际施工时管顶覆土一般都是抛土回填，因此其力学性质会更差。因此，计算时假定其抗剪强度、内摩擦角均近似于0，计算时应偏于安全性将上部覆土重全部计入。管道上方覆土压力计算截面按矩形土柱考虑，因此其抗剪切破坏面近似为垂直且为零。管道覆土荷载压应力 $p_{管堤}$ 向深度 H 传递的压应力 $p_{管堤H}$ 计算，见式(10-3-15)。

$$p_{覆土H}=\gamma_{回填土}\cdot H_{回填土}\cdot D \tag{10-3-15}$$

式中　$\gamma_{回填土}$——管沟填土容重，kN/m³；

$H_{回填土}$——管沟填土高度，自地面算起，m。

3）管道配重荷载 $G_{配重}$ 和自重荷载 $G_{管}$

为防止软土地区管道上浮，一般情况下，会采取预制混凝土块或平衡压袋等方式压于管道上方，增加管道的配重。因此管道配重荷载属于附加应力，不随深度变化，其性质与管道自重荷载 $G_{管}$ 相同。

管道自重荷载 $G_{管}$ 和配重荷载 $G_{配重}$ 的计算见式(10-3-16)和式(10-3-17)。

$$G_{管}=\pi D\delta\gamma_{铁}+\frac{\pi D^2}{4}\gamma_{介质} \tag{10-3-16}$$

$$G_{配重}=V_{配重}\gamma_{配重浮} \tag{10-3-17}$$

式中　$\gamma_{管}$——管道的密度，78kN/m³；

δ——管道的壁厚，m；

$\gamma_{介质}$——管道输送介质的密度，kN/m³，气体介质时取0，考虑水试压临时荷载时取10kN/m³；

$V_{配重}$——配重块体积，78kN/m³；

$\gamma_{配重浮}$——混凝土配重块的浮密度，kN/m³。

$\gamma_{配重浮}$ 可按下式计算选取：

软土灵敏度 $S_t \geq 4.0$ 时

$$\gamma_{配重浮}=\gamma_{配重}-\gamma_{土} \tag{10-3-18}$$

软土灵敏度 $S_t<4.0$ 时

$$\gamma_{配重浮}=\gamma_{配重}-\gamma_{水} \tag{10-3-19}$$

式中　$\gamma_{配重}$——混凝土的密度，一般取2200~2500kN/m³；

$\gamma_{水}$——水的密度，一般取1000kN/m³。

4）管道浮力 $F_{浮}$

为防依据软土灵敏度 S_t 和土体状态，按式(10-3-1)和式(10-3-3)计算。

3. 管道沉降计算

依据分层总和法，如图10-3-16所示，按如下步骤计算管道本体沉降。

（1）荷载性质。管道沉降计算按平面问题考虑，并按每延长米管段受进行荷载计算。管道所受荷载性质均为均布荷载，无偏心或倾斜。由于软土强度较低，且回填土未做特殊处理，因此，计算时假定土体抗剪强度和内摩擦角近似为0，计算截面按矩形土柱考虑，如图10-3-16所示。

（2）地基分层。如图10-3-16所示，计算断面可分为3层。第1层以自然地表为起始面，以地下水位线处为底面；第2层以水位线处为起始面，以管道顶面处为底面；第3层以管道顶面处为起始面，以管道底面处为底面。每层的厚度控制在2~4m，由于管顶覆土厚度一般均小于2.5m，因此可按地下水位线及附加荷载的情况划分为3层；无地下水位时，可划分为2层计算。对于每一分层，压力是均匀分布的；

（3）各分层层面处（图10-3-16中的0，1，2，3）的竖向自重应力（应从地面算起）的计算如下：

$$\sigma_{c1(上)}=0 \tag{10-3-20}$$

$$\sigma_{c1(下)}=\gamma_{回填土}h_{水}D \tag{10-3-21}$$

$$\sigma_{c2(下)}=\sigma_{c1(下)}+\gamma_{回填土浮}(h-h_{水})D \tag{10-3-22}$$

$$\sigma_{c3(下)}=\sigma_{c2(下)}+\gamma_{回填土浮}D^2 \tag{10-3-23}$$

式中 $\sigma_{c1(上)}$——第一层顶面（地面）处的竖向自重应力，kN/m；

$\sigma_{c1(下)}$——第1层底面（第2层顶面）处的竖向自重应力，kN/m；

$\sigma_{c2(下)}$——第2层底面（第3层顶面）处的竖向自重应力，kN/m；

$\sigma_{c3(下)}$——第3层底面处的竖向自重应力，kN/m；

$\gamma_{回填土浮}$——回填土的浮密度，kN/m^3。

为安全起见，σ_{c3}计算时未扣除管道断面积。

（4）各分层层面处的竖向附加应力（应从管底算起）的计算如下：

$$\sigma_{z1(上)}=P_{管堤}D=\gamma_{管堤土}h_{管堤}D \tag{10-3-24}$$

$$\sigma_{z1(下)}=\frac{\sigma_{z1(上)}D}{2h_{水}\sin\theta+D}=\frac{\gamma_{管堤土}h_{管堤}D^2}{2h_{水}\sin\theta+D} \tag{10-3-25}$$

$$\sigma_{z2(下)}=\frac{\sigma_{z1(下)}D}{2(h-h_{水})\sin\theta_{水下}+D}+\frac{V_{配重}\gamma_{配重浮}}{D} \tag{10-3-26}$$

$$\sigma_{z3(下)}=\sigma_{z2(下)}+G_{管}-F_{浮}=\sigma_{z2(下)}+\left(\pi D\delta\gamma_{铁}+\frac{\pi D^2}{4}\gamma_{介质}\right)-\frac{\pi D^2\gamma_{土(或水)}}{4} \tag{10-3-27}$$

式中 $\sigma_{z1(上)}$——第1层顶面（地面）处的竖向附加应力，kN/m；

$\sigma_{z1(下)}$——第1层底面处的竖向附加应力，kN/m；

$\sigma_{z2(下)}$——第2层底面处的竖向附加应力，kN/m；

$\sigma_{z3(下)}$——第3层底面处的竖向附加应力，kN/m；

$\theta_{水下}$——水下地基压力扩散角，依据《地基基础设计规范》计算选取，(°)。

当软土灵敏度$S_t\geqslant4.0$时，取$\gamma_{土}$值作为浮密度进行计算；当软土灵敏度$S_t<4.0$时，取$\gamma_{水}$值作为浮密度进行计算的取值。

（5）依据式（10-3-8）和式（10-3-9），各分层的平均自重应力σ_{ci}和平均附加应力σ_{zi}的计算如下。

第1层［依据式（10-3-20）、式（10-3-21）、式（10-3-24）和式（10-3-25）］：

$$\sigma_{c1}=\frac{\sigma_{c1(上)}+\sigma_{c1(下)}}{2}=\frac{\gamma_{回填土}h_{水}D}{2} \tag{10-3-28}$$

$$\sigma_{z1}=\frac{\sigma_{z1(上)}+\sigma_{z1(下)}}{2}=\frac{\gamma_{管堤土}h_{管堤}D}{2}\left(1+\frac{D}{2h_{水}\sin\theta+D}\right) \tag{10-3-29}$$

式中　σ_{c1}——第1层的平均自重应力，kN/m；

σ_{z1}——第1层的平均附加应力，kN/m。

第2层[依据式(10-3-21)、式(10-3-22)、式(10-3-25)和式(10-3-26)]：

$$\sigma_{c2}=\frac{\sigma_{c2(上)}+\sigma_{c2(下)}}{2}=\gamma_{回填土}h_{水}D+\frac{\gamma_{回填土浮}(h-h_{水})D}{2} \tag{10-3-30}$$

$$\sigma_{z2}=\frac{\sigma_{z2(上)}+\sigma_{z2(下)}}{2}=\frac{\gamma_{管堤土}h_{管堤}D^2}{4h_{水}\sin\theta+2D}\left(1+\frac{D}{2(h-h_{水})\sin\theta_{水下}+D}\right)+\frac{V_{配重}\gamma_{配重浮}}{2D} \tag{10-3-31}$$

式中　σ_{c2}——第2层的平均自重应力，kN/m；

σ_{z2}——第2层的平均附加应力，kN/m。

第3层[依据式(10-3-22)、式(10-3-23)、式(10-3-26)和式(10-3-27)]：

$$\sigma_{c3}=\frac{\sigma_{c3(上)}+\sigma_{c3(下)}}{2}=\gamma_{回填土}h_{水}D+\gamma_{回填土浮}D\left(h-h_{水}+\frac{D}{2}\right) \tag{10-3-32}$$

$$\sigma_{z3}=\frac{\sigma_{z3(上)}+\sigma_{z3(下)}}{2}=\frac{\gamma_{管堤土}h_{管堤}D^3}{(2h_{水}\sin\theta+D)\left[2(h-h_{水})\sin\theta_{水下}+D\right]}+\frac{V_{配重}\gamma_{配重浮}}{D}+\frac{1}{2}\left[\left(\pi D\delta\gamma_{铁}+\frac{\pi D^2}{4}\gamma_{介质}\right)-\frac{\pi D^2\gamma_{土(或水)}}{4}\right] \tag{10-3-33}$$

式中　σ_{c3}——第3层的平均自重应力，kN/m；

σ_{z3}——第3层的平均附加应力，kN/m。

(6) 根据第 i 分层的平均初始应力 $p_{1i}=\sigma_{ci}$，$p_{2i}=\sigma_{ci}+\sigma_{zi}$，由 e—p 压缩曲线(图10-3-17)查出相应的初始孔隙比 e_{1i} 和压缩稳定后的孔隙比 e_{2i}。

(7) 按式(10-3-10)、式(10-3-11)和式(10-3-12)依次求出第1分层、第2分层和第3分层的主固结压缩量 S_{ci}、所有分层压缩量 S_c 和地基最终沉降量 S 的计算如下。

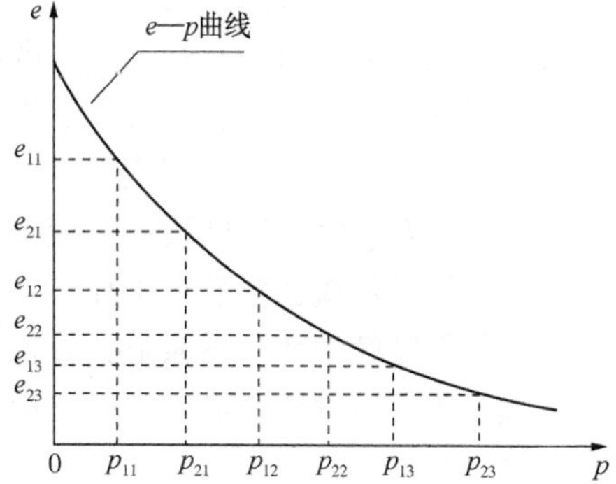

图10-3-17　管道沉降计算的 e—p 土层压缩曲线示意图

第1分层主固结压缩量：

$$S_{c1}=\frac{e_{11}-e_{21}}{1+e_{11}}h_{水} \tag{10-3-34}$$

第2分层主固结压缩量：

$$S_{c2}=\frac{e_{12}-e_{22}}{1+e_{12}}(h-h_{水}) \tag{10-3-35}$$

第3分层主固结压缩量：

$$S_{c3}=\frac{e_{13}-e_{23}}{1+e_{13}}D \tag{10-3-36}$$

总压缩量：

$$S_c=S_{c1}+S_{c2}+S_{c3}=\frac{e_{11}-e_{21}}{1+e_{11}}h_{水}+\frac{e_{12}-e_{22}}{1+e_{12}}(h-h_{水})+\frac{e_{13}-e_{23}}{1+e_{13}}D \tag{10-3-37}$$

管底最终沉降量：

$$S=mS_c=m\left[\frac{e_{11}-e_{21}}{1+e_{11}}h_{水}+\frac{e_{12}-e_{22}}{1+e_{12}}(h-h_{水})+\frac{e_{13}-e_{23}}{1+e_{13}}D\right] \tag{10-3-38}$$

利用式(10-3-20)至式(10-3-38)进行管道基底沉降计算时，是按附加应力作用于管道基底的宽度为D(管道直径)来考虑的，但实际情况是能起到传力作用的地基弧仅为管底两侧很小的三角区(图10-3-16)，实际支撑基础弧角度远小于180°。考虑施工压实度、软土的力学性质差等因素，因此计算地基作用宽度时应考虑地基弧角度α，如图10-3-16中所示，则管底荷载作用宽度d可按下式计算：

$$d=2\times\frac{1}{2}D\sin\alpha=D\sin\alpha \tag{10-3-39}$$

式中 d——附加应力作用于管底地基宽度，m；

α——地基弧角度，(°)。

第四节 软土地区长输管道敷设与防护

一、管道选线与敷设原则

1. 软土地区管道选线的原则

软土地区管道线路走向直接影响到技术标准、工程投资、施工工期及运营条件等，因此地质选线工作尤为重要。软土发育区的地质选线工作总体上应尽量绕避深厚软土，但同时也应考虑工程投资因素。主要遵循了以下软土选线原则：

(1) 管道线位应尽可能绕避厚度大、分布广、处理困难的软土地带，若绕避困难，应选择在软土分布较窄、厚度较小、埋藏不深、硬底横坡较缓的地段通过；

(2) 管线尽量选择靠近山丘、地势较高及取土条件较好的地段通过；

(3) 在宽阔的软土平原上，管道路由应尽量远离河流、渠道或湖塘；

(4) 管线沿古盆地或河谷软土地带行进时，应避免在硬底横坡较陡处通过；

(5) 在低缓丘陵地区，管线不宜通过有软土分布的封闭或半封闭洼地；

(6) 管线行经山间谷地软土时，应尽量避免从基底横向坡度较陡处通过；

(7) 深大断裂控制的断陷盆地一侧软土深厚，线路应绕避，选择在盆地另一侧浅层软土段短距离通过。

(8) 管线应尽量绕避陡山坡上的软土、泥沼地带。

2. 软土地区管道线路设计原则

(1)软土地区管道应验算管道的沉降、上浮和水平变形；

(2) 软土地区管道线路不宜设置管堤结构，以避免因管堤附加应力引起管道沉降变形；

(3) 管道横断面设计要综合考虑软土地基、地下水位等因素，避免过大或过小管道覆土自重荷载所应发的管道沉降或上浮；

（4）管道通过高烈度地震软土分布区时，应验算管道的侧向变形情况，以防止地震造成管道侧挤变形或竖向变形；

（5）软土地区管道可能出现较大变形时，可采取大变形管代替普通管材；

（6）软土地区管道抗漂浮措施不宜采取混凝土配重块结构形式，以避免管道在附加荷载的条件下可能造成管道沉降，可选取螺旋地锚稳管、平衡压袋稳管或混凝土连续扣瓦稳管方式；

（7）软土地区管道防沉降措施宜优先选择基底换填的方式。

二、管道稳管防护措施

根据近几年软土地区的稳管工程经验，平衡压袋稳管、螺旋地锚稳管、简易土工袋稳管、连续混凝土预制扣瓦稳管等措施是软土地区防止管道上浮的比较成功的稳管方式。此外，串联式压重块稳管、УБО 型压重块稳管、管沟全断面土工织物稳管、“人工草”稳管等国外长输管道软土地区的稳管新技术本文也将一并介绍。

1. 平衡压袋稳管

1）平衡压袋的结构及材料性能

平衡压袋由袋体、封口、封口线、平衡带、连接带、吊装带、V 形缝合线组成，其结构如图 10-4-1 所示。管道平衡压袋主要采用聚丙烯基布及涤纶吊带经缝制而成。

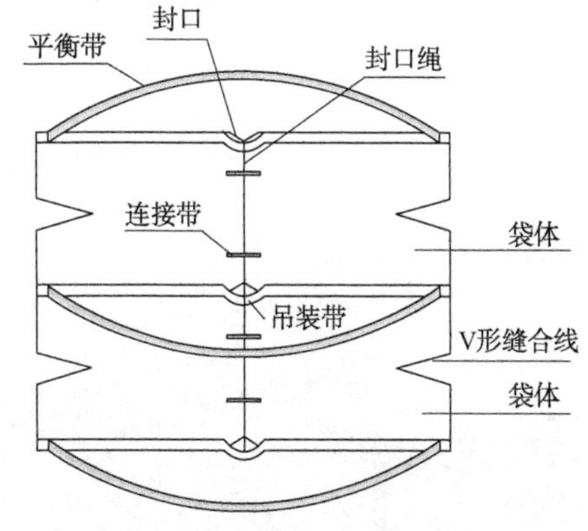

图 10-4-1　平衡压袋结构示意图

2）平衡压袋的设计要求

管道平衡压袋应符合管道浮力控制的要求，不同管径的管道选择不同重量的压袋，根据压袋的重量选用不同的袋体材料。每组压袋由多个袋体组成，按照一定的中心压距（或连续）分布在管道上，以达到良好的浮力控制效果。覆盖在管道上的平衡压袋，填充物质应以中粗砂为主，也可掺入比例不大于 30%的卵石。但卵石粒径不应大于 50mm，袋体容积率不应小于 0.8，不能选用耕土。平衡压袋以厂家预制为宜，但无论是现场制作或是厂家预制都要根据相关规范要求给定的形式尺寸、中心间距和压重长度，计算平衡压袋组数。

平衡压袋布置方式如图 10-4-2 所示。

3）平衡压袋的施工

管道平衡压袋施工过程中要注意保护压袋，避免划伤损坏。施工时将管道上部的淤泥清除，然后将压袋紧密排列在管道两侧，应边清边压，以避免管道上浮。为了便于填充、吊装，在施工过程中采取整体填充吊装，管沟可根据平衡袋规格适当加宽。图 10-4-3 至图 10-4-6 分别演示了管道平衡压袋的机械灌装、吊装、压载及受水浸泡工况下的情况。

图 10-4-7 至图 10-4-10 分别演示了另一种用土工布袋制成的连体式压袋稳管实施过程中的机械灌装、吊装、下沟和连续稳管的效果。

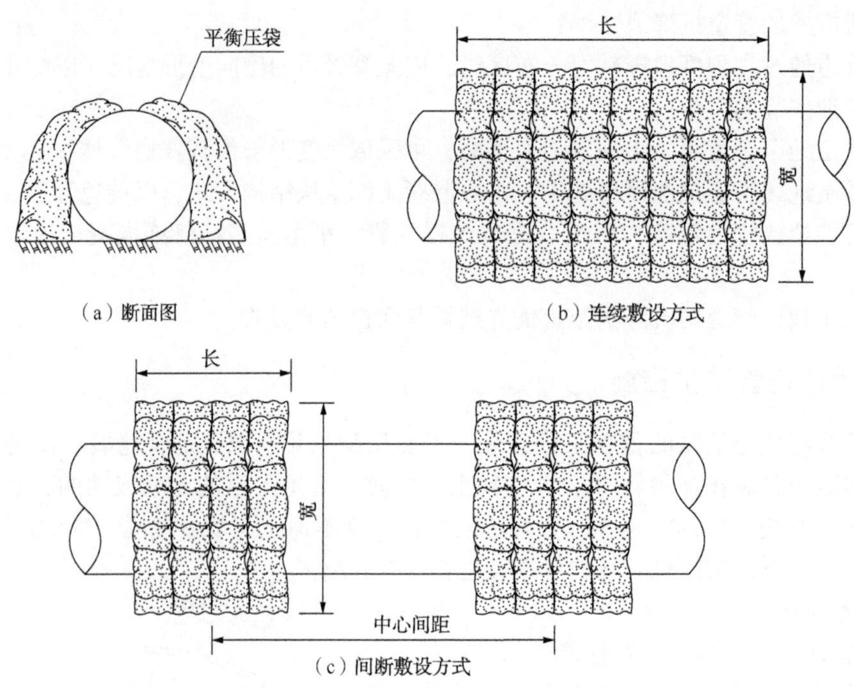

（a）断面图　（b）连续敷设方式

（c）间断敷设方式

图 10-4-2　管道平衡压袋布置方式示意图

图 10-4-3　管道平衡压袋的机械灌装

图 10-4-4　管道平衡压袋的机械吊装

图 10-4-5　管道平衡压袋的压载完成

图 10-4-6　受水浸泡条件下的平衡压袋

图 10-4-7 连体式压袋稳管的机械灌装

图 10-4-8 连体式压袋稳管的吊装

图 10-4-9 连体式压袋稳管下沟

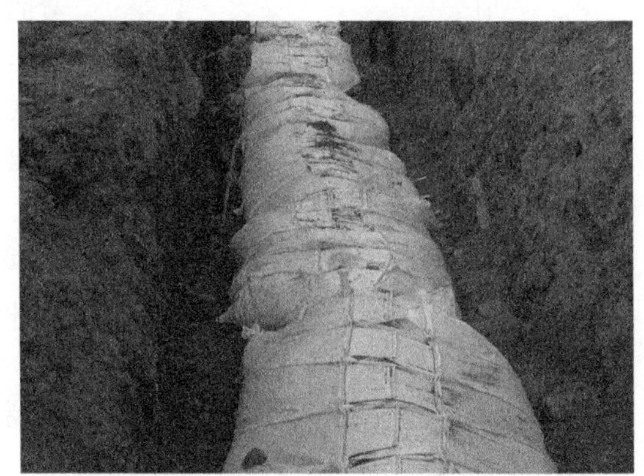

图 10-4-10 连体式压袋连续稳管效果

平衡压袋稳管具有适应性强、施工速度快、成本低、安全环保、现场填装、方便快捷等优点。因此，近几年该方法在管道建设中得到广泛应用和认可。

2. *螺旋地锚稳管*

1）螺旋地锚简介

加拿大阿尔伯特省的大口径输气管道穿越北部森林区，该地区分布很多泥沼。为了用螺旋锚杆替代传统的混凝土配重块稳管，加拿大 NOVA 输气公司在 20 世纪 90 年代进行了 6 年的开发研究，目前该方法已经作为一种标准设计应用于管径为 508～1219mm 管道的浮力控制中。

现场应用的螺旋地锚由两根螺旋锚杆和一个管鞍组成，螺旋地锚稳管结构如图 10-4-11 所示。典型的锚杆立柱是由截面边长为 38mm 的实心方钢制作，长度为 1.8～3.0m，可以连接一根或多根延长杆来增加锚立柱的总长度，以适应不同入土深度的需要。每根延长杆的长度也是 1.8～3.0m。锚杆立柱的底部焊接螺旋翼板，直径为 400mm。每组螺旋地锚由两根螺旋地锚组成，两根螺旋地锚的翼板旋转方向相反，这样可避免在锚的安装设备上产生较大的扭矩及造成管鞍的转动。传统的管鞍由厚度为 12～16mm 的钢板制成，涂覆煤焦油环氧树脂以防腐，目前国内已采用聚酯固定带替代管鞍。

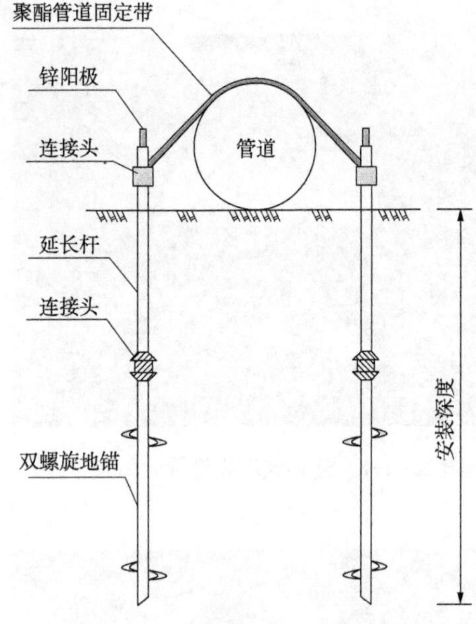

图 10-4-11　螺旋地锚稳管结构示意图

2）螺旋地锚的设计要求

螺旋地锚稳管的基本原理是通过地锚的抗拔力给管道提供的一个向下的反力，通过施加给管道的反力以抵消管道的上浮力。因为螺旋地锚的抗拔力主要是由螺旋叶片提供，与软土的物理力学性质密切相关，因此需要地质勘查为设计工作提供更多的尽可能精确的数据，其中土的剪切强度是最为关键的地质指标。

螺旋地锚稳管不同于传统的混凝土配重块稳管方式，由于螺旋地锚的稳管间距远大于配重块稳管的间距，因此应额外重视管道的应力极限问题。软土中的管道可视为均布荷载梁，不允许管道承受的弯曲应力超过其极限值。管道所承受的弯曲应力与管道上安装的螺旋地锚的间距有关。NOVA 的研究发现，当管径不大于 914mm 时，螺旋地锚的间距由管道的弯曲应力决定；当管径大于 914mm 时，螺旋地锚的间距由螺旋地锚所提供的抗拔力决定。

总之，无论何种管径的管道，在设计螺旋地锚稳管方案时，除根据螺旋地锚的抗拔力计算螺旋地锚的稳管间距外，还必须验算地锚间管段的弯曲应力是否满足管道本体变形要求。

3）螺旋地锚的施工要求

螺旋地锚的安装正确与否对管道的稳管效果是至关重要的，不正确的安装会直接导致该组地锚的失效，而一组地锚的失效会使本该承担的荷载传递到相邻两组地锚结构上，而相邻两组锚也会因为承担了过大的荷载而相继失效，引起一系列的连锁失效反应。因此，在设计中地锚的抗拔力安全系数建议按 2.5 来考虑，在施工中要通过抗拔力实验来获取较为准确的数据。一般情况下，应每隔 5 组抽取一根地锚进行抗拔力实验验证，在其上施加 115%的工作荷载进行荷载实验。

螺旋地锚的施工工艺主要包括设备安装、安装螺旋地锚头、安装延长杆、拉力实验、安装固定带和安装牺牲阳极等步骤。分别叙述如下：

（1）设备安装：主要是改装挖掘机。将挖掘机的挖斗拆除，将地锚机安装在挖掘机上，连接地锚机的液压装置、驱动装置及液压机的扭矩表。

（2）安装螺旋地锚头：地面工作人员将螺形地锚头连接到地锚机上。操作手操控挖掘机抬起地锚并使之处于垂直位置，地面人员检查地锚的垂直度和正确定位位置，沟内人员指挥操作手将地锚放到正确位置开始安装。由地锚机将地锚头旋入地下，直到锚杆末端距离沟底 300mm 的位置；同时，操作手密切观察扭矩表，如果已经获得设计要求的扭矩，则可以按照设计要求进行拉力试验，否则要继续安装延长杆，以增加地锚的深度，从而获得设计要求的扭矩值。直到锚杆末端距离沟底 300mm。

（3）安装延长杆：延长杆由地面工作人员接到地锚驱动马达上，由沟内工作人员将延长杆与螺形地锚头用螺栓和连接头连接到一起；地面工作人员指示操作手开始安装。具体操作方法与地锚头安装相同，直到延长杆末端距离沟底 300mm；操作手观察扭矩表，如果已经获得设计要求的扭矩，则可以按照设计要求进行拉力试验，否则应继续延长杆的安装，直到获得设计要求的扭矩值。

（4）拉力实验：按照设计文件要求抽取地锚做拉力试验。在试验期间，如拉力值不变或地锚无变形则试验为合格；反之，则为不合格。若试验不合格则需拆除地锚，变更位置重新安装，然后继续做拉力试验直到合格。

（5）安装固定带：管道两侧地锚安装完成后，将管道固定带固定到地锚上，牢牢束缚住管道，达到控制浮力的效果。固定带为一种特殊的聚酯材料，其强度应符合设计要求，抗腐蚀能力应满足管道的使用寿命。

（6）安装牺牲阳极：用螺栓将锌阳极与地锚连接在一起。地锚的阴极保护采用的是牺牲阳极法，每根地锚上安装一块锌阳极。锌阳极的大小应经过严格的计算，确保能够满足管道的使用寿命。

4）螺旋地锚的特点

与传统的混凝土配重块稳管相比，由于螺旋地锚稳管技术具有安装间距大、施工快捷、运输费用和存储费用低等特点，经工程项目实际对比测算，得出螺形地锚比压重块安装造价可节省 50%左右，安装速度提高 50%，因此螺形地锚浮力控制技术更加经济快捷。

图 10-4-12 至图 10-4-15 分别显示了螺旋地锚的锚头构件、地锚锚头的安装、延长杆的安装和软土地区安装完毕的螺旋地貌装置。

图 10-4-12　螺旋地锚锚头

图 10-4-13　安装螺旋地锚锚头

图 10-4-14　安装延长杆

图 10-4-15　软土地区安装完毕的螺旋地锚稳管装置

3. 小型土工袋稳管和连续混凝土预制扣瓦稳管

1）小型土工袋稳管

小型土工袋稳管一般属于应用于管道上浮力不大、材料使用受限或应急抢险等情况下的临时稳管措施，如图 10-4-16 所示。由于其单个个体较小，长×宽约为 60cm×40cm 左右，因此不能对管道形成全断面覆盖压载，其有效加载仅为管体的上半部分。为解决小型土工袋有效加载偏小的缺陷，因此使用时应两两一组绑扎，绑扎绳可采用铅丝或抗拉强度较高的连接带。同时，为增大管道上方的有效载荷，小型土工袋应分层叠铺在管道上方，一般叠铺层数以不超过 3 层为宜，叠铺方式如图 10-4-16 所示。小型土工袋稳管应采用连续稳管方式布置。

小型土工袋稳管的一般施工步骤：沟上人工灌装并扎口→机械倒运至管沟→沟内人工两两连接→人工码放、平铺。

图 10-4-17 至图 10-4-19 分别显示了小型土工袋稳管的机械倒运、人工连接并码放和高水位地区施工完毕的小型土工袋稳管。

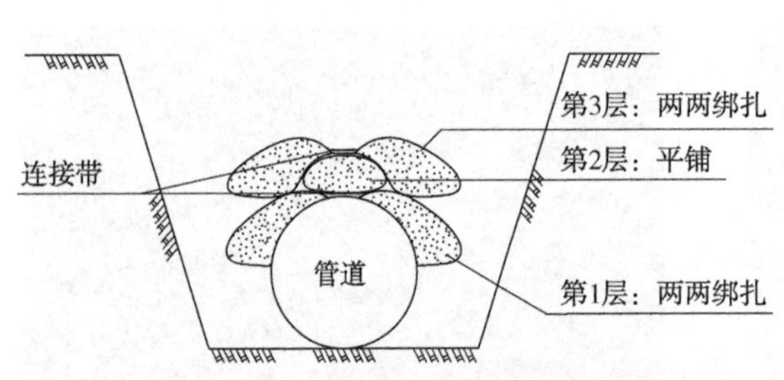

图 10-4-16　小型土工袋稳管示意图

图 10-4-17　机械倒运绑扎封口的小型土工袋

图 10-4-18　沟内人工两两连接土工袋并码放

图 10-4-19　高水位地区施工完毕的小型土工袋稳管

2）连续混凝土预制扣瓦稳管

连续混凝土预制扣瓦稳管一般应用于淤泥质软土地段，管道可能会受到清淤、疏浚等机械行为损伤的鱼塘、藕塘或沟渠等地段，且管沟全断面开挖风险较大情况下的防护。

连续混凝土预制扣瓦既可起到稳管配重的作用，又可以大大减小机械外力对管道本体造成的损害。

混凝土预制扣瓦采取半圆形结构，内径略大于管径，混凝土预制扣瓦结构如图 10-4-20 所示。扣瓦两侧设置混凝土帽檐，与扣瓦整体浇筑成型，既增大了扣瓦的稳管荷载，又可起到防止扣瓦倾覆的作用。同时由于结构接地面积的增加，可以减小扣瓦沉降的可能性。扣瓦两端混凝土帽檐上预埋钢筋亦是为提高扣瓦的稳定性而设置。扣瓦的厚度一般不小于 10cm。扣瓦结构采用钢筋混凝土预制成型，可依据其自身重量选取设置吊耳。扣瓦的结构尺寸应根据管径和配重计算确定。扣瓦安装前，应在管周包裹胶皮，以起到保护管道防腐层的作用。

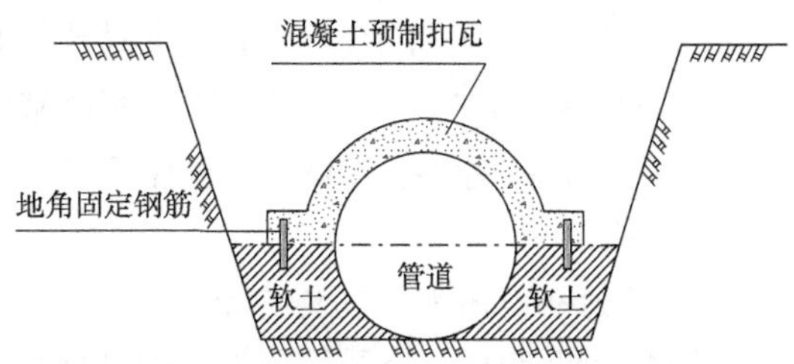

图 10-4-20　混凝土预制扣瓦稳管示意图

图 10-4-21 和图 10-4-22 分别显示了混凝土预制扣瓦实物和混凝土连续预制扣瓦在管道鱼塘穿越中的应用情况。

图 10-4-21　混凝土预制扣瓦

图 10-4-22　混凝土连续预制扣瓦稳管在鱼塘中的应用

图 10-4-23　无沟敷设的串联式压重块稳管示意图

4. 串联式压重块稳管

串联式压重块稳管形式是由俄罗斯天然气科学研究所的技术人员所研发的一种新的稳管结构方式，主要用于河流、湖泊、水库和大陆架底的大口径输气管道无沟敷设，能够防止或减缓管道因受水流冲刷造成下部土壤被掏空的险情出现，如图 10-4-23 所示。

压重系统的压重块是串联的，对称分布于管道两侧。随着时间的推移，压重块与淤塞的土形成一体，压重块通过弹性减振器与管道上的环箍相连。减振器减少了土被冲淘引起的管道的摆动幅度，降低了由此引发的疲劳破坏几率。串联式重块能有效防止块体的漂移。此外，串联式重块的尺寸比常规的压重块要小，安装时更加方便。

5. УБО 型压重块稳管

如图 10-4-24 所示，通过实验对比，性能良好的 УБО 型压重块可专门用于直径为 529~1420mm 的管道上。其压重块由两块密度为 2.3t/m^3 的钢筋混凝土预制块构成，用两根涂有防腐层的扁钢连接起来。这种压重块在管道上具有高度稳定性，而且金属消耗量少，被广泛采用。

6. 管沟全断面土工织物稳管

加拿大的 NOVA 公司采用管沟全断面的土工织物对穿越沼泽地段的管道进行漂浮控制，该措施可以让全部的管沟回填土都能起到防止管道上浮的作用。与传统的沟埋敷设的管道相比，可以增大 1 倍的抗浮阻力。

其安装方法如下：首先，将管道放入沟底；其次，沿管沟长度方向按设计的间隔将土工织物放于管沟一侧的地面上，先将土工织物在地面上固定，然后贴着该侧管沟沟壁将土工织物放入沟底，再越过管道顶部下放至另一侧沟底，再沿着管沟另一侧沟壁提至地面固定；最后，管沟回填土进行正常回填即可。如图 10-4-25 所示。

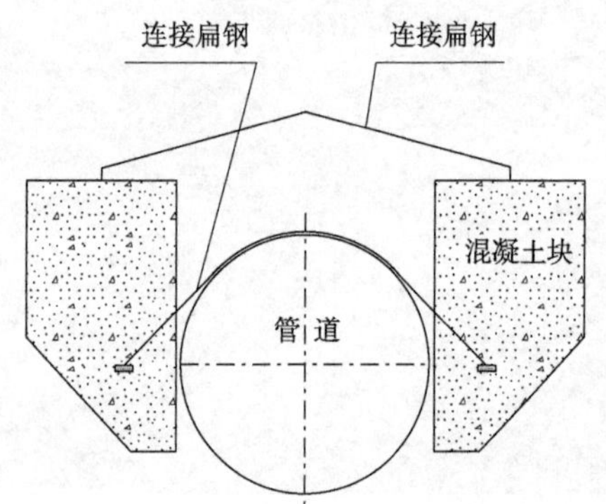

图 10-4-24 УБО 型压重块稳管示意图

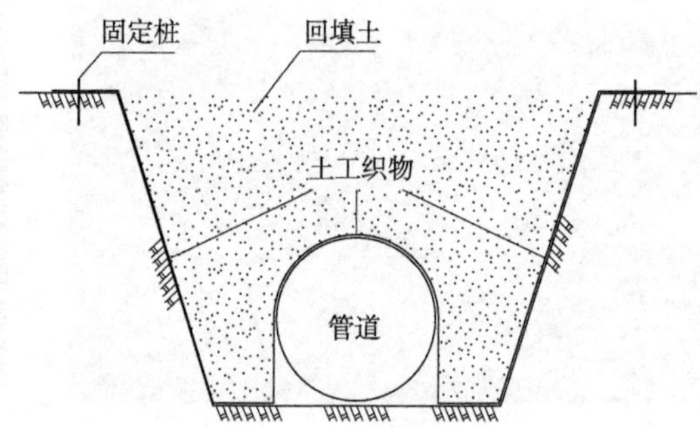

图 10-4-25 管沟全断面土工织物稳管示意图

管沟全断面土工织物稳管的作用机理如下：当管沟有上浮运动时，将使得管沟中的土工织物张紧，使土工织物上方的整个管沟回填土都产生阻止管道上浮的阻力。

7. “人工草”稳管

水下管道的“人工草”稳管原理如图 10-4-26 所示。

水下管道“人工草”稳管技术，就是将大量海藻状的聚酯带连接在聚酯编织绳上，组成一个大的粗筛孔“草垫”，使用时依靠锚固桩将其固定在水下管道的周围。在水中，人工草的聚酯带由于受浮力作用而垂直浮起，在水流作用下来回摆动而形成一个黏滞阻力围栅，使流经的水流速度减缓，水流中的泥沙及携带的其他微物质透过人工草迅速沉积，填充在水底。经过一段时间的沉积，便形成一个泥沙与人工草紧密结合的纤维加强埂，将管道覆盖，从而保证水下管道的长期稳定。

“人工草”稳管技术的实施无需大型机具设备，对管道防腐层无损伤，长期使用基本无须维护，工程费用低廉。该技术不但可以解决因水流冲刷引起的管道裸露、悬空等问题，而且为管道无沟敷设探索出一种更长期有效的稳管方法。

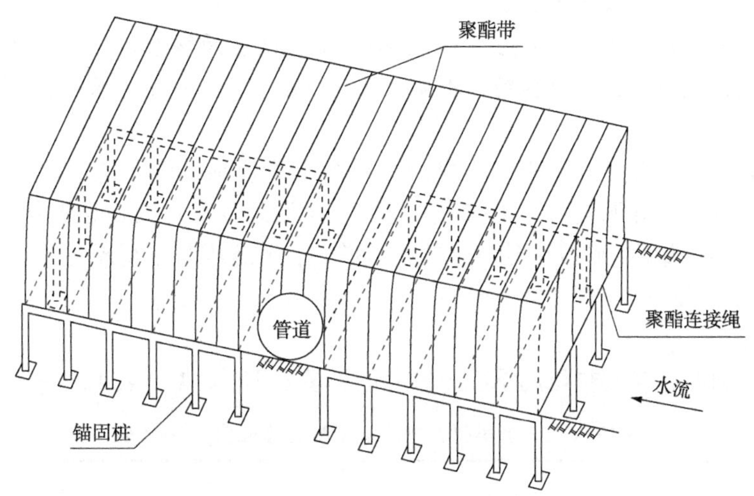

图 10-4-26 “人工草”稳管技术工作原理示意图

三、管道沉降防护措施

根据近几年软土地区的管道工程的实践经验，开挖换填法和抛石挤淤法是软土地区防止管道沉降的简单易行、造价低廉、应用比较成功的地基加固方式。此外，松木桩加固法亦属于施工方便、加固有效的软土地基加固措施，本文也将一并减少。

1. 开挖换填法

1）开挖换填法简介

开挖换填法是将管道底部的软弱土层，利用人工或机械的方法全部或部分清除，分层置换为砂、砾、卵石、块(片)石等透水性材料或强度较高的素土、灰土等性能稳定、无侵蚀性材料作为管道基础垫层，并夯实(或振实、压实)至要求的密实度。

垫层的主要作用：(1)将荷载均匀扩散至下部地基，以减少下部地基单位面积上的承载力；(2)减少沉降量；(3)加速松软土层的排水固结。

按换填材料的不同，管底垫层可分为砂垫层、砂石垫层、碎石垫层、素土垫层、灰土垫层、干渣垫层和粉煤灰垫层等。

一般软土层厚度小于 2m 的条件下，可采取全部挖除换填的方法；对厚度大于 2m 的条件下，通常只采取部分挖除换填的方法。全部挖除换填从根本上改善了地基，不留后患，效果最佳，是最为彻底的措施。管线通过软弱土层位于地表、厚度较薄(<2m) 且呈局部分布的软土或泥沼地段时，宜采用全部挖除换填法处理地基。素土垫层和灰土垫层仅适用全部挖出换填法。

2）垫层材料要求

(1)砂石：应级配良好，不含植物残株、垃圾等杂质。当使用粉细砂时，应掺入 25%～30%的碎石或卵石，最大粒径不宜大于 50mm。

(2)土石屑：其粒径小于 2mm 的含量不得超过填料总重的 40%，且粉粒(即粒径小于 0.075mm)含量不得超过填料总重的 9%，含泥量超过填料总重的 3%。

(3)素土：土料中有机质含量不得超过填料总重的 5%，亦不得含有冻土或膨胀土。当含有碎石时，其粒径不宜大于 50mm。

(4)灰土：体积比宜为 2∶8 或 3∶7。土料宜用黏性土及塑性指数大于 4 的粉土，不得含有松软杂质，并应过筛，其颗粒粒径不得大于 15mm。灰土宜用新鲜的消石灰，其颗粒粒径不得大于 15mm。

(5)工业废渣：包括高炉干渣和粉煤灰。高炉干渣包括分级干渣、混合干渣和原状干渣，粉煤灰包括湿排灰和调湿灰。不应混入植物、生活垃圾和有机质等杂物。

(6)砂垫层：应选用中砂或中砂以上的粗粒砂石，其含泥量不得超过 3%。

3) 开挖换填法设计

(1)垫层承载力。

在无勘察资料时，各类垫层的承载力参考值可按表 10-4-1 至表 10-4-3 选取。

表 10-4-1　各类材料垫层的承载力标准值 f_k 参考表

施工方法	换填材料	压实系数 λ_c	承载力标准值 f_k（kPa）
碾压或振密	碎石、卵石	0.94~0.97	200~300
	砂夹石(其中碎石、卵石占全重的 30%~50%)		200~250
	土夹石(其中碎石、卵石占全重的 30%~50%)		150~200
	中砂、粗砂、砾砂		150~200
	黏性土和粉土($8<I_p<14$)		130~180
	灰 土	0.93~0.95	200~250
重锤夯实	土或灰土	0.93~0.95	150~200

注：(1) 压实系数小的垫层，承载力标准值取低值，反之取高值；

(2) 重锤夯实土的承载力标准值取低值，灰土取高值。

(3) I_p 为塑性指数。

表 10-4-2　干渣垫层的承载力容许值参考表

施工方法	换填材料	压实指标	承载力容许值 f（kPa）
重锤夯实	分级干渣	密实(同一点前后两次压陷差小于 2mm)	300
	混合干渣		
	原状干渣		250
8~12t 压路机	分级干渣	密实(同一点前后两次压陷差小于 2mm)	400
	混合干渣		
	原状干渣		300
2~4t 振动压路机	分级干渣		400
	混合干渣		
	原状干渣		300

表 10-4-3　土石屑垫层的承载力标准值参考表

孔隙比 e	土的干密度 ρ_d (t/m^3)	承载力标准值 f_k (kPa)	孔隙比 e	土的干密度 ρ_d (t/m^3)	承载力标准值 f_k (kPa)
<0.4	>1.95	120～150	$0.4<e<0.5$	$1.81<\rho_d<1.95$	100～120

(2) 垫层厚度 z 的确定。

换土垫层厚度 z 的确定应根据管底需置换软弱土层的深度或下卧土层的承载力计算确定，一般情况下不宜大于 3m，并应符合下式要求：

$$p_z+p_{cz}\leqslant f_{az} \tag{10-4-1}$$

式中　p_z——垫层底面处的附加应力，kPa；

p_{cz}——垫层底面处土的自重应力应力，kPa；

f_{az}——垫层底面处经深度修正后的土层地基承载力特征值，kPa。

式(10-4-1)中 p_z 和 p_{cz} 的计算可参见本章相关附加应力和自重应力的有关计算公式。

(3)垫层宽度 B 的确定。

垫层宽度 B 应满足管道底面应力扩散的要求，且垫层顶面每边宜超出基础底边不小于 300mm。垫层宽度计算如图 10-4-27 所示，可按下式确定。

$$B=b+2z\tan\theta \tag{10-4-2}$$

式中　b——管道与垫层顶面接触的基础宽度，m；

θ——垫层的压力扩散角，(°)。

压力扩散角宜通过试验确定，无试验资料时可按表 10-4-4选用。

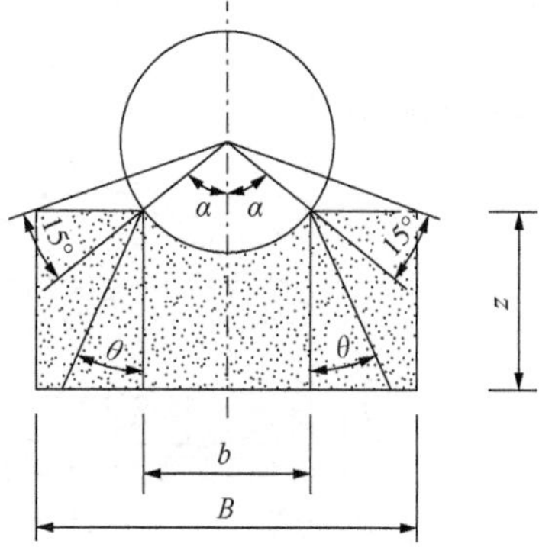

图 10-4-27　管道换填垫层断面示意图

表 10-4-4　土和砂石材料压力扩散角 θ

z/b	压力扩散角(°)		
	中砂、粗砂、砾砂、圆砾、角砾、石屑、卵石、碎石、矿渣	粉质黏土 粉煤灰	灰土
0.25	20	6	28
≥0.5	30	23	

注：(1) 当 $z/b<0.25$ 时，除灰土取 $\theta=28°$ 外，其他材料均取 $\theta=0$，必要时宜由试验确定；

(2) $0.25<z/b<0.5$ 时，θ 值可以内插。

管道与垫层顶面接触的基础宽度 b 可近似取管外径的 2α 圆心角弦长，如图 10-4-27 所示，可按下式确定。

$$b=D\sin\alpha \tag{10-4-3}$$

式中　D——管道外径，m；

α——基础计算支撑角，(°)。

砂石垫层基础的支撑角 α，应将管道基础角度减去 15°，即两侧共减去 30°计算。各种管道砂石基础的支撑角取值详见表 10-4-5。

表 10-4-5　砂石基础支撑角 α 取值表

基础形式	平 基	90°基础	120°基础	150°基础	180°基础
α(°)	10	30	45	60	75

2. 抛石挤淤法

抛石挤淤就是向管道地基软土层底部抛投一定数量的石料，将淤泥等软土挤出基底范围，以提高管道地基强度的一种软土地基加固方法。

1）抛石挤淤的适用范围

适用于层位于水下，排水困难，呈流动状态，更换土壤较为困难，基底直接落在含水量极高的淤泥中，表层无硬壳，石料能到达底部的泥沼或厚度为 3~4m 的软土。

2）设计与施工要求

抛投石料的大小随软土的稠度而定，对于易流动的泥沼或淤泥，石料可稍小些，但一般不宜小于 30cm。抛投的顺序，应先从管底中部开始，中部向前展开后再依次向两侧扩展，以使淤泥向两侧挤出。当软土底面有较大横坡时，抛石顺序应从高一侧向低一侧扩展，并在低一侧多抛填一些。

石料露出水面后，宜用挖沟机等履带式设备反复行走碾压，以使填石密实，然后在其上铺设砂石反滤层垫层，然后敷设管道下沟。抛石挤淤典型断面如图 10-4-28 所示。

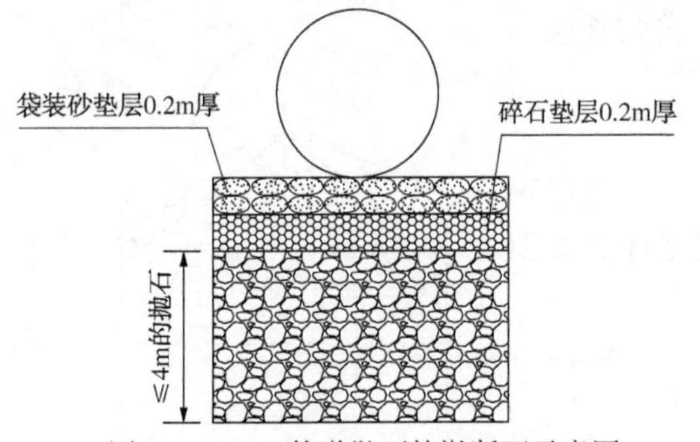

图 10-4-28　管道抛石挤淤断面示意图

3. 松木桩加固法

1）松木桩加固法简介

采用松木桩加固的软土地基属于复合地基。松木桩复合地基同其他复合地基相比，除桩的材质不同外，其余均有相似之处，其加固机理有以下两点。

（1）桩体的支撑作用。松木桩复合地基以短木桩取代了与桩体体积相同的低模量、低强度土体，在承受外荷时，地基中应力按桩土应力比重新分配。应力向桩体逐渐集中，桩周土体所承受的应力相应减少，大部分荷载由木桩承受。由于桩的强度和抗变形能力均优于土体，故而形成的复合地基承载力、模量也优于原土体，从而达到减小变形、提高承载力的效果；（2）挤密作用。木桩施工时，采用静压挤入土体的方式，桩孔位置原有土体被强制侧向挤压，使桩周一定范围内的土层密实度提高，起到挤密作用，从而使桩间土的承载力得到提高，压缩性降低。

2）松木桩加固适用范围

短木桩桩身材料之所以采用松木，是因松木含有丰富的松脂，而松脂能很好地防止地下水和细菌对其的腐蚀，有“水浸万年松”之说，所以松木桩适宜在地下水位以下工作。但对于地下水位变化幅度较大或地下水具有较强腐蚀性的地区，则不宜使用松木桩，或需先对松木桩进行防腐处理后使用。

为了便于打桩，桩长一般不宜超过 4m。软土厚度小于 5m 时较适宜用松木桩处理。

3）设计要求

在管道软土地基中对于土层含水量较多的淤泥层，因其地基承载力较低，可采用松木桩打底。宜用尾径为15～20cm、长5m的松木桩(特殊情况下可采用沥青浸透松木桩)。桩间距一般为0.3～0.5m，以梅花型布桩。松木桩要穿过淤泥层压入下一层未经扰动的砂层或黏土层中。松木桩顶用8号铅丝连接，并用块径不小于0.2m的块石、0.3～0.4m厚铺垫挤压。块石层上方分别用0.2m厚的碎石层和0.2m厚的中粗砂层做管道的基础垫层，如图10-4-29所示。一般情况下，松木桩加固法的地基竖向荷载不超过6kN/m^2。采用松木桩加块石处理软基的方法，桩体除能挤密土层外，并有直接支承管道荷载的作用。此方法适用于淤泥土层厚度不大于4m，且已知淤泥土层下有较好承载力的软基地段。采用这种方法是有关行业的设计、建设及施工等单位多次探讨试验总结出来的一种简单有效的管道复合地基加固方法。

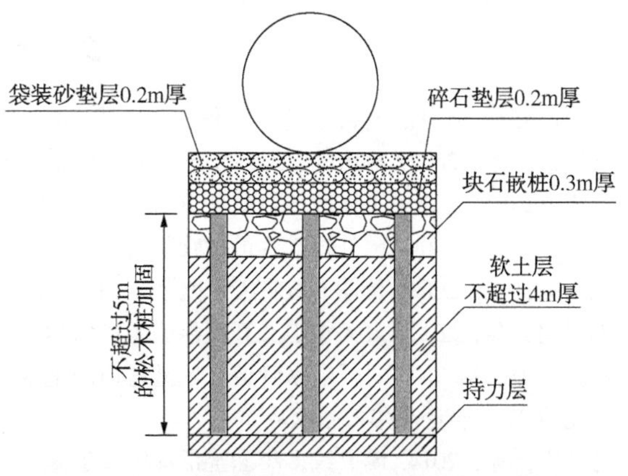

图10-4-29　管道松木桩加固地基断面示意图

参 考 文 献

《工程地质手册》编委会，2007. 工程地质手册[M]. 北京：中国建筑工业出版社.

蔡柏松，等，2002. 黄土陷穴对陕京输气管道的危害及处理[J]. 油气储运(4).

常萌，2010. 公路施工期滑坡风险评价研究[J]. 公路与管理(21).

陈国祥，等，2004. 国外长输管道稳管新技术[J]. 石油工程建设(6).

陈丽霞，等，2008. 单体滑坡灾害风险预测[J]. 自然灾害学报(4).

陈朋超，等，2011. 漠大管道及其多年冻土区域地质灾害风险[J]. 油气储运(8).

程渡，等，2009. 大口径输水管道在软基地段的地基处理设计与施工[C]. 中国水工业工程结构专业学术交流 2009 年会论文集. 张家界.

冯少广，等，2014. 漠大线多年冻土沼泽区管道融沉防治及温度监测[J]. 油气储运(5).

冯树容，等，2013. 边坡工程与地质灾害防治[M]//水工设计手册：第 10 卷. 北京：中国水利水电出版社.

高润清，等，2007. 风沙运动对高速公路的影响及其防治——以陕西榆靖沙漠高速公路为例[J]. 陕西林业科技(3).

高天鹅，等，2001. 黄土特征及分类定名[C]//中国工程建设标准化协会湿陷性黄土委员会. 全国黄土学术会议论文集. 兰州.

郭海强，2012. 滑坡危险区铁路选线技术初探[D]. 成都：西南交通大学.

国家煤炭工业局，2000. 建筑物、水体、铁路及主要井巷煤柱留设与压煤开采规程[M]. 北京：煤炭工业出版社.

何瑞霞，等，2010. 格尔木—拉萨成品油管道沿线冻土工程和环境问题及其防治对策[J]. 冰川冻土(2).

河海大学，等，2001. 交通土建软土地基工程手册[M]. 北京：人民交通出版社.

胡厚田，1985. 崩塌分类的初步探讨[J]. 铁道学报(6).

胡厚田，1989. 崩塌与落石[M]. 北京：中国铁道出版社.

黄飞，2005. 软土性质及其地基加固技术[J]. 广西城镇建设(12).

黄高优，等，2011. 黄土幔岘地段输油气管道敷设技术[J]. 水利与建筑工程学报(10).

季荣，等，2013. 浅议分层总和法计算地基沉降的几个问题[J]. 广西水利水电(2).

季薇薇，2006. 边坡稳定分析中不平衡推力法的两种解法[J]. 黑龙江水专学报(6).

姜德义，等，2003. 高速公路工程边坡的工程地质分类[J]. 重庆大学学报(11).

交通部第二公路勘察设计院，1996. 路基[M]. 北京：人民交通出版社.

揭庆芳，2017. 沙漠地区公路防护[J]. 环球市场(6).

靳德武，2004. 青藏高原多年冻土区斜坡稳定性研究[D]. 西安：长安大学.

李波，2016. 华北地区高速铁路松软土地基变形特性[J]. 铁道建筑(6).

李彩华，2014. 岩体崩塌落石对桥梁破坏作用的动态演绎研究[D]. 重庆：重庆交通大学.

李均峰，等，2006. 国外多年冻土区管道建设的经验与启示[J]. 石油工程建设(6).

李俊，2012. 黄土公路边坡侵蚀防治对策[J]. 交通企业管理(5).

李星华，2013. 浅谈软土地基不均匀沉降对燃气管道的影响及对策[J]. 化工管理(5).

梁璋彬，2008. 崩塌落石的运动特征研究——以黄金坪水电站“6.18”崩塌为例[D]. 成都：成都理工大学.

林宗元，1996. 岩土工程勘察设计手册[M]. 沈阳：辽宁科学技术出版社.

刘光辉，2008. 地质选线在山区公路中的应用[J]. 中国水运(1).

刘桂灵，2009. 湿陷性黄土湿陷机理及处理措施[J]. 山西建筑(2).

刘国华，2012. 沙漠公路路基边坡稳定性评价及设计方法[D]. 西安：长安大学.

刘俊体，等，2013. 黄土坡面细沟发育过程及侵蚀产沙特征研究[J]. 水土保持通报(6).

刘世海，等，2010. 青藏铁路格拉段高立式砂障防风固沙效果研究[J]. 铁道学报(2).
刘岁海，等，2009. 某采石场边坡稳定性分析[J]. 资源环境与工程(12).
刘旸，等，2008. 埋地管道软土地基处理及基础设计[C]. 2008年全国给水排水技术交流会暨全国水网理事会换届大会论文集. 成都.
路桥集团第二公路工程局，2003. 公路施工手册 路基[M]. 北京：人民交通出版社.
马培建，2004. 影响沙漠地区路基填土高度原因分析研究[D]. 西安：西安建筑科技大学(6).
马清文，等，2007. 崩塌落石地区长输油气管道防护[J]. 水土保持研究(10).
牟健，等，1997. 天然气管道通过黄土地区的水工保护[J]. 天然气与石油(1).
潘多国，等，2001. 沙漠地区公路路基防护设计与施工[J]. 内蒙古公路与运输(2).
潘家铮，1980. 建筑物的抗滑稳定和滑坡分析[M]. 北京：水利出版社.
庞营军，等，2014. 高立式格状沙障防风效益[J]. 水土保持通报(10).
邱里，等，2017. 回填软土中管道上拔试验及上浮承载力研究[J]. 岩土力学(8).
屈建军，等，2005. 半隐蔽格状沙障的综合防护效益观测研究[J]. 中国沙漠(5).
山西省交通厅，等，2005. 高速公路采空区(空洞)勘察设计与施工治理手册[M]. 北京：人民交通出版社.
沈良峰，等，2004. 边坡稳定性分析评价方法研究及趋向[J]. 建筑科学(12).
施铁峰，等，2009. 山区公路总体设计的新理念、新方法[J]. 华东公路(8).
时卫民，等，2004. 边坡稳定不平衡推力法的精度分析及其使用条件[J]. 岩土工程学报(5).
司建国，等，2008. 关于软土地区输气管道抗浮计算的探讨[J]. 石油工程建设(8).
宋朋金，等，2014. 浅谈软土地基上管道工程的优化[J]. 城市建设理论研究(10).
孙贵儒，2009. 滑坡在地形图上的表现特征和识别——以六盘水煤田为例[J]. 中国煤炭地质(5).
谭瑞成，等，2008. 长输管道螺旋地锚浮力控制技术[J]. 石油工程建设(1).
田京，2005. 长呼天然气管道风沙危害及其防治技术[J]. 中国科技信息(19).
铁道部工务局，1993. 路基[M]. 北京：中国铁道出版社.
童立元，等，2006. 高速公路下伏采空区危害性评价与处治技术[M]. 南京：东南大学出版社.
王飞，2014. 格库铁路柴达木盆地风沙区选线[J]. 城市建设理论研究(电子版)(17).
王鸿，2005. 长输管道水工保护工程施工技术手册[M]. 北京：中国计量出版社.
王景明，等，1996. 黄土构造节理的理论及其应用[M]. 北京：中国水利水电出版社.
王礼先，等，2000. 关于荒漠化、沙漠化、风沙化和沙化的概念[J]. 科技术语研究(4).
王礼先，等，2005. 水土保持学[M]. 北京：中国林业出版社.
王念秦，等，2009. 铁路黄土高边坡变形破坏机理及稳定性研究[J]. 铁道工程学报(7).
王希云，2005. 沙漠地区交通线路路基修建应用技术分析[D]. 西安：西安建筑科技大学.
王晓冬，2017. 淤泥地段管道稳管与处理措施[J]. 科技展望(4).
王效祖，2011. 不良地质条件下排水管道地基的处理方法[J]. 青海科技(3).
王裕滔，2012. 软土分析[J]. 科技资讯(12).
吴贺龙，等，2012. 浅析滨海地区排水管道软土地基处理及管材选用[J]. 城市建设理论研究(电子版)(32).
吴克信，等，2003. 黄土地区油气管道工程线路水工保护措施探讨[J]. 天然气与石油(12).
吴克信，等，2008. 软土地区油气管道工程地基处理措施[J]. 天然气与石油(4).
吴文平，等，2012. 山地灾害对成品油管道的危害及其防护对策[J]. 土工基础(8).
吴锡合，等，2010. 新疆油气管道主要风沙灾害及其风险管理[J]. 成都大学学报(自然科学版)(6).
武憨民，等，2005. 多年冻土地区公路工程[M]. 北京：人民交通出版社.
杨斌，等，2009. 南坪快速路K5+740~K6+000路段高边坡稳定性分析[J]. 岩土工程界(6).
杨德彪，2014. 管道湿陷性黄土灾害风险评价技术研究[D]. 成都：西南石油大学.

杨航宇，等，2002. 公路边坡防护与治理[M]. 北京：人民交通出版社.
杨泰华，等，2009. 边坡稳定性分析方法综述[J]. 土木建筑教育改革理论与实践(11).
杨英，等，2013. 滇西北地区断陷盆地软土特征及选线原则[J]. 铁道工程学报(8).
杨永鹏，等，2009. 人工地基在多年冻土区管道地基处理中的应用[J]. 石油工程建设(2).
叶尔绍夫，2015. 工程冻土学：冻土学原理第五册[M]. 张长庆，译. 武筱舲，校. 兰州：兰州大学出版社.
易云兵，2013. 中缅油气管道国内段砂土液化处理措施[J]. 油气储运(6).
袁中立，等，2004. 冻土地带管道敷设方法及保温技术[J]. 石油工程建设(12).
曾佳军，等，2012. 管道浮力平衡压袋稳管技术研究[J]. 石油工程建设(2).
曾裕平，2009. 重大突发性滑坡灾害预测预报研究[D]. 成都：成都理工大学.
张伟锋，2007. 危岩体危险性评价及防治对策研究——以雅砻江锦屏一级水电站为例[D]. 成都：成都理工大学.
张忠苗，2007. 工程地质学[M]. 北京：中国建筑工业出版社.
赵彦波，等，2012. 黏性泥石流沟床冲刷深度试验研究[J]. 水利学报(12)(增刊).
郑颖人，等，2004. 不平衡推力法使用中应注意的问题[J]. 重庆建筑(2).
郑颖人，等，2010. 边坡与滑坡工程治理[M]. 北京：人民交通出版社.
中国科学院—水利部成都山地灾害与环境研究所，2000. 中国泥石流[M]. 北京：商务印书馆.
中国岩石力学与工程学会岩石锚固注浆技术专业委员会，梁炯鋆，1999. 锚固与注浆技术手册[M]. 北京：中国电力出版社.
周晓明，等，2007. 边坡稳定性分析方法述评[J]. 水利科技与经济(9).